微　积　分

赵志新　王峰　俞亚娟　徐明华　石澄贤　主编

中国质检出版社

北　京

图书在版编目(CIP)数据

微积分/赵志新等主编. —北京:中国质检出版社, 2017.8
ISBN 978 -7 -5026 -4456 -7

Ⅰ.①微… Ⅱ.①赵… Ⅲ.①微积分—高等学校—教材 Ⅳ.①O172

中国版本图书馆 CIP 数据核字(2017)第 174506 号

内 容 提 要

本书是在面向 21 世纪数学系列课程教学内容与课程体系改革方针的指导下,编者根据多年的教学实践经验和研究成果,结合“微积分课程教学基本要求”编写而成的.

作为普通高等院校经济学学科门类和管理学学科门类的数学基础课教材之一,在概念的引入和内容的叙述上,全书力求做到自然直观、通俗易懂、易教易学. 本书系统地介绍了函数、极限、导数与微分、微分中值定理与导数的应用、不定积分、定积分、定积分的应用、多元函数微分学、二重积分、无穷级数、微分方程及差分方程等内容,并给出了相关的应用例子和经济学模型. 每节和章末均配有习题,书末附有习题参考答案.

本书不仅适合普通高等院校经济类和管理类各专业学生使用,由于在例题和习题的配置上还考虑到本科生未来考研的需要,因而也可以作为考研的复习参考书.

中国质检出版社出版发行
北京市朝阳区和平里西街甲 2 号(100029)
北京市西城区三里河北街 16 号(100045)
网址:www.spc.net.cn
总编室:(010)68533533 发行中心:(010)51780238
读者服务部:(010)68523946
中国标准出版社秦皇岛印刷厂印刷
各地新华书店经销
*
开本 787×1092 1/16 印张 24.25 字数 545 千字
2017 年 8 月第一版 2017 年 8 月第一次印刷
*
定价: 49.00 元

如有印装差错 由本社发行中心调换
版权专有 侵权必究
举报电话:(010)68510107

编 者 名 单

主　编　赵志新　　王　峰　　俞亚娟

　　　　　徐明华　　石澄贤

副主编　康慧燕　　李　博　　周　桦

　　　　　童凯郁　　沈永梅

前　言 PREFACE

微积分是大学数学教育中的一门主要的基础课程．它是大学经济类、管理类等学科各专业学生必修的基础课，也是全国硕士研究生入学考试的必考内容，更是现代化建设中的重要工具．

微积分是一门重要且应用广泛的学科，被誉为锻炼思维的体操和人类智慧之冠上最明亮的宝石．不仅如此，微积分还是各类学科和技术的基础，它的应用几乎涉及所有的学科领域，对于世界文化的发展有着深远的影响．高等学校作为培育人才的摇篮，其数学课程的开设也就具有特别重要的意义．

为了适应这一发展需要，根据多年的教学实践经验和研究成果，结合"微积分课程教学基本要求"，我们编写了这套高质量的高等学校非数学类专业的数学教材．

在本书的编写过程中，我们尽量遵循以下原则：

第一，从具体到抽象，再从抽象到具体；从特殊到一般，再从一般到特殊．

1. 从科学技术和经济学的实际例子出发，引入微积分的基本概念、理论和方法；反过来利用它们解决更多的经济应用问题，将微积分和经济学的有关内容有机结合．

2. 对某些合适的主题，先用几何直观等方法引出结论，再从理论上加以阐述、论证，然后用于解决实际问题．

第二，便于组织教学．在保证教学要求的同时，让教师比较容易组织教学内容，学生也比较容易理解接受，并且使学生在知识、能力、素质等方面均有较大提高．

1. 继承和保持经典微积分教材的优点．

2. 力求叙述清晰，说理详尽，通俗易懂，深入浅出，对重点内容列举了大量有代表性的例题，以实例解释这些概念及内容，目的是使读者易于理解和掌握这些概念及难点．全书在致力于强调内容的科学性与系统性的同时，注重每章都通过具体的一些实例提出要解决的问题，并引入相关概念便于学生理解接受，同时提出解决问题的思路及方法．基本理论讲述清楚，有些定理结合实例总结出定理的条件及结论，我们重点放在依据定理归纳总结出解决问题的步骤，侧重方法，便于学生掌握．

为了体现上述原则，编写本书时，我们对内容作了如下处理：

第一章从集合、映射引入函数概念，和中学内容接轨，适当介绍一些现代数学术语，加强了“函数关系的建立”和“经济学中常用函数”两节内容．

第二章从实际例子，几何直观导出极限的精准定义，注重极限的思想．将用极限的定义论证问题降到较低程度．并就均衡价格问题和连续复利作了具体介绍．

第三章从几何直观直接引入导数的概念，讨论较为详细．

第四章突出了经济应用的讨论，尤其对边际分析和弹性分析进行了具体的讨论，这是考研数三的一个重要考点．

第五章降低了不定积分的技巧训练，尽量将不定积分的计算问题归结为一些规则和步骤，以降低学习的难度．

第六章加强了定积分概念的实际背景介绍，并将牛顿莱布尼兹公式的内容提前．加强了元素法的形式上的描述，增强了定积分在经济学中的应用．

第七章对解析几何作简单介绍，从理论和方法上对多元函数的微分学的讨论较为详尽，尤其和一元函数导数的关系．

第八章专门将重积分单独成章，是考虑到本部分内容是考研数三一个重要的考点．

第九章从逼近的观点提出本书所讨论的级数的两个基本问题．

第十章首先将微分方程和差分方程从理论上和方法上完全类比的讨论；其次加强数学建模能力的培养，专列两节讨论微分方程和差分方程的经济应用．

本书是为普通高等学校经济类、管理类各专业学生编写的，也可供各类需要提高数学素质和能力的人员使用．为适应分层次教学的需要，选修内容用 * 号标出．本书概念、定理及理论叙述准确、精炼，符号使用标准、规范，知识点突出，难点分散，证明和计算过程严谨，例题、习题等均经过精选，具有代表性和启发性．

本书的编辑过程中，得到了常州大学信息与数理学院领导的大力支持，同时也得到了常州大学数学部所有老师的通力配合，在此一并致谢！

编者

2017 年 7 月

目 录 CONTENTS

第1章 函　数

函数是数学中最重要的基本概念之一，是现实世界中量与量之间的依存关系在数学中的反应，也是经济数学的主要研究对象. 在这一章中，我们在中学已有知识的基础上，进一步阐明函数的一般定义，并介绍一些经济学中常用的函数.

1.1 集　合

1.1.1 集合的概念

1. 集合

集合是现代数学中最基本的概念，它已经渗透到现代数学的各个分支，并且渗透到小学数学教学中. 集合不能用更简单的概念来定义，但我们可以通过例子对这个概念加以说明. 例如，自然数的全体，一个教室里的全体学生，某矩形内所有的点等，它们都是集合. 一般地，所谓**集合**（简称**集**）是指具有某种特定性质的事物的总体. 组成这个集合的事物称为该集合的元素，通常用大写拉丁字母 A,B,M 等表示集合，而用小写拉丁字母 a,b,m 等表示集合的元素. 若 a 是 A 的元素，则记作 $a\in A$（读作 a 属于 A）；若 a 不是 A 的元素，记作 $a\notin A$（读作 a 不属于 A）.

表示集合的方法通常有以下两种，一种是列举法，就是按任意顺序不重复地列出集合的所有元素，并用花括号“{　}”括起来.

例如，12 的约数组成的集合 A，可表示为 $A=\{1,2,3,4,6,12\}$.

例如，方程 $x^2-1=0$ 的根所组成的集合 S，可表示为 $S=\{-1,1\}$.

还有一种是描述法，它的一般形式是

$$A=\{x\mid x\text{ 具有性质 }P\},$$

其中 P 是关于 x 的某个性质，意思是：$a\notin A$ 的充要条件是 x 不满足性质 P.

例如，全体偶数的集合 B，可表示为

$$B=\{x\mid x=2n,\ n\text{ 为整数}\}.$$

由某些数组成的集合称为数集，例如，全体自然数组成自然数集，常用符号 $\mathbf{N}$ 表示；全体正整数组成正整数集，常用符号 $\mathbf{N}_+$ 表示；全体整数组成整数集，常用符号 $\mathbf{Z}$ 表示；全体有理数组成有理数集，常用符号 $\mathbf{Q}$ 表示；全体实数组成实数集，常用符号 $\mathbf{R}$ 表示，等等.

如果集合 A 的元素都是集合 B 的元素，即若 $x\in A$，则有 $x\in B$，就说集合 A 是集合 B 的子集，记作 $A\subset B$（读作 A 包含于 B），或 $B\supset A$（读作 B 包含 A）.

如果 $A\subset B$，且 $B\subset A$，就说集合 A 与集合 B 相等，记作 $A=B$. 不包含任何元素的集合称为空集，记作 $\varnothing$. 例如，集合 $\{x\mid x\in\mathbf{R},x^2=-1\}$ 是空集.

以后用到的集合主要是数集，如果没有特别说明，以后用到的数均指实数.

2. 集合的运算

集合有三种基本运算，即并、交、差.

一般地，由所有属于集合 A 或属于集合 B 的元素所组成的集合，称为**集合 A 与 B 的并集**. 记作：$A\cup B$

即
$$A\cup B=\{x\mid x\in A,\text{或 } x\in B\}$$

由属于集合 A 且属于集合 B 的元素所组成的集合，叫做**集合 A 与 B 的交集**. 记作：$A\cap B$

即
$$A\cap B=\{x\mid \in A,\text{且 } x\in B\}$$

由属于集合 A 且不属于集合 B 的元素所组成的集合，叫做**集合 A 与 B 的差**. 记作：$A-B$

即
$$A-B=\{x\mid \in A,\text{且 } x\notin B\}$$

有时，我们把研究某一问题时所考虑的对象的全体称为**全集**. 并用字母 U 表示. 把差集 $U-A$ 称为 A 的**补集**，记作 A^c.

集合的并、交、差(补)运算满足如下运算律：

交换律：(1) $A\cup B=B\cup A$,

(2) $A\cap B=B\cap A$;

结合律：(1) $(A\cup B)\cup C=A\cup(B\cup C)$,

(2) $(A\cap B)\cap C=A\cap(B\cap C)$;

分配律：(1) $(A\cup B)\cap C=(A\cap C)\cup(B\cap C)$,

(2) $(A\cap B)\cup C=(A\cup C)\cap(B\cup C)$;

对偶律：(1) $(A\cup B)^c=A^c\cap B^c$,

(2) $(A\cap B)^c=A^c\cup B^c$.

以上这些运算都容易根据集合相等的定义验证.

3. 集合的笛卡尔乘积

定义 1 **设有集合 A 和 B. $x\in A,x\in B$，所有二元有序数组 (x,y) 构成的集合，称为集合 A 和 B 的笛卡尔乘积. 记为 $A\times B$，即**

$$A\times B=\{(x,y)\mid x\in A,y\in B\}.$$

例如，$\mathbf{R}\times\mathbf{R}=\{(x,y)\mid x\in\mathbf{R},y\in\mathbf{R}\}=\mathbf{R}^2$.

1.1.2 区间与邻域

1. 区间

微积分中最常用的集合是区间，介于两个实数间的全体实数构成的集合称为区间. 这两个实数称为区间的端点，两端点间的距离称为区间的长度. 一般情况下有如下几种区间($a,b\in\mathbf{R},a<b$).

区间符号	区间	区间名称	区间定义
(a,b)	有限	开区间	$\{x \mid a<x<b\}$
$[a,b]$		闭区间	$\{x \mid a\leqslant x\leqslant b\}$
$(a,b]$		半开区间	$\{x \mid a<x\leqslant b\}$
$[a,b)$		半开区间	$\{x \mid a\leqslant x<b\}$
$(a,+\infty)$	无限	无穷开区间	$\{x \mid a<x<+\infty\}$
$(-\infty,a)$		无穷开区间	$\{x \mid -\infty<x<a\}$
$[a,+\infty)$		无穷半闭区间	$\{x \mid a\leqslant x<+\infty\}$
$(-\infty,a]$		无穷半闭区间	$\{x \mid -\infty<x\leqslant a\}$
$(-\infty,+\infty)$		无穷区间	$\{x \mid -\infty<x<+\infty\}$

2. 邻域

对于任意的正数δ,称开区间$(x_0-\delta,x_0+\delta)$为点x_0的以δ为半径的邻域,简称为点x_0的δ邻域,记作$U(x_0,\delta)$,即

$$U(x_0,\delta)=(x_0-\delta,x_0+\delta)=\{x \mid |x-x_0|<\delta\}.$$

数集$U(x_0,\delta)-\{x_0\}$表示在点x_0的δ邻域中去掉点x_0,称为点x_0的以δ为半径的去心邻域,记作$\mathring{U}(x_0,\delta)$,即

$$\mathring{U}(x_0,\delta)=(x_0-\delta,x_0+\delta)-\{x_0\}=\{x \mid 0<|x-x_0|<\delta\}.$$

当不需要注明邻域半径δ时,通常是对某个确定的邻域半径δ,常将它表为$\mathring{U}(x_0)$,简称点x_0的去心邻域.

习题 1.1

1. 设$A=\{1,2,3\}$,$B=\{1,3,5\}$,$C=\{2,4,6\}$,求

(1)$A\cup B$;　　(2)$A\cap B$;　　(3)$A\cup B\cup C$;

(4)$A\cap B\cap C$;　　(5)$A-B$.

2. 如果$A=\{a,b,c,d\}$,$B=\{a,b,c\}$,求$A\times B$.

3. 用区间表示下列点集.

(1)$A=\{x \mid |x+3|<2\}$;　(2)$A=\{x \mid 1<|x+3|<2\}$.

1.2　映射与函数

1.2.1　映射

1. 映射的概念

定义1　X,Y是两个非空集合,如果按照某种对应法则f,对于集合X中的任何一个

元素 x,在集合 Y 中都有唯一确定的元素 y 和它对应,那么这样的对应叫做集合 X 到集合 Y 的一个映射. 记做

$$f:X\to Y.$$

将 x 的对应元 y 记作 $f:x\to y=f(x)$ 并称 y 为映射 f 下 x 的**像**,而 x 称为映射 f 下 y 的**原像**. 集合 X 称为映射 f 的定义域,记作 $D_f=X$. 而 X 的所有元素的像 $f(x)$ 的集合

$$\{y\mid y\in Y,y=f(x),x\in X\}$$

称为映射 f 的值域,记为 R_f[或 $f(X)$].

例 1 设 $f:\mathbf{R}\to\mathbf{R}$,满足 $x\in\mathbf{R}$, $f(x)=x^2$. 则 f 是一个映射,且 $D_f=\mathbf{R}$,$R_f=\{y\mid y\geqslant 0\}$.

例 2 设 $X=\{(x,y)\mid x^2+y^2=1\}$,$Y=\{(x,0)\mid |x|\leqslant 1\}$,$f:X\to Y$,对每个 $(x,y)\in X$,有唯一确定的 $(x,0)\in Y$ 与之对应. 则 f 是一个映射,且 $D_f=X$,$R_f=Y$.

例 3 设 $f:\left[-\frac{\pi}{2},\frac{\pi}{2}\right]\to[-1,1]$, s. t $x\in\left[-\frac{\pi}{2},\frac{\pi}{2}\right]$,$f(x)=\sin x$. 则 f 是一个映射,且 $D_f=\left[-\frac{\pi}{2},\frac{\pi}{2}\right]$,$R_f=[-1,1]$.

概括起来,构成一个映射必须具备下列三个基本要素:

(1)集合 X,即定义域 $D_f=X$;

(2)集合 Y,即限制值域的范围:$R_f\subset Y$;

(3)对应规则 f,使每个,有唯一确定的与之对应.

需要指出两点:

(1)映射要求元素的像必须是唯一的.

例 4 设 $X=R^+$,$Y=R^-$,则对应关系

$$f:X\to Y$$
$$x\to y(y^2=x)$$

是一个映射.

(2)映射并不要求逆像也具有唯一性.

例 5 设 $X=Y=R$,则对应关系

$$f:X\to Y$$
$$x\to y(y=x^2)$$

显然 Y 中与 $x=2$ 和 $x=-2$ 对应的元素都是 $y=4$,但这并不影响 f 是一个映射.

定义 2 设 f 是集合 X 到集合 Y 的一个映射,若在映射 f 下像的逆像也具有唯一性,即对 X 中任意两个不同元素 $x_1\neq x_2$,它们的像 y_1 与 y_2 也满足 $y_1\neq y_2$,则称 f 为单射,如果映射 f 满足 $R_f=Y$,则称 f 为满射;如果映射 f 既是单射,又是满射,则称 f 为双射(又称一一映射).

2. 逆映射与复合映射

设 $f:X\to Y$ 是单射,则由定义 2,对任一 $y\in R_f\subset Y$,它的逆像 $x\in X$(即满足方程 $f(x)=y$ 的 x)是唯一确定的,由定义 1,对应关系

$$g:R_f\to X$$
$$y\to x(f(x)=y)$$

构成了 R_f 到 X 上的一个映射,称为 f 的**逆映射**,记为 f^{-1},其定义域为 $D_{f^{-1}}=R_f$,值域为 $R_{f^{-1}}=X$.

显然，只要逆映射 f^{-1} 存在，它就一定是 R_f 到 X 上的双射.

现设有如下两个映射

$$g: X \to Y$$
$$x \to y(y = g(x)),$$

和

$$f: U \to V$$
$$u \to v(v = f(u)).$$

如果 $R_g \subset U = D_f$，那就可以构造出一个新的对应关系

$$f \circ g: X \to V$$
$$x \to v(v = f(g(x))).$$

由定义 1 可知，这还是一个映射，我们将之称为 f 和 g 的**复合映射**，记作 $f \circ g$.

可以看出，复合映射的构成，关键在于 $R_g \subset D_f$ 是否成立. 如果这一条件得不到满足，就不能构成复合映射.

如 $$f(u) = \sqrt{1-u^2}, u \in [-1,1], g(x) = \sin x, x \in \mathbf{R},$$
$$(f \circ g)(x) = f[g(x)] = \sqrt{1-\sin^2 x} = |\cos x|.$$

1.2.2 函数

1. 函数的概念

定义 3 设数集 $D \subset \mathbf{R}$ 是一个非空实数集，$f: D \to \mathbf{R}$ 为定义在 D 上的函数，通常简记为

$$y = f(x), x \in D,$$

其中 x 称为自变量，y 称为因变量，D 称为定义域，记作 D_f，即 $D_f = D$.

函数的定义中，对于每一个 $x \in D$，按照法则 f，总有唯一确定的值 y 与之对应，这个值称为函数 f 在 x 点处的函数值，记作 $y = f(x)$. 因变量 y 与自变量 x 之间的这种依赖关系，通常称为函数关系. 函数值的全体称为 f 的值域，记作 $R(f)$ 或 R_f，也可记作 $f(D)$，即

$$R_f = f(D) = \{y \mid y = f(x), x \in D\}.$$

需要指出的是，由上述定义可以看出，严格意义上，f 和 $f(x)$ 的含义是不同的. f 表示由自变量 x 确定因变量 y 的对应法则即函数关系，而 $f(x)$ 则表示与自变量 x 对应的函数值. 但是为了叙述方便，常将函数简单地表示为 $y = f(x)(x \in D)$.

通常用英文字母 $f, g, h, \cdots, F, G, \cdots$ 和希腊字母 $\varphi, \psi, \cdots, \Phi, \Psi, \cdots$ 作为函数的记号.

确定函数的两个要素是定义域和对应法则. 换言之，一个函数由定义域和对应法则完全确定，而与变量的记号无关.

例如 $s = \pi r^2 (r > 0)$ 与 $y = \pi x^2 (x > 0)$ 表达的是同一个函数关系；而 $y = \pi x^2 (x > 0)$ 与 $y = \pi x^2 (x \in \mathbf{R})$ 则是两个不同的函数，因为两者的定义域不同.

对于有实际意义的函数，其定义域由实际问题中自变量的意义所决定，如上述例子中的自变量 r 代表圆的半径，所以要求 $r > 0$，即其定义域为 $(0, +\infty)$. 对于用抽象的数学式表示的函数，由于没有实际意义，通常约定这种函数的定义域是使得数学表达式有意义的一切实数组成的集合，这种定义域也称为函数的自然定义域. 以数学式给出的函数，

如果不特殊说明的话，均认为其定义域是自然定义域. 例如，函数 $f(x)=\sqrt{9-x^2}+\frac{1}{\sqrt{x^2-1}}$ 的定义域是 $[-3,-1)\cup(1,3]$.

函数有三种表示方法：解析法、列表法、图形法. 这三种方法各有优势，适用于不同的环境. 但在我们的学习中，为了便于理论上的研究分析，一般采用解析法，即用数学式表示函数关系，同时，图形法因其直观性也常用作辅助. 函数 $y=f(x)$ 的图形就是将定义域内任一自变量 x 的值作为横坐标，相应的函数值 $f(x)$ 作为纵坐标，在平面上作出所有对应的点后构成的图形，即坐标平面上的点集 $\{(x,y)\mid y=f(x),x\in D\}$（图 1－1）.

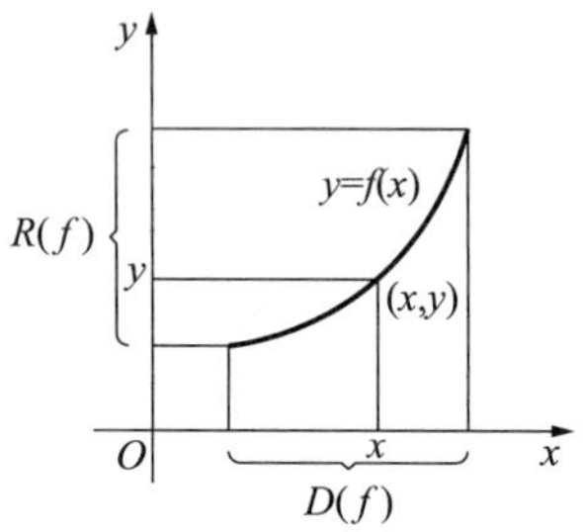

图 1－1

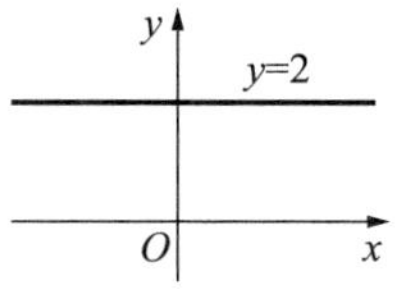

图 1－2

下面看几个函数的例子.

例 6 函数 $y=2$ 的定义域为所有实数，对任意实数 x，y 都只有一个值 2 与之对应，因此函数的值域为一个元素. 它的图形为一条平行于 y 轴的直线，如图 1－2 所示.

例 7 函数 $y=|x|=\begin{cases}x, & x\geqslant 0,\\ -x, & x<0\end{cases}$ 的定义域为 $D=(-\infty,+\infty)$，值域 $W=[0,+\infty)$，它的图形如图 1－3 所示.

例 8 函数 $y=\operatorname{sgn}x=\begin{cases}1, & x>0,\\ 0, & x=0,\\ -1, & x<0\end{cases}$ 称为符号函数，其定义域为 $D=(-\infty,+\infty)$，值域 $W=\{-1,0,1\}$，对于任何实数 x，有 $x=|x|\operatorname{sgn}x$. 它的图形如图 1－4 所示，在 $x=0$ 点处曲线是断开的.

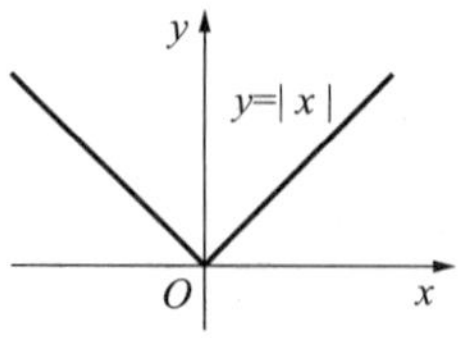

图 1－3

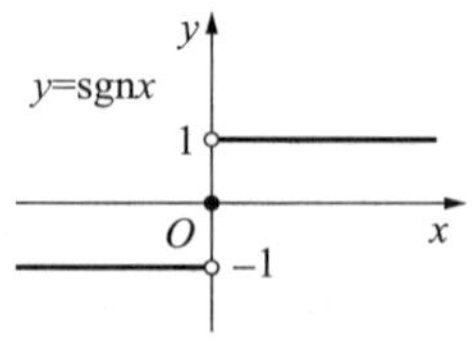

图 1－4

例 9 设 x 为任一实数. 不超过 x 的最大整数简称为 x 的整数部分，记作 $[x]$. 如 $[0.7]=0$，$[\pi]=3$，$[-1]=-1$，$[-2.8]=-3$ 等. 因此，把 x 看成自变量，则函数

$$y=[x]$$

的定义域为 $\mathbf{R}$，值域 $W=\mathbf{Z}$. 它的图形如图 1－5 所示，这图形称为阶梯曲线. 在 x 为整数值处，图形发生跳跃，跃度为 1. 这函数称为取整函数.

用几个式子来表示一个(注意不是几个)函数,也称为**分段函数**,是常见的一种函数表达方式,如例7、例8、例9. 这种表达方式在应用中更为常见. 如在恒温下,气体的压力 P 是体积 v 的函数,当 v 不太小时($v \geq v_0$ 时)它们的关系遵照波义耳定律;当 v 相当小时,它们的关系就遵照范得瓦定律. 用公式表示,它们的函数关系为:

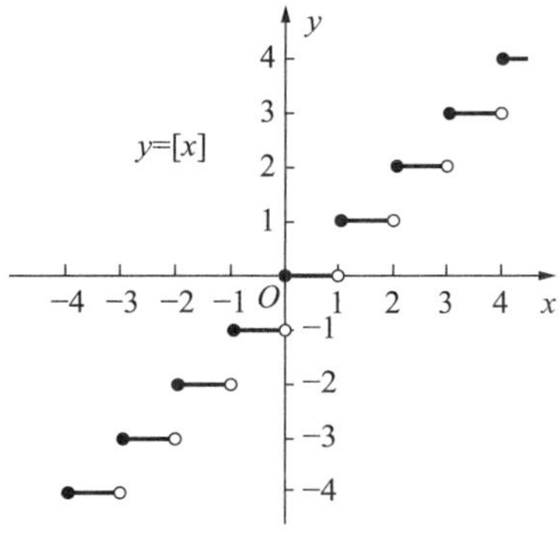

图 1-5

$$P = \begin{cases} \dfrac{k}{v}, & v \geq v_0, \\ \dfrac{c}{v-b} - \dfrac{a}{v^2}, & b < v < v_0, \end{cases}$$

其中 k,a,b,c 都是常数. 因此有关函数的一些结论均应考虑到分段函数.

例 10 作函数 $f(x) = \begin{cases} x^2, & 0 \leq x \leq 1, \\ \dfrac{1}{2}(x+1), & 1 < x \leq 2 \end{cases}$ 的图形,并求 $f[f(2)-1]$, $f(x-1)$.

解 函数的图形如图 1-6 所示.

$$f(2) = \frac{3}{2}, \quad f[f(2)-1] = f\left(\frac{1}{2}\right) = \frac{1}{2^2} = \frac{1}{4};$$

$$f(x-1) = \begin{cases} (x-1)^2, & 0 \leq x-1 \leq 1, \\ \dfrac{x-1+1}{2}, & 1 < x-1 \leq 2 \end{cases} = \begin{cases} (x-1)^2, & 1 \leq x \leq 2, \\ \dfrac{x}{2}, & 2 < x \leq 3. \end{cases}$$

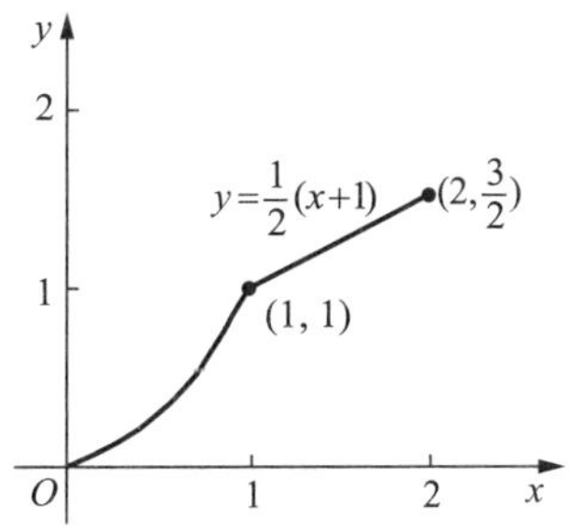

图 1-6

2. 函数的运算

函数作为一种数学元素,也可以作加减乘除四则运算.

设有函数 $f(x)$ 和 $g(x)$,它们的定义域分别是 D_1、D_2,且 $D = D_1 \cap D_2 \neq \varnothing$,我们可以定义这两个函数的下列运算.

- 和与差 $f \pm g$: $(f \pm g)(x) = f(x) \pm g(x), x \in D$;
- 积 $f \cdot g$: $(f \cdot g)(x) = f(x) \cdot g(x), x \in D$;
- 商 $\dfrac{f}{g}$: $\left(\dfrac{f}{g}\right)(x) = \dfrac{f(x)}{g(x)}, x \in \{x \mid x \in D \text{ 且 } g(x) \neq 0\}$.

1.2.3 函数的几个特性

研究函数时,常会用到以下几个特性.

1. 单调性

定义 4 **设函数 $f(x)$ 的定义域为 D,区间 $I \subset D$. 如果对于区间 I 上任意两点 x_1 和 x_2,当 $x_1 < x_2$ 时,恒有 $f(x_1) < f(x_2)$(图 1-7),则称函数 $f(x)$ 在区间 I 上是单调增加的;如果对于区间 I 上任意两点 x_1 和 x_2,当 $x_1 < x_2$ 时,恒有 $f(x_1) > f(x_2)$(图 1-8),则称函数 $f(x)$ 在区间 I 上是单调减少的. 单调增加和单调减少的函数统称单调函数,使函数单调的区间称为函数的单调区间.**

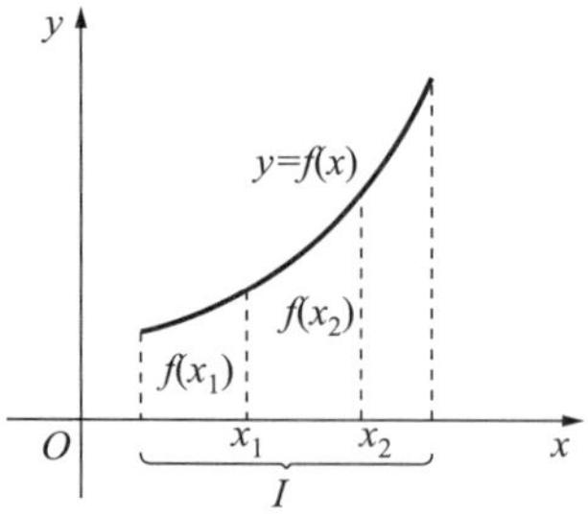

图 1-7

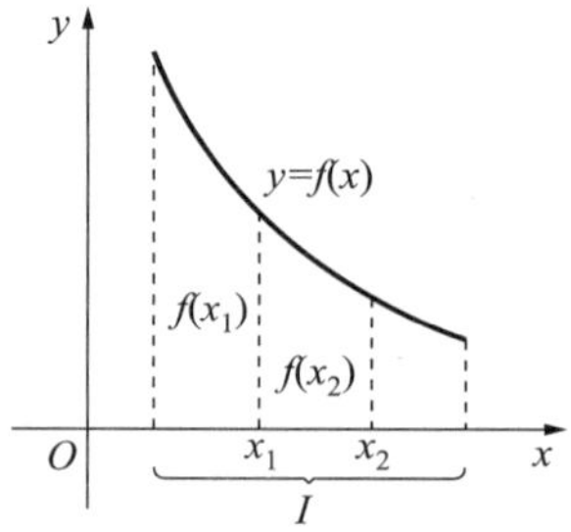

图 1-8

函数的单调性不仅和函数表达式有关，也和定义区间有关. 一般地，如果函数在整个定义域内不单调，我们可以将定义域分成多个子区间，使函数在各个子区间内单调. 例如，函数 $y=x^2$ 在整个定义域 $(-\infty,+\infty)$ 内不是单调的，但是在定义域的子区间 $(-\infty,0)$ 上单调减少，而在 $(0,+\infty)$ 上是单调增加的.

2. 有界性

定义 5　设函数 $f(x)$ 在集合 D 上有定义. 如果存在常数 $M>0$，使得对任意的 $x\in D$ 恒有 $|f(x)|\leqslant M$，则称函数 $f(x)$ 在 D 上有界；如果这样的 M 不存在，即对于任意的正数 M，无论它多大，总存在 $x\in D$ 使得 $|f(x)|>M$，则称函数 $f(x)$ 在 D 上无界.

如果存在常数 M（或 m），使得对任意的 $x\in D$，恒有 $f(x)<M$（或 $f(x)>m$），则函数 $f(x)$ 在 D 上有上界（或有下界）.

从几何上看，在区间 $[a,b]$ 上的有界函数的图形位于两条 x 轴的平行线 $y=M$ 和 $y=-M$ 之间（图 1-9）.

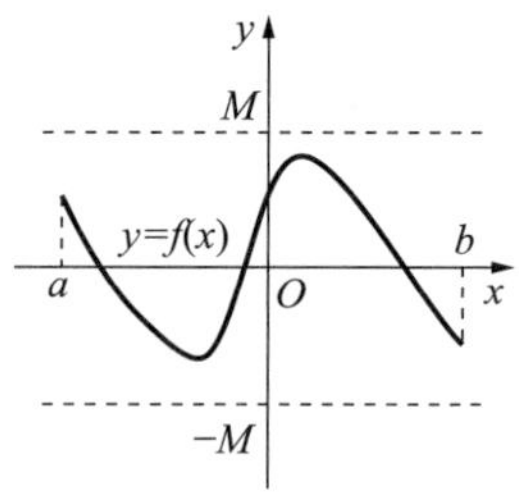

图 1-9

显然，在某区间上有界的函数在此区间上也必有上界和下界；反之，若函数在某区间上既有上界也有下界，那么它在此区间上一定是有界的. 而无界函数也可能是只有上界而没有下界，或者只有下界而没有上界，或者既没有上界也没有下界.

例如，函数 $y=\sin x$ 在其定义域 $\mathbf{R}$ 上是有界的，这是因为对任意的 $x\in\mathbf{R}$，恒有 $|\sin x|\leqslant 1$. 而函数 $y=\dfrac{1}{x}$ 在其定义域 $(-\infty,0)\cup(0,+\infty)$ 上无界，但是如果我们的研究范围是区间 $[1,2]$，显然对任意的 $x\in[1,2]$，恒有 $\left|\dfrac{1}{x}\right|\leqslant 1$，这就是说 $y=\dfrac{1}{x}$ 在 $[1,2]$ 上是有界的. 由此可见，一个函数是否有界，与我们所讨论的区间有关.

3. 奇偶性

定义 6　设函数 $f(x)$ 的定义域为 D，其中 D 关于原点对称，即当 $x\in D$ 时，有 $-x\in D$.

如果对于任一 $x\in D$，恒有 $f(-x)=f(x)$ 成立，则称 $f(x)$ 为偶函数.

如果对于任一 $x\in D$，恒有 $f(-x)=-f(x)$ 成立，则称 $f(x)$ 为奇函数.

例如，函数 $y=x^2$ 与 $y=x\sin x$ 都是偶函数，函数 $y=\dfrac{1}{x}$ 与函数 $y=x^3+x$ 都是奇函数，而函数 $y=x^2+x$ 是非奇非偶函数.

从定义中可以看出，只有定义域关于原点对称的函数才能讨论奇偶性. 显然，偶函数

的图形关于 y 轴对称(图 1-10),而奇函数的图形关于原点对称(图 1-11).

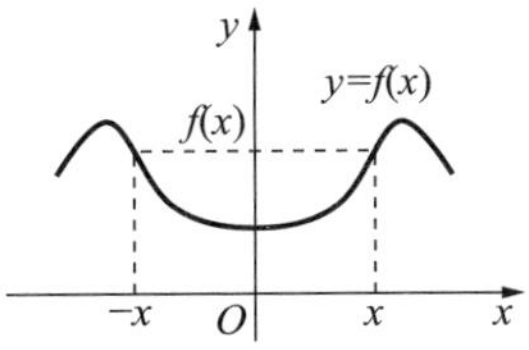

图 1-10

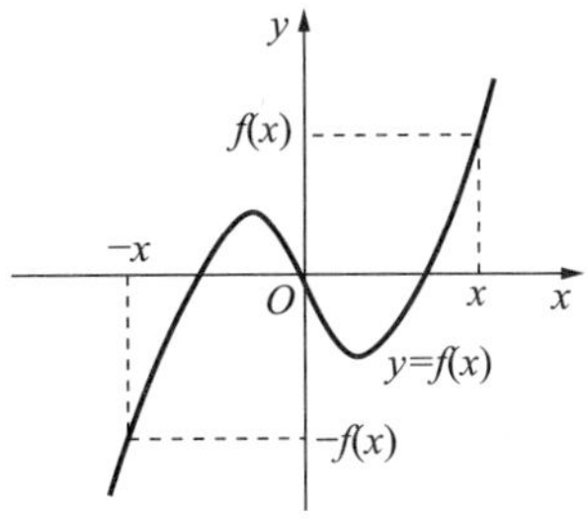

图 1-11

例 11 设函数 $f(x)$ 的定义域为 $(-l,l)$,证明必存在 $(-l,l)$ 上的偶函数 $g(x)$ 和奇函数 $h(x)$,使得

$$f(x)=g(x)+h(x).$$

证 先分析如下:假如这样的 $g(x)$ 和 $h(x)$ 存在,使得

$$f(x)=g(x)+h(x), \tag{1}$$

且
$$g(-x)=g(x),h(-x)=-h(x),$$

于是有

$$f(-x)=g(-x)+h(-x)=g(x)-h(x), \tag{2}$$

利用式(1)、式(2)就可以求出 $g(x)$ 和 $h(x)$. 这就启发我们作如下的证明:

令
$$g(x)=\frac{f(-x)+f(x)}{2},h(x)=\frac{f(x)-f(-x)}{2},$$

则

$$g(x)+h(x)=f(x),$$

$$g(-x)=\frac{f(x)+f(-x)}{2}=g(x),$$

$$h(-x)=\frac{f(-x)-f(x)}{2}=-h(x).$$

证毕.

4. 周期性

定义 7 **设函数 $f(x)$ 的定义域为 D. 如果存在一个正数 l,使得对于任一 $x\in D$ 均有 $(x\pm l)\in D$,且恒有等式**

$$f(x+l)=f(x)$$

成立,则称函数 $f(x)$ 为**周期函数**,正数 l 称为函数 $f(x)$ 的**周期**.

可以看出,如果正数 l 是周期函数的周期,那么 l 的正整数倍也是这个函数的周期,即周期函数的周期不唯一. 通常我们所说的周期是指函数的**最小正周期**,即满足上述等式的最小正数.

例如,函数 $y=\sin x$,$y=\cos x$ 都是周期为 2π 的周期函数,而 $y=\tan x$ 是以 π 为周期的周期函数. 周期函数在每个长度为一个周期的区间上,都有相同的形状,自然地,也有相同的单调性等特性.

习题 1.2

1. 求下列函数的定义域:

(1) $y=\dfrac{1}{\sqrt[3]{x-1}}+\sqrt{8+2x-x^2}$;　　(2) $y=\sqrt{\dfrac{(x-1)}{(x-2)(x-3)}}$;

(3) $y=\ln(1-2^x)$;　　(4) $y=\arcsin\dfrac{x+1}{2}$;

(5) $y=\sqrt{\ln\dfrac{x^2-9x}{10}}$;　　(6) $y=\arccos\ln\sqrt{1-x}$;

(7) $y=\arctan\dfrac{1}{x}+\sqrt{3-x}$;　　(8) $y=e^{\frac{1}{x}}$.

2. 下列各题中, $f(x)$ 和 $g(x)$ 是否相同? 为什么?

(1) $f(x)=\ln x^2, g(x)=2\ln x$;

(2) $f(x)=\sin x, g(x)=\sqrt{1-\cos^2 x}$;

(3) $f(x)=\sqrt[3]{x^4-x^3}, g(x)=x\sqrt[3]{x-1}$;

(4) $f(x)=1, g(x)=\sec^2 x-\tan^2 x$.

3. 已知函数 $f(x)=\begin{cases}\sqrt{9-x^2}, & |x|\leqslant 3,\\ x+1, & |x|>3,\end{cases}$ 求 $f(2), f(3), f(-4)$, 并作出函数的图形.

4. 设 $f(x)=\begin{cases}1, & |x|<1,\\ 0, & |x|=1,\\ -1, & |x|>1.\end{cases}$ $g(x)=e^x$, 求 $f[g(x)]$ 及 $g[f(x)]$, 并作出这两个函数的图形.

5. 讨论下列函数的单调性.

(1) $y=\sqrt{6x-x^2}$;　　(2) $y=x+\ln x$.

6. 若函数 $f(x)$ 的定义域是 $D=[0,1]$, 求下列函数的定义域.

(1) $f(x^2)$;　　(2) $f(\sin x)$;

(3) $f(x+a)$;　　(4) $f(x+a)+f(x-a)\ (a>0)$.

7. 设下面所考虑的函数都是定义在对称区间 $(-l,l)$ 上的, 证明:

(1) 两个偶函数的和是偶函数, 两个奇函数的和是奇函数;

(2) 两个偶函数的乘积是偶函数, 两个奇函数乘积的是偶函数, 偶函数与奇函数的乘积是奇函数.

8. 设 $f(x)=\begin{cases}|\sin x|, & |x|<\dfrac{\pi}{3}\\ 0, & |x|\geqslant\dfrac{\pi}{3},\end{cases}$ 求 $f\left(\dfrac{\pi}{6}\right), f\left(\dfrac{\pi}{4}\right), f\left(-\dfrac{\pi}{4}\right), f\left(\dfrac{\pi}{2}\right), f(-2)$.

9. 设 $f(x)$ 为定义在 $(-l,l)$ 内的奇函数, 若 $f(x)$ 在 $(0,l)$ 内单调增加, 则 $f(x)$ 在 $(-l,0)$ 内也单调增加.

10. 下列函数中, 哪些是偶函数, 哪些是奇函数, 哪些是非奇非偶函数?

(1) $y=x^2(1-x^2)$;　　(2) $y=2x^2-3x^3$;

(3) $y=\dfrac{1-x^2}{1+x^2}$;　　(4) $y=x(x+1)(x-1)$;

(5) $y=\sin x-\cos x+1$;　　(6) $y=\dfrac{a^x+a^{-x}}{2}$;

(7) $y=\ln\dfrac{1-x}{1+x}$;　　(8) $y=x^2\operatorname{sgn}x$.

1.3 复合函数与反函数、初等函数

1.3.1 复合函数

复合函数是复合映射的特例,按照通常函数的记号,复合函数的概念可如下表述.

定义1　已知函数 $y=f(u)\ \big(u\in D(f),y\in R(f)\big)$ 与 $u=g(x)\ \big(x\in D(g),u\in R(g)\big)$. 如果 $D(f)\cap R(g)\neq\varnothing$,则称函数

$$y=(f\circ g)(x)=f[g(x)],\quad x\in\{x\mid g(x)\in D(f)\}$$

是由函数 $y=f(u)$ 和 $u=g(x)$ 复合而成的复合函数. 其中 x 为自变量,y 为因变量,u 称为中间变量. 此复合函数的定义域为 $x\in\{x\mid g(x)\in D(f)\}$.

例1　对于函数 $f(u)=\ln u,g(x)=\sin x$,由于 $D(f)=(0,+\infty),R(g)=[-1,1]$,显然 $D(f)\cap R(g)=(0,1]\neq\varnothing$,所以这两个函数可以复合成新的函数,其表达式为 $y=\ln\sin x$,定义域为

$$D=\{x\mid \sin x\in(0,+\infty)\}=\{x\mid 2k\pi<x<(2k+1)\pi,k=0,\pm1,\pm2,\cdots\}.$$

可以看出,两个函数要复合成新函数,往往要适当限制原来函数自变量的变化范围才可以. 所以,并不是任何两个函数都可以复合成新函数的. 例如,函数 $f(u)=\ln(u-2)$ 与 $g(x)=\sin x$,由于 $D(f)=(2,+\infty)$ 与 $R(g)=[-1,1]$ 没有公共部分,所以这两个函数不能复合成有意义的新函数.

两个以上的函数也可以复合成一个新函数. 例如,由函数 $y=u^2,u=\sin v,v=(2x+1)$ 复合可构成函数 $y=\sin^2(2x+1)$.

复合函数也可以由两个以上的函数经过复合构成. 如 $y=\ln\left(1+\sin\dfrac{1}{x}\right)$ 可以看成由 $y=\ln u,u=1+v,v=\sin w,w=\dfrac{1}{x}$ 等多次复合而成的复合函数.

1.3.2 反函数

作为逆映射的特例,我们有以下反函数的概念.

定义2　设函数 $f:D\to f(D)$ 是单射,则它存在逆映射 $f^{-1}:f(D)\to D$. 则称此映射 f^{-1} 为函数 f 的反函数.

按此定义,对每个 $y\in f(D)$,有唯一的 $x\in D$,使得 $f(x)=y$. 于是有

$$f^{-1}(y)=x.$$

这就是说，反函数 f^{-1} 的对应法则是完全由函数 f 的对应法则所确定的.

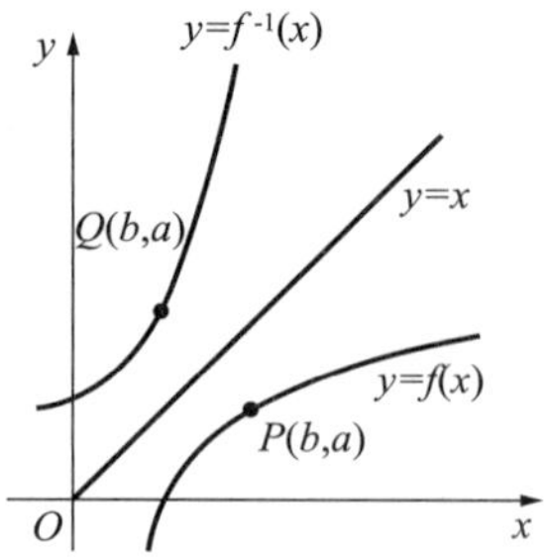

图 1 – 12

在反函数 $x=f^{-1}(y)$ 中，y 为自变量，x 为因变量. 但习惯上，在保持定义域 $R(f)$ 与对应法则 f^{-1} 不变的情形下，我们仍以 x 记自变量，以 y 记因变量，将此反函数记为 $y=f^{-1}(x)$ $(x\in R(f))$. 所以函数 $y=f(x)$ 与其反函数 $y=f^{-1}(x)$ 的图形关于直线 $y=x$ 对称（图 1 – 12）.

如果 $y=f(x)$ 在区间 I 上单调，则 $f:D\to f(D)$ 是单射，于是 f 的反函数一定存在，而且其反函数单调性与 $y=f(x)$ 一致. 例如，指数函数 $y=\mathrm{e}^x$ 是在 $(-\infty,+\infty)$ 内单调增加的，其值域为 $(0,1)$；而它的反函数是对数函数 $y=\ln x$，在其定义域 $(0,+\infty)$ 内也是单调增加的.

1.3.3 初等函数

在初等数学中，已经讲过下面几类函数.

幂函数：$y=x^{\mu}$（$\mu\in\mathbf{R}$ 是常数）.

它的定义域和值域依 μ 的取值不同而不同，但是无论 μ 取何值，幂函数在 $(0,+\infty)$ 内总有定义. 常见的幂函数的图形如图 1 – 13(a) 和图 1 – 13(b) 所示.

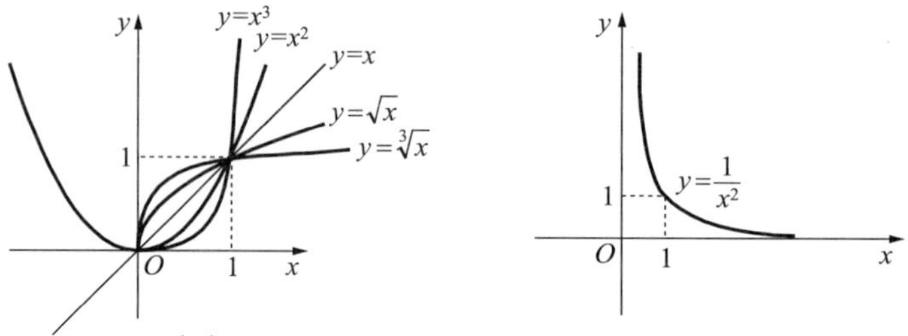

(a) (b)

图 1 – 13

指数函数：$y=a^x$（$a>0$ 且 $a\neq 1$）.

它的定义域为 $(-\infty,+\infty)$，值域为 $(0,+\infty)$. 当 $0<a<1$ 时函数为单调减少的；当 $a>1$ 时函数为单调增加的. 由于 $y=\left(\dfrac{1}{a}\right)^x=a^{-x}$，所以 $y=\left(\dfrac{1}{a}\right)^x$ 与 $y=a^x$ 是关于 y 轴对称的. 指数函数的图形如图 1 – 14 所示.

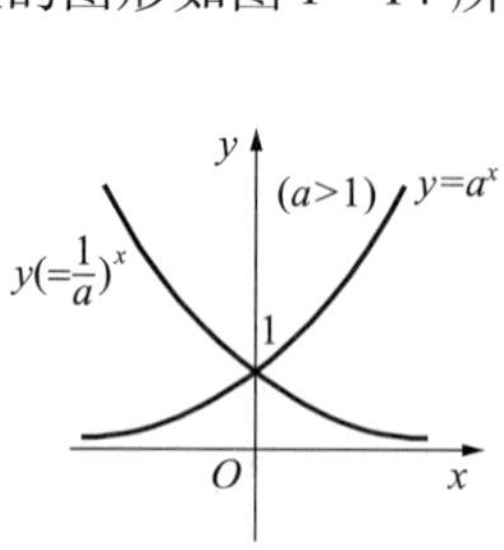

图 1 – 14

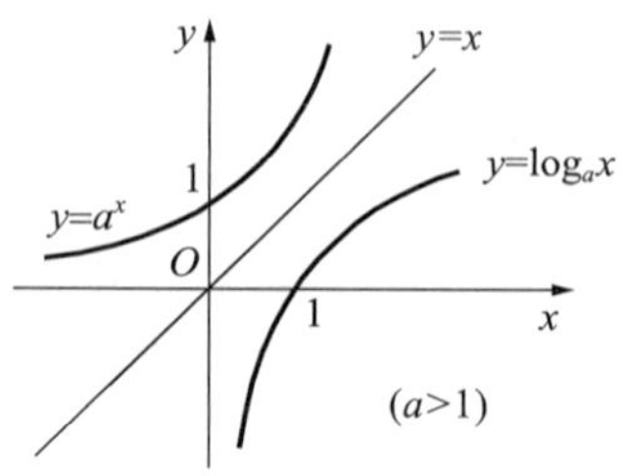

图 1 – 15

对数函数：$y=\log_a x(a>0$ 且 $a\neq1)$，特别地，当 $a=e$ 时，记为 $y=\ln x$.

对数函数 $y=\log_a x$ 是指数函数 $y=a^x$ 的反函数，它的定义域$(0,+\infty)$，值域$(-\infty,+\infty)$，其图形如图1－15所示.

在工程中，常以无理数 $e=2.718281828\cdots$ 作为指数函数和对数函数的底，并且记 $e^x=\exp x$，$\log_e x=\ln x$，后者称为自然对数函数. 一般的对数函数和自然对数函数之间有一个转换关系，即换底公式

$$\log_a x=\frac{\ln x}{\ln a}$$

三角函数：$y=\sin x$，$y=\cos x$，$y=\tan x$ 等.

三角函数有正弦函数 $y=\sin x$、余弦函数 $y=\cos x$、正切函数 $y=\tan x$、余切函数 $y=\cot x$、正割函数 $y=\sec x$、余割函数 $y=\csc x$. 其中正弦、余弦、正切和余切函数的图形如图1－16所示，它们都是周期函数.

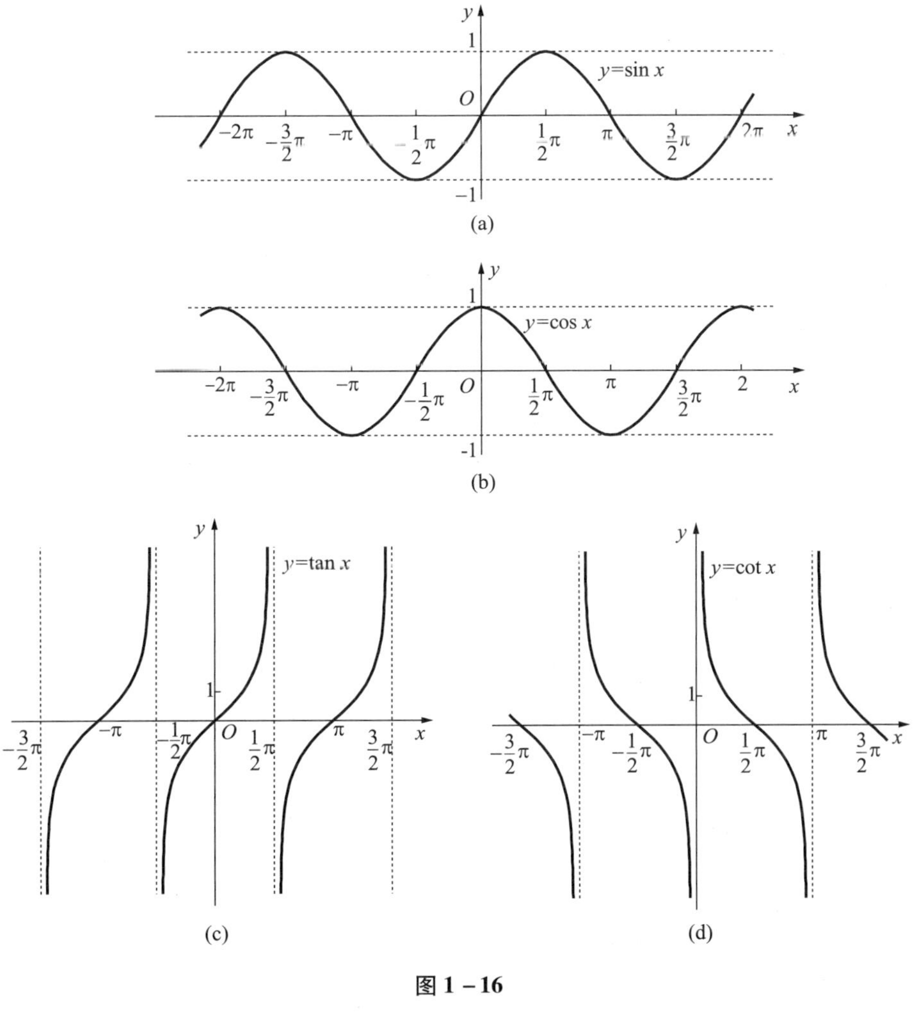

图1－16

三角函数有如下常见的公式：

$$\sin(x\pm y)=\sin x\cos y\pm\cos x\sin y,$$

$$\cos(x\pm y)=\cos x\cos y\mp\sin x\sin y,$$

$$\sin x-\sin y=2\cos\frac{x+y}{2}\sin\frac{x-y}{2},$$

$$\cos x-\cos y=-2\sin\frac{x+y}{2}\sin\frac{x-y}{2},$$

$$\sin 2x=2\sin x\cos x,$$

$$\cos 2x=\cos^2 x-\sin^2 x,$$

$$\cos^2 x+\sin^2 x=1,$$

$$\sin\frac{x}{2}=\sqrt{\frac{1-\cos x}{2}},\ 0\leqslant x\leqslant 2\pi,$$

$$\cos\frac{x}{2}=\sqrt{\frac{1+\cos x}{2}},\ -\pi\leqslant x\leqslant \pi.$$

反三角函数：$y=\arcsin x$，$y=\arccos x$，$y=\arctan x$ 等.

反三角函数主要有反正弦函数 $y=\arcsin x$、反余弦函数 $y=\arccos x$、反正切函数 $y=\arctan x$ 和反余切函数 $y=\operatorname{arccot} x$ 等. 它们的图形如图 1－17 所示.

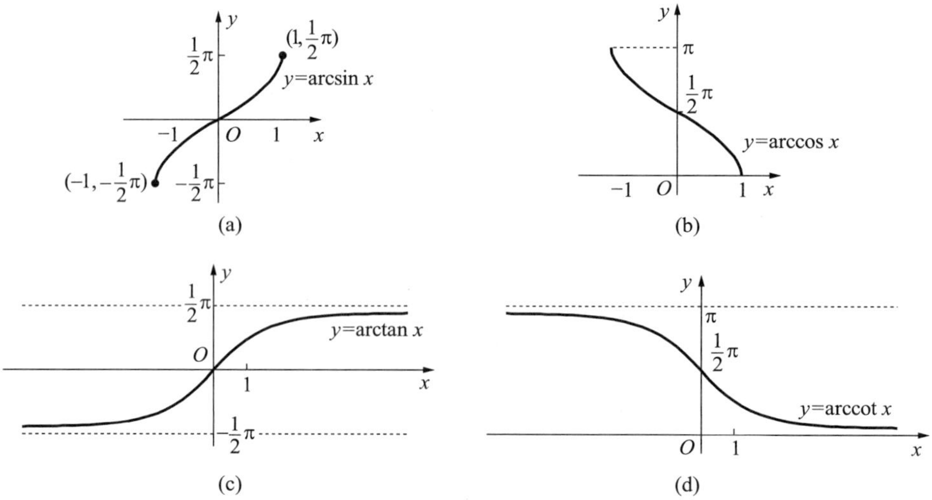

图 1－17

以上这五类函数统称为**基本初等函数**，很多时候也把多项式函数

$$y=a_nx^n+a_{n-1}x^{n-1}+\cdots+a_1x+a_0$$

看做基本初等函数.

由常数和基本初等函数经过有限次的四则运算或有限次的函数复合，且用一个解析式表示的函数，称为**初等函数**.

例如　函数 $y=1+\sin 2x$，$y=\ln(x+\sqrt{1+x^2})$，$y=\mathrm{e}^{\tan(x+1)}$ 等都是初等函数. 在本课程中所讨论的函数绝大多数都是初等函数.

例如　函数 $y=\cos^2\sqrt{x^2+2x}$ 是由函数 $y=u^2$，$u=\cos v$，$v=\sqrt{w}$，$w=x^2+2x$ 复合而成的.

习题 1.3

1. 求下列函数的反函数：

(1) $y=\sqrt[3]{x+1}$；　　(2) $y=\dfrac{1-x}{1+x}$；

(3) $y=\dfrac{ax+b}{cx+d}(ad-bc\neq 0)$. 又问当 a,b,c,d 满足什么条件时这反函数与直接函数相同.

2. 求由下列函数复合而成的复合函数：

(1) $y=e^u, u=\sqrt{v}, v=\cos x$；　　(2) $y=u^2+2u, u=\cos x$；

(3) $y=\ln(1+u), u=v^2, v=\sin x$.

3. 分析下列复合函数的复合步骤：

(1) $y=\ln^2\arctan\sqrt{x}$；　　(2) $y=\cos^2(3x^2+2)$；

(3) $y=\arctan\sqrt[5]{\dfrac{1-x}{1+x}}$.

4. 求偶函数 $g(x)$ 与奇函数 $h(x)$，使得函数 $f(x)=\dfrac{1}{1+\sin x}=g(x)+h(x)$.

1.4 函数关系的建立

本节通过几个实例介绍如何建立变量之间的函数关系. 为了建立函数关系，需明确问题中的因变量与自变量，再根据题意确定因变量与自变量的关系，从而得出函数关系，并根据实际背景确定函数的定义域.

例 1 某矿拟从 A 处掘进一巷道至 C 处，设 AB 为水平方向，长为 600m，BC 为铅直向下方向，深为 200m(图 1－18)，沿水平 AB 方向掘进费用每米 500 元，水平以下为坚硬岩石，掘进费用为每米 1300 元，试将掘进的费用表示为 x(图 1－18)的函数.

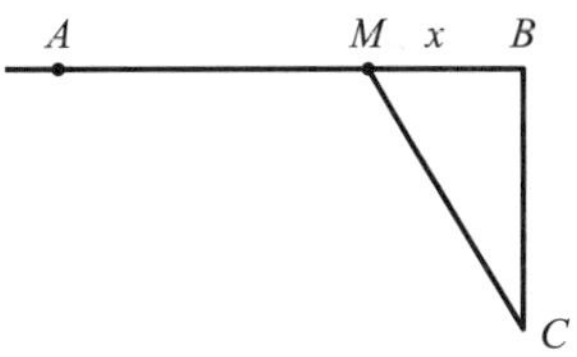

图 1－18

解 如图设掘进线路为折线 AMC，M 点距 B 点为 x，掘进总费用为 P，则

$$P=500(600-x)+1300\sqrt{200^2+x^2}\quad 其中\ x\in[0,600].$$

例 2 要制造一个容积为 V(单位：立方米)的圆柱形密闭容器. 试将容器的表面积表示成底圆半径的函数.

解 设容器表面积为 S，容器的高为 h，底圆半径为 r，则表面积为

$$S=2\pi r^2+2\pi rh,$$

由于容积 $V=\pi r^2h$，于是 $h=\dfrac{V}{\pi r^2}$，代入上式得

$$S=S(r)=2\pi r^2+2\pi r\cdot\frac{V}{\pi r^2}=2\pi r^2+\frac{2V}{r}.$$

例 3 某工厂生产某产品，每日最多生产 100 个单位，它的日固定成本为 130 元，生产一个单位的可变成本为 6 元，求该厂日总成本函数及平均成本函数.

解 设日总成本为 C，平均单位成本为 $\overline{C}$. 由于日总成本为固定成本与可变成本之和. 根据题意，日总成本函数为

$$C=C(x)=130+6x \quad (0\leqslant x\leqslant 100).$$

平均单位成本函数为

$$\overline{C}=\overline{C}(x)=\frac{C(x)}{x}=\frac{130}{x}+6 \quad (0<x\leqslant 100).$$

例 4 某工厂生产某机器，年产量为 a 台，分若干批进行生产，每批生产的准备费用为 b 元. 设机器均匀投入市场，且上一批用完后立即生产下一批，即平均库存量为批量的一半. 设每年每台库存费为 c 元. 显然，生产批量大则库存费高；生产批量少则批数增多，因而生产准备费高. 为了选择最优批量，试求出一年内库存费与生产准备费的和与批量的函数关系.

解 设批量为 x，库存费与生产准备费用的和为 y，因年产量为 a 台，所以每年生产的批数为 $\frac{a}{x}$(设其为整数)，则生产的准备费用为 $\frac{a}{x}\cdot b$，因库存量为 $\frac{x}{2}$，故库存费用为 $\frac{x}{2}\cdot c$，因此可得

$$y=\frac{ab}{x}+\frac{xc}{2},$$

定义域为 $(0,a]$，因本题中的 x 为机器的台数，批数 $\frac{a}{x}$ 为整数，所以 x 只应取 $(0,a]$ 中 a 的正整数因子.

例 5 某人从美国到加拿大去度假，他把美元兑换成加元时币面数值增加 12%，回国后他发现把加元兑换成美元时，币面数值减少 12%，把两次兑换的方式用函数表示出来，这样一来一回的兑换产生的两个函数是否互为反函数？

解 设 $f(x)$ 为将 x 美元兑换成的加元数，$g(x)$ 为将 x 加元兑换成的美元数，则

$$f(x)=x(1+12\%)=1.12x,\quad x\geqslant 0,$$
$$g(x)=x(1-12\%)=0.88x,\quad x\geqslant 0,$$

$g(f(x))=0.88\times 1.12x=0.9856x<x$，故 $f(x)$ 与 $g(x)$ 不互为反函数.

习题 1.4

1. 某运输公司规定货物的吨千米运价为：在 a 千米内，每千米 k 元；超过 a 千米，超过部分每千米运费为 $\frac{4}{5}k$ 元，求运价和里程之间的函数关系.

2. 在半径为 r 的球内嵌入一圆柱，试将圆柱的体积表示为其高的函数，并确定此函数的定义域.

3. 某工厂生产某种产品，年产量为 x，每台售价 250 元，当年产量为 600 台以内时，可以全部售出，当年产量超过 600 台时，经广告宣传又可再多售出 200 台，每台平均广告费

20 元,生产再多,本年就售不出去了,建立本年的销售总收入 R 与年产量 x 的函数关系.

4. 已知水渠的横端面为等腰梯形,斜角 $\varphi=40°$(图 1－19). 当过水端面 $ABCD$ 的面积为定值 S_0 时,求湿周 $L(L=AB+BC+CD)$ 与水深 h 之间的函数关系,并说明定义域.

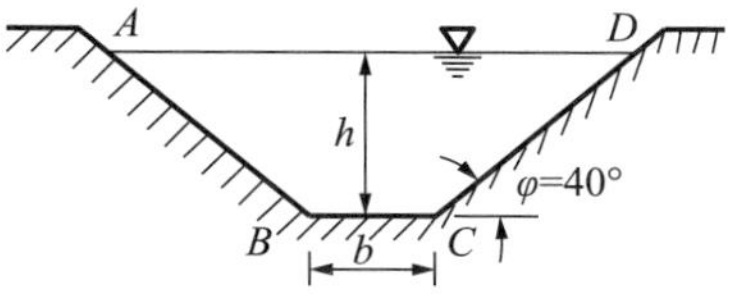

图 1－19

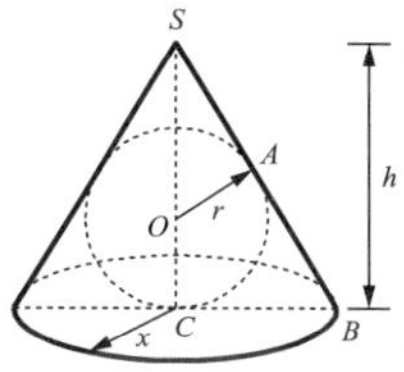

图 1－20

5. 一球的半径为 r,作外切于球的圆锥(图 1－20),试将其体积表示为高的函数,并说明定义域.

1.5 经济学中的常用函数

在经济分析中,对成本、价格、收益等经济量的关系研究,是人们十分关注的问题. 本节我们将介绍常用经济学函数,包括成本函数、收益函数、利润函数以及需求和供给函数.

1.5.1 成本函数、收益函数和利润函数

1. 成本函数

产品的成本是指生产和销售产品的全部支出,由固定成本和可变成本两部分构成. 固定成本是指支付固定生产要素的费用,一般包括厂房、机器的折旧费和广告费用以及新技术引进费用等,记为 C_0;可变成本是指支付可变生产要素的费用,一般包括工人工资、原材料、能量消耗等,它随着产量 x 的变化而变化,记为 $C_1(x)$.

因此总成本函数为

$$C(x)=C_1(x)+C_0$$

2. 收益函数

总收益是指卖出一定量的产品所得到的全部收入,是销售量 x 的函数,记为 $R(x)$. 当产品单价固定为 p 时,收益为

$$R(x)=px$$

但实际生活中,收益和销售量并不是简单的线性关系,这是因为单价和销售量有着相互制约的关系.

3. 利润函数

总利润是指总收益和总成本的差值,记为

$$L(x)=R(x)-C(x)$$

企业生产的目的就是实现利润最大化,然而利润和产量并不是简单的增函数关系,因而盲目扩大生产并不一定能实现利润的增加. 我们要借助数学和管理学的知识,优化

定价、控制产量、合理分配资源从而实现利润的最大化.

例 1 某工厂生产 x 件产品的成本(单位为元)为

$$C(x)=100+2x$$

(1)若每件售价为 3 元,至少生产多少件才不会赔本?

(2)若计划总利润占总收益的 50%,应如何定价?

解 (1)若想不赔本,必须使得总收益等于总成本,设生产 x 件,则

$$3x=100+2x,$$

解得 $x=100$. 因此,需要至少生产 100 件.

(2)设售价为 p(元),由题意可知

$$L(x)=R(x)-C(x)=0.5R(x)$$

即

$$100+2x=0.5px,$$

解得 $p=4+\dfrac{200}{x}$,若 $x=100$,则 $p=6$(元).

1.5.2 需求函数与供给函数

1. 需求函数

商品的需求量是指在一定的价格水平下,消费者愿意而且有支付能力购买的商品的数量. 需求量 Q 主要决定于商品的价格 p,通常需求为价格的减函数. 我们介绍几类常见的需求函数.

(1)线性需求函数

$$Q=Q_0-kp.$$

其中 Q_0 为最大需求,即价格为 0 时的市场总需求;k 为边际需求,表示价格降低一个单位时需求的增加量. 该函数主要用于短期的需求预测.

(2)指数需求函数

$$Q=a\mathrm{e}^{bp},(a>0,b<0).$$

其中 a 相当于(1)中的 Q_0,b 为需求对价格的敏感度. 该函数主要用于中长期的需求预测.

2. 供给函数

商品的供给量是指在一定的价格水平下,生产者愿意生产并可供出售的商品的总量. 供给量 S 主要决定于商品的价格 p,通常供给量是价格的增函数. 常见的供给函数有以下几类.

(1)线性供给函数

$$S=lp-S_0(l,S_0>0).$$

(2)指数供给函数

$$S=a\mathrm{e}^{bp}(a,b>0).$$

我们称满足 $Q(p)=S(p)$ 的价格为均衡价格,记为 p_e. 在同一坐标系中作出 $Q(p)$,$S(p)$ 的曲线,它们的交点对应的价格即为 p_e,对应的需求量称为均衡量,即为 Q_e,如图 1-21 所示.

例 2 某商品的供给和需求函数分别为

$$S = 8p - 10, Q = 100 - 2p,$$

求均衡价格和均衡量.

解 令 $S = Q$,可知 $8p - 10 = 100 - 2p$,从而均衡价格为 $p_e = 11$,均衡量为 $Q_e = 78$.

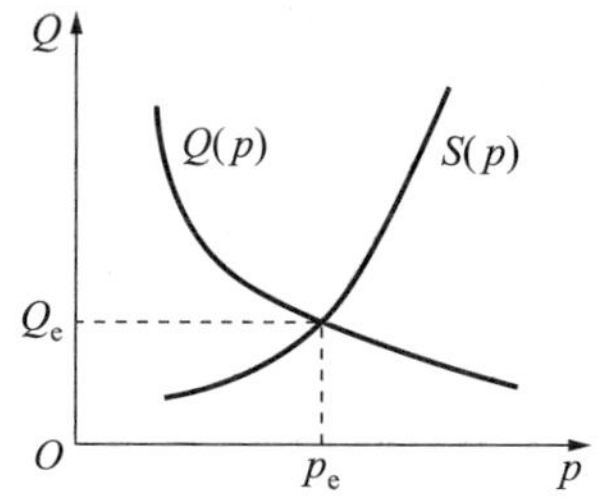

图 1-21

习题 1.5

1. 某商品的成本函数为 $C(x) = 6 + 7x + x^2$,每件售价为 15 元.

(1)写出总利润函数.

(2)怎样安排生产可以使得总利润最大?

2. 某店统计,一种手表的价格为 70 元/只时,销售量为 1 万只;将单价每提高 3 元,需求量就减少 3000 只,求市场对这种手表的需求函数.

复习题 1

1. 下列各对函数中哪些相同?哪些不同?

(1)$f(x) = \ln x^2, g(x) = 2\ln|x|$;

(2)$f(x) = \sqrt{(x-2)^2}, g(x) = x - 2$;

(3)$f(x) = e^{\ln 2x}, g(x) = 2x$.

2. 下列函数中哪些是偶函数?哪些是奇函数?哪些是非奇非偶函数?

(1)$f(x) = \arctan(\sin x)$;　　(2)$f(x) = \frac{1}{2}(e^x + e^{-x})\sin x$;

(3)$f(x) = \frac{e^{-x} - 1}{e^x + 1}$;　　(4)$f(x) = x^3 + |\sin x|$.

3. 下列函数中哪些是周期函数?并指出周期:

(1)$f(x) = 1 + \cos \pi x$;　　(2)$f(x) = |\sin x|$;

(3)$f(x) = x\cos\frac{1}{x}$;　　(4)$f(x) = \sin \pi x + \cos \pi x$.

4. 求下列函数的定义域:

(1)$y = \arccos\frac{2x-1}{7} + \frac{1}{\sqrt{x^2 - x - 6}}$;　　(2)$y = \frac{\ln(3-x)}{\sqrt{|x| - 1}}$.

5. 设 $f(x) = \begin{cases} e^{x^2}, & x > 1 \\ 2x, & x \leqslant 1 \end{cases}$ 和 $\varphi(x) = \begin{cases} \sin x, & x > 0 \\ x^2, & x \leqslant 0 \end{cases}$ 求 $f[\varphi(x)]$.

6. 设 $f(x)$ 的定义域是 $[0,1]$,求 $f(x+a) + f(x-a)\ (a > 0)$ 的定义域.

7. 设 $f(x) = e^{x^2}$,$f[\varphi(x)] = 1 - x$,且 $\varphi(x) \geqslant 0$,求 $\varphi(x)$ 的表达式及其定义域.

8. 证明:定义在对称区间 $(-l, l)$ 上的任意函数可表示为一个奇函数和一个偶函数的和.

9. 设 $f(x) = \frac{x}{1-x}$,求 $f[f(x)]$ 及其定义域.

10. 一房地产公司有 50 套公寓房要出租，当租金定为 1000 元/(套·月)时，公寓可全部租出；当租金提高 50 元/(套·月)，租不出的公寓就增加一套；已租出的公寓整修维护费用为 100 元/(套·月). 试求房地产公司所获得的利润和闲置公寓之间的函数关系？并确定每月租金定价多少时可获得最大利润？此时最大利润是多少？

第2章 极限与连续

在微积分中，极限是一个重要的基本概念，微积分中其他一些重要概念如微分、积分、级数等都是建立在极限概念的基础上的.

极限理论是研究变量与函数的基本工具，也是整个微积分的理论基础. 本章主要介绍数列极限、函数极限的定义、性质及基本计算方法，并在此基础上讨论函数的连续性.

2.1 数列的极限

极限的理论和方法是阐述微积分的概念（如导数、微分、积分和无穷级数等）和方法的重要工具，是整个微积分学的理论基础.

2.1.1 数列

早在2000多年前，《庄子·天下篇》中就有这样的说法："一尺之棰，日取其半，万世不竭."用数学的语言来说，一尺长的木棍，"日取其半"，第一天剩余部分为 $y_1=\frac{1}{2}$，第二天剩余部分为 $y_2=\frac{1}{2}\cdot\frac{1}{2}=\frac{1}{2^2}$，…，到第 n 天剩余部分为 $y_n=\frac{1}{2^n}$. n 越来越大时，剩余部分 y_n 越来越小，但永远不会等于零，即这个过程可以"万世不竭". 显然，随着 n 的无限增大，y_n 无限接近于零. 事实上，这其中蕴含着朴素的极限思想. 这里得到的一串数

$$\frac{1}{2},\frac{1}{2^2},\cdots,\frac{1}{2^n},\cdots$$

就是一个数列.

定义1　按一定顺序排列的一列数

$$x_1,x_2,\cdots,x_n,\cdots$$

称为数列，简记为 $\{x_n\}$. 数列 $\{x_n\}$ 中的每个数称为数列的项，x_n 称为数列的通项或一般项，正整数 n 称为数列的项数.

例如：

$$1,-1,1,-1,\cdots,(-1)^{n-1},\cdots$$

$$2,4,6,\cdots,2n,\cdots$$

$$\frac{2}{1},\frac{3}{2},\cdots,\frac{n+1}{n},\cdots$$

$$-\frac{1}{2},\frac{1}{4},-\frac{1}{8},\cdots,\left(-\frac{1}{2}\right)^n\cdots$$

它们的一般项分别是$(-1)^{n-1}$,$2n$,$\frac{n+1}{n}$,$\left(-\frac{1}{2}\right)^n$. 以后,数列$\{x_n\}$也简记为数列$x_n$.

几何上,数列x_n可看作数轴上的一个动点,它依次取数轴上的点$x_1,x_2,\cdots,x_n,\cdots$如图2-1.

图2-1

注:有时也将数列的定义域取为扩大的自然数集 **N**.

容易看出,上述数列可以分为两类.

一类是,当n无限增大时,一般项无限趋近于某个常数,当n无限增大时,一般项并不趋近于一个固定的常数.这种对于无穷数列一般项的变化趋势的考查,反映了数列极限的思想.

2.1.2 数列的极限

早在公元前,古希腊数学家就对无穷小给出十分严格的描述:"一个量如减去大于一半的量,再从余下的量减去大于该余量一半的量,这样一直下去,总可使某一余下的量小于已知的任何量."我国古代数学家刘徽(公元263年)用正多边形逼近圆周,并直觉意识到边数越多,多边形的面积就越接近圆的面积,这是一种朴素的、直观的极限思想.微积分的发展正是在严格与直观的极限思想基础上构建了它的框架,形成了它的体系并不断地充实与完善.

下面以我国古代数学家刘徽的割圆术为例,说明这种思想方法.

设有一单位圆,首先作内接正六边形,它的面积记为A_1,再作内接正十二边形,其面积记为A_2,再作内接正二十四边形,其面积记为A_3,循此下去,每次边数加倍,一般地把内接正3×2^n边形的面积记为A_n.这样,就得到一系列内接正多边形的面积值A_n,它们构成一列有次序的数

$$A_1, A_2, \cdots, A_n, \cdots$$

n越大,内接正多边形与圆的几何差异就越小,从而以内接正3×2^n边形的面积A_n作为圆面积的近似值也越精确.刘徽曾正确地计算出圆内接正3072(6×2^9)边形的面积,从而得到圆周率$\pi\approx\frac{3927}{1250}=3.1416$. 但是无论$n$取得多么大,只要$n$取定了,$A_n$终究只是多边形的面积,还不是圆面积.

因此,设想n无限增大(记为$n\to\infty$,读作n趋向无穷大),即内接正多边形的边数无限增加,在这过程中,内接正多边形无限接近于圆,同时A_n也无限接近于某一确定的数值a.这个数值a便理解为圆的面积.这个数值a在数学上称为上面这列有次序的数列A_n当$n\to\infty$时的极限.在圆面积问题中我们看到,正是这个数列的极限a精确地表达了圆的面积.

在解决实际问题中逐渐形成的这种极限方法正是高等数学的一种基本方法.为此可给出直观的极限定义:

定义 2　如果当 n 无限增大时(即 $n\to\infty$ 时),对应的 x_n 无限接近于某一个数值 a,那么这个数值 a 就称为数列 $\{x_n\}$ 的极限或称数列 $\{x_n\}$ 收敛于 a. 记作 $\lim\limits_{n\to\infty}x_n=a$,或 $x_n\to a$ $(n\to\infty)$.

如果数列 $\{x_n\}$ 有极限,则称数列 $\{x_n\}$ 收敛,或说"$\lim\limits_{n\to\infty}x_n$ 存在";如果数列 $\{x_n\}$ 没有极限,则称数列 $\{x_n\}$ 是发散的,或说"$\lim\limits_{n\to\infty}x_n$ 不存在".

在上面定义中,什么叫无限增大,什么叫无限接近是模糊的. 因此极限的定义有必要加以严密论述.

我们知道,数列的一般项 x_n 与数 a 的接近程度可用两个数的距离 $|x_n-a|$ 来度量,所谓 n 无限增大时 x_n 与数 a 无限接近是指 n 无限增大时 $|x_n-a|$ 可任意小,或可以小于任意给定的正数 ε. 但这种可任意小的特性是和 n 可任意增大相联系的. 下面以数列 $x_n=\frac{n+1}{n}$的极限是 1 为例进一步说明这一点.

$|x_n-1|=\frac{1}{n}$,当 n 无限增大时 x_n 无限接近于 1,相当于 $|x_n-1|$ 即$\frac{1}{n}$当 n 无限增大时可任意小. 如要使

$$|x_n-1|<0.1,$$

只要 $n>10$;即从第 11 项开始的所有 x_n,上面不等式就成立. 要使

$$|x_n-1|<0.0001,$$

只要从第 10001 项开始的所有 x_n,上面不等式就成立.

由此看到,不论给定的正数 ε 多么小,总存在一个正整数 N,使得对于 $n>$N 时的一切 x_n,不等式

$$|x_n-1|<\varepsilon$$

都成立,这就是数列 x_n 当 $n\to\infty$ 时无限接近于 1 这件事的本质.

一般地,对于数列 $\{x_n\}$ 有下列极限的严格定义:

定义 3　如果对于任意给定的正数 ε(不论多么小),总存在正整数 N,使得对于 $n>$ N 时的一切 x_n,不等式

$$|x_n-a|<\varepsilon$$

都成立,那么就称常数 a 是数列 $\{x_n\}$ 当 $n\to\infty$ 时的极限或称数列 $\{x_n\}$ 当 $n\to\infty$ 时收敛于 a. 记为 $\lim\limits_{n\to\infty}x_n=a$ 或 $x_n\to a(n\to\infty)$.

如果数列没有极限,就说数列是发散的.

数列极限 $\lim\limits_{n\to\infty}x_n=a$ 的几何解释:

将常数 a 及数列 $x_1,x_2,\cdots,x_n$,在数轴上用它们的对应点表示出来,再在数轴上作点 a 的 ε 邻域即开区间$(a-\varepsilon,a+\varepsilon)$,如图 2-2 所示.

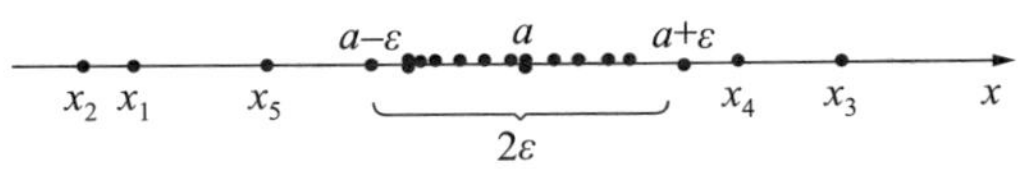

图 2-2

因不等式 $|x_n-a|<\varepsilon$ 与不等式 $a-\varepsilon<x_n<a+\varepsilon$ 等价,所以当 $n>N$ 时,所有的点 x_n 即无限多个点

$$x_{N+1}, x_{N+2}, x_{N+3}, \cdots$$

都落在开区间$(a-\varepsilon, a+\varepsilon)$内，而只有有限个点（至多只有 N 个）在这区间以外.

注 1 上面定义中正数 ε 可以任意给定是很重要的，因为只有这样，不等式 $|x_n - a| < \varepsilon$ 才能表达出 x_n 与 a 无限接近的意思.

注 2 定义中的正整数 N 是与任意给定的正数 ε 有关的，它随着 ε 的给定而选定. 容易看出，这样的正整数 N 如果存在，它就不是唯一的. 按照极限概念，我们没有必要求出最小的 N. 如果知道 $|x_n - a|$ 小于某个量（这个量与 n 有关系），那么当这个量小于 ε 时，$|x_n - a| < \varepsilon$ 当然也成立. 用这种方法常常可以方便地定出正整数 N.

以上给出的极限定义，并未直接提供求数列极限的方法，但常用来证明数列的极限.

例 1 证明数列$\{a_n\}$：$a_n = \dfrac{n+(-1)^n}{n}$的极限是 1.

证 任意给定正数 ε，由于 $|a_n - 1| = \left|\dfrac{n+(-1)^n}{n} - 1\right| = \dfrac{1}{n}$，所以要使 $|a_n - 1| < \varepsilon$，只要$\dfrac{1}{n} < \varepsilon$，即 $n > \dfrac{1}{\varepsilon}$就可以了. 因此可取 $N = \left[\dfrac{1}{\varepsilon}\right]$，则当 $n > N$ 时一定有 $n > \dfrac{1}{\varepsilon}$，从而有 $|a_n - 1| < \varepsilon$. 所以有$\lim\limits_{n\to\infty}\dfrac{n+(-1)^n}{n} = 1$.

例 2 证明$\lim\limits_{n\to\infty} q^n = 0\ (|q| < 1)$.

证

$$|x_n - 0| = |q|^n,$$

对于任意给定的正数 $\varepsilon > 0$（设 $\varepsilon < 1$），要使 $|x_n - 0| < \varepsilon$，只要 $|q|^n < \varepsilon$，取自然对数，得 $n\ln|q| < \ln\varepsilon$，这相当于 $n > \dfrac{\ln\varepsilon}{\ln|q|}$（$|q| < 1, \ln|q| < 0$），所以取正整数 $N = \left[\dfrac{\ln\varepsilon}{\ln|q|}\right]$，则当 $n > N$ 时，就有

$$|q^n - 0| < \varepsilon,$$

即

$$\lim_{n\to\infty} q^n = 0.$$

数列极限的定义并未直接提供如何去求数列极限的方法，求极限的方法将在后面各节中展开.

2.1.3 收敛数列的性质

下面四个定理都是有关收敛数列的性质.

定理 1（极限的唯一性） 若数列 x_n 存在极限则必定唯一.

证 用反证法. 假设同时有 $x_n \to a$ 及 $x_n \to b$，且 $a < b$. 取 $\varepsilon = \dfrac{b-a}{2}$. 因为$\lim\limits_{n\to\infty} x_n = a$，故存在正整数 N_1，使得对于 $n > N_1$ 时的一切 x_n，不等式

$$|x_n - a| < \varepsilon = \frac{b-a}{2} \tag{1}$$

都成立. 同理，因为$\lim\limits_{n\to\infty} x_n = b$，故存在正整数 N_2，使得对于 $n > N_2$ 时的一切 x_n，不等式

$$|x_n - b| < \varepsilon = \frac{b-a}{2} \tag{2}$$

都成立. 取 $N = \max\{N_1, N_2\}$（此式表示 N 是 N_1 和 N_2 中较大的那个数），则当 $n > N$ 时

式(1)及式(2)同时成立. 但由(1)有 $x_n < \frac{a+b}{2}$,由(2)有 $x_n > \frac{a+b}{2}$,这矛盾证明了定理的结论.

例3 证明数列 $x_n = (-1)^n (n=1,2,3,\cdots)$ 是发散的.

证 如果这数列收敛,根据定理1,它有唯一的极限,设极限为 a,即 $\lim\limits_{n\to\infty} x_n = a$,按数列极限的定义,对于 $\varepsilon = \frac{1}{2}$,∃正整数 N,当 $n > N$ 时,$|x_n - a| < \frac{1}{2}$ 成立;即当 $n > N$ 时,x_n 都在开区间 $\left(a - \frac{1}{2}, a + \frac{1}{2}\right)$ 内. 但这是不可能的,因为 $n\to\infty$ 时,x_n 无休止地一再重复取得1和 -1 这两个数,而这两个数不可能同时属于长度为1的开区间 $\left(a - \frac{1}{2}, a + \frac{1}{2}\right)$ 内. 因此这数列是发散的.

下面先介绍数列的有界性概念,然后证明收敛数列的有界性.

对于数列 x_n,如果存在着正数 M,使得 $|x_n| \leqslant M$ 对一切正整数 $n = 1,2,\cdots$ 成立,则称数列 x_n 是有界的. 如果这样的正数 M 不存在就说 x_n 是无界的.

例如,数列 $x_n = \frac{n}{n+1}$ 是有界的,因为可取 $M=1$,从而对于一切正整数都成立 $|x_n| \leqslant 1$.

定理2(收敛数列的有界性)　如果数列 x_n 收敛,那么数列 x_n 必定有界.

证 因为数列 x_n 收敛,设 $\lim\limits_{n\to\infty} x_n = a$. 根据数列极限的定义,对于 $\varepsilon = 1$,存在着正整数 N,使得对于 $n > N$ 时的一切 x_n 不等式

$$|x_n - a| < 1$$

都成立. 于是,当 $n > N$ 时,

$$|x_n| = |x_n - a + a| \leqslant |x_n - a| + |a| < 1 + |a|.$$

取 $M = \max\{|x_1|, |x_2|, \cdots, |x_N|, 1 + |a|\}$ 那么数列 x_n 中的一切 x_n 都满足不等式

$$|x_n| \leqslant M.$$

这就证明了数列 x_n 是有界的.

根据上述定理 ,如果数列 $\{x_n\}$ 无界 ,那么数列 x_n 一定发散,如数列 $\{2^n\}$ 是无界的,所以数列 $\{2^n\}$ 是发散的. 但是,如果数列 x_n 有界,却不能断定数列 x_n 一定收敛. 例如数列 $\{(-1)^n\}$ 有界,但这数列是发散的. 所以数列有界是数列收敛的必要条件,但不是充分条件.

定理3(收敛数列的保号性)　如果 $\lim\limits_{n\to\infty} x_n = a$,且 $a > 0$ 或($a < 0$),那么存在正整数 $N > 0$,当 $n > N$ 时,都有 $x_n > 0$(或 $x_n < 0$).

证 就 $a > 0$ 的情形证明. 由数列极限的定义,对 $\varepsilon = \frac{a}{2}$,∃正整数 $N > 0$,当 $n > N$ 时,有

$$|x_n - a| < \frac{a}{2},$$

从而

$$x_n > a - \frac{a}{2} = \frac{a}{2} > 0,$$

推论　如果数列 $\{x_n\}$ 从某项起有 $x_n \geqslant 0$(或 $x_n \leqslant 0$),且 $\lim\limits_{n\to\infty} x_n = a$,那么 $a \geqslant 0$(或

$a \leqslant 0$).

证 设数列$\{x_n\}$从 N_1 项起,即当 $n > N_1$ 时有 $x_n \geqslant 0$. 现用反证法证明. 若$\lim\limits_{n\to\infty} x_n = a < 0$,则由定理3 知,存在正整数 $N_2 > 0$,当 $n > N_2$ 时有 $x_n < 0$. 取 $N = \max\{N_1, N_2\}$,当 $n > N$ 时,按假定有 $x_n \geqslant 0$. 按定理3 有 $x_n < 0$,这引起矛盾. 所以必有 $a \geqslant 0$.

数列$\{x_n\}$从某项起有 $x_n \leqslant 0$ 的情形,可以类似地证明.

最后,介绍子数列的概念以及收敛数列与其子数列间关系的一个定理.

在数列$\{x_n\}$中任意抽取无限多项,并保持这些项在原数列$\{x_n\}$中的先后次序,这样得到的一个数列称为原数列$\{x_n\}$的子数列(或子列).

设在数列$\{x_n\}$中,第一次抽取 x_{n_1},第二次在 x_{n_1}后抽取 x_{n_2},第三次在 x_{n_2}后抽取 x_{n_3},……,这样无休止地抽取下去,得到一个数列

$$x_{n_1}, x_{n_2}, x_{n_3} \cdots, x_{n_k}, \cdots$$

这个数列$\{x_{n_k}\}$就是数列$\{x_n\}$的一个子数列.

注意 在子数列$\{x_{n_k}\}$中,一般项 x_{n_k}是第 k 项,而 x_{n_k}在原数列$\{x_n\}$中却是第 n_k 项. 显然,$n_k \geqslant k$.

定理4(**收敛数列与其子数列间的关系**) **如果数列$\{x_n\}$收敛于 a,那么它的任一子数列也收敛,且极限也是 a.**

证 设数列$\{x_{n_k}\}$是数列$\{x_n\}$的子数列.

由于 $\lim\limits_{n\to\infty} x_n = a$,故 $\forall \varepsilon > 0$,$\exists$正整数 $N > 0$,当 $n > N$ 时,有 $|x_n - a| < \varepsilon$,成立.

取 $K = N$,则当 $k > K$ 时,$n_k > n_K > n_N \geqslant N$. 于是 $|x_n - a| < \varepsilon$,这就证明了 $\lim\limits_{k\to\infty} x_{n_k} = a$.

由定理4 可知,如果数列$\{x_n\}$有两个子数列收敛于不同的极限,那么数列$\{x_n\}$是发散的. 例如,例3 中的数列

$$-1, 1, -1, \cdots, (-1)^n, \cdots$$

的子数列$\{x_{2k-1}\}$收敛于 -1,而子数列$\{x_{2k}\}$收敛于 1,因此数列 $x_n = (-1)^n (n = 1, 2, \cdots)$是发散的. 同时这个例子也说明,一个发散的数列也可能有收敛的子数列.

习题 2.1

1. 下列各题中,哪些数列是收敛?哪些数列发散?对收敛数列,通过观察下列数列的变化趋势;写出其极限.

(1) $x_n = \dfrac{1}{2^n}$;　　(2) $x_n = (-1)^n \dfrac{1}{n}$;

(3) $x_n = 2 + \dfrac{1}{n^2}$;　　(4) $x_n = \dfrac{n-1}{n+1}$;

(5) $x_n = n(-1)^n$;　　(6) $x_n = \dfrac{2^n - 1}{4^n}$;

(7) $x_n = [(-1)^n + 1]\dfrac{n+1}{n}$;　　(8) $x_n = n - \dfrac{1}{n}$.

2. 设 $x_n = \dfrac{\cos\frac{n\pi}{2}}{n}$,问 $\lim\limits_{n\to\infty} x_n = ?$ 求出 N,使当 $n > N$ 时的一切 x_n 与其极限之差的绝对

值小于正数 ε，当 $\varepsilon=0.001$ 时，求出 N.

3. 根据数列极限定义证明：

(1) $\lim\limits_{n\to\infty}\dfrac{1+(-1)^n}{n^2}=0$；　　(2) $\lim\limits_{n\to\infty}\dfrac{3n+1}{2n+1}=\dfrac{3}{2}$；

(3) $\lim\limits_{n\to\infty}\dfrac{\sqrt{n^2+a^2}}{n}=1$；　　(4) $\lim\limits_{n\to\infty}0.\overbrace{99\cdots9}^{n个}=1$.

4. 若 $\lim\limits_{n\to\infty}u_n=a$，证明 $\lim\limits_{n\to\infty}|u_n|=|a|$. 并举例说明反过来未必成立.

5. 设数列 y_n 有界，又 $\lim\limits_{n\to\infty}x_n=0$，证明 $\lim\limits_{n\to\infty}x_ny_n=0$.

6. 对于数列 x_n，若 $x_{2k}\to a$，$x_{2k+1}\to a$，$(k\to\infty)$，证明 $x_n\to a(n\to\infty)$.

2.2 函数的极限

数列实质上是自变量只取正整数的函数，即 $a_n=f(n)$，$n=1,2,3,\cdots$，所以数列的极限也可以看成是自变量 n 增大的过程中函数 $f(n)$ 的极限. 一般地，在自变量的某个变化过程中，如果对应的函数值无限接近于某个确定的数，那么这个确定的数就叫做这一变化过程中函数的极限. 这个极限值与自变量的变化过程密切相关，自变量的变化过程不同，函数的极限也表现为不同的形式. 数列极限中，自变量的变化过程是 $n\to\infty$，对于一般的函数，其自变量 $x\in D\subset\mathbf{R}$，主要研究以下两种变化过程.

(1) 自变量 x 的绝对值无限增大即趋于无穷大时，对应的函数值 $f(x)$ 的变化情形；

(2) 自变量 x 任意地无限趋近于有限值 x_0 时，对应的函数值 $f(x)$ 的变化情形.

2.2.1 自变量趋于无穷大时函数的极限

因为自变量可取正负，$f(x)$ 当 $x\to\infty$ 时的极限可以有几种不同情况.

设 X 为某正数，函数 $f(x)$ 当 $|x|>X$ 时是有定义的. 如果在 $x\to\infty$ 的过程中，对应的函数值 $f(x)$ 无限接近于确定的数值 A，那么 A 叫做函数 $f(x)$ 当 $x\to\infty$ 时的极限. 精确地说，就是

定义 1　**设函数 $f(x)$ 在 $|x|>a(a>0)$ 时有定义，若 $|x|$ 无限增大，即 $x\to\infty$ 时，函数 $f(x)$ 无限趋近于一个确定的常数 A，则称 A 是 $x\to\infty$ 时 $f(x)$ 的极限，记作**

$$\lim_{x\to\infty}f(x)=A\ 或\ f(x)\to A(x\to\infty).$$

若 x 只取正值且 $|x|$ 无限增大，即 $x\to+\infty$ 时，函数趋于确定的常数 A，则称 A 是 $x\to+\infty$ 时 $f(x)$ 的极限，记作

$$\lim_{x\to+\infty}f(x)=A\ 或\ f(x)\to A(x\to+\infty).$$

若 x 只取负值且 $|x|$ 无限增大，即 $x\to-\infty$ 时，函数趋于确定的常数 A，则称 A 是 $x\to-\infty$ 时 $f(x)$ 的极限，记作

$$\lim_{x\to-\infty}f(x)=A\ 或\ f(x)\to A(x\to-\infty).$$

$\lim\limits_{x\to\infty}f(x)$、$\lim\limits_{x\to+\infty}f(x)$ 和 $\lim\limits_{x\to-\infty}f(x)$ 是 3 个不同的极限概念，它们之间有如下的关系.

定理 1　**$\lim\limits_{x\to\infty}f(x)$ 存在且等于 A 的充分必要条件是 $\lim\limits_{x\to+\infty}f(x)$ 和 $\lim\limits_{x\to-\infty}f(x)$ 都存在且等**

于 A,即有

$$\lim_{x\to\infty}f(x)=A\Leftrightarrow\lim_{x\to+\infty}f(x)=\lim_{x\to-\infty}f(x)=A.$$

换句话说,若 $\lim\limits_{x\to+\infty}f(x)$ 和 $\lim\limits_{x\to-\infty}f(x)$ 之一不存在,或者虽然都存在但二者不相等,则 $\lim\limits_{x\to\infty}f(x)$ 不存在.

以上三个函数极限也有与数列极限类似的严格的数学定义,以 $x\to\infty$ 时的情形为例给出.

定义 2　设函数 $f(x)$ 当 $|x|$ 大于某一正数时有定义. 如果存在常数 A,对于任意给定的正数 ε(不论它多么小),总存在着正数 X,使得当 x 满足不等式 $|x|>X$ 时,对应的函数值 $f(x)$ 都满足不等式 $|f(x)-A|<\varepsilon$,那么常数 A 就叫做函数 $f(x)$ 当 $x\to\infty$ 时的极限.

从几何上说,$\lim\limits_{x\to\infty}f(x)=A$ 的意义是:作直线 $y=A-\varepsilon$ 和 $y=A+\varepsilon$,见图 2-3,则总有一个正数 X 存在,使得当 $x<-X$ 或 $x>X$ 时,函数 $y=f(x)$ 的图形位于这两条直线之间.

例 1　证明 $\lim\limits_{x\to\infty}\dfrac{1}{x}=0$.

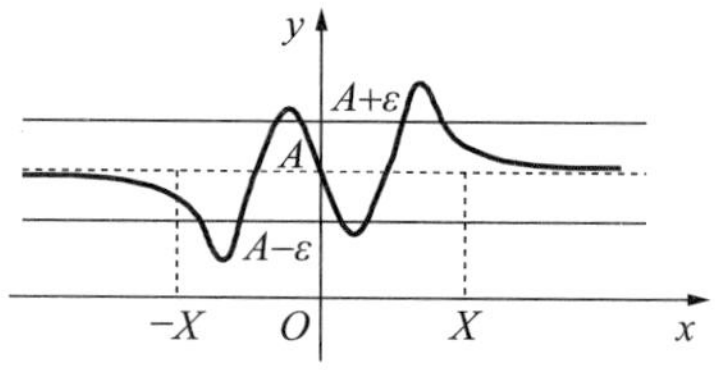

图 2-3

证　设 ε 是任意的正数,要证存在正数 X,当 $|x|>X$ 时,不等式

$$\left|\frac{1}{x}-0\right|<\varepsilon$$

成立. 因这个不等式相当于

$$\frac{1}{|x|}<\varepsilon\quad 或\quad |x|>\frac{1}{\varepsilon}.$$

由此可知,如果取 $X=\dfrac{1}{\varepsilon}$,那么对于适合 $|x|>X=\dfrac{1}{\varepsilon}$ 的一切 x,不等式 $\left|\dfrac{1}{x}-0\right|<\varepsilon$ 成立,这就证明了

$$\lim_{x\to\infty}\frac{1}{x}=0.$$

一般地说,如果 $\lim\limits_{\substack{x\to\infty\\ 或x\to+\infty\\ x\to-\infty}}f(x)=A$,则直线 $y=A$ 是函数 $y=f(x)$ 的图形的水平渐近线.

由例 1,直线 $y=0$ 是函数 $y=\dfrac{1}{x}$ 的水平渐近线.

例 2　考查下列极限.

(1) $\lim\limits_{x\to\infty}\left(\dfrac{1}{2}\right)^x$;　　(2) $\lim\limits_{x\to\infty}\arctan x$.

解　(1) 如图 2-4 所示,$\lim\limits_{x\to+\infty}\left(\dfrac{1}{2}\right)^x=0$,$\lim\limits_{x\to-\infty}\left(\dfrac{1}{2}\right)^x=+\infty$,所以 $\lim\limits_{x\to\infty}\left(\dfrac{1}{2}\right)^x$ 不存在.

(2) 由于 $\lim\limits_{x\to+\infty}\arctan x=\dfrac{\pi}{2}$,而 $\lim\limits_{x\to-\infty}\arctan x=-\dfrac{\pi}{2}$,所以 $\lim\limits_{x\to\infty}\arctan x$ 不存在.

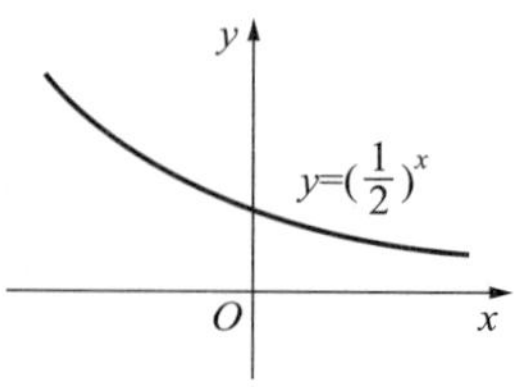

图 2-4

2.2.2 自变量趋于有限值时函数的极限

对函数 $y=f(x)$,除了研究 $x\to\infty$ 时的极限以外,还要研究 x

趋于某个常数 x_0 时(记为 $x \to x_0$)的变化趋势. 下表列出了当 x 充分靠近 2 时,函数 $y = f(x) = \frac{1}{x}$ 的变化情况:

x	1.9000 1.9500 1.9950 1.9995 … 2.0000 … 2.0005 2.0050 2.0500 2.1000
y	0.5263 0.5128 0.5012 0.5001 … 0.5000 … 0.4999 0.4988 0.4878 0.4762

由表中可直观看出,当自变量 x 无限靠近 2 时,函数 $y = \frac{1}{x}$ 无限靠近 0.5. 由此可以给出这种极限的直观定义:

定义 3 设函数在点 x_0 的去心邻域内(即点 x_0 本身除外)有定义,如果当 x 无限趋近于 x_0 时,函数 $f(x)$ 无限趋近于某一个确定的常数 A,则称常数 A 为函数 $f(x)$ 当 $x \to x_0$ 时的极限,记作 $\lim\limits_{x \to x_0} f(x) = A$ 或 $f(x) \to A(x \to x_0)$.

根据这个直观定义可以看出函数 $y = \frac{1}{x}$ 当 $x \to 2$ 时的极限是 0.5. 同样我们需要给出这种极限的严格定义.

首先,如数列极限那样,$f(x) \to A$ 可以用 $|f(x) - A| < \varepsilon$ 来表达,其中 ε 为任意给定的正数. 因为函数值 $f(x)$ 与数 A 无限接近是在 $x \to x_0$ 的过程中实现的,所以对于任意给定的正数 ε,只要求充分接近 x_0 的 x 所对应的函数值 $f(x)$ 满足不等式 $|f(x) - A| < \varepsilon$;而充分接近 x_0 的 x 可以表达为 $|x - x_0| < \delta$,其中 δ 是某个正数,其作用相当于数列极限中的 N. 由于 $x \to x_0$ 时 x 并不等于 x_0,且讨论 $x \to x_0$ 时函数 $f(x)$ 的变化趋势和 $x = x_0$ 时函数的取值无关,所以讨论 $x \to x_0$ 时函数 $f(x)$ 的极限可规定 $x \neq x_0$,或即 $|x - x_0| > 0$.

通过以上分析,我们可以给出 $x \to x_0$ 时函数极限的严格定义.

定义 4 如果对于任意给定的正数 ε(不论多么小),总存在正数 δ,使得对于适合不等式 $0 < |x - x_0| < \delta$ 的一切 x,对应的函数值 $f(x)$ 都满足不等式

$$|f(x) - A| < \varepsilon,$$

那么常数 A 就叫做函数 $f(x)$ 当 $x \to x_0$ 时的极限. 记为 $\lim\limits_{x \to x_0} f(x) = A$,或 $f(x) \to A(x \to x_0)$.

函数 $f(x)$ 当 $x \to x_0$ 时极限的几何意义解释如下:任意给定一正数 ε,作平行于 y 轴的两条直线 $y = A - \varepsilon$ 和 $y = A + \varepsilon$,介于这两条直线之间是一横条区域(图 2-5). 根据定义,对于给定正数 ε,存在着点 x_0 的一个 δ 邻域 $(x_0 - \delta, x_0 + \delta)$,当 $y = f(x)$ 的图形上的点的横坐标 x 在邻域 $(x_0 - \delta, x_0 + \delta)$ 内但 $x \neq x_0$ 时,这些点的纵坐标 $f(x)$ 满足不等式

$$|f(x) - A| < \varepsilon,$$

或

$$A - \varepsilon < f(x) < A + \varepsilon.$$

亦即这些点落在上面所作的横条区域内.

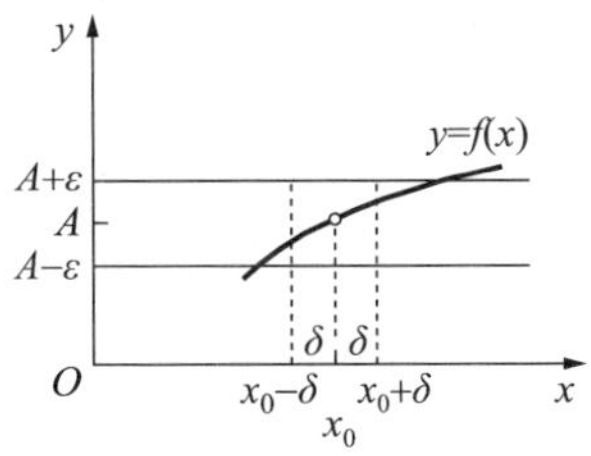

图 2-5

例 3 证明 $\lim\limits_{x \to x_0} c = c$,此处 c 为任一常数.

证 这里 $|f(x) - A| = |c - c| = 0$,因此对于任意给定一正数 ε,可任取一正数 δ,当

x 适合不等式 $0<|x-x_0|<\delta$ 时，能使得不等式

$$|f(x)-A|=0<\varepsilon$$

成立，所以 $\lim\limits_{x \to x_0} c=c$.

例 4 证明 $\lim\limits_{x \to 1}(4x-1)=3$.

证 由于 $$|f(x)-A|=|(4x-1)-3|=4|x-1|,$$
为了使 $|f(x)-A|<\varepsilon$，只要

$$|x-1|<\frac{\varepsilon}{4}.$$

所以，对于任意给定一正数 ε，可取 $\delta=\frac{\varepsilon}{4}$，当 x 适合不等式 $0<|x-1|<\delta$ 时，能使得不等式

$$|f(x)-3|<\varepsilon$$

成立，从而 $\lim\limits_{x \to 1}(4x-1)=3$.

例 5 证明 $\lim\limits_{x \to 2}\frac{x^2-4}{x-2}=4$.

证 这里函数在点 $x=2$ 是没有定义的，但函数当 $x \to 2$ 时的极限存在与否与它并无关系 $x \neq 2$ 时约去非零因子 $x-2$ 就有

$$|f(x)-4|=|x+2-4|=|x-2|,$$

为了使 $|f(x)-4|<\varepsilon$，只要 $|x-2|<\varepsilon$. 所以，对于任意给定一正数 ε，可取 $\delta=\varepsilon$，当 x 适合不等式 $0<|x-2|<\delta$ 时，能使得不等式

$$|f(x)-4|<\varepsilon$$

成立，从而 $\lim\limits_{x \to 2}\frac{x^2-4}{x-2}=4$.

例 6 证明：当 $x_0>0$ 时，$\lim\limits_{x \to x_0}\sqrt{x}=\sqrt{x_0}$.

证 在讨论中为了使函数有定义不妨将 x 限制在范围 $|x-x_0|<x_0$ 内或即范围 $0<x<2x_0$ 内（因为 x 充分靠近 x_0，这是合理的）.

由于 $$\left|f(x)-\sqrt{x_0}\right|=\left|\sqrt{x}-\sqrt{x_0}\right|=\left|\frac{x-x_0}{\sqrt{x}+\sqrt{x_0}}\right|<\frac{1}{\sqrt{x_0}}|x-x_0|,$$

为了使 $$\left|f(x)-\sqrt{x_0}\right|<\varepsilon,$$

只要 $$|x-x_0|<\sqrt{x_0}\varepsilon,$$

所以，对于任意给定一正数 ε，可取 $\delta=\min\{x_0,\sqrt{x_0}\varepsilon\}$（这式子表示 δ 是两个数 x_0 和 $\sqrt{x_0}\varepsilon$ 中较小的那个数），当 x 适合不等式 $0<|x-x_0|<\delta$ 时，能使得不等式

$$\left|f(x)-\sqrt{x_0}\right|<\varepsilon$$

成立，从而 $\lim\limits_{x \to x_0}\sqrt{x}=\sqrt{x_0}$.

以上研究的函数极限中，x 是既从 x_0 的左侧也从 x_0 的右侧趋于 x_0 的. 但有时只能或只需要考虑 x 仅从 x_0 的左侧，即比 x_0 小的方向趋于 x_0 的情形，或 x 仅从 x_0 的右侧，即比 x_0 大的方向趋于 x_0 的情形. 这两种情形分别记为 $x \to x_0^-$、$x \to x_0^+$，这时的极限称为单侧极限，定义如下.

定义5 设函数在点 x_0 的一个左(右)邻域中有定义,如果存在常数 A,使得当 $x\to x_0^-$(或 $x\to x_0^+$)时,相应的函数值 $f(x)$ 无限趋近于 A,则称常数 A 为函数 $f(x)$ 当 $x\to x_0$ 时的左极限(或右极限),记作 $f(x_0^-)$(或 $f(x_0^+)$),即

$$f(x_0^-)=\lim_{x\to x_0^-}f(x)\ (\text{或}\ f(x_0^+)=\lim_{x\to x_0^+}f(x)).$$

左极限和右极限统称为函数的单侧极限.

与定理1类似,函数的左、右极限与函数的极限也有如下的关系.

定理2 $\lim\limits_{x\to x_0}f(x)$ 存在且等于 A 的充分必要条件是 $\lim\limits_{x\to x_0^-}f(x)$ 和 $\lim\limits_{x\to x_0^+}f(x)$ 都存在且都等于 A,即有

$$\lim_{x\to x_0}f(x)=A\Leftrightarrow\lim_{x\to x_0^+}f(x)=\lim_{x\to x_0^-}f(x)=A.$$

例如,符号函数 $y=\operatorname{sgn}x\begin{cases}1, & x>0,\\ 0, & x=0,\\ -1, & x<0,\end{cases}$ 当 x 从左边无限接近于0时,函数无限趋近于 -1;而当 x 从右边无限接近于0时,函数无限趋近于1. 这就是说,它在 $x\to 0$ 时的左极限为 -1,而右极限为1,所以,$x\to 0$ 时符号函数无极限.

例7 设 $f(x)=\begin{cases}x+1, & x<0,\\ 0, & x=0,\\ x-1, & x>0,\end{cases}$ 讨论 $x\to 0$ 时此函数的极限.

解 函数的图形如图2-6所示. 由函数的图形容易看出 $\lim\limits_{x\to 0^-}f(x)=1$,$\lim\limits_{x\to 0^+}f(x)=-1$,即函数 $f(x)$ 在 $x=0$ 处的左、右极限都存在,但二者不相等,所以,由定理2可知,极限 $\lim\limits_{x\to 0}f(x)$ 不存在.

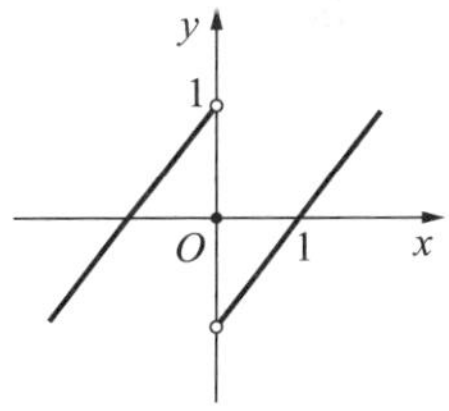

图2-6

2.2.3 函数极限的性质

函数极限有和数列相类似的性质及证明方法,但函数极限的这些性质大多是函数的局部性质. 这一点和数列极限的性质有很大区别.

下列定理我们只证局部保号性定理. 其他定理读者可自行证明.

定理3(唯一性) 若极限 $\lim\limits_{x\to x_0}f(x)$ 存在,则极限值唯一.

定理4(局部有界性) 若极限 $\lim\limits_{x\to x_0}f(x)$ 存在,则函数 $f(x)$ 在 x_0 的某去心邻域内有界.

例如函数 $y=\dfrac{1}{x}$ 当 $x\to x_0\neq 0$ 或 $x\to\infty$ 时极限都存在,因此函数 $y=\dfrac{1}{x}$ 在 $x=x_0$ 附近或 x 充分大时是有界的,但我们不能说函数 $y=\dfrac{1}{x}$ 在其定义域内有界或在区间(0,1)上有界. 事实上. 这个函数在 $x=0$ 的任何去心邻域内无界.

定理5(局部保号性) 如果 $\lim\limits_{x\to x_0}f(x)=A>0$(或 $A<0$),那么存在着点 x_0 的某一去心邻域,当 x 在该邻域内时,就有 $f(x)>0$(或 $f(x)<0$).

证 设 $A>0$,任取正数 $\varepsilon<A$,根据 $\lim\limits_{x\to x_0}f(x)=A$ 的定义,对于这个取定的正数 ε,必存在着正数 δ,当 $0<|x-x_0|<\delta$ 时,不等式

$$|f(x)-A|<\varepsilon$$

或

$$A-\varepsilon<f(x)<A+\varepsilon$$

能成立. 因 $A-\varepsilon>0$,故在 x_0 的去心邻域 $U(\hat{a},\delta)$ 中 $f(x)>0$.

类似地可以证明 $A<0$ 的情形.

定理 5 表明,在点 x_0 的某个去心邻域内,函数值 $f(x)$ 的符号与不为零的极限值的符号相同(同为正或同为负).

定理 6　如果在 x_0 的某一去心邻域内 $f(x)\geqslant 0$ (或 $f(x)\leqslant 0$),而且 $\lim\limits_{x\to x_0}f(x)=A$,那么 $A\geqslant 0$(或 $A\leqslant 0$).

证　设 $f(x)\geqslant 0$. 假设上述论断不成立,即设 $A<0$,那么由定理 3,就有 x_0 的某一去心邻域,当 x 在该邻域内时,$f(x)<0$. 这与 $f(x)\geqslant 0$ 的假定矛盾. 所以 $A\geqslant 0$.

类似地可证明 $f(x)\leqslant 0$ 的情形.

对于 $x\to\infty$ 时也有类似的定理.

定理 6′　如果当 $|x|$ 充分大时 $f(x)\geqslant 0$ (或 $f(x)\leqslant 0$),而且 $\lim\limits_{x\to\infty}f(x)=A$,那么 $A\geqslant 0$ (或 $A\leqslant 0$).

定理 7(函数极限与数列极限的关系) $\lim\limits_{\substack{x\to x_0\\x\to\infty}}f(x)=A$ 的充分必要条件是:对任意数列 x_n,当 $x_n\to x_0$ 且 $x_n\neq x_0$ 时(或 $x_n\to\infty$ 时)都有 $\lim\limits_{n\to\infty}f(x_n)=A$.

这个定理揭示了函数极限与数列极限的关系. 根据这个定理,要证明函数极限不存在,只要找出两个不同的数列 x_n,y_n,当 $n\to\infty$ 时 $x_n\to x_0,y_n\to x_0$(或 $x_n\to\infty$,$y_n\to\infty$),相应地有

$$\lim_{n\to\infty}f(x_n)\neq\lim_{n\to\infty}f(y_n)$$

即可. 定理的证明略去.

例 8　证明 $\lim\limits_{x\to 0}\sin\dfrac{1}{x}$ 不存在.

证　(函数 $y=\sin\dfrac{1}{x}$ 如图 2-7 所示) 取不同数列

$$x_n=\frac{1}{2n\pi+\frac{\pi}{2}}\to 0,$$

$$f(x_n)=\sin\frac{1}{x_n}=\sin\left(2n\pi+\frac{\pi}{2}\right)\to 1,(n\to\infty);$$

$$y_n=\frac{1}{n\pi}\to 0,\ f(y_n)=\sin\frac{1}{y_n}=\sin n\pi\to 0,(n\to\infty).$$

由定理 7 知,$\lim\limits_{x\to 0}\sin\dfrac{1}{x}$ 不存在.

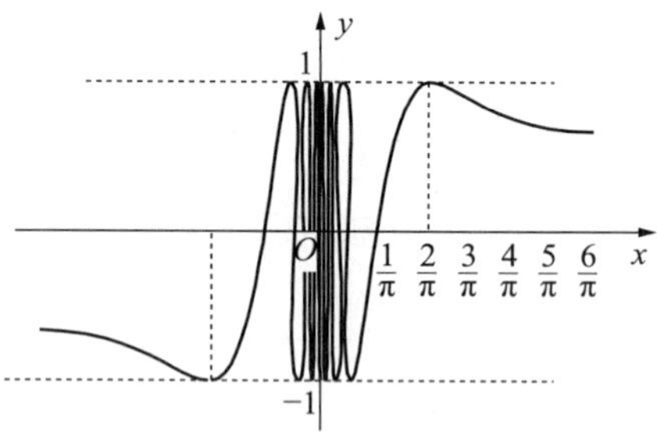

图 2-7

习题 2.2

1. 根据函数极限的定义证明:

(1) $\lim\limits_{x\to -2}\dfrac{x^2-4}{x+2}=-4$;　　　　(2) $\lim\limits_{x\to\infty}\dfrac{2+x^2}{3x^2}=\dfrac{1}{3}$;

(3) $\lim\limits_{x\to+\infty}\dfrac{\sin x}{\sqrt{x}}=0$.

2. 根据函数的图形写出以下各题的极限值并写出函数图形的水平渐近线的方程.

(1) $\lim\limits_{x\to-\infty}e^x$; (2) $\lim\limits_{x\to+\infty}e^x$;

(3) $\lim\limits_{x\to-\infty}\arctan x$; (4) $\lim\limits_{x\to+\infty}\arctan x$.

3. 设 $f(x)=\begin{cases}x+1, & x\geqslant1,\\ x^2-x-1, & 0\leqslant x<1,\\ 2x-1, & x<0,\end{cases}$ 讨论函数 $f(x)$ 当 $x\to0$ 和 $x\to1$ 时的极限.

4. 证明函数 $f(x)=\dfrac{x}{|x|}$ 当 $x\to0$ 时的极限不存在.

5. 当 $x\to2$ 时 $x^2\to4$. 问 δ 等于多少,使当 $|x-2|<\delta$ 时, $|y-4|<0.001$.

6. 对函数 $f(x)=\dfrac{|x|}{x}$,回答下列问题:

(1)函数 $f(x)$ 当 $x\to0$ 时的左右极限是否存在?

(2)函数 $f(x)$ 当 $x\to0$ 时的极限是否存在? 为什么?

(3)函数 $f(x)$ 当 $x\to1$ 时的极限是否存在? 为什么?

7. 证明 $\lim\limits_{x\to x_0}f(x)=A$ 的充分必要条件是 $\lim\limits_{x\to x_0^+}f(x)=\lim\limits_{x\to x_0^-}f(x)=A$.

2.3 无穷小与无穷大的概念

这一节中将介绍两种在微积分中占重要地位的特殊变量——无穷小和无穷大.

2.3.1 无穷小与无穷大

定义1 如果函数 $f(x)$ 当 $x\to x_0$(或 $x\to\infty$)时的极限为零,那么称函数 $f(x)$ 为当 $x\to x_0$(或 $x\to\infty$)时的无穷小.

例如,由于 $\lim\limits_{x\to\infty}\dfrac{1}{x}=0$,所以 $\dfrac{1}{x}$ 是当 $x\to\infty$ 时的无穷小;由于 $\lim\limits_{x\to1}(x-1)=0$,所以 $x-1$ 是当 $x\to1$ 时的无穷小.

应该注意到,无穷小是在某过程中无限趋近于0的变量,而不是“很小很小的数”. 0是唯一能够作为无穷小的常数,而非零的常数无论其绝对值有多小,都不是无穷小,因为它的极限是它自身而不是0.

无穷小与函数的极限有着密切的关系.

定理1 在自变量的某一变化过程 $x\to x_0$(或 $x\to\infty$)中,函数 $f(x)$ 的极限为 A 的充分必要条件是 $f(x)=A+\alpha$,其中 α 是同一极限过程中的无穷小.

证 设 $\lim\limits_{x\to x_0}f(x)=A$,则对于任意给定的正数 ε,存在着正数 δ,当 $0<|x-x_0|<\delta$ 时,有

$$|f(x)-A|<\varepsilon.$$

令 $\alpha = f(x) - A$，则 α 是 $x \to x_0$ 时的无穷小，且 $f(x) = A + \alpha$.

反之，设 $f(x) = A + \alpha$，其中 A 是常数，α 是 $x \to x_0$ 时的无穷小，于是

$$|f(x) - A| = |\alpha|.$$

因 α 是 $x \to x_0$ 时的无穷小，所以对于任意给定的正数 ε，存在着正数 δ，当 $0 < |x - x_0| < \delta$ 时，有 $|\alpha| < \varepsilon$ 即

$$|f(x) - A| < \varepsilon,$$

所以 $\lim\limits_{x \to x_0} f(x) = A$.

类似地可证明 $x \to \infty$ 时的情形.

定义 2　如果函数 $f(x)$ 当 $x \to x_0$（或 $x \to \infty$）时，对应的函数值的绝对值 $|f(x)|$ 无限增大，就称函数 $f(x)$ 为当 $x \to x_0$（或 $x \to \infty$）时的无穷大.

确切地说，如果对于任意大的 $M > 0$，在自变量“变到某一时刻以后”恒有 $|f(x)| > M$，则称 $f(x)$ 为无穷大.

当 $x \to x_0$（或 $x \to \infty$）时的无穷大的函数，按函数极限定义来说，极限是不存在的. 但为了方便，在这种情况下，我们也说“函数的极限是无穷大”，并记作 $\lim\limits_{x \to x_0} f(x) = \infty$ 或 $\lim\limits_{x \to \infty} f(x) = \infty$.

上面定义中，如果 $f(x)$ 只取正值而无限增大，即对于任意大的 $M > 0$，在自变量“变到某一时刻以后”恒有 $f(x) > M$，则称 $f(x)$ 为当 $x \to x_0$（或 $x \to \infty$）时的正无穷大，记作 $\lim\limits_{x \to x_0} f(x) = +\infty$（或 $\lim\limits_{x \to \infty} f(x) = +\infty$）；如果 $f(x)$ 只取负值而绝对值无限增大，即对于任意大的 $M > 0$，在自变量“变到某一时刻以后”恒有 $f(x) < -M$，则称 $f(x)$ 为当 $x \to x_0$（或 $x \to \infty$）时的负无穷大，记作 $\lim\limits_{x \to x_0} f(x) = -\infty$（或 $\lim\limits_{x \to \infty} f(x) = -\infty$）.

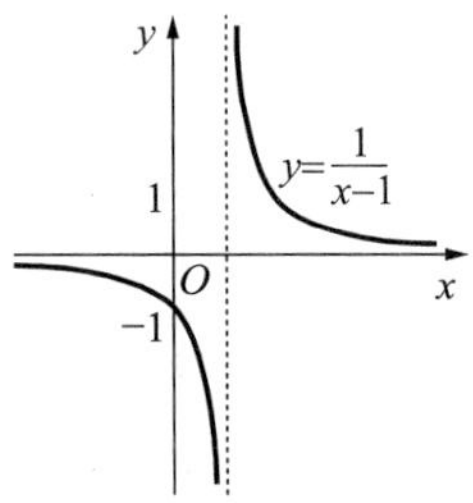

图 2－8

例 1　证明 $\lim\limits_{x \to 1} \dfrac{1}{x-1} = \infty$

证　（函数 $y = \dfrac{1}{x-1}$ 如图 2－8 所示）任意给定正数 M，要使

$$\left|\frac{1}{x-1}\right| > M，只要 |x-1| > \frac{1}{M}.$$

所以取 $\delta = \dfrac{1}{M}$，则对于适合不等式 $0 < |x - x_0| < \delta = \dfrac{1}{M}$ 的一切 x，就有

$$\left|\frac{1}{x-1}\right| > M,$$

这就证明了 $\lim\limits_{x \to 1} \dfrac{1}{x-1} = \infty$.

一般地，如果 $\lim\limits_{\substack{x \to x_0 \\ (x \to x_0^+) \\ (x \to x_0^-)}} f(x) = \infty$，则直线 $x = x_0$ 为函数 $y = f(x)$ 的图形的铅直渐近线. 因此，直线 $x = 1$ 是函数 $y = \dfrac{1}{x-1}$ 的铅直渐近线.

无穷小与无穷大之间有如下简单的关系.

定理2　在自变量的同一变化过程中,如果$f(x)$为无穷大,则$\frac{1}{f(x)}$为无穷小;反之,如果$f(x)$为无穷小,且$f(x)\neq 0$,则$\frac{1}{f(x)}$为无穷大.

证　设

$$\lim_{x\to x_0} f(x)=\infty,$$

任意给定的正数ε,根据无穷大的定义,对于$M=\frac{1}{\varepsilon}$,存在正数δ,当$0<|x-x_0|<\delta$时,有

$$|f(x)|>M=\frac{1}{\varepsilon},$$

即

$$\left|\frac{1}{f(x)}\right|<\varepsilon,$$

所以$\frac{1}{f(x)}$当$x\to x_0$时为无穷小.

反之,设$\lim\limits_{x\to x_0} f(x)=0$,根据无穷小的定义,任意给定$M>0$,对于$\varepsilon=\frac{1}{M}$,存在正数$\delta$,当$0<|x-x_0|<\delta$时,有

$$|f(x)|<\varepsilon=\frac{1}{M},$$

由于$f(x)\neq 0$,从而$\left|\frac{1}{f(x)}\right|>M$,所以$\frac{1}{f(x)}$当$x\to x_0$时为无穷大.

类似地可证明$x\to\infty$时的情形.

运用无穷小与无穷人的这个关系,可以计算某些函数的极限.

2.3.2　无穷小的性质

定理3　在自变量的同一变化过程中,有限个无穷小的代数和仍是无穷小.

证　考虑两个无穷小的和.

设α及β是当$x\to x_0$时的两个无穷小,而$\gamma=\alpha+\beta$.

任意给定$\varepsilon>0$. 因为α是当$x\to x_0$时的无穷小,对于$\frac{\varepsilon}{2}>0$,存在着$\delta_1>0$,当$0<|x-x_0|<\delta_1$时,不等式

$$|\alpha|<\frac{\varepsilon}{2}$$

成立. 又因为β是当$x\to x_0$时的无穷小,对于$\frac{\varepsilon}{2}>0$,存在着$\delta_2>0$,当$0<|x-x_0|<\delta_2$时,不等式

$$|\beta|<\frac{\varepsilon}{2}$$

成立. 取$\delta=\min\{\delta_1,\delta_2\}$,则当$0<|x-x_0|<\delta$时,

$$|\alpha|<\frac{\varepsilon}{2}\text{ 及 }|\beta|<\frac{\varepsilon}{2}$$

同时成立，从而

$|\gamma|=|\alpha+\beta|\leqslant|\alpha|+|\beta|<\frac{\varepsilon}{2}+\frac{\varepsilon}{2}=\varepsilon$. 这就证明了 γ 也是当 $x\to x_0$ 时的无穷小.

有限个无穷小之和的情形可以同样证明.

定理 4　有界函数与无穷小的乘积是无穷小.

证　设函数 $u=u(x)$ 在 x_0 的某一邻域 $U(x_0,\delta_1)$ 内是有界的，即存在正数 M 使 $|u|\leqslant M$ 对一切 $x\in U(x_0,\delta_1)$ 成立. 又设 α 是当 $x\to x_0$ 时的无穷小，即对于任意给定的正数 ε，存在着 $\delta_2>0$，当 $0<|x-x_0|<\delta_2$ 时，有不等式

$$|\alpha|<\frac{\varepsilon}{M}.$$

取 $\delta=\min\{\delta_1,\delta_2\}$，则当 $0<|x-x_0|<\delta$ 时，$|\alpha|<\frac{\varepsilon}{M}$ 及 $|u|\leqslant M$ 同时成立. 从而

$$|u\alpha|=|u||\alpha|<M\cdot\frac{\varepsilon}{M}=\varepsilon.$$

这就证明了 $u\alpha$ 是当 $x\to x_0$ 时的无穷小.

推论 1　常数与无穷小的乘积是无穷小.

推论 2　有限个无穷小的乘积也是无穷小.

这些性质常用来求极限.

例 2　求 $\lim\limits_{x\to\infty}\frac{1}{x}\arctan x$.

解　因为 $\lim\limits_{x\to\infty}\frac{1}{x}=0$，且 $|\arctan x|\leqslant\frac{\pi}{2}$，即 $\arctan x$ 有界，所以 $\lim\limits_{x\to 0}\frac{1}{x}\arctan x=0$.

习题 2.3

1. 指出下列变量是自变量 x 趋于何值时的无穷小.

(1) $f(x)=\frac{x+1}{x-1}$；　　(2) $f(x)=e^{-x^2}$；

(3) $f(x)=\ln(x+1)$；　　(4) $f(x)=\frac{x+1}{x^2+1}$.

2. 指出下列变量是自变量 x 趋于何值时的无穷大.

(1) $f(x)=\frac{x+1}{x-1}$；　　(2) $f(x)=\frac{1}{\sqrt{x-1}}$；

(3) $f(x)=\ln(x+1)$；　　(4) $f(x)=e^{-\frac{1}{x}}$.

3. 利用无穷小与函数极限的关系以及无穷小的性质求下列极限.

(1) $\lim\limits_{x\to 0}x^2\sin\frac{1}{x}$；　　(2) $\lim\limits_{x\to\infty}\frac{\arctan x}{x}$.

4. 函数 $y=x\cos x$ 在 $(-\infty,+\infty)$ 内是否有界？此函数是否为 $x\to+\infty$ 时的无穷大？为什么？

5. 证明 $f(x)=\frac{1}{x}\sin\frac{1}{x}$ 在区间 $[0,1]$ 上无界，但这函数不是 $x\to 0^+$ 时为无穷大.

6. 求函数 $y=\dfrac{4}{2-x^2}$ 的图形的渐近线.

2.4 极限的运算法则

为了更好地解决极限的计算问题,本节中将利用极限与无穷小的关系和无穷小的性质,主要是建立极限的四则运算法则和复合函数的极限运算法则,利用这些法则,可以求某些函数的极限. 以后我们还将介绍求极限的其他方法.

在下面的讨论中,记号"lim"下面没有标明自变量的变化过程,这说明下面的定理对 $x\to x_0$ 及 $x\to\infty$ 都是成立的. 在论证时,我们只证明了 $x\to x_0$ 的情形,只要把 δ 改成 X,把 $0<|x-x_0|<\delta$ 改成 $|x|>X$ 就可得 $x\to\infty$ 情形的证明.

2.4.1 极限的四则运算法则

定理 1 **设在同一极限过程中,$\lim f(x)$ 和 $\lim g(x)$ 都存在,则 $\lim[f(x)\pm g(x)]$ 和 $\lim[f(x)g(x)]$ 也都存在,且有**

$$\lim[f(x)\pm g(x)]=\lim f(x)\pm\lim g(x),$$
$$\lim[f(x)g(x)]=\lim f(x)\lim g(x).$$

证 设 $\lim f(x)=A$,$\lim g(x)=B$,则由函数极限与无穷小的关系(2.3.1 定理1)可得

$$f(x)=A+\alpha(x),g(x)=B+\beta(x),$$

其中 $\alpha(x)$ 与 $\beta(x)$ 是同一变化过程中的无穷小. 于是有

$$f(x)\pm g(x)=(A\pm B)+[\alpha(x)\pm\beta(x)],$$
$$f(x)g(x)=AB+[A\beta(x)+B\alpha(x)+\alpha(x)\beta(x)],$$

由无穷小的性质可知,$[\alpha(x)\pm B(x)]$ 与 $[A\beta(x)+B\alpha(x)+\alpha(x)\beta(x)]$ 都是无穷小. 因此,由 2.3.1 的定理 1 可知

$$\lim[f(x)\pm g(x)]=A\pm B=\lim f(x)\pm\lim g(x),$$
$$\lim[f(x)g(x)]=AB=\lim f(x)\lim g(x),$$

定理得证.

上述极限的和、差、积的运算法则,可以推广到有限个函数的情形. 我们有如下常用的推论.

推论 1 **设 $\lim f(x)$ 存在,c 为常数,则有 $\lim[cf(x)]=c[\lim f(x)]$.**

推论 2 **设 $\lim f_1(x),\lim f_2(x),\cdots,\lim f_n(x)$ 都存在,$c_1,\cdots,c_n$ 为常数,则有**

$$\lim[c_1f_1(x)+\cdots+c_nf_n(x)]=c_1\lim f_1(x)+\cdots+c_n\lim f_n(x).$$

推论 3 **设 $\lim f_1(x),\lim f_2(x),\cdots,\lim f_n(x)$ 都存在,则有**

$$\lim[f_1(x)f_2(x)\cdots f_n(x)]=\lim f_1(x)\lim f_2(x)\cdots\lim f_n(x).$$

特别地,若 $\lim f(x)$ 存在,n 为正整数,则有

$$\lim[f(x)]^n=[\lim f(x)]^n.$$

定理 2 **设在同一极限过程中,$\lim f(x)$ 和 $\lim g(x)$ 都存在,且 $\lim g(x)\neq0$,则**

$\lim\frac{f(x)}{g(x)}$**也存在,且有** $\lim\frac{f(x)}{g(x)}=\frac{\lim f(x)}{\lim g(x)}$.

证 只需证 $\gamma=\frac{f(x)}{g(x)}-\frac{A}{B}$是无穷小就可以了.

$$\gamma=\frac{A+\alpha}{B+\beta}-\frac{A}{B}=\frac{1}{B(B+\beta)}(B\alpha-A\beta).$$

显然$(B\alpha-A\beta)$是无穷小,下证$\frac{1}{B(B+\beta)}$在点 x_0 的某邻域内有界.

由于β是无穷小,又 $B\neq0$,因此对于正数$\frac{B}{2}$,存在着 $\delta>0$,当 $0<|x-x_0|<\delta$ 时,有不等式

$$|\beta|<\frac{|B|}{2}.$$

于是
$$|B+\beta|>|B|-|\beta|>\frac{|B|}{2},$$

从而
$$|B(B+\beta)|=|B||B+\beta|>\frac{B^2}{2},$$

所以 $\left|\frac{1}{B(B+\beta)}\right|<\frac{2}{B^2}$. 这就证明了$\frac{1}{B(B+\beta)}$是有界的,所以 γ 是无穷小.

以上几个定理与推论对于数列也是成立的.

例 1 求$\lim\limits_{x\to1}f(x)=\lim\limits_{x\to1}(5x^3-2x+1)$.

解 $\lim\limits_{x\to1}(5x^3-2x+1)=5(\lim\limits_{x\to1}x)^3-2\lim\limits_{x\to1}x+\lim\limits_{x\to1}1=5\times1^3-2\times1+1=f(1)=4.$

例 2 求$\lim\limits_{x\to1}\frac{2x^3+4x-1}{x^2-4}$.

解 这里分母的极限不为零. 故

$$\lim_{x\to1}\frac{2x^3+4x-1}{x^2-4}=\frac{\lim\limits_{x\to1}(2x^3+4x-1)}{\lim\limits_{x\to1}(x^2-4)}=\frac{2\lim\limits_{x\to1}x^3+4\lim\limits_{x\to1}x-\lim\limits_{x\to1}1}{(\lim\limits_{x\to1}x)^2-\lim\limits_{x\to1}4}$$
$$=\frac{2+4-1}{1-4}=-\frac{5}{3}.$$

从上面例子可以看出,求多项式函数或有理分式函数当 $x\to x_0$ 的极限时,当分母的函数值不为零时只要把 x_0 代替函数中的 x 就行了. 但是对于有理分式函数,这样代入后如果分母等于零,则没有意义.

事实上,设多项式

$$f(x)=a_0x^n+a_1x^{n-1}+\cdots+a_n,$$

则

$$\begin{aligned}\lim_{x\to x_0}f(x)&=\lim_{x\to x_0}(a_0x^n+a_1x^{n-1}+\cdots+a_n)\\&=a_0(\lim_{x\to x_0}x)^n+a_1(\lim_{x\to x_0}x)^{n-1}+\cdots+a_n\\&=a_0x_0^n+a_1x_0^{n-1}+\cdots+a_n=f(x_0).\end{aligned}\qquad(1)$$

类似地,对于有理分式函数 $F(x)=\frac{P(x)}{Q(x)}$,其中 $P(x),Q(x)$都是多项式,所以

$\lim\limits_{x\to x_0}P(x)=P(x_0)$，$\lim\limits_{x\to x_0}Q(x)=Q(x_0)$，所以当 $Q(x_0)\neq 0$ 时，利用函数极限的运算法则可得

$$\lim_{x\to x_0}F(x)=\lim_{x\to x_0}\frac{P(x)}{Q(x)}=\frac{\lim\limits_{x\to x_0}P(x)}{\lim\limits_{x\to x_0}Q(x)}=\frac{P(x_0)}{Q(x_0)}=F(x_0). \tag{2}$$

但是，如果 $Q(x_0)=0$，就不能应用上面的商的运算法则，需要特别考虑. 下面我们举两个属于这种情形的例题.

例 3 求 $\lim\limits_{x\to 2}\dfrac{x^2-5x+6}{x^2-3x+2}$.

解 显然当 $x\to 2$ 时，分子及分母的极限都是零，所以不能将它们分别取极限，再用商的运算法则. 进一步考虑分子与分母极限均趋于零的原因，实际上是因为二者均有公因子 $(x-2)$，由于在 $x\to 2$ 的过程中，$x\neq 2$ 即 $x-2\neq 0$，所以可约去这个不为零的公因子. 从而可得

$$\lim_{x\to 2}\frac{x^2-5x+6}{x^2-3x+2}=\lim_{x\to 2}\frac{(x-2)(x-3)}{(x-2)(x-1)}=\lim_{x\to 2}\frac{x-3}{x-1}=-1.$$

例 4 求 $\lim\limits_{x\to 1}\dfrac{2x^2-1}{3x^2-5x+2}$.

解 这里分母的极限 $\lim\limits_{x\to 1}(3x^2-5x+2)=3\cdot 1^2-5\cdot 1+2=0$，故不能用商的极限运算法则，但是由于 $\lim\limits_{x\to 1}(2x^2-1)=2\cdot 1^2-1=1\neq 0$，所以 $\lim\limits_{x\to 1}\dfrac{3x^2-5x+2}{2x^2-1}=\dfrac{0}{1}=0$. 由无穷小与无穷大的关系可得 $\lim\limits_{x\to 1}\dfrac{2x^2-1}{3x^2-5x+2}=\infty$.

对于有理分式函数，我们也常考虑 $x\to\infty$ 时的极限.

例 5 求 $\lim\limits_{x\to\infty}\dfrac{3x^2+8x-5}{x^3-3x^2+1}$.

分析　此例中，分子分母在 $x\to\infty$ 过程中的极限均不存在，所以也不能直接利用商的极限运算法则，但可以将分子分母同时除以 x 的最高次数，即 x^3，使之各部分极限存在，再做进一步的讨论.

解 $$\lim_{x\to\infty}\frac{3x^2+8x-5}{x^3-3x^2+1}=\lim_{x\to\infty}\frac{\dfrac{3}{x}+\dfrac{8}{x^2}-\dfrac{5}{x^3}}{1-\dfrac{3}{x}+\dfrac{1}{x^3}}=\frac{0}{1}=0.$$

例 6 求 $\lim\limits_{x\to\infty}\dfrac{x^3+x^2-1}{2x^2-x+4}$.

分析　此例若直接分子分母同时除以 x^3，则分母成为 $\dfrac{2}{x}-\dfrac{1}{x^2}+\dfrac{4}{x^3}$，当 $x\to\infty$ 时，其极限为零，无法用商的极限运算法则，这时，与例 2 类似，可以先求其倒数的极限.

解 因为 $\lim\limits_{x\to\infty}\dfrac{2x^2-x+4}{x^3+x^2-1}=\lim\limits_{x\to\infty}\dfrac{\dfrac{2}{x}-\dfrac{1}{x^2}+\dfrac{4}{x^3}}{1+\dfrac{1}{x}-\dfrac{1}{x^3}}=\dfrac{0}{1}=0$，所以，由无穷小与无穷大的关系可得 $\lim\limits_{x\to\infty}\dfrac{x^3+x^2-1}{2x^2-x+4}=\infty$.

例 7 求$\lim\limits_{x\to\infty}\dfrac{8x^5+3x^2-5x+6}{7x^5-4x^4+2x^2-x}$.

解 先将分子分母同除以最高次项 x^5,再取极限

$$\lim_{x\to\infty}\frac{8x^5+3x^2-5x+6}{7x^5-4x^4+2x^2-x}=\lim_{x\to\infty}\frac{8+\dfrac{3}{x^3}-\dfrac{5}{x^4}+\dfrac{6}{x^5}}{7-\dfrac{4}{x}+\dfrac{2}{x^3}-\dfrac{1}{x^4}}=\frac{8}{7}.$$

例 5、例 6、例 7 是下列一般情形的特例,即当 $a_0\neq0,b_0\neq0$ 时,m 和 n 为非负整数时有

$$\lim_{x\to\infty}\frac{a_0x^m+a_1x^{m-1}+\cdots+a_m}{b_0x^n+b_1x^{n-1}+\cdots+b_n}=\begin{cases}\dfrac{a_0}{b_0}, & m=n,\\ 0, & m<n,\\ \infty, & m>n.\end{cases}$$

此外,以上结论对数列极限也适用,例如,$\lim\limits_{n\to\infty}\dfrac{2n^3+3n^2-n}{n^3+2n+1}=\dfrac{2}{1}=2.$

例 8 求$\lim\limits_{x\to\infty}\dfrac{\sin x}{x}$.

解 当 $x\to\infty$ 时,分子及分母的极限都不存在,故关于商的极限的定理不能应用. 把$\dfrac{\sin x}{x}$看作 $\sin x$ 与$\dfrac{1}{x}$的乘积,因$\dfrac{1}{x}$当 $x\to\infty$ 为无穷小,而 $\sin x$ 是有界函数,所以根据上节定理 4,有

$$\lim_{x\to\infty}\frac{\sin x}{x}=0.$$

2.4.2 复合函数的极限运算法则

定理 3(复合函数的极限运算法则) **设 $y=f(u)$ 与 $u=\varphi(x)$ 构成复合函数 $y=f[\varphi(x)]$. 若$\lim\limits_{u\to u_0}f(u)=a$,$\lim\limits_{x\to x_0}\varphi(x)=u_0$,且当 $x\neq x_0$ 时 $\varphi(x)\neq u_0$,则有**

$$\lim_{x\to x_0}f[\varphi(x)]=\lim_{u\to u_0}f(u)=a.$$

证 按函数极限的定义,要证:$\forall\varepsilon>0$,存在 $\delta>0$,当 $0<|x-x_0|<\delta$ 时有

$$|f(\varphi(x))-a|<\varepsilon$$

成立.

由于$\lim\limits_{u\to u_0}f(u)=a$, $\forall\varepsilon>0$,存在 $\eta>0$,当 $0<|u-u_0|<\eta$ 时,有 $|f(u)-a|<\varepsilon$ 成立.

由于$\lim\limits_{x\to x_0}\varphi(x)=u_0$,对于上述得到的 $\eta>0$,存在 $\delta_1>0$,当 $0<|x-x_0|<\delta_1$ 时,有 $|u-u_0|<\eta$ 成立.

由假设,当 $x\in\mathring{U}(x_0,\delta_0)$时, $g(x)\neq u_0$. 取 $\delta=\min\{\delta_0,\delta_1\}$,则当 $0<|x-x_0|<\delta$ 时, $g(x)\neq u_0$ 及 $|u-u_0|<\eta$ 同时成立. 即 $0<|u-u_0|<\eta$ 成立. 从而

$$|f(\varphi(x))-a|=|f(u)-a|<\varepsilon$$

成立. 证毕.

对于定理3的几点说明.

(1)此定理为极限计算中常用到的"变量替换法"提供了理论依据,定理中的结论给出了计算极限的变量替换公式. 即令 $u=\varphi(x)$,则极限 $\lim\limits_{x\to x_0}f[\varphi(x)]$ 就转化为 $\lim\limits_{u\to u_0}f(u)$.

(2)对于其他类型的极限,也有同样类似的结论. 例如,若 $\lim\limits_{u\to\infty}f(u)=a$(或 ∞),且 $\lim\limits_{x\to x_0}\varphi(x)=\infty$,则 $\lim\limits_{x\to x_0}f[\varphi(x)]=\lim\limits_{u\to\infty}f(u)=a$(或 ∞).

前面几例我们详细讨论了各种情形下有理分式函数的极限,利用这些方法和结论,再结合复合函数求极限的法则、无穷小的性质等,我们可以求许多更复杂的极限.

例9 求 $\lim\limits_{x\to 0}\dfrac{\sqrt[n]{1+x}-1}{x}$,$n$ 为正整数.

分析 求极限的式子中出现了无理式,我们可以利用变量替换来使之变为有理式.

解 若 $n=1$,显然所求极限 $=1$.

若 $n\geqslant 2$ 时,作变换 $t=\sqrt[n]{1+x}$,则有 $x=t^n-1$,且 $x\to 0$ 时,$t\to 1$,所以

$$\lim_{x\to 0}\frac{\sqrt[n]{1+x}-1}{x}=\lim_{t\to 1}\frac{t-1}{t^n-1}=\lim_{t\to 1}\frac{t-1}{(t-1)(t^{n-1}+t^{n-2}+\cdots+t+1)}$$

$$=\lim_{t\to 1}\frac{1}{t^{n-1}+t^{n-2}+\cdots+t+1}=\frac{1}{n}.$$

显然此结果对 $n=1$ 也成立. 因此 $\lim\limits_{x\to 0}\dfrac{\sqrt[n]{1+x}-1}{x}=\dfrac{1}{n}$,$n$ 为正整数.

例10 求 $\lim\limits_{x\to 1}\left(\dfrac{x}{1-x}-\dfrac{2}{1-x^2}\right)$.

分析 当 $x\to 1$ 时,两项的极限均不存在,所以不能直接用极限的差的运算法则,而需将式子通分化为一个有理分式,再进一步解决.

解 $$\lim_{x\to 1}\left(\frac{x}{1-x}-\frac{2}{1-x^2}\right)=\lim_{x\to 1}\frac{x^2+x-2}{1-x^2}=\lim_{x\to 1}\frac{(x+2)(x-1)}{-(x-1)(x+1)}$$

$$=-\lim_{x\to 1}\frac{x+2}{x+1}=-\frac{3}{2}.$$

习题 2.4

1. 计算下列极限.

(1) $\lim\limits_{x\to 0}\left(\dfrac{x+1}{x^2-3x-2}+x^3+1\right)$; (2) $\lim\limits_{x\to 1}\dfrac{x^2+5x+4}{x^2+2x-3}$;

(3) $\lim\limits_{x\to 1}\dfrac{2x^2-x-1}{x^3-1}$; (4) $\lim\limits_{x\to\sqrt{2}}\dfrac{x^2-2}{x-\sqrt{2}}$;

(5) $\lim\limits_{x\to -1}\dfrac{x^2+2x+1}{x^2-1}$; (6) $\lim\limits_{x\to\infty}\dfrac{(x+1)^3(2x-1)^2}{(x+3)^5}$;

(7) $\lim\limits_{x\to\infty}\dfrac{x-\sin 2x}{x+\sin 5x}$; (8) $\lim\limits_{x\to\infty}\left(2-\dfrac{1}{x}\right)\left(1+\dfrac{1}{x}\right)$;

(9) $\lim\limits_{n\to\infty}\left(1+\dfrac{1}{2}+\dfrac{1}{4}+\cdots+\dfrac{1}{2^n}\right)$； (10) $\lim\limits_{n\to\infty}\left(\dfrac{1}{n^2}+\dfrac{2}{n^2}+\cdots+\dfrac{n}{n^2}\right)$；

(11) $\lim\limits_{x\to1}\left(\dfrac{1}{1-x}-\dfrac{3}{1-x^3}\right)$.

2. 设$\lim\limits_{x\to1}\dfrac{x^2+ax+b}{x-1}=3$，求 a,b.

3. 设$\lim\limits_{x\to\infty}\left(\dfrac{x^2+1}{x+1}-ax-b\right)=0$，求 a,b.

4. 下列陈述中，哪些是对的，哪些是不错的？如果是对的，说明理由；如果是错的，试给出一个反例.

(1) 如果$\lim\limits_{x\to x_0}f(x)$存在，但是$\lim\limits_{x\to x_0}g(x)$不存在，那么$\lim\limits_{x\to x_0}[f(x)+g(x)]$不存在；

(2) 如果$\lim\limits_{x\to x_0}f(x)$存在，但是$\lim\limits_{x\to x_0}g(x)$不存在，那么$\lim\limits_{x\to x_0}f(x)\cdot g(x)$不存在；

(3) 如果$\lim\limits_{x\to x_0}f(x)$和$\lim\limits_{x\to x_0}g(x)$都不存在，那么$\lim\limits_{x\to x_0}[f(x)+g(x)]$不存在.

5. 求下列极限：

(1) $\lim\limits_{x\to3}\dfrac{x^2+3x}{(x-1)^3}$； (2) $\lim\limits_{x\to\infty}\dfrac{x^3+2}{3x^3+4}$；

(3) $\lim\limits_{x\to\infty}(5x^2-3x+4)$.

2.5 极限存在的准则与两个重要极限

前面给出了计算极限的四则运算法则，但对于如何判定极限存在并且求出复杂函数的极限还有很大困难. 本节给出判定极限存在的两个准则，并着重讨论两个重要的极限.

2.5.1 极限存在的两个准则

准则 I 如果数列 $\{x_n\},\{y_n\},\{z_n\}$ $(n=1,2,\cdots)$ **满足下列条件：**

(1) $y_n\leqslant x_n\leqslant z_n(n=1,2,\cdots)$，

(2) $\lim\limits_{n\to\infty}y_n=a,\lim\limits_{n\to\infty}z_n=a$，

那么数列 x_n **的极限存在，且** $\lim\limits_{n\to\infty}x_n=a$.

证 因 $n\to\infty$ 时 $y_n\to a,z_n\to a$，所以根据数列极限的定义，对于任意给定的正数 ε，存在正整数 N_1，当 $n>N_1$ 时，有 $|y_n-a|<\varepsilon$；又存在正整数 N_2，当 $n>N_2$ 时，有 $|z_n-a|<\varepsilon$，现取 $N=\max\{N_1,N_2\}$，则当 $n>N$ 时，有

$$|y_n-a|<\varepsilon,\ |z_n-a|<\varepsilon$$

同时成立，即

$$a-\varepsilon<y_n<a+\varepsilon,a-\varepsilon<z_n<a+\varepsilon$$

同时成立. 又因 x_n 介于 y_n 和 z_n 之间，所以当 $n>N$ 时，有

$$a-\varepsilon<y_n\leqslant x_n\leqslant z_n<a+\varepsilon,$$

即

$$|x_n-a|<\varepsilon$$

成立. 这就是说, $\lim\limits_{n\to\infty}x_n=a$.

上述数列极限存在准则可以推广到函数的极限:

准则 Ⅰ′ 如果在点 x_0 的某去心邻域内(或 $|x|$ 充分大)有

(1) $g(x)\leqslant f(x)\leqslant h(x)$,

(2) $\lim\limits_{\substack{x\to x_0\\(x\to\infty)}}g(x)=A$, $\lim\limits_{\substack{x\to x_0\\(x\to\infty)}}h(x)=A$,

那么 $\lim\limits_{\substack{x\to x_0\\(x\to\infty)}}f(x)=A$.

准则 Ⅰ(或准则 Ⅰ′)又称为**夹逼准则**.

例 1 计算 $\lim\limits_{n\to\infty}\left(\frac{1}{n^2+1}+\frac{2}{n^2+2}+\cdots+\frac{n}{n^2+n}\right)$

解 因为 $\frac{i}{n^2+n}\leqslant\frac{i}{n^2+i}\leqslant\frac{i}{n^2+1}\ (\forall i)$,

$$\frac{1+2+\cdots+n}{n^2+n}\leqslant\frac{1}{n^2+1}+\frac{2}{n^2+2}+\cdots+\frac{n}{n^2+n}\leqslant\frac{1+2+\cdots+n}{n^2+1},$$

亦即

$$\frac{\frac{1}{2}n(n+1)}{n^2+n}\leqslant\frac{1}{n^2+1}+\frac{2}{n^2+2}+\cdots+\frac{n}{n^2+n}\leqslant\frac{\frac{1}{2}n(n+1)}{n^2+1},$$

又

$$\lim_{n\to\infty}\frac{\frac{1}{2}n(n+1)}{n^2+n}=\frac{1}{2},\lim_{n\to\infty}\frac{\frac{1}{2}n(n+1)}{n^2+1}=\frac{1}{2},$$

所以

$$\lim_{n\to\infty}\left(\frac{1}{n^2+1}+\frac{2}{n^2+2}+\cdots+\frac{n}{n^2+n}\right)=\frac{1}{2}.$$

给出准则 Ⅱ 之前,先给出数列有界性及单调数列的定义.

对于数列 $\{u_n\}$,如果存在正数 M,使得对于一切 u_n 都满足不等式 $|u_n|\leqslant M$,则称数列 $\{u_n\}$ 是有界的;如果这样的正数不存在,就说数列 $\{u_n\}$ 是无界的.

如果数列 $\{u_n\}$ 满足: $u_1\leqslant u_2\leqslant u_3\leqslant\cdots\leqslant u_n\leqslant u_{n+1}\leqslant\cdots$,就称数列 $\{u_n\}$ 是单调增加的.

如果数列 $\{u_n\}$ 满足: $u_1\geqslant u_2\geqslant u_3\geqslant\cdots\geqslant u_n\geqslant u_{n+1}\geqslant\cdots$,就称数列 $\{u_n\}$ 是单调减少的. 单调增加和单调减少的数列统称为单调的数列.

准则 Ⅱ 单调有界数列必有极限.

根据 2.1 中的定理 2 可知收敛的数列一定有界. 但有界的数列不一定收敛. 现在准则 Ⅱ 表明:如果数列不仅有界,并且是单调的,那么这数列的极限必定存在,也就是这数列一定收敛.

准则 Ⅱ 的几何意义比较明显,但证明要涉及较多的基础理论,我们略去证明.

2.5.2 两个重要极限

1. $\lim\limits_{x\to 0}\frac{\sin x}{x}=1$

证 首先，函数$\frac{\sin x}{x}$对于一切 $x\neq 0$ 都有定义，而且是偶函数，所以我们只讨论 x 由正值趋于零时的情形即可. 这里假定 $0<x<\frac{\pi}{2}$.

在如图 2－9 所示的单位圆中，设圆心角 $\angle AOB=x\left(0<x<\frac{\pi}{2}\right)$，点 A 处的切线与 OB 的延长线相交于 D，过 B 点做 $BC\perp OA$，则

$$\sin x=CB,x=\overset{\frown}{AB},\tan x=AD.$$

因为$\triangle AOB$ 的面积 < 扇形 AOB 的面积 < $\triangle AOD$ 的面积，所以$\frac{1}{2}\sin x<\frac{1}{2}x<\frac{1}{2}\tan x$，即

$$\sin x<x<\tan x,$$

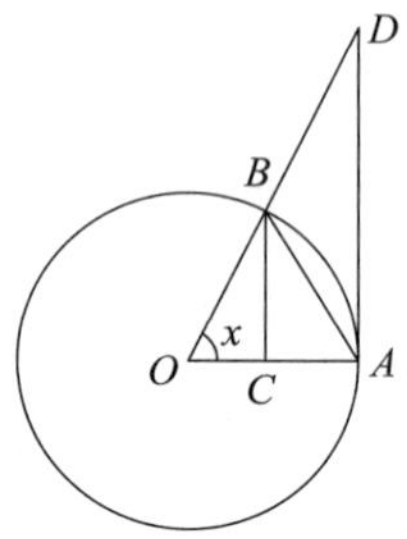

图 2－9

将上述不等式各部分都除以 $\sin x$，就有 $1<\frac{x}{\sin x}<\frac{1}{\cos x}$，即

$$\cos x<\frac{\sin x}{x}<1. \qquad (*)$$

由 $\sin x<x$ 可得 $\sin\frac{x}{2}<\frac{x}{2}$，于是

$$1-\cos x=2\left(\sin\frac{x}{2}\right)^2<2\left(\frac{x}{2}\right)^2=\frac{1}{2}x^2,$$

即有 $\cos x>1-\frac{1}{2}x^2$，所以由式（＊）可得

$$1-\frac{1}{2}x^2<\cos x<\frac{\sin x}{x}<1.$$

由于$\lim\limits_{x\to 0^+}\left(1-\frac{1}{2}x^2\right)=1$，$\lim\limits_{x\to 0^+}1=1$，所以由夹逼准则可得

$$\lim_{x\to 0^+}\cos x=1,\ \lim_{x\to 0^+}\frac{\sin x}{x}=1,$$

又因为 $\cos x$ 与$\frac{\sin x}{x}$都是偶函数，所以有 $\lim\limits_{x\to 0^-}\cos x=1$，$\lim\limits_{x\to 0^-}\frac{\sin x}{x}=1$. 从而可得$\lim\limits_{x\to 0}\cos x=1$，$\lim\limits_{x\to 0}\frac{\sin x}{x}=1$.

利用这个重要极限，可以解决很多涉及三角函数的极限.

例 1 求$\lim\limits_{x\to 0}\frac{\tan x}{x}$.

解 $\lim\limits_{x\to 0}\frac{\tan x}{x}=\lim\limits_{x\to 0}\left(\frac{\sin x}{x}\cdot\frac{1}{\cos x}\right)=\lim\limits_{x\to 0}\frac{\sin x}{x}\cdot\lim\limits_{x\to 0}\frac{1}{\cos x}=1.$

例 2 求$\lim\limits_{x\to 0}\frac{1-\cos x}{x^2}$.

解 $\lim\limits_{x\to 0}\frac{1-\cos x}{x^2}=\lim\limits_{x\to 0}\frac{2\sin^2\frac{x}{2}}{x^2}=\frac{1}{2}\lim\limits_{x\to 0}\frac{\sin^2\frac{x}{2}}{\left(\frac{x}{2}\right)^2}=\frac{1}{2}\lim\limits_{x\to 0}\left(\frac{\sin\frac{x}{2}}{\frac{x}{2}}\right)^2\xlongequal{u=\frac{x}{2}}\frac{1}{2}\left(\lim\limits_{u\to 0}\frac{\sin u}{u}\right)^2=\frac{1}{2}.$

注:本例中用了变量替换:令 $u=\frac{x}{2}$,在以后的解题中,对于这种比较简单的变量替换或换元,可以省略过程而直接写出结果.

例3 求$\lim\limits_{x\to 0}\frac{\tan x-\sin x}{x^3}$.

解 $\lim\limits_{x\to 0}\frac{\tan x-\sin x}{x^3}=\lim\limits_{x\to 0}\frac{\tan x(1-\cos x)}{x^3}=\lim\limits_{x\to 0}\frac{\tan x}{x}\cdot\frac{1-\cos x}{x^2}=\frac{1}{2}$.

例4 求$\lim\limits_{x\to 1}\frac{x^2-1}{\sin\pi x}$.

解 $\lim\limits_{x\to 1}\frac{x^2-1}{\sin\pi x}=\lim\limits_{t\to 0}\frac{t(t+2)}{\sin\pi(t+1)}(t=x-1)=\lim\limits_{t\to 0}\frac{t(t+2)}{-\sin\pi t}=-\lim\limits_{t\to 0}\frac{\pi t}{\sin\pi t}\cdot\frac{t+2}{\pi}=-\frac{2}{\pi}$.

2. $\lim\limits_{x\to\infty}\left(1+\frac{1}{x}\right)^x=\mathrm{e}$

分四步讨论.

(1)先证明一个不等式. 如 a,b 满足 $0<a<b$ 必有$[(n+1)a-nb]b^n<a^{n+1}$.

这是因为

$$b^{n+1}-a^{n+1}=(b-a)(a^n+a^{n-1}b+\cdots+b^n)<(b-a)(n+1)b^n,$$

即

$$b^{n+1}-(b-a)(n+1)b^n<a^{n+1},$$

即

$$[b-(b-a)(n+1)]b^n=[(n+1)a-nb]b^n<a^{n+1}.$$

(2)记 $x_n=(1+\frac{1}{n})^n$,证明其是单调递增且有界

令 $b=1+\frac{1}{n},a=1+\frac{1}{n+1}$,显然 a,b 满足 $0<a<b$,则有

$$[(n+1)(1+\frac{1}{n+1})-n(1+\frac{1}{n})](1+\frac{1}{n})^n<(1+\frac{1}{n+1})^{n+1},$$

亦即

$$x_n=(1+\frac{1}{n})^n<(1+\frac{1}{n+1})^{n+1}=x_{n+1},$$

所以$\{x_n\}$单调递增.

其次 令 $a=1,b=1+\frac{1}{2n}$显然 a,b 满足 $0<a<b$,则有

$$[(n+1)-n(1+\frac{1}{2n})](1+\frac{1}{2n})^n<1,$$

即

$$(1+\frac{1}{2n})^n<2\Rightarrow x_{2n}=(1+\frac{1}{2n})^{2n}<4,$$

由于$\{x_n\}$单调递增. 所以 $x_n\leqslant x_{2n}<4$.

这就说明数列$\{x_n\}$有界的. 根据极限存在准则Ⅱ,这个数列$\{x_n\}$的极限存在,通常用字母 e 来表示它,即

$$\lim_{n\to\infty}(1+\frac{1}{n})^n=\mathrm{e}.$$

可以证明 e 是一个无理数,$e \approx 2.7182818284590$. 指数函数 $y=e^x$ 以及自然对数 $y=\ln x$ 中的底 e 就是这个数.

(3)当变量 x 取实数 $x \to +\infty$ 时情形.

由于对任意正实数 x,总有非负整数 n,使 $n<x\leqslant n+1$,从而有

$$1+\frac{1}{n+1}\leqslant 1+\frac{1}{x}<1+\frac{1}{n}.$$

$$\left(1+\frac{1}{n+1}\right)^{n}\leqslant\left(1+\frac{1}{x}\right)^{x}<\left(1+\frac{1}{n}\right)^{n+1}.$$

且 $x\to+\infty$ 与 $n\to\infty$ 等价,因此可由夹逼准则证明

$$\lim_{x\to+\infty}\left(1+\frac{1}{x}\right)^{x}=e.$$

(4)当变量 x 取实数 $x\to-\infty$ 时情形.

作代换 $x=-y$,则当 $x\to-\infty$ 时 $y\to+\infty$. 此时

$$\left(1+\frac{1}{x}\right)^{x}=\left(1-\frac{1}{y}\right)^{-y}=\left(1+\frac{1}{y-1}\right)^{y}=\left(1+\frac{1}{y-1}\right)^{y-1}\cdot\left(1+\frac{1}{y-1}\right)\to e,(y\to+\infty).$$

由上述几个步骤,我们得到重要极限

$$\lim_{x\to\infty}\left(1+\frac{1}{x}\right)^{x}=e.$$

进一步地,如果令 $t=\frac{1}{x}$,则当 $x\to\infty$ 时,$t\to0$,所以有$\lim\limits_{t\to0}(1+t)^{\frac{1}{t}}=e$.

利用这个重要极限,可以解决很多涉及幂指函数的极限. 利用复合函数的极限,对于一般的幂指函数有如下结论.

例 5 求$\lim\limits_{x\to\infty}\left(1-\frac{1}{x}\right)^{x}$.

解 令 $t=-x$,则当 $x\to\infty$ 时,$t\to\infty$,所以

$$\lim_{x\to\infty}\left(1-\frac{1}{x}\right)^{x}=\lim_{t\to\infty}\left(1+\frac{1}{t}\right)^{-t}=\lim_{t\to\infty}\frac{1}{\left(1+\frac{1}{t}\right)^{t}}=\frac{1}{e}.$$

也可以直接计算如下:

$$\lim_{x\to\infty}\left(1-\frac{1}{x}\right)^{x}=\lim_{x\to\infty}\left[\left(1+\frac{1}{-x}\right)^{-x}\right]^{-1}=e^{-1}=\frac{1}{e}.$$

例 6 求$\lim\limits_{x\to\infty}\left(1+\frac{2}{x}\right)^{2x}$.

解 $\lim\limits_{x\to\infty}\left(1+\frac{2}{x}\right)^{2x}=\lim\limits_{x\to\infty}\left(1+\frac{2}{x}\right)^{\frac{x}{2}\cdot4}=\lim\limits_{x\to\infty}\left[\left(1+\frac{2}{x}\right)^{\frac{x}{2}}\right]^{4}=e^{4}.$

例 7 求$\lim\limits_{x\to\infty}\left(\frac{x-2}{x+1}\right)^{x}$.

解
$$\lim_{x\to\infty}\left(\frac{x-2}{x+1}\right)^{x}=\lim_{x\to\infty}\left(\frac{x+1-3}{x+1}\right)^{x}=\lim_{x\to\infty}\left(1+\frac{-3}{x+1}\right)^{\frac{x+1}{-3}\cdot(-3)-1}$$

$$=\lim_{x\to\infty}\left\{\left[\left(1+\frac{-3}{x+1}\right)^{\frac{x+1}{-3}}\right]^{-3}\left(1+\frac{-3}{x+1}\right)^{-1}\right\}$$

$$=\lim_{x\to\infty}\frac{1}{\left[\left(1+\frac{-3}{x+1}\right)^{\frac{x+1}{-3}}\right]^{3}\left(1+\frac{-3}{x+1}\right)}=e^{-3}.$$

其中

$$\lim_{x\to\infty}\left(1+\frac{-3}{x+1}\right)^{\frac{x+1}{-3}}=\lim_{u\to\infty}\left(1+\frac{1}{u}\right)^{u}\left(这里\ u=\frac{x+1}{-3}\right)=e.$$

例7告诉我们,利用第二个重要极限来计算函数极限时,常遇到形如$f(x)^{g(x)}$的函数(通常称为幂指函数)的极限,光有第二重要极限和$\lim f^n(x)=[\lim f(x)]^n$($\lim f(x)$存在)还不够!

如果$\lim f(x)=a(a>0)$,$\lim g(x)=b$,那么可以证明(在本章第8节证明)

$$\lim f(x)^{g(x)}=[\lim f(x)]^{\lim g(x)}=a^b.$$

例8 求$\lim\limits_{n\to\infty}\sqrt[n]{1^n+2^n+3^n}$.

解 $\lim\limits_{n\to\infty}\sqrt[n]{1^n+2^n+3^n}=3\lim\limits_{n\to\infty}\left[\left(\frac{1}{3}\right)^n+\left(\frac{2}{3}\right)^n+1\right]^{\frac{1}{n}}$,

$\lim\limits_{n\to\infty}\left[\left(\frac{1}{3}\right)^n+\left(\frac{2}{3}\right)^n+1\right]=1$,

$\lim\limits_{n\to\infty}\frac{1}{n}=0$.

所以 原式$=\lim\limits_{n\to\infty}\sqrt[n]{1^n+2^n+3^n}=3\lim\limits_{n\to\infty}\left(\left(\frac{1}{3}\right)^n+\left(\frac{2}{3}\right)^n+1\right)^{\frac{1}{n}}=3$.

例9 确定c,使$\lim\limits_{x\to\infty}\left(\frac{x+c}{x-c}\right)^x=4$.

解 由于

$$\lim_{x\to\infty}\left(\frac{x+c}{x-c}\right)^x=\lim_{x\to\infty}\left(1+\frac{2c}{x-c}\right)^{\frac{x-c}{2c}\cdot\frac{2cx}{x-c}}=\lim_{x\to\infty}\left[\left(1+\frac{2c}{x-c}\right)^{\frac{x-c}{2c}}\right]^{\frac{2cx}{x-c}},$$

而

$$\lim_{x\to\infty}\left(1+\frac{2c}{x-c}\right)^{\frac{x-c}{2c}}=e,\quad \lim_{x\to\infty}\frac{2cx}{x-c}=2c,$$

所以有

$$e^{2c}=4,$$

即

$$c=\ln 2.$$

例10 求$\lim\limits_{n\to\infty}\left(\frac{1}{n^2+n-1}+\frac{1}{n^2+n-2}+\cdots\frac{1}{n^2+n-n}\right)$.

解 $\frac{n}{n^2+n-1}<\frac{1}{n^2+n-1}+\frac{1}{n^2+n-2}+\cdots\frac{1}{n^2+n-n}<\frac{n}{n^2+n-n}$,

当$n\to\infty$时上式两端都趋向于零,由夹逼准则,

$$\lim_{n\to\infty}\left(\frac{1}{n^2+n-1}+\frac{1}{n^2+n-2}+\cdots\frac{1}{n^2+n-n}\right)=0.$$

例 11 设 $x_1=\sqrt{3}, x_2=\sqrt{3+x_1}=\sqrt{3+\sqrt{3}}, \cdots, x_{n+1}=\sqrt{3+x_n}=\underbrace{\sqrt{3+\sqrt{3+\cdots\sqrt{3}}}}_{n+1}$. 证明极限 $\lim\limits_{n\to\infty}x_n$ 存在,并求之.

解 由 x_n 的递推公式,用归纳法可以证明:对一切自然数 n,有 $0<x_n<3$. 即数列 x_n 是有界的.

显然 $x_2-x_1>0$,又

$$x_{n+1}-x_n=\sqrt{3+x_n}-\sqrt{3+x_{n-1}}=\frac{x_n-x_{n-1}}{\sqrt{3+x_n}+\sqrt{3+x_{n-1}}}.$$

上式中分母为正的,因此 $x_{n+1}-x_n$ 与 x_n-x_{n-1} 的符号一致,由归纳法可证,对一切自然数 n,有 $x_{n+1}-x_n>0$. 即数列 x_n 是单调增加的,因此数列 x_n 收敛.

设 $\lim\limits_{n\to\infty}x_n=a$,在数列 x_n 的递推公式两边取极限得方程

$$a=\sqrt{3+a}.$$

解得 $a=\dfrac{1+\sqrt{13}}{2}$,故 $\lim\limits_{n\to\infty}x_n=\dfrac{1+\sqrt{13}}{2}$.

例 12 设 $s_n=u_1+u_2+\cdots u_n$,其中 u_n 满足

$$u_n>0,\text{且}\frac{u_{n+1}}{u_n}\leqslant r<1, n=1,2,\cdots,$$

证明:数列 s_n 收敛的.

证 由于 $u_n>0$,故数列 s_n 是单调增加的且

$$u_2\leqslant ru_1, u_3\leqslant ru_2\leqslant r^2u_1,\cdots$$
$$u_n\leqslant ru_{n-1}\leqslant\cdots\leqslant r^{n-1}u_1,$$

由于 $0<r<1$,因此,s_n 满足

$$\begin{aligned}s_n&=u_1+u_2+\cdots u_n\leqslant u_1+ru_1+r^2u_1+\cdots+r^{n-1}u_1\\&=u_1(1+r+r^2+\cdots+r^{n-1})=u_1\frac{1-r^n}{1-r}<\frac{u_1}{1-r},\end{aligned}$$

即 s_n 是有界的. 由准则Ⅱ,数列 s_n 收敛.

注 上例中,条件 $\dfrac{u_{n+1}}{u_n}\leqslant r<1, n=1,2,\cdots$,可由条件 $\lim\limits_{n\to\infty}\dfrac{u_{n+1}}{u_n}=r<1$ 代替,读者可自行证之.

2.5.3 连续复利

设一笔贷款 A_0(称本金),年利率为 r,则
一年末的本利和

$$A_1=A_0(1+r);$$

二年末的本利和

$$A_2=A_1(1+r)=A_0(1+r)^2;$$

k 年末的本利和

$$A_k=A_0(1+r)^k;$$

如果一年分 n 期计息，年利率仍为 r，则每期利率为 $\frac{r}{n}$，且前一期的本利和为后一期的本金，于是一年末的本利和

$$A_1 = A_0\left(1+\frac{r}{n}\right)^{n};$$

k 年末共计利 nk 次，其本利和为

$$A_k = A_0\left(1+\frac{r}{n}\right)^{nk}; \tag{1}$$

式(1)称为 k 年末本利和的离散复利公式.

如果计息期数 $n\to\infty$，即利息随时计入本金(称为**连续复利**)，则 k 年末本利和为

$$A_k = \lim_{n\to\infty} A_0\left(1+\frac{r}{n}\right)^{nk} = \lim_{n\to\infty} A_0\left(1+\frac{r}{n}\right)^{\frac{n}{r}rk} = A_0 e^{rk}. \tag{2}$$

式(2)称为 k 年末本利和的连续复利公式.

式(1)或式(2)中的 A_0 称为现在值，A_k 称为将来值，已知 A_0 求 A_k，称为复利问题；已知 A_k 求 A_0，称为贴现问题，这时称利率 r 为贴现率.

习题 2.5

1. 求下列各极限

(1) $\lim\limits_{x\to 0}\frac{\tan\sqrt{2}x}{x}$；　(2) $\lim\limits_{x\to 0}x\cot x$；

(3) $\lim\limits_{x\to 0}\frac{1-\cos 2x}{x\sin 3x}$；　(4) $\lim\limits_{n\to 0}2^n\sin\frac{x}{2^n}$；

(5) $\lim\limits_{x\to -2}\frac{\tan\pi x}{x+2}$；　(6) $\lim\limits_{x\to 1}\frac{1-x^2}{\sin\pi x}$；

(7) $\lim\limits_{x\to\frac{\pi}{2}}\frac{\tan 5x}{\tan 3x}$；　(8) $\lim\limits_{x\to a}\frac{\sin x-\sin a}{x-a}$.

2. 求下列各极限

(1) $\lim\limits_{x\to\infty}\left(\frac{x}{1+x}\right)^x$；　(2) $\lim\limits_{x\to\infty}\left(\frac{2+x}{x-3}\right)^x$；

(3) $\lim\limits_{x\to\infty}\left(\frac{x+3}{x+1}\right)^{2x}$；　(4) $\lim\limits_{x\to 1}x^{\frac{1}{1-x}}$；

(5) $\lim\limits_{x\to 0}(1+\tan x)^{\cot x}$；　(6) $\lim\limits_{x\to 0}(\cos 2x)\frac{1}{\sin^2 x}$.

3. 设 $a>b>c>0$，求 $\lim\limits_{n\to\infty}\sqrt[n]{a^n+b^n+c^n}$.

4. 计算

(1) $\lim\limits_{n\to\infty}x_n$，其中 $x_n=\frac{1}{1\times 2}+\frac{1}{2\times 3}+\cdots+\frac{1}{n\times(n+1)}$；

(2) $\lim\limits_{n\to\infty}\left[\frac{1}{\sqrt{n^2+1}}+\frac{1}{\sqrt{n^2+2}}+\cdots+\frac{1}{\sqrt{n^2+n}}\right]$；

(3) $\lim\limits_{n\to\infty}\left[\frac{1}{n^2+n-1}+\frac{2}{n^2+n-2}+\cdots+\frac{n}{n^2+n-n}\right]$.

5. 证明 $\lim\limits_{x\to+\infty} x\left[\dfrac{1}{x}\right]=1$.

6. 设 $u_n\geqslant 0, x_n=u_1+u_2+\cdots+u_n$. 证明极限 $\lim\limits_{n\to\infty} x_n$ 存在的充分必要条件是数列 x_n 有界.

7. 设 $x_n=\dfrac{1}{3+1}+\dfrac{1}{3^2+1}+\cdots+\dfrac{1}{3^n+1}$. 利用上题结论证明极限 $\lim\limits_{n\to\infty}x_n$ 存在.

8. 证明:若 $u_n>0$,且 $\lim\limits_{n\to\infty}\dfrac{u_{n+1}}{u_n}=r<1, x_n=u_1+u_2+\cdots+u_n$ 则极限 $\lim\limits_{n\to\infty}x_n$ 存在.

9. 设 $c>0, x_1=\sqrt{c}, x_{n+1}=\sqrt{c+x_n}$. 证明极限 $\lim\limits_{n\to\infty}x_n$ 存在并求之.

10. 某公司计划发行公司债券,规定以年利率 6.5% 的连续复利计算利息,10 年后每份债券一次偿还本息 1000 元,问发行时每份债券的面值应定为多少元?

2.6 无穷小的比较

在 2.3 节中我们已经知道,两个无穷小的和、差及乘积都仍然是无穷小. 但是两个无穷小的商,却会出现多种不同的情形. 例如,当 $x\to 0$ 时,$3x, x^2$ 与 $1-\cos x$ 都是无穷小,但是它们中两者比值的极限各不相同:$\lim\limits_{x\to 0}\dfrac{x^2}{3x}=0$, $\lim\limits_{x\to 0}\dfrac{3x}{x^2}=\infty$,而 $\lim\limits_{x\to 0}\dfrac{1-\cos x}{x^2}=\dfrac{1}{2}$.

事实上,两个无穷小之比的极限的不同情况,反映了不同的无穷小趋于零的"快慢"程度. 就上面例子来说,在 $x\to 0$ 的过程中,$x^2\to 0$ 比 $3x\to 0$"快",反之 $3x\to 0$ 比 $x^2\to 0$"慢",而 $1-\cos x\to 0$ 与 $x^2\to 0$ 的快慢差不多.

一般地,我们有如下定义.

定义 **设 α 与 β 是在同一个自变量的变化过程中的无穷小,且 $\alpha\neq 0$, $\lim\dfrac{\beta}{\alpha}$ 是这个变化过程中的极限.**

如果 $\lim\dfrac{\beta}{\alpha}=0$,则说 β 是比 α 高阶的无穷小,记作 $\beta=o(\alpha)$.

如果 $\lim\dfrac{\beta}{\alpha}=\infty$,则说 β 是比 α 低阶的无穷小.

如果 $\lim\dfrac{\beta}{\alpha}=c\neq 0$,则说 β 与 α 是同阶的无穷小.

如果 $\lim\dfrac{\beta}{\alpha^k}=c\neq 0, k>0$,则说 β 是关于 α 的 k 阶无穷小.

如果 $\lim\dfrac{\beta}{\alpha}=1$,则说 β 与 α 是等价无穷小,记作 $\alpha\sim\beta$.

显然,等价无穷小是同阶无穷小的特殊情形.

下面举一些例子:

因为 $\lim\limits_{x\to 0}\dfrac{x^2}{x}=0$ 所以当 $x\to 0$ 时,x^2 是比 x 高阶的无穷小,即 $x^2=o(x)$, $(x\to 0)$.

因为$\lim\limits_{n\to\infty}\dfrac{\frac{1}{n}}{\frac{1}{n^2}}=\infty$，所以当$n\to\infty$时，$\dfrac{1}{n}$是比$\dfrac{1}{n^2}$低阶的无穷小.

因为$\lim\limits_{x\to 0}\dfrac{1-\cos x}{x^2}=\dfrac{1}{2}$，所以当$x\to 0$时$1-\cos x$与$x^2$是同阶无穷小.

因为$\lim\limits_{x\to 0}\dfrac{\sin x}{x}=1$，所以当$x\to 0$时$\sin x$与$x$是等价无穷小. 即$x\to 0$时$\sin x\sim x$.

易证，等价无穷小具有传递性，即若$\alpha\sim\beta,\beta\sim\gamma$，则$\alpha\sim\gamma$.

根据前面一些例子，$x\to 0$时常见的等价无穷小有

$$x\sim\sin x\sim\tan x,\arcsin x\sim x,\arctan x\sim x,1-\cos x\sim\frac{1}{2}x^2.$$

关于等价无穷小，有下面两个定理.

定理1　β与α是等价无穷小的充分必要条件为$\beta=\alpha+o(\alpha)$.

证　必要性设$\alpha\sim\beta$，则

$$\lim\frac{\beta-\alpha}{\alpha}=\lim\left(\frac{\beta}{\alpha}-1\right)=\lim\frac{\beta}{\alpha}-1=0,$$

因此$\beta-\alpha=o(\alpha)$，即$\beta=\alpha+o(\alpha)$.

充分性　设$\beta=\alpha+o(\alpha)$，则$\lim\dfrac{\beta}{\alpha}=\lim\dfrac{\alpha+o(\alpha)}{\alpha}=\lim\left(\dfrac{o(\alpha)}{\alpha}+1\right)=1$，

因此$\beta\sim\alpha$.

定理2（无穷小的等价替换定理）　在同一自变量的变化过程中，设$\alpha\sim\alpha',\beta\sim\beta'$，且$\lim\dfrac{\beta'}{\alpha'}$存在，则

$$\lim\frac{\beta}{\alpha}=\lim\frac{\beta'}{\alpha'}.$$

证　由于$\alpha\sim\alpha',\beta\sim\beta'$，即$\lim\dfrac{\alpha'}{\alpha}=\lim\dfrac{\beta}{\beta'}=1$，所以

$$\lim\frac{\beta}{\alpha}=\lim\left(\frac{\beta}{\beta'}\cdot\frac{\beta'}{\alpha'}\cdot\frac{\alpha'}{\alpha}\right)=\lim\frac{\beta}{\beta'}\cdot\lim\frac{\beta'}{\alpha'}\cdot\lim\frac{\alpha'}{\alpha}=\lim\frac{\beta'}{\alpha'}.$$

定理2表明，求两个无穷小之比的极限时，分子及分母都可以用其等价无穷小来替换. 如果用来替换的无穷小选得适当的话，可以简化计算.

例1　求$\lim\limits_{x\to 0}\dfrac{\sin mx}{\sin nx}(n\neq 0)$

解　当$x\to 0$时，$\sin mx\sim mx,\sin nx\sim nx$，所以

$$\lim_{x\to 0}\frac{\sin mx}{\sin nx}=\lim_{x\to 0}\frac{mx}{nx}=\lim_{x\to 0}\frac{m}{n}=\frac{m}{n}.$$

例2　求$\lim\limits_{x\to 0}\dfrac{\sin 5x}{\sin x+x^2}$.

解　当$x\to 0$时，$\sin 5x\sim 5x$，$\sin x+x^2$显然与它自身等价，所以

$$\lim_{x\to 0}\frac{\sin 5x}{\sin x+x^2}=\lim_{x\to 0}\frac{5x}{\sin x+x^2}=\lim_{x\to 0}\frac{5}{\frac{\sin x}{x}+x}=5.$$

例 3 证当 $x\to 0$ 时 $\tan x-\sin x$ 是 x 的三阶无穷小.

证 $\lim\limits_{x\to 0}\dfrac{\tan x-\sin x}{x^3}=\lim\limits_{x\to 0}\dfrac{\tan x(1-\cos x)}{x^3}=\lim\limits_{x\to 0}\dfrac{x\cdot\frac{1}{2}x^2}{x^3}=\dfrac{1}{2}.$

所以,当 $x\to 0$ 时,$\tan x-\sin x$ 是 x 的三阶无穷小.

习题 2.6

1. 当 $x\to 0$ 时,$2x-x^2$ 与 x^2-x^3 相比,哪一个是高阶无穷小?

2. 当 $x\to 1$ 时,无穷小 $1-x$ 与(1) $1-x^3$,(2) $\dfrac{1}{2}(1-x^2)$ 是否同阶?是否等价?

3. 当 $x\to 0$ 时,下列变量中与 $2x^2+x^3$ 是同阶无穷小的是(　　),比它高阶的是(　　),比它低阶的是(　　).

(A) $\sin x+\tan x$　　(B) $\sin x-\tan x$　　(C) $1-\cos x$

4. 证明:当 $x\to 0$ 时,下列各对无穷小是等价的:

(1) $\arctan x\sim x$;　(2) $\arcsin x\sim x$;　(3) $1-\cos x\sim\dfrac{x^2}{2}$;　(4) $\sqrt{1+x}-1\sim\dfrac{x}{2}$.

5. 利用等价无穷小的方法,求下列极限:

(1) $\lim\limits_{x\to 0}\dfrac{\tan x-\sin x}{x^3}$;　(2) $\lim\limits_{x\to 0}\dfrac{x-\sin 2x}{x+\sin 3x}$;

(3) $\lim\limits_{x\to 0}\dfrac{\sin x^n}{\sin^m x}$($m,n$ 为正整数);　(4) $\lim\limits_{x\to 0}\dfrac{\sin x-\tan x}{(\sqrt[3]{1+x^2}-1)(\sqrt{1+\sin x}-1)}$;

(5) $\lim\limits_{x\to 0^+}\dfrac{\ln\cos 5x}{\ln\cos 2x}$.

2.7 函数的连续性

连续性是函数的重要特性之一,它反映了许多自然现象的一种共同特征. 例如气温、水位随时间的变化而连续变化,生物随时间的变化而连续生长等. 本节借助于极限方法讨论函数的连续性这一重要特性.

2.7.1 函数的连续性

定义 1 **设函数 $f(x)$ 在点 x_0 的某一邻域内有定义,且有**

$$\lim_{x\to x_0}f(x)=f(x_0)$$

则称函数 $f(x)$ 在点 x_0 处连续,点 x_0 称为 $f(x)$ 的连续点. 否则称函数 $f(x)$ 在点 x_0 处不连续,点 x_0 称为 $f(x)$ 的不连续点(或称间断点).

图 2-10(a),图 2-10(b)为函数在点 x_0 连续与不连续的示意图. 由图 2-10 可以看出 $f(x)$ 在点 x_0 连续与不连续的几何特征.

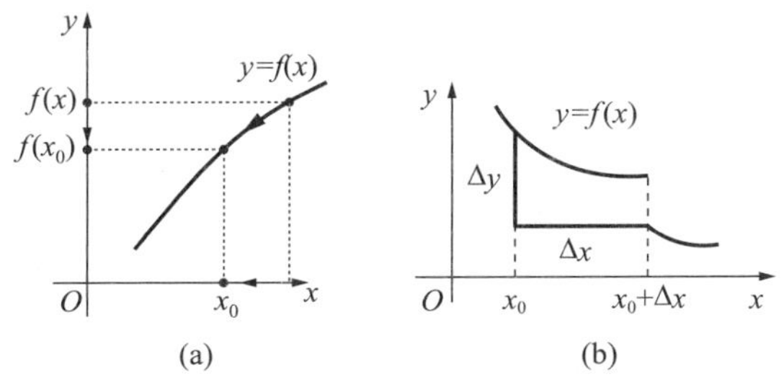

图 2-10

由第 2.4 节中,我们曾经证明:如果$f(x)$是有理整函数(多项式函数),即

$$f(x)=a_0+a_1x+\cdots+a_nx^n$$

在任一点$x_0\in(-\infty,+\infty)$有$\lim\limits_{x\to x_0}f(x)=f(x_0)$. 因此,多项式函数在区间$(-\infty,+\infty)$内每一点都是连续的.

对于有理分式$f(x)=\dfrac{P(x)}{Q(x)}$,若$Q(x_0)\neq 0$,则有$\lim\limits_{x\to x_0}\dfrac{P(x)}{Q(x)}=\dfrac{P(x_0)}{Q(x_0)}$. 因此有理分式函数在分母不为零的点是连续的,或有理函数$\dfrac{P(x)}{Q(x)}$在定义域内的每一点都是连续的.

由第 2.2 节例 6 可知,函数$f(x)=\sqrt{x}$在$(0,+\infty)$内的每一点都是连续的.

函数$f(x)$在点x_0连续还可以有另外的描述方式:

设变量u从它的一个初值u_1变到终值u_2,终值与初值的差u_2-u_1就叫做变量u的增量,记作Δu,即$\Delta u=u_2-u_1$.

变量u的增量Δu可以是正的,也可以是负的. 当Δu为正值时,变量u从初值u_1到终值$u_2=u_1+\Delta u$是增大的;而当Δu为负值时,变量u从初值u_1到终值$u_2=u_1+\Delta u$是减小的.

设函数$y=f(x)$在x_0的某邻域内有定义,当自变量x在这个邻域内从x_0变到$x_0+\Delta x$时,函数值相应地从$f(x_0)$变到$f(x_0+\Delta x)$,即相应于自变量x的增量Δx,函数y也产生了与Δx对应的增量$\Delta y=f(x_0+\Delta x)-f(x_0)$. 若保持$x_0$不变,而让自变量$x$的增量$\Delta x$变动,一般说来,函数$y$的增量$\Delta y$也会随之发生变化. 由图 2-11 可以看出,在$x_0$处连续的曲线有如下的特点:当自变量$x$的增量$\Delta x$趋于零时,函数$y$的增量$\Delta y$也趋于零. 由此给出下面的函数连续性的定义.

定义 2 **设函数$y=f(x)$在x_0的某邻域内有定义,如果**

$$\lim_{\Delta x\to 0}\Delta y=\lim_{\Delta x\to 0}[f(x_0+\Delta x)-f(x_0)]=0,$$

那么就称函数$y=f(x)$在点x_0处连续,也说x_0是函数的连续点.

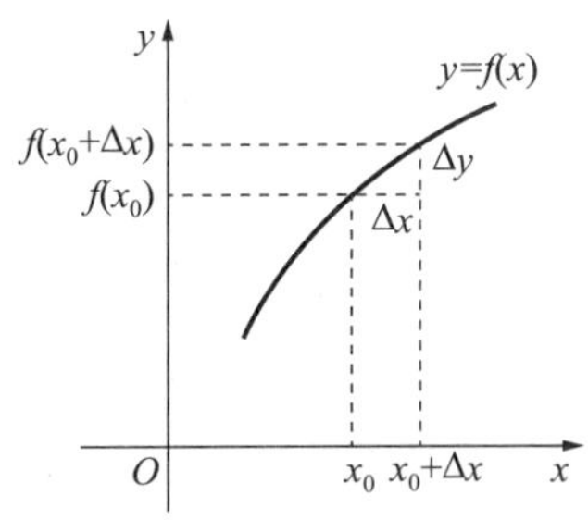

图 2-11

相应于函数的左、右极限的概念,函数在一点处的连续也有左连续性与右连续性,定义如下.

定义 3 **设函数$y=f(x)$在点x_0及其一个左(右)邻域内有定义,如果**

$\lim\limits_{x\to x_0^-}f(x)=f(x_0)\left(\lim\limits_{x\to x_0^+}f(x)=f(x_0)\right)$,

则称函数 $y=f(x)$ 在点 x_0 处左(右)连续.

由函数单侧极限与函数极限的关系(2.2 定理 2)可知:

函数 $y=f(x)$ 在点 x_0 处连续 $\Leftrightarrow y=f(x)$ 在点 x_0 处既左连续也右连续.

如果函数 $f(x)$ 在开区间 (a,b) 内每点处都连续,则称函数 $f(x)$ 在 (a,b) 内连续;如果函数在闭区间 $[a,b]$ 上有定义,在开区间 (a,b) 内连续,且在点 a 右连续,在点 b 左连续,则称 $f(x)$ 在闭区间 $[a,b]$ 上连续,也说 $f(x)$ 是 $[a,b]$ 上的连续函数.

如果函数 $y=f(x)$ 是区间 I 上的连续函数,则它的图形 $C:y=f(x)\ (x\in I)$ 是一条连续曲线.

例 1 证明 $y=\sin x$ 在区间 $(-\infty,+\infty)$ 内是连续的.

证 设 x 是区间 $(-\infty,+\infty)$ 内任意取定的一点. 当 x 有增量 Δx 时,对应的函数的增量为

$$\Delta y=\sin(x+\Delta x)-\sin x,$$

由三角公式有

$$\Delta y=\sin(x+\Delta x)-\sin x=2\sin\frac{\Delta x}{2}\cos\left(x+\frac{\Delta x}{2}\right),$$

注意到

$$\left|\cos\left(x+\frac{\Delta x}{2}\right)\right|\leqslant 1,$$

就推得

$$|\Delta y|=|\sin(x+\Delta x)-\sin x|\leqslant 2\left|\sin\frac{\Delta x}{2}\right|.$$

因为对于任意的角度 α,当 $\alpha\neq 0$ 时,有 $|\sin\alpha|\leqslant|\alpha|$,所以

$$0\leqslant|\Delta y|=|\sin(x+\Delta x)-\sin x|<|\Delta x|.$$

因此,当 $\Delta x\to 0$ 时,由夹逼准则得 $|\Delta y|\to 0$,这就证明了 $y=\sin x$ 在区间 $(-\infty,+\infty)$ 内是连续的.

类似地可以证明,函数 $y=\cos x$ 在区间 $(-\infty,+\infty)$ 内是连续的.

2.7.2 函数的间断点

由定义 1 可以看出,"函数 $f(x)$ 在点 x_0 处连续"包含以下三层意思.

(1) $f(x)$ 在点 x_0 处有定义[即 $f(x_0)$ 存在].

(2) $f(x)$ 在点 x_0 处有极限[即 $\lim\limits_{x\to x_0}f(x)$ 存在].

(3) $f(x)$ 在点 x_0 处的极限值等于函数值[即 $\lim\limits_{x\to x_0}f(x)=f(x_0)$].

这就是说函数 $f(x)$ 在点 x_0 处连续必须同时满足以上三个条件,只要有一个条件不满足,则称 $f(x)$ 在点 x_0 处不连续,这时称 x_0 是函数 $f(x)$ 的间断点. 为方便,我们根据函数 $f(x)$ 在 x_0 处的极限值的情况将间断点分类.

定义 4 **设 x_0 是函数 $f(x)$ 的间断点.**

(1) 若 $f(x)$ 在 x_0 处的左极限 $\lim\limits_{x\to x_0^-}f(x)$ 和右极限 $\lim\limits_{x\to x_0^+}f(x)$ 都存在,则称 x_0 是函数 $f(x)$

的第一类间断点. 对于第一类间断点,如果 $\lim\limits_{x\to x_0^-}f(x)=\lim\limits_{x\to x_0^+}f(x)$,即 $f(x)$ 在 x_0 处的左、右极限相等,则称 x_0 是函数 $f(x)$ 的可去间断点;若 $\lim\limits_{x\to x_0^-}f(x)\neq\lim\limits_{x\to x_0^+}f(x)$,即 $f(x)$ 在 x_0 处的左、右极限不相等,则称 x_0 是函数 $f(x)$ 的跳跃间断点.

(2)若 $f(x)$ 在 x_0 处的左极限 $\lim\limits_{x\to x_0^-}f(x)$ 和右极限 $\lim\limits_{x\to x_0^+}f(x)$ 中至少有一个不存在,则称 x_0 是函数 $f(x)$ 的第二类间断点. 特别地,如果左、右极限 $\lim\limits_{x\to x_0^-}f(x)$ 和 $\lim\limits_{x\to x_0^+}f(x)$ 中至少有一个为无穷大,则称 x_0 是函数 $f(x)$ 的无穷间断点.

例 2 讨论下列函数在给定点处的连续性,若不连续,则讨论间断点的类型.

(1) $f(x)=\begin{cases}2-x, x\leq 1,\\ 1-x, x>1,\end{cases}$ 在 $x=1$ 处.

(2) $f(x)=\dfrac{1}{x^2}$,在 $x=0$ 处.

(3) $f(x)=\dfrac{x^2-4}{x-2}$ 在 $x=2$ 处.

(4) $f(x)=\sin\dfrac{1}{x}$,在 $x=0$ 处.

解 (1)在点 $x=1$ 处,有 $f(1)=2-1=1$,

$$\lim_{x\to 1^-}f(x)=\lim_{x\to 1^-}(2-x)=1,$$
$$\lim_{x\to 1^+}f(x)=\lim_{x\to 1^+}(1-x)=0,$$

左、右极限不相等,故 $\lim\limits_{x\to 1}f(x)$ 不存在,所以函数 $f(x)$ 在 $x=1$ 处不连续,即 $x=1$ 是函数的间断点,但由于 $\lim\limits_{x\to 1^-}f(x)=1=f(1)$,所以函数 $f(x)$ 在 $x=1$ 处是左连续的.

因为 $\lim\limits_{x\to 1^-}f(x)$ 与 $\lim\limits_{x\to 1^+}f(x)$ 都存在且不相等,所以 $x=1$ 是 $f(x)$ 的跳跃间断点(图 2-12).

(2)由 $f(x)=\dfrac{1}{x^2}$,在 $x=0$ 处没有定义,所以在该点处是不连续的,即 $x=0$ 是它的间断点. 又因为 $\lim\limits_{x\to 0}\dfrac{1}{x^2}=\infty$,所以 $x=0$ 是 $f(x)=\dfrac{1}{x^2}$ 的无穷间断点(图 2-13).

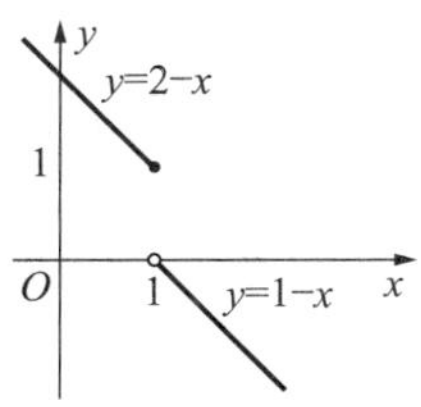

图 2-12

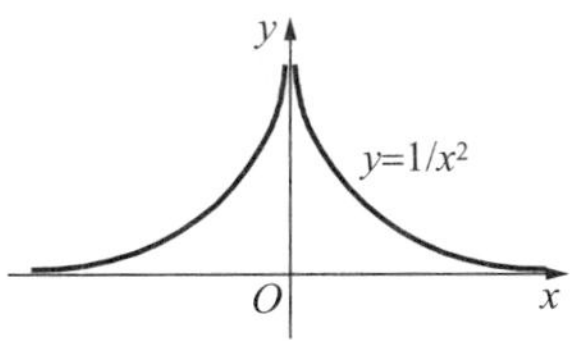

图 2-13

(3)在点 $x=2$ 处,$f(x)=\dfrac{x^2-4}{x-2}$ 没有定义,所以在该点处是不连续的,即 $x=2$ 是它的间断点. 而 $\lim\limits_{x\to 2}f(x)=\lim\limits_{x\to 0}\dfrac{x^2-4}{x-2}=4$,所以函数在 $x=2$ 处左、右极限都存在且相等,所以 $x=2$ 是函数 $f(x)$ 的可去间断点. 事实上,这时,如果我们将 $f(x)$ 在 $x=2$ 处的定义改变为

$f(2)=4$，即函数定义为 $f(x)=\begin{cases}\dfrac{x^2-4}{x-2}, & x\neq 2,\\ 4, & x=2,\end{cases}$ 则此函数成为在 $x=2$ 处连续的函数. 所以，这种情形下的间断点称为"可去"间断点. 而其他类型的间断点都无法通过改变一个点处的定义而使函数连续(图 2－14).

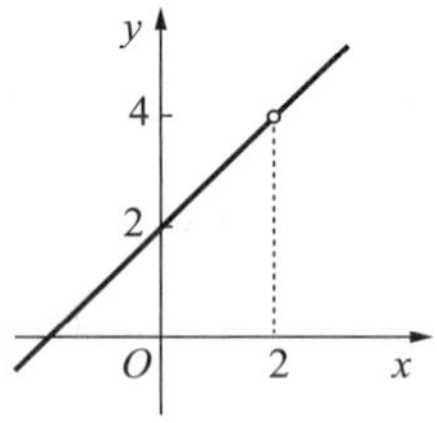

图 2－14

(4) 函数 $f(x)=\sin\dfrac{1}{x}$ 在 $x=0$ 处无定义，所以也是其间断点.

因为当 $x\to 0$ 时，函数值并不趋于一个固定的常数值，而是在 -1 与 1 之间变动无限次，所以 $x=0$ 是函数的第二类间断点，这种情形下的间断点也称为振荡间断点(图 2－7).

习题 2.7

1. 讨论下列函数的连续性.

(1) $f(x)=\begin{cases}x^2, & x<2,\\ x+2, & x\geqslant 2;\end{cases}$　　(2) $f(x)=\begin{cases}x, & |x|\leqslant 1,\\ 1, & |x|>1.\end{cases}$

2. 指出下列函数的间断点，并说明其类型；如果是可去间断点，则通过补充或改变函数的定义使它连续.

(1) $y=\dfrac{x^2-1}{x^2-3x+2}$；　　(2) $y=\dfrac{x}{\tan x}$；

(3) $y=\dfrac{1-2^{\frac{1}{x}}}{1+2^{\frac{1}{x}}}$；　　(4) $y=x\sin\dfrac{1}{x}$；

(5) $y=\cos^2\dfrac{1}{x}$.

3. 讨论函数 $f(x)=\lim\limits_{n\to\infty}\dfrac{1-x^{2n}}{1+x^{2n}}x$ 的连续性，若有间断点，判别其类型.

4. 证明：如果函数 $f(x)$ 在点 x_0 处连续，且 $f(x_0)>0$，则必存在一个正数 δ 使当 x 在区间 $(x_0-\delta, x_0+\delta)$ 内时，$f(x)>0$.

2.8 连续函数的运算与初等函数的连续性

2.8.1 连续函数的和、差、积及商的连续性

函数连续性的定义是建立在极限理论的基础上的，故由函数极限的性质可以得到连续函数的以下性质.

定理 1(连续函数的四则运算)　设 $f(x)$ 与 $g(x)$ 在点 x_0(或区间 I 上)连续，则

(1) $f(x)\pm g(x)$ 在点 x_0(或区间 I 上)连续；

(2) $f(x)g(x)$ 在点 x_0(或区间 I 上)连续；

(3)当 $g(x_0)\neq 0$(或 $g(x)\neq 0, x\in I$)时,$\dfrac{f(x)}{g(x)}$在点 x_0(或区间 I 上)连续.

例1 因 $\tan x=\dfrac{\sin x}{\cos x}$,$\cot x=\dfrac{\cos x}{\sin x}$,而 $\sin x$ 和 $\cos x$ 都在区间$(-\infty,+\infty)$内连续,故由定理1知 $\tan x$ 和 $\cot x$ 在它们的定义域内是连续的.同样,$\sec x$,$\csc x$ 在它们的定义域内也是连续的.

总之三角函数在其定义域内是连续的.

2.8.2 反函数与复合函数的连续性

定理2(反函数的连续性)若函数 $y=f(x)$在区间 I_x 上单调增加(减少)且连续,则其反函数 $y=f^{-1}(x)$在对应的区间 $I_y=\{y\mid y=f(x)x\in I_x\}$ 上单调增加(减少)且连续.

证明从略.

从几何上看,由于函数 $y=f(x)$与 $y=f^{-1}(x)$的图形对称于直线 $y=x$,所以结论是明显的.

例2 $y=\sin x$ 在$\left[-\dfrac{\pi}{2},\dfrac{\pi}{2}\right]$上单调增加且连续,因此其反函数 $y=\arcsin x$ 在$[-1,1]$上也单调增加且连续.

同样应用定理2可证 $y=\arccos x$ 在$[-1,1]$上也单调减少且连续; $y=\arctan x$ 在$(-\infty,+\infty)$上也单调增加且连续;$y=\mathrm{arccot}\,x$ 在$(-\infty,+\infty)$上也单调减少且连续.

总之,反三角函数 $\arcsin x$,$\arccos x$,$\arctan x$,$\mathrm{arccot}\,x$ 在它们的定义域内都是连续的.

定理3 设函数 $y=f[g(x)]$是由函数 $u=g(x)$和函数 $y=f(u)$复合而成,$\mathring{U}(x_0)\subset D_{f\circ g}$.$\lim\limits_{x\to x_0}g(x)=u_0$ 且 $y=f(u)$在点 u_0 连续,则

$$\lim_{x\to x_0}f[g(x)]=\lim_{u\to u_0}f(u)=f(u_0).$$

证 在2.4节定理3中,令 $a=f(u_0)$(此时 $y=f(u)$在点 u_0 连续)即可.留给读者自己练习.

因为在定理3中有

$$\lim_{x\to x_0}g(x)=u_0,\lim_{u\to u_0}f(u)=f(u_0),$$

故由定理3得

$$\lim_{x\to x_0}f[g(x)]=f[\lim_{x\to x_0}g(x)].$$

此式表明,函数 f 连续时,函数符号"f"与极限符号"$\lim\limits_{x\to x_0}$"可以交换,即求极限值与求函数值的次序可交换.利用这一点,可以简化很多求极限的过程,在后面的解题中将会常常遇到.

定理4(复合函数的连续性) 设函数 $y=f(u)$在点 u_0 连续,$u=g(x)$在点 x_0 连续,且 $g(x_0)=u_0$,则复合函数 $y=f[g(x)]$在点 x_0 连续,即有$\lim\limits_{x\to x_0}f[g(x)]=f[g(x_0)]$.

证 由 $u=g(x)$在点 x_0 连续,得 $g(x_0)=\lim\limits_{x\to x_0}g(x)$,函数 $y=f(u)$在点 u_0 连续即 $f(u_0)=\lim\limits_{u\to u_0}f(u)$,由定理3得

$$\lim_{x\to x_0}f[g(x)]=f[\lim_{x\to x_0}g(x)]=f[g(x_0)].$$

这就证明了复合函数 $y=f[g(x)]$ 在点 x_0 连续.

例 3 讨论函数 $y=\sin\dfrac{1}{x}$ 的连续性.

解 函数 $y=\sin\dfrac{1}{x}$ 可看作是由 $u=\dfrac{1}{x}$ 和 $y=\sin u$ 复合而成的. $\dfrac{1}{x}$ 当 $x\in(-\infty,0)$ 和 $x\in(0,+\infty)$ 时是连续的，$y=\sin u$ 当 $x\in(-\infty,+\infty)$ 时是连续的. 根据定理 4，函数 $y=\sin\dfrac{1}{x}x\in(-\infty,0)$ 和 $x\in(0,+\infty)$ 时是连续的.

2.8.3 初等函数的连续性

前面证明了三角函数及反三角函数在它们的定义域内是连续的.

我们指出(但不详细讨论)，指数函数 $y=a^x(a\neq1,a>0)$ 在 $(-\infty,+\infty)$ 内连续且单调.

由指数函数的连续性和单调性，根据定理 2 可得：指数的反函数——对数函数 $y=\log_a x$ 在定义域内单调并连续.

由于幂函数 $y=x^a=e^{a\ln x}$，因此由指数函数、对数函数及复合函数的连续性可得幂函数在 $(0,+\infty)$ 上为连续的.

综合起来我们有：

定理 5 基本初等函数在其定义域内连续的；一切初等函数在其定义区间内都是连续的.

所谓定义区间，就是包含在定义域内的区间.

根据函数 $f(x)$ 在点 x_0 连续的定义，如果已知 $f(x)$ 在点 x_0 连续，那么求 $f(x)$ 当 $x\to x_0$ 的极限时，只要求 $f(x)$ 在点 x_0 的函数值就行了. 所以，上述定理 5 中的关于初等函数连续性的结论提供了求极限的一个方法，即如果 $f(x)$ 是初等函数，且 x_0 是 $f(x)$ 的定义区间内的点，则有

$$\lim_{x\to x_0}f(x)=f(x_0).$$

例如，求 $\lim\limits_{x\to\frac{\pi}{2}}\ln\sin x$. 由于点 $x_0=\dfrac{\pi}{2}$ 是初等函数 $f(x)=\ln\sin x$ 的一个定义区间 $(0,\pi)$ 内的点，所以 $\lim\limits_{x\to\frac{\pi}{2}}\ln\sin x=\ln\sin\dfrac{\pi}{2}=0$.

下面再来看几个典型的例子.

例 4 求 $\lim\limits_{x\to1}\dfrac{\sqrt{5x-4}-\sqrt{x}}{x-1}$.

解
$$\begin{aligned}\lim_{x\to1}\frac{\sqrt{5x-4}-\sqrt{x}}{x-1}&=\lim_{x\to1}\frac{(\sqrt{5x-4}-\sqrt{x})(\sqrt{5x-4}+\sqrt{x})}{(x-1)(\sqrt{5x-4}+\sqrt{x})}\\&=\lim_{x\to1}\frac{4(x-1)}{(x-1)(\sqrt{5x-4}+\sqrt{x})}\\&=\lim_{x\to1}\frac{4}{\sqrt{5x-4}+\sqrt{x}},\end{aligned}$$

这时的初等函数$\frac{4}{\sqrt{5x-4}+\sqrt{x}}$在 $x=1$ 处有定义，所以

$$\lim_{x\to1}\frac{\sqrt{5x-4}-\sqrt{x}}{x-1}=\lim_{x\to1}\frac{4}{\sqrt{5x-4}+\sqrt{x}}=\frac{4}{\sqrt{5-4}+\sqrt{1}}=2.$$

例 5 求$\lim\limits_{x\to0}\frac{\log_a(1+x)}{x}$.

解 原式$=\lim\limits_{x\to0}\frac{1}{x}\log_a(1+x)=\lim\limits_{x\to0}\log_a(1+x)^{\frac{1}{x}}=\log_a[\lim\limits_{x\to0}(1+x)^{\frac{1}{x}}]$

$$=\log_a e=\frac{1}{\ln a}.$$

特别地，当 $a=e$ 时，$\lim\limits_{x\to0}\frac{\ln(1+x)}{x}=1$.

例 6 求$\lim\limits_{x\to0}\frac{a^x-1}{x}$.

解 令 $a^x-1=t$，则 $x=\log_a(1+t)$，当 $x\to0$ 时 $t\to0$，所以

$$\lim_{x\to0}\frac{a^x-1}{x}=\lim_{t\to0}\frac{t}{\log_a(1+t)}=\ln a,$$

特别地，当 $a=e$ 时，$\lim\limits_{x\to0}\frac{e^x-1}{x}=1$.

由例 5 与例 6 可得到两对常用的等价无穷小：

$$x\to0\text{ 时},\ln(1+x)\sim x,e^x-1\sim x.$$

例 7 求$\lim\limits_{x\to0}\frac{(1+x)^\alpha-1}{x}$.

解 由对数恒等式可得：$\lim\limits_{x\to0}\frac{(1+x)^\alpha-1}{x}=\lim\limits_{x\to0}\frac{e^{\alpha\ln(1+x)}-1}{x}$，由于 $x\to0$ 时 $\alpha\ln(1+x)\to0$，所以 $e^{\alpha\ln(1+x)}-1\sim\alpha\ln(1+x)$，由无穷小的等价替换原理，原式$=\lim\limits_{x\to0}\frac{\alpha\ln(1+x)}{x}=\alpha$.

进一步地，可得$\lim\limits_{x\to0}\frac{(1+x)^\alpha-1}{\alpha x}=1$，即 $x\to0$ 时，$(1+x)^\alpha-1\sim\alpha x$.

定理 6 设 $\lim f(x)=a(a>0)$，$\lim g(x)=b$，则有

$$\lim f(x)^{g(x)}=[\lim f(x)]^{\lim g(x)}=a^b.$$

证 因为

$$\lim f(x)^{g(x)}=\lim e^{g(x)\ln f(x)}=e^{\lim g(x)\ln f(x)}$$
$$=e^{\lim g(x)\lim\ln f(x)}=e^{b\ln a}=a^b.$$

例 8 求$\lim\limits_{x\to\infty}\left(\frac{2x-3}{2x+1}\right)^x$.

解 因为 $\lim\limits_{x\to\infty}\left(\frac{2x-3}{2x+1}\right)^x(1^\infty)=\lim\limits_{x\to\infty}\left(1+\frac{-4}{2x+1}\right)^{\frac{2x+1}{-4}\cdot\frac{-4x}{2x+1}}=\lim\limits_{x\to\infty}f(x)^{g(x)}$

此处
$$f(x)=\left(1+\frac{-4}{2x+1}\right)^{\frac{2x+1}{-4}},\lim_{x\to\infty}f(x)=e,$$
$$g(x)=\frac{-4x}{2x+1},\lim_{x\to\infty}g(x)=-2,$$

根据定理6,有

$$\lim_{x\to\infty}\left(\frac{2x-3}{2x+1}\right)^{x}=e^{-2}.$$

习题2.8

1. 求函数$f(x)=\dfrac{x^3+3x^2-x-3}{x^2+x-6}$的连续区间,并求极限$\lim\limits_{x\to0}f(x)$, $\lim\limits_{x\to-3}f(x)$及$\lim\limits_{x\to2}f(x)$.

2. 设函数$f(x)$与$g(x)$在点x_0连续,证明

$$\varphi(x)=\max\{f(x),g(x)\},\psi(x)=\min\{f(x),g(x)\}$$

在点x_0连续.

3. 求下列极限:

(1) $\lim\limits_{x\to-2}\dfrac{\sqrt[3]{x+1}\lg(2+x^2)}{(1-x)^2+\cos x}$;　　(2) $\lim\limits_{x\to+\infty}(\sqrt{x+1}-\sqrt{x})$;

(3) $\lim\limits_{x\to1}\left(\dfrac{1+x}{2+x}\right)^{\frac{1-\sqrt{x}}{1-x}}$;　　(4) $\lim\limits_{x\to+\infty}\arccos\dfrac{1-x}{1+x}$;

(5) $\lim\limits_{x\to0}\dfrac{\ln(1+ax)}{x}$,其中$a$为大于零的常数;

(6) $\lim\limits_{x\to0}\left(\dfrac{1-\cos x}{x^2}\right)^{\sqrt{2}}$;　　(7) $\lim\limits_{x\to0}\sqrt{x^3+2x^2-x+4}$.

4. 求下列极限:

(1) $\lim\limits_{x\to0}\dfrac{e^{x^3}-1}{x^2\sin x}$;　　(2) $\lim\limits_{x\to0}\dfrac{\arctan^2(\sqrt{1+x^2}-1)}{\sin x\ln(1+x^3)}$;

(3) $\lim\limits_{x\to0}\dfrac{\ln\cos x^2}{(e^{\sin x}-1)x^3}$. 提示:$\ln\cos x^2=\ln(1+\cos x^2-1)\sim\cos x^2-1,(x\to0)$.

(4) $\lim\limits_{x\to\pi}\dfrac{\sqrt{1-\tan x}-\sqrt{1+\tan x}}{\sin 2x}$;　　(5) $\lim\limits_{x\to+\infty}x(\sqrt{x^2+1}-x)$;

(6) $\lim\limits_{x\to1}(1-x)\tan\dfrac{\pi x}{2}$.

5. 证明$x\to0$时$(1+x)^{\frac{m}{n}}-1\sim\dfrac{m}{n}x$, m,n为正整数.

6. 已知$\lim\limits_{x\to+\infty}[(x^3+x^2)^c-x]=A$存在,$c$为有理数,求常数$c$及$A$.

7. 设函数$f(x)=\begin{cases}\dfrac{\sin 3x}{x}, & x>0,\\ a+x^2, & x\leqslant0\end{cases}$在$(-\infty,+\infty)$内连续,求常数$a$.

2.9 闭区间上连续函数的性质

函数在一点处连续仅仅是函数的局部性质,而函数的整体性质必须将函数放在整个区间上讨论. 连续函数在闭区间上有很多重要特性,这些特性是其他区间上的连续函数

通常所不具备的. 这些定理的证明需要更深的实数理论和极限理论,故本节的两个重要定理只叙述结论而略去证明.

2.9.1 有界性与最大值最小值定理

首先给出函数最值的定义.

定义1 **设函数$f(x)$在区间I上有定义. 若存在$x_0 \in I$,使对I内的一切x,恒有**

$$f(x) \leqslant f(x_0) \text{或} f(x) \geqslant f(x_0),$$

则称$f(x_0)$是$f(x)$在区间I上的最大值或最小值,称x_0是$f(x)$的最大值点或最小值点. 最大值与最小值合称为最值.

例如,函数$f(x)=\sin x$在$[0,2\pi]$上有最大值1和最小值-1;函数$f(x)=\operatorname{sgn}x$在$(-\infty,+\infty)$内也有最大值1和最小值-1,而它在$(0,+\infty)$内的最大值与最小值均是1;函数$f(x)=\dfrac{1}{x}$在开区间$(0,1)$和$(1,2)$内都没有最大值和最小值.

下面的定理给出函数有界且最值存在的充分条件.

定理1(有界性与最大值最小值定理) **在闭区间上连续的函数在该区间上有界且一定能取到它的最大值与最小值.**

即如果函数$f(x)$在闭区间$[a,b]$上连续,那么一定存在常数$M>0$,使得对$[a,b]$上任一x,均有$|f(x)| \leqslant M$;同时,$f(x)$在这个闭区间上至少有一个最大值点x_1,也至少有一个最小值点x_2,即$f(x_1)$与$f(x_2)$分别是$f(x)$在这个闭区间上的最大值和最小值(图2-15).

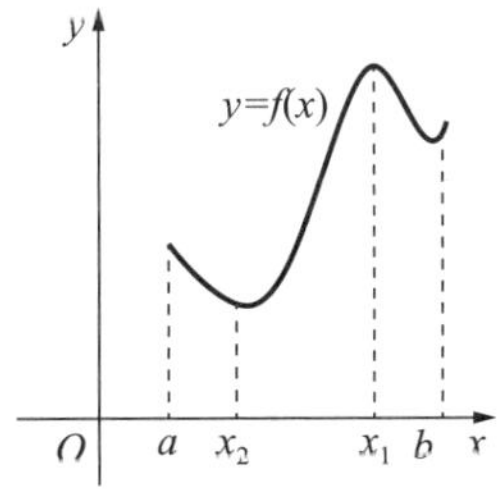

图2-15

定理中函数在闭区间上连续这一条件是很重要的,若将此条件改为开区间连续,或函数在闭区间上有间断点,那么定理结论就不一定成立. 如上面提到的函数$f(x)=x$在开区间$(0,1)$内是连续的,但在开区间$(0,1)$内既无最大值又无最小值. 又如函数$f(x)=x-[x]$在闭区间$[0,1]$上没有最大值,因为它在点$x=1$不连续.

2.9.2 零点定理与介值定理

如果x_0使$f(x_0)=0$,则称x_0为函数$f(x)$的零点.

定理2(零点定理)设函数$f(x)$在闭区间$[a,b]$上连续,且$f(a)$与$f(b)$异号,(即$f(a)\cdot f(b)<0$)那么开区间(a,b)内至少有函数$f(x)$的一个零点,即至少有一点$\xi(a<\xi<b)$使

$$f(\xi)=0.$$

这里不予证明.

零点定理常用来证明方程实根的存在性,所以此定理也被称为根的存在性定理.

从几何上看,定理2表示:如果连续曲线$y=f(x)$弧的两个端点位于x轴的不同侧,那么这段曲线弧与x轴至少有一个交点(图2-16).

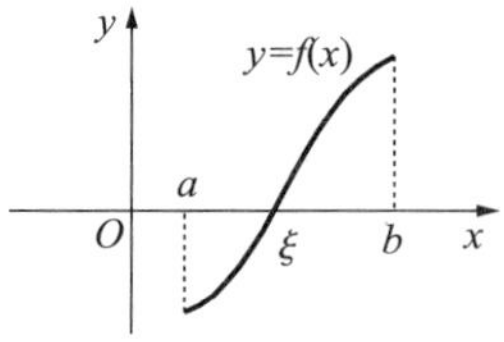

图 2－16

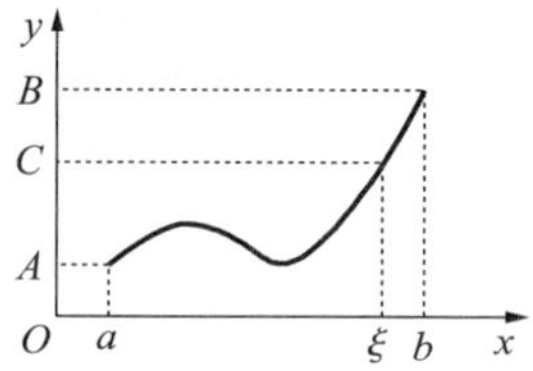

图 2－17

由定理 2 立即可得下列较一般性的定理.

定理 3（介值定理）设函数 $f(x)$ 在闭区间 $[a,b]$ 上连续，且在这区间的端点取不同的函数值 $f(a)=A$ 及 $f(b)=B$，那么，对于 A 与 B 之间的任意一个数 C，在开区间 (a,b) 内至少有一点 ξ，使得

$$f(\xi)=C,(a<\xi<b).$$

证 设 $\varphi(x)=f(x)-C$，则 $\varphi(x)$ 在闭区间 $[a,b]$ 上连续，且 $\varphi(a)=A-C$ 与 $\varphi(b)=B-C$ 异号. 根据零点定理，开区间 (a,b) 内至少有一点 ξ 使得

$$\varphi(\xi)=0,(a<\xi<b).$$

但 $\varphi(\xi)=f(\xi)-C$，因此由上式即得

$$f(\xi)=C,(a<\xi<b).$$

这定理的几何意义是：连续曲线弧与水平直线 $y=C$ 至少相交于一点（图 2－17）.

推论　若 $f(x)$ 在闭区间 $[a,b]$ 上连续，则它在 $[a,b]$ 内能取得介于其最小值与最大值之间的任何值.

即如果连续函数 $f(x)$ 在闭区间 $[a,b]$ 上的最大值与最小值分别为 M 和 m，则对于介于 m 和 M 之间的任意一个数 C，在开区间 (a,b) 内至少有一点 ξ，使得 $f(\xi)=C$.

例　证明方程 $e^x-3x=0$ 在 $(0,1)$ 内至少有一个实根.

解　设 $f(x)=e^x-3x$，则 $f(x)$ 是定义域为 $\mathbf{R}$ 的初等函数，所以它在闭区间 $[0,1]$ 上连续，而且有 $f(0)=1>0$，$f(1)=e-3<0$.

所以由零点定理，在 $(0,1)$ 内至少有一个点 x_0 使得 $f(x_0)=0$ 即 $e^{x_0}-3x_0=0$，$0<x_0<1$，此等式说明方程 $e^x-3x=0$ 在 $(0,1)$ 内至少有一个实根 x_0.

2.9.3　均衡价格的存在性

假定需求函数 $Q=Q(p)$ 和供给函数 $S=S(p)$ 都是连续函数. 如果生产某种商品的资源十分昂贵，则价格为零时供给必为零，即 $S(0)=0$；再假定 $Q(0)>0$，即消费者有消费欲望.

令　$Z=Z(p)=Q(p)-S(p)$，则 $Z(0)=Q(0)-S(0)>0$.

另外，当价格涨到某个充分大的值 $p=p^*$ 时，公司会发现生产该产品利润丰厚，而顾客会感到价格过高，这样必然导致供过于求，即 $Q(p^*)<S(p^*)$，从而

$$Z(p^*)=Q(p^*)-S(p^*)<0.$$

又 $Q=Q(p)$ 和 $S=S(p)$ 都是区间 $[0,p^*]$ 上的连续函数，所以 $Z=Q(p)-S(p)$ 也是区间 $[0,p^*]$ 上的连续函数，于是由零点定理，存在 $p_e\in(0,p^*)$，使得 $Z(p_e)=Q(p_e)-S(p_e)=0$，即 $Q(p_e)=S(p_e)$，且 $p_e>0$. 于是我们得到如下定理：

定理　假设需求函数 $Q=Q(p)$ 和供给函数 $S=S(p)$ 都是连续函数，且满足：

(1)价格为零时,需求超过供给,即 $Q(0)>S(0)$;

(2)存在某个价格 $p=p^{*}>0$,使得在此价格下,供给超过需求,即 $Q(p^{*})<S(p^{*})$,则市场上一定存在一个正的均衡价格,即存在 $p_e>0$,使得 $Q(p_e)=S(p_e)$.

习题 2.9

1. 试证方程 $x\cdot 2^x=1$ 至少有一个小于 1 的正根.

2. 证明方程 $x=a\sin x+b$,其中 $a>0,b>0$,至少有一个正根,且不超过 $a+b$.

3. 设 $f(x)$ 在区间 $[a,b]$ 上连续,且 $f(a)<a,f(b)>b$,证明在 (a,b) 内至少有一点 ξ,使得 $f(\xi)=\xi$.

4. 证明:若设 $f(x)$ 在区间 $[a,+\infty)$ 上连续,且 $\lim\limits_{x\to+\infty}f(x)$ 存在,则 $f(x)$ 在区间 $[a,+\infty)$ 上有界.

5. 证明:奇数次代数方程至少有一个实根.

6. 设 $f(x)=\dfrac{a_1}{x-\lambda_1}+\dfrac{a_2}{x-\lambda_2}+\dfrac{a_3}{x-\lambda_3}$,其中 $\lambda_1<\lambda_2<\lambda_3,a_1,a_2,a_3>0$ 证明方程 $f(x)=0$ 在区间 (λ_1,λ_2) 和 (λ_2,λ_3) 中至少有一实根.

7. 若 $f(x)$ 在 $[a,b]$ 上连续,$a<x_1\leqslant x_2\leqslant\cdots\leqslant x_n<b$,则在 (x_1,x_n) 内至少存在一点 ξ,使 $f(\xi)=\dfrac{1}{n}[f(x_1)+f(x_2)+\cdots+f(x_n)]$.

8. 证明方程 $x^3-x-1=0$ 在区间 $(1,2)$ 内至少有一根.

复习题 2

1. 填空题.

(1)函数 $f(x)=\ln(x^2-3x+2)$ 的定义域是__________.

(2)数列 $\{x_n\}$ 有界是数列 $\{x_n\}$ 收敛的________条件;数列 $\{x_n\}$ 收敛是数列 $\{x_n\}$ 有界的________条件.

(3)$\lim\limits_{x\to\infty}\left(\dfrac{x+2a}{x-a}\right)^x=8$,则 $a=$__________.

(4)若函数 $f(x)=\begin{cases}\dfrac{\tan ax}{x}, & x\neq 0\\ 2, & x=0\end{cases}$ 在 $x=0$ 处连续,则 $a=$______.

2. 选择题.

(1)设 $x_n=\sin\dfrac{n\pi}{2}$,则数列 $\{x_n\}$ 是(　　).

(A)收敛数列.　　(B)$n\to\infty$ 时为无穷大.

(C)发散的有界数列.　　(D)发散的无界数列.

(2)当 $x\to 0$ 时,下列变量中与 $x+\ln(1+x)$ 是等价无穷小的是(　　).

(A)$\dfrac{x}{2}$.　　(B)x.　　(C)$2x$.　　(D)x^2.

(3) 函数 $y=\frac{\sqrt{x-3}}{(x+1)(x+2)}$ 的连续区间是( ).

(A) $(-2,-1)\cup(-1,+\infty)$. (B) $[3,+\infty)$.

(C) $(-\infty,-2)\cup(-2,+\infty)$. (D) $(-\infty,-1)\cup(-1,+\infty)$.

(4) 要使函数 $f(x)=\frac{1-\cos x}{x^2}$ 在 $x=0$ 处连续,则要求补充定义 $f(0)=$( ).

(A) $\frac{1}{4}$. (B) 2. (C) 1. (D) $\frac{1}{2}$.

(5) 设函数 $f(x)=\frac{e^{\frac{1}{x}}-1}{e^{\frac{1}{x}}+1}$,则 $x=0$ 是 $f(x)$ 的( ).

(A) 可去间断点. (B) 跳跃间断点.

(C) 无穷间断点. (D) 以上答案都不对.

3. 求下列极限.

(1) $\lim\limits_{x\to 0}(1+2x)^{\frac{2x-1}{x}}$; (2) $\lim\limits_{x\to 0}\frac{\sqrt[3]{x^3+2x^4}}{\ln(1+2x)}$;

(3) $\lim\limits_{x\to +\infty} x(\sqrt{x^2+1}-x)$; (4) $\lim\limits_{x\to 0}\left(\frac{a^x+b^x+c^x}{3}\right)^{\frac{1}{x}}$;

(5) $\lim\limits_{x\to\frac{\pi}{2}}(\sin x)^{\tan x}$.

4. 设函数 $f(x)=\begin{cases}\frac{\cos x}{x+2}, & x\geqslant 0,\\ \frac{\sqrt{a}-\sqrt{a-x}}{x}, & x<0,\end{cases}$ $(a>0)$,

(1) 当 a 为何值时,$x=0$ 是 $f(x)$ 的连续点;

(2) 当 a 为何值时,$x=0$ 是 $f(x)$ 的间断点;

(3) 当 $a=2$ 时,求函数的连续区间.

5. 设 $f(x)=\begin{cases}e^{\frac{1}{x-1}}, & x>0,\\ \ln(1+x), & -1<x\leqslant 0,\end{cases}$ 求 $f(x)$ 的间断点,并说明间断点的类型.

6. 证明 $\lim\limits_{n\to +\infty}\left(\frac{1}{\sqrt{n^2+1}}+\cdots+\frac{1}{\sqrt{n^2+n}}\right)=1$.

7. 证明方程 $\sin x+x+1=0$ 在开区间 $\left(-\frac{\pi}{2},\frac{\pi}{2}\right)$ 内至少有一个根.

第 3 章 导数与微分

微积分学是微分学与积分学的统称,它是微积分最基本、最重要的组成部分,是微积分的核心内容. 微分学主要包括导数与微分,而积分学主要包括不定积分与定积分.

导数概念最初是从寻找曲线的切线以及确定变速直线运动的瞬时速度抽象出来的,反映了函数的变化率问题,而微分反映自变量有微小变化时函数相应的变化情况. 导数与微分有着紧密的联系,它们在理论研究和社会实践中有着广泛的应用. 本章我们主要介绍导数和微分的概念以及计算方法,同时以导数为基础,介绍经济学中十分有用的两个概念:边际与弹性,并以实例说明它们的一些简单应用. 关于导数的应用我们将在下一章讨论.

3.1 导数概念

在本节中我们主要来讨论导数的定义、导数的几何意义以及函数的可导性与连续性的关系.

3.1.1 引例

为了说明微分学的基本概念——导数,我们先讨论两个问题:速度问题和切线问题. 这两个问题在历史上都与导数的概念形成有着密切的联系.

1. 变速直线运动的瞬时速度

设质点 P 沿某一直线作变速运动,其运动规律为 $s=s(t)$,其中 t 表示时间,s 表示质点 P 经过时间 t 所走过的位移,$s(t)$ 为 t 的连续函数.

首先考虑从时刻 t_0 至 $t_0+\Delta t$ 这段时间内质点的平均速度

$$\bar{v}=\frac{\Delta s}{\Delta t}=\frac{s(t_0+\Delta t)-s(t_0)}{\Delta t}. \tag{1}$$

如果质点做匀速直线运动,上式是一个常量. 但在变速运动中,这个比值既与 t_0 有关,又与 Δt 有关. 当 Δt 很小时,可以用 $\bar{v}$ 近似表示质点在时刻 t_0 的速度,但这样说还不够精确. 当 $\Delta t\to 0$ 时,取式(1)的极限,如果这个极限存在,记作 v,即

$$v=\lim_{\Delta t\to 0}\frac{s(t_0+\Delta t)-s(t_0)}{\Delta t},$$

则称这个极限值 v 为质点在时刻 t_0 的(瞬时)速度.

2. 切线问题

首先给出切线的定义.

设有曲线 C 及 C 上的两点 M 和 N，做割线 MN. 当点 N 沿曲线 C 趋于点 M 时，如果割线 MN 绕点 M 旋转而趋于极限位置 MT，则称直线 MT 为曲线 C 在点 M 处的切线，如图 3－1 所示.

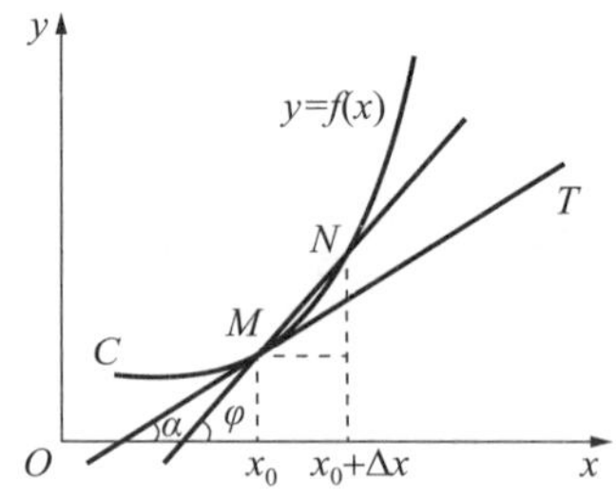

图 3－1

设曲线 C 的方程为 $y=f(x)$，在 C 上取点 $M(x_0,y_0)$ 和点 $N(x_0+\Delta x,y_0+\Delta y)$，设割线 MN 的倾角为 φ，则割线 MN 的斜率为

$$\tan\varphi=\frac{\Delta y}{\Delta x}=\frac{f(x_0+\Delta x)-f(x_0)}{\Delta x},$$

当点 N 沿曲线 C 趋于点 M 时，$\Delta x\to 0$，$\varphi\to\alpha$，其中 α 是切线 MT 的倾角. 如果当 $\Delta x\to 0$ 时，上式的极限存在，设为 k，即

$$k=\tan\alpha=\lim_{\varphi\to\alpha}\tan\varphi=\lim_{\Delta x\to 0}\frac{f(x_0+\Delta x)-f(x_0)}{\Delta x} \tag{2}$$

存在，则称此极限为切线 MT 的斜率.

3.1.2 导数的定义

1. 函数在一点处的导数与导函数

从上面讨论的两个问题可以看出，非匀速直线运动的速度和切线的斜率最终都归结为求当自变量的增量趋于零时，函数增量与自变量增量之比的极限

$$\lim_{\Delta x\to 0}\frac{f(x_0+\Delta x)-f(x_0)}{\Delta x} \tag{3}$$

问题.

在自然科学和工程技术领域，还有许多概念，例如电流强度、角速度、线密度等，都可以归结为形如式(3)的数学形式. 我们撇开这些量的具体意义，抓住它们在数量关系上的共性，就得出函数的导数概念.

定义 1 **设函数 $y=f(x)$ 在点 x_0 的某个邻域内有定义，当自变量 x 在 x_0 处取得增量 Δx（点 $x_0+\Delta x$ 仍在该邻域内）时，相应的函数取得增量 $\Delta y=f(x_0+\Delta x)-f(x_0)$；如果 Δy 与 Δx 之比当 $\Delta x\to 0$ 时的极限**

$$\lim_{\Delta x\to 0}\frac{\Delta y}{\Delta x}=\lim_{\Delta x\to 0}\frac{f(x_0+\Delta x)-f(x_0)}{\Delta x} \tag{4}$$

存在，则称函数 $y=f(x)$ 在点 x_0 处可导，并称这个极限为函数 $y=f(x)$ 在点 x_0 处的导数，记为 $f'(x_0)$，即

$$f'(x_0)=\lim_{\Delta x\to 0}\frac{\Delta y}{\Delta x}=\lim_{\Delta x\to 0}\frac{f(x_0+\Delta x)-f(x_0)}{\Delta x}, \tag{5}$$

也可记作 $y'\big|_{x=x_0}$，$\left.\frac{\mathrm{d}y}{\mathrm{d}x}\right|_{x=x_0}$ 或 $\left.\frac{\mathrm{d}f(x)}{\mathrm{d}x}\right|_{x=x_0}$.

函数 $f(x)$ 在点 x_0 处可导有时也称为 $f(x)$ 在点 x_0 处具有导数或导数存在. 函数 $y=f(x)$ 在点 x_0 的导数还称为函数 $y=f(x)$ 在点 x_0 的变化率或微商.

导数的定义式(5)也可采用不同的表达形式，常用的表达方式有

$$f'(x_0)=\lim_{h\to 0}\frac{f(x_0+h)-f(x_0)}{h},$$

$$f'(x_0)=\lim_{x\to x_0}\frac{f(x)-f(x_0)}{x-x_0}.$$

如果极限式(4)不存在,则称函数 $y=f(x)$ 在点 x_0 处不可导. 如果不可导的原因是当 $\Delta x\to 0$ 时,$\frac{\Delta y}{\Delta x}\to\infty$,为了方便起见,有时也称函数 $y=f(x)$ 在点 x_0 处的导数为无穷大.

如果函数 $y=f(x)$ 在开区间 I 内的每一点处都可导,则称函数 $f(x)$ 在开区间 I 内可导. 此时,对任一 $x\in I$,都对应着 $f(x)$ 的一个确定的导数值 $f'(x)$,这样就构成了一个新的函数,这个函数叫做原来函数 $y=f(x)$ 的导函数,简称导数,记作 y',$f'(x)$,$\frac{\mathrm{d}y}{\mathrm{d}x}$或$\frac{\mathrm{d}f(x)}{\mathrm{d}x}$,即

$$f'(x)=\lim_{\Delta x\to 0}\frac{\Delta y}{\Delta x}=\lim_{\Delta x\to 0}\frac{f(x+\Delta x)-f(x)}{\Delta x}.$$

由以上定义可知,函数 $y=f(x)$ 在点 x_0 处的导数 $f'(x_0)$ 就是导函数 $f'(x)$ 在点$x=x_0$ 处的函数值,即 $f'(x_0)=f'(x)\big|_{x=x_0}$.

由导数定义我们可知,作变速直线运动的质点在某时刻 $t=t_0$ 的速度 $v(t_0)=s'(t_0)=\left.\frac{\mathrm{d}s}{\mathrm{d}t}\right|_{t=t_0}$,曲线 $y=f(x)$ 在点 $M(x_0,y_0)$ 处的切线斜率为 $k=f'(x_0)$.

2. 求导数举例

根据导数的定义,求函数 $y=f(x)$ 的导数可分为以下三个步骤:

(1)求函数的增量:$\Delta y=f(x+\Delta x)-f(x)$;

(2)计算比值:$\frac{\Delta y}{\Delta x}=\frac{f(x+\Delta x)-f(x)}{\Delta x}$;

(3)取极限,得所求函数的导数:$y'=f'(x)=\lim\limits_{\Delta x\to 0}\frac{\Delta y}{\Delta x}=\lim\limits_{\Delta x\to 0}\frac{f(x+\Delta x)-f(x)}{\Delta x}$.

下面我们根据导数定义来求一些简单函数的导数.

例 1 求函数 $f(x)=C$ (C 为常数)的导数.

解 $f'(x)=\lim\limits_{h\to 0}\frac{f(x+h)-f(x)}{h}=\lim\limits_{h\to 0}\frac{C-C}{h}=0$,即$(C)'=0$.

例 2 求函数 $f(x)=\sin x$ 的导数.

解 $(\sin x)'=\lim\limits_{h\to 0}\frac{\sin(x+h)-\sin x}{h}=\lim\limits_{h\to 0}\cos\left(x+\frac{h}{2}\right)\cdot\frac{\sin\frac{h}{2}}{\frac{h}{2}}=\cos x$,

即$(\sin x)'=\cos x$.

类似可求得$(\cos x)'=-\sin x$.

例 3 求函数 $f(x)=x^n$(n 为正整数)的导数.

解

$$\begin{aligned}(x^n)'&=\lim_{h\to 0}\frac{(x+h)^n-x^n}{h}\\&=\lim_{h\to 0}\left[nx^{n-1}+\frac{n(n-1)}{2!}x^{n-2}h+\cdots+h^{n-1}\right]\\&=nx^{n-1},\end{aligned}$$

即 $(x^n)'=nx^{n-1}$.

一般地，有 $(x^\mu)'=\mu x^{\mu-1}(\mu\in\mathbf{R})$，这就是幂函数的导数公式，例如，

当 $\mu=\frac{1}{2}$ 时，$(x^{\frac{1}{2}})'=\frac{1}{2}x^{\frac{1}{2}-1}=\frac{1}{2}x^{-\frac{1}{2}}$，即 $(\sqrt{x})'=\frac{1}{2\sqrt{x}}$.

当 $\mu=-1$ 时，$(x^{-1})'=(-1)x^{-1-1}=-x^{-2}$，即 $\left(\frac{1}{x}\right)'=-\frac{1}{x^2}(x\neq 0)$.

例 4 求函数 $f(x)=a^x(a>0,a\neq 1)$ 的导数.

解 $(a^x)'=\lim\limits_{h\to 0}\frac{a^{x+h}-a^x}{h}=a^x\lim\limits_{h\to 0}\frac{a^h-1}{h}=a^x\ln a$，

即
$$(a^x)'=a^x\ln a.$$

特别地，$(e^x)'=e^x$.

例 5 求函数 $f(x)=|x|$ 在 $x=0$ 点处的导数.

解 因为 $f'(x)=\lim\limits_{h\to 0}\frac{f(0+h)-f(0)}{h}=\lim\limits_{h\to 0}\frac{|h|-0}{h}=\lim\limits_{h\to 0}\frac{|h|}{h}$，

当 $h>0$ 时，$\frac{|h|}{h}=1$，所以 $\lim\limits_{h\to 0^+}\frac{|h|}{h}=1$；当 $h<0$ 时，$\frac{|h|}{h}=-1$，所以 $\lim\limits_{h\to 0^-}\frac{|h|}{h}=-1$.

故极限 $\lim\limits_{h\to 0}\frac{f(0+h)-f(0)}{h}$ 不存在，由定义知函数 $f(x)=|x|$ 在 $x=0$ 点处不可导.

例 6 设 $f(x)$ 对于任意的实数 x_1,x_2，有 $f(x_1+x_2)=f(x_1)f(x_2)$ 且 $f'(0)=1$. 试证 $f'(x)=f(x)$.

证 因 $f(x)$ 对于任意的实数 x_1,x_2，有 $f(x_1+x_2)=f(x_1)f(x_2)$，即有
$$f(0)=f^2(0),$$
即 $f(0)=1$（否则 $f(0)=0$，$f(x)=f(x+0)=f(x)f(0)=0$，从而 $f(x)$ 的导数恒为零，与条件 $f'(0)=1$. 矛盾）.

$$\lim_{h\to 0}\frac{f(x+h)-f(x)}{h}=\lim_{h\to 0}\frac{f(h)f(x)-f(x)}{h}=f(x)\lim_{h\to 0}\frac{f(h)-1}{h}$$
$$=f(x)\lim_{h\to 0}\frac{f(h)-f(0)}{h}=f(x)f'(0)=f(x),$$

即 $f'(x)=f(x)$.

3. 单侧导数

定义 2 **如果 x 仅从 x_0 的左侧趋于 x_0（记为 $x\to x_0^-$ 或 $\Delta x\to 0^-$）时，极限**
$$\lim_{\Delta x\to 0^-}\frac{\Delta y}{\Delta x}=\lim_{\Delta x\to 0^-}\frac{f(x_0+\Delta x)-f(x_0)}{\Delta x}$$
存在，则称此极限值为函数 $y=f(x)$ 在点 x_0 处的左导数，记作 $f'_-(x_0)$，即
$$f'_-(x_0)=\lim_{\Delta x\to 0^-}\frac{\Delta y}{\Delta x}=\lim_{\Delta x\to 0^-}\frac{f(x_0+\Delta x)-f(x_0)}{\Delta x}.$$
类似地，函数 $y=f(x)$ 在点 x_0 处的右导数定义为
$$f'_+(x_0)=\lim_{\Delta x\to 0^+}\frac{\Delta y}{\Delta x}=\lim_{\Delta x\to 0^+}\frac{f(x_0+\Delta x)-f(x_0)}{\Delta x}.$$

关于函数 $f(x)$ 在点 x_0 处的导数与左、右导数之间的关系，我们有以下结论.

函数 $f(x)$ 在点 x_0 处可导的充分必要条件是 $f(x)$ 在点 x_0 处的左导数 $f'_-(x_0)$ 和右导

数 $f'_+(x_0)$ 都存在且相等.

左导数和右导数统称为**单侧导数**.

如果函数 $f(x)$ 在开区间 (a,b) 内可导,且右导数 $f'_+(a)$ 和左导数 $f'_-(b)$ 都存在,则称 $f(x)$ 在闭区间 $[a,b]$ 上可导.

3.1.3 导数的几何意义

由 3.1.1 节引例中曲线切线斜率的求法及导数的定义可知:函数 $y=f(x)$ 在点 x_0 处的导数 $f'(x_0)$ 就是曲线 $y=f(x)$ 在点 $M(x_0,f(x_0))$ 处的切线的斜率,即

$$k=\tan\alpha=f'(x_0),$$

其中 α 是曲线 $y=f(x)$ 在点 M 处的切线的倾斜角,如图 3-2 所示.

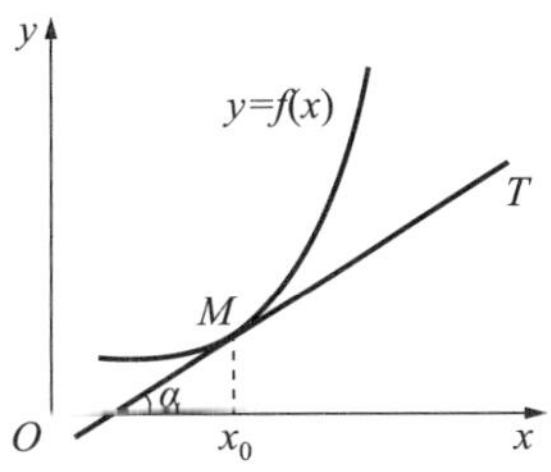

图 3-2

由导数的几何意义及直线的点斜式方程知,曲线 $y=f(x)$ 在点 $M(x_0,y_0)$ 处的切线方程为

$$y-y_0=f'(x_0)(x-x_0).$$

过切点 $M(x_0,f(x_0))$ 且与切线垂直的直线叫作曲线 $y=f(x)$ 在点 M 处的法线. 如果 $f'(x_0)\neq 0$,则法线的斜率为 $k'=-\dfrac{1}{f'(x_0)}$,从而法线方程为

$$y-y_0=-\frac{1}{f'(x_0)}(x-x_0).$$

如果 $f'(x_0)=0$,则切线方程为 $y=y_0$,此时切线平行于 x 轴.

如果 $f'(x_0)=\infty$,则切线方程为 $x=x_0$,此时切线垂直于 x 轴.

例 7 求曲线 $y=\sqrt{x}$ 在点 $(16,4)$ 处的切线方程和法线方程.

解 由导数的几何意义知,所求切线的斜率 $k_1=(\sqrt{x})'\big|_{x=16}=\dfrac{1}{2\sqrt{x}}\Big|_{x=16}=\dfrac{1}{8}$,从而所求切线的方程为 $y-4=\dfrac{1}{8}(x-16)$,即 $x-8y+16=0$.

所求法线的斜率为 $k_2=-\dfrac{1}{k_1}=-8$,于是,所求法线方程为 $y-2=-8(x-4)$,即 $8x+y-34=0$.

3.1.4 函数的可导性与连续性的关系

函数 $y=f(x)$ 在点 x 处连续的定义是 $\lim\limits_{\Delta x\to 0}\Delta y=0$,而在点 x 处可导的定义是 $\lim\limits_{\Delta x\to 0}\dfrac{\Delta y}{\Delta x}$ 存在. 那么,关于函数的可导性与连续性之间到底存在着怎样的关系呢?

设函数 $y=f(x)$ 在点 x 处可导,即极限 $\lim\limits_{\Delta x\to 0}\dfrac{\Delta y}{\Delta x}=f'(x)$ 存在,因此有

$$\lim_{\Delta x\to 0}\Delta y=\lim_{\Delta x\to 0}\frac{\Delta y}{\Delta x}\cdot\Delta x=\lim_{\Delta x\to 0}\frac{\Delta y}{\Delta x}\cdot\lim_{\Delta x\to 0}\Delta x=f'(x)\cdot 0=0,$$

由连续性的定义知，函数 $y=f(x)$ 在点 x 处是连续的，于是有以下结论.

定理　如果函数 $y=f(x)$ 在点 x 处可导，则函数在该点必连续.

但反之不成立. 也就是说，一个函数在某点处连续却不一定在该点处可导. 我们举例说明如下.

例 8　函数 $y=|x|$ 在 $(-\infty,+\infty)$ 内都连续，但由例 5 可知，函数 $y=|x|$ 在 $x=0$ 点处的左导数 $f'_-(0)=-1$ 和右导数 $f'_+(0)=1$ 虽然都存在，但不相等，因此 $y=|x|$ 在 $x=0$ 点处不可导. 从几何上讲，曲线 $y=|x|$ 在 $x=0$ 处没有切线，如图 3-3 所示.

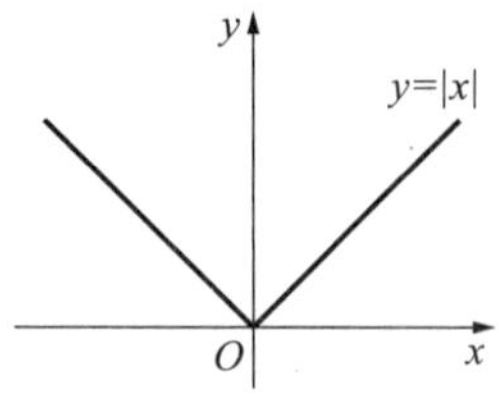

图 3-3

例 9　设 $f(x)=\begin{cases}\sin(x-1)+2, & x<1,\\ ax+b, & x\geqslant 1.\end{cases}$ 问 a,b，取何值时 $f(x)$ 在 $(-\infty,+\infty)$ 上可导.

解　因 $f(x)$ 在 $(-\infty,+\infty)$ 上可导，所以 $f(x)$ 在 $(-\infty,+\infty)$ 上连续，即

$$f(1+0)=\lim_{x\to1^+}(ax+b)=a+b,$$

$$f(1-0)=\lim_{x\to1^-}[(\sin(x-1)+2]=2,$$

所以 $a+b=2$. 由 $f(x)$ 在 $(-\infty,+\infty)$ 上可导得

$$f'_+(1)=\lim_{x\to1^+}\frac{ax+b-(a+b)}{x-1}=a,$$

$$f'_-(1)=\lim_{x\to1^-}\frac{\sin(x-1)+2-2}{x-1}=1,$$

所以 a,b 满足 $\begin{cases}a=1,\\ a+b=2,\end{cases}$ 即 $a=1,b=1$.

习题 3.1

1. 设 $f'(x_0)$ 存在，按照导数的定义指出下列各极限值.

(1) $\lim\limits_{\Delta x\to0}\dfrac{f(x_0-\Delta x)-f(x_0)}{\Delta x}$.

(2) $\lim\limits_{x\to0}\dfrac{f(x)}{x}$，其中 $f(0)=0$，且 $f'(0)$ 存在.

(3) $\lim\limits_{\Delta x\to0}\dfrac{f(x_0+\Delta x)-f(x_0-\Delta x)}{\Delta x}$.

2. 设 $f(x)=5x^3$，试按定义求 $f'(-1)$.

3. 垂直向上抛一物体，其上升高度 $h(t)=16t-5t^2$(m)，求：

(1) 物体在 1s 末至 2s 末内的平均速度；

(2) 物体在 1s 末和 2s 末时的瞬时速度.

4. 用导数的定义证明：$(\cos x)'=-\sin x$.

5. 求曲线 $y=2x^3$ 在点 $(1,1)$ 处的切线的斜率，并写出曲线在该点处的切线方程与法线方程.

6. 给定抛物线 $y=x^2-x+2$，求过点 $(1,2)$ 的切线方程与法线方程.

7. 在曲线 $y=x^2+2x+1$ 上哪一点的切线与直线 $y=4x-1$ 平行,并求出曲线在该点处的切线和法线方程.

8. 设 $f(x)$ 在 $x=2$ 处连续,且 $\lim\limits_{x\to 2}\dfrac{f(x)}{x-2}=2$,求 $f'(2)$.

9. 求下列函数的导数:

(1) $y=\dfrac{1}{x^4}$; (2) $y=\sqrt[3]{x^2}$; (3) $y=x^3\sqrt[5]{x}$; (4) $y=\dfrac{x^2\sqrt[3]{x^2}}{\sqrt{x^3}}$.

10. 讨论下列函数在 $x=0$ 处的连续性与可导性.

(1) $y=|\sin x|$;

(2) $y=\begin{cases}x^2\sin\dfrac{1}{x}, & x\neq 0,\\ 0, & x=0.\end{cases}$

11. 设函数 $f(x)=\begin{cases}x^2, & x\leqslant 1\\ ax+b, & x>1,\end{cases}$ 为使函数 $f(x)$ 在 $x=1$ 处连续且可导,a,b 应取什么值?

12. 设函数 $f(x)=\begin{cases}x^2, & x\geqslant 0,\\ -x, & x<0,\end{cases}$ 求 $f'_-(0)$ 及 $f'_+(0)$,并说明 $f'(0)$ 是否存在?

13. 设函数 $f(x)=\begin{cases}x, & x\geqslant 0,\\ \sin x, & x<0,\end{cases}$ 求 $f'(x)$.

14. 证明:双曲线 $xy=a^2$ 上任一点处的切线与两坐标轴构成的三角形的面积都等于 $2a^2$.

15. 如果 $f(x)$ 为偶函数,且 $f'(0)$ 存在,证明 $f'(0)=0$.

3.2 函数的求导法则

第一节,我们根据导数的定义求出了常数、幂函数、正弦函数、余弦函数、对数函数、指数函数的导数公式,但对于比较复杂的函数,根据定义来求它们的导数往往比较复杂。为了迅速、准确地求出初等函数的导数,需要建立导数的基本运算法则。本节将介绍求导数的几个基本法则和几个基本初等函数的导数公式.由基本初等函数的导数公式结合这些基本法则,可以方便地求出常见的初等函数的导数.

3.2.1 导数的和、差、积、商的求导法则

定理 1 **如果函数 $u=u(x)$ 及 $v=v(x)$ 都在点 x 具有导数,那么它们的和、差、积、商(除分母为零的点外)都在点 x 具有导数,且**

(1) $[u(x)\pm v(x)]'=u'(x)\pm v'(x)$;

(2) $[u(x)v(x)]'=u'(x)v(x)+u(x)v'(x)$;

(3) $\left[\dfrac{u(x)}{v(x)}\right]'=\dfrac{u'(x)v(x)-u(x)v'(x)}{v^2(x)}\quad [v(x)\neq 0]$.

推论 1 设 $u=u(x)$、$v=v(x)$、$w=w(x)$ 均可导，则有

$$[u(x)+v(x)+w(x)]'=u'(x)+v'(x)+w'(x),$$

$$[u(x)v(x)w(x)]'=u'(x)v(x)w(x)+u(x)v'(x)w(x)+u(x)v(x)w'(x),$$

推论 2 当 $v(x)=C$（C 为常数）时，有

$$(Cu)'=Cu'.$$

推论 3 如果函数 $v=v(x)$ 在点 x 具有导数，则

$$\left(\frac{1}{v(x)}\right)'=-\frac{v'(x)}{v^2(x)}$$

例 1 已知 $y=x^3-\frac{7}{x^4}+\frac{2}{x}+8$，求 y'.

解 $y'=\left(x^3-\frac{7}{x^4}+\frac{2}{x}+8\right)'=(x^3)'-\left(\frac{7}{x^4}\right)'+\left(\frac{2}{x}\right)'+(8)'$

$$=3x^2-7\cdot(-4)x^{-5}+2\left(-\frac{1}{x^2}\right)+0=3x^2+\frac{28}{x^5}-\frac{2}{x^2}.$$

例 2 $f(x)=2x^3-5x+4\cos x-\mathrm{e}^x+\mathrm{e}$，求 $f'(x)$ 及 $f'(0)$.

解 $f'(x)=(2x^3-5x+4\cos x-\mathrm{e}^x+\mathrm{e})'=6x^2-4\sin x-\mathrm{e}^x-5$,

$$f'(0)=(6x^2-4\sin x-\mathrm{e}^x-5)\big|_{x=0}=-6.$$

例 3 已知 $y=\mathrm{e}^{-x}\sin 2x$，求 y'.

解 $y'=(\mathrm{e}^{-x}\sin 2x)'=(2\mathrm{e}^{-x}\sin x\cos x)'$

$=2(\mathrm{e}^{-x})'\cos x\sin x+2\mathrm{e}^{-x}(\cos x)'\sin x+2\mathrm{e}^{-x}\cos x(\sin x)'$

$=2\mathrm{e}^{-x}\ln\mathrm{e}^{-1}\cos x\sin x-2\mathrm{e}^{-x}\sin^2 x+2\mathrm{e}^{-x}\cos^2 x$

$=-\mathrm{e}^{-x}\sin 2x+2\mathrm{e}^{-x}\cos 2x.$

例 4 已知 $y=\tan x$，求 y'.

解 $y'=(\tan x)'=\left(\frac{\sin x}{\cos x}\right)'=\frac{(\sin x)'\cos x-\sin x(\cos x)'}{\cos^2 x}$

$$=\frac{\cos^2 x+\sin^2 x}{\cos^2 x}=\frac{1}{\cos^2 x}=\sec^2 x,$$

即 $(\tan x)'=\sec^2 x$.

类似可得余切函数的导数公式 $(\cot x)'=-\csc^2 x$.

例 5 $y=\sec x$，求 y'.

解 $y'=(\sec x)'=\left(\frac{1}{\cos x}\right)'=\frac{-(\cos x)'}{\cos^2 x}$

$$=\frac{\sin x}{\cos^2 x}=\sec x\tan x,$$

即 $(\sec x)'=\sec x\tan x$.

类似可得余割函数的导数公式 $(\csc x)'=-\csc x\cot x$.

3.2.2 反函数的求导法则

定理 2 如果函数 $x=f(y)$ 在区间 I_y 内单调、可导且 $f'(y)\neq 0$，则它的反函数 $y=$

$f^{-1}(x)$在区间$I_x=\{x\mid x=f(y),y\in I_y\}$内也可导,且

$$[f^{-1}(x)]'=\frac{1}{f'(y)} \quad \text{或} \quad \frac{\mathrm{d}y}{\mathrm{d}x}=\frac{1}{\frac{\mathrm{d}x}{\mathrm{d}y}}. \tag{1}$$

简单地说也就是,反函数的导数等于直接函数导数的倒数.

例6 求 $y=\arcsin x$ 的导数.

解 设 $x=\sin y, y\in\left[-\frac{\pi}{2},\frac{\pi}{2}\right]$为直接函数,则 $y=\arcsin x$ 是它的反函数. 函数 $x=\sin y$ 在开区间 $I_y=\left(-\frac{\pi}{2},\frac{\pi}{2}\right)$内单调、可导,且$(\sin y)'=\cos y>0$,于是,由式(1),在对应区间 $I_x=(-1,1)$内有

$$(\arcsin x)'=\frac{1}{(\sin y)'}=\frac{1}{\cos y}=\frac{1}{\sqrt{1-\sin^2 y}}=\frac{1}{\sqrt{1-x^2}},$$

即$(\arcsin x)'=\frac{1}{\sqrt{1-x^2}}$.

类似可得反余弦函数的导数公式$(\arccos x)'=-\frac{1}{\sqrt{1-x^2}}$.

例7 求函数 $y=\log_a x$ 的导数.

解 设 $x=a^y(a>0,a\neq 1)$为直接函数,则 $y=\log_a x$ 是它的反函数. 函数 $x=a^y$ 在区间 $I_y=(-\infty,+\infty)$内单调、可导,且$(a^y)'=a^y\ln a\neq 0$,于是,由式(1),在对应区间 $I_x=(0,+\infty)$内有

$$(\log_a x)'=\frac{1}{(a^y)'}=\frac{1}{a^y\ln a}=\frac{1}{x\ln a},$$

即$(\log_a x)'=\frac{1}{x\ln a}$.

特别地,当 $a=\mathrm{e}$ 时,$(\ln x)'=\frac{1}{x}$.

3.2.3 复合函数的求导法则

我们已经知道了一些基本初等函数的导数公式,并可以利用导数的四则运算法则求出一些较为复杂的函数的导数. 但到目前为止,对于 $\ln\sin x$, $\sin 3x^2$, e^{x^2} 等复合函数我们还不知道它们是否可导,可导的话如何求它们的导数. 下面的定理可以帮助我们解决这类问题.

定理3 **如果 $u=g(x)$在点 x 可导,而 $y=f(u)$在点 $u=g(x)$可导,则复合函数 $y=f[g(x)]$在点 x 可导,且其导数为**

$$\frac{\mathrm{d}y}{\mathrm{d}x}=\frac{\mathrm{d}y}{\mathrm{d}u}\cdot\frac{\mathrm{d}u}{\mathrm{d}x}.$$

证 当自变量 x 有一增量 Δx 时,函数 $u=g(x)$有相应的增量 Δu,从而函数 $y=f(u)$也相应地有增量 Δy,假设 $\Delta u\neq 0$,这时

$$\frac{\Delta y}{\Delta x}=\frac{\Delta y}{\Delta u}\cdot\frac{\Delta u}{\Delta x}.$$

因为 $u=g(x)$ 在点 x 处可导，故 $u=g(x)$ 在点 x 处连续，即当 $\Delta x\to 0$ 时，$\Delta u\to 0$，于是便有

$$\lim_{\Delta x\to 0}\frac{\Delta y}{\Delta x}=\lim_{\Delta x\to 0}\frac{\Delta y}{\Delta u}\cdot\lim_{\Delta x\to 0}\frac{\Delta u}{\Delta x}=\lim_{\Delta u\to 0}\frac{\Delta y}{\Delta u}\cdot\lim_{\Delta x\to 0}\frac{\Delta u}{\Delta x}=\frac{\mathrm{d}y}{\mathrm{d}u}\cdot\frac{\mathrm{d}u}{\mathrm{d}x},$$

即

$$\frac{\mathrm{d}y}{\mathrm{d}x}=\frac{\mathrm{d}y}{\mathrm{d}u}\cdot\frac{\mathrm{d}u}{\mathrm{d}x}.$$

当 $\Delta u=0$，这时也可推出上式成立，因此不论 $\Delta u=0$ 或 $\Delta u\neq 0$ 均有 $\frac{\mathrm{d}y}{\mathrm{d}x}=\frac{\mathrm{d}y}{\mathrm{d}u}\cdot\frac{\mathrm{d}u}{\mathrm{d}x}$ 成立.

这表明：复合函数的导数等于函数对中间变量的导数乘以中间变量对自变量的导数.

复合函数的求导公式通常也可以写成

$$y'_x=y'_u\cdot u'_x \qquad \text{或} \qquad y'_x=f'(u)\cdot g'(x)$$

复合函数的求导法则可以推广到多个中间变量的情形，例如，设 $y=f(u)$、$u=\varphi(v)$、$v=\psi(x)$ 在相应点处均可导，则

$$\frac{\mathrm{d}y}{\mathrm{d}x}=\frac{\mathrm{d}y}{\mathrm{d}u}\cdot\frac{\mathrm{d}u}{\mathrm{d}x}=\frac{\mathrm{d}y}{\mathrm{d}u}\cdot\left(\frac{\mathrm{d}u}{\mathrm{d}v}\cdot\frac{\mathrm{d}v}{\mathrm{d}x}\right),$$

即复合函数 $y=f\{\varphi[\psi(x)]\}$ 的导数为

$$\frac{\mathrm{d}y}{\mathrm{d}x}=\frac{\mathrm{d}y}{\mathrm{d}u}\cdot\frac{\mathrm{d}u}{\mathrm{d}v}\cdot\frac{\mathrm{d}v}{\mathrm{d}x}.$$

例 8 已知 $y=\ln\sin x$，求 $\frac{\mathrm{d}y}{\mathrm{d}x}$.

解 设 $y=\ln u$，$u=\sin x$，则

$$\frac{\mathrm{d}y}{\mathrm{d}u}=\frac{1}{u},\quad \frac{\mathrm{d}u}{\mathrm{d}x}=\cos x,$$

即

$$\frac{\mathrm{d}y}{\mathrm{d}x}=\frac{\mathrm{d}y}{\mathrm{d}u}\cdot\frac{\mathrm{d}u}{\mathrm{d}x}=\frac{1}{u}\cdot\cos x=\cot x.$$

例 9 已知 $y=\sin 3x^2$，求 $\frac{\mathrm{d}y}{\mathrm{d}x}$.

解 设 $u=3x^2$，则函数 $y=\sin 3x^2$ 可以看成由 $y=\sin u$，$u=3x^2$ 复合而成的，因此

$$\frac{\mathrm{d}y}{\mathrm{d}x}=\frac{\mathrm{d}y}{\mathrm{d}u}\cdot\frac{\mathrm{d}u}{\mathrm{d}x}=\cos u\cdot 6x=6x\cos 3x^2.$$

通过上面的例子可知，运用复合函数求导法则的关键在于把复合函数分解成基本初等函数或多项式的形式，然后运用复合函数求导法则和适当的导数公式进行计算. 当对复合函数分解比较熟练之后，就不必再写出中间变量，只要把中间变量所代替的式子默记在心，直接由外往里，逐层求导便可.

例 10 已知 $y=\cos^3(2x+1)$，求 $\frac{\mathrm{d}y}{\mathrm{d}x}$.

解
$$\begin{aligned}\frac{\mathrm{d}y}{\mathrm{d}x}&=[\cos^3(2x+1)]'=3\cos^2(2x+1)[\cos(2x+1)]'\\&=3\cos^2(2x+1)[-\sin(2x+1)](2x+1)'\end{aligned}$$

$= -6\cos^2(2x+1)\sin(2x+1).$

例 11 已知 $y=e^{\sin\frac{1}{x}}$，求$\frac{dy}{dx}$.

解 $\frac{dy}{dx}=(c^{\sin\frac{1}{x}})'=e^{\sin\frac{1}{x}}(\sin\frac{1}{x})'=e^{\sin\frac{1}{x}}\cos\frac{1}{x}(\frac{1}{x})'=-\frac{1}{x^2}\cos\frac{1}{x}e^{\sin\frac{1}{x}}.$

例 12 已知 $y=\sqrt{1+\ln^2 x}$，求$\frac{dy}{dx}$.

解
$$\frac{dy}{dx}=(\sqrt{1+\ln^2 x})'=\frac{1}{2\sqrt{1+\ln^2 x}}(1+\ln^2 x)'$$
$$=\frac{1}{2\sqrt{1+\ln^2 x}}\cdot 2\ln x(\ln x)'$$
$$=\frac{1}{\sqrt{1+\ln^2 x}}\ln x\cdot\frac{1}{x}=\frac{\ln x}{x\sqrt{1+\ln^2 x}}.$$

3.2.4 基本求导公式与求导法则

我们知道初等函数是由基本初等函数及常数经过有限次的四则运算和复合运算而成的，因此基本初等函数的导数公式与本节中我们介绍的求导法则，对初等函数的求导运算起着非常重要的作用，我们必须熟练掌握它们.

为便于查阅，我们把这些导数公式与求导法则总结如下.

1. 基本求导公式（表 3－1）

表 3－1

$(C)'=0$（C 为常数）	$(x^\mu)'=\mu x^{\mu-1}$
$(\sin x)'=\cos x$	$(\cos x)'=-\sin x$
$(\tan x)'=\sec^2 x$	$(\cot x)'=-\csc^2 x$
$(\sec x)'=\sec x\tan x$	$(\csc x)'=-\csc x\cot x$
$(a^x)'=a^x\ln a$	$(e^x)'=e^x$
$(\log_a x)'=\frac{1}{x\ln a}$	$(\ln x)'=\frac{1}{x}$
$(\arcsin x)'=\frac{1}{\sqrt{1-x^2}}$	$(\arccos x)'=-\frac{1}{\sqrt{1-x^2}}$
$(\arctan x)'=\frac{1}{1+x^2}$	$(\text{arccot}x)'=-\frac{1}{1+x^2}$

2. 函数的和、差、积、商的求导法则

设 $u=u(x)$，$v=v(x)$都可导，则

(1) $(u\pm v)'=u'\pm v'$；

(2) $(Cu)'=Cu'$（C 为常数）；

(3) $(uv)'=u'v+uv'$；

(4) $\left(\frac{u}{v}\right)'=\frac{u'v-uv'}{v^2}\ (v\neq 0)$.

3. 反函数的求导法则

设 $x=f(y)$ 在区间 I_y 内单调、可导，且 $f'(y)\neq 0$，则它的反函数 $y=f^{-1}(x)$ 在区间 $I_x=f(I_y)$ 内也可导，且

$$[f^{-1}(x)]'=\frac{1}{f'(y)}\text{或}\frac{\mathrm{d}y}{\mathrm{d}x}=\frac{1}{\frac{\mathrm{d}x}{\mathrm{d}y}}.$$

4. 复合函数的求导法则

设 $y=f(u)$，$u=g(x)$，且 $f(u)$ 及 $g(x)$ 都可导，则复合函数 $y=f[g(x)]$ 的导数为

$$y'(x)=f'(u)\cdot g'(x)\text{或}\frac{\mathrm{d}y}{\mathrm{d}x}=\frac{\mathrm{d}y}{\mathrm{d}u}\cdot\frac{\mathrm{d}u}{\mathrm{d}x}.$$

下面我们综合运用这些法则和导数公式来求函数的导数.

例 13 已知 $y=\sin^n x\cos nx$，求 $\frac{\mathrm{d}y}{\mathrm{d}x}$.

解
$$\begin{aligned}\frac{\mathrm{d}y}{\mathrm{d}x}=(\sin^n x\cos nx)'&=(\sin^n x)'\cos nx+\sin^n x(\cos nx)'\\&=n\sin^{n-1}x\cos x\cos nx+\sin^n x\cdot n(-\sin nx)\\&=n\sin^{n-1}x\cdot(\cos x\cos nx-\sin x\sin nx)\\&=n\sin^{n-1}x\cdot\cos(n+1)x.\end{aligned}$$

在求函数的导数时，有时为了计算简单常常先利用有理化、固定公式等将函数变形为易于求导的形式后再进行求导.

例 14 已知 $y=\ln\frac{\sqrt[3]{x^2-1}}{\sqrt{x+2}}$，求 $\frac{\mathrm{d}y}{\mathrm{d}x}$.

解 因为 $y=\ln\frac{\sqrt[3]{x^2-1}}{\sqrt{x+2}}=\frac{1}{3}\ln(x^2-1)-\frac{1}{2}\ln(x+2)$，所以

$$\frac{\mathrm{d}y}{\mathrm{d}x}=\frac{1}{3}\cdot\frac{1}{x^2-1}\cdot(x^2-1)'-\frac{1}{2}\cdot\frac{1}{x+2}\cdot(x+2)'=\frac{2x}{3(x^2-1)}-\frac{1}{2(x+2)}.$$

例 15 已知 $y=\frac{x}{2}\sqrt{a^2-x^2}+\frac{a^2}{2}\arcsin\frac{x}{a}$，求 $\frac{\mathrm{d}y}{\mathrm{d}x}$.

解
$$\begin{aligned}y'&=\left(\frac{x}{2}\sqrt{a^2-x^2}\right)'+\left(\frac{a^2}{2}\arcsin\frac{x}{a}\right)'\\&=\frac{\sqrt{a^2-x^2}}{2}-\frac{x^2}{2\sqrt{a^2-x^2}}+\frac{a}{2\sqrt{1-\frac{x^2}{a^2}}}\\&=\frac{\sqrt{a^2-x^2}}{2}-\frac{x^2}{2\sqrt{a^2-x^2}}+\frac{a^2}{2\sqrt{a^2-x^2}}\\&=\sqrt{a^2-x^2}.\end{aligned}$$

习题 3.2

1. 求下列函数的导数.

(1) $y=2x^3+2^x-4e^x$；

(2) $y=2\tan x+\sec x-5$；

(3) $y=x^3\ln x$；

(4) $y=e^x\cos x$；

(5) $y=x\cot x$；

(6) $y=(5x+3)(6x^2-2)$；

(7) $y=(x+1)(x-1)\tan x$；

(8) $y=(x^2+2x+1)(x+1)(x^2+1)$；

(9) $y=\dfrac{x^2}{1-x^2}$；

(10) $s=\dfrac{1+\sin t}{1+\cos t}$；

(11) $y=\dfrac{1}{\sqrt{x}+1}+\dfrac{1}{1-\sqrt{x}}$；

(12) $y=\dfrac{9x+x^2}{5x+6}$；

(13) $y=e^x\csc x$；

(14) $y=\dfrac{\ln x^{15}}{\sqrt[4]{x}}$；

(15) $y=\dfrac{1-\ln x}{1+\ln x}$；

(16) $y=\dfrac{x+1+x^2}{\sqrt{x}}$；

(17) $r=\sqrt{2\theta}-\dfrac{1}{\sqrt{2\theta}}$；

(18) $y=\dfrac{\tan x}{\sqrt[3]{x^2}}$.

2. 求下列函数在给定点处的导数.

(1) $y=\sin x-\cos x$，求$y'|_{x=\frac{\pi}{6}}$和$y'|_{x=\frac{\pi}{4}}$；

(2) $y=\sqrt[3]{4-3x}$，求$y'|_{x=1}$；

(3) $y=\ln\tan x$，求$y'|_{x=\frac{\pi}{6}}$.

3. 以初速度 v_0 竖直上抛的物体，其上升高度 s 与时间 t 的关系是 $s=v_0t-\frac{1}{2}gt^2$，求：(1)该物体的速度 $v(t)$；(2)该物体到达最高点的时刻.

4. 求曲线 $y=2-x^2$ 上横坐标为 $x=1$ 的点处的切线方程和法线方程.

5. 当 a 与 b 取何值时，才能使曲线 $y=\ln\frac{x}{e}$ 与曲线 $y=ax^2+bx$ 在 $x=1$ 处有共同的切线？

6. 求下列函数的导数

(1) $y=\sqrt{1+x+2x^2}$；

(2) $\ln\dfrac{1-x}{1+x}$；

(3) $y=\dfrac{1}{\sqrt{a^2-x^2}}$；

(4) $y=\sin(5x^2+1)$；

(5) $y=\sin3x+\cos2x$；

(6) $y=\tan\sqrt{x^2+1}$；

(7) $y=\sec\left(\dfrac{x+1}{3}\right)$；

(8) $y=\csc\sqrt{1-x}$；

(9) $y=\sin^3x\cdot\cos3x$；

(10) $y=\dfrac{1+\sin^2x}{\cos(x^2)}$；

(11) $y=\dfrac{1}{3}\tan^3\theta-\tan\theta+\theta$；

(12) $y=e^{\frac{3}{x}}$；

(13) $y=2^{\sin2x}$；

(14) $\sin(1+e^x)$；

(15) $y=\ln\cos x$；

(16) $y=\ln(x+\sqrt{a^2+x^2})$.

(17) $y=\cos(4-3x)$；

(18) $y=\ln(1+x^2)$；

(19) $y=\arctan\dfrac{x+1}{x-1}$；　　(20) $y=\arcsin\sqrt{x}$；

(21) $y=\sin^2x\cdot\sin(x^2)$；　　(22) $y=e^{\arctan\sqrt{x}}$.

7. 设 $f(x)$, $g(x)$ 可导，且 $f^2(x)+g^2(x)\neq 0$，求函数 $y=\sqrt{f^2(x)+g^2(x)}$ 的导数.

8. 设 $f(x)$ 可导，求下列函数的导数 y'：

(1) $y=f(x^2)$；　　(2) $y=f(\sin^2x)+f(\cos^2x)$.

3.3 高阶导数

我们知道，变速直线运动的速度 $v(t)=\dfrac{ds(t)}{dt}=s'(t)$，而加速度 a 是速度 v 对时间 t 的变化率，即速度 v 对时间 t 的导数

$$a=\frac{dv}{dt}=\frac{d}{dt}\left(\frac{ds}{dt}\right)\text{或 } a=(s')'.$$

这种导数的导数 $\dfrac{d}{dt}\left(\dfrac{ds}{dt}\right)$ 或 $(s')'$ 称为 s 对 t 的二阶导数，记作 $\dfrac{d^2s}{dt^2}$ 或 $s''(t)$.

因此，变速直线运动的加速度就是路程函数 $s(t)$ 对时间 t 的二阶导数.

一般地，函数 $y=f(x)$ 的导数 $y'=f'(x)$ 仍是 x 的函数，我们把 $y'=f'(x)$ 的导数叫做函数 $y=f(x)$ 的二阶导数，记作 y'', $f''(x)$, $\dfrac{d^2y}{dx^2}$ 或 $\dfrac{d^2f(x)}{dx^2}$.

相应地，把 $y=f(x)$ 的导数 $y'=f'(x)$ 称为函数 $y=f(x)$ 的一阶导数.

类似地，二阶导数的导数称为三阶导数，三阶导数的导数称为四阶导数，……，一般地，$(n-1)$ 阶导数的导数称为 n 阶导数，分别记作 y''', $y^{(4)}$, $\cdots$, $y^{(n)}$；$f'''(x)$, $f^{(4)}(x)$, $\cdots$, $f^{(n)}(x)$；$\dfrac{d^3y}{dx^3}$, $\dfrac{d^4y}{dx^4}$, $\cdots$, $\dfrac{d^ny}{dx^n}$ 或 $\dfrac{d^3f(x)}{dx^3}$, $\dfrac{d^4f(x)}{dx^4}$, $\cdots$, $\dfrac{d^nf(x)}{dx^n}$.

函数 $y=f(x)$ 具有 n 阶导数，也说成函数 $y=f(x)$ 为 n 阶可导.

如果函数 $y=f(x)$ 在点 x 处具有 n 阶导数，那么 $f(x)$ 在点 x 的某一邻域内必定具有一切低于 n 阶的导数.

二阶及二阶以上的导数统称为高阶导数.

由此可见，求函数的高阶导数也就是运用前面学过的求导方法多次连续地求导数.

例 1　已知 $y=\arctan x$，求 $y''(0)$, $y'''(0)$.

解　$y'=\dfrac{1}{1+x^2}$, $y''=\dfrac{-2x}{(1+x^2)^2}$, $y'''=\dfrac{6x^2-2}{(1+x^2)^3}$,

$y''(0)=0$, $y'''(0)=-2$.

例 2　已知 $y=\sqrt{1-x^2}$，求 y''.

解　$y'=\dfrac{-x}{\sqrt{1-x^2}}$, $y''=\dfrac{-\sqrt{1-x^2}+x\cdot\dfrac{-x}{\sqrt{1-x^2}}}{1-x^2}=-\dfrac{1}{(1-x^2)^{\frac{3}{2}}}$.

例3 试从$\frac{dx}{dy}=\frac{1}{y'}$导出$\frac{d^2x}{dy^2}=-\frac{y''}{(y')^3}$.

解 $\frac{d^2x}{dy^2}=\frac{d}{dy}\left(\frac{dx}{dy}\right)=\frac{d}{dy}\left(\frac{1}{y'}\right)=\frac{d}{dx}\left(\frac{1}{y'}\right)\frac{dx}{dy}$

$$=-\frac{y''}{(y')^2}\frac{dx}{dy}=-\frac{y''}{(y')^2}\frac{1}{y'}=-\frac{y''}{(y')^3}.$$

例4 求指数函数 $y=e^x$ 的 n 阶导数.

解 $y'=e^x, y''=e^x, y'''=e^x, y^{(4)}=e^x$.

一般地，$y^{(n)}=e^x$，即$(e^x)^{(n)}=e^x$.

例5 求正弦函数与余弦函数的 n 阶导数.

解 $y=\sin x, y'=\cos x=\sin\left(x+\frac{\pi}{2}\right)$,

$$y''=\cos\left(x+\frac{\pi}{2}\right)=\sin\left(x+\frac{\pi}{2}+\frac{\pi}{2}\right)=\sin\left(x+2\cdot\frac{\pi}{2}\right),$$

$$y'''=\cos\left(x+2\cdot\frac{\pi}{2}\right)=\sin\left(x+3\cdot\frac{\pi}{2}\right).$$

一般地，可得 $y^{(n)}=\sin\left(x+n\cdot\frac{\pi}{2}\right)$，即$(\sin x)^{(n)}=\sin\left(x+n\cdot\frac{\pi}{2}\right)$.

类似可得$(\cos x)^{(n)}=\cos\left(x+n\cdot\frac{\pi}{2}\right)$.

例6 求幂函数的 n 阶导数公式.

解 设 $y=x^\mu$（μ 是任意常数），那么

$$y'=\mu x^{\mu-1},$$
$$y''=\mu(\mu-1)x^{\mu-2},$$
$$y'''=\mu(\mu-1)(\mu-2)x^{\mu-3},$$

一般地，可得

$$y^{(n)}=\mu(\mu-1)(\mu-2)\cdots(\mu-n+1)x^{\mu-n}.$$

即
$$(x^\mu)^{(n)}=\mu(\mu-1)(\mu-2)\cdots(\mu-n+1)x^{\mu-n}.$$

当 $\mu=n$ 时，得到

$$(x^n)^{(n)}=n(n-1)(n-2)\cdots3\cdot2\cdot1=n!,$$

而

$$(x^n)^{(n+1)}=0.$$

如果函数 $u=u(x)$ 及 $v=v(x)$ 都在点 x 处具有 n 阶导数，那么显然 $u(x)-v(x)$ 及 $u(x)+v(x)$ 也在点 x 处具有 n 阶导数，且

$$(u\pm v)^{(n)}=u^{(n)}\pm v^{(n)}.$$

但乘积 $u(x)\cdot v(x)$ 的 n 阶导数并不如此简单. 由

$$(uv)'=u'v+uv',$$

首先得出

$$(uv)''=u''v+2u'v'+uv'',$$
$$(uv)'''=u'''v+3u''v'+3u'v''+uv''',$$

用数学归纳法可以证明

$$(uv)^{(n)}=u^{(n)}v+nu^{(n-1)}v'+\frac{n(n-1)}{2!}u^{(n-2)}v''+\cdots$$
$$+\frac{n(n-1)\cdots(n-k+1)}{k!}u^{(n-k)}v^{(k)}+\cdots+uv^{(n)}.$$

上式称为**莱布尼兹(Leibniz)公式**,这公式可以这样记忆:把$(u+v)^n$按二项式定理展开写成

$$(u+v)^n=u^nv^0+nu^{n-1}v^1+\frac{n(n-1)}{2!}u^{n-2}v^2+\cdots u^0v^n,$$

即
$$(u+v)^n=\sum_{k=0}^{n}C_n^ku^{n-k}v^k,$$

然后把k次幂换成k阶导数(零阶导数理解为函数本身),再把左端的$u+v$换成uv这样就得到莱布尼兹公式

$$(uv)^{(n)}=\sum_{k=0}^{n}C_n^ku^{(n-k)}v^{(k)}.$$

例 7 $y=x^2e^{2x}$,求$y^{(20)}$.

解 设
$$u=e^{2x},v=x^2,\text{则}$$
$$u^{(k)}=2^ke^{2x}(k=1,2,\cdots20),$$
$$v'=2x,v''=2,v^{(k)}=0(k=3,4,\cdots,20),$$

代入莱布尼兹公式,得

$$\begin{aligned}y^{(20)}&=(x^2e^{2x})^{(20)}\\&=2^{20}e^{2x}x^2+20\cdot2^{19}e^{2x}\cdot2x+\frac{20\cdot19}{2!}2^{18}e^{2x}\cdot2\\&=2^{20}e^{2x}(x^2+20x+95).\end{aligned}$$

例 8 求函数$f(x)=e^x\sin x$的n阶导数$f^{(n)}(x)$, $(n\geqslant3)$.

解 尽管本题是求两个函数乘积的n阶导数,由于两个函数中没有一个函数具有例7中一个函数具有的特征,故本题不适宜利用莱布尼兹公式来求.

$$f'(x)=e^x(\sin x+\cos x)=\sqrt2e^x\sin(x+\frac{\pi}{4}),$$

$$f''(x)=\sqrt2e^x[\sin(x+\frac{\pi}{4})+\cos(x+\frac{\pi}{4})]=(\sqrt2)^2e^x\sin(x+\frac{\pi}{4}\times2),$$

$$f'''(x)=(\sqrt2)^2e^x[\sin(x+\frac{\pi}{4}\times2)+\cos(x+\frac{\pi}{4}\times2)]=(\sqrt2)^3e^x\sin(x+\frac{\pi}{4}\times3),$$

由归纳法,我们得

$$f^{(n)}(x)=(\sqrt2)^ne^x\sin(x+\frac{n\pi}{4}).$$

例 9 设函数$f(x)=\arctan x$,求$f^{(n)}(0)$, $(n\geqslant3)$

解
$$f'(x)=\frac{1}{1+x^2},$$

即
$$(1+x^2)f'(x)=1,$$

对上式两边同时求$n-1$导数,得

$$(1+x^2)f^{(n)}(x)+(n-1)2xf^{(n-1)}(x)+\frac{(n-1)(n-2)}{2}\cdot2f^{(n-2)}(x)=0$$

将 $x=0$ 代入,有

$$f^{(n)}(0)+(n-1)(n-2)f^{(n-2)}(0)=0,$$

即

$$f^{(n)}(0)=-(n-1)(n-2)f^{(n-2)}(0)=\begin{cases}(-1)^m(2m)!, & n=2m+1,\\ 0, & n=2m.\end{cases}$$

习题 3.3

1. 求下列函数的二阶导数:

(1) $y=\dfrac{x-1}{(x+1)^2}$;　　(2) $y=e^x\sin x$;

(3) $y=\tan x\cdot\arcsin\dfrac{x}{2}$;　　(4) $y=2x^3+\ln x$;

(5) $y=x^3e^{x^2}$;　　(6) $y=\ln(x+\sqrt{1+x^2})$;

(7) $y=(1+x^2)\arctan x$;　　(8) $y=\sqrt{a^2-x^2}$;

(9) $y=\dfrac{e^x}{x}$;　　(10) $y=\ln(1-x^2)$.

2. 已知物体运动的规律为 $s=A\sin\overline{w}t$,($A,\overline{w}$ 为常数),求物体运动的加速度,并验证: $\dfrac{d^2s}{dt^2}+\overline{w}^2s=0$.

3. 设 $f(x)=(x+10)^4$, $f'''(2)=?$

4. 设 $y=e^x\sin x$,证明 $y''-2y'+2y=0$.

5. 若 $f''(x)$ 存在,求下列函数的二阶导数 $\dfrac{d^2y}{dx^2}$:

(1) $y=f(x^2)$;　　(2) $y=f(\ln x)$;　　(3) $y=\ln f(x)$.

6. 试从 $\dfrac{dx}{dy}=\dfrac{1}{y'}$ 导出 $\dfrac{d^3x}{dy^3}=\dfrac{3(y'')^2-y'y'''}{(y')^5}$.

7. 问 λ 为何值时,函数 $y=e^{\lambda x}$ 满足微分方程 $y''+py'+qy=0$,其中 p,q 为常数.

8. 验证函数 $y=e^{\sqrt{x}}+e^{-\sqrt{x}}$ 满足关系式 $xy''+\dfrac{1}{2}y'-\dfrac{1}{4}y=0$.

9. 求下列函数的 n 阶导数:

(1) $y=a_0x^n+a_1x^{n-1}+\cdots+a_n$,($a_0,a_1,\cdots,a_n$ 为常数);

(2) $y=\sin^2x$;

(3) $y=\dfrac{1-x}{1+x}$;

(4) $y=xe^x$;

(5) $y=e^x\cos x$;

(6) $y=\dfrac{1}{x^2-5x+6}$.

10. 求下列函数所指定的阶的导数

(1) $y=x^2\sin 2x$,求 $y^{(50)}$;

(2) $y=x^2e^{3x}$，求 $y^{(20)}$.

3.4 隐函数及由参数方程所确定的函数的导数

本节我们主要来讨论隐函数的求导法则，以及由参数方程所确定的函数的导数的求法.

3.4.1 隐函数的求导法则

下面我们先来介绍隐函数的概念.

函数反映了自变量和因变量之间的一种对应关系. 把因变量 y 直接表示为自变量 x 的函数 $y=f(x)$ 的形式，如 $y=x^2+1$，$y=\ln\sin x$ 等. 用这种形式表达的函数称为**显函数**. 有些函数的表达方式却不是这样. 例如，方程

$$x+y^3-1=0,\ e^y-xy=0$$

都表示一个函数.

如果变量 x 和 y 满足一个方程 $F(x,y)=0$，在一定条件下，当 x 取某个区间内的任一值时，相应地总有满足这个方程的唯一的 y 值存在，那么就称由方程 $F(x,y)=0$ 在该区间内所确定的函数为隐函数. 如 $x+y^3-1=0$，$e^y-xy=0$ 等都是**隐函数**.

把一个隐函数化成显函数，称为隐函数的显化. 例如由方程 $x+y^3-2=0$ 解出 $y=\sqrt[3]{2-x}$，就把隐函数化成了显函数. 有时隐函数的显化不是很容易表示，比如 $e^y-xy=0$. 但在实际问题中，我们往往需要计算隐函数的导数，因此，我们就希望有一种方法，不管隐函数能否显化，都能直接由方程计算出它所确定的隐函数的导数来.

下面通过具体例子来说明这种方法.

例 1 求方程 $e^y+xy-e=0$ 所确定的隐函数的导数 $\left.\frac{dy}{dx}\right|_{x=0}$.

解 在方程两边分别对 x 求导数，注意 y 是 x 的函数，得

$$\frac{d}{dx}(e^y+xy-e)=e^y\frac{dy}{dx}+y+x\frac{dy}{dx}=(0)'=0,$$

即

$$e^y\frac{dy}{dx}+y+x\frac{dy}{dx}=0,$$

解得

$$\frac{dy}{dx}=-\frac{y}{x+e^y}\quad(x+e^y\neq0).$$

当 $x=0$ 时 $y=1$，则 $\left.\frac{dy}{dx}\right|_{x=0}=-e^{-1}$.

例 2 求由方程 $y^5+2y-x-3x^7=0$ 所确定的隐函数在 $x=0$ 处的导数 $\frac{dy}{dx}$ 及 $\left.\frac{dy}{dx}\right|_{x=0}$.

解 要从方程

$$y^5+2y-x-3x^7=0$$

中解出 y 是不可能的，因此，这个函数不可能用显式表达出来.

在方程两边分别对 x 求导，记住 y 是 x 的函数，得

$$5y^4y' + 2y' - 1 - 21x^6 = 0,$$

由此解得

$$y' = \frac{1 + 21x^6}{5y^4 + 2}.$$

因为当 $x = 0$ 时，从原方程解得 $y = 0$，所以

$$y'\big|_{x=0} = \frac{1}{2}.$$

例 3 求椭圆 $\frac{x^2}{4} + y^2 = 1$ 在点 $M(\sqrt{2}, \frac{\sqrt{2}}{2})$ 处的切线方程.

解 将方程两边对 x 求导数，得

$$\frac{x}{2} + 2yy' = 0,$$

解得

$$y' = -\frac{x}{4y}.$$

当 $x = \sqrt{2}, y = \frac{\sqrt{2}}{2}$ 时，切线的斜率 $k = y'\big|_{x=\sqrt{2}} = -\frac{1}{2}$，于是椭圆过点 M 的切线方程是

$$y - \frac{\sqrt{2}}{2} = -\frac{1}{2}(x - \sqrt{2}),$$

即

$$x + 2y - 2\sqrt{2} = 0.$$

例 4 求由方程 $y = 1 + xe^y$ 所确定的隐函数的二阶导数 $y''(0)$.

解 （法一）将方程两边对 x 求导数，得

$$y' = e^y + xe^y y',$$

解得

$$y' = \frac{e^y}{1 - xe^y} = \frac{e^y}{2 - y},$$

于是

$$y'' = (y')'_x = \left(\frac{e^y}{2 - y}\right)'_x = \frac{e^y y'(2 - y) + e^y y'}{(2 - y)^2} = \frac{e^{2y}(3 - y)}{(2 - y)^3}.$$

因 $x = 0$ 时 $y = 1$，从而 $y''(0) = 2e^2$.

（法二）将方程两边对 x 求导数，得

$$y' = e^y + xe^y y', \tag{1}$$

对方程(1)两边的 x 继续求导，得

$$y'' = 2e^y y' + xe^y (y')^2 + xe^y y'', \tag{2}$$

将 $x = 0$ 代入原方程，得 $y = 1$.

然后 $x = 0, y = 1$ 代入(1)，得 $y'(0) = e$.

将 $x = 0, y = 1, y'(0) = e$. 代入(2)，得

$$y''(0) = 2e^2.$$

3.4.2 对数求导法

对于幂指数函数 $y = u^v (u > 0)$，如果 $u = u(x)$，$v = v(x)$ 都可导，可以先在函数两端取

对数,然后再用直接求导法求出 y',这种方法称为**对数求导法**.

例 5 已知 $y=x^{\sin x}(x>0)$,求 y'.

解 在等式两端取自然对数,得 $\ln y=\sin x\cdot\ln x$,上式两端对 x 求导,得

$$\frac{1}{y}y'=\cos x\cdot\ln x+\sin x\cdot\frac{1}{x},$$

因此
$$y'=y\left(\cos x\cdot\ln x+\frac{\sin x}{x}\right)=x^{\sin x}\left(\cos x\cdot\ln x+\frac{\sin x}{x}\right).$$

例 6 求 $y=\sqrt[5]{\dfrac{x-5}{\sqrt[5]{x^2+2}}}$ 的导数.

解 先在两边取对数(假定 $x>5$),得

$$\ln y=\frac{1}{5}\ln(x-5)-\frac{1}{25}\ln(x^2+2),$$

上式两边对 x 求导,注意到 $y=y(x)$,得

$$\frac{1}{y}y'=\frac{1}{5(x-5)}-\frac{2x}{25(x^2+2)},$$

于是

$$y'=y\left[\frac{1}{5(x-5)}-\frac{2x}{25(x^2+2)}\right].$$

对于 $x<5$ 用同样的方法可得与上面相同的结果.

3.4.3 由参数方程所确定的函数的导数

若由参数方程

$$\begin{cases}x=\varphi(t)\\ y=\psi(t),\end{cases}\quad (t\text{ 为参变量}) \tag{3}$$

确定 y 与 x 间的函数关系,则称此函数关系所表达的函数为由参数方程(3)所确定的函数.

在实际问题中,有时需要计算由参数方程(3)所确定的函数的导数,但又不容易直接由参数方程中消去参数 t. 因此,我们需寻求一种能直接由参数方程(3)计算出它所确定的函数的导数的方法.

我们假设函数 $x=\varphi(t)$,$y=\psi(t)$ 都可导,并且 $\varphi'(t)\neq 0$,由复合函数与反函数的求导法则,有

$$\frac{dy}{dx}=\frac{dy}{dt}\cdot\frac{dt}{dx}=\frac{dy}{dt}\cdot\frac{1}{\frac{dx}{dt}}=\frac{\psi'(t)}{\varphi'(t)},$$

即

$$\frac{dy}{dx}=\frac{\psi'(t)}{\varphi'(t)}\text{或}\frac{dy}{dx}=\frac{\frac{dy}{dt}}{\frac{dx}{dt}}, \tag{4}$$

这就是由参数方程(3)所确定的函数的导数公式.

如果 $x=\varphi(t)$,$y=\psi(t)$ 还具有二阶导数,那么从式(4)可得函数的二阶导数公式:

$$\frac{d^2y}{dx^2}=\frac{d}{dx}\left(\frac{dy}{dx}\right)=\frac{d}{dt}\left(\frac{\psi'(t)}{\varphi'(t)}\right)\cdot\frac{dt}{dx}=\frac{\psi''(t)\varphi'(t)-\psi'(t)\varphi''(t)}{\varphi'^2(t)}\cdot\frac{1}{\varphi'(t)}$$
$$=\frac{\psi''(t)\varphi'(t)-\psi'(t)\varphi''(t)}{\varphi'^3(t)}.$$

但在实际计算二阶导数时并不利用这一公式，而是直接利用复合函数求导公式求参数方程的二阶导数或更高阶的导数.

例7 已知椭圆的参数方程为$\begin{cases}x=a\cos\theta,\\ y=b\sin\theta\end{cases}$（$\theta$为参数），求$\frac{dy}{dx}$.

解 $$\frac{dy}{dx}=\frac{\frac{dy}{d\theta}}{\frac{dx}{d\theta}}=\frac{b\cos\theta}{-a\sin\theta}=-\frac{b}{a}\cot\theta.$$

例8 计算由摆线的参数方程$\begin{cases}x=a(t-\sin t),\\ y=a(1-\cos t)\end{cases}$所确定的函数$y=y(x)$的导数，并求摆线对应于$t=\frac{\pi}{2}$处的切线方程.

解 $$\frac{dy}{dx}=\frac{\frac{dy}{dt}}{\frac{dx}{dt}}=\frac{a\sin t}{a(1-\cos t)}=\frac{\sin t}{1-\cos t}=\cot\frac{t}{2}\ (t\neq 2n\pi,n\in\mathbf{Z}).$$

当$t=\frac{\pi}{2}$时，摆线上对应点$\left(a\left(\frac{\pi}{2}-1\right),a\right)$，该点处切线的斜率为$\left.\frac{dy}{dx}\right|_{t=\frac{\pi}{2}}=\left.\cot\frac{t}{2}\right|_{t=\frac{\pi}{2}}=\cot\frac{\pi}{4}=1$，因此，所求切线方程为$y-a=x-a\left(\frac{\pi}{2}-1\right)$，即$x-y+a\left(2-\frac{\pi}{2}\right)=0$.

例9 计算由参数方程$\begin{cases}x=a(t-\sin t),\\ y=a(1-\cos t)\end{cases}$所确定的函数$x=x(y)$的二阶导数.

解 $$\frac{dx}{dy}=\frac{\frac{dx}{dt}}{\frac{dy}{dt}}=\frac{a(1-\cos t)}{a\sin t}=\frac{1-\cos t}{\sin t}=\tan\frac{t}{2}$$

$$\frac{d^2x}{dy^2}=\frac{d}{dy}\left(\frac{dx}{dy}\right)=\frac{d}{dy}\left(\tan\frac{t}{2}\right)=\frac{d}{dt}\left(\tan\frac{t}{2}\right)\frac{dt}{dy}$$
$$=\frac{1}{2}\sec^2\frac{t}{2}\frac{1}{\frac{dy}{dt}}=\frac{1}{2}\sec^2\frac{t}{2}\frac{1}{a\sin t}=\frac{1}{2a\sin t}\sec^2\frac{t}{2}.$$

习题3.4

1. 求由下列方程所确定的隐函数的导数$\frac{dy}{dx}$.

(1) $y^2-2xy+9=0$；　　(2) $y=1-xe^y$；

(3) $\arctan\frac{y}{x}=\ln\sqrt{x^2+y^2}$；　　(4) $e^{xy}+y\ln x=\sin 2x$.

2. 求曲线 $x^2+3xy+y^2+1=0$ 在 $M(2,-1)$ 点的切线和法线方程.

3. 求曲线 $e^y+xy=e$ 在 $M(0,1)$ 点的切线和法线方程.

4. 求下列方程确定的隐函数的二阶导函数:

(1) $y=\sin(x+y)$;　　(2) $y=1+xe^y$;

(3) $b^2x^2+a^2y^2=a^2b^2$;　　(4) $y=\tan(x+y)$.

5. 用对数求导法求下列函数的导数.

(1) $y=\left(\dfrac{x}{1+x}\right)^x$;　　(2) $y=\dfrac{\sqrt{x+2}(3-x)^4}{(x+1)^5}$;

(3) $y=x^{x^2}$;　　(4) $y=(\sin x)^{\tan x}$;

(5) $y=e^x+e^{e^x}$;　　(6) $y=x^{a^a}+a^{x^a}+a^{a^x}(a>0)$.

6. 求下列参数方程所确定的函数的导数$\dfrac{dy}{dx}$.

(1) $\begin{cases}x=at^2,\\ y=bt^3;\end{cases}$　　(2) $\begin{cases}x=t(1-\sin t),\\ y=t\cos t.\end{cases}$

7. 求曲线$\begin{cases}x=\sin t,\\ y=\cos 2t\end{cases}$在 $t=\dfrac{\pi}{4}$相应点处的切线方程和法线方程.

8. 计算下列参数方程所确定的函数的二阶导数$\dfrac{d^2y}{dx^2}$:

(1) $\begin{cases}x=\ln(1+t^2),\\ y=t-\operatorname{arctg}t;\end{cases}$

(2) $\begin{cases}x=3e^{-t},\\ y=2e^t;\end{cases}$;

(3) $\begin{cases}x=f'(t),\\ y=tf'(t)-f(t).\end{cases}$

9. 证明:曲线$\sqrt{x}+\sqrt{y}=\sqrt{a}$上,任意点 $M(x_0,y_0)$处的切线在两个坐标轴上截距之和为 a.

10. 有一个长度为 5m 的梯子贴靠在铅直的墙上,假设其下端沿地板以 3m/s 的速率离开墙脚而滑动,则

(1) 当其下端离开墙脚 1.4m 时,梯子的上端下滑之速度为多少?

(2) 何时梯子的上下端能以相同的速率移动?

(3) 何时其上端下滑之速率为 4m/s?

11. 注水入深 8m 上顶直径 8m 的正圆锥形容器中,其速率为每分钟 $4m^3$。当水深为 5m 时,其表面上升的速率为多少?

3.5 函数的微分及其应用

导数反映了函数相对于自变量的变化率. 在生产和生活实际中还会遇到当自变量取得微小增量时,计算函数相应增量的大小的问题. 一般情况下,计算函数增量的精确值不

是很容易，而且实际应用中有时也不需要其精确值，这就需要我们寻找一种简便的方法来计算它的近似值. 为此，我们引入微分学的另一个基本概念——微分.

3.5.1 微分的定义

下面先分析一个具体问题，然后由此抽象出微分的定义.

设有一块正方形金属薄片，受温度变化的影响，其边长由 x_0 变到 $x_0+\Delta x$，如图 3－4 所示，问此薄片的面积改变了多少？

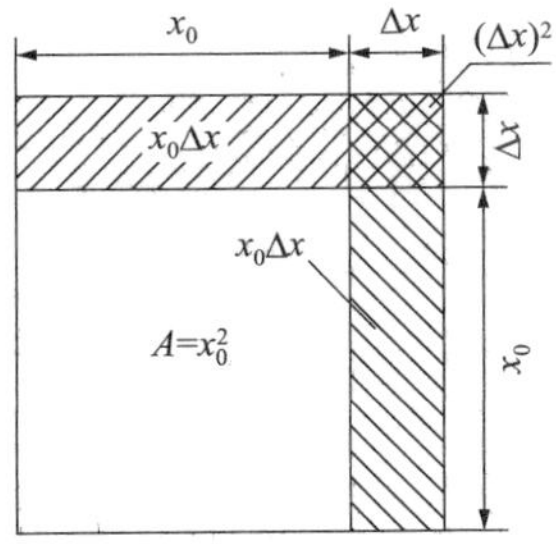

图 3－4

正方形的面积 A 与边长 x 的函数关系为：$A=x^2$. 当边长由 x_0 变到 $x_0+\Delta x$ 时面积的改变量 ΔA，相当于自变量 x 自 x_0 取得增量 Δx 时，函数 $A=x^2$ 相应的增量 ΔA，即 $\Delta A=(x_0+\Delta x)^2-x_0^2=2x_0\Delta x+(\Delta x)^2$.

从上式可以看出，ΔA 由两部分组成，第一部分 $2x_0\Delta x$ 是 Δx 的线性函数，即图中带有斜线的两个矩形面积之和，而第二部分 $(\Delta x)^2$ 在图中是带有交叉斜线的小正方形的面积，当 $\Delta x\to 0$ 时，$(\Delta x)^2$ 是比 Δx 高阶的无穷小，即 $(\Delta x)^2=o(\Delta x)$，可忽略不计. 因此，如果边长改变很微小，即 $|\Delta x|$ 很小时，面积的改变量 ΔA 可近似地用第一部分来代替，即 $\Delta A\approx 2x_0\Delta x$. 我们称 $2x_0\Delta x$ 为函数 $A=x^2$ 在点 x_0 处的微分.

一般地，我们有如下定义.

定义 1 **设函数 $y=f(x)$ 在某区间内有定义，x_0 及 $x_0+\Delta x$ 在该区间内，如果增量 $\Delta y=f(x_0+\Delta x)-f(x_0)$ 可表示为**

$$\Delta y=A\Delta x+o(\Delta x) \tag{1}$$

其中 A 是与 Δx 无关的常数，则称函数 $y=f(x)$ 在点 x_0 是可微的，而 $A\Delta x$ 称为函数 $y=f(x)$ 在点 x_0 相应于自变量的改变量 Δx 的微分，记作 $\mathrm{d}y$，即

$$\mathrm{d}y=A\Delta x.$$

下面讨论函数 $y=f(x)$ 可微的条件. 当 $f(x)$ 可微时，微分 $\mathrm{d}y=A\Delta x$ 中的 A 又具有什么样的形式呢？下面的定理解决了这些问题.

定理 1 **函数 $y=f(x)$ 在点 x_0 可微的充分必要条件是函数 $y=f(x)$ 在点 x_0 可导，且 $A=f'(x_0)$.**

证 必要性

若 $y=f(x)$ 在点 x_0 可微，在式(1)两边除以 Δx 得

$$\frac{\Delta y}{\Delta x}=A+\frac{o(\Delta x)}{\Delta x}.$$

于是，当 $\Delta x\to 0$ 时，由上式就得到

$$A=\lim_{\Delta x\to 0}\frac{\Delta y}{\Delta x}=f'(x_0).$$

这就证明了 $f(x)$ 在点 x_0 也一定可导(即 $f'(x_0)$ 存在)，且 $A=f'(x_0)$.

充分性

若 $y=f(x)$ 在点 x_0 可导，即

$$\lim_{\Delta x\to 0}\frac{\Delta y}{\Delta x}=f'(x_0)$$

存在，根据极限与无穷小的关系（2.3 节定理 1），上式可写成

$$\frac{\Delta y}{\Delta x}=f'(x_0)+\alpha,$$

其中 $\alpha\to 0$（当 $\Delta x\to 0$）. 由此又有

$$\Delta y=f'(x_0)\Delta x+\alpha\Delta x,$$

因 $\alpha\Delta x=o(\Delta x)$，且 $f'(x_0)$ 不依赖于 Δx，所以 $f(x)$ 在点 x_0 也是可微的，且有

$$\mathrm{d}y=f'(x_0)\Delta x.$$

证毕.

当 $f'(x_0)\neq 0$ 时，有

$$\lim_{\Delta x\to 0}\frac{\Delta y-\mathrm{d}y}{\Delta y}=\lim_{\Delta x\to 0}\frac{\Delta y-f'(x_0)\Delta x}{\Delta y}=\lim_{\Delta x\to 0}\left[1-\frac{f'(x_0)}{\dfrac{\Delta y}{\Delta x}}\right]=0.$$

这表明，在 $f'(x_0)\neq 0$ 的条件下，当 $\Delta x\to 0$ 时，$\Delta y-\mathrm{d}y$ 不仅是比 Δx 高阶的无穷小，而且也是比 Δy 高阶的无穷小，因此说，$\mathrm{d}y$ 是 Δy 的主要部分；又由于 $\mathrm{d}y=f'(x_0)\Delta x$ 是 Δx 的线性函数，所以，在 $f'(x_0)\neq 0$ 的条件下，我们称 $\mathrm{d}y$ 是 Δy 的线性主部（$\Delta x\to 0$），从而，当 $|\Delta x|$ 很小时有

$$\Delta y\approx \mathrm{d}y.$$

例 1 求函数 $y=x^4$ 在 $x=1$ 处的微分.

解 $\mathrm{d}y=(x^4)'|_{x=1}\Delta x=4\Delta x.$

函数 $f(x)$ 在任意点 x 的微分称为函数的微分，记作 $\mathrm{d}y$ 或 $\mathrm{d}f(x)$，即

$$\mathrm{d}y=f'(x)\Delta x.$$

为区别起见，在一点 x_0 的微分也记为 $\mathrm{d}y|_{x=x_0}=f'(x_0)\Delta x.$

例 2 求函数 $y=x^2$ 当 $x=2$，$\Delta x=0.01$ 时的微分.

解 先求函数在任意点 x 的微分 $\mathrm{d}y=(x^2)'\Delta x=2x\Delta x$，再求函数当 $x=2$，$\Delta x=0.01$ 时的微分 $\mathrm{d}y\big|_{\substack{x=2\\ \Delta x=0.01}}=2x\Delta x\big|_{\substack{x=2\\ \Delta x=0.01}}=2\times 2\times 0.01=0.04.$

通常把自变量 x 的增量 Δx 称为自变量的微分，记作 $\mathrm{d}x$，即 $\mathrm{d}x=\Delta x$. 因此，函数 $y=f(x)$ 的微分又可记作

$$\mathrm{d}y=f'(x)\mathrm{d}x,$$

从而有

$$\frac{\mathrm{d}y}{\mathrm{d}x}=f'(x).$$

即函数的微分 $\mathrm{d}y$ 与自变量的微分 $\mathrm{d}x$ 的商等于该函数的导数. 因此，导数又称为"微商".

3.5.2 微分的几何意义

为了直观了解微分，我们来介绍一下微分的几何意义.

设函数 $y=f(x)$ 的图形为曲线 C，$M(x_0,y_0)$ 为曲线 C 上一定点，当自变量 x 在点 x_0 取微小增量 Δx 时，得到曲线上另一点 $N(x_0+\Delta x,y_0+\Delta y)$，由图 3－5 可知

$$MQ=\Delta x,QN=\Delta y.$$

过点 M 作曲线 C 的切线 MT，它的倾角为 α，MT 交 QN 于点 P，则

$$QP = MQ \cdot \tan\alpha = \Delta x \cdot f'(x_0),$$

即

$$dy = QP.$$

由此可见，微分 dy 就是当自变量 x 取微小增量 Δx 时，曲线的切线上点的纵坐标的相应增量，而 Δy 是曲线上点的纵坐标的相应增量. 当 $|\Delta x|$ 很小时，用 dy 近似代替 Δy，从几何上看，就是用 QP 近似代替 QN. 因此，在局部范围内可以用切线段近似代替曲线段.

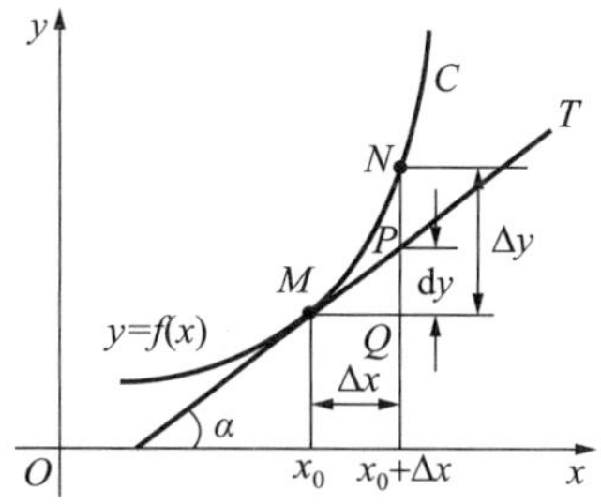

图 3－5

3.5.3 基本微分公式与运算法则

由函数的微分的表达式 $dy=f'(x)dx$ 可知，要计算函数的微分，只要计算出函数的导数，再乘以自变量的微分即可. 因此，我们可以得到如下微分公式与微分运算法则.

1. 基本初等函数的微分公式

为便于对照，我们将导数公式与微分公式的对照列于表 3－2 中.

表 3－2

导 数 公 式	微 分 公 式
$(x^\mu)'=\mu x^{\mu-1}$	$d(x^\mu)=\mu x^{\mu-1}dx$
$(\sin x)'=\cos x$	$d(\sin x)=\cos x dx$
$(\cos x)'=-\sin x$	$d(\cos x)=-\sin x dx$
$(\tan x)'=\sec^2 x$	$d(\tan x)=\sec^2 x dx$
$(\cot x)'=-\csc^2 x$	$d(\cot x)=-\csc^2 x dx$
$(\sec x)'=\sec x\tan x$	$d(\sec x)=\sec x\tan x dx$
$(\csc x)'=-\csc x\cot x$	$d(\csc x)=-\csc x\cot x dx$
$(a^x)'=a^x\ln a$	$d(a^x)=a^x\ln a dx$
$(e^x)'=e^x$	$d(e^x)=e^x dx$
$(\log_a x)'=\frac{1}{x\ln a}$	$d(\log_a x)=\frac{1}{x\ln a}dx$
$(\ln x)'=\frac{1}{x}$	$d(\ln x)=\frac{1}{x}dx$
$(\arcsin x)'=\frac{1}{\sqrt{1-x^2}}$	$d(\arcsin x)=\frac{1}{\sqrt{1-x^2}}dx$
$(\arccos x)'=-\frac{1}{\sqrt{1-x^2}}$	$d(\arccos x)=-\frac{1}{\sqrt{1-x^2}}dx$
$(\arctan x)'=\frac{1}{1+x^2}$	$d(\arctan x)=\frac{1}{1+x^2}dx$
$(\text{arccot}\, x)'=-\frac{1}{1+x^2}$	$d(\text{arccot}\, x)=-\frac{1}{1+x^2}dx$

2. 微分的和、差、积、商的微分法则

设函数 $u=u(x)$，$v=v(x)$ 都可导，为便于对照，我们将函数和、差、积、商的求导法则和微分法则列于表 3-3 中.

表 3-3

函数和、差、积、商的求导法则	函数和、差、积、商的微分法则
$(u\pm v)'=u'\pm v'$	$d(u\pm v)=du\pm dv$
$(Cu)'=Cu'$（C 为常数）	$d(Cu)=Cdu$（C 为常数）
$(uv)'=u'v+uv'$	$d(uv)=vdu+udv$
$\left(\frac{u}{v}\right)'=\frac{u'v-uv'}{v^2}(v\neq0)$	$d\left(\frac{u}{v}\right)=\frac{vdu-udv}{v^2}(v\neq0)$

3. 复合函数的微分法则

设 $y=f(u)$，$u=g(x)$ 都可导，则复合函数 $y=f[g(x)]$ 的微分为

$$dy=y_x'dx=f'(u)\cdot g'(x)dx.$$

由于 $g'(x)dx=du$，因此复合函数 $y=f[g(x)]$ 的微分公式也可写成

$$dy=y_u'du \text{ 或 } dy=f'(u)du.$$

由此可见，无论 u 是自变量还是中间变量，微分形式 $dy=f'(u)du$ 保持不变. 这一性质称为微分形式不变性. 应用这一性质求复合函数的微分非常方便.

例 3 已知 $y=\cos(3x+2)$，求 dy.

解 设 $y=\cos u$，$u=3x+2$，则

$$\begin{aligned}dy&=d(\cos u)=-\sin u du=-\sin(3x+2)d(3x+2)\\&=-\sin(3x+2)\cdot3dx=-3\sin(3x+2)dx.\end{aligned}$$

与求复合函数的导数类似，在熟练掌握后，求复合函数的微分时也可以不写出中间变量.

例 4 已知 $y=\ln^2(1-x)$，求 dy.

解
$$\begin{aligned}dy&=d[\ln^2(1-x)]=2\ln(1-x)d[\ln(1-x)]\\&=2\ln(1-x)\cdot\frac{1}{1-x}d(1-x)\\&=2\ln(1-x)\cdot\frac{-1}{1-x}dx\\&=\frac{2\ln(1-x)}{x-1}dx.\end{aligned}$$

例 5 已知 $y=x^2e^{2x}$，求 dy.

解 由积的微分法则，得

$$\begin{aligned}dy&=d(x^2e^{2x})=e^{2x}d(x^2)+x^2d(e^{2x})\\&=e^{2x}\cdot2xdx+x^2\cdot e^{2x}2dx=2xe^{2x}(1+x)dx.\end{aligned}$$

例 6 在下列等式左端的括号内填入适当的函数，使等式成立.

(1) $d(\quad)=3xdx$；　　(2) $d(\quad)=\sin\omega xdx$.

解 (1) 由 $d(x^2)=2xdx$，得 $xdx=\frac{1}{2}d(x^2)$，因此

$$3x\mathrm{d}x=\frac{3}{2}\mathrm{d}(x^2)=\mathrm{d}\left(\frac{3}{2}x^2\right),$$

即 $\mathrm{d}\left(\frac{3}{2}x^2\right)=3x\mathrm{d}x$.

一般地，有 $\mathrm{d}\left(\frac{3}{2}x^2+C\right)=3x\mathrm{d}x$（$C$ 为任意常数）.

（2）因为 $\mathrm{d}(\cos\omega x)=-\omega\sin\omega x\mathrm{d}x$，所以

$$\sin\omega x\mathrm{d}x=-\frac{1}{\omega}\mathrm{d}(\cos\omega x)=\mathrm{d}\left(-\frac{1}{\omega}\cos\omega x\right),$$

即 $\mathrm{d}\left(-\frac{1}{\omega}\cos\omega x\right)=\sin\omega x\mathrm{d}x$.

一般地，有 $\mathrm{d}\left(-\frac{1}{\omega}\cos\omega x+C\right)=\sin\omega x\mathrm{d}x$（$C$ 为任意常数）.

3.5.4 微分在函数近似计算中的应用

在实际问题中，经常会遇到一些复杂的计算公式，直接计算费时又费力. 利用微分可以把一些复杂的公式用简单的近似公式来代替，这样既可以简化计算，又可以保证足够的精度.

前面我们已经知道，如果函数 $y=f(x)$ 在点 x_0 处的导数 $f'(x_0)\neq 0$，且 $|\Delta x|$ 很小时，有

$$\Delta y\approx \mathrm{d}y=f'(x_0)\Delta x,$$

上式也可写成

$$\Delta y=f(x_0+\Delta x)-f(x_0)\approx f'(x_0)\Delta x, \tag{2}$$

或

$$f(x_0+\Delta x)\approx f(x_0)+f'(x_0)\Delta x. \tag{3}$$

在式（3）中令 $x=x_0+\Delta x$，即 $\Delta x=x-x_0$，那么式（3）可改写成

$$f(x)\approx f(x_0)+f'(x_0)(x-x_0). \tag{4}$$

利用以上各式可近似计算 Δy，$f(x_0+\Delta x)$ 或 $f(x)$，这种近似计算的实质就是用 x 的线性函数 $f(x_0)+f'(x_0)(x-x_0)$ 来近似表示函数 $f(x)$. 反映在几何上，就是用曲线 $y=f(x)$ 在点 $(x_0,f(x_0))$ 处的切线近似代替该点邻近部分的曲线.

例 7 半径为 10cm 的金属圆盘经加热后，半径增加了 0.02cm，问面积增大了多少？

解 因为增大的面积就是圆盘的面积 $S=\pi r^2$ 当 r 由 r_0 取得增量 Δr 时，面积的增量 ΔS. 由式（1）得

$$\Delta S\approx S'(r_0)\Delta r=2\pi r_0\Delta r,$$

将 $r_0=10$，$\Delta r=0.02$ 代入上式，得 $\Delta S\approx 2\pi\times 10\times 0.02=0.4\pi\approx 1.256(\mathrm{cm}^2)$.

例 8 利用微分计算 $\cos 31°$ 的近似值.

解 因为 $31°=30°+1°=\frac{\pi}{6}+\frac{\pi}{180}$，所以，设 $f(x)=\cos x$，取 $x_0=\frac{\pi}{6}$，则

$$f\left(\frac{\pi}{6}\right)=\cos\frac{\pi}{6}=\frac{\sqrt{3}}{2},\quad f'\left(\frac{\pi}{6}\right)=-\sin\frac{\pi}{6}=-\frac{1}{2},$$

且 $\Delta x=\frac{\pi}{180}$较小，由式(2)可得

$$\cos 31^\circ=\cos\left(\frac{\pi}{6}+\frac{\pi}{180}\right)\approx\cos\frac{\pi}{6}+\left(-\sin\frac{\pi}{6}\right)\cdot\left(\frac{\pi}{180}\right)$$

$$=\frac{\sqrt{3}}{2}-\frac{\pi}{360}\approx 0.858.$$

特别地，假设 $|x|$ 取较小的数值，在式(3)中取 $x_0=0$，得

$$f(x)\approx f(0)+f'(0)x.$$

由此我们可以得到几个工程上常用的近似公式（假定 $|x|$ 是较小的数值）.

(1) $\sqrt[n]{1+x}\approx 1+\frac{1}{n}x$.

(2) $\sin x\approx x$（x 用弧度单位表示）.

(3) $\tan x\approx x$（x 用弧度单位表示）.

(4) $e^x\approx 1+x$.

(5) $\ln(1+x)\approx x$.

例 9 计算 ln1.02 的近似值.

解 $\ln 1.02=\ln(1+0.02)$，这里 $x=0.02$ 数值较小，利用近似式(5)，得 $\ln 1.02=\ln(1+0.02)\approx 0.02$.

如果直接求对数，可得

$$\ln 1.02\approx 0.0198.$$

将两个结果比较一下，可以看出，用 0.02 作为 ln1.02 的近似值，其误差不超过 0.0002，这样的近似值在一般应用上已够精确了.

习题 3.5

1. 已知 $y=x^2-2x+3$，计算在 $x=2$ 处当 $\Delta x=-0.01$ 时的 Δy 及 dy.

2. 设函数 $y=f(x)$ 的图形如图 3－6，试在图 3－6(a)、图 3－6(b)、图 3－6(c)、图 3－6(d) 中分别标出在点 x_0 的 dy、Δy 及 $\Delta y-dy$，并说明正负.

3. 求下列函数的微分.

(1) $y=\sin(2x+3)$；　　(2) $y=\ln(1+e^{x^2})$；

(3) $y=e^{1-3x}\cos x$；　　(4) $y=x\sin 2x$；

(5) $y=\frac{x}{\sqrt{x^2+1}}$；　　(6) $y=\ln x+2\sqrt{x}$；

(7) $y=e^{-x}\cos(2-x)$；　　(8) $y=\tan^2(1-2x)$；

(9) $y=\arctan\frac{1-x^2}{1+x^2}$.

4. 将适当的函数填入下列括号内.

(1) d(　) $=x\,dx$；　　(2) d(　) $=\cos\omega t\,dt$；

(3) d(　) $=\frac{1}{1+x}dx$；　　(4) d(　) $=\sec^2 3x\,dx$；

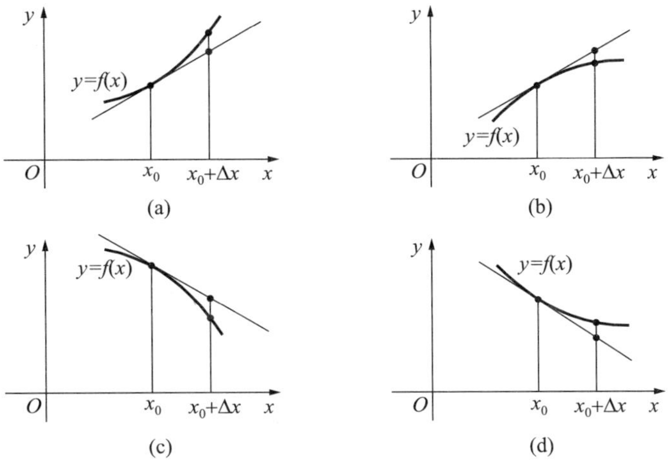

图 3-6

(5) $\mathrm{d}(\quad)=\frac{1}{\sqrt{x}}\mathrm{d}x$；　　　　(6) $\mathrm{d}(\quad)=\mathrm{e}^{-2x}\mathrm{d}x$.

5. 计算下列各式的近似值.

(1) $\sin 30°30'$；　　　　(2) $\sqrt{1.05}$.

6. 当 $|x|$ 较小时，证明 $\sin x\approx x$（x 用弧度单位表示）.

复习题 3

1. 在“充分”“必要”和“充分必要”三者中选择一个正确的填入括号内.

(1) 函数 $f(x)$ 在点 x_0 处左、右导数存在是该函数在 x_0 处导数存在的（　　）条件；

(2) 函数 $f(x)$ 在点 x_0 连续是函数在该点可导的（　　）条件，函数 $f(x)$ 在点 x_0 可导是函数在该点连续的（　　）条件；

(3) 函数 $f(x)$ 在点 x_0 可导是函数在该点可微的（　　）条件.

2. 设 $f(x)=\ln(1+x)$，则 $f''(0)=$（　　）.

3. 选择正确的选项填入括号内.

(1) 如果极限（　　）存在，则称 $f(x)$ 在 $x=0$ 处的导数存在.

(A) $\lim\limits_{\Delta x\to 0}\frac{f(-\Delta x)-f(0)}{-\Delta x}$　　　　(B) $\lim\limits_{\Delta x\to 0^-}\frac{f(-\Delta x)-f(0)}{-\Delta x}$

(C) $\lim\limits_{\Delta x\to 0^+}\frac{f(-\Delta x)-f(0)}{-\Delta x}$　　　　(D) $\lim\limits_{\Delta x\to 0^+}\frac{f(-\Delta x)-f(0)}{\Delta x}$

(2) 函数 $f(x)=\begin{cases}x^2\sin\frac{1}{x}, & x\neq 0,\\ 0, & x=0\end{cases}$ 在 $x=0$ 点（　　）.

(A) 连续且可导.　　　　(B) 不可导.

(C) 不连续.　　　　(D) 连续但不可导.

(3) $y'=\frac{1}{2}\sin x$ 是下列（　　）中函数的导数.

(A) $y=\dfrac{\sin^2 x}{2}$　　(B) $y=\sin\dfrac{x^2}{2}$

(C) $y=\sin^2\dfrac{x}{2}$　　(D) $y=\sin\left(\dfrac{x}{2}\right)^2$

(4) 已知 $f(x)=\sin(ax^2)$，则 $f'(a)=($　　$)$.

(A) $\cos ax^2$.　　(B) $2a^2\cos a^3$.

(C) $a^2\cos ax^2$.　　(D) $a^2\cos a^3$.

(5) 设 $f(x)$ 可微，则 $\mathrm{d}(\mathrm{e}^{f(x)})=($　　$)$.

(A) $f'(x)\mathrm{d}x$.　　(B) $\mathrm{e}^{f(x)}\mathrm{d}x$.

(C) $f'(x)\mathrm{e}^{f(x)}\mathrm{d}x$.　　(D) $f'(x)\mathrm{d}(\mathrm{e}^{f(x)})$.

4. 求下列函数在 $x=0$ 处的左、右导数 $f'_-(0)$ 及 $f'_+(0)$，并说明 $f'(0)$ 是否存在.

(1) $f(x)=\begin{cases}\sin x, & x<0,\\ \ln(1+x), & x\geqslant 0\end{cases}$

(2) $f(x)=\begin{cases}\dfrac{x}{1+\mathrm{e}^{\frac{1}{x}}}, & x\neq 0,\\ 0, & x=0.\end{cases}$

5. 讨论函数 $f(x)=\begin{cases}x\sin\dfrac{1}{x}, & x\neq 0,\\ 0, & x=0\end{cases}$ 在 $x=0$ 处的连续性与可导性.

6. 求下列函数的导数.

(1) $y=\arcsin(\sin x)$；　　(2) $y=(\tan x)^{\sin x}$；

(3) $y=\dfrac{1}{2}\cos^2 x+\ln\cos x$；　　(4) $y=x^{\frac{1}{x}}(x>0)$；

(5) $y=\sqrt[3]{\dfrac{1}{1+x^2}}$；　　(6) $y=\dfrac{\ln x}{\sqrt{x}}$.

7. 求下列函数的微分.

(1) $y=3^{\ln 2x}$；　　(2) $y=\arctan\dfrac{1+x}{1-x}$.

8. 求下列函数的二阶导数.

(1) $y=x^3\ln x$；　　(2) $y=\sqrt{1+x^2}$.

9. 求下列函数的 n 阶导数.

(1) $y=x^2\sin x$；　　(2) $y=\dfrac{1+x}{1-x}$.

10. 求由下列方程所确定的隐函数的导数 $\dfrac{\mathrm{d}y}{\mathrm{d}x}$.

(1) $x^2+y^2-3axy=0$；　　(2) $\mathrm{e}^{xy}+y^2=\cos y$.

11. 求由参数方程 $\begin{cases}x=\ln(1+t^2),\\ y=t-\arctan t\end{cases}$ 所确定的函数的导数 $\dfrac{\mathrm{d}y}{\mathrm{d}x},\dfrac{\mathrm{d}^2y}{\mathrm{d}x^2}$.

12. 求曲线 $\begin{cases}x=2\mathrm{e}^t,\\ y=\mathrm{e}^{-t}\end{cases}$ 在 $t=0$ 相应点处的切线方程及法线方程.

13. 利用函数的微分计算 $\sqrt[3]{1.02}$ 的近似值.

第 4 章 微分中值定理与导数的应用

第 3 章,从分析实际问题中因变量相对于自变量的变化快慢出发,引进了导数与微分的概念,并讨论了导数与微分的计算方法. 本章中我们将阐述导数的几个重要定理并应用这些定理来研究函数的特征和曲线的某些性态. 可以看到,导数在解决许多数学问题如复杂的极限运算、不等式的证明、方程求根及许多应用问题中起到重要作用.

4.1 微分中值定理

微分中值定理在微积分理论中占有重要地位,它反映了函数在某区间上的整体性质与函数在该区间内某一点处的导数之间的关系. 本节将介绍 3 个中值定理,下面先来介绍罗尔(Rolle)定理,然后再由它推出拉格朗日(Lagrange)中值定理和柯西(Cauchy)中值定理.

4.1.1 罗尔定理

观察图 4 - 1,设函数 $y=f(x)(x\in[a,b])$ 的图形为一条连续的曲线弧 $\overset{\frown}{AB}$,除端点外处处具有不垂直于 x 轴的切线,且两个端点的函数值相等,即 $f(a)=f(b)$.

可以看出,在曲线弧的最高点 C 处或最低点 D 处,曲线有水平切线. 设 C 点的横坐标为 ξ,则有 $f'(\xi)=0$. 现将这些几何现象用分析语言描述出来,就可得到下面的罗尔定理. 为了应用方便,先介绍费马(Fermat)引理.

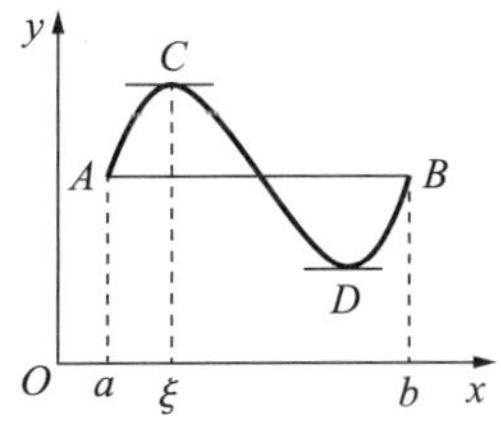

图 4 - 1

费马引理　设函数 $f(x)$ 在 x_0 的某一邻域 $U(x_0)$ 内有定义,并且在 x_0 处可导,如果对于任意的 $x\in U(x_0)$,有

$$f(x)\leqslant f(x_0)\ (\text{或} f(x)\geqslant f(x_0)),$$

则 $f'(x_0)=0$.

证　不妨设 $x\in U(x_0)$,有 $f(x)\leqslant f(x_0)$. 于是,对于 $x_0+\Delta x\in U(x_0)$,有

$$\Delta y=f(x_0+\Delta x)-f(x_0)\leqslant 0,$$

于是有

$$f'_+(x_0)=\lim_{\Delta x\to 0^+}\frac{\Delta y}{\Delta x}\leqslant 0,$$

$$f'_-(x_0)=\lim_{\Delta x\to 0^-}\frac{\Delta y}{\Delta x}\geqslant 0.$$

又因 $f(x)$ 在点 x_0 处可导,故有

$$f'(x_0)=f'_+(x_0)=f'_-(x_0),$$

从而有

$$f'(x_0)=0.$$

类似地可证明$f(x)\geqslant f(x_0)$的情形.

通常称导数等于零的点为函数的**驻点**.

定理 1(罗尔定理) **如果函数 $y=f(x)$ 满足:**

(1)在闭区间$[a,b]$上连续;

(2)在开区间(a,b)内可导;

(3)在区间端点处的函数值相等,即$f(a)=f(b)$.

那么在(a,b)内至少有一点$\xi(a<\xi<b)$,使得

$$f'(\xi)=0.$$

证 由于$y=f(x)$在闭区间$[a,b]$上连续,根据闭区间上连续函数的最大值和最小值定理,$f(x)$在闭区间$[a,b]$上必定取得它的最大值M和最小值m. 这样,只有以下两种可能情形.

(1)$M=m$. 这时$f(x)$在区间$[a,b]$上必然取相同的数值M:$f(x)=M$. 由此,$\forall x\in(a,b)$,有$f'(x)=0$. 因此,任取$\xi\in(a,b)$,有$f'(\xi)=0$.

(2)$M>m$. 因为$f(a)=f(b)$,所以M和m这两个数中至少有一个不等于$f(x)$在区间$[a,b]$的端点处的函数值. 为确定起见,不妨设$M\neq f(a)$(如果设$m\neq f(a)$,证明完全类似). 那么必定在开区间(a,b)内有一点ξ使$f(\xi)=M$. 因此,$\forall x\in[a,b]$,有$f(x)\leqslant f(\xi)$,从而有费马引理可知,$f'(\xi)=0$. 证毕.

注: 罗尔定理中的3个条件必须同时满足,缺少任何一个,结论都有可能不成立. 例如,$y=|x|$在$(-a,a)$内有一个不可导点$x=0$,但在$(-a,a)$内没有使$f'(x)=0$成立的点.

4.1.2 拉格朗日中值定理

罗尔定理中,$f(a)=f(b)$这一条件是相当特殊的,它使罗尔定理的应用受到限制. 如果将$f(a)=f(b)$这个条件取消,而保留其余两个条件,便可得到微分学中十分重要的拉格朗日中值定理.

定理 2(拉格朗日中值定理) **如果函数 $y=f(x)$ 满足:**

(1)在闭区间$[a,b]$上连续;

(2)在开区间(a,b)内可导,

那么在(a,b)内至少有一点$\xi(a<\xi<b)$,使得

$$f(b)-f(a)=f'(\xi)(b-a). \tag{1}$$

拉格朗日中值定理也称为**微分中值定理**. 式(1)称为**拉格朗日中值公式**.

证 将式(1)改写为如下的等价形式

$$\frac{\mathrm{d}}{\mathrm{d}x}\{(b-a)f(x)-[f(b)-f(a)]x\}\big|_{x=\xi}=0,$$

将此式与罗尔定理中的式(1)相比较,可引入辅助函数

$$F(x)=(b-a)f(x)-[f(b)-f(a)]x,$$

则 $F(x)$ 在 $[a,b]$ 上连续，在 (a,b) 内可导，且有

$$F(a)=F(b)=f(a)b-f(b)a.$$

于是，由罗尔定理可知，至少存在一点 $\xi\in(a,b)$，使得

$$F'(\xi)=(b-a)f'(\xi)-[f(b)-f(a)]=0,$$

即

$$f(b)-f(a)=f'(\xi)(b-a)\xi\in(a,b).$$

这个定理的证明使用了"根据待证结论构造辅助函数"的方法. 这对许多证明题都是一种很有效的方法，后面我们还要用到这个方法.

拉格朗日中值定理的几何意义：如果我们把式(1)改写成 $\dfrac{f(b)-f(a)}{b-a}=f'(\xi)$，由图 4－2 可知，$\dfrac{f(b)-f(a)}{b-a}$ 为弦 AB 的斜率，而 $f'(\xi)$ 为曲线在点 C 处的切线的斜率. 由此可见，拉格朗日中值定理的几何意义是：如果连续曲线 $y=f(x)$ 的弧 $\overset{\frown}{AB}$ 上除端点外处处具有不垂直于 x 轴的切线，那么在这段弧上至少存在一点 C，使曲线在 C 点处的切线平行于弦 AB.

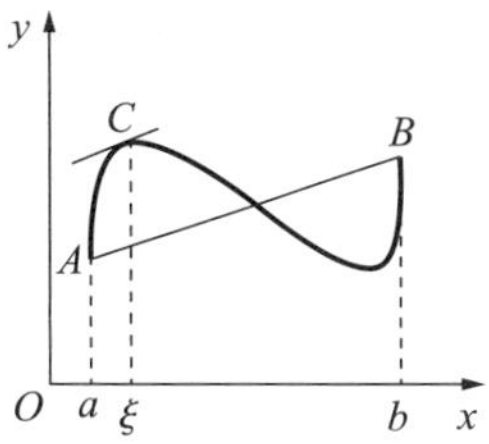

图 4－2

从图 4－2 可以看出，罗尔定理中，条件 $f(a)=f(b)$ 说明弦 AB 平行于 x 轴，因此，点 C 处的切线平行于 x 轴，也就是平行于弦 AB. 由此可知，罗尔定理是拉格朗日中值定理的特殊情形.

拉格朗日中值定理可以改写成另外的形式. 如

$$f'(\xi)=\frac{f(b)-f(a)}{b-a},\xi\text{ 在 }a,b\text{ 之间}. \tag{2}$$

$$f(b)-f(a)=(b-a)f'[a+\theta(b-a)],0<\theta<1. \tag{3}$$

$$f(x+\Delta x)=f(x)+\Delta xf'(x+\theta\Delta x),\ 0<\theta<1. \tag{4}$$

下面我们给出拉格朗日中值定理的一个应用. 我们知道，常数的导数为零，但反过来，导数为零的函数是否一定是常数呢？下面的定理给出了这个问题的答案.

定理 3　如果函数 $f(x)$ 在区间 I 上的导数恒为零，那么 $f(x)$ 在区间 I 上是一个常数.

证　在区间 I 上任取两点 $x_1,x_2(x_1<x_2)$，由式(1)得

$$f(x_2)-f(x_1)=f'(\xi)(x_2-x_1),(x_1<\xi<x_2),$$

又因为 $f'(\xi)=0$，所以有 $f(x_2)-f(x_1)=0$，即

$$f(x_2)=f(x_1),$$

又因为 x_1,x_2 是 I 上任意的两点，故 $f(x)$ 在 I 上任意点处的函数值都相等，即 $f(x)$ 在区间 I 上是一个常数.

例 1　证明当 $x>0$ 时，

$$\frac{x}{1+x}<\ln(1+x)<x.$$

证　设 $f(t)=\ln(1+t)$，显然 $f(t)$ 在区间 $[0,x]$ 上满足拉格朗日中值定理的条件，根据定理，应有

$$f(x)-f(0)=f'(\xi)(x-0),0<\xi<x.$$

由于 $f(0)=0,f'(\xi)=\dfrac{1}{1+\xi}$，因此上式即为

$$\ln(1+x)=\frac{x}{1+\xi}.$$

又由 $0<\xi<x$,有

$$\frac{x}{1+x}<\frac{x}{1+\xi}<x,$$

即
$$\frac{x}{1+x}<\ln(1+x)<x.$$

4.1.3 柯西中值定理

上面已经指出,如果连续曲线弧 $\overset{\frown}{AB}$ 上除端点外处处具有不垂直于横轴的切线,那么这段弧上至少有一点 C,使曲线在点 C 处的切线平行于弦 AB. 设 AB 由参数方程

$$\begin{cases}X=F(x),\\ Y=f(x)\end{cases}\quad(a\leqslant x\leqslant b)$$

表示(图 4-3),其中 x 为参数. 那么曲线上点 (X,Y) 处的切线的斜率为

$$\frac{\mathrm{d}Y}{\mathrm{d}X}=\frac{f'(x)}{F'(x)},$$

弦 AB 的斜率为 $\dfrac{f(b)-f(a)}{F(b)-F(a)}$.

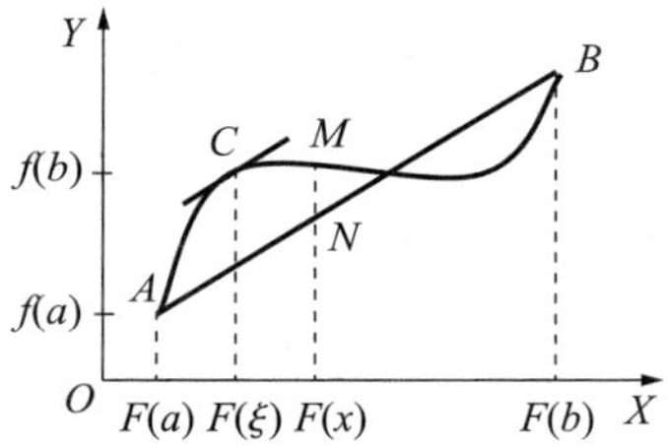

图 4-3

假定点 C 对应于参数 $x=\xi$,那么曲线上点 C 处的切线平行于弦 AB,可表示为

$$\frac{f(b)-f(a)}{F(b)-F(a)}=\frac{f'(\xi)}{F'(\xi)}.$$

与这一事实相应的即是下面的柯西中值定理.

定理 4(柯西中值定理) 如果函数 $f(x)$ 和 $F(x)$ 满足:

(1)在闭区间 $[a,b]$ 上连续;

(2)在开区间 (a,b) 内可导;

(3)对任一 $x\in(a,b)$,$F'(x)\neq0$,

那么在 (a,b) 内至少有一点 $\xi(a<\xi<b)$,使得

$$\frac{f(b)-f(a)}{F(b)-F(a)}=\frac{f'(\xi)}{F'(\xi)}.\tag{5}$$

证 由"根据待证结论构造辅助函数"的方法,可得辅助函数

$$G(x)=f(x)-\frac{f(b)-f(a)}{F(b)-F(a)}F(x).$$

容易验证 $G(x)$ 在 $[a,b]$ 上满足罗尔定理的全部条件,于是至少存在一点 $\xi\in(a,b)$,使得

$$G'(\xi)=f'(\xi)-\frac{f(b)-f(a)}{F(b)-F(a)}F'(\xi)=0,$$

由此得

$$\frac{f(b)-f(a)}{F(b)-F(a)}=\frac{f'(\xi)}{F'(\xi)}.$$

不难看出,拉格朗日中值定理是柯西中值定理的特例.

下面再举两个例子说明上述构造辅助函数证明“微分中值命题”的方法.

例2 设函数$f(x)$在闭区间$[0,1]$上连续,在开区间$(0,1)$内可导,且$f(1)=0$. 试证在开区间$(0,1)$内至少存在一点ξ,使得

$$\xi f'(\xi)+f(\xi)=0.$$

证 将得证结果改写成

$$\xi f'(\xi)+f(\xi)=[xf(x)]'|_{x=\xi}=0,$$

可见,若令$F(x)=xf(x)$,则$F(x)$在$[0,1]$上满足罗尔定理的全部条件. 于是,至少存在一点$\xi\in(0,1)$,使得

$$F'(\xi)=\xi f'(\xi)+f(\xi)=0,\xi\in(0,1),$$

即

$$\xi f'(\xi)+f(\xi)=0,\xi\in(0,1).$$

例3 设函数$f(x)$在$[0,\pi]$上可导. 试证在$(0,\pi)$内至少存在一点ξ,使得$f'(\xi)\sin\xi+f(\xi)\cos\xi=0$.

证 将待证结果改写成

$$f'(\xi)\sin\xi+f(\xi)\cos\xi=[f(x)\sin x]'|_{x=\xi}=0.$$

可见令$F(x)=f(x)\sin x$,则$F(x)$在$[0,\pi]$上满足罗尔定理的全部条件. 于是至少存在一点$\xi\in(0,\pi)$,使得,

$$F'(\xi)=0,$$

即

$$f'(\xi)\sin\xi+f(\xi)\cos\xi=0.$$

习题4.1

1. 验证罗尔定理对函数$f(x)=\ln\sin x$在区间$\left[\frac{\pi}{6},\frac{5\pi}{6}\right]$上的正确性.

2. 试举例说明

(1)若将罗尔定理中函数的连续条件去掉则结论不成立;

(2)若将罗尔定理中函数的可导性条件去掉则结论不成立;

(3)若将罗尔定理中函数在闭区间连续改为在开区间连续、可导,则结论不成立.

3. 已知函数$y=x^4$在区间$[1,2]$上满足拉格朗日中值定理,试求满足定理的ξ.

4. 不用求出函数$f(x)=x(x-1)(x-2)(x-4)$的导数,说明方程$f'(x)=0$有几个实根,并指出它们所在的区间.

5. 证明恒等式:$\arcsin x+\arccos x=\frac{\pi}{2}(-1\leqslant x\leqslant 1)$.

6. 设$b>a>0,n>1$时,证明

$$na^{n-1}(b-a)<b^n-a^n<nb^{n-1}(b-a).$$

7. 若方程$a_0x^n+a_1x^{n-1}+\cdots+a_{n-1}x=0$有一个正根$x=x_0$,证明方程

$a_0nx^{n-1}+a_1(n-1)x^{n-2}+\cdots+a_{n-1}=0$必有一个小于$x_0$的正根.

8. 若函数$f(x)$在$[0,1]$上具有二阶导数,$f(0)=0$,$F(x)=(1-x)^2f(x)$,证明:在$(0,1)$内至少有一点ξ,使得$F''(\xi)=0$.

9. 证明下列不等式:

(1) $|\arctan a-\arctan b|\leqslant|a-b|$;

(2)当 $x>1$ 时,$e^x>ex$.

10. 证明方程 $x^5+ax-1=0$ 只有一个正根,a 为非负实数.

11. 设函数 $f(x)$ 在 $[a,b]$ 上连续,在开区间 (a,b) 可导,证明:存在 $\xi\in(a,b)$ 使得 $f(b)-f(a)=\xi f'(\xi)\ln\frac{b}{a}$.

12. 设函数 $f(x)$ 在 $[0,\frac{\pi}{4}]$ 上连续,在 $(0,\frac{\pi}{4})$ 内可导,且 $f(0)=0$,$f(\frac{\pi}{4})=1$,试证在 $(0,\frac{\pi}{4})$ 内至少存在一点 ξ,使得 $f'(\xi)=\sec^2\xi$.

13. 设 $f(x)$ 在 $(-\infty,+\infty)$ 内满足关系式 $f(0)=1$,$f'(x)=f(x)$,证明:$f(x)=e^x$.

14. 设函数 $f(x)$ 在 $[x_1,x_2]$ 上可微,且 $x_1\cdot x_2>0$,证明

$$\frac{1}{x_1-x_2}\begin{vmatrix}x_1 & x_2\\ f(x_1) & f(x_2)\end{vmatrix}=f(\xi)-\xi f'(\xi)\ (x_1<\xi<x_2).$$

15. 设函数 $f(x)$ 在 $x=0$ 的某邻域内具有阶导数,且 $f(0)=f'(0)=\cdots=f^{(n-1)}(0)=0$,试用柯西中值定理证明:

$$\frac{f(x)}{x^n}=\frac{f^{(n)}(\theta x)}{n!}(0<\theta<1).$$

4.2 洛必达法则

如果当 $x\to a$(或 $x\to\infty$)时,两个函数 $f(x)$ 与 $F(x)$ 都趋于零或都趋于无穷大,那么极限 $\lim\limits_{\substack{x\to a\\(x\to\infty)}}\frac{f(x)}{F(x)}$ 可能存在、也可能不存在. 通常把这种极限称为**未定式**,并分别记作 $\frac{0}{0}$ 或 $\frac{\infty}{\infty}$. 如极限 $\lim\limits_{x\to0}\frac{x-\sin x}{x^3}$, $\lim\limits_{x\to\infty}\frac{x^3-2x+1}{2x^3+5x^2+2}$ 等. 这类极限不能用"商的极限等于极限的商"这一法则,下面我们给出求这类极限的一种简便且重要的方法.

我们着重讨论 $x\to a$ 时未定式 $\frac{0}{0}$ 的情形,给出定理及证明,其他情形由例题说明.

4.2.1 $\frac{0}{0}$ 与 $\frac{\infty}{\infty}$ 型未定式

我们先来看 $x\to a$ 时的未定式 $\frac{0}{0}$ 的情形.

定理 1 设函数 $f(x)$、$F(x)$ 满足:

(1) $\lim\limits_{x\to a}f(x)=0$ 且 $\lim\limits_{x\to a}F(x)=0$;

(2)在点 a 的某去心邻域内,$f'(x)$ 及 $F'(x)$ 都存在,且 $F'(x)\neq0$;

(3) $\lim\limits_{x\to a}\frac{f'(x)}{F'(x)}$ 存在(或为无穷大),那么

$$\lim_{x\to a}\frac{f(x)}{F(x)}=\lim_{x\to a}\frac{f'(x)}{F'(x)}.$$

也就是说，当$\lim\limits_{x\to a}\dfrac{f'(x)}{F'(x)}$存在时，$\lim\limits_{x\to a}\dfrac{f(x)}{F(x)}$也存在且等于$\lim\limits_{x\to a}\dfrac{f'(x)}{F'(x)}$；当$\lim\limits_{x\to a}\dfrac{f'(x)}{F'(x)}$为无穷大时，$\lim\limits_{x\to a}\dfrac{f(x)}{F(x)}$也是无穷大.这种在一定条件下通过分子、分母分别求导再求极限来确定未定式的极限的方法称为**洛必达(L'Hospital)法则.**

证 因为求$\dfrac{f(x)}{F(x)}$当$x\to a$时的极限与$f(a)$及$F(a)$无关，所以可以假定$f(a)=F(a)=0$，于是由条件(1)、(2)知道，$f(x)$及$F(x)$在点a的某一邻域内是连续的.设x是这邻域内的一点，那么在以x及a为端点的区间上，柯西中值定理的条件均满足，因此有

$$\frac{f(x)}{F(x)}=\frac{f(x)-f(a)}{F(x)-F(a)}=\frac{f'(\xi)}{F'(\xi)}\qquad(\xi\text{ 在 }x\text{ 与 }a\text{ 之间}).$$

令$x\to a$，并对上式两端求极限，注意到$x\to a$时$\xi\to a$，再根据条件(3)便得要证明的结论.

注 如果当$x\to a$时，$\dfrac{f'(x)}{F'(x)}$仍属$\dfrac{0}{0}$型，且$f'(x)$及$F'(x)$满足定理中$f(x)$和$F(x)$所要满足的条件，那么可继续对$\dfrac{f'(x)}{F'(x)}$应用洛必达法则，从而确定$\lim\limits_{x\to a}\dfrac{f(x)}{F(x)}$，即

$$\lim_{x\to a}\frac{f(x)}{F(x)}=\lim_{x\to a}\frac{f'(x)}{F'(x)}=\lim_{x\to a}\frac{f''(x)}{F''(x)},$$

且上述方法可依此类推，直至$\lim\limits_{x\to a}\dfrac{f^{(n)}(x)}{F^{(n)}(x)}$不是未定式为止.要特别注意，如果不是未定式，就不能用洛必达法则，否则会导致结果错误.

例1 求$\lim\limits_{x\to a}\dfrac{\sin x-\sin a}{x-a}$.

解 所求极限为$\dfrac{0}{0}$型未定式，由洛必达法则，得

$$\lim_{x\to a}\frac{\sin x-\sin a}{x-a}=\lim_{x\to a}\cos x=\cos a.$$

例2 求$\lim\limits_{x\to 2}\dfrac{x^3-4x^2+4x}{x^3-3x^2+4}$

解 本题为$x\to 2$时的$\dfrac{0}{0}$型未定式，由罗必塔法则

$$\lim_{x\to 2}\frac{x^3-4x^2+4x}{x^3-3x^2+4}=\lim_{x\to 2}\frac{3x^2-8x+4}{3x^2-6x}=\lim_{x\to 2}\frac{6x-8}{6x-6}=\frac{2}{3}.$$

注意，上式中的$\lim\limits_{x\to 2}\dfrac{6x-8}{6x-6}$已不是未定式，不能对它应用罗必塔法则，否则要导致错误结果.以后使用罗必塔法则时应当注意这一点，如果不是未定式，就不能应用罗必塔法则.

例 3 求$\lim\limits_{x\to 0}\dfrac{x-\sin x}{x^3}$.

解 $\lim\limits_{x\to 0}\dfrac{x-\sin x}{x^3}=\lim\limits_{x\to 0}\dfrac{1-\cos x}{3x^2}=\lim\limits_{x\to 0}\dfrac{\sin x}{6x}=\dfrac{1}{6}.$

对于 $x\to\infty$ 时的未定式$\dfrac{0}{0}$,我们有如下定理.

定理 2 **设函数 $f(x)$、$F(x)$ 满足:**

(1) $\lim\limits_{x\to\infty}f(x)=0$ 且 $\lim\limits_{x\to\infty}F(x)=0$;

(2) 当 $|x|>N$ 时,$f'(x)$ 及 $F'(x)$ 都存在,且 $F'(x)\neq 0$;

(3) $\lim\limits_{x\to\infty}\dfrac{f'(x)}{F'(x)}$ 存在(或为无穷大),那么

$$\lim_{x\to\infty}\frac{f(x)}{F(x)}=\lim_{x\to\infty}\frac{f'(x)}{F'(x)}.$$

对于 $x\to a$ 或 $x\to\infty$ 时的未定式$\dfrac{\infty}{\infty}$,也有相应的洛必达法则. 我们通过例子来说明.

例 4 求$\lim\limits_{x\to+\infty}\dfrac{\ln\left(1+\dfrac{1}{x}\right)}{\text{arccot}x}$.

解 $\lim\limits_{x\to+\infty}\dfrac{\ln\left(1+\dfrac{1}{x}\right)}{\text{arccot}x}=\lim\limits_{x\to+\infty}\dfrac{\dfrac{x}{1+x}\cdot\left(-\dfrac{1}{x^2}\right)}{-\dfrac{1}{1+x^2}}=\lim\limits_{x\to+\infty}\dfrac{x^2+1}{x^2+x}=1.$

例 5 求$\lim\limits_{x\to\frac{\pi}{2}}\dfrac{\tan x}{\tan 3x}$.

解 $\lim\limits_{x\to\frac{\pi}{2}}\dfrac{\tan x}{\tan 3x}=\lim\limits_{x\to\frac{\pi}{2}}\dfrac{\sec^2 x}{3\sec^2 3x}=\dfrac{1}{3}\lim\limits_{x\to\frac{\pi}{2}}\dfrac{\cos^2 3x}{\cos^2 x}=\dfrac{1}{3}\lim\limits_{x\to\frac{\pi}{2}}\dfrac{6\cos 3x\sin 3x}{2\cos x\sin x}$

$$=\lim_{x\to\frac{\pi}{2}}\frac{\cos 3x\sin 3x}{\cos x\sin x}=-\lim_{x\to\frac{\pi}{2}}\frac{\cos 3x}{\cos x}=-\lim_{x\to\frac{\pi}{2}}\frac{3\sin 3x}{\sin x}=3.$$

例 6 求$\lim\limits_{x\to+\infty}\dfrac{\ln x}{x^n}(n>0)$.

解 $\lim\limits_{x\to+\infty}\dfrac{\ln x}{x^n}=\lim\limits_{x\to+\infty}\dfrac{\dfrac{1}{x}}{nx^{n-1}}=\lim\limits_{x\to+\infty}\dfrac{1}{nx^n}=0.$

例 7 求$\lim\limits_{x\to+\infty}\dfrac{x^n}{e^{\lambda x}}(n>0,\lambda>0)$.

解 连续使用洛必达法则 n 次,得

$$\lim_{x\to+\infty}\frac{x^n}{e^{\lambda x}}=\lim_{x\to+\infty}\frac{nx^{n-1}}{\lambda e^{\lambda x}}=\lim_{x\to+\infty}\frac{n(n-1)x^{n-2}}{\lambda^2 e^{\lambda x}}=\cdots=\lim_{x\to+\infty}\frac{n!}{\lambda^n e^{\lambda x}}=0.$$

由例 6、例 7 可知,对数函数 $\ln x$、幂函数 $x^n(n>0)$ 与指数函数 $e^{\lambda x}(\lambda>0)$ 均为当$x\to+\infty$ 时的无穷大,但这 3 个函数增大的速度却差异很大,指数函数增大的速度最快,幂函数其次,对数函数相对增大的速度最慢.

4.2.2 其他类型未定式

对函数$f(x)$,$g(x)$在求$x\to x_0$, $x\to\infty$, $x\to\pm\infty$的极限时,除$\frac{0}{0}$型与$\frac{\infty}{\infty}$型未定式之外,还有下列一些其他类型的未定式:

(1)$0\cdot\infty$型:f的极限为0、g的极限为∞或相反,求$f(x)\cdot g(x)$的极限;

(2)$\infty-\infty$型:f, g的极限为∞,求$f(x)-g(x)$的极限;

(3)1^∞型:f的极限为1、g的极限为∞,求$f(x)^{g(x)}$的极限;

(4)0^0型:f,g的极限为0,求$f(x)^{g(x)}$的极限;

(5)∞^0型:f的极限为∞、g的极限为0,求$f(x)^{g(x)}$的极限.

这些类型的极限,也不能机械地使用极限的运算法则来求,其极限的存在与否因式而异.

这些类型的未定式,可按下述方法处理:对(1)(2)两种类型,可利用适当变换将它们化为$\frac{0}{0}$型或$\frac{\infty}{\infty}$型未定式,再用罗必塔法则求极限;对(3)(4)(5)三种类型未定式,则直接用$\lim f(x)^{g(x)}=\lim e^{g(x)\ln f(x)}=e^{\lim g(x)\ln f(x)}$化为$0\cdot\infty$型.

下面我们通过具体例子来说明.

例8 求$\lim\limits_{x\to 0}x\cot 2x$.

解 这是$0\cdot\infty$型未定式,由于$x\cot 2x=\frac{x\cos 2x}{\sin 2x}$,所以当$x\to 0$时,$0\cdot\infty$型未定式化成了$\frac{0}{0}$型未定式,应用洛必达法则,得

$$\begin{aligned}\lim_{x\to 0}x\cot 2x&=\lim_{x\to 0}\frac{x\cos 2x}{\sin 2x}=\lim_{x\to 0}\cos 2x\cdot\lim_{x\to 0}\frac{x}{\sin 2x}\\&=\lim_{x\to 0}\frac{x}{\sin 2x}=\lim_{x\to 0}\frac{1}{2\cos 2x}=\frac{1}{2}.\end{aligned}$$

例9 求$\lim\limits_{x\to+\infty}x(\frac{\pi}{2}-\arctan x)$.

解 本题为$x\to+\infty$时的$0\cdot\infty$型未定式,所以

$$\begin{aligned}\lim_{x\to+\infty}x(\frac{\pi}{2}-\arctan x)&=\lim_{x\to+\infty}\frac{\frac{\pi}{2}-\arctan x}{\frac{1}{x}}\\&=\lim_{n\to+\infty}\frac{-\frac{1}{1+x^2}}{-\frac{1}{x^2}}=\lim_{n\to+\infty}\frac{x^2}{1+x^2}=1.\end{aligned}$$

例10 求$\lim\limits_{x\to 0}\left(\frac{1}{x}-\frac{1}{e^x-1}\right)$.

解 这是未定式$\infty-\infty$. 因为

$$\frac{1}{x}-\frac{1}{e^x-1}=\frac{e^x-1-x}{x(e^x-1)},$$

当 $x\to0$ 时，上式右端是未定式$\frac{0}{0}$，应用罗必塔法则，得

$$\lim_{x\to0}\left(\frac{1}{x}-\frac{1}{e^x-1}\right)=\lim_{x\to0}\frac{e^x-1-x}{x(e^x-1)}=\lim_{x\to0}\frac{e^x-1}{e^x-1+xe^x}$$

$$=\lim_{x\to0}\frac{e^x}{e^x+xe^x+e^x}=\frac{1}{2}.$$

例 11 求$\lim\limits_{x\to0}\left[x^2\ln\left(1+\frac{2}{x}\right)-2x\right]$.

解 这是未定式$\infty-\infty$.

$$\lim_{x\to0}\left[x^2\ln\left(1+\frac{2}{x}\right)-2x\right]=\lim_{t\to\infty}\left[\frac{1}{t^2}\ln(1+2t)-\frac{2}{t}\right]$$

$$=\lim_{t\to\infty}\frac{\ln(1+2t)-2t}{t^2}=\lim_{t\to\infty}\frac{\frac{2}{1+2t}-2}{2t}$$

$$=\lim_{t\to\infty}\frac{-4t}{2t(1+2t)}=-2.$$

例 12 求$\lim\limits_{x\to0^+}x^{\sin x}$.

解 这是0^0 型未定式，将其化为$0\cdot\infty$型，再将其化为$\frac{\infty}{\infty}$型未定式.

$$\lim_{x\to0^+}x^{\sin x}=e^{\lim\limits_{x\to0^+}\sin x\ln x}=e^{\lim\limits_{x\to0^+}\frac{\ln x}{\csc x}}=e^{\lim\limits_{x\to0^+}\frac{\frac{1}{x}}{-\csc x\cot x}}$$

$$=e^{\lim\limits_{x\to0^+}\frac{\sin x\tan x}{-x}}=e^0=1.$$

洛必达法则虽然是求未定式的一种有效方法，但最好能与其他求极限的方法结合使用. 能化简时尽可能先化简，能应用等价无穷小替换的极限，应尽可能应用，从而可以简化运算.

例 13 讨论函数

$$f(x)=\begin{cases}\left[\dfrac{(1+x)^{\frac{1}{x}}}{e}\right]^{\frac{1}{x}}, & x>0,\\ e^{-\frac{1}{2}}, & x\leqslant0.\end{cases}$$

在 $x=0$ 处的连续性.

解 因为 $$\lim_{x\to0^-}f(x)=\lim_{x\to0^-}e^{-\frac{1}{2}}=e^{-\frac{1}{2}}=f(0),$$

所以$f(x)$在 $x=0$ 处左连续.

当 $x>0$ 时

$$f(x)=\left[1+\frac{(1+x)^{\frac{1}{x}}}{e}-1\right]^{\frac{1}{x}}=\left[1+\frac{(1+x)^{\frac{1}{x}}-e}{e}\right]^{\frac{e}{(1+x)^{\frac{1}{x}}-e}\cdot\frac{(1+x)^{\frac{1}{x}}-e}{xe}}$$

故 $$\lim_{x\to0^+}f(x)=e^{\lim\limits_{x\to0^+}\frac{(1+x)^{\frac{1}{x}}-e}{xe}}=e^{\lim\limits_{x\to0^+}\frac{e^{\frac{1}{x}\ln(1+x)}-e}{xe}}$$

$$=e^{\lim\limits_{x\to0^+}\frac{e^{\frac{1}{x}\ln(1+x)-1}-1}{x}}=e^{\lim\limits_{x\to0^+}\frac{\frac{1}{x}\ln(1+x)-1}{x}}=e^{\lim\limits_{x\to0^+}\frac{\ln(1+x)-x}{x^2}}$$

$$= e^{\lim\limits_{x\to 0^+}\frac{\frac{1}{1+x}-1}{2x}} = e^{\lim\limits_{x\to 0^+}\frac{-1}{2(1+x)}}$$

$$= e^{-\frac{1}{2}} = f(0).$$

即 $f(x)$ 在 $x=0$ 处右连续.

所以函数 $f(x)$ 在 $x=0$ 处是连续的.

例 14 求 $\lim\limits_{x\to 0}\dfrac{x-\sin x}{x\tan^2 x}$.

解 如果直接应用洛必达法则,那么分母的导数较复杂,我们知道当 $x\to 0$ 时,$\tan x\sim x$,所以有

$$\lim_{x\to 0}\frac{x-\sin x}{x\tan^2 x}=\lim_{x\to 0}\frac{x-\sin x}{x^3}=\lim_{x\to 0}\frac{1-\cos x}{3x^2}=\lim_{x\to 0}\frac{\sin x}{6x}=\frac{1}{6}.$$

最后,特别注意,在使用罗必塔法则时,应注意如下几点:

(1)每次使用罗必塔法则时,必须检验极限是否属于 $\dfrac{0}{0}$ 型或 $\dfrac{\infty}{\infty}$ 型未定式,如果不是这种未定式就不能使用该法则;

(2)如果有可约因子,或有非零极限的乘积因子,则可先约去或提出,然后再利用罗必塔法则,以简化演算步骤;

(3)当 $\lim\dfrac{f'(x)}{g'(x)}$ 不存在时,并不能断定 $\lim\dfrac{f(x)}{g(x)}$ 不存在,此时应使用其他方法求极限.

例 15 验证极限 $\lim\limits_{x\to\infty}\dfrac{x+\sin x}{x}$ 存在,但不能用洛必达法则得出.

解 $\lim\limits_{x\to\infty}\dfrac{x+\sin x}{x}=\lim\limits_{x\to\infty}\left(1+\dfrac{\sin x}{x}\right)=1+\lim\dfrac{\sin x}{x}=1+0=1.$

如果用洛必达法则 $\lim\limits_{x\to\infty}\dfrac{x+\sin x}{x}=\lim\limits_{x\to\infty}(1+\cos x)$,而 $\lim\limits_{x\to\infty}(1+\cos x)$ 极限不存在.

所以,$\lim\limits_{x\to\infty}\dfrac{x+\sin x}{x}$ 存在,但不能用洛必达法则得出.

习题 4.2

1. 用洛必达法则求下列极限.

(1) $\lim\limits_{x\to 0}\dfrac{\sin ax}{\sin bx}(b\neq 0)$;

(2) $\lim\limits_{x\to 0}\dfrac{e^x-e^{-x}}{\sin x}$;

(3) $\lim\limits_{x\to 0}\dfrac{\tan x-x}{x-\sin x}$;

(4) $\lim\limits_{x\to +\infty}\dfrac{\frac{\pi}{2}-\arctan x}{\frac{1}{x}}$;

(5) $\lim\limits_{x\to 0}\dfrac{x-\arctan x}{x-\arcsin x}$;

(6) $\lim\limits_{x\to 0}\dfrac{\cos(\sin x)-1}{3x\sin x}$;

(7) $\lim\limits_{x\to \pi}\dfrac{\sin 3x}{\tan 5x}$;

(8) $\lim\limits_{x\to 0^+}\dfrac{\ln\tan 5x}{\ln\tan 3x}$;

(9) $\lim\limits_{x\to 0^+}x^n\ln x(n>0)$;

(10) $\lim\limits_{x\to 0}x^2 e^{\frac{1}{x^2}}$;

(11) $\lim\limits_{x\to 0}(1+\sin x)^{\frac{1}{x}}$;　　(12) $\lim\limits_{x\to 1}\left(\dfrac{x}{x-1}-\dfrac{1}{\ln x}\right)$;

(13) $\lim\limits_{x\to 0^+}x^x$;　　(14) $\lim\limits_{x\to 0^+}\left(\dfrac{1}{x}\right)^{\tan x}$;

(15) $\lim\limits_{x\to 0^+}\left(\dfrac{\sin x}{x}\right)^{\frac{1}{x^2}}$;　　(16) $\lim\limits_{x\to 0}\left(\cot^2 x-\dfrac{1}{x^2}\right)$;

(17) $\lim\limits_{x\to 1}\dfrac{x+x^2+\cdots+x^n-n}{x-1}$;　　(18) $\lim\limits_{x\to 0}(\cos 2x+2x\sin x)^{\frac{1}{x^4}}$.

2. 验证极限$\lim\limits_{x\to 0}\dfrac{x^2\sin\dfrac{1}{x}}{\sin x}$存在,但不能用洛必达法则得出.

3. 试用中值定理计算 $\lim\limits_{n\to +\infty}n^2\left(\arctan\dfrac{1}{n}-\arctan\dfrac{1}{n+1}\right)$.

4. 设函数$f(x)$具有二阶导数,试证:$\lim\limits_{h\to 0}\dfrac{f(x+2h)-2f(x+h)+f(x)}{h^2}=f''(x)$.

5. 试确定常数 a 和 b,使 $f(x)=x-(a+b\cos x)\sin x$ 为当 $x\to 0$ 时关于 x 的 5 阶无穷小.

4.3　函数的单调性

函数单调性的定义已在第一章给出. 一般地说,直接按定义判别函数的单调性并不容易. 本节将介绍一种利用导数判别函数单调性的简便而又有效的方法.

如果函数 $y=f(x)$ 在 $[a,b]$ 上单调增加(单调减少),那么它的图形是一条沿 x 轴正向上升(下降)的曲线,如图 4－4 所示. 这时,曲线上各点处的切线斜率是非负的(是非正的),即 $y'=f'(x)\geqslant 0$($y'=f'(x)\leqslant 0$). 由此可见,函数的单调性与导数的符号有着密切的联系.

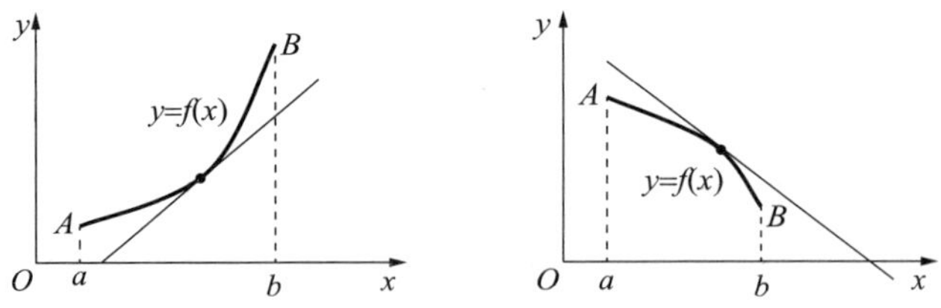

图 4－4

反过来,能否用导数的符号来判定函数的单调性呢?

定理 1　设函数 $y=f(x)$ 在 $[a,b]$ 上连续,在 (a,b) 内可导,

(1) 如果在 (a,b) 内 $f'(x)>0$,那么函数 $y=f(x)$ 在 $[a,b]$ 上单调增加;

(2) 如果在 (a,b) 内 $f'(x)<0$,那么函数 $y=f(x)$ 在 $[a,b]$ 上单调减少.

证　在 $[a,b]$ 上任取两点 $x_1,x_2(x_1<x_2)$,由拉格朗日中值定理可得

$$f(x_2)-f(x_1)=f'(\xi)(x_2-x_1)\ (x_1<\xi<x_2),$$

由于 $x_2-x_1>0$,因此,如果在 (a,b) 内 $f'(x)>0$,则 $f'(\xi)>0$,所以有

$$f(x_2)-f(x_1)=f'(\xi)(x_2-x_1)>0\text{，即}f(x_2)>f(x_1)\text{，}$$

从而，函数 $y=f(x)$ 在 $[a,b]$ 上单调增加.

同理，如果在 (a,b) 内 $f'(x)<0$，则 $f'(\xi)<0$，所以有

$$f(x_2)-f(x_1)<0\text{，即}f(x_1)>f(x_2)\text{，}$$

从而，函数 $y=f(x)$ 在 $[a,b]$ 上单调减少.

注： 如果将定理1中的闭区间换成其他各种区间(包括无穷区间)，结论仍成立.

例1 讨论函数 $y=e^x-x+1$ 的单调性.

解 所给函数的定义域为 $(-\infty,+\infty)$，$y'=e^x-1$. 因为当 $x\in(-\infty,0)$ 时，$y'<0$，所以函数 $y=e^x-x+1$ 在 $(-\infty,0]$ 上单调减少；当 $x\in(0+\infty)$ 时，$y'>0$，所以函数 $y=e^x-x+1$ 在 $[0,+\infty)$ 上单调增加.

例2 讨论函数 $y=\sqrt[3]{x^2}$ 的单调性.

解 所给函数的定义域为 $(-\infty,+\infty)$，当 $x\neq0$ 时，$y'=\dfrac{2}{3\sqrt[3]{x}}$，当 $x=0$ 时，所给函数的导数不存在. 因为当 $x\in(-\infty,0)$ 时，$y'<0$，所以函数 $y=\sqrt[3]{x^2}$ 在 $(-\infty,0]$ 上单调减少；当 $x\in(0,+\infty)$ 时，$y'>0$，所以函数 $y=\sqrt[3]{x^2}$ 在 $[0,+\infty)$ 上单调增加. 函数图形如图4-5所示.

由以上两例可见，$x=0$ 是 $y=e^x-x+1$ 和 $y=\sqrt[3]{x^2}$ 的单调减少区间 $(-\infty,0]$ 与单调增加区间 $[0,+\infty)$ 的分界点，但前一函数在 $x=0$ 处 $y'=0$，而后者在 $x=0$ 处的导数不存在.

一般地，若函数 $f(x)$ 在定义区间上连续，除去有限个导数不存在的点外导数存在且连续，则只要用方程 $f'(x)=0$ 的根及 $f'(x)$ 不存在的点来划分函数 $f(x)$ 的定义区间，就能保证 $f'(x)$ 在各个部分区间内保持固定符号，从而函数 $f(x)$ 在每个部分区间上都是单调的.

例3 确定函数 $y=2x^3-9x^2+12x-3$ 的单调区间.

解 所给函数的定义域为 $(-\infty,+\infty)$，由

$$y'=6x^2-18x+12=6(x-1)(x-2)=0$$

得 $x_1=1$，$x_2=2$. 这两个根将 $(-\infty,+\infty)$ 分成三个部分区间 $(-\infty,1]$、$[1,2]$、$[2,+\infty)$.

当 $x\in(-\infty,1)$ 时，$x-1<0$，$x-2<0$，$y'>0$，所以函数在 $(-\infty,1]$ 上单调增加.

当 $x\in(1,2)$ 时，$x-1>0$，$x-2<0$，$y'<0$，所以函数在 $[1,2]$ 上单调减少.

当 $x\in(2,+\infty)$ 时，$x-1>0$，$x-2>0$，$y'>0$，所以函数在 $[2,+\infty)$ 上单调增加.

函数 $y=2x^3-9x^2+12x-3$ 的图形如图4-6所示.

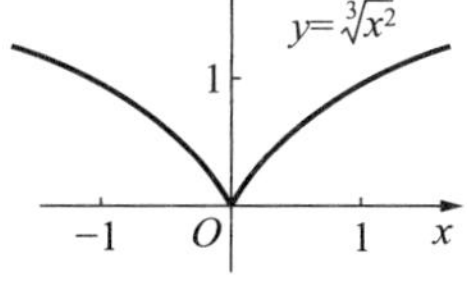

图4-5

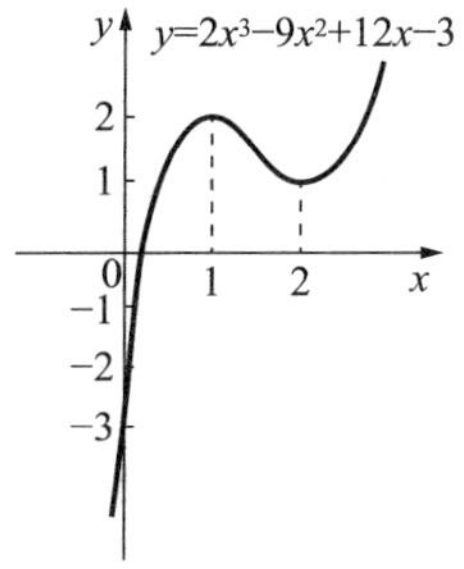

图4-6

例 4 讨论函数 $y=x-\sin x$ 在 $[-\pi,\pi]$ 上的单调性.

解 $y'=1-\cos x$.

当 $x=0$ 时，$y'=0$. 但除该点以外均有 $y'>0$，且函数在 $[-\pi,\pi]$ 上连续，所以函数在 $[-\pi,\pi]$ 上单调增加. 实际上函数在 $(-\infty,\infty)$ 上单调增加.

函数的单调性常用于不等式的证明.

例 5 试证：当 $x>0$ 时，恒有

$$\ln(1+x)>x-\frac{1}{2}x^2.$$

证 只需证明当 $x>0$ 时，有

$$f(x)=\ln(1+x)-(x-\frac{1}{2}x^2)>0.$$

由
$$f'(x)=\frac{1}{1+x}-1+x=\frac{x^2}{1+x}>0,\quad x>0,$$

可知，$x>0$ 时，$f(x)$ 单调增加，又因 $f(0)=0$，故 $x>0$ 时，$f(x)>0$，即

当 $x>0$ 时，
$$\ln(1+x)>x-\frac{1}{2}x^2.$$

例 6 证明当 $0<x<\frac{\pi}{2}$ 时，$\sin x+\tan x>2x$.

证 令 $f(x)=\sin x+\tan x-2x$，则

$$f(0)=0,f'(x)=\cos x+\sec^2x-2$$
$$\geqslant\cos^2x+\frac{1}{\cos^2x}-2=(\cos x-\frac{1}{\cos x})^2>0(0<x<\frac{\pi}{2}).$$

所以 $f(x)$ 在 $0<x<\frac{\pi}{2}$ 上单调增加，从而，$f(x)>f(0)$. 即 $\sin x+\tan x>2x$.

习题 4.3

1. 判定函数 $f(x)=\arctan x-x$ 的单调性.

2. 判定函数 $f(x)=\ln(x+\sqrt{1+x^2})$ 的单调性.

3. 确定下列函数的单调区间：

(1) $y=x^3-3x^2-24x+5$；
(2) $y=x+\frac{1}{x}(x>0)$；

(3) $y=(x-1)x^{\frac{2}{3}}$；
(4) $y=(x-1)(x+1)^3$；

(5) $y=2x^2-\ln x$；
(6) $y=x+|\sin 2x|$；

(7) $y=\sqrt[3]{(2x-a)(a-x)^2}(a>0)$；
(8) $y=x^ne^{-x}(n>0,x\geqslant0)$.

4. 证明下列不等式：

(1) $1+\frac{1}{2}x>\sqrt{1+x}\ (x>0)$；
(2) $2^x>x^2(x>4)$；

(3) $x-\frac{1}{6}x^3<\sin x<x\ (x>0)$；
(4) $\tan x>x+\frac{1}{3}x^3(0<x<\frac{\pi}{2})$；

(5) $x\ln\frac{1+x}{1-x}+\cos x\geqslant1+\frac{1}{2}x^2(-1<x<1)$；

(6) 当 $x \geqslant 0$ 时，$(1+x)\ln(1+x) \geqslant \arctan x$;

(7) $b\sin b + 2\cos b + \pi b > a\sin a + 2\cos a + \pi a (0 < a < b < \pi)$.

5. 证明方程 $\sin x = x$ 有且仅有一个实根.

6. 函数的导函数为单调函数，问此函数是否也是单调函数？单调函数的导函数是否必为单调函数？试举例说明之.

7. 设 $f(x)$ 在 $[0, +\infty]$ 上连续可导，且 $f(0)=1$，$|f'(x)|<f(x)$，$f(0)=1$，$|f'(x)|<f(x)$，证明：$f(x)<e^x$，$(x>0)$(提示，作 $F(x)=1-e^{-x}f(x)$，利用单调性).

8. 设 $0<a<b$，证明 $\dfrac{2a}{a^2+b^2}<\dfrac{\ln b-\ln a}{b-a}<\dfrac{1}{\sqrt{ab}}$.

4.4 曲线的凹凸性与拐点

函数的单调性反映在图形上就是曲线的上升或下降，但上升或下降过程中还要考虑曲线的弯曲方向，如图 4-7 所示，两条弧都是上升的，但 $\widehat{ACB}$ 是向上凸的曲线弧，而 $\widehat{ADB}$ 是向上凹的，即两者凹凸性不同. 因此有必要研究曲线的凹凸性及其判别法.

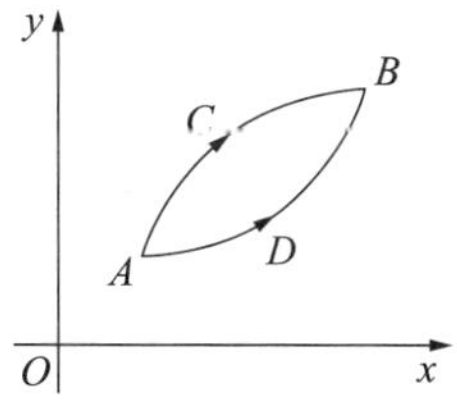

图 4-7

下面来讨论曲线的凹凸性及其判定方法.

由图 4-8 可以看到，如果任取两点，有的曲线弧连接这两点间的弦总位于这两点间的弧段的上方(图 4-8(a))，而有的曲线弧，则正好相反(图 4-8(b)). 曲线的这种性质就是曲线的凹凸性. 因此曲线的凹凸性可以用连接曲线弧上任意两点的弦的中点与曲线弧上的相应点(即具有相同横坐标的点)的位置关系来描述. 下面给出曲线凹凸性的定义.

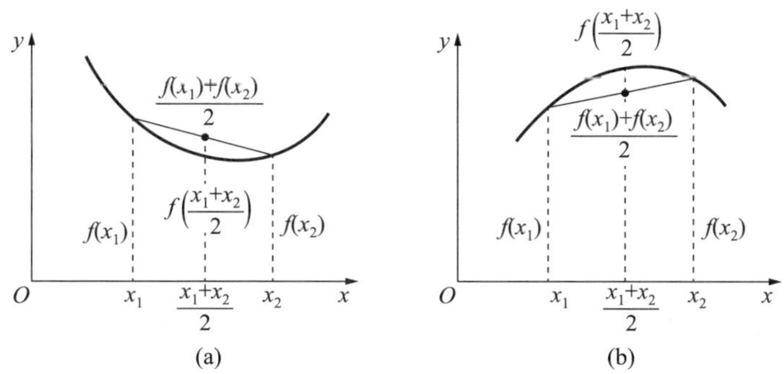

图 4-8

定义 设 $f(x)$ 在区间 I 上连续，如果对 I 上任意两点 x_1, x_2 恒有

$$f\left(\frac{x_1+x_2}{2}\right) < \frac{f(x_1)+f(x_2)}{2},$$

则称 $f(x)$ 在 I 上的图形是(向上)凹的(或凹弧)，如图 **4-8(a)** 所示；如果恒有

$$f\left(\frac{x_1+x_2}{2}\right) > \frac{f(x_1)+f(x_2)}{2},$$

则称$f(x)$在I上的图形是(向上)凸的(或凸弧),如图4-8(b)所示.

如果函数$f(x)$在区间I内具有二阶导数,则可利用二阶导数的符号来判定曲线的凹凸性.

如图4-9(a)所示,过上凸曲线上任一点做曲线的切线,切线都在曲线的上方.

如图4-9(b)所示,过下凸曲线上任一点做曲线的切线,切线都在曲线的下方.

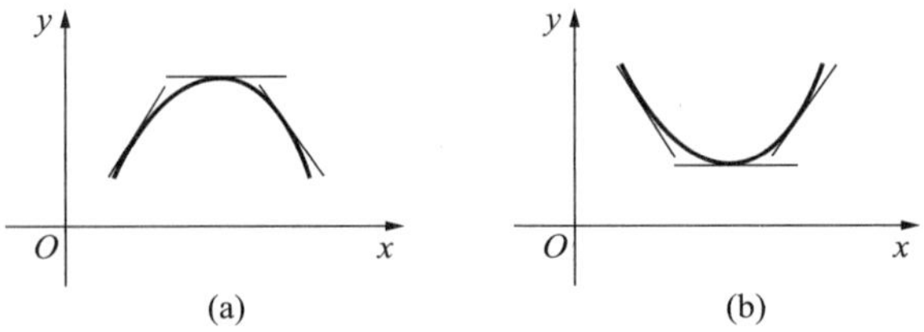

图4-9

观察图中一阶导数的变化,得出借助函数的二阶导数判断曲线凹凸性的方法.

定理1 **设$f(x)$在$[a,b]$上连续,在(a,b)内具有一阶和二阶导数,则有**

(1)若在(a,b)内$f''(x)>0$,则$f(x)$在$[a,b]$上的图形是凹的;

(2)若在(a,b)内$f''(x)<0$,则$f(x)$在$[a,b]$上的图形是凸的.

证 在情形(1),设x_1和x_2为$[a,b]$内任意两点,且$x_1<x_2$,记$\frac{x_1+x_2}{2}=x_0$,$h=\frac{x_2-x_1}{2}>0$,则$x_1<x_0<x_2$,由拉格朗日中值公式,得

$$f(x_2)-f(x_0)=f'(\xi_1)h \quad (x_0<\xi_1<x_2),$$

$$f(x_0)-f(x_1)=f'(\xi_2)h \quad (x_1<\xi_2<x_0),$$

由于在(a,b)内$f''(x)>0$,所以$f'(x)$单调递增,从而由$x_1<\xi_2<x_0<\xi_1<x_2$,得$f'(\xi_2)<f'(\xi_1)$

即

$$f(x_2)-f(x_0)>f(x_0)-f(x_1),$$

亦即

$$\frac{f(x_2)+f(x_1)}{2}>f(x_0)=f\left(\frac{x_1+x_2}{2}\right),$$

所以$f(x)$在$[a,b]$上的图形是凹的.

类似地可证明情形(2).

注:定理中为闭区间$[a,b]$,如果不是闭区间,定理同样适用.

例1 求曲线$y=2x^3+3x^2+12x+14$的凸区间和凹区间.

解 $y'=6x^2+6x+12$,$y''=12x+6=6(2x+1)$.

令$y''=0$,得$x_0=-\frac{1}{2}$. 以x_0为分点,将函数的定义域$(-\infty,+\infty)$分为$(-\infty,-\frac{1}{2})$和$(-\frac{1}{2},+\infty)$两个子区间,在$(-\infty,-\frac{1}{2})$内y''为负,曲线凸的. 在$(-\frac{1}{2},+\infty)$内y''为正,曲线凹的. 即曲线的凸区间为$(-\infty,-\frac{1}{2})$,凹区间为$(-\frac{1}{2},+\infty)$.

例2 判定曲线$y=x^3$的凹凸性.

解 因为 $y'=3x^2, y''=6x$，所以当 $x<0$ 时，$y''<0$，曲线在 $(-\infty,0]$ 内为凸弧；当 $x>0$ 时，$y''>0$，曲线在 $[0,+\infty)$ 内为凹弧，如图4-10所示.

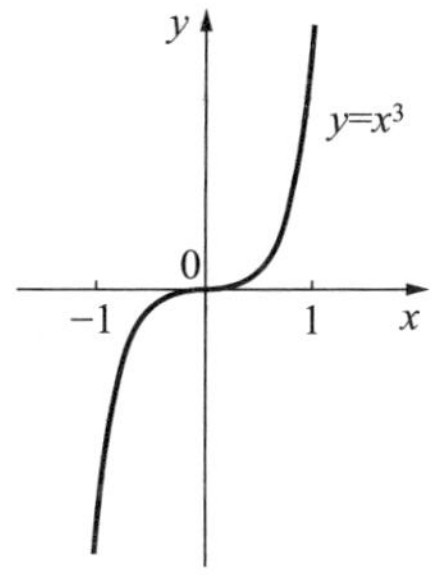

图4-10

一般地，设 $y=f(x)$ 在区间 I 上连续，x_0 是 I 除端点外的内点，如果曲线 $y=f(x)$ 的凹凸性在点 $(x_0,f(x_0))$ 处发生改变，则称点 $(x_0,f(x_0))$ 为曲线的**拐点**.

如何来寻找曲线 $y=f(x)$ 的拐点呢?

由定理1可知，可根据二阶导数 $f''(x)$ 的符号来判定曲线的凹凸性. 因此，若 $f''(x_0)$ 在点 x_0 的左、右两侧邻近异号，则点 $(x_0, f(x_0))$ 就是曲线的一个拐点，所以，要寻找拐点，只要找出 $f''(x)$ 符号发生变化的分界点即可. 若 $f(x)$ 在区间 (a,b) 内具有二阶连续导数，则在这样的分界点处必有 $f''(x)=0$. 此外，$f''(x)$ 不存在的点，也可能是 $f''(x)$ 符号发生变化的分界点.

综上所述，判定区间 I 上的曲线 $y=f(x)$ 的拐点及凹凸性的一般步骤如下：

(1) 求 $f''(x)$；

(2) 令 $f''(x)=0$，解出此方程在区间 I 内的实根，并求出区间 I 内 $f''(x)$ 不存在的点，用这些点将区间 I 分为有限个部分区间；

(3) 对(2)中求出的每一个实根或二阶导数不存在的点 x_0，检查 $f''(x)$ 在 x_0 左、右两侧邻近的符号，则当两侧符号相反时，点 $(x_0,f(x_0))$ 是拐点，当两侧符号相同时，点 $(x_0, f(x_0))$ 不是拐点；

(4) 根据定理1判定各个部分区间上曲线的凹凸性.

例3 求曲线 $y=x^3-5x^2+3x+5$ 的拐点及凹凸区间.

解 所给函数的定义域为 $(-\infty,+\infty)$. $y'=3x^2-10x+3, y''=6x-10$，由 $y''=0$，得 $x=\dfrac{5}{3}$. 当 $x<\dfrac{5}{3}$ 时，$y''<0$；当 $x>\dfrac{5}{3}$ 时，$y''>0$.

又因为当 $x=\dfrac{5}{3}$ 时，$y=\dfrac{20}{27}$，所以，点 $\left(\dfrac{5}{3},\dfrac{20}{27}\right)$ 是所给曲线的拐点. 从而在区间 $\left(-\infty,\dfrac{5}{3}\right]$ 上曲线是凸的，在区间 $\left[\dfrac{5}{3},+\infty\right)$ 上曲线是凹的.

例4 求曲线 $y=(x+1)^4+e^x$ 的拐点及凹凸区间.

解 $y'=4(x+1)^3+e^x, y''=12(x+1)^2+e^x$，所以，在 $(-\infty,+\infty)$ 内，$y''>0$，从而曲线在 $(-\infty,+\infty)$ 内为凹的，没有拐点.

例5 求曲线 $y=f(x)=\dfrac{3}{5}x^{\frac{5}{3}}-\dfrac{3}{2}x^{\frac{2}{3}}+1$ 的凹凸区间及拐点.

解
$$y'=x^{\frac{2}{3}}-x^{-\frac{1}{3}}, y''=\frac{2}{3}x^{-\frac{1}{3}}+\frac{1}{3}x^{-\frac{4}{3}}=\frac{1}{3}(2x+1)x^{-\frac{4}{3}}.$$

令 $y''=0$，得 $x_1=-\dfrac{1}{2}$；在点 $x_2=0$ 处，二阶导数 y'' 不存在. 以 $x_1=-\dfrac{1}{2}$ 和 $x_2=0$ 为分点，划分函数的定义域 $(-\infty,+\infty)$ 为三个子区间，在 $(-\infty,-\dfrac{1}{2})$ 内 $y''<0$，在 $(-\dfrac{1}{2},0)$ 内 $y''>0$，在 $(0,+\infty)$ 内 $y''>0$，所以曲线的凸区间为 $(-\infty,-\dfrac{1}{2})$，凹区间为 $(-\dfrac{1}{2},0)$ 和

$(0,+\infty)$；拐点为$\left(-\frac{1}{2},f\left(-\frac{1}{2}\right)\right)$.

习题 4.4

1. 判定曲线 $y=x\ln x$ 的凹凸性.

2. 求下列函数图形的拐点及凹凸区间.

(1) $y=x^3-6x^2+x-1$； (2) $y=x+\frac{1}{x}(x>0)$；

(3) $y=\ln(x^2+1)$； (4) $y=x^4(12\ln x-7)$；

(5) $y=e^{\arctan x}$； (6) $y=xe^{-x}$.

3. 问 a 及 b 为何值时，点(1,3)为曲线 $y=ax^3+bx^2$ 的拐点？这时曲线的凹凸区间是什么？

4. 求曲线 $x=2a\cot\theta, y=2a\sin^2\theta$ 的拐点.

5. 试证明曲线 $y=\frac{x-1}{x^2+1}$有三个拐点位于同一直线上.

6. 试决定 $y=k(x^2-3)^2$ 中 k 的值，使曲线的拐点处的法线通过原点.

7. 利用函数的凹凸性，证明下列不等式：

(1) $\frac{e^x+e^y}{2}>e^{\frac{x+y}{2}}(x\neq y)$；

(2) $x\ln x+y\ln y>(x+y)\ln\frac{x+y}{2}(x>0,y>0,x\neq y)$.

8. 设 $y=f(x)$ 在 $x=x_0$ 的某邻域内具有三阶连续导数，如果 $f''(x_0)=0$，而 $f'''(x_0)\neq0$，试问$(x_0,f(x_0))$是否为拐点？为什么？

9. 试决定曲线 $y=ax^3+bx^2+cx+d$ 中的 a,b,c,d，使得 $x=-2$ 处有水平切线. (1, -10)为拐点，且点(-2,44)在曲线上.

4.5 函数的极值与最大值、最小值

4.5.1 函数的极值及其求法

从4.3节例3可见，点 $x=1$ 与 $x=2$ 是函数 $f(x)=2x^3-9x^2+12x-3$ 的单调区间的分界点. 即函数 $f(x)$ 在点 $x=1$ 的左侧邻近单调增加，在点 $x=1$ 的右侧邻近单调减少，故存在点 $x=1$ 的一个去心邻域 $\mathring{U}(1)$，对于任何 $x\in\mathring{U}(1)$，$f(x)<f(1)$ 均成立；类似地，对于点 $x=2$，存在 $\mathring{U}(2)$，对于任何 $x\in\mathring{U}(2)$，$f(x)>f(2)$ 均成立(见图 4-6). 具有此性质的点有着重要的实际意义，为此我们引入以下定义.

定义 设函数 $f(x)$ 在点 x_0 的某邻域 $U(x_0)$ 内有定义，如果对于去心邻域 $\mathring{U}(x_0)$ 内的任一 x，有

$$f(x)<f(x_0)\ (\text{或} f(x)>f(x_0)),$$

则称 $f(x_0)$ 是函数 $f(x)$ 的一个极大值(或极小值).

函数的极大值与极小值统称为函数的极值,使函数取得极值的点称为极值点.

例如,4.3 节例 3 中的函数 $f(x)=2x^3-9x^2+12x-3$ 有极大值 $f(1)=2$ 和极小值 $f(2)=1$,点 $x=1$ 与 $x=2$ 是函数 $f(x)$ 的极值点.

函数的极值概念是局部性的. 如果 $f(x_0)$ 是 $f(x)$ 的一个极大值(或极小值),则只是在 x_0 附近的一个局部范围内,$f(x_0)$ 是 $f(x)$ 的一个极大值(或极小值),在 $f(x)$ 的整个定义域上不一定是最大值(或最小值),且极大值不一定比极小值大.

如图 4-11 所示,函数 $f(x)$ 有两个极大值:$f(x_2)$、$f(x_5)$,3 个极小值:$f(x_1)$、$f(x_4)$ 和 $f(x_6)$,其中极大值 $f(x_2)$ 比极小值 $f(x_6)$ 还小. 在整个区间 $[a,b]$ 上,只有一个极小值 $f(x_1)$ 同时也是最小值,而没有一个极大值是最大值.

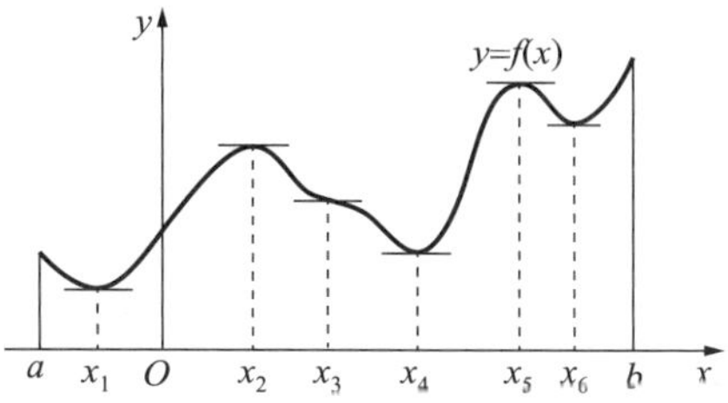

图 4-11

由图 4-11 可见,在函数取得极值处,曲线的切线是水平的. 但曲线上有水平切线的地方,函数不一定取得极值. 如图中 $x=x_3$ 处,曲线上有水平切线,但 $f(x_3)$ 不是极值.

由本章第一节费马引理可知,如果函数 $f(x)$ 在 x_0 处可导,且在 x_0 处取得极值,那么 $f'(x_0)=0$. 这就是可导函数取得极值的必要条件。现将此结果叙述成如下定理.

定理 1(极值的必要条件)　设函数 $f(x)$ 在 I 内是连续的,x_0 不是 I 的端点. 若函数在 x_0 处取得极值,则 x_0 或者是函数的不可导点,或者 $f'(x_0)=0$.

定理 1 说明,函数的极值点必是它的驻点或导数不存在的点. 因此,函数极值点应在其驻点和导数不存在的点中去寻找. 但是,驻点和导数不存在的点不一定都是极值点. 如 $y=x^3$ 在 $x=0$ 为驻点,但 $x=0$ 不是极值点. 因此,如何判定一个函数的驻点和导数不存在的点是否为极值点,就是一个需要进一步解决的问题,即需要建立判定极值点的充分条件.

如何判定函数在驻点或不可导点处能否取得极值? 若能的话,是取极大值还是取极小值? 下面根据极值的定义与函数单调性的判定,给出判定极值的充分条件.

定理 2(第一充分条件)　设函数 $f(x)$ 在 x_0 处连续,且在 x_0 的某去心邻域 $\mathring{U}(x_0,\delta)$ 内可导.

(1)若 $x\in(x_0-\delta,x_0)$ 时,$f'(x)>0$,而 $x\in(x_0,x_0+\delta)$ 时,$f'(x)<0$,则 $f(x)$ 在 x_0 处取得极大值.

(2)若 $x\in(x_0-\delta,x_0)$ 时,$f'(x)<0$,而 $x\in(x_0,x_0+\delta)$ 时,$f'(x)>0$,则 $f(x)$ 在 x_0 处取得极小值.

(3)若 $x\in\mathring{U}(x_0,\delta)$ 时,$f'(x)$ 的符号保持不变,则 $f(x)$ 在 x_0 处没有极值.

证　对情形(1),由函数单调性的判定法,$f(x)$ 在 x_0 左侧单调增加,而在 x_0 右侧单调减少,又 $f(x)$ 在 x_0 处连续,所以,当 $x\in\mathring{U}(x_0,\delta)$ 时,总有 $f(x)<f(x_0)$. 因此,$f(x_0)$ 是 $f(x)$ 的一个极大值,如图 4-12(a)所示.

同理可证情形(2)[见图 4-12(b)]和情形(3)[见图 4-12(c)、图 4-12(d)].

由定理 1 和定理 2 可得,对于除个别点外处处可导的连续函数 $f(x)$ 来说,求函数在所讨论区间内的极值点和相应极值的一般步骤如下.

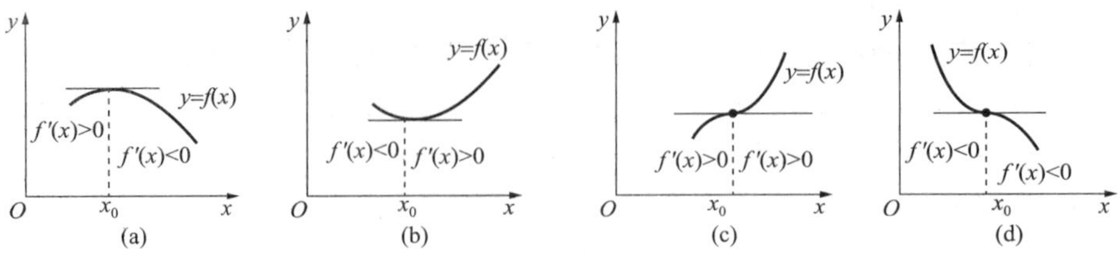

图 4-12

(1)求出导数$f'(x)$.

(2)求出$f(x)$的所有驻点和导数不存在的点.

(3)列表判定$f'(x)$在每个驻点或不可导点左、右邻近的符号变化情况，并确定该点是否为极值点；若是极值点，进一步确定是极大值点还是极小值点.

(4)求出各极值点的函数值，即为函数$f(x)$的全部极值.

例 1　求函数$f(x)=x\sqrt[3]{(x-1)^2}$的极值.

解　(1)函数在$(-\infty,+\infty)$内连续，除$x=1$外处处可导，且$f'(x)=\dfrac{5x-3}{3\sqrt[3]{x-1}}$.

(2)令$f'(x)=0$，得驻点$x=\dfrac{3}{5}$，$x=1$为$f(x)$的不可导点.

(3)列表

x	$\left(-\infty,\frac{3}{5}\right)$	$\frac{3}{5}$	$\left(\frac{3}{5},1\right)$	1	$(1,+\infty)$
y'	+	0	−	不存在	+
y	↑	极大值	↓	极小值	↑

(4)极大值为$f\left(\dfrac{3}{5}\right)=\dfrac{3\sqrt[3]{4}}{5\sqrt[3]{25}}$，极小值为$f(1)=0$.

例 2　求函数$f(x)=x^{\frac{2}{3}}-(x^2-1)^{\frac{1}{3}}$的极值.

解　(1)函数在$(-\infty,+\infty)$连续，

$$f'(x)=\frac{2}{3}x^{-\frac{1}{3}}-\frac{1}{3}(x^2-1)^{-\frac{2}{3}}\cdot 2x=\frac{2}{3}\cdot\frac{(x^2-1)^{\frac{2}{3}}-x^{\frac{4}{3}}}{x^{\frac{1}{3}}(x^2-1)^{\frac{2}{3}}};$$

(2) 令$f'(x)=0$，得驻点$x_1=-\dfrac{\sqrt{2}}{2}$，$x_2=\dfrac{\sqrt{2}}{2}$，不可导点为$x_3=-1$，$x_4=0$，$x_5=1$；

(3)列表

x	$(-\infty,-1)$	-1	$\left(-1,-\frac{\sqrt{2}}{2}\right)$	$-\frac{\sqrt{2}}{2}$	$\left(-\frac{\sqrt{2}}{2},0\right)$	0	$\left(0,\frac{\sqrt{2}}{2}\right)$	$\frac{\sqrt{2}}{2}$	$\left(\frac{\sqrt{2}}{2},1\right)$	1	$(1,+\infty)$
y'	+	不	+	0	−	不	+	0	−	不	−
y	↑	无极值	↑	极大值	↓	极小值	↑	极大值	↓	无极值	↓

(4) 极大值 $y(\pm\frac{\sqrt{2}}{2})=\sqrt[3]{4}$，极小值 $y(0)=1$.

当函数 $f(x)$ 在其驻点处有不等于零的二阶导数时，有更为简便的判别极值的充分条件.

定理 3（第二充分条件）　设 x_0 是函数 $f(x)$ 的驻点，且有二阶导数 $f''(x_0)\neq0$，则

(1) 当 $f''(x_0)>0$ 时，x_0 是 $f(x)$ 的极小值点；

(2) 当 $f''(x_0)<0$ 时，x_0 是 $f(x)$ 的极大值点.

证　在情形(1)，由于 $f''(x_0)>0$，按二阶导数的定义有

$$f''(x_0)=\lim_{x\to x_0}\frac{f'(x)-f'(x_0)}{x-x_0}>0.$$

根据函数极限的局部保号性，当 x 在 x_0 的足够小的去心邻域内时，

$$\frac{f'(x)-f'(x_0)}{x-x_0}>0.$$

但 $f'(x_0)=0$，所以上式即

$$\frac{f'(x)}{x-x_0}>0.$$

从而知道，对于这去心邻域内的 x 来说，$f'(x)$ 与 $x-x_0$ 符号相同. 因此，当 $x-x_0<0$ 即 $x<x_0$ 时，$f'(x)<0$；当 $x-x_0>0$ 即 $x>x_0$ 时，$f'(x)>0$. 于是根据定理 2 知道，$f(x)$ 在点 x_0 处取得极小值.

类似地可以证明情形(2).

由定理 3 可知，若函数 $f(x)$ 在驻点 x_0 处的二阶导数 $f''(x_0)\neq0$，则该驻点 x_0 一定是极值点，且可由二阶导数 $f''(x)$ 的符号来判定 $f(x_0)$ 是极大值还是极小值. 但当 $f'(x_0)=0$，$f''(x_0)=0$ 时，定理 3 失效，此时 $f(x)$ 在 x_0 处可能有极大值，也可能有极小值，也可能没有极值，所以要用第一充分条件来判定. 例如，函数 $y_1=-x^4$，$y_2=x^4$，$y_3=x^3$ 在 $x=0$ 处分别属于上述三种情况.

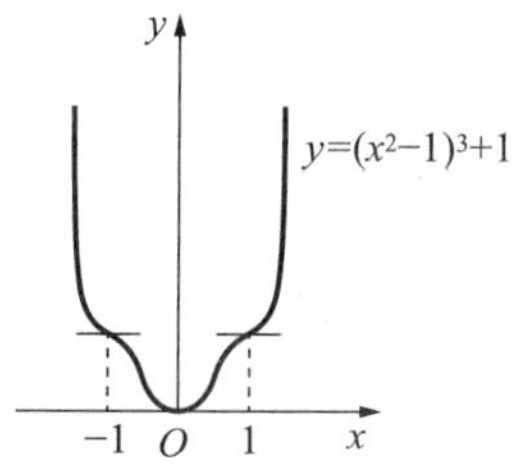

图 4－13

例 3　求函数 $f(x)=(x^2-1)^3+1$ 的极值.

解　令 $f'(x)=6x(x^2-1)^2=0$，得驻点 $x_1=-1$，$x_2=0$，$x_3=1$.

$f''(x)=6(x^2-1)(5x^2-1)$. 因为 $f''(0)=6>0$，所以 $f(x)$ 在 $x_2=0$ 处取得极小值，极小值为 $f(0)=0$. 因为 $f''(-1)=f''(1)=0$，故不能用定理 3 判定.

由 $f'(x)=6x(x^2-1)^2$ 知，当 $x\in(-\infty,-1)$ 时，$f'(x)<0$；当 $x\in(-1,0)$ 时，$f'(x)<0$，故 $f'(x)$ 在 $x_1=-1$ 两侧邻近不变号，所以 $f(x)$ 在 $x_1=-1$ 处没有极值. 同理，$f(x)$ 在 $x_3=1$ 处也没有极值，如图 4－13 所示.

例 4　证明方程 $4\arctan x-x+\frac{4\pi}{3}-\sqrt{3}=0$ 恰有两个实根.

解　令 $f(x)=4\arctan x-x+\frac{4\pi}{3}-\sqrt{3}$　的定义域为 $(-\infty,+\infty)$ 则

$$f(-\infty)=+\infty，f(+\infty)=-\infty，\quad f'(x)=\frac{4}{1+x^2}-1=\frac{3-x^2}{1+x^2}.$$

令 $f'(x)=0$　得　$x=\pm\sqrt{3}$.

x	$(-\infty,-\sqrt{3})$	$-\sqrt{3}$	$(-\sqrt{3},\sqrt{3})$	$\sqrt{3}$	$(\sqrt{3},+\infty)$
y'	$-$	0	$+$	不存在	$-$
y	↓	极小值	↑	极大值	↓

极小值为$f(-\sqrt{3})=-\frac{4\pi}{3}+\sqrt{3}+\frac{4\pi}{3}-\sqrt{3}=0.$

极大值为$f(\sqrt{3})=\frac{4\pi}{3}-\sqrt{3}+\frac{4\pi}{3}-\sqrt{3}=\frac{8\pi-6\sqrt{3}}{3}>0.$

所以$f(x)=4\arctan x-x+\frac{4\pi}{3}-\sqrt{3}=0$有两个根，一个为$-\sqrt{3}$，一个根在$(\sqrt{3},+\infty)$之内.

4.5.2 函数的最大值、最小值

在工程技术、科学实验等实际应用过程中，往往会遇到在一定条件下，怎样使"用料最省、成本最低、利润最大、效率最高、受力最小"等问题，此类问题在数学上可归结为求某一函数(通常称为**目标函数**)的最大值、最小值问题.

假定函数$f(x)$在闭区间$[a,b]$上连续，在开区间(a,b)内除有限个点外可导，且至多有有限个驻点，则$f(x)$在$[a,b]$上一定存在最大值和最小值. 但极值是局部的最值，而最大值(或最小值)是整体上的最值. 因此，函数的最大值(或最小值)既可能在区间内部取得，也可能在区间端点处取得. 如果函数$f(x)$的最大值(或最小值)在(a,b)内的点x_0处取得，则$f(x_0)$一定也是$f(x)$的极大值(或极小值)，也即x_0一定是$f(x)$的驻点或不可导点.

由此可得，求$f(x)$在$[a,b]$上的最大值和最小值的步骤如下.

(1)求出$f(x)$在(a,b)内所有可能的极值点，即所有驻点及不可导点.

(2)计算各驻点和不可导点的函数值以及$f(a),f(b)$.

(3)比较(2)中各函数值的大小，其中最大的即为$f(x)$在$[a,b]$上的最大值，最小的即为$f(x)$在$[a,b]$上的最小值.

例5 求函数$f(x)=x^4-8x^2+2$在$[-1,3]$上的最大值与最小值.

解 令$f'(x)=4x^3-16x=4x(x^2-4)=4x(x+2)(x-2)=0$，得$f(x)$的驻点为$x_1=-2,x_2=0,x_3=2$.

因为$f(-1)=-5,f(0)=2,f(2)=-14,f(3)=11$，比较可得$f(x)$的最大值为$f(3)=11$，最小值为$f(2)=-14$.

例6 铁路线上AB段的距离为100km. 工厂C距A处为20km，AC垂直于AB，如图4－14所示. 为了运输需要，要在AB线上选定一点D向工厂修筑一条公路. 已知铁路与公路上每千米货物的运费之比为3:5. 为使货物从供应站B运到工厂C的运费最省，问D点应选在何处？

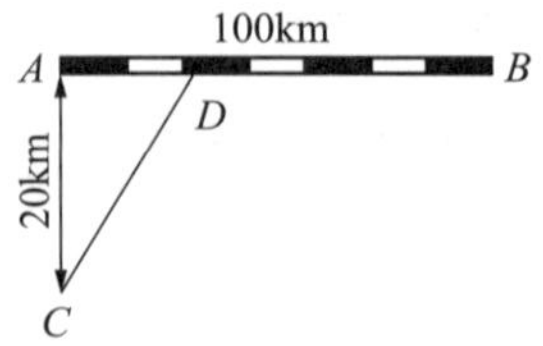

图4－14

解 设$AD=x$，则$DB=100-x$，

$$CD=\sqrt{20^2+x^2}=\sqrt{400+x^2}.$$

设铁路上每千米的运费为$3a$,公路上每千米的运费为$5a$(a为正常数,不必求出).设从B点到C点的总运费为y,则$y=3a\cdot DB+5a\cdot CD$,即

$$y=3a\cdot(100-x)+5a\cdot\sqrt{400+x^2}\,(0\leqslant x\leqslant 100).$$

因此,问题可归结为:x在$[0,100]$内取何值时,目标函数y的值最小.

由$y'=a\left(\dfrac{5x}{\sqrt{400+x^2}}-3\right)$,解方程$y'=0$,得$x=15\text{km}$.又因$y|_{x=0}=400a$,$y|_{x=15}=380a$,$y|_{x=100}=500a\sqrt{1+\dfrac{1}{25}}$,所以,当$x=15\text{km}$时,$y$的值最小,即$AD$为15km时,运费最省.

注:若函数$f(x)$在一个区间(有限或无限,开或闭)内可导且只有一个驻点x_0,并且该驻点是$f(x)$的极值点,则当$f(x_0)$是极大值(或极小值)时,$f(x_0)$就是最大值(或最小值).在实际问题中经常会遇到这种情况.

例 7 某商品的需求量Q是价格P的函数$Q(P)=75-P^2$,问P为何值时,总收益最大?

解 总收益$R=PQ(P)=75P-P^3$,$P\in(0,+\infty)$.

令$R'(P)=75-3P^2=0$,得$P=5$,由实际问题可知,R必有最大值,且落在区间$(0,+\infty)$内部,故必为极值,而函数没有不可导点,因而最大值点必为驻点.注意到$R(P)$在$(0,+\infty)$有唯一驻点$P=5$,因此,$P=5$必为最大值点.价格$P=5$时,总收益最大.

例 8 一房地产公司有50套公寓房要出租,当租金定为800元/(套·月)时,公寓可全部租出;当租金提高50元/(套·月),租不出的公寓就增加一套;已租出的公寓整修维护费用为50元/(套·月).问租金定价多少时可获得最大月收入?

解 设租金为x[元/(套·月)],据设$x\geqslant 800$.此时未租出公寓为$\dfrac{x-800}{50}$(套),租出公寓为

$$50-\frac{x-800}{50}=66-\frac{x}{50}\ (\text{套}),$$

从而月收入

$$R(x)=(x-50)\left(66-\frac{x}{50}\right)=67x-3300-\frac{x^2}{50},\quad R'(x)=67-\frac{x}{25}.$$

令$R'(x)=0$,得唯一解$x=1675$元/(套·月).

由本题实际意义,适当的租金价位必定能使月收入达到最大,而函数$R(x)$仅有唯一驻点,因此这个驻点必定是最大值点.所以租金定为1675元/(套·月)时,可获得最大月收入.

例 9 设有质量为5kg的物体,置于水平面上,受力F的作用而开始移动,如图4-15所示.设摩擦系数$\mu=0.25$,问力F与水平线的交角α为多少时,才可使力F的大小最小?

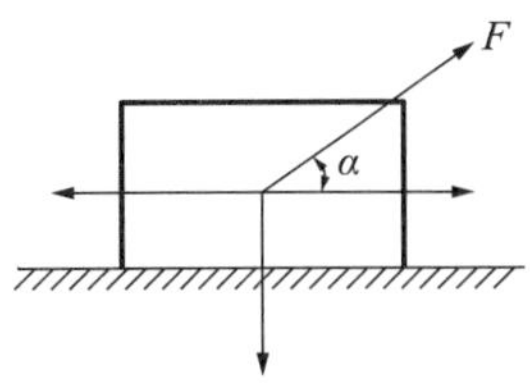

图 4-15

解 对物体进行受力分析.

在竖直方向上:$N+F\sin\alpha=mg$.

在水平方向上:$f=\mu N=F\cos\alpha$.

所以 $F\cos\alpha=\mu(mg-F\sin\alpha)$，即

$$F=\frac{\mu mg}{\cos\alpha+\mu\sin\alpha}\left(0\leqslant\alpha\leqslant\frac{\pi}{2}\right).$$

由于 $F'(\alpha)=\dfrac{\mu mg(\sin\alpha-\mu\cos\alpha)}{(\cos\alpha+\mu\sin\alpha)^2}$，令 $F'(\alpha)=0$，得

$$\alpha=\arctan\mu=\arctan 0.25,$$

又因为 $F(\alpha)$ 的最小值一定存在，且在 $\left(0,\dfrac{\pi}{2}\right)$ 内取得，且 $F'(\alpha)=0$ 在 $\left(0,\dfrac{\pi}{2}\right)$ 内只有一个根 $\alpha=\arctan 0.25\approx 14^\circ 2'$，故当 $\alpha=14^\circ 2'$ 时，F 的值最小.

例 10 要制造一个容积为 V(单位：立方米)的圆柱形密闭容器. 问容器的高和底圆半径各为多少，用料最省？

解 依题意，用料最省就是要求表面积最小. 设该容器的高为 h，底圆半径为 r，则表面积为

$$S=2\pi r^2+2\pi rh,$$

由于容积 $V=\pi r^2 h$，于是 $h=\dfrac{V}{\pi r^2}$，代入上式得

$$S=S(r)=2\pi r^2+2\pi r\cdot\frac{V}{\pi r^2}=2\pi r^2+\frac{2V}{r},$$

由 $S'=4\pi r-\dfrac{2V}{r^2}=0$ 得唯一的驻点：

$$r_0=\left(\frac{V}{2\pi}\right)^{\frac{1}{3}}.$$

又由 $S''=4\pi+\dfrac{4V}{r^3}>0$ 可知，r_0 为 $S(r)$ 的极小值点，于是，r_0 也是 $S(r)$ 取最小值的点. 此时，容器的高为：

$$h_0=\frac{V}{\pi r_0^2}=2r_0\left(\text{因为 }\pi r_0^3=\frac{V}{2}\right).$$

这说明，当圆柱形容器的高与底圆直径相等时，用料最省.

通常还可通过求最大值最小值来证明不等式. 如果函数 $f(x)$ 的最大值 $M\leqslant A$，则一定 $f(x)\leqslant A$；如果函数 $f(x)$ 的最小值 $M\geqslant B$，则一定 $f(x)\geqslant B$.

例 11 证明 $x\in(0,1)$ 时，(1) $(1+x)\ln^2(1+x)<x^2$；(2) $\dfrac{1}{\ln 2}-1<\dfrac{1}{\ln(1+x)}-\dfrac{1}{x}<\dfrac{1}{2}$

证 (1)令 $F(x)=x^2-(1+x)\ln^2(1+x)$，$F(0)=0$，

则

$$F'(x)=2x-\ln^2(1+x)-2\ln(1+x),\ F'(0)=0,$$

$$F''(x)=2-2\frac{\ln(1+x)}{1+x}-\frac{2}{1+x}=2\frac{x-\ln(1+x)}{1+x}>0,$$

所以 $F'(x)$ 单调递增，即有 $F'(x)>F'(0)=0$，

亦即 $F(x)$ 单调递增，即有 $F(x)>F(0)=0$，

即 $(1+x)\ln^2(1+x)<x^2$.

(2)令 $f(x)=\dfrac{1}{\ln(1+x)}-\dfrac{1}{x}$，则

$$f'(x)=-\frac{1}{(1+x)\ln^2(1+x)}+\frac{1}{x^2}=\frac{(1+x)\ln^2(1+x)-x^2}{x^2(1+x)\ln^2(1+x)}<0,$$

所以 $f(x)=\frac{1}{\ln(1+x)}-\frac{1}{x}$在$(0,1)$上单调递减，

即有　当$x\in(0,1)$

$$f(1)<f(x)=\frac{1}{\ln(1+x)}-\frac{1}{x}<f(0+0),$$

即

$$\frac{1}{\ln 2}-1<f(x)=\frac{1}{\ln(1+x)}-\frac{1}{x}<\lim_{x\to0^+}\frac{x-\ln(1+x)}{x^2}=\lim_{x\to0^+}\frac{1-\frac{1}{1+x}}{2x}=\frac{1}{2}.$$

即有

$$\frac{1}{\ln 2}-1<\frac{1}{\ln(1+x)}-\frac{1}{x}<\frac{1}{2}.$$

例12　试证当$|x|\leqslant 2$时，$|3x-x^3|\leqslant 2$.

证　令$f(x)=3x-x^3,x\in[-2,2]$，

由　$f'(x)=3-3x^2=0$ 得在区间$(-2,2)$内有驻点$x_1=-1,x_2=1,f(-1)=-2,f(1)=2$,端点处函数值$f(-2)=2,f(2)=-2$.

比较知$f(x)$在闭区间$[-2,2]$上的最小值为-2,最大值为2. 即当$x\in[-2,2]$时，

$$-2\leqslant 3x-x^3\leqslant 2,$$

所以当$|x|\leqslant 2$时，$|3x-x^3|\leqslant 2$.

习题4.5

1. 求下列函数的极值.

(1) $y=2x^3-6x^2-18x+7$;

(2) $y=x+\sqrt{1-x}$;

(3) $y=x+\tan x$;

(4) $y=x-\ln(1+x)$;

(5) $y=x^2e^{-x}$;

(6) $y=\frac{x}{1+x^2}$;

(7) $y=x-(x-2)^{\frac{2}{3}}$;

(8) $y=x^{\frac{1}{x}}$;

(9) $y=e^x\cos x$;

(10) $y=\frac{1+3x}{\sqrt{4+5x^2}}$.

2. 试证明：如果函数$f(x)=ax^3+bx^2+cx+d$满足条件$b^2-3ac<0$,那么这个函数没有极值.

3. a为何值时函数$f(x)=a\sin x+\frac{1}{3}\sin 3x$在$x=\frac{\pi}{3}$处有极值？是怎样的极值？并求此极值.

4. 求下列函数的最大值、最小值.

(1) $y=2x^3-6x^2-18x+7,0\leqslant x\leqslant 4$;

(2) $y=x^{\frac{1}{x}},x\in(0,+\infty)$;

(3) $y=x+\sqrt{1-x},-5\leqslant x\leqslant 1$;

(4) $y=e^{|x-3|}, x\in[-5,5]$.

5. 要造一圆柱形油罐,体积为 V,问底面半径 r 和高 h 各等于多少时,才能使表面积最小? 此时底面直径与高的比是多少?

6. 求证在底边及周长为一定的三角形中以等腰三角形的面积为最大.

7. 求证在周长为一定的三角形中以等腰边角形的面积为最大.

8. 加工一密闭容器,下部为圆柱形,上部为半球形,容积 V 一定,问圆柱底面半径 r 为多少时用料最省? 此时圆柱的高 h 为多少?

9. 设某厂生产某产品的固定成本为 60 000(元),可变成本为 $20Q$(元),Q 为产量. 假设产销平衡,价格函数为 $P=60-\frac{Q}{1000}$(元). 问:Q 为多少时该厂能获最大利润,其利润是多少?

10. 一个容积为 V 的圆柱形容器,已知其两个端面的材料价格为每单位面积 a,侧面材料价格为每单位面积 b. 问底面直径与高的比例为多少时,造价最省?

11. 半径为 R 的圆形铁皮,剪去一圆心角为 α 的扇形(如图 4-16)后,做成一个漏斗形容器,问 α 为何值时,容器的容积最大?

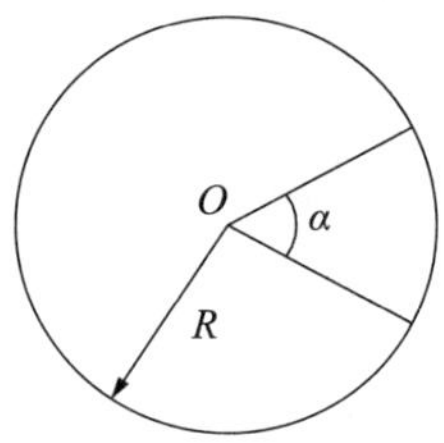

图 4-16

12. 方程 $\ln x=ax(a>0)$ 有几个实根?

13. 求数列$\sqrt[n]{n}$的最大项.

4.6 函数图形的描绘

根据前面的讨论可知,由一阶导数的符号可以确定函数的单调性以及极值点,由二阶导数的符号可以确定曲线的凹凸性以及拐点. 知道了函数图形的升降、凹凸以及极值点和拐点,就可掌握函数的性态,从而可较准确地描绘出函数图形.

4.6.1 渐近线

为了把握曲线在无穷区间上的变化趋势,更好地描绘函数图形,我们先来介绍曲线的渐近线的概念.

定义 如果曲线 $y=f(x)$ 上的一动点沿着曲线移向无穷远时,该点与某条定直线 L 的距离趋于零,则称定直线 L 为曲线 $y=f(x)$ 的一条渐近线.

渐近线分为水平渐近线、铅直渐近线和斜渐近线.

1. 水平渐近线

如果函数 $y=f(x)$ 的定义域是无穷区间,且 $\lim\limits_{x\to\infty}f(x)=C$($C$ 为常数),那么称直线 $y=C$ 为曲线 $y=f(x)$ 的**水平渐近线**.

2. 铅直渐近线

如果函数 $y=f(x)$ 在点 x_0 不连续,且 $\lim\limits_{x\to x_0}f(x)=\infty$,那么称直线 $x=x_0$ 为曲线 $y=f(x)$ 的**铅直渐近线**.

3. 斜渐近线

如果
$$\lim_{x\to+\infty}[f(x)-(ax+b)]=0 \text{ 或 } \lim_{x\to-\infty}[f(x)-(ax+b)]=0, \quad (1)$$
其中 a 和 b 为常数,且 $a\neq0$,则直线 $y=ax+b$ 为曲线 $y=f(x)$ 的**斜渐近线**. 如图 4-17 所示.

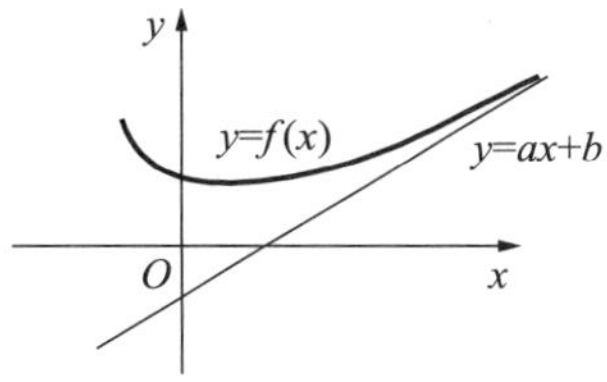

图 4-17

当(1)式成立时有
$$\lim_{x\to\pm\infty} x\left[\frac{f(x)}{x}-a-\frac{b}{x}\right]=0,$$
因为 x 为无穷大量,所以有
$$\lim_{x\to\pm\infty}\left[\frac{f(x)}{x}-a\right]=0.$$

即 $a=\lim\limits_{x\to\pm\infty}\frac{f(x)}{x}$. 求出 a 后再由 $b=\lim\limits_{x\to\pm\infty}[f(x)-ax]$求出 b.

例 1 求曲线 $y=\frac{x^2}{2x-1}$的渐近线.

解 由于
$$\lim_{x\to\frac{1}{2}}\frac{x^2}{2x-1}=\infty,$$
可见该曲线有铅直渐近线 $x=\frac{1}{2}$,而无水平渐近线. 又由于
$$\lim_{x\to\infty}\frac{f(x)}{x}=\lim_{x\to\infty}\frac{x^2}{x(2x-1)}=\frac{1}{2}=a,$$
$$\lim_{x\to\infty}\left[f(x)-\frac{1}{2}x\right]=\lim_{x\to\infty}\frac{x}{2(2x-1)}=\frac{1}{4}=b.$$
故该曲线有斜渐近线
$$y=\frac{1}{2}x+\frac{1}{4}.$$

4.6.2 函数作图

随着科学技术的发展,可以借助许多软件描绘出各种函数的图形,但还需要我们会运用微分学的知识,对机器作图过程中误差的识别、图上关键点的选取、作图的范围等做出界定. 下面我们给出利用导数描绘函数图形的一般步骤.

(1)确定函数 $y=f(x)$的定义域,讨论函数具有的某些特性,如奇偶性、周期性、有界性等,进一步求出函数的一阶导数$f'(x)$和二阶导数$f''(x)$;

(2)求出$f'(x)=0$ 和$f''(x)=0$ 在函数定义域内的全部实根,并求出 $f(x)$的间断点及$f'(x)$和$f''(x)$不存在的点,用这些点把函数的定义域分成几个部分区间;

(3)列表讨论$f'(x)$和$f''(x)$在这些部分区间内的符号,由此确定函数图形的升降、凹凸以及极值点和拐点;

(4)确定函数图形的水平渐近线、铅直渐近线及其他变化趋势;

(5)计算$f'(x)$和$f''(x)$的零点及不存在的点处的函数值,定出图形中相应的点;为了更准确地描绘图形,有时还需补充一些特殊点;

(6)结合(3)、(4)中得到的结果，用光滑的曲线连接这些点画出函数$f(x)$的图形.

例 2　画出函数 $y=f(x)=3x-x^3$ 的图形.

解　(1)函数的定义域为$(-\infty,+\infty)$，且为奇函数，$f'(x)=3-3x^2$，$f''(x)=-6x$.

(2)令$f'(x)=0$，得 $x=\pm1$；令$f''(x)=0$，得 $x=0$. 将 $x=-1$，$x=0$，$x=1$ 由小到大排列，依次把定义域$(-\infty,+\infty)$分为4个部分区间：$(-\infty,-1]$，$[-1,0]$，$[0,1]$，$[1,+\infty)$.

(3)各部分区间内$f'(x)$，$f''(x)$的符号、相应曲线弧的升降及凹凸、极值点和拐点等见下表：

x	$(-\infty,-1)$	-1	$(-1,0)$	0	$(0,1)$	1	$(1,+\infty)$
$f'(x)$	−	0	+	+	+	0	−
$f''(x)$	+	+	+	0	−	−	−
$y=f(x)$的图形		极小		拐点		极大	

其中：表示曲线弧是下降且凹的，表示曲线弧是上升且凹的，表示曲线弧是上升且凸的，表示曲线是下降且凸的.

(4)因为当 $x\to+\infty$ 时，$y\to-\infty$；当 $x\to-\infty$ 时，$y\to+\infty$，故曲线没有渐近线.

(5)又因为$f(-1)=-2$，$f(0)=0$，$f(1)=2$，得函数 $y=3x-x^3$ 图形上的3个点：$(-1,-2)$，$(0,0)$，$(1,2)$. 再补充一些点，由$f(\pm\sqrt{3})=0$，得点$(\pm\sqrt{3},0)$.

(6)综合以上讨论，画出 $y=3x-x^3$ 的图形，如图4－18所示.

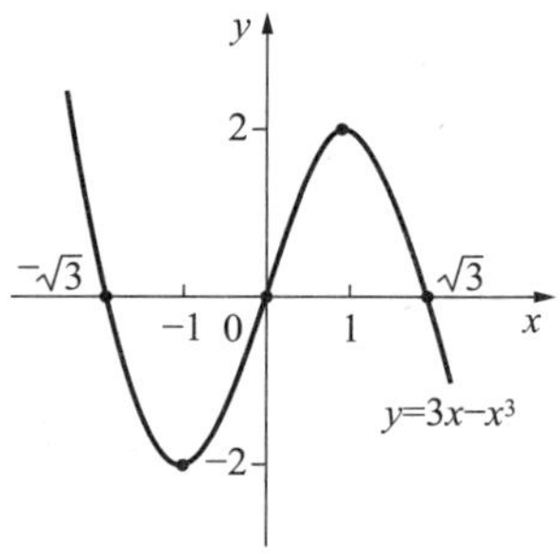

图 4－18

例 3　描绘函数 $y=f(x)=1+\dfrac{36x}{(x+3)^2}$的图形.

解　(1)函数的定义域为$(-\infty,-3)\cup(-3,+\infty)$，函数的间断点为 $x=-3$，

$$f'(x)=\frac{36(3-x)}{(x+3)^3},\quad f''(x)=\frac{72(x-6)}{(x+3)^4}.$$

(2)令$f'(x)=0$，得 $x=3$；令$f''(x)=0$，得 $x=6$. 点 $x=-3$、$x=3$ 和 $x=6$ 把定义域分成4个部分区间：$(-\infty,-3)$，$(-3,3]$，$[3,6]$，$[6,+\infty)$.

(3)各部分区间内$f'(x)$，$f''(x)$的符号、相应曲线弧的升降及凹凸、极值点和拐点等见下表：

x	$(-\infty,-3)$	$(-3,3)$	3	$(3,6)$	6	$(6,+\infty)$
$f'(x)$	−	+	0	−	−	−
$f''(x)$	−	−	−	−	0	+
$y=f(x)$的图形			极大		拐点	

(4)因为$\lim\limits_{x\to\infty}f(x)=1$，$\lim\limits_{x\to-3}f(x)=-\infty$，所以，函数图形有一条水平渐近线 $y=1$ 和一条铅直渐近线 $x=-3$.

(5) 又因为 $f(3)=4, f(6)=\frac{11}{3}$，从而得图形上两点：$M_1(3,4), M_2\left(6,\frac{11}{3}\right)$. 再补充一些点，由 $f(0)=1, f(-1)=-8, f(-9)=-8, f(-15)=-\frac{11}{4}$，得图形上的 4 个点：$M_3(0,1), M_4(-1,-8), M_5(-9,-8), M_6\left(-15,-\frac{11}{4}\right)$.

(6) 由上述讨论画出函数 $y=1+\frac{36x}{(x+3)^2}$ 的图形，如图 4-19 所示.

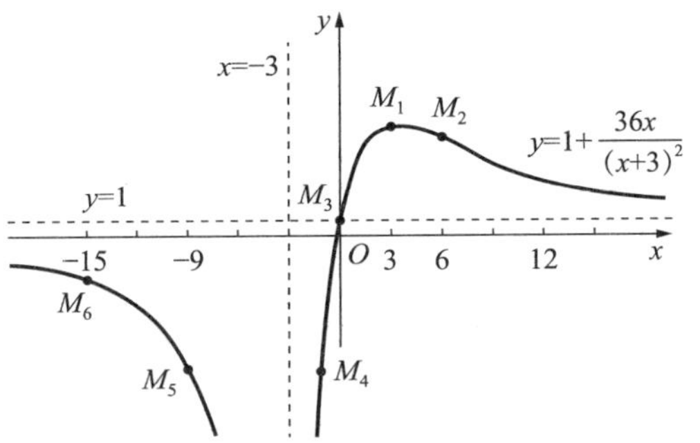

图 4-19

习题 4.6

1. 求下列曲线的渐近线.

(1) $y=\frac{2}{1+3e^{-x}}$；(2) $y=e^{-\frac{1}{x}}$；(3) $y=\frac{e^x}{1+x}$；

(4) $y=\frac{\sin x}{x(x-1)}$；(5) $y=\frac{x^3}{(x+3)(x-1)}$.

2. 描绘下列函数的图形.

(1) $y=x^3-x^2-x+1$；

(2) $y=e^{-(x-1)^2}$；

(3) $y=x^2+\frac{1}{x}$.

4.7 变化率及相对变化率在经济中的应用——边际分析与弹性分析

4.7.1 边际概念

在经济问题中，常常会使用变化率的概念，而变化率又分为平均变化率和瞬时变化率. 平均变化率就是函数增量与自变量的增量之比，函数 $y=f(x)$ 在以 x_0 和 $x_0+\Delta x$ 为端点的区间上的平均变化率为$\frac{\Delta y}{\Delta x}$；而瞬时变化率就是函数对自变量的导数，即如果函数$f(x)$在$x=x_0$处可导，其在$x_0$处的瞬时变化率为

$$\lim_{\Delta x\to 0}\frac{\Delta y}{\Delta x}=\lim_{\Delta x\to 0}\frac{f(x_0+\Delta x)-f(x_0)}{\Delta x}=f'(x_0),$$

经济学中称它为$y=f(x)$在$x=x_0$处的边际函数值.

设在点$x=x_0$处，x从x_0改变一个单位时y的增量Δy的准确值为$\Delta y\big|_{\substack{x=x_0\\ \Delta x=1}}$，由于实际的经济问题中，一般$x$是一个比较大的量，而$\Delta x=1$就可以看作是一个相对较小的量. 由微分学可知，$\Delta y$的近似值为

$$\Delta y\big|_{\substack{x=x_0\\ \Delta x=1}}\approx \mathrm{d}y=f'(x)\Delta x\big|_{\substack{x=x_0\\ \Delta x=1}}=f'(x_0).$$

这说明$f(x)$在点$x=x_0$处，当x产生一个单位的改变时，y改变$f'(x_0)$个单位. 在应用问题中解释边际函数值的具体意义时我们略去"近似"二字. 于是，有如下定义：

定义 1　设经济函数$y=f(x)$在x处可导，则称导数$f'(x)$为$f(x)$的边际函数. $f'(x)$在$x=x_0$处的函数值$f'(x_0)$为边际函数值.

边际函数值$f'(x_0)$表示当$x=x_0$时，x改变一个单位，y改变$f'(x_0)$个单位.

例 1　设函数$y=3x^3$，试求y在$x=3$时的边际函数值.

解　因为$y'=9x^2$，所以$y'\big|_{x=3}=81$. 该值表明：当$x=3$时，x改变一个单位（增加或减少一个单位），y改变 81 个单位（增加或减少 81 个单位）.

4.7.2　经济学中常见的边际函数

1. 边际成本

在经济学和金融学中，边际成本指的是每一单位新增生产的产品（或者购买的产品）带来的总成本的增量. 边际成本简写为MC. 由定义得知边际成本等于总成本（$C(Q)$）的变化量（$\Delta C(Q)$）除以对应的产量上的变化量（ΔQ）：总成本的变化量/ 产量变化量 即$MC(Q)=\frac{\Delta C(Q)}{\Delta Q}$或$MC(Q)=\lim\frac{\Delta C(Q)}{\Delta Q}=C'(Q)$.

由于生产Q件产品的边际成本近似等于多生产一件产品（第$Q+1$）的成本. 所以，如果将边际成本与平均成本$\frac{C(Q)}{Q}$相比较，若边际成本小于平均成本，则应考虑增加产量以降低单件产品的成本；若边际成本大于平均成本，则应考虑减少产量以降低单件产品的成本.

例 2（2017，数三）　设生产某种产品的平均成本为$\overline{C}(Q)=1+\mathrm{e}^{-Q}$其中$Q$为产量，求边际成本.

解　成本函数为$C(Q)=Q\cdot\overline{C}(Q)=Q(1+\mathrm{e}^{-Q})$，
所以边际成本为$C'(Q)=(1+\mathrm{e}^{-Q})-Q\mathrm{e}^{-Q}=1+(1-Q)\mathrm{e}^{-Q}$.

例 3　设生产某产品Q单位的总成本为$C(Q)=1100+\frac{Q^2}{1200}$，求：

（1）生产 900 个单位时的总成本和平均成本；

（2）生产 900 个单位到 1000 个单位时的总成本的平均变化率；

（3）生产 900 个单位的边际成本，并解释其经济意义.

解 (1)生产900个单位时的总成本为

$$C(900)=1100+\frac{900^2}{1200}=1775.$$

平均成本为

$$\overline{C}(900)=\frac{1775}{900}\approx 1.97.$$

(2)生产900个单位到1000个单位时的总成本的平均变化率为

$$\frac{\Delta C(Q)}{\Delta Q}=\frac{C(1000)-C(900)}{100}=1.58.$$

(3)边际成本函数 $C'(Q)=\frac{Q}{600}$,当 $Q=900$ 时的边际成本为

$$C'(900)=\frac{900}{600}=1.5.$$

它表示当产量为900个单位时,再增产(或减产)一个单位,需增加(或减少)成本1.5个单位.

2. 边际收益

边际收益是指增加一单位产品的销售所增加的收益,即最后一单位产品的售出所取得的收益:边际收益简记为 MR. 它可以是正值或负值:由定义得知边际收益等于收益($R(Q)$)的变化量($\Delta R(Q)$)除以对应的销量上的变化量(ΔQ):总收益的变化量/产量变化量 即 $MR(Q)=\frac{\Delta R(Q)}{\Delta Q}$或 $MR(Q)=\lim\frac{\Delta R(Q)}{\Delta Q}=R'(Q)$.

设 P 为价格,且 P 也是销售量 Q 的函数,即 $P=P(Q)$. 因此 $R=P(Q)\cdot Q$,则边际收益为 $MR=P'(Q)\cdot Q+P(Q)$.

例4 设某产品的需求函数为 $P=20-\frac{Q}{5}$,其中 P 为价格,Q 为销售量. 求销售量为15个单位时的总收益、平均收益与边际收益. 并求销售量从15个单位增加到20个单位时收益的平均变化率.

解 总收益

$$R=P(Q)\cdot Q=20Q-\frac{Q^2}{5},$$

销售15个单位时,总收益

$$R\big|_{Q=15}=\left(20Q-\frac{Q^2}{5}\right)\Big|_{Q=15}=255.$$

平均收益

$$\overline{R}\big|_{Q=15}=\frac{20Q-\frac{Q^2}{5}}{Q}\Bigg|_{Q=15}=17.$$

边际收益

$$R'\big|_{Q=15}=\left(20-\frac{2Q}{5}\right)\Big|_{Q=15}=14.$$

当销售量从15个单位增加到20个单位时收益的平均变化率为

$$\frac{\Delta R}{\Delta Q}=\frac{R(20)-R(15)}{5}=13.$$

例 5 设某产品的价格与销售量的关系为 $P=10-\frac{Q}{5}$,求销售量为 30 时的总收益、平均收益与边际收益.

解

$$R=P(Q)\cdot Q=10Q-\frac{Q^2}{5},R(30)=120,$$

$$\overline{R}=10-\frac{Q}{5},\overline{R}(30)=4,$$

$$R'=10-\frac{2Q}{5},R(30)=-2.$$

3. 边际利润

边际利润指产品的销售收入与相应的变动成本之间的差额。边际利润是反映增加产品的销售量能为企业增加的收益。销售单价扣除边际成本即为边际利润,边际利润是指增加单位产量所增加的利润,记为 ML. 由定义得知边际利润等于总利润($L(Q)$)的变化量($\Delta L(Q)$)除以对应的产量上的变化量(ΔQ):总利润的变化量/ 产量变化量即 $ML(Q)=\frac{\Delta L(Q)}{\Delta Q}$或 $ML(Q)=\lim\frac{\Delta L(Q)}{\Delta Q}=L'(Q)$.

下面讨论最大利润原则:

一般情况下,总利润 $L(Q)=R(Q)-C(Q)$,则边际利润为

$$L'(Q)=R'(Q)-C'(Q),$$

显然,边际利润可由边际收入与边际成本来决定. 且当 $R'(Q)>C'(Q)$时,$L'(Q)>0$,其经济意义是,如产量已达到 Q,再多生产一个单位产品,所增加的收益大于增加的成本. 因而总利润有所增加;而当 $R'(Q)<C'(Q)$时,$L'(Q)<0$,其经济意义是,再增加产量,所增加的收益小于增加的成本. 因而总利润有所下降;从而当 $R'(Q)=C'(Q)$时,$L'(Q)=0$,其经济意义是,生产 Q 件产品,此时总的利润是最大的.

例 6 某工厂生产某种产品,固定成本 20000 元,每生产一单位产品,成本增加 100. 已知总收益 R 是年产量 Q 的函数

$$R=R(Q)=\begin{cases}400Q-\frac{1}{2}Q^2, & 0\leqslant Q\leqslant 400,\\ 80000, & Q>400\end{cases}$$

问每年生产多少产品时,总利润最大? 此时总利润是多少?

解 根据题意总成本函数为

$$C(Q)=20000+100Q,$$

从而可得总利润函数为

$$L=L(Q)=R(Q)-C(Q)=\begin{cases}300Q-\frac{1}{2}Q^2-20000, & 0\leqslant Q\leqslant 400,\\ 60000-100Q, & Q>400\end{cases}$$

$$L'(Q)=\begin{cases}300-Q, & 0\leqslant Q\leqslant 400,\\ -100, & Q>400,\end{cases}$$

令 $L'(Q)=0$,得 $Q=300$,$L''(300)<0$,所以 $Q=300$ 时 L 最大. 此时总利润为 25000. 即当年产量为 300 个单位时,总利润最大,此时总利润为 25000 元.

4.7.3 弹性的概念

我们在边际分析中,讨论的函数变化率与函数改变量均属于绝对量范围的讨论. 在经济问题中,仅仅用绝对量的概念是不足以深入分析问题的. 例如:甲商品每单位价格10元,涨价2元;乙商品每单位价格50元,也涨价2元,两种商品价格的绝对改变量都是2元,哪个商品的涨价幅度更大呢? 我们只要用它们与其原来的价格相比就能获得问题的解答. 甲商品涨价20%,乙商品涨价4%. 显然甲商品的涨价幅度要比乙商品的涨价幅度来的大. 为此,我们引入弹性的概念. 经济学中的弹性是指一个变量变动的百分比相应于另一变量变动的百分比来反应变量之间的变动的敏感程度. 具体如下:

定义2 **设函数** $y=f(x)$ **在点** $x=x_0\neq 0$ **处可导,函数的相对改变量** $\frac{\Delta y}{y_0}=\frac{f(x_0+\Delta x)-f(x_0)}{f(x_0)}$ **与自变量的相对改变量** $\frac{\Delta x}{x_0}$ **之比** $\frac{\frac{\Delta y}{y_0}}{\frac{\Delta x}{x_0}}$ **称为函数** $f(x)$ **从** $x=x_0$ **到** $x=x_0+\Delta x$ **两点间的相对变化率,亦称两点间的弹性. 当** $\Delta x\to 0$ **时,如果** $\frac{\frac{\Delta y}{y_0}}{\frac{\Delta x}{x_0}}$ **的极限存在,则该极限值称为函数** $f(x)$ **在** $x=x_0$ **相对变化率,也就是相对导数,或称为在点** x_0 **的弹性,记作**

$$\frac{\mathrm{E}y}{\mathrm{E}x}\Big|_{x=x_0},\frac{\mathrm{E}f(x_0)}{\mathrm{E}x},\mathrm{E}_x\Big|_{x=x_0},$$

即

$$\frac{\mathrm{E}y}{\mathrm{E}x}\Big|_{x=x_0}=\lim_{\Delta x\to 0}\frac{\frac{\Delta y}{y_0}}{\frac{\Delta x}{x_0}}=f'(x_0)\frac{x_0}{f(x_0)}.$$

当 x_0 为定值时,$\frac{\mathrm{E}y}{\mathrm{E}x}\Big|_{x=x_0}$ 为定值,且当 $|\Delta x|$ 很小时,

$$\frac{\mathrm{E}y}{\mathrm{E}x}\Big|_{x}=x_0\approx\frac{\frac{\Delta y}{y_0}}{\frac{\Delta x}{x_0}}.$$

对一般的 x,若 $f(x)$ 可导,且 $f(x)\neq 0$ 则有

$$\frac{\mathrm{E}y}{\mathrm{E}x}=\lim_{\Delta x\to 0}\frac{\frac{\Delta y}{y}}{\frac{\Delta x}{x}}=f'(x)\frac{x}{f(x)}$$

是 x 的函数,称为 $f(x)$ 的**弹性函数**,其也记为 $\frac{\mathrm{E}y}{\mathrm{E}x},\frac{\mathrm{E}f(x)}{\mathrm{E}x},\mathrm{E}_x$.

函数的弹性与量纲无关,函数 $f(x)$ 在点 x 处的弹性 $\frac{\mathrm{E}f(x)}{\mathrm{E}x}$ 反映了变化幅度 $\frac{\Delta x}{x}$ 对 $f(x)$

的变化幅度$\frac{\Delta y}{y}$的大小影响，也就是$f(x)$对x变化反应的强烈程度或灵敏度.

$\frac{Ef(x_0)}{Ex}$表示在$x=x_0$处，当x产生1%的变化时，$f(x)$近似地改变$\frac{Ef(x_0)}{Ex}$%. 在应用问题中解释弹性的具体意义时，我们也略去“近似”二字.

注意：两点间的弹性是由方向性的，因为“相对性”是对初始值相对而言的.

例 7 求函数$y=3+2x$在$x=3$处的弹性.

解 $y'=2$

$$\frac{Ey}{Ex}\Big|_{x=3}=2\cdot\frac{3}{3+6}=\frac{2}{3}.$$

例 求幂函数$y=x^\alpha$（α为常数）的弹性函数.

解 $y'=\alpha x^\alpha-1$

$$\frac{Ey}{Ex}=\alpha x^\alpha-1\cdot\frac{x}{x^\alpha}=\alpha.$$

可以看到，幂函数的弹性函数为常数，即在任意点处弹性不变，所以称为不变弹性函数.

4.7.4 经济学中常见的弹性函数

1. 需求的价格弹性

当弹性定义中的y被定义为需求量时就是需求弹性. 所谓需求的价格弹性是指当价格变化一定的百分比以后引起的需求量的反应程度. 设需求函数$Q=Q(P)$可导，则需求的价格弹性可用公式表示为

$$\frac{EQ}{EP}=\frac{P}{Q}\frac{dQ}{dP}.$$

而$\frac{\frac{\Delta Q}{Q}}{\frac{\Delta P}{P}}$称为该商品在$P$与$P+\Delta P$**两点间的需求价格弹性**.

一般来说，需求函数是价格的单调减函数，故需求函数的两点间的需求价格弹性为负值，从而当$\Delta P\to 0$时，其极限值$\frac{EQ}{EP}$总是小于或等于零，并且实际中一般去负值，有时为讨论方便，将其取绝对值，也称之为**需求的价格弹性**，并记为η，即

$$\eta=\left|\frac{EQ}{EP}\right|=-\frac{P}{Q}\frac{dQ}{dP}.$$

同样我们记$\bar{\eta}_{(x_0,x_0+\Delta x)}=\left|\frac{\frac{\Delta Q}{Q}}{\frac{\Delta P}{P}}\right|$.

若$\eta=1$，此时商品需求量变动的百分比与价格变动的百分比相等.

若$\eta<1$，此时商品需求量变动的百分比低于价格变动的百分比，价格的变动对需求量的影响不大.

若 $\eta>1$,此时商品需求量变动的百分比高于价格变动的百分比,价格的变动对需求量的影响较大.

例 8 已知某商品需求函数为 $Q=\dfrac{1200}{P}$,求

(1)从 $P=30$ 到 $P=20$、25、32、50 各点间的需求弹性;

(2)$P=30$ 的弹性.

解:(1)列表如下

P	20	25	30	32	50
Q	60	48	40	37.5	24
ΔP	-10	-5		2	20
ΔQ	20	8		-2.5	-16
$\dfrac{\Delta P}{P}$	$\dfrac{-10}{30}\approx-0.33$	$\dfrac{-5}{30}\approx-0.17$		$\dfrac{2}{30}\approx0.067$	$\dfrac{20}{30}\approx0.67$
$\dfrac{\Delta Q}{Q}$	$\dfrac{20}{40}=0.5$	$\dfrac{8}{40}=0.2$		$\dfrac{-2.5}{40}=-0.0625$	$\dfrac{-16}{40}=-0.4$
$\overline{\eta}_{(x_0,x_0+\Delta x)}$	1.5	1.2		0.93	0.6

举两个例子说明其经济意义.

$\overline{\eta}_{(30,20)}=1.5$,说明当商品价格 P 从 30 降至 20,在这区间内,P 从 30 每降低 1%,需求从 40 平均增加 1.5%.

$\overline{\eta}_{(30,50)}=0.6$,说明当商品价格 P 从 30 涨至 50,在这区间内,P 从 30 每上涨 1%,需求从 40 平均减少 0.65%.

(2)$Q'=-\dfrac{1200}{P^2}$,

$$\eta=\frac{1200}{P^2}\cdot\frac{P}{\dfrac{1200}{P}}=1.$$

$\eta(30)=1$.

这说明在 $P=30$ 时,价格上涨 1%,需求则减少 1%;价格下跌 1%,需求则增加 1%.

例 9(2016、数三) 设某商品的最大需求量 1200 件,该商品的需求函数 $Q=Q(p)$,需求弹性 $\eta=\dfrac{p}{120-p}$,($\eta>0$) p 为单元价(万元),求

(1)需求函数的表达式;

(2)当 $p=100$ 万元时的边际收益,并说明其经济意义.

解 (1)$\eta=-\dfrac{p}{Q}\cdot\dfrac{\mathrm{d}Q}{\mathrm{d}p}=\dfrac{p}{120-p}\Rightarrow\dfrac{\mathrm{d}Q}{Q}=\dfrac{\mathrm{d}p}{p-120}$,

$\mathrm{d}\ln Q=\mathrm{d}\ln(p-120)$,

$\ln Q=\ln(p-120)+\ln C\Rightarrow Q=C(p-120)$,

当 $p=0$,$Q=1200\Rightarrow C=-10\Rightarrow Q=1200-10p$,

设收益函数为 $R=Q(p)\cdot p=Q(120-\dfrac{Q}{10})=120Q-\dfrac{Q^2}{10}$.

（2）
$$\frac{\mathrm{d}R}{\mathrm{d}Q}=120-\frac{Q}{5},$$
$$\frac{\mathrm{d}R}{\mathrm{d}Q}\Big|_{p=100}=80.$$

因此表示销售量为200时，销售1个单位产品所增加的收入为80元

2. 用需求弹性分析总收益（或市场销售总额）的变化

总收益 R 是商品价格 P 与销售量 Q 的乘积，即

$$R=PQ(P),$$
$$R'=Q(P)+PQ'(P)=Q(P)\left(1+Q'(P)\frac{P}{Q(P)}\right)$$
$$=Q(P)(1-\eta).$$

若 $\eta=1$，表示需求变动的幅度与价格变动的幅度相等. 此时 $R'=0$，总收益 R 保持不变，降低价格或提高价格对厂商销售收益都没有影响.

若 $\eta<1$，表示需求变动的幅度小于价格变动的幅度. 此时 $R'>0$，即边际收益大于0，价格上涨，总收益增加；价格下跌，总收益减少. 商品的价格和厂商的销售收入呈同方向变动.

若 $\eta>1$，表示需求量变动的幅度大于价格变动的幅度，此时 $R'<0$，即边际收益小于0，价格上涨，总收益减少；价格下跌，总收益增加. 商品的价格和厂商的销售收入呈反方向变动.

综上所述，总收益的变化受需求弹性的制约，随商品需求弹性的变化而变化.

3. 供给弹性

供给的价格弹性有时候也被简称为供给弹性. 它表示价格变动1%引起供给量变动的程度. 供给价格弹性系数同需求的价格弹性一样，也是由供给量变动的百分比与价格变动的百分比的比值确定.

根据经济学中的供给定理，供给量与价格是同方向变动的，即该商品的价格变动的越大，企业的生产就会随之变化.

设供给函数 $Q=Q(P)$ 可导，则供给的价格弹性为

$$E_s=\frac{P}{Q}\cdot\frac{\mathrm{d}Q}{\mathrm{d}P}.$$

例10 设某产品的供给函数为 $Q=2\mathrm{e}^P$，求供给的价格弹性函数及当 $P=1$ 时的供给价格弹性.

解 $Q'=2\mathrm{e}^P,\qquad E_s=\frac{P}{Q}\cdot\frac{\mathrm{d}Q}{\mathrm{d}P}=P.$

因此，当 $P=1$ 时，

$$E_s(P)=1.$$

这表明当 $P=1$ 时，如果价格上涨1%，供给量也相应增加1%.

4. 收益弹性

需求的收入弹性是指衡量一种物品的需求量对消费者收入变动的反应程度，即消费者收入变动1%的需求量的变动百分比.

根据弹性的定义，我们容易定义收益的价格弹性、收益的销售弹性等. 用公式表示为

$$\frac{\mathrm{E}R}{\mathrm{E}P}=\frac{P}{R}\cdot\frac{\mathrm{d}R}{\mathrm{d}P},$$

$$\frac{\mathrm{E}R}{\mathrm{E}Q}=\frac{Q}{R}\cdot\frac{\mathrm{d}R}{\mathrm{d}Q},$$

式中$\frac{\mathrm{E}R}{\mathrm{E}P}$为收益价格弹性；$\frac{\mathrm{E}R}{\mathrm{E}Q}$为收益的销售弹性.

例 11 设 R、P、Q 分别为销售总收益、商品价格、销售量.

(1)试分别求出收益的价格弹性$\frac{\mathrm{E}R}{\mathrm{E}P}$,收益的销售弹性$\frac{\mathrm{E}R}{\mathrm{E}Q}$与需求的价格弹性 η 的关系；

(2)试分别解出关于价格 P 的边际收益$\frac{\mathrm{d}R}{\mathrm{d}P}$,关于需求 Q 的边际收益$\frac{\mathrm{d}R}{\mathrm{d}Q}$与需求的价格弹性 η 的关系.

解 (1)$Q=Q(P)$,$R=PQ$,故

$$\frac{\mathrm{E}R}{\mathrm{E}P}=\frac{E(PQ)}{\mathrm{E}P}=\frac{P}{PQ}\cdot\frac{\mathrm{d}(PQ)}{\mathrm{d}P}=\frac{1}{Q}(Q+PQ')$$

$$=1+\frac{P}{Q}Q'=1-\eta.$$

$$\frac{\mathrm{E}R}{\mathrm{E}Q}=\frac{Q}{R}\cdot\frac{\mathrm{d}R}{\mathrm{d}Q}=\frac{Q}{PQ}\cdot\frac{\mathrm{d}(PQ)}{\mathrm{d}Q}=\frac{1}{P}\left(Q\frac{\mathrm{d}P}{\mathrm{d}Q}+P\right)$$

$$=\frac{Q}{P}\frac{\mathrm{d}P}{\mathrm{d}Q}+1=1+\frac{1}{\frac{P}{Q}\cdot\frac{\mathrm{d}Q}{\mathrm{d}P}}=1-\frac{1}{\eta}.$$

(2)由(1)知,

$$\frac{\mathrm{E}R}{\mathrm{E}P}=\frac{1}{Q}\cdot\frac{\mathrm{d}R}{\mathrm{d}P}=1-\eta.$$

故

$$\frac{\mathrm{d}R}{\mathrm{d}P}=Q(1-\eta).$$

又由(1)知,

$$\frac{\mathrm{E}R}{\mathrm{E}Q}=\frac{1}{P}\cdot\frac{\mathrm{d}R}{\mathrm{d}Q}=1-\frac{1}{\eta},$$

故

$$\frac{\mathrm{d}R}{\mathrm{d}Q}=P\left(1-\frac{1}{\eta}\right).$$

例 12(2015、数三) 为了实现利润最大化,厂商需要对某商品确定其定价模型,设 Q 为该商品的需求量,p 为价格,MC 为边际成本,η 为需求弹性($\eta>0$).

(1)证明定价模型为 $p=\dfrac{MC}{1-\frac{1}{\eta}}$;

(2)若该商品的成本函数为 $C(Q)=1600+Q^2$,需求函数 $Q=40-p$,试由(1)中的定价模型确定此商品的价格.

解 (1)设 $L=R(Q)-C(Q)\Rightarrow\frac{\mathrm{d}L}{\mathrm{d}Q}=\frac{\mathrm{d}R}{\mathrm{d}Q}-\frac{\mathrm{d}C}{\mathrm{d}Q}=MR-MC=0\Rightarrow MR=MC$ 利润最大,

$R=Q(p)\cdot p,\dfrac{\mathrm{d}R}{\mathrm{d}Q}=p+Q\dfrac{\mathrm{d}p}{\mathrm{d}Q}$,

$$\eta=-\frac{p}{Q}\frac{\mathrm{d}Q}{\mathrm{d}p}\Rightarrow\frac{\mathrm{d}p}{\mathrm{d}Q}=-\frac{p}{Q\eta},$$

$$\frac{\mathrm{d}R}{\mathrm{d}Q}=p-p\frac{1}{\eta}=p(1-\frac{1}{\eta})=MR=MC,$$

即

$$p=\frac{MC}{1-\dfrac{1}{\eta}}.$$

(2) $MC=C'(Q)=2Q,\eta=-\dfrac{p}{Q}\dfrac{\mathrm{d}Q}{\mathrm{d}p}=\dfrac{p}{40-p}$，由 $p=\dfrac{MC}{1-\dfrac{1}{\eta}}=\dfrac{2p(40-p)}{2p-40}$,

即 $p=30$.

例 13（2002、数三） 设某商品需求量 Q 是价格 p 的减函数 $Q=Q(p)$，其需求弹性 $\eta=\dfrac{2p^2}{192-p^2}>0$，(1) R 为总收益函数，证明 $\dfrac{\mathrm{d}R}{\mathrm{d}p}=Q(1-\eta)$ (2) 求 $p=6$ 时总收益对价格弹性，并说明其经济意义.

解 (1) $R(p)=pQ(p)$,

上式两边对 p 求导

$$\frac{\mathrm{d}R(p)}{\mathrm{d}p}=Q(p)+p\frac{\mathrm{d}Q(p)}{\mathrm{d}p}=Q(1+\frac{p}{Q}\frac{\mathrm{d}Q(p)}{\mathrm{d}p})=Q(1-\eta).$$

(2)

$$\frac{\mathrm{E}R}{\mathrm{E}p}=\frac{p}{R}\frac{\mathrm{d}Q}{\mathrm{d}p}=\frac{p}{pQ}Q(1-\eta)=1-\eta$$

$$=1-\frac{2p^2}{192-p^2}=\frac{192-3p^2}{192-p^2},$$

$$\frac{\mathrm{E}R}{\mathrm{E}p}\Big|_{p=6}=\frac{7}{13}\approx 0.54.$$

经济意义：当 $p=6$ 时，若价格上涨 1%，则总收益将上涨 0.54%.

习题 4.7

1. 求下列函数的边际函数和弹性函数.

(1) x^2e^{-x}; (2) $\dfrac{e^x}{x}$; (3) $x^ae^{-b(x+c)}$.

2. 设某种商品的总收益 R 关于销售量 Q 的函数为

$$R(Q)=104Q-0.4Q^2$$

求：(1) 销售量为 Q 时总收入的边际收入；

(2) 销售量 $Q=50$ 个单位时总收入的边际收入；

(3) 销售量 $Q=100$ 个单位时总收入对 Q 的弹性.

3. 设某商品的需求函数为 $Q=160-2p$，其中 Q,p 分别表示需要量和价格，如果该商品需求弹性的绝对值等于1,则商品的价格是多少?

4. 设某产品的需求函数为 $Q=Q(P)$,其对应价格 P 的弹性 $\xi_p=0.2$,则当需求量为10000件时,价格增加1元会使产品收益增加多少元?

4.8 泰勒公式

4.8.1 泰勒中值定理的引入

对于一些较复杂的函数,为了便于研究,往往希望用一些简单的函数来近似表达. 由于用多项式表示的函数,只要对自变量进行有限次加、减、乘三种运算,便能求出它的函数值,因此我们经常用多项式来近似表达函数.

在微分的应用中已经知道,当 $|x|$ 很小时,有如下的近似等式:

$$e^x\approx 1+x,\ln(1+x)\approx x.$$

这些都是用一次多项式来近似表达函数的例子. 但是这种近似表达式还存在着不足之处:首先是精确度不高,它所产生的误差仅是关于 x 的高阶无穷小;其次是用它来做近似计算时,不能具体估算出误差大小. 因此,在精确度要求较高且需要估计误差时,就必须用高次多项式来近似表达函数,同时给出误差公式.

设函数 $f(x)$ 在含有 x_0 的开区间内具有直到 $n+1$ 阶导数,现在我们希望做的是:找出一个关于 $x-x_0$ 的 n 次多项式

$$P_n(x)=a_0+a_1(x-x_0)+a_2(x-x_0)^2+\cdots+a_n(x-x_0)^n$$

来近似表达 $f(x)$,要求 $P_n(x)$ 与 $f(x)$ 之差是比 $(x-x_0)^n$ 高阶的无穷小,并给出误差 $|R_n(x)|=|f(x)-P_n(x)|$ 的具体表达式.

我们自然希望 $P_n(x)$ 与 $f(x)$ 在 x_0 的各阶导数(直到 $n+1$ 阶导数)相等,这样就有

$$P_n(x)=a_0+a_1(x-x_0)+a_2(x-x_0)^2+\cdots+a_n(x-x_0)^n,$$

$$P_n'(x)=a_1+2a_2(x-x_0)+\cdots+na_n(x-x_0)^{n-1},$$

$$P_n''(x)=2a_2+3\cdot 2\cdot a_3(x-x_0)+\cdots+n(n-1)a_n(x-x_0)^{n-2},$$

$$P_n'''(x)=3!\ a_3+4\cdot 3\cdot 2a_4(x-x_0)+\cdots+n(n-1)(n-2)a_n(x-x_0)^{n-3},$$

$$\cdots\cdots$$

$$P_n^{(n)}(x)=n!\ a_n,$$

于是 $P_n(x_0)=a_0,\ P_n'(x_0)=a_1,P_n''(x_0)=2!\ a_2,P_n'''(x_0)=3!\ a_3,\cdots,P_n^{(n)}(x_0)=n!\ a_n$.

按要求有 $f(x_0)=P_n(x_0)=a_0,\ f'(x_0)=P_n'(x_0)=a_1$,

$$f''(x_0)=P_n''(x_0)=2!\ a_2,f'''(x_0)=P_n'''(x_0)=3!\ a_3,\cdots,$$

$$f^{(n)}(x_0)=P_n^{(n)}(x_0)=n!\ a_n.$$

从而有

$$a_0=f(x_0),a_1=f'(x_0),a_2=\frac{1}{2!}f''(x_0),$$

$$a_3=\frac{1}{3!}f'''(x_0),\cdots,a_n=\frac{1}{n!}f^{(n)}(x_0),$$

即 $$a_k=\frac{1}{k!}f^{(k)}(x_0)\ (k=1,2,\cdots,n).$$

于是就有

$$P_n(x)=f(x_0)+f'(x_0)(x-x_0)+\frac{1}{2!}f''(x_0)(x-x_0)^2+\cdots+\frac{1}{n!}f^{(n)}(x_0)(x-x_0)^n.$$

下面的定理表明,上式的确是所要找的多项式.

4.8.2 泰勒中值定理

泰勒中值定理 **如果函数$f(x)$在含有x_0的某个开区间(a,b)内具有直到$n+1$阶导数,则当x在(a,b)内时,$f(x)$可以表示为$x-x_0$的一个n次多项式与一个余项$R_n(x)$之和,即**

$$f(x)=f(x_0)+f'(x_0)(x-x_0)+\frac{1}{2!}f''(x_0)(x-x_0)^2+\cdots+\frac{1}{n!}f^{(n)}(x_0)(x-x_0)^n+R_n(x),$$

其中 $R_n(x)=\dfrac{f^{(n+1)}(\xi)}{(n+1)!}(x-x_0)^{n+1}$($\xi$ **介于** x_0 **与** x **之间**).

证 由假设可知,$R_n(x)$在(a,b)内具有直到$(n+1)$阶的导数,且

$$R_n(x_0)=R_n'(x_0)=R_n''(x_0)=\cdots=R_n^{(n)}(x_0)=0,$$

两函数$R_n(x)$及$(x-x_0)^{n+1}$在以x_0及x为端点的区间上满足柯西中值定理的条件,得

$$\frac{R_n(x)}{(x-x_0)^{n+1}}=\frac{R_n(x)-R_n(x_0)}{(x-x_0)^{n+1}-0}=\frac{R_n'(\xi_1)}{(n+1)(\xi_1-x_0)^n}\ (\xi_1\text{ 介于 }x_0\text{ 与 }x\text{ 之间}),$$

两函数$R_n'(x)$及$(n+1)(x-x_0)^n$在以x_0及ξ_1为端点的区间上满足柯西中值定理的条件,得

$$\frac{R_n'(\xi_1)}{(n+1)(\xi_1-x_0)^n}=\frac{R_n'(\xi_1)-R_n'(x_0)}{(n+1)(\xi_1-x_0)^n-0}=\frac{R_n''(\xi_2)}{n(n+1)(\xi_2-x_0)^{n-1}}$$
$$(\xi_2\text{ 介于 }x_0\text{ 与 }\xi_1\text{ 之间}).$$

如此下去,经过$(n+1)$次后,得$P_n^{(n+1)}(x)=0$,所以$R_n^{(n+1)}(x)=f^{(n+1)}(x)$,

则由上式得 $R_n(x)=\dfrac{f^{(n+1)}(\xi)}{(n+1)!}(x-x_0)^{n+1}$ (ξ介于x_0与x之间). 证毕.

多项式 $P_n(x)=f(x_0)+f'(x_0)(x-x_0)+\dfrac{f''(x_0)}{2!}(x-x_0)^2+\cdots+\dfrac{f^{(n)}(x_0)}{n!}(x-x_0)^n$ 称为函数$f(x)$按$x-x_0$的幂展开的n次**泰勒多项式**,公式

$$f(x)=f(x_0)+f'(x_0)(x-x_0)+\frac{1}{2!}f''(x_0)(x-x_0)^2+\cdots+\frac{1}{n!}f^{(n)}(x_0)(x-x_0)^n+$$

$R_n(x)$称为$f(x)$按$x-x_0$的幂展开的 ***n* 阶泰勒公式**,而$R_n(x)$的表达式

$$R_n(x)=\frac{f^{(n+1)}(\xi)}{(n+1)!}(x-x_0)^{n+1}(\xi\text{ 介于 }x_0\text{ 与 }x\text{ 之间})$$

称为**拉格朗日型余项**.

当$n=0$时,泰勒公式变成$f(x)=f(x_0)+f'(\xi)(x-x_0)$($\xi$介于$x_0$与$x$之间),即拉格朗日中值公式,因此泰勒中值定理是拉格朗日中值定理的推广.

如果对于某个固定的n,当x在区间(a,b)内变动时,$|f^{(n+1)}(x)|$总不超过一个常数

M,则有估计式 $|R_n(x)| = \left|\frac{f^{(n+1)}(\xi)}{(n+1)!}(x-x_0)^{n+1}\right| \leqslant \frac{M}{(n+1)!}|x-x_0|^{n+1}$ 及

$$\lim_{x\to x_0}\frac{R_n(x)}{(x-x_0)^n}=0.$$

由此可见,当 $x\to x_0$ 时,误差 $R_n(x)$ 是比 $(x-x_0)^n$ 高阶的无穷小,即

$$R_n(x)=o((x-x_0)^n),$$

该余项称为**佩亚诺型余项**.

在不需要余项的精确表达式时,n 阶泰勒公式也可写成

$$f(x)=f(x_0)+f'(x_0)(x-x_0)+\frac{1}{2!}f''(x_0)(x-x_0)^2+\cdots+\frac{1}{n!}f^{(n)}(x_0)(x-x_0)^n+o((x-x_0)^n).$$

当 $x_0=0$ 时的泰勒公式称为**麦克劳林(Maclaurin)公式**,就是

$$f(x)=f(0)+f'(0)x+\frac{f''(0)}{2!}x^2+\cdots+\frac{f^{(n)}(0)}{n!}x^n+R_n(x),$$

或

$$f(x)=f(0)+f'(0)x+\frac{f''(0)}{2!}x^2+\cdots+\frac{f^{(n)}(0)}{n!}x^n+o(x^n),$$

其中 $R_n(x)=\frac{f^{(n+1)}(\xi)}{(n+1)!}x^{n+1}$($\xi$ 介于 0 与 x 之间). 由此得近似计算公式 $f(x)\approx f(0)+f'(0)x+\frac{f''(0)}{2!}x^2+\cdots+\frac{f^{(n)}(0)}{n!}x^n$.

误差估计式变为

$$|R_n(x)|\leqslant\frac{M}{(n+1)!}|x|^{n+1}.$$

例 1 求函数 $f(x)=\mathrm{e}^x$ 展开到 n 阶的麦克劳林公式.

解 对于函数 $f(x)=\mathrm{e}^x$ 来说有 $f^{(n)}(x)=\mathrm{e}^x$,
所以

$$f^{(k)}(0)=1, k=0,1,\cdots n.$$

把这些值代入麦克劳林公式,并注意到 $f^{(n+1)}(\xi)=\mathrm{e}^{\xi}$ 便得

$$\mathrm{e}^x=1+x+\frac{x^2}{2!}+\cdots+\frac{x^n}{n!}+\frac{\mathrm{e}^{\xi}}{(n+1)!}x^{n+1}\text{(}\xi\text{ 位于点 0 与 }x\text{ 之间)}.$$

在例 1 中若略去最后一项得

$$\mathrm{e}^x\approx1+x+\frac{x^2}{2!}+\cdots+\frac{x^n}{n!},$$

这时所产生的误差为

$$|R_n(x)|=\left|\frac{\mathrm{e}^{\xi}}{(n+1)!}x^{n+1}\right|<\frac{\mathrm{e}^{|x|}}{(n+1)!}|x|^{n+1}.$$

特别地,取 $x=1$,则得无理数 e 的近似式为

$$\mathrm{e}\approx1+1+\frac{1}{2!}+\cdots+\frac{1}{n!},$$

其误差 $|R_n|<\frac{\mathrm{e}}{(n+1)!}<\frac{3}{(n+1)!}$.

例 2 求 $f(x)=\sin x$ 展开到 n 阶的麦克劳林公式.

解 因为
$$f^{(n)}(x)=\sin\left(x+\frac{n\pi}{2}\right),$$
所以
$$f(0)=0, f'(0)=1, f''(0)=0, f'''(0)=-1, f^{(4)}(0)=0$$
等,它们顺序循环地取四个数 0, 1, 0, −1,于是按麦克劳林公式得(令 $n=2m$)
$$\sin x=x-\frac{x^3}{3!}+\frac{x^5}{5!}-\cdots+(-1)^{m-1}\frac{x^{2m-1}}{(2m-1)!}+R_{2m},$$
其中
$$R_{2m}(x)=\frac{\sin\left[\xi+(2m+1)\frac{\pi}{2}\right]}{(2m+1)!}x^{2m+1}(\xi\text{ 位于点 0 与 }x\text{ 之间}).$$
当 $m=1,2,3$ 时,有近似公式
$$\sin x\approx x,\ \sin x\approx x-\frac{1}{3!}x^3, \sin x\approx x-\frac{1}{3!}x^3+\frac{1}{5!}x^5.$$
类似的有
$$\cos x=1-\frac{x^2}{2!}+\frac{x^4}{4!}-\cdots+(-1)^m\frac{x^{2m}}{(2m)!}+\frac{\cos[\xi+(m+1)\pi]}{(2m+2)!}x^{2m+2}$$
(ξ 位于点 0 与 x 之间).
$$\ln(1+x)=x-\frac{x^2}{2}+\frac{x^3}{3}-\cdots+(-1)^{n-1}\frac{x^n}{n}+\frac{(-1)^n}{(n+1)(1+\xi)^{n+1}}x^{n+1}$$
(ξ 位于点 0 与 x 之间).

泰勒公式有很多应用.下面给出一个用它证明不等式的例子.

例 3 设 $f(x)$ 在 $[a,b]$ 上二阶可导,且当 $x\in[a,b]$ 时,$f(a)=f(b)=0$, $|f''(x)|\leqslant M$. 证明
$$|f'(x)|\leqslant\frac{M(b-a)}{2}\quad x\in[a,b].$$

证 本题中给出函数 $f(x)$ 与 $f''(x)$ 的条件,要证一阶导数 $f'(x)$ 满足的不等式.将这些关系联系起来,可借助于泰勒公式.

对任意的 $x\in[a,b]$,由泰勒公式有
$$f(a)=f(x)-(x-a)f'(x)+\frac{(x-a)^2}{2}f''(\xi_1)\ (a<\xi_1<x),$$
$$f(b)=f(x)+(b-x)f'(x)+\frac{(b-x)^2}{2}f''(\xi_2)\ (x<\xi_2<b),$$
以上两式相减得
$$(b-a)f'(x)=\frac{1}{2}f''(\xi_1)(x-a)^2-\frac{1}{2}f''(\xi_2)(b-x)^2.$$
两端取绝对值并利用三角不等式有
$$\begin{aligned}|f'(x)|&\leqslant\frac{1}{2(b-a)}|f''(\xi_1)|(x-a)^2+\frac{1}{2(b-a)}|f''(\xi_2)|(b-x)^2\\&\leqslant\frac{M}{2(b-a)}[(x-a)^2+(b-x)^2]\\&\leqslant\frac{M(b-a)}{2}.\end{aligned}$$

所以 $$|f'(x)|\leqslant\frac{M(b-a)}{2},x\in[a,b].$$

例 4 计算 $\lim\limits_{x\to0}\frac{e^{x^2}+2\cos x-3}{x^4}$.

解 由于 $e^{x^2}=1+x^2+\frac{1}{2!}x^4+o(x^4)$，$\cos x=1-\frac{x^2}{2!}+\frac{x^4}{4!}+o(x^4)$，

所以 $$e^{x^2}+2\cos x-3=\left(\frac{1}{2!}+2\cdot\frac{1}{4!}\right)x^4+o(x^4),$$

故 $$原式=\lim_{x\to0}\frac{\frac{7}{12}x^4+o(x^4)}{x^4}=\frac{7}{12}.$$

例 5 试确定常数 a 和 b，使 $f(x)=x-(a+b\cos x)\sin x$ 为当 $x\to0$ 时关于 x 的 5 阶无穷小.

解 由于 $\sin x=x-\frac{x^3}{3!}+\frac{x^5}{5!}+o(x^5)$，$\cos x=1-\frac{x^2}{2!}+\frac{x^4}{4!}+o(x^4)$，

所以 $f(x)=x-(a+b\cos x)\sin x=x-(a+b-\frac{b}{2!}x^2+\frac{b}{4}x^4+o(x^4))(x-\frac{x^3}{3!}+\frac{x^5}{5!}+o(x^5))$

$$=(1-a-b)x-(\frac{b}{2!}+\frac{a+b}{3!})x^3-(\frac{a+b}{5!}+\frac{b}{12}+\frac{1}{4!})x^5+o(x^5),$$

亦即 $\begin{cases}1-a-b=0\\ \frac{b}{2!}+\frac{a+b}{3!}=0\end{cases}$，$a=\frac{4}{3}$，$b=-\frac{1}{3}$.

习题 4.8

1. 按 $x-4$ 的幂展开多项式 $f(x)=x^4-5x^3+x^2-3x+4$.
2. 应用麦克劳林公式，按 x 的幂展开函数的幂展开函数 $f(x)=(x^2-3x+1)^3$.
3. 求函数 $f(x)=\sqrt{x}$ 按 $x-4$ 的幂展开的带有拉格朗日型余项的三阶泰勒公式.
4. 求函数 $f(x)=xe^x$ 的带有佩亚诺型余项的 n 阶麦克劳林公式.
5. 求函数 $f(x)=\tan x$ 的带有佩亚诺型余项的三阶麦克劳林公式.
6. 设 $\lim\limits_{x\to0}\frac{f(x)}{x}=1$，且 $f''(x)>0$，证明 $f(x)>x$.
7. 设 $f(x)$ 在区间 $[0,2]$ 上有三阶连续导数，$f(0)=1$，$f(2)=2$，$f'(1)=0$，证明在区间 $(0,2)$ 内至少有一点 ξ，使 $|f'''(\xi)|>3$.

复习题 4

1. 选择题.

(1) 函数 $f(x)=x-x^{\frac{1}{3}}$ 在下列哪个区间上不满足拉格朗日中值定理？(　　)

(A) $[-3,-1]$.　　(B) $[-1,1]$.　　(C) $[1,2]$.　　(D) $[2,5]$.

(2) 已知 $f(x)=x(x-1)(x-2)(x-3)(x-4)$，则下列说法不正确的是(　　).

(A) $f'(x)=0$ 在区间 $(0,4)$ 内有 4 个实根.

(B) $f''(x)=0$ 在区间 $(0,4)$ 内有 3 个实根.

(C) $f'''(x)=0$ 可能没有实根.

(D) $f''(x)=0$ 在区间 $(1,3)$ 内有 1 个实根.

(3) $f(x)$ 二阶连续可导, $f'(0)=0$, $\lim\limits_{x\to 0}\dfrac{f''(x)}{|x|}=1$, 则(　　).

(A) $f(0)$ 极大.　　(B) $f(0)$ 极小.

(C) $(0,f(0))$ 拐点.　　(D) 以上都不对.

(4) 设函数 $f(x)$, $g(x)$ 具有二阶导数, 且 $g''(x)<0$. 若 $g(x_0)=a$ 是 $g(x)$ 的极值, 则 $f[g(x)]$ 在 x_0 取极大值的一个充分条件是(　　).

(A) $f'(a)<0$.　　(B) $f'(a)>0$.

(C) $f''(a)<0$.　　(D) $f''(a)>0$.

(5) 设 $f(x)$ 满足关系式 $f''(x)+[f'(x)]^2=x$, 且 $f'(0)=0$, 则(　　).

(A) $f(0)$ 是 $f(x)$ 的极大值.

(B) $f(0)$ 是 $f(x)$ 的极小值.

(C) 点 $(0,f(0))$ 是曲线 $y=f(x)$ 的拐点.

(D) $f(0)$ 不是 $f(x)$ 的极值, 点 $(0,f(0))$ 也不是曲线 $y=f(x)$ 的拐点.

(6) 曲线 $y=\dfrac{1+x}{1-x^2}$ 的渐近线有(　　).

(A) 1 条.　　(B) 2 条.　　(C) 3 条.　　(D) 4 条.

2. 填空题.

(1) 设函数 $f(x)$ 在 $[a,b]$ 上连续, 在 (a,b) 内可导, 则至少有一点 $\xi\in(a,b)$, 使 $f(b)=$ ________.

(2) 设常数 $k>0$, 函数 $f(x)=\ln x-\dfrac{x}{\mathrm{e}}+k$ 在 $(0,+\infty)$ 内零点的个数为________.

3. 求下列函数的极限.

(1) $\lim\limits_{x\to a}\dfrac{x^m-a^m}{x^n-a^n}\ (a\neq 0)$;　　(2) $\lim\limits_{x\to 0}\dfrac{\ln(1+x^2)}{\sec x-\cos x}$;

(3) $\lim\limits_{x\to 0}\left[\dfrac{1}{\ln(1+x)}-\dfrac{1}{x}\right]$;　　(4) $\lim\limits_{x\to+\infty}\left(\dfrac{2}{\pi}\arctan x\right)^x$;

(5) $\lim\limits_{x\to 1}\dfrac{x-x^x}{1-x+\ln x}$;　　(6) $\lim\limits_{x\to 0}\left(\dfrac{1}{x^2}-\cot^2 x\right)$;

(7) $\lim\limits_{x\to 1-0}\ln x\ln(1-x)$;　　(8) $\lim\limits_{x\to 0}\dfrac{\mathrm{e}^x-\mathrm{e}^{\sin x}}{x\sin^2 x}$;

(9) $\lim\limits_{x\to 0}\left(\dfrac{a_1^x+a_2^x+\cdots+a_n^x}{n}\right)^{\frac{n}{x}}$, 其中 $a_1,a_2,\cdots a_n$ 均为正常数.

4. 设 $\lim\limits_{x\to\infty}f'(x)=k$, 求 $\lim\limits_{x\to\infty}[f(x+a)-f(x)]$.

5. 证明方程 $4ax^3+3bx^2+2cx=a+b+c$ 必有一个不大于 1 的正根.

6. 证明多项式 $f(x)=x^3-3x+2$ 在 $[0,1]$ 上不可能有两个零点.

7. 证明下列不等式

(1)当 $x>0$ 时, $1+x\ln\left(x+\sqrt{1+x^2}\right)>\sqrt{1+x^2}$.

(2)当 $e<a<b<e^2$ 时, $\ln^2 b-\ln^2 a>\frac{4}{e^2}(b-a)$.

8. 求椭圆 $x^2-xy+y^2=3$ 上纵坐标最大和最小的点.

9. 某产品生产 x 单位的总成本为 $C(x)=300+\frac{1}{12}x^3-5x^2+170x$,每单位产品的价格是134元,求使利润最大的产量.

10. 有一杠杆,支点在它的一端. 在距支点0.1m处挂一质量为49kg的物体. 加力于杠杆的另一端使杠杆保持水平(见图4-20). 若杠杆的线密度为5kg/m,求最省力的杆长.

11. 设工件内表面的截线为抛物线 $y=0.4x^2$(图4-21). 现要用砂轮磨削其内表面,问用直径多大的砂轮才比较合适?

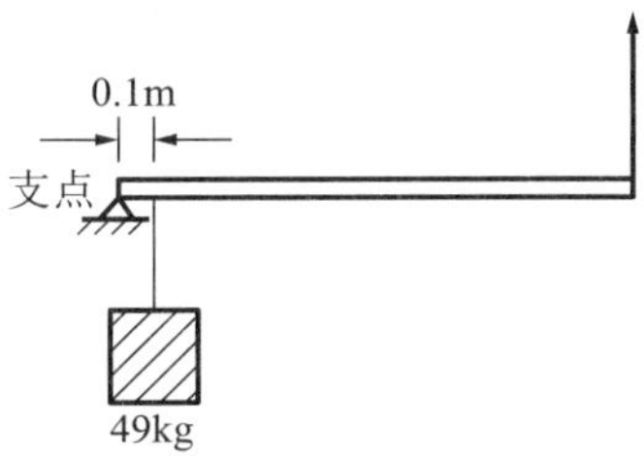

图4-20

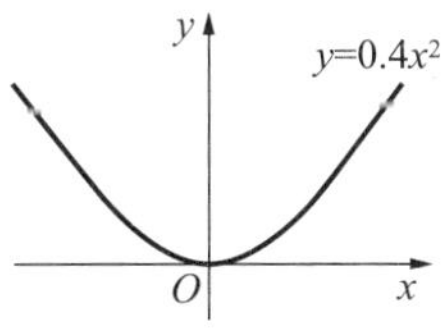

图4-21

12. 设 $f''(x_0)$ 存在,证明

$$\lim_{h\to 0}\frac{f(x_0+h)+f(x_0-h)-2f(x_0)}{h^2}=f''(x_0).$$

13. $f(x)$ 在 $[0,1]$ 上连续,在 $(0,1)$ 内可导, $f(0)=0$, $f(1)=1$,试证(1)存在 $\xi\in(0,1)$,使得 $f(\xi)=1-\xi$. (2)存在两个不同的 $\eta,\zeta\in(0,1)$,使得 $f'(\eta)f'(\zeta)=1$.

14. 设 $f(x)$ 在 (a,b) 上二阶可导,且 $f''(x)\geqslant 0$,证明对于 (a,b) 内任意的 x_1,x_2 及 $0\leqslant t\leqslant 1$,有

$$f[(1-t)x_1+tx_2]\leqslant(1-t)f(x_1)+tf(x_2).$$

15. 设函数

$$f(x)=x+a\ln(1+x)+bx\sin x,\quad g(x)=kx^3,$$

若 $f(x)$ 与 $g(x)$ 在 $x\to 0$ 时为等价无穷小量,求 a,b,k.

16. 某商场一年度内要分批购进某商品2400件,没见商品批发价为6元(购进),每件商品每年占用银行资金为10%的利息,每批商品的采购费用为160元,问分几批购进时,才能使上述两项开支之和最少(不包括商品批发价).

17. 某企业生产产品 x 件时,总成本函数为 $C(x)=ax^2+bx+c$,总收益函数为 $R(x)=\alpha x^2+\beta x$, $(a,b,c,\alpha,\beta>0,a>\alpha)$,当企业按最大利润投产时,对每件产品征收税额为多少时才能使总税额最大?

第5章 不定积分

在第3章,我们讨论了如何求已知函数的导数,这里我们将讨论它的反问题,即已知一个函数的导数,如何求这个函数. 这是积分学的一个基本问题. 本章我们主要介绍不定积分的概念、性质和计算方法.

5.1 不定积分的概念与性质

5.1.1 原函数的概念

定义1 如果在区间 I 上,可导函数 $F(x)$ 的导函数为 $f(x)$,即对于任一 $x\in I$ 都有

$$F'(x)=f(x),$$

则称函数 $F(x)$ 为 $f(x)$ 在区间 I 上的一个原函数.

例如,因 $(x^2)'=2x$,故 x^2 是 $2x$ 的一个原函数;又因 $(x^2+C)'=2x$,故 x^2+C 也是 $2x$ 的一个原函数.

一般地,对任一函数 $f(x)$,我们有如下两个问题:

(1)(原函数存在性)函数 $f(x)$ 具备什么条件时,必有原函数?

(2)(唯一性)设 $F(x)$ 为 $f(x)$ 的一个原函数,问:除了 $F(x)+C$ 外,$f(x)$ 还有别的原函数吗?

本章将具体讨论问题(1),这里先介绍一个结论.

定理(原函数存在定理) 如果函数 $f(x)$ 在区间 I 上连续,那么在区间 I 上存在可导函数 $F(x)$,使对任一 $x\in I$ 都有

$$F'(x)=f(x).$$

也即连续函数必有原函数.

对问题(2),有如下的结论

命题 设 $F(x)$ 为 $f(x)$ 的一个原函数,则 $F(x)+C$ 是 $f(x)$ 的所有原函数.

事实上,设 $\Phi(x)$ 是 $f(x)$ 的另一个原函数,即 $\forall x\in I$,有

$$\Phi'(x)=f(x),$$

于是

$$[\Phi(x)-F(x)]'=\Phi'(x)-F'(x)=f(x)-f(x)=0.$$

在拉格朗日定理的推论知,在一个区间上导数恒为零的函数必为常数,故有 $\Phi(x)-F(x)=C_0$(C_0 为某个常数),也即 $\Phi(x)=F(x)+C_0$.

因此,$f(x)$ 的全体原函数构成的集合为函数族

$$\{F(x)+C \mid -\infty < C < +\infty\}.$$

5.1.2 不定积分的概念

定义 2 若 $F(x)$ 为 $f(x)$ 在区间 I 上的一个原函数，则称 $f(x)$ 的全体原函数 $F(x)+C(C\in\mathbf{R})$ 为 $f(x)$ 在区间 I 上的不定积分，记作 $\int f(x)\mathrm{d}x$，即

$$\int f(x)\mathrm{d}x = F(x)+C.$$

其中 $\int$ 称为积分号，$f(x)$ 称为被积函数，$f(x)\mathrm{d}x$ 称为被积表达式，x 称为积分变量.

例 1 求 $\int x^{\frac{5}{2}}\mathrm{d}x$.

解 由于 $\left(\frac{2x^{\frac{7}{2}}}{7}\right)'=x^{\frac{5}{2}}$，所以 $\frac{2x^{\frac{7}{2}}}{7}$ 是 $x^{\frac{5}{2}}$ 的一个原函数，因此 $\int x^{\frac{5}{2}}\mathrm{d}x=\frac{2x^{\frac{7}{2}}}{7}+C$.

例 2 试证：$\int \frac{1}{x}\mathrm{d}x=\ln|x|+C$.

证：当 $x>0$ 时，有 $(\ln|x|)'=(\ln x)'=\frac{1}{x}$；当 $x<0$ 时，有 $(\ln|x|)'=[\ln(-x)]'=\frac{1}{-x}\cdot(-1)=\frac{1}{x}$；即 $x\neq0$ 时，恒有 $(\ln|x|)'=\frac{1}{x}$，故 $\int\frac{1}{x}\mathrm{d}x=\ln|x|+C$.

例 3 已知曲线上任一点处的切线斜率等于该点横坐标的两倍，且曲线经过点(1,2)，求该曲线的方程.

解 设所求曲线方程为 $y=f(x)$，由题意得 $f'(x)=2x$，即 $f(x)$ 为 $2x$ 的一个原函数，因为

$$\int 2x\mathrm{d}x=x^2+C,$$

故必有某个常数 C 使 $f(x)=x^2+C$，即曲线方程为 $y=x^2+C$. 又所求曲线通过点(1,2)，故 $2=1+C$，$C=1$，于是所求曲线方程为 $y=x^2+1$.

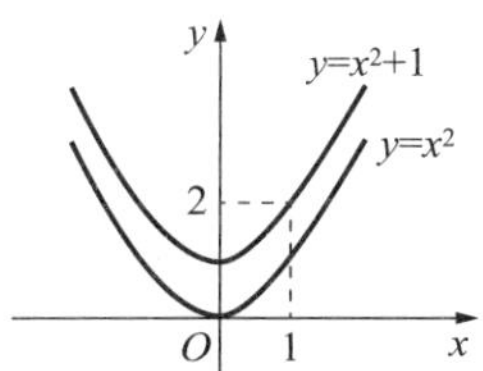

图 5－1

函数 $f(x)$ 的原函数的图形称为 $f(x)$ 的**积分曲线**. 本例即是求函数 $2x$ 的通过点(1,2)的那条积分曲线. 显然，这条积分曲线可由另一条积分曲线（例如 $y=x^2$）经 y 轴方向平移得到（图 5－1）.

5.1.3 基本积分表

既然积分运算是微分运算的逆运算，那么很自然地，可以从导数公式得到相应的积分公式.

例如，因为 $\left(\frac{x^{\mu+1}}{\mu+1}\right)'=x^{\mu}$，所以 $\frac{x^{\mu+1}}{\mu+1}$ 是 x^{μ} 的一个原函数，于是

$$\int x^{\mu}\mathrm{d}x=\frac{x^{\mu+1}}{\mu+1}+C \quad (\mu\neq-1).$$

类似地可以得到其他积分公式. 如下的基本的积分公式通常叫做基本积分表.

(1) $\int k\mathrm{d}x = kx + C$($k$ 是常数);

(2) $\int x^{\mu}\mathrm{d}x = \frac{x^{\mu+1}}{\mu+1} + C(\mu \neq -1)$;

(3) $\int \frac{\mathrm{d}x}{x} = \ln|x| + C$;

(4) $\int a^{x}\mathrm{d}x = \frac{a^{x}}{\ln a} + C$;

(5) $\int \mathrm{e}^{x}\mathrm{d}x = \mathrm{e}^{x} + C$;

(6) $\int \cos x\mathrm{d}x = \sin x + C$;

(7) $\int \sin x\mathrm{d}x = -\cos x + C$;

(8) $\int \frac{\mathrm{d}x}{\cos^2 x} = \int \sec^2 x\mathrm{d}x = \tan x + C$;

(9) $\int \frac{\mathrm{d}x}{\sin^2 x} = \int \csc^2 x\mathrm{d}x = -\cot x + C$;

(10) $\int \frac{\mathrm{d}x}{\sqrt{1-x^2}} = \arcsin x + C$;

(11) $\int \frac{\mathrm{d}x}{1+x^2} = \arctan x + C$;

(12) $\int \sec x\tan x\mathrm{d}x = \sec x + C$;

(13) $\int \csc x\cot x\mathrm{d}x = -\csc x + C$.

以上公式是求不定积分的基础,必须熟记. 下面举几个应用积分式(2)的例子.

例 4 求 $\int \frac{1}{x^3}\mathrm{d}x$.

解 $\int \frac{1}{x^3}\mathrm{d}x = \int x^{-3}\mathrm{d}x = \frac{x^{-3+1}}{-3+1} + C = -\frac{1}{2x^2} + C$.

例 5 求 $\int \frac{1}{x\sqrt{x}}\mathrm{d}x$.

解 $\int \frac{1}{x\sqrt{x}}\mathrm{d}x = \int x^{-\frac{3}{2}}\mathrm{d}x = \frac{x^{-\frac{3}{2}+1}}{-\frac{3}{2}+1} + C = -2x^{-\frac{1}{2}} + C = -\frac{2}{\sqrt{x}} + C$.

例 6 求 $\int 2^x\mathrm{e}^x\mathrm{d}x$.

解 $\int 2^x\mathrm{e}^x\mathrm{d}x = \int (2\mathrm{e})^x\mathrm{d}x = \frac{(2\mathrm{e})^x}{\ln 2\mathrm{e}} + C = \frac{(2\mathrm{e})^x}{\ln 2 + 1} + C$.

5.1.4 不定积分的性质

由不定积分的定义知,$\int f(x)\mathrm{d}x$ 是 $f(x)$ 的原函数,故有

性质1 $\frac{d}{dx}\left[\int f(x)dx\right]=f(x)$ 或 $d\left[\int f(x)dx\right]=f(x)dx$；

又因为 $F(x)$ 是 $F'(x)$ 的原函数，所以有

性质2 $\int F'(x)dx=F(x)+C$ 或 $\int dF(x)=F(x)+C$.

上述两个性质即是说：不定积分运算与微分运算是互逆的.

性质3 设函数 $f(x)$ 及 $g(x)$ 的原函数存在，k 为非零常数，则有

(1) $\int[f(x)+g(x)]dx=\int f(x)dx+\int g(x)dx$.

(2) $\int kf(x)dx=k\int f(x)dx$.

注1：性质3(1)的右端有两个积分号，形式上含有两个任意常数，但由于两个任意常数之和仍为任意常数，因此实际上只含一个任意常数.

注2：性质3(1)可推广到有限多个函数的情形.

利用基本积分表和性质3，可求出更多函数的不定积分.

例7 求 $\int\left(2e^x+\frac{3}{x}\right)dx$.

解 $\int\left(2e^x+\frac{3}{x}\right)dx=2\int e^x dx+3\int\frac{1}{x}dx=2e^x+3\ln|x|+C$.

例8 求 $\int\frac{x^2+2x+1}{x(x^2+1)}dx$.

解 $\int\frac{x^2+2x+1}{x(x^2+1)}dx=\int\frac{x^2+1+2x}{x(x^2+1)}dx=\int\frac{1}{x}dx+\int\frac{2}{x^2+1}dx=\ln|x|+2\arctan x+C$.

例9 求 $\int(\sqrt{x}+1)(\sqrt{x^3}-1)dx$.

解
$$\int(\sqrt{x}+1)(\sqrt{x^3}-1)dx=\int(x^2+\sqrt{x^3}-\sqrt{x}-1)dx=\int x^2dx+\int x^{\frac{3}{2}}dx-\int x^{\frac{1}{2}}dx-\int dx$$
$$=\frac{x^3}{3}+\frac{2}{5}x^{\frac{5}{2}}-\frac{2}{3}x^{\frac{3}{2}}-x+C.$$

例10 求 $\int\frac{(x-1)^3}{x^2}dx$.

解
$$\int\frac{(x-1)^3}{x^2}dx=\int\frac{x^3-3x^2+3x-1}{x^2}dx=\int\left(x-3+\frac{3}{x}-\frac{1}{x^2}\right)dx$$
$$=\int xdx-3\int dx+3\int\frac{dx}{x}-\int\frac{dx}{x^2}=\frac{x^2}{2}-3x+3\ln|x|+\frac{1}{x}+C.$$

例11 求 $\int\frac{x^4}{1+x^2}dx$.

解
$$\int\frac{x^4}{1+x^2}dx=\int\frac{x^4-1+1}{1+x^2}dx=\int\frac{(x^2-1)(1+x^2)+1}{1+x^2}dx=\int(x^2-1)dx+$$
$$\int\frac{1}{1+x^2}dx=\frac{1}{3}x^3-x+\arctan x+C.$$

例12 求 $\int\frac{1}{x^4(1+x^2)}dx$

解 $\int\frac{1}{x^4(1+x^2)}dx = \int\frac{1+x^2-x^2}{x^4(1+x^2)}dx = \int\frac{1}{x^4}dx - \int\frac{1}{x^2(1+x^2)}dx$

$$= \int\frac{1}{x^4}dx - \int\frac{1+x^2-x^2}{x^2(1+x^2)}dx = \int\frac{1}{x^4}dx - \int\frac{1}{x^2}dx + \int\frac{1}{1+x^2}dx$$

$$= -\frac{1}{3x^3} + \frac{1}{x} + \arctan x + C.$$

例 13 求 $\int\frac{1}{1+\sin x}dx$

解 $\int\frac{1}{1+\sin x}dx = \int\frac{1-\sin x}{1-\sin^2 x}dx = \int(\sec^2 x - \tan x\sec x)dx = \tan x - \sec x + C.$

例 14 求 $\int\tan^2 x dx$.

解 $\int\tan^2 x dx = \int(\sec^2 x - 1)dx = \int\sec^2 x dx - \int dx = \tan x - x + C.$

例 15 求 $\int\sin^2\frac{x}{2}dx$.

解 $\int\sin^2\frac{x}{2}dx = \int\frac{1}{2}(1-\cos x)dx = \frac{1}{2}\int(1-\cos x)dx$

$$= \frac{1}{2}\left(\int dx - \int\cos x dx\right) = \frac{1}{2}(x - \sin x) + C.$$

例 16 求 $\int\frac{1}{\sin^2 x\cos^2 x}dx$.

解 $\int\frac{1}{\sin^2 x\cos^2 x}dx = \int\frac{\sin^2 x + \cos^2 x}{\sin^2 x\cos^2 x}dx = \int(\sec^2 x + \csc^2 x)dx = \tan x - \cot x + C.$

例 17 求 $\int\frac{\sin 2x + 1}{\sin x + \cos x}dx$.

解: $\int\frac{\sin 2x+1}{\sin x+\cos x}dx = \int\frac{(\sin x+\cos x)^2}{\sin x+\cos x}dx = \int(\sin x + \cos x)dx$

$$= \int\sin x dx + \int\cos x dx = -\cos x + \sin x + C.$$

上述各题的解题思路是:对被积函数作适当变形,化为基本积分表中所列类型的积分,再用基本积分表求解.

习题 5.1

1. 利用求导运算验证下列等式.

(1) $\int\frac{dx}{\sqrt{1+x^2}} = \ln\left(x + \sqrt{x^2+1}\right) + C$;

(2) $\int\frac{dx}{x^2\sqrt{x^2-1}} = \frac{\sqrt{x^2-1}}{x} + C$;

(3) $\int x\cos x dx = x\sin x + \cos x + C$;

(4) $\int e^x\sin x dx = \frac{1}{2}e^x(\sin x - \cos x) + C.$

2. 计算下列不定积分.

(1) $\int \frac{dx}{\sqrt{x}}$;　　(2) $\int x^2 \sqrt[3]{x}dx$;

(3) $\int \sqrt[m]{x^n}dx$;　　(4) $\int (x^2+3x-2)dx$;

(5) $\int (x^2+2^x)dx$;　　(6) $\int \frac{(1-t)^2}{\sqrt{t}}dt$;

(7) $\int \frac{dx}{x^2(1+x^2)}$;　　(8) $\int \frac{x^2}{x^2+1}dx$;

(9) $\int \left(\frac{3}{1+x^2}-\frac{2}{\sqrt{1-x^2}}\right)dx$;　　(10) $\int \frac{e^{2x}-1}{e^x-1}dx$;

(11) $\int \frac{3\cdot 2^x+4\cdot 3^x}{2^x}dx$;　　(12) $\int \frac{dx}{1+\cos 2x}$;

(13) $\int \frac{\cos 2x}{\sin^2 x\cos^2 x}dx$;　　(14) $\int \cot^2 x dx$;

(15) $\int \cos^2 \frac{u}{2}du$;　　(16) $\int \sec\theta(\sec\theta-\tan\theta)d\theta$;

(17) $\int \frac{\cos 2x}{\cos x-\sin x}dx$;　　(18) $\int \frac{3x^4+2x^2}{x^2+1}dx$.

3. 已知一曲线通过$(e^2,3)$,且在任一点处的切线斜率等于该点横坐标的倒数,求该曲线的方程.

4. 一物体由静止开始运动,经t(s)后的速度是$3t^2$(m/s),问

(1)在3s后物体离开出发点的距离是多少?

(2)物体走完360m需要多少时间?

5. 试验证函数 $\arcsin(2x-1)$, $\arccos(1-2x)$ 和 $2\arctan\sqrt{\frac{x}{1-x}}$都是$\frac{1}{\sqrt{x-x^2}}$的原函数.

5.2 换元积分法

利用直接积分法只能求一些简单的不定积分. 为了解决更多复杂函数的不定积分问题,我们把复合函数的微分法反过来用于求不定积分. 通过中间变量的代换,得到复合函数的积分法,称为换元积分法,简称换元法. 换元法通常分成两类,下面先来介绍**第一类换元法**.

5.2.1 第一类换元法

我们先来看一个例子:求$\int e^{2x}dx$.

该积分不能直接用积分公式$\int e^x dx=e^x+C$来计算,但我们将先通过如下的变量替

换，然后再利用此积分公式求解：令 $u=2x$，得

$$\int e^{2x}dx=\int e^{2x}\cdot\frac{1}{2}d(2x)=\frac{1}{2}\int e^{2x}d(2x)$$
$$=\frac{1}{2}\int e^{u}du=\frac{1}{2}e^{u}+C=\frac{1}{2}e^{2x}+C.$$

这一解法的依据是如下的定理.

定理1　设 $f(u)$ 具有原函数 $F(u)$，$u=\varphi(x)$ 可导，则有

$$\int f[\varphi(x)]\varphi'(x)dx=F[\varphi(x)]+C \tag{1}$$

证　因为 $F'(u)=f(u)$，所以 $\{F[\varphi(x)]\}'=F'[\varphi(x)]\varphi'(x)=f[\varphi(x)]\varphi'(x)$，故有

$$\int f[\varphi(x)]\varphi'(x)dx=F[\varphi(x)]+C.$$

上述方法称为第一类换元法，也叫凑微分法.

计算时，为方便起见，我们常把公式(1)写为：

$$\int f[\varphi(x)]\varphi'(x)dx=\int f[\varphi(x)]d\varphi(x)=\left[\int f(u)du\right]_{u=\varphi(x)}$$
$$=[F(u)+C]_{u=\varphi(x)}=F[\varphi(x)]+C.$$

例1　求 $\int\frac{1}{3x+2}dx$.

解　$\int\frac{1}{3x+2}dx=\int\frac{1}{3}\cdot\frac{1}{3x+2}(3x+2)'dx=\int\frac{1}{3}\cdot\frac{1}{3x+2}d(3x+2)'$，令 $u=3x+2$，便有

$$\int\frac{1}{3x+2}dx=\frac{1}{3}\int\frac{1}{u}du=\frac{1}{3}\ln|u|+C=\frac{1}{3}\ln|3x+2|+C.$$

例2　求 $\int\cos^2 xdx$.

解　$\int\cos^2 xdx=\int\frac{1+\cos2x}{2}dx=\frac{1}{2}\left(\int dx+\int\cos2xdx\right)$

$$=\frac{1}{2}\int dx+\frac{1}{4}\int\cos2xd(2x)=\frac{x}{2}+\frac{\sin2x}{4}+C.$$

例3　求 $\int\frac{x^2}{(x+2)^3}dx$.

解　$\int\frac{x^2}{(x+2)^3}dx=\int\frac{x^2+2x-2x-4+4}{(x+2)^3}dx=\int\frac{x}{(x+2)^2}dx-\int\frac{2}{(x+2)^2}dx+\int\frac{4}{(x+2)^3}dx$

$$=\int\frac{1}{x+2}dx-\int\frac{4}{(x+2)^2}dx+\int\frac{4}{(x+2)^3}dx$$
$$=\ln|x+2|+\frac{4}{x+2}-\frac{2}{(x+2)^2}+C.$$

例4　求 $\int\frac{dx}{a^2+x^2}$，其中 $a>0$.

解　$\int\frac{dx}{a^2+x^2}=\int\frac{1}{a^2}\cdot\frac{dx}{1+\left(\frac{x}{a}\right)^2}=\frac{1}{a}\int\frac{d\left(\frac{x}{a}\right)}{1+\left(\frac{x}{a}\right)^2}=\frac{1}{a}\arctan\frac{x}{a}+C.$

例 5 求 $\int \frac{\mathrm{d}x}{x^2-a^2}$.

解 由于 $\frac{1}{x^2-a^2}=\frac{1}{2a}\left(\frac{1}{x-a}-\frac{1}{x+a}\right)$,

所以

$$\int \frac{\mathrm{d}x}{x^2-a^2}=\frac{1}{2a}\int\left(\frac{1}{x-a}-\frac{1}{x+a}\right)\mathrm{d}x=\frac{1}{2a}\left(\int\frac{\mathrm{d}x}{x-a}-\int\frac{\mathrm{d}x}{x+a}\right)$$

$$=\frac{1}{2a}\left[\int\frac{\mathrm{d}(x-a)}{x-a}-\int\frac{\mathrm{d}(x+a)}{x+a}\right]=\frac{1}{2a}(\ln|x-a|-\ln|x+a|)+C$$

$$=\frac{1}{2a}\ln\left|\frac{x-a}{x+a}\right|+C.$$

上述各例所使用的方法可总结为:

$$\int f(ax+b)\mathrm{d}x=\int\frac{1}{a}f(ax+b)\mathrm{d}(ax+b)=\frac{1}{a}\left[\int f(u)\mathrm{d}u\right]_{u=ax+b}. \tag{2}$$

我们知道高等数学的研究对象为初等函数,而初等函数是由基本初等函数经四则运算和复合得到的.基本初等函数包括:幂函数、指数函数、对数函数、三角函数、反三角函数,我们下面介绍被积函数中出现各类基本初等函数时,常用的凑微分法.

对被积函数中的幂函数,常用的凑微分法为:

$$\int f(x^n)x^{n-1}\mathrm{d}x=\frac{1}{n}\int f(x^n)\mathrm{d}(x^n),\text{其中 } n \text{ 为任一实数}. \tag{3}$$

例 6 求 $\int x\mathrm{e}^{x^2}\mathrm{d}x$.

解 $\int x\mathrm{e}^{x^2}\mathrm{d}x=\frac{1}{2}\int\mathrm{e}^{x^2}(x^2)'\mathrm{d}x=\frac{1}{2}\int\mathrm{e}^{x^2}\mathrm{d}(x^2)\xlongequal{u=x^2}\frac{1}{2}\int\mathrm{e}^u\mathrm{d}u=\frac{1}{2}\mathrm{e}^u+C\xlongequal{u=x^2}\frac{1}{2}\mathrm{e}^{x^2}+C$.

在对变量代换比较熟练以后,可不必写出换元过程 $u=\varphi(x)$.

例 7 求 $\int x\sqrt{1-x^2}\mathrm{d}x$.

解 $\int x\sqrt{1-x^2}\mathrm{d}x=\frac{1}{2}\int(1-x^2)^{\frac{1}{2}}\cdot\mathrm{d}x^2=-\frac{1}{2}\int(1-x^2)^{\frac{1}{2}}\mathrm{d}(1-x^2)$

$$=-\frac{1}{2}\cdot\frac{(1-x^2)^{\frac{3}{2}}}{\frac{3}{2}}+C=-\frac{1}{3}(1-x^2)^{\frac{3}{2}}+C.$$

例 8 求 $\int\frac{\sin\frac{1}{x}}{x^2}\mathrm{d}x$

解 $\int\frac{\sin\frac{1}{x}}{x^2}\mathrm{d}x=\int\sin\frac{1}{x}\cdot\frac{\mathrm{d}x}{x^2}=-\frac{1}{2}\int\sin\frac{1}{x}\mathrm{d}\frac{1}{x}=\frac{1}{2}\cos\frac{1}{x}+C$.

例 9 求 $\int\frac{\cos\sqrt{x}}{\sqrt{x}}\mathrm{d}x$

解 $\int\frac{\cos\sqrt{x}}{\sqrt{x}}\mathrm{d}x=\int 2\cos\sqrt{x}\frac{\mathrm{d}x}{2\sqrt{x}}=2\int\cos\sqrt{x}\mathrm{d}\sqrt{x}=2\sin\sqrt{x}+C$.

例 10 求 $\int \frac{dx}{x(1+x^7)}$,$(x>0)$

解 $\int \frac{dx}{x(1+x^7)} = \int \frac{1+x^7-x^7}{x(1+x^7)}dx = \int \frac{dx}{x} - \int \frac{x^6}{1+x^7}dx$

$$= \ln|x| - \frac{1}{7}\int \frac{1}{1+x^7}d(1+x^7) = \ln|x| - \frac{1}{7}\ln|x^7+1| + C$$

$$= \frac{1}{7}\ln\left|\frac{x^7}{x^7+1}\right| + C.$$

例 11 求 $\int \frac{1}{1+e^x}dx$

解 $\int \frac{1}{1+e^x}dx = \int \frac{1+e^x-e^x}{1+e^x}dx = \int dx - \int \frac{e^x}{1+e^x}dx$

$$= x - \ln(1+e^x) + C.$$

例 12 求 $\int \frac{1}{x\sqrt{\ln x - \ln^2 x}}dx$.

解 $\int \frac{1}{x\sqrt{\ln x - \ln^2 x}}dx = \int \frac{1}{\sqrt{\ln x - \ln^2 x}} \cdot \frac{dx}{x} = \int \frac{1}{\sqrt{\ln x - \ln^2 x}}dx$

$$= \int \frac{1}{x\sqrt{\ln x - \ln^2 x}}dx = \int \frac{1}{\sqrt{\ln x}\sqrt{1-\ln x}}d\ln x$$

$$= \int \frac{2}{\sqrt{1-\ln x}} \frac{d\ln x}{2\sqrt{\ln x}}$$

$$= \int \frac{2}{\sqrt{1-(\sqrt{\ln x})^2}}d\sqrt{\ln x} = 2\arcsin\sqrt{\ln x} + C.$$

例 13 求 $\int \sin^2 x \cos^3 x dx$.

解 $\int \sin^2 x \cos^3 x dx = \int \sin^2 x \cos^2 x d\sin x = \int \sin^2 x(1-\sin^2 x)d\sin x$

$$= \int (\sin^2 x - \sin^4 x)d\sin x = \frac{\sin^3 x}{3} - \frac{\sin^5 x}{5} + C.$$

例 14 求 $\int \sin^4 x dx$

解 因为 $\cos 2x = 1 - 2\sin^2 x$

即 $\sin^4 x = \frac{(1-\cos 2x)^2}{4} = \frac{1-2\cos 2x+\cos^2 2x}{4} = \frac{3}{8} - \frac{1}{2}\cos 2x + \frac{1}{8}\cos 4x.$

$$\int \sin^4 x dx = \frac{3}{8}x - \frac{1}{4}\sin 2x + \frac{1}{32}\sin 4x + C.$$

例 15 求 $\int \tan x dx$.

解 $\int \tan x dx = \int \frac{\sin x}{\cos x}dx = -\int \frac{1}{\cos x}d(\cos x) = -\ln|\cos x| + C.$

类似可得:$\int \cot x dx = \ln|\sin x| + C.$

例 16 求 $\int \csc x dx$.

解

$$\int \csc x\mathrm{d}x = \int \frac{\sin x\mathrm{d}x}{\sin^2 x} = -\int \frac{\mathrm{d}\cos x}{(1-\cos x)(1+\cos x)} = -\frac{1}{2}\int \frac{\mathrm{d}\cos x}{1-\cos x} - \frac{1}{2}\int \frac{\mathrm{d}\cos x}{1+\cos x}$$

$$= \frac{1}{2}\ln\left|\frac{1-\cos x}{1+\cos x}\right| + C = \frac{1}{2}\ln\left|\frac{(1-\cos x)^2}{1-\cos^2 x}\right| + C = \ln|\csc x - \cot x| + C.$$

或按如下方法求解：

$$\int \csc x\mathrm{d}x = \int \frac{\mathrm{d}x}{\sin x} = \int \frac{\mathrm{d}x}{2\sin\frac{x}{2}\cos\frac{x}{2}} = \int \frac{\mathrm{d}\left(\frac{x}{2}\right)}{\tan\frac{x}{2}\cos^2\frac{x}{2}} = \int \frac{\mathrm{d}\left(\tan\frac{x}{2}\right)}{\tan\frac{x}{2}} = \ln\left|\tan\frac{x}{2}\right| + C.$$

表面上看，似乎用不同方法求解出的不定积分不同，事实上，由于

$$\tan\frac{x}{2} = \frac{\sin\frac{x}{2}}{\cos\frac{x}{2}} = \frac{2\sin^2\frac{x}{2}}{\sin x} = \frac{1-\cos x}{\sin x} = \csc x - \cot x.$$

所以这两种解法的结果是一致的.

类似可得：$\int \sec x\mathrm{d}x = \ln|\sec x + \tan x| + C.$

例 17 求 $\int \sec^4 x\mathrm{d}x$.

解 $\int \sec^4 x\mathrm{d}x = \int \sec^2 x\sec^2 x\mathrm{d}x = \int (1+\tan^2 x)\mathrm{d}\tan x = \tan x + \frac{1}{3}\tan^3 x + C.$

例 18 求 $\int \sec^4 x\tan^2\mathrm{d}x$

解

$$\int \sec^4 x\tan^2 x\mathrm{d}x = \int \sec^2 x\tan^2 x\sec^2 x\mathrm{d}x = \int \tan^2 x(\tan^2 x + 1)\mathrm{d}\tan x$$

$$= \frac{1}{5}\tan^5 x + \frac{1}{3}\tan^3 x + C.$$

例 19 求 $\int \frac{10^{2\arccos x}}{\sqrt{1-x^2}}\mathrm{d}x$

解 $\int \frac{10^{2\arccos x}}{\sqrt{1-x^2}}\mathrm{d}x = -\frac{1}{2}\int 10^{2\arccos x}\mathrm{d}2\arccos x = -\frac{10^{2\arccos x}}{2\ln 10} + C.$

例 20 求 $\int \frac{1}{\arcsin\frac{x}{2}\sqrt{4-x^2}}\mathrm{d}x$

解

$$\int \frac{1}{\arcsin\frac{x}{2}\sqrt{4-x^2}}\mathrm{d}x = \int \frac{1}{2\arcsin\frac{x}{2}\sqrt{1-\left(\frac{x}{2}\right)^2}}\mathrm{d}x = \int \frac{1}{\arcsin\frac{x}{2}} \cdot \frac{\mathrm{d}\frac{x}{2}}{\sqrt{1-\left(\frac{x}{2}\right)^2}}$$

$$= \int \frac{\mathrm{d}\arcsin\frac{x}{2}}{\arcsin\frac{x}{2}} = \ln\left|\arcsin\frac{x}{2}\right| + C.$$

现将常用的凑微分公式汇总，以便查阅.

表 5-1 凑微分公式

积分类型	变量替换
$\int f(ax+b)\mathrm{d}x=\frac{1}{a}\int f(ax+b)\mathrm{d}(ax+b)\ (a\neq 0)$	$u=ax+b$
$\int f(x^\mu)x^{\mu-1}\mathrm{d}x=\frac{1}{\mu}\int f(x^\mu)\mathrm{d}(x^\mu)\ (\mu\neq 0)$（幂函数的凑微分法）	$u=x^\mu$
$\int f(\mathrm{e}^{ax})\mathrm{e}^{ax}\mathrm{d}x=\frac{1}{a}\int f(\mathrm{e}^{ax})\mathrm{d}(\mathrm{e}^{ax})$（指数函数）	$u=\mathrm{e}^{ax}$
$\int f(a^x)a^x\mathrm{d}x=\frac{1}{\ln a}\int f(a^x)\mathrm{d}(a^x)$（指数函数）	$u=a^x$
$\int f(\ln x)\frac{1}{x}\mathrm{d}x=\int f(\ln x)\mathrm{d}(\ln x)$（对数函数）	$u=\ln x$
$\int f(\sin x)\cos x\mathrm{d}x=\int f(\sin x)\mathrm{d}(\sin x)$（以下为三角函数）	$u=\sin x$
$\int f(\cos x)\sin x\mathrm{d}x=-\int f(\cos x)\mathrm{d}(\cos x)$	$u=\cos x$
$\int f(\tan x)\sec^2 x\mathrm{d}x=\int f(\tan x)\mathrm{d}(\tan x)$	$u=\tan x$
$\int f(\cot x)\csc^2 x\mathrm{d}x=-\int f(\cot x)\mathrm{d}(\cot x)$	$u=\cot x$
$\int f(\sec x)\sec x\tan x\mathrm{d}x=\int f(\sec x)\mathrm{d}(\sec x)$	$u=\sec x$
$\int f(\csc x)\csc x\cot x\mathrm{d}x=-\int f(\csc x)\mathrm{d}(\csc x)$	$u=\csc x$

5.2.2 第二类换元法

第一类换元法是通过变量代换 $u=\varphi(x)$，将积分 $\int f[\varphi(x)]\varphi'(x)\mathrm{d}x$ 化为 $\int f(u)\mathrm{d}u$.

第二类换元法则相反，是通过变量代换 $x=\psi(t)$ 将积分 $\int f(x)\mathrm{d}x$ 化为 $\int f[\psi(t)]\psi'(t)\mathrm{d}t$. 在求出后一个积分后，再以 $x=\psi(t)$ 的反函数 $t=\bar{\psi}(x)$ 代回去. 第二类换元公式可表示为

$$\int f(x)\mathrm{d}x=\int f[\psi(t)]\psi'(t)\mathrm{d}t\,\Big|_{t=\bar{\psi}(x)}.$$

为保证上式成立，除被积函数应存在原函数外，还应有反函数 $t=\bar{\psi}(x)$ 存在的条件. 我们给出下面的定理.

定理 2 设函数 $x=\psi(t)$ 单调、可导，且 $\psi'(t)\neq 0$，其反函数为 $t=\psi^{-1}(x)$，又设 $f[\psi(t)]\psi'(t)$ 具有原函数 $F(t)$，则有

$$\begin{aligned}\int f(x)\mathrm{d}x&=\left[\int f[\psi(t)]\psi'(t)\mathrm{d}t\right]_{t=\psi^{-1}(x)}\\&=[F(t)+C]_{t=\psi^{-1}(x)}=F[\psi^{-1}(x)]+C.\end{aligned}\tag{4}$$

证 设$f[\psi(t)]\psi'(t)$的原函数为$\Phi(t)$，令$F(x)=\Phi[\psi^{-1}(x)]$，

则 $F'(x)=\frac{\mathrm{d}\Phi}{\mathrm{d}t}\cdot\frac{\mathrm{d}t}{\mathrm{d}x}=f[\psi(t)]\psi'(t)\cdot\frac{1}{\psi'(t)}=f(x)$

所以 $\int f(x)\mathrm{d}x=F(x)+C=\Phi[\psi^{-1}(x)]+C=\int f[\psi(t)]\psi'(t)\mathrm{d}t\Big|_{t=\psi^{-1}(x)}$.

下面举例说明式(4)的应用.

例21 求$\int\frac{\sqrt{x-1}}{x}\mathrm{d}x$.

解 首先要去掉根号，为此，令$\sqrt{x-1}=t$，则$x=1+t^2$，$\mathrm{d}x=2t\mathrm{d}t$，故有

$$\int\frac{\sqrt{x-1}}{x}\mathrm{d}x=2\int\frac{t^2}{1+t^2}\mathrm{d}t=2\int\left(1-\frac{1}{1+t^2}\right)\mathrm{d}t=2(t-\arctan t)+C.$$

然后将$t=\sqrt{x-1}$回代，得

$$\int\frac{\sqrt{x-1}}{x}\mathrm{d}x=2(t-\arctan t)+C=2(\sqrt{x-1}-\arctan\sqrt{x-1})+C.$$

被积函数含有根号时，常会给积分带来困难，因此我们常需把根号去掉. 去根号的常用方法是第二类换元法. 对于仅含有$\sqrt[n]{ax+b}$的积分，可直接令此根式等于t，解出x即可去掉根号. 上例即是采用了这一方法.

下举例说明根号内含x^2时的去根号法.

例22 求$\int\sqrt{a^2-x^2}\mathrm{d}x\quad(a>0)$.

解 设$x=a\sin t$，$-\frac{\pi}{2}\leqslant t\leqslant\frac{\pi}{2}$，则有$\sqrt{a^2-x^2}=\sqrt{a^2-a^2\sin^2t}=a\cos t$.

故
$$\int\sqrt{a^2-x^2}\mathrm{d}x=\int a\cos t\mathrm{d}(a\sin t)=a^2\int\cos^2t\mathrm{d}t$$
$$=\frac{a^2}{2}\int(1+\cos2t)\mathrm{d}t=\frac{a^2}{2}(t+\frac{1}{2}\sin2t)+C.$$

由于$x=a\sin t$，$-\frac{\pi}{2}\leqslant t\leqslant\frac{\pi}{2}$ 所以$t=\arcsin\frac{x}{a}$，且

$$\cos t=\sqrt{1-\sin^2t}=\sqrt{1-\left(\frac{x}{a}\right)^2}=\frac{\sqrt{a^2-x^2}}{a},$$

于是所求积分为

$$\int\sqrt{a^2-x^2}\mathrm{d}x=\frac{a^2}{2}\arcsin\frac{x}{a}+\frac{x}{2}\sqrt{a^2-x^2}+C.$$

例23 求$\int\frac{1}{\sqrt{x^2+a^2}}\mathrm{d}x\quad(a>0)$.

解 可以利用三角公式$1+\tan^2t=\sec^2t$化去根式.

设$x=a\tan t\left(-\frac{\pi}{2}<t<\frac{\pi}{2}\right)$，则

$$\sqrt{x^2+a^2}=\sqrt{a^2+a^2\tan^2t}=a\sqrt{1+\tan^2t}=a\sec t,\mathrm{d}x=a\sec^2t\mathrm{d}t,$$

于是
$$\int\frac{1}{\sqrt{x^2+a^2}}\mathrm{d}x=\int\frac{a\sec^2t}{a\sec t}\mathrm{d}t=\int\sec t\mathrm{d}t.$$

利用例 16 的结果得 $\int \frac{1}{\sqrt{x^2+a^2}}\mathrm{d}x = \ln|\sec t + \tan t| + C.$

为了把 $\sec t$ 及 $\tan t$ 换成 x 的函数，可以根据 $\tan t = \frac{x}{a}$ 作辅助三角形(图 5－2)，便有 $\sec t = \frac{1}{\cos t} = \frac{\sqrt{x^2+a^2}}{a}$，且 $\sec t + \tan t > 0$，因此

$$\int \frac{1}{\sqrt{x^2+a^2}}\mathrm{d}x = \ln\left(\frac{x}{a} + \frac{\sqrt{x^2+a^2}}{a}\right) + C_1 = \ln(x + \sqrt{x^2+a^2}) + C,$$

其中 $C = C_1 - \ln a$.

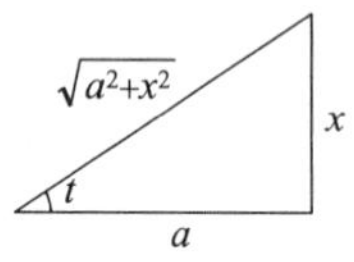

图 5－2

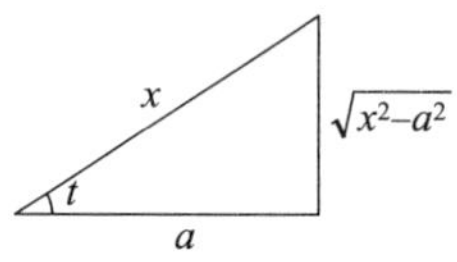

图 5－3

例 24 求 $\int \frac{\mathrm{d}x}{\sqrt{x^2-a^2}}$，$(a>0)$.

解 被积函数的定义域为 $(-\infty, -a)$ 及 $(a, +\infty)$，我们在区间 $(a, +\infty)$ 内求不定积分，区间 $(-\infty, -a)$ 上可类似讨论.

我们可以利用三角公式 $\sec^2 t - 1 = \tan^2 t$ 来消去根式.

设 $x = a\sec t\left(0 < t < \frac{\pi}{2}\right)$，则 $t = \arccos\frac{x}{a}$，而

$$\sqrt{x^2-a^2} = \sqrt{a^2\sec^2 t - a^2} = a\tan t,\ \mathrm{d}x = a\sec t\tan t\mathrm{d}t,$$

于是

$$\int \frac{\mathrm{d}x}{\sqrt{x^2-a^2}} = \int \frac{a\sec t\tan t}{a\tan t}\mathrm{d}t = \int \sec t\mathrm{d}t = \ln|\sec t + \tan t| + C.$$

为了把 $\tan t$ 换成 x 的函数，我们根据 $\sec t = \frac{x}{a}$ 作辅助三角形(图 5－3)，即有 $\tan t = \frac{\sqrt{x^2-a^2}}{a}$，从而

$$\int \frac{\mathrm{d}x}{\sqrt{x^2-a^2}} = \ln\left|\frac{x}{a} + \frac{\sqrt{x^2-a^2}}{a}\right| + C = \ln\left|x + \sqrt{x^2-a^2}\right| + C_1,\text{其中 } C_1 = C - \ln a.$$

一般地，对于被积函数中含有二次根式的积分，若根式内为二次函数，常用的三角代换如下.

(1) $\sqrt{a^2-x^2}$ 型：可令 $x = a\sin t$ 或 $x = a\cos t$；

(2) $\sqrt{a^2+x^2}$ 型：可令 $x = a\tan t$ 或 $x = a\cot t$；

(3) $\sqrt{x^2-a^2}$ 型：可令 $x = a\sec t$ 或 $x = a\csc t$.

在本节的例题中，有几个积分是以后经常会遇到的. 所以它们通常也被当作公式使用. 这样，除了基本积分公式外，再添加下面这些常用的积分公式(其中常数 $a>0$).

(1) $\int \tan x\mathrm{d}x = -\ln|\cos x| + C$;

(2) $\int \cot x\mathrm{d}x = \ln|\sin x| + C$;

(3) $\int \sec x\mathrm{d}x = \ln|\sec x + \tan x| + C$;

(4) $\int \csc x\mathrm{d}x = \ln|\csc x - \cot x| + C$;

(5) $\int \frac{\mathrm{d}x}{a^2+x^2} = \frac{1}{a}\arctan\frac{x}{a} + C$;

(6) $\int \frac{\mathrm{d}x}{x^2-a^2} = \frac{1}{2a}\ln\left|\frac{x-a}{x+a}\right| + C$;

(7) $\int \frac{1}{\sqrt{a^2-x^2}}\mathrm{d}x = \arcsin\frac{x}{a} + C$;

(8) $\int \frac{1}{\sqrt{x^2+a^2}}\mathrm{d}x = \ln\left(x+\sqrt{x^2+a^2}\right) + C$;

(9) $\int \frac{1}{\sqrt{x^2-a^2}}\mathrm{d}x = \ln\left|x+\sqrt{x^2-a^2}\right| + C$.

例 25 求 $\int \frac{\mathrm{d}x}{\sqrt{4x^2+9}}$.

解 $\int \frac{\mathrm{d}x}{\sqrt{4x^2+9}} = \int \frac{\mathrm{d}x}{\sqrt{(2x)^2+3^2}} = \frac{1}{2}\int \frac{\mathrm{d}(2x)}{\sqrt{(2x)^2+3^2}}$,

利用式(21),便得

$$\int \frac{\mathrm{d}x}{\sqrt{4x^2+9}} = \frac{1}{2}\ln(2x+\sqrt{4x^2+9}) + C.$$

例 26 求 $\int \frac{\mathrm{d}x}{\sqrt{1+x-x^2}}$.

解 $\int \frac{\mathrm{d}x}{\sqrt{1+x-x^2}} = \int \frac{\mathrm{d}\left(x-\frac{1}{2}\right)}{\sqrt{\left(\frac{\sqrt{5}}{2}\right)^2-\left(x-\frac{1}{2}\right)^2}}$,

利用式(20),便得

$$\int \frac{\mathrm{d}x}{\sqrt{1+x-x^2}} = \arcsin\frac{2x-1}{\sqrt{5}} + C.$$

当分母的阶较高时，可考虑采用“倒代换”:$x=\frac{1}{t}$.

例 27 求 $\int \frac{\mathrm{d}x}{x^2\sqrt{x^2+a^2}}\ (x>0)$.

解 令 $x=\frac{1}{t}$,则 $\mathrm{d}x = -\frac{1}{t^2}\mathrm{d}t$,则

$$\int \frac{\mathrm{d}x}{x^2\sqrt{x^2+a^2}} = -\int \frac{t}{\sqrt{a^2t^2+1}}\mathrm{d}t = -\frac{1}{2a^2}\int \frac{\mathrm{d}(a^2t^2+1)}{\sqrt{a^2t^2+1}}$$

$$= -\frac{1}{a^2}\sqrt{a^2t^2+1}+C = -\frac{\sqrt{x^2+a^2}}{a^2x}+C.$$

例 28 求 $\int\sqrt{1+e^x}dx$.

解 (方法一)令 $t=\sqrt{1+e^x}, x=\ln(t^2-1)$,那么 $dx=\frac{2tdt}{t^2-1}$,于是

$$\int\sqrt{1+e^x}dx = \int t\frac{2t}{t^2-1}dt = \int\left(2+\frac{1}{t-1}-\frac{1}{t+1}\right)dt$$

$$=2t+\ln\left|\frac{t-1}{t+1}\right|+C=2\sqrt{1+e^x}+\ln\left|\frac{\sqrt{1+e^x}-1}{\sqrt{1+e^x}+1}\right|+C.$$

(方法二)令 $e^x=\tan^2 t, x=2\ln\tan t$,那么 $dx=2\frac{\sec^2 t}{\tan t}dt=\frac{2dt}{\sin t\cos t}$,于是

$$\int\sqrt{1+e^x}dx = \int\sec t\frac{2}{\sin t\cos t}dt = 2\int\frac{\cos^2 t+\sin^2 t}{\cos^2 t\sin t}dt = 2\int\csc t dt+2\int\tan t\sec t dt$$

$$=2\sec t+2\ln|\csc t-\cot t|+C=2\sqrt{1+e^x}+2\ln\left|\frac{\sqrt{e^x+1}}{\sqrt{e^x}}-\frac{1}{\sqrt{e^x}}\right|+C$$

$$=2\sqrt{1+e^x}+2\ln\left|\sqrt{e^x+1}-1\right|-x+C.$$

习题 5.2

1. 在下列各式空白处填入适当的系数,使等式成立.

(1) $dx=$ ________ $d(ax+b)$;　　(2) $xdx=$ ________ $d(x^2)$;

(3) $xdx=$ ________ $d(2-x^2)$;　　(4) $e^{-2x}dx=$ ________ $d(1+e^{-2x})$;

(5) $\sin\frac{2x}{3}dx=$ ________ $d\left(\cos\frac{2x}{3}\right)$;　　(6) $\frac{1}{x}dx=$ ________ $d(3-5\ln|x|)$;

(7) $\frac{dx}{\sqrt{x}}=$ ________ $d(\sqrt{x})$;　　(8) $\frac{x}{\sqrt{1-x^2}}dx=$ ________ $d(\sqrt{1-x^2})$.

2. 求下列不定积分.

(1) $\int\frac{1}{1-3x}dx$;　　(2) $\int(3x-2)^3dx$;

(3) $\int e^{-5x}dx$;　　(4) $\int\frac{dx}{\sqrt[3]{5-3x}}$;

(5) $\int\frac{x}{\sqrt{2-3x^2}}dx$;　　(6) $\int\frac{\cos\sqrt{t}}{\sqrt{t}}dt$;

(7) $\int\frac{3x^3}{1-x^4}dx$;　　(8) $\int x\sin(x^2)dx$;

(9) $\int\frac{dx}{e^x+e^{-x}}$;　　(10) $\int\frac{e^{2x}-1}{e^x}dx$;

(11) $\int\frac{dx}{x\ln x\ln\ln x}$;　　(12) $\int\frac{dx}{x\sqrt{1-\ln^2 x}}$;

(13) $\int \frac{x+1}{x^2+2x+5}dx$;

(14) $\int \frac{x+5}{x^2-6x+13}dx$;

(15) $\int \tan\sqrt{1+x^2}\cdot\frac{xdx}{\sqrt{1+x^2}}$;

(16) $\int \frac{\arctan\sqrt{x}}{\sqrt{x}(1+x)}dx$;

(17) $\int \frac{1+\ln x}{(x\ln x)^2}dx$;

(18) $\int \frac{dx}{\sin x\cos x}$;

(19) $\int \cos^3 x dx$;

(20) $\int \cos^4 x dx$;

(21) $\int \tan^3 x\sec x dx$;

(22) $\int \sin 5x\sin 7x dx$;

(23) $\int \frac{\ln\tan x}{\sin x\cos x}dx$;

(24) $\int \frac{x}{x^2-x-2}dx$;

(25) $\int \frac{1}{(x+1)(x-2)}dx$;

(26) $\int \frac{2x+3}{x^2+3x-10}dx$;

(27) $\int \frac{1-x}{\sqrt{9-4x^2}}dx$;

(28) $\int \frac{dx}{9+25x^2}$;

(29) $\int \frac{\sec^2 x}{2+\tan^2 x}dx$;

(30) $\int \frac{dx}{1+\sin x}$;

(31) $\int \frac{\tan x}{\sqrt{\cos x}}dx$;

(32) $\int \frac{x^2}{\sqrt{1+x^2}}dx$;

(33) $\int \frac{1}{1+\sqrt{2x}}dx$;

(34) $\int \frac{\sqrt{1+x}}{1+\sqrt{1+x}}dx$;

(35) $\int \frac{dx}{x\sqrt{x^2-1}}$;

(36) $\int \frac{dx}{\sqrt{x(4-x)}}$;

(37) $\int \frac{x^2dx}{\sqrt{a^2-x^2}}\quad(a>0)$;

(38) $\int \frac{dx}{\sqrt{(x^2+1)^3}}$;

(39) $\int \frac{dx}{(2x^2+1)\sqrt{x^2+1}}$;

(40) $\int \frac{dx}{x+\sqrt{1-x^2}}$;

(41) $\int \frac{x-1}{x^2+2x+3}dx$;

(42) $\int \frac{x^3+1}{(x^2+1)^2}dx$;

(43) $\int \frac{dx}{x^4(1+x^2)}$;

(44) $\int \frac{dx}{1+e^x}$;

(45) $\int \left(1-\frac{1}{x^2}\right)e^{x+\frac{1}{x}}dx$;

(46) $\int \frac{1}{\sqrt{2x+3}+\sqrt{2x-1}}dx$;

(47) $\int \frac{1}{\sqrt{4-x^2}\arcsin\frac{x}{2}}dx$;

(48) $\int \frac{x^5}{\sqrt{1+x^2}}dx$;

(49) $\int \frac{1}{\sqrt{1+e^x}}dx$

(50) $\int x(2x+1)^{50}dx$.

5.3 分部积分法

前面我们在复合函数求导法则的基础上，得到了换元积分法. 现在我们利用两个函数乘积的求导法则，来推得另一个求积分的基本方法——**分部积分法**.

设函数 $u=u(x)$ 及 $v=v(x)$ 具有连续导数，则 $(uv)'=u'v+uv'$，移项得 $uv'=(uv)'-u'v$，两端求不定积分，得

$$\int uv'\mathrm{d}x=uv-\int u'v\mathrm{d}x. \tag{1}$$

上式也可写作

$$\int u\mathrm{d}v=uv-\int v\mathrm{d}u. \tag{2}$$

式(1)或式(2)称为**分部积分公式**. 如果求 $\int uv'\mathrm{d}x$ 有困难，而求 $\int u'v\mathrm{d}x$ 较容易时，我们就可考虑用分部积分公式. 下面通过例子来说明公式的应用.

例 1 求 $\int x\mathrm{e}^x\mathrm{d}x$.

解 设 $u=x,\mathrm{d}v=\mathrm{e}^x\mathrm{d}x$，则 $v=\mathrm{e}^x$，于是应用分部积分公式(2)，得

$$\int x\mathrm{e}^x\mathrm{d}x=\int x\mathrm{d}\mathrm{e}^x=x\mathrm{e}^x-\int \mathrm{e}^x\mathrm{d}x,$$

而 $\int v\mathrm{d}u=\int \mathrm{e}^x\mathrm{d}x$ 很容易积出，所以

$$\int x\mathrm{e}^x\mathrm{d}x=x\mathrm{e}^x-\mathrm{e}^x+C=(x-1)\mathrm{e}^x+C.$$

求这个积分时，如果设 $u=\mathrm{e}^x,\mathrm{d}v=x\mathrm{d}x$，则 $v=\frac{x^2}{2}$，从而

$$\int x\mathrm{e}^x\mathrm{d}x=\int \mathrm{e}^x\mathrm{d}\left(\frac{x^2}{2}\right)=\frac{x^2}{2}\mathrm{e}^x-\int\frac{x^2}{2}\mathrm{e}^x\mathrm{d}x,$$

此时，右端的积分比原积分更加复杂.

由此可见，如果 u 和 $\mathrm{d}v$ 选取不同，计算的复杂程度就不同，所以应用分部积分法时，恰当选取 u 和 $\mathrm{d}v$ 是一个关键. 一般地，u 和 $\mathrm{d}v$ 的选取遵循以下原则.

(1) 函数 v 要容易求得；

(2) 积分 $\int v\mathrm{d}u$ 要比 $\int u\mathrm{d}v$ 容易计算.

例 2 求 $\int x^2\mathrm{e}^x\mathrm{d}x$.

解 设 $u=x^2,\mathrm{d}v=\mathrm{e}^x\mathrm{d}x=\mathrm{d}(\mathrm{e}^x)$，则

$$\int x^2\mathrm{e}^x\mathrm{d}x=\int x^2\mathrm{d}(\mathrm{e}^x)=x^2\mathrm{e}^x-\int \mathrm{e}^x\mathrm{d}(x^2)=x^2\mathrm{e}^x-2\int x\mathrm{e}^x\mathrm{d}x,$$

这里 $\int x\mathrm{e}^x\mathrm{d}x$ 比 $\int x^2\mathrm{e}^x\mathrm{d}x$ 更简单，所以通过分部积分，我们对被积函数中的幂函数实现了降次. 由例 1 知，对 $\int x\mathrm{e}^x\mathrm{d}x$ 再应用一次分部积分法就可以了，所以

$$\int x^2e^x\mathrm{d}x = x^2e^x - 2\int xe^x\mathrm{d}x = x^2e^x - 2\int x\mathrm{d}e^x$$
$$= x^2e^x - 2(xe^x - e^x) + C = e^x(x^2 - 2x + 2) + C.$$

在分部积分法运用比较熟练以后，就不必写出哪一部分选作 u，哪一部分选作 $\mathrm{d}v$. 只要把被积表达式凑成 $u(x)\mathrm{d}v(x)$ 的形式，便可使用分部积分公式.

例 3 求 $\int x\sin x\mathrm{d}x$.

解 $\int x\sin x\mathrm{d}x = \int x\mathrm{d}(-\cos x) = -x\cos x - \int(-\cos x)\mathrm{d}x$
$$= -x\cos x + \sin x + C.$$

一般地，如果被积函数是幂函数 $x^n(n\in \mathrm{N})$ 和三角函数或指数函数的乘积，就可以考虑用分部积分法，并将三角函数或指数函数与 $\mathrm{d}x$ 的乘积凑出微分 $\mathrm{d}v$，这样，每使用一次分部积分法，都可以使幂函数的幂次降低一次.

例 4 求 $\int \ln x\mathrm{d}x$.

解 $\int \ln x\mathrm{d}x = x\ln x - \int x\mathrm{d}(\ln x) = x\ln x - \int \mathrm{d}x = x\ln x - x + C.$

例 5 求 $\int \ln(x+\sqrt{a^2+x^2})\mathrm{d}x$.

解 $\int \ln(x+\sqrt{a^2+x^2})\mathrm{d}x = x\ln(x+\sqrt{x^2+a^2}) - \int x[\ln(x+\sqrt{a^2+x^2})]'\mathrm{d}x$
$$= x\ln(x+\sqrt{x^2+a^2}) - \int x\frac{\mathrm{d}x}{\sqrt{x^2+a^2}}$$
$$= x\ln(x+\sqrt{x^2+a^2}) - \sqrt{x^2+a^2} + C.$$

例 6 求 $\int \arcsin x\mathrm{d}x$.

解 $\int \arcsin x\mathrm{d}x = x\arcsin x - \int x\mathrm{d}(\arcsin x)$
$$= x\arcsin x - \int\frac{x}{\sqrt{1-x^2}}\mathrm{d}x$$
$$= x\arcsin x + \frac{1}{2}\int\frac{1}{\sqrt{1-x^2}}\mathrm{d}(1-x^2)$$
$$= x\arcsin x + \sqrt{1-x^2} + C.$$

由上面三个例子可以看到，如果被积函数是幂函数和对数函数或反三角函数的乘积，可以考虑用分部积分法，并把对数函数或反三角函数设为 u，把剩下部分凑成微分 $\mathrm{d}v$.

例 7 求 $\int e^x\sin x\mathrm{d}x$.

解 $\int e^x\sin x\mathrm{d}x = \int \sin x\mathrm{d}(e^x) = e^x\sin x - \int e^x\cos x\mathrm{d}x$
$$= e^x\sin x - \int\cos x\mathrm{d}(e^x) = e^x\sin x - e^x\cos x - \int e^x\sin x\mathrm{d}x,$$

由于上式右端的第三项就是所求的积分 $\int e^x\sin x\mathrm{d}x$，把它移到等号左端去，再两端同除以 2，便得

$$\int e^x \sin x dx = \frac{1}{2}e^x(\sin x - \cos x) + C.$$

因上式右端已不包含积分项,所以必须加上任意常数 C.

采用相同技巧,我们可以求解如下这题.

例 8 求 $\int \sec^3 x dx$.

解
$$\begin{aligned}\int \sec^3 x dx &= \int \sec x \cdot \sec^2 x dx = \int \sec x d\tan x \\ &= \sec x \tan x - \int \tan x \cdot \sec x \tan x dx \\ &= \sec x \tan x - \int \sec x(\sec x^2 - 1) dx \\ &= \sec x \tan x - \int \sec^3 x dx + \int \sec x dx \\ &= \sec x \tan x + \ln|\sec x + \tan x| - \int \sec^3 x dx,\end{aligned}$$

移项,再两端同除以 2,便得

$$\int \sec^3 x dx = \frac{1}{2}\sec x \tan x + \frac{1}{2}\ln|\sec x + \tan x| + C.$$

在积分过程中,往往要兼用换元法与分部积分法.

例 9 求 $\int x\cos^3 x dx$.

解
$$\begin{aligned}\int x\cos^3 x dx &= \int x\cos^2 x d\sin x = \int x(1 - \sin^2 x) d\sin x \\ &= \int x d\left(\sin x - \frac{1}{3}\sin^3 x\right) \\ &= x\left(\sin x - \frac{1}{3}\sin^3 x\right) - \int \left(\sin x - \frac{1}{3}\sin^3 x\right) dx \\ &= x\left(\sin x - \frac{1}{3}\sin^3 x\right) + \int \left[1 - \frac{1}{3}(1 - \cos^2 x)\right] d\cos x \\ &= x\left(\sin x - \frac{1}{3}\sin^3 x\right) + \frac{2}{3}\cos x + \frac{1}{9}\cos^3 x + C.\end{aligned}$$

分部积分法的常用类型及使用方法可汇总如下:(其中 m,n 为正整数,a,b 为非零常数)

$$\int x^n e^{ax} dx = \frac{1}{a}\int x^n de^{ax};\ \int x^n \sin bx dx = -\frac{1}{b}\int x^n d\cos bx;\ \int x^n \cos bx dx = \frac{1}{b}\int x^n d\sin bx;$$

再通过分部积分,可将其中的幂函数 x^n 降次,从而简化了被积函数.

以下各类则需将幂函数凑微分,然后再用分部积分:

$$\int x^n \ln^m x dx = \frac{1}{n+1}\int \ln^m x dx^{n+1};\qquad \int x^n \arcsin mx dx = \frac{1}{n+1}\int \arcsin mx dx^{n+1};$$

$$\int x^n \arccos mx dx = \frac{1}{n+1}\int \arccos mx dx^{n+1};\quad \int x^n \arctan mx dx = \frac{1}{n+1}\int \arctan mx dx^{n+1};$$

通过分部积分,可消去其中的对数函数或反三角函数,从而简化被积函数.

以下类型需作两次分部积分并移项:

$$\int e^{ax}\sin bx\mathrm{d}x;\int e^{ax}\cos bx\mathrm{d}x.$$

习题 5.3

1. 求下列不定积分.

(1) $\int x^2\arctan x\mathrm{d}x$; (2) $\int x\tan^2x\mathrm{d}x$;

(3) $\int x^2\cos^2\frac{x}{2}\mathrm{d}x$; (4) $\int x\ln^2x\mathrm{d}x$;

(5) $\int e^{-2x}\sin\frac{x}{2}\mathrm{d}x$; (6) $\int\ln(1+x^2)\mathrm{d}x$;

(7) $\int x^2\cos x\mathrm{d}x$; (8) $\int te^{-2t}\mathrm{d}t$;

(9) $\int x\sin x\cos x\mathrm{d}x$; (10) $\int\frac{\ln x}{x^2}\mathrm{d}x$;

(11) $\int(\arcsin x)^2\mathrm{d}x$; (12) $\int\cos(\ln x)\mathrm{d}x$;

(13) $\int\frac{\ln\sin x}{\cos^2x}\mathrm{d}x$; (14) $\int(x^2-1)\sin2x\mathrm{d}x$;

(15) $\int\frac{x\cos x}{\sin^3x}\mathrm{d}x$; (16) $\int\frac{x\cos^4\frac{x}{2}}{\sin^3x}\mathrm{d}x$;

(17) $\int\frac{x^2}{1+x^2}\arctan x\mathrm{d}x$; (18) $\int e^{2x}(\tan x+1)^2\mathrm{d}x$;

(19) $\int e^{\sqrt[3]{x}}\mathrm{d}x$; (20) $\int e^x\sin^2x\mathrm{d}x$.

2. 设 $\int f(x)\mathrm{d}x=\frac{\sin x}{x}$,求 $I=\int x^3f'(x)\mathrm{d}x$.

5.4 有理函数的积分

前面已经介绍了不定积分的两个基本方法——换元积分法和分部积分法.下面简要地介绍有理函数的积分及可化为有理函数的积分.

5.4.1 有理函数的积分

两个多项式函数 $P(x)$,$Q(x)$ 的商称为有理函数,其一般形式为

$$R(x)=\frac{P(x)}{Q(x)}=\frac{a_0x^n+a_1x^{n-1}+\cdots+a_{n-1}x+a_n}{b_0x^m+b_1x^{m-1}+\cdots+b_{m-1}x+b_m},\tag{1}$$

其中 m 和 n 都是非负整数;$a_0,a_1,\cdots,a_n$ 及 $b_0,b_1,\cdots,b_m$ 都是实数,且 $a_0,b_0\neq0$.若 $m>n$,则称它为真分式;若 $m\leq n$,则称它为假分式.称 $\int\frac{P(x)}{Q(x)}\mathrm{d}x$ 为有理函数的积分.

由多项式的除法可知，假分式总能化为一个多项式与一个真分式之和. 例如：

$$\frac{x^3+2x+1}{x^2+1}=x+\frac{x+1}{x^2+1}.$$

由于多项式的不定积分是容易求得的，因此只需研究如何计算真分式的不定积分.

对真分式$\frac{P(x)}{Q(x)}$，一般可按如下步骤作分解：

第一步 对分母 $Q(x)$ 在实系数内作分解，设可分解为：

$$Q(x)=b_0(x-a_1)^{\lambda_1}\cdots(x-a_s)^{\lambda_s}(x^2+p_1x+q_1)^{\mu_1}\cdots(x^2+p_tx+q_t)^{\mu_t}, \tag{2}$$

其中 $\lambda_i,\mu_j(i=1,2,\cdots,s;j=1,2,\cdots,t)$ 均为自然数，而且 $p_j^2-4q_j<0,j=1,2,\cdots,t$.

第二步 根据分母 $Q(x)$ 的各个因式分别写出与之相应的分解式：

对于每个形如$(x-a)^k$ 的因式，它所对应的和式是：

$$\frac{A_1}{x-a}+\frac{A_2}{(x-a)^2}+\cdots+\frac{A_k}{(x-a)^k};$$

对于每个形如$(x^2+px+q)^k$ 的因式，它所对应的和式是：

$$\frac{B_1x+C_1}{x^2+px+q}+\frac{B_2x+C_2}{(x^2+px+q)^2}+\cdots+\frac{B_kx+C_k}{(x^2+px+q)^k}.$$

把所有分式加起来，使之等于$\frac{P(x)}{Q(x)}$. 其中的常数系数 A_i,B_i,C_i 待定的. 这一步骤称将真分式化成**部分分式**之和.

例 1 将下列各真分式化为部分分式之和（待定系数不必求出）

(1) $\frac{x+3}{x^2-5x+6}$；　　(2) $\frac{1}{(1+x)(1+x^2)}$；

(3) $\frac{1}{x^3-2x^2+x}$；　　(4) $\frac{1}{(x-1)^3(1+x^2)^2}$.

解 (1) $\frac{x+3}{x^2-5x+6}=\frac{x+3}{(x-2)(x-3)}=\frac{A}{x-2}+\frac{B}{x-3}.$

(2) $\frac{1}{(1+x)(1+x^2)}=\frac{A}{1+x}+\frac{Bx+C}{1+x^2}.$

(3) $\frac{1}{x^3-2x^2+x}=\frac{1}{x(x-1)^2}=\frac{A}{x}+\frac{B}{x-1}+\frac{C}{(x-1)^2}.$

(4) $\frac{1}{(x-1)^3(1+x^2)^2}=\frac{A_1}{x-1}+\frac{A_2}{(x-1)^2}+\frac{A_3}{(x-1)^3}+\frac{Bx+C}{1+x^2}+\frac{Dx+F}{(1+x^2)^2}.$

可用上述分解法求真分式的积分.

例 2 求 $\int\frac{x+1}{x^2-5x+6}\mathrm{d}x.$

解 被积函数的分母分解成$(x-3)(x-2)$，故可设

$$\frac{x+1}{x^2-5x+6}=\frac{A}{x-3}+\frac{B}{x-2},$$

其中 A、B 为待定系数. 可以用下面的方法确定 A、B.

上式两端乘以$(x-3)(x-2)$，得

$$x+1=A(x-2)+B(x-3),$$

即 $$x+1=(A+B)x-2A-3B.$$

比较上式两端同次幂的系数,即有

$$\begin{cases}A+B=1,\\2A+3B=-1.\end{cases}$$

从而解得 $A=4, B=-3$.

于是 $\int\frac{x+1}{x^2-5x+6}dx=\int\left(\frac{4}{x-3}-\frac{3}{x-2}\right)dx=4\ln|x-3|-3\ln|x-2|+C.$

例3 求 $\int\frac{x+2}{(2x+1)(x^2+x+1)}dx.$

解 可设 $$\frac{x+2}{(2x+1)(x^2+x+1)}=\frac{A}{2x+1}+\frac{Bx+C}{x^2+x+1},$$

两端乘以$(2x+1)(x^2+x+1)$得 $x+2=A(x^2+x+1)+(Bx+C)(2x+1)$,

即 $$x+2=(A+2B)x^2+(A+B+2C)x+A+C,$$

有 $$\begin{cases}A+2B=0,\\A+B+2C=1,\\A+C=2,\end{cases}\quad 解得\begin{cases}A=2,\\B=-1,\\C=0.\end{cases}$$

于是
$$\begin{aligned}\int\frac{x+2}{(2x+1)(x^2+x+1)}dx&=\int\left(\frac{2}{2x+1}-\frac{x}{x^2+x+1}\right)dx\\&=\ln|2x+1|-\frac{1}{2}\int\frac{(2x+1)-1}{x^2+x+1}dx\\&=\ln|2x+1|-\frac{1}{2}\int\frac{d(x^2+x+1)}{x^2+x+1}+\frac{1}{2}\int\frac{dx}{\left(x+\frac{1}{2}\right)^2+\frac{3}{4}}\\&=\ln|2x+1|-\frac{1}{2}\ln(x^2+x+1)+\frac{1}{\sqrt{3}}\arctan\frac{2x+1}{\sqrt{3}}+C.\end{aligned}$$

对于 $I=\int\frac{Bx+C}{(x^2+px+q)^k}dx$ 型不定积分(其中 $p^2-4q<0, B, C, p, q$ 是常数),通过对分母作配方,可化为

$$I=\int\frac{B\left(x+\frac{p}{2}\right)+C_1}{\left[\left(x+\frac{p}{2}\right)^2+a^2\right]^k}d\left(x+\frac{p}{2}\right),$$(其中的 C_1, a 是相应常数),令 $u=x+\frac{p}{2}$,则

$$\begin{aligned}I&=\int\frac{Bu+C_1}{(u^2+a^2)^k}du=\int\frac{\frac{1}{2}B}{(u^2+a^2)^k}d(u^2+a^2)+C_1\int\frac{1}{(u^2+a^2)^k}du\\&=\frac{1}{2(-k+1)}B(u^2+a^2)^{-k+1}+C_1\int\frac{1}{(u^2+a^2)^k}du.\end{aligned}$$

对于 $\int\frac{1}{(u^2+a^2)^k}du$ 型不定积分,我们举一例以说明其求解方法.

例4 求 $\int\frac{dx}{(x^2+a^2)^2}\quad(a>0).$

解 设 $x=a\tan t\left(-\frac{\pi}{2}<t<\frac{\pi}{2}\right)$,有

$$\int\frac{\mathrm{d}x}{(x^2+a^2)^2}=\int\frac{a\sec^2t}{a^4\sec^4t}\mathrm{d}t=\frac{1}{a^3}\int\cos^2t\mathrm{d}t$$

$$=\frac{1}{2a^3}\int(1+\cos2t)\mathrm{d}t=\frac{1}{2a^3}\left(t+\frac{1}{2}\sin2t\right)+C$$

$$=\frac{1}{2a^3}(t+\sin t\cos t)+C$$

由 $\tan t=\frac{x}{a}$ 作辅助三角形(可参看图 5－2),得

$$\sin t=\frac{x}{\sqrt{x^2+a^2}},\cos t=\frac{a}{\sqrt{x^2+a^2}},$$

于是

$$\int\frac{\mathrm{d}x}{(x^2+a^2)^2}=\frac{1}{2a^3}\left(\arctan\frac{x}{a}+\frac{ax}{x^2+a^2}\right)+C.$$

5.4.2 可化为有理函数的积分举例

例 5 求 $\int\frac{1+\sin x}{\sin x(1+\cos x)}\mathrm{d}x$.

解 (方法一)$\sin x$ 与 $\cos x$ 都可以用 $\tan\frac{x}{2}$ 的有理式表示,即有万能公式:

$$\sin x=2\sin\frac{x}{2}\cos\frac{x}{2}=\frac{2\tan\frac{x}{2}}{\sec^2\frac{x}{2}}=\frac{2\tan\frac{x}{2}}{1+\tan^2\frac{x}{2}},$$

$$\cos x=\cos^2\frac{x}{2}-\sin^2\frac{x}{2}=\frac{1-\tan^2\frac{x}{2}}{\sec^2\frac{x}{2}}=\frac{1-\tan^2\frac{x}{2}}{1+\tan^2\frac{x}{2}}.$$

如果作变换 $t=\tan\frac{x}{2}(-\pi<x<\pi)$,那么

$$\sin x=\frac{2t}{1+t^2},\cos x=\frac{1-t^2}{1+t^2},$$

而 $x=2\arctan t$,从而

$$\mathrm{d}x=\frac{2}{1+t^2}\mathrm{d}t,$$

于是

$$\int\frac{1+\sin x}{\sin x(1+\cos x)}\mathrm{d}x=\int\frac{1+\frac{2t}{1+t^2}}{\frac{2t}{1+t^2}\left(1+\frac{1-t^2}{1+t^2}\right)}\cdot\frac{2}{1+t^2}\mathrm{d}t$$

$$=\int\frac{1}{2}\left(t+2+\frac{1}{t}\right)\mathrm{d}t=\frac{1}{2}\left(\frac{t^2}{2}+2t+\ln|t|\right)+C$$

$$=\frac{1}{4}\tan^2\frac{x}{2}+\tan\frac{x}{2}+\frac{1}{2}\ln\left|\tan\frac{x}{2}\right|+C.$$

（方法二）$\int \frac{1+\sin x}{\sin x(1+\cos x)}dx = \int \frac{(1+\sin x)(1-\cos x)}{\sin x(1-\cos^2 x)}dx = \int \frac{1-\cos x+\sin x-\sin x\cos x}{\sin^3 x}dx$

$$= \int \csc^3 x dx - \int \frac{\cos x}{\sin^3 x}dx + \int \csc^2 x dx - \int \frac{\cos x}{\sin^2 x}dx$$

$$= -\int \csc x d\cot x + \int \cot x d\cot x + \int \csc^2 x dx - \int \cot x \csc x dx$$

$$= -\frac{1}{2}\csc x\cot x + \frac{1}{2}\ln|\csc x-\cot x| + \frac{1}{2}\cot^2 x - \cot x + \csc x + C$$

$$= \frac{1}{4}\tan^2\frac{x}{2} + \tan\frac{x}{2} + \frac{1}{2}\ln\left|\tan\frac{x}{2}\right| + C.$$

注：仅由三角函数和常数，经有限次四则运算构成的函数，称为**三角函数有理式**，一般记之为 $R(\sin x,\cos x)$. 上例中的被积函数 $\frac{1+\sin x}{\sin x(1+\cos x)}$ 即是一个三角函数有理式. 对这类被积函数的积分，利用万能公式，并作变换 $t=\tan\frac{x}{2}$，则被积函数就化为有理函数. 即有

$$\int R(\sin x,\cos x)dx = \int R\left(\frac{2t}{1+t^2},\frac{1-t^2}{1+t^2}\right)\frac{2}{1+t^2}dt.$$

例 6 求 $\int \frac{dx}{(1+\sqrt[3]{x})\sqrt{x}}$.

解 被积函数中出现了两个根式 $\sqrt{x}$ 及 $\sqrt[3]{x}$. 为了能同时消去这两个根式，可令 $x=t^6$. 于是 $dx=6t^5dt$，从而所求积分为

$$\int \frac{dx}{(1+\sqrt[3]{x})\sqrt{x}} = \int \frac{6t^5dt}{(1+t^2)t^3} = 6\int \frac{t^2}{1+t^2}dt$$

$$= 6\int\left(1-\frac{1}{1+t^2}\right)dt = 6(t-\arctan t)+C$$

$$= 6(\sqrt[6]{x}-\arctan\sqrt[6]{x})+C.$$

例 7 求 $\int \frac{1}{x}\sqrt{\frac{1+x}{x}}dx$

解 （方法一）令 $\sqrt{\frac{1+x}{x}}=u$，则有 $1+x=xu^2$，故 $x=\frac{1}{u^2-1}$，$dx=-\frac{2udu}{(u^2-1)^2}$，从而所求积分为

$$\int \frac{1}{x}\sqrt{\frac{1+x}{x}}dx = \int (u^2-1)\cdot u\cdot\frac{-2udu}{(u^2-1)^2} = \int \frac{-2u^2du}{u^2-1}$$

$$= -2\int\left(1+\frac{1}{u^2-1}\right)du = -2u-\ln\frac{u-1}{u+1}+C$$

$$= -2\sqrt{\frac{1+x}{x}} - \ln\frac{\sqrt{\frac{1+x}{x}}-1}{\sqrt{\frac{1+x}{x}}+1}+C.$$

（方法二）令 $x=\tan^2 t\left(0<t<\frac{\pi}{2}\right)$，于是 $dx=2\tan t\sec^2 t$，从而所求积分为

$$\int \frac{1}{x}\sqrt{\frac{1+x}{x}}\mathrm{d}x = \int \frac{\sec t}{\tan^3 t}2\tan t\sec^2 t\mathrm{d}t = \int \frac{2}{\cos t\sin^2 t}\mathrm{d}t = 2\int(\sec t+\cot t\csc t)\mathrm{d}t$$

$$=2\ln|\sec t+\tan t|-2\csc t+C=2\ln|\sqrt{x+1}+\sqrt{x}|-2\sqrt{\frac{x+1}{x}}+C.$$

以上例子表明,如果被积函数中含有简单根式 $\sqrt[n]{ax+b}$ 或 $\sqrt[n]{\frac{ax+b}{cx+d}}$,可以令此根式为 u. 则可去掉根号,将原积分化为有理函数的积分.

习题 5.4

求下列不定积分.

1. $\int \frac{x^3}{x+3}\mathrm{d}x$;
2. $\int \frac{2x+3}{x^2+3x-10}\mathrm{d}x$;
3. $\int \frac{x+1}{x^2-2x+5}\mathrm{d}x$;
4. $\int \frac{1}{x(x^2+1)}\mathrm{d}x$;
5. $\int \frac{3}{x^3+1}\mathrm{d}x$;
6. $\int \frac{x^2+1}{(x+1)^2(x-1)}\mathrm{d}x$;
7. $\int \frac{x\mathrm{d}x}{(x+1)(x+2)(x+3)}$
8. $\int \frac{x^5+x^4-8}{x^3-x}\mathrm{d}x$;
9. $\int \frac{\mathrm{d}x}{(x^2+1)(x^2+x)}$;
10. $\int \frac{1}{x^4-1}\mathrm{d}x$;
11. $\int \frac{\mathrm{d}x}{2+\sin x}$;
12. $\int \frac{\mathrm{d}x}{1+\sin x+\cos x}$;
13. $\int \frac{\mathrm{d}x}{1+\sqrt[3]{x+1}}$;
14. $\int \frac{(\sqrt{x})^3-1}{\sqrt{x}+1}\mathrm{d}x$;
15. $\int \frac{\sqrt{x+1}-1}{\sqrt{x+1}+1}\mathrm{d}x$;
16. $\int \frac{\mathrm{d}x}{\sqrt{x}+\sqrt[4]{x}}$;
17. $\int \frac{\mathrm{d}x}{\sqrt[3]{(x-1)(x+1)^2}}$.

5.5 积分表的使用

通过前面的讨论可以看出,积分的计算要比导数的计算来得灵活、复杂. 为了实用的方便,我们把常用的积分公式按照被积函数的类型排列汇集成表,这种表叫做**积分表**(见附录). 求积分时,可根据被积函数的类型直接地或经过简单变形后,在表内查得所需的结果.

5.5.1 在积分表中能直接查到的积分

例 1 求 $\int \frac{x}{(2+3x)^2}\mathrm{d}x$.

解 被积函数含有 $ax+b$，在附录1积分公式一中查得公式7.

$$\int \frac{x}{(ax+b)^2}\mathrm{d}x=\frac{1}{a^2}\left(\ln|ax+b|+\frac{b}{ax+b}\right)+C,$$

现在 $a=3,b=2$，所以

$$\int \frac{x}{(2+3x)^2}\mathrm{d}x=\frac{1}{9}\left(\ln|2+3x|+\frac{2}{2+3x}\right)+C.$$

例2 求 $\int \frac{1}{5+3\sin x}\mathrm{d}x$.

解 被积函数含 $a+b\sin x$，在附录1积分公式十一中查得公式21.或22.，又因为 $a=5,b=3,a^2>b^2$，所以由公式21.，得

$$\begin{aligned}\int \frac{1}{5+3\sin x}\mathrm{d}x&=\frac{2}{\sqrt{5^2-3^2}}\arctan\frac{5\tan\frac{x}{2}+3}{\sqrt{5^2-3^2}}+C\\&=\frac{1}{2}\arctan\frac{1}{4}\left(5\tan\frac{x}{2}+3\right)+C.\end{aligned}$$

5.5.2 先变量替换，再查表的积分

例3 求 $\int \frac{\mathrm{d}x}{\sqrt{4x^2-9}}$.

解 这个积分不能在积分表中直接查到，必须先进行变量替换. 令 $2x=u$，则

$$\sqrt{4x^2-9}=\sqrt{u^2-3^2},x=\frac{u}{2},\mathrm{d}x=\frac{1}{2}\mathrm{d}u,$$

所以

$$\int \frac{\mathrm{d}x}{\sqrt{4x^2-9}}=\frac{1}{2}\int \frac{\mathrm{d}u}{\sqrt{u^2-3^2}},$$

被积函数含有 $\sqrt{u^2-3^2}$，由附录1积分公式七中的公式1.，得

$$\int \frac{\mathrm{d}x}{\sqrt{4x^2-9}}=\frac{1}{2}\ln\left|u+\sqrt{u^2-3^2}\right|+C=\frac{1}{2}\ln\left|2x+\sqrt{4x^2-9}\right|+C.$$

5.5.3 可用递推公式的积分

例4 求 $\int \frac{\mathrm{d}x}{\sin^3 x}$.

解 在附录1积分公式十一中查得公式15.，有递推公式

$$\int \frac{\mathrm{d}x}{\sin^n x}=-\frac{1}{n-1}\cdot\frac{\cos x}{\sin^{n-1}x}+\frac{n-2}{n-1}\int \frac{\mathrm{d}x}{\sin^{n-2}x},$$

现在 $n=3$，所以

$$\int \frac{\mathrm{d}x}{\sin^3 x}=-\frac{1}{2}\frac{\cos x}{\sin^2 x}+\frac{1}{2}\int \frac{\mathrm{d}x}{\sin x}=-\frac{1}{2}\frac{\cos x}{\sin^2 x}+\frac{1}{2}\int \csc x\mathrm{d}x,$$

对积分 $\int \csc x\mathrm{d}x$ 用附录1积分表十一中的公式6.，得

$$\int \csc x\mathrm{d}x = \ln\left|\tan\frac{x}{2}\right| + C = \ln|\csc x - \cot x| + C,$$

从而所求积分为

$$\int\frac{\mathrm{d}x}{\sin^3 x} = -\frac{1}{2}\frac{\cos x}{\sin^2 x} + \frac{1}{2}\ln\left|\tan\frac{x}{2}\right| + C$$

$$= -\frac{1}{2}\frac{\cos x}{\sin^2 x} + \frac{1}{2}\ln|\csc x - \cot x| + C.$$

一般地,查积分表计算不定积分可节省时间,但只有熟练掌握各种积分法,才能灵活使用积分表.有时对于一些较简单的积分,直接应用基本的积分方法反而比查表快.例如,对 $\int\sin^2 x\cos^3 x\mathrm{d}x$,用变换 $u=\sin x$ 很快就得到结果.因此,前面我们所列举的一些基本积分公式必须牢记.求积分时究竟用什么方法,应具体情况具体对待.一定要多做练习,才能达到举一反三的效果.

最后,我们还要特别指出,对初等函数来说,在其定义区间上,它的原函数一定存在,但原函数不一定都是初等函数,如

$$\int \mathrm{e}^{-x^2}\mathrm{d}x,\ \int\frac{\sin x}{x}\mathrm{d}x,\ \int\frac{\mathrm{d}x}{\ln x},\ \int\frac{\mathrm{d}x}{\sqrt{1+x^4}}$$

等,它们的原函数都不是初等函数.

习题 5.5

利用积分表计算下列不定积分.

1. $\int\frac{1}{\sqrt{4x^2+9}}\mathrm{d}x$;

2. $\int\sqrt{2x^2+9}\mathrm{d}x$;

3. $\int x\arcsin\frac{x}{2}\mathrm{d}x$;

4. $\int\sin 3x\sin 5x\mathrm{d}x$;

5. $\int\ln^3 x\mathrm{d}x$;

6. $\int x^2\sqrt{x^2-2}\mathrm{d}x$;

7. $\int\frac{\sqrt{x-1}}{x}\mathrm{d}x$;

8. $\int\sqrt{\frac{1-x}{1+x}}\mathrm{d}x$;

9. $\int\frac{x^4}{25+4x^2}\mathrm{d}x$;

10. $\int\mathrm{e}^{-2x}\sin 3x\mathrm{d}x$.

复习题 5

求下列不定积分.

1. $\int\frac{x}{(1-x)^3}\mathrm{d}x$;

2. $\int\frac{\ln\ln x}{x}\mathrm{d}x$;

3. $\int\frac{\sin x\cos x}{1+\sin^4 x}\mathrm{d}x$;

4. $\int\frac{1}{x\sqrt{1+x}}\mathrm{d}x$;

5. $\int\frac{1}{\sqrt{1+\mathrm{e}^x}}\mathrm{d}x$;

6. $\int\frac{1}{(a^2-x^2)^{\frac{5}{2}}}\mathrm{d}x$;

7. $\int \ln(1+x^2)\mathrm{d}x$;

8. $\int \arctan\sqrt{x}\mathrm{d}x$;

9. $\int \sqrt{1-x^2}\arcsin x\mathrm{d}x$;

10. $\int \frac{\sqrt{1+\cos x}}{\sin x}\mathrm{d}x$;

11. $\int \frac{x+\sin x}{1+\cos x}\mathrm{d}x$;

12. $\int \frac{\cot x}{1+\sin x}\mathrm{d}x$;

13. $\int \frac{x\mathrm{e}^x}{(1+\mathrm{e}^x)^2}\mathrm{d}x$;

14. $\int \frac{\ln x}{(1+x^2)^{\frac{3}{2}}}\mathrm{d}x$;

15. $\int \frac{x^3\arccos x}{\sqrt{1-x^2}}\mathrm{d}x$;

16. $\int \frac{1}{16-x^4}\mathrm{d}x$;

17. $\int \frac{1}{\sin^3 x\cos x}\mathrm{d}x$;

18. $\int \sqrt{x}\sin\sqrt{x}\mathrm{d}x$;

19. $\int \frac{1}{x(x^6+4)}\mathrm{d}x$;

20. $\int \mathrm{e}^{ax}\cos bx\mathrm{d}x$;

21. $\int \frac{x^3}{(1+x^8)^2}\mathrm{d}x$;

22. $\int \frac{x^{11}}{x^8+3x^4+2}\mathrm{d}x$;

23. $\int \frac{\mathrm{d}x}{\sqrt[3]{(x+1)^2(x-1)^4}}$;

24. $\int \frac{x+1}{x^2\sqrt{x^2-1}}\mathrm{d}x$;

25. $\int \frac{\mathrm{e}^x(1+\sin x)}{1+\cos x}\mathrm{d}x$;

26. $\int \frac{x}{\sqrt{3x+1}+\sqrt{2x+1}}\mathrm{d}x$.

第6章 定积分及其应用

定积分是一种特殊形式和的极限,在几何学、物理学、经济学、生物学等许多领域中都有广泛的应用. 17世纪,牛顿与莱布尼茨分别发现了定积分与不定积分的内在联系,推动了积分学的发展.本章首先介绍定积分的概念与性质,并给出定积分与不定积分的关系,由此给出定积分的计算方法,讨论简单的反常积分,最后讨论了定积分的应用.

6.1 定积分的概念与性质

6.1.1 两个引例

1. 曲边梯形的面积

定义1 由曲线 $y=f(x)$ ($f(x)\geqslant 0$ 且是连续的),直线 $x\geqslant a$, $x=b$ 和 x 轴围成的平面图形(图6-1),称为曲边梯形. 它在 x 轴上的边称为底边,曲线弧 $y=f(x)$ 称为它的曲边.

下面来求如图6-1所示的曲边梯形的面积 A.

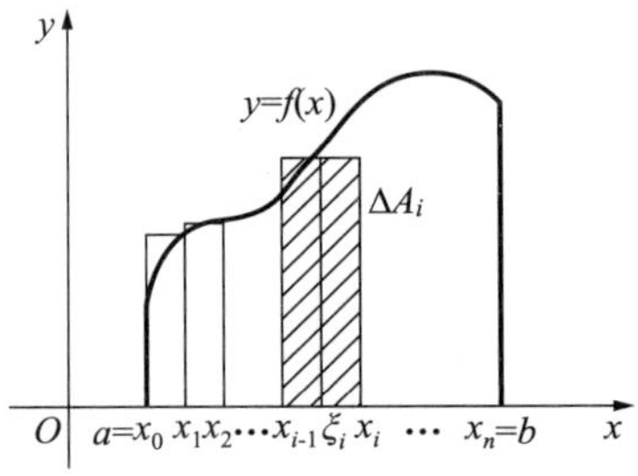

图6-1

曲边梯形有一条曲边,所以不能用“底边长×高”来求面积. 但是此曲边梯形的曲边 $y=f(x)$ 是连续变化的,这就意味着当 x 的变化很微小时,高度 $f(x)$ 的变化也很微小. 所以我们可以用一组 y 轴的平行线将曲边梯形分割成多个窄的曲边梯形,将每个窄的曲边梯形看成矩形,求其面积后再求和,即可求得原曲边梯形面积的近似值. 显然,将曲边梯形分得越细,得到的结果越接近精确值. 为得到面积的精确值,可以将曲边梯形分得无限细,就是说,使各小曲边梯形的底边长度趋于零,这样通过极限的工具,就可以实现从近似到精确的转化.

求曲边梯形面积的具体过程如下.

分割:在(a,b)内任意插入 $n-1$ 个分点

$$a=x_0<x_1<x_2<\cdots<x_{n-1}<x_n=b,$$

$[a,b]$分成了 n 个小区间$[x_{i-1},x_i]$,它们的长度分别记为 $\Delta x_i=x_i-x_{i-1}$, $i=1,2,\cdots,n$. 过每个分点 x_i 作平行于 y 轴的直线段,就可以把整个曲边梯形分成 n 个窄的曲边梯形.

记第 i 个小曲边梯形的面积为 ΔA_i,则有 $A=\sum\limits_{i=1}^{n}\Delta A_i$.

近似代替:先求 ΔA_i 的近似值.在这个小曲边梯形的底边所在区间 $[x_{i-1},x_i]$ 上任意取一点 ξ_i,过 ξ_i 点作 x 轴的垂线段与其曲边交于点 $(\xi_i, f(\xi_i))$.以区间 $[x_{i-1},x_i]$ 为底,以 $f(\xi_i)$ 为高作小矩形,将此小矩形的面积作为 ΔA_i 的近似值,即 $\Delta A_i \approx f(\xi_i)\cdot(x_i - x_{i-1}) = f(\xi_i)\Delta x_i$.

由此
$$A\sum_{i=1}^{n}\Delta A_i \approx \sum_{i=1}^{n} f(\xi_i)\Delta x_i.$$

取极限:为了保证分割得无限细,就要使各个小区间 $[x_{i-1},x_i]$ 的长度均无限小. 为此,记 $\lambda = \max\limits_{1\leqslant i\leqslant n}\{\Delta x_i\}$,只要令 $\lambda\to 0$ 即有 $\Delta x_i \to 0$,此时有 $f(\xi_i)\Delta x_i \to \Delta A_i$. 所以曲边梯形的面积为

$$A = \lim_{\lambda\to 0}\sum_{i=1}^{n} f(\xi_i)\Delta x_i.$$

2. 变速直线运动的位移

设一物体做直线运动,已知其速度 $v=v(t)\geqslant$ 是时间间隔 $[T_1,T_2]$ 上的连续函数,计算在这段时间内物体所经过的路程 s.

我们知道,若物体做匀速直线运动,则有"路程 = 速度 × 时间". 而这里的速度是随着时间的变化而变化的,所以不能简单地用此公式来计算.但是速度函数是连续的,这意味着在很短的一段时间里,速度的变化也是很小的,可以近似于匀速.所以我们可以将整个时间间隔划分为多个小的时间段,将每个小的时间段看成匀速运动来求位移,然后再求和就可得到整个位移的近似值.最后,将整个时间间隔无限细分,相应地求出近似值的极限,这就是所求的位移 s.

具体计算步骤如下:

分割:在 (T_1,T_2) 中任意插入 $n-1$ 个分点

$$T_1 = t_0 < t_1 < t_2 < \cdots < t_{n-1} < t_n = T_2,$$

将 $[T_1,T_2]$ 分成 n 个小的时间段 $[t_{i-1},t_i]$,各小时间段的长度分别记为 $\Delta t_i = t_i - t_{i-1}, i = 1,2,\cdots,n$. 各小时间段时物体走过的位移分别记为 Δs_i.

则有
$$s = \sum_{i=1}^{n}\Delta s_i.$$

近似代替:在第 i 个小时间段上任取一个时刻 η_i,以 η_i 时刻的速度 $v(\eta_i)$ 来代替这小时间段内各个时刻的速度,则可得这小段时间内走过的位移为

$$\Delta s_i \approx v(\eta_i)\cdot\Delta t_i.$$

因此
$$s = \sum_{i=1}^{n}\Delta s_i \approx \sum_{i=1}^{n} v(\eta_i)\Delta t_i.$$

取极限:记 $\lambda = \max\limits_{1\leqslant i\leqslant n}\{\Delta t_i\}$,则

$$s = \lim_{\lambda\to 0}\sum_{i=1}^{n} v(\eta_i)\Delta t_i.$$

3. 产品的总产量问题

已知某产品产量在 t 时刻的生产速度 $g(t)$ 是随时间连续变化的,计算时间间隔 $[T_1,T_2]$ 内的总产量 Q.

我们仍然采用分割、近似代替、求和、取极限的方法.把时间间隔 $[T_1,T_2]$ 分成 n 个小的时间间隔 Δt_i,在每一个小的时间间隔 Δt_i 内,将生产速度看成不变的,用 Δt_i 内某一点

τ_i 的速度 $g(\tau_i)$ 来近似代替,那么,在时间间隔 Δt_i 内的产品产量近似为 $\Delta Q_i = g(\tau_i)\Delta t_i$. 把每一个小的时间间隔 Δt_i 内的产品产量累加起来作为在时间间隔 $[T_1, T_2]$ 内产品总产量 Q 的近似值.

具体计算步骤如下.

分割:在 (T_1, T_2) 中任意插入 $n-1$ 个分点

$$T_1 = t_0 < t_1 < t_2 < \cdots < t_{n-1} < t_n = T_2,$$

将 $[T_1, T_2]$ 分成 n 个小时间段 $[t_{i-1}, t_i]$,各小时间段的长度分别记为 $\Delta t_i = t_i - t_{i-1}, i=1, 2, \cdots, n$. 各小时间段上的产品产量分别记为 ΔQ_i.

近似代替:任取 $\tau_i \in [t_{i-1}, t_i]$,在时间段 $[t_{i-1}, t_i]$ 内的产品产量近似为

$$\Delta Q_i \approx g(\tau_i)\Delta t_i, i=1,2,\cdots,n.$$

求和:从 T_1 时刻到 T_2 时刻产品的总产量近似为

$$Q = \sum_{i=1}^{n} \Delta Q_i \approx \sum_{i=1}^{n} g(\tau_i)\Delta t_i.$$

取极限:为了将整个时间间隔无限细分,记 $\lambda = \max\limits_{1 \leqslant i \leqslant n}\{\Delta t_i\}$,则

$$Q = \lim_{\lambda \to 0}\sum_{i=1}^{n} g(\tau_i)\Delta t_i.$$

以上几个例子所得的结果都只取决于一个函数及其自变量的变化区间:① 曲边梯形的面积只与曲边 $y=f(x)$ 及其底边上点 x 的变化区间 $[a,b]$ 有关;② 变速直线运动的位移只与物体的速度 $v=v(t)$ 和时间 t 的变化区间 $[T_1, T_2]$ 有关;③ 产品的总产量只与产品的生产速度 $g(t)$ 和时间 t 的变化区间 $[T_1, T_2]$ 有关. 另外,这三个例子虽然一个是几何问题,一个是物理问题,一个是经济问题,但是用了同样的思想方法和解题步骤,并且得到了同样结构的一种特殊形式的和的极限.

这一类问题的例子有很多,如几何上的旋转体体积,物理上的变力做功,经济学中的剩余等,都可以用这几个例子的思想方法来解决. 除去这些问题的实际意义,只抽象出它们在数学上的共同本质与特性,就可以得到如下定积分的定义.

6.1.2 定积分的定义

定义 1 设函数 $f(x)$ 在 $[a,b]$ 上有界. 在 (a,b) 内任意插入 $n-1$ 个分点

$$a = x_0 < x_1 < x_2 < \cdots < x_{n-1} < x_n = b$$

把 $[a,b]$ 分成 n 个小区间 $[x_{i-1}, x_i]$,各个小区间的长度记为 $\Delta x_i = x_i - x_{i-1}, i=1,2,\cdots,n$. 在每个小区间上任取一点 $\xi_i (x_{i-1} \leqslant \xi_i \leqslant x_i)$,作函数值 $f(\xi_i)$ 与小区间长度 Δx_i 的乘积 $f(\xi_i)\Delta x_i$,并求出和

$$S = \sum_{i=1}^{n} f(\xi_i)\Delta x_i.$$

记 $\lambda = \max\limits_{1 \leqslant i \leqslant n}\{\Delta x_i\}$,如果不论对 $[a,b]$ 怎样划分,也不论在小区间上如何选取点 ξ_i,只要当 $\lambda \to 0$ 时,和 S 总趋于确定的极限 I,那么称这个极限 I 为函数 $f(x)$ 在区间 $[a,b]$ 上的定积分(简称积分),记作 $\int_a^b f(x)\,\mathrm{d}x$,即

$$\int_a^b f(x)\,\mathrm{d}x = I = \lim_{\lambda \to 0}\sum_{i=1}^{n} f(\xi_i)\Delta x_i.$$

其中$f(x)$叫做被积函数,$f(x)\mathrm{d}x$叫做被积表达式,x叫做积分变量,a叫做积分下限,b叫做积分上限,$[a,b]$叫做积分区间.

如果$f(x)$在区间$[a,b]$上的定积分存在,则称函数$f(x)$在区间$[a,b]$上可积.

由此定义,前面的三个实际问题可以分别被表示为

$$\text{曲边梯形的面积 } A=\int_a^b f(x)\mathrm{d}x;$$

$$\text{变速直线运动的位移 } s=\int_{T_1}^{T_2} v(t)\mathrm{d}t;$$

$$\text{产品的总产量 } Q=\int_{T_1}^{T_2} g(t)\mathrm{d}t.$$

对于定积分的概念,需强调以下几点.

(1)定积分$\int_a^b f(x)\mathrm{d}x$是一个和式的极限,它的值与所用积分变量的符号无关,而仅与被积函数$f(x)$和积分区间$[a,b]$有关.即

$$\int_a^b f(x)\mathrm{d}x=\int_a^b f(t)\mathrm{d}t=\int_a^b f(u)\mathrm{d}u.$$

(2)定义中定积分$\int_a^b f(x)\mathrm{d}x$的上下限有关系式:$a<b$,为了计算及应用方便起见,我们补充规定以下两点:

$$\int_a^b f(x)\mathrm{d}x=-\int_b^a f(x)\mathrm{d}x;$$

$$\int_a^a f(x)\mathrm{d}x=0.$$

(3)关于函数何时可积的问题,我们不作深入讨论,只给出以下结论.

定理1　若函数$f(x)$在区间$[a,b]$上连续,则$f(x)$在$[a,b]$上可积.

定理2　若函数$f(x)$在区间$[a,b]$上有界,且只有有限个间断点,则$f(x)$在$[a,b]$上可积.

例1　利用定积分计算$\int_0^1 x^2\mathrm{d}x$.

解　因为函数$f(x)=x^2$在区间$[0,1]$上连续,$f(x)$在$[0,1]$上可积,所以积分与$[0,1]$的分法及ξ_i的取法无关.

(1)分割:为了计算方便,不妨将区间$[0,1]n$等分,分点取

$x_i=\frac{i}{n}, i=1,2,\cdots,n-1$,区间$[x_{i-1},x_i]$的长度$\Delta x_i=\frac{1}{n}, i=1,2,\cdots,n$;

(2)近似代替:取$\xi_i=x_i, i=1,2,\cdots,n$,作积$\xi_i^2\Delta x_i$;

(3)求和:
$$\sum_{i=1}^n \xi_i^2\Delta x_i=\sum_{i=1}^n\left(\frac{i}{n}\right)^2\cdot\frac{1}{n}=\frac{1}{n^3}\sum_{i=1}^n i^2$$
$$=\frac{1}{n^3}\cdot\frac{1}{6}n(n+1)(2n+1)$$
$$=\frac{1}{6}\left(1+\frac{1}{n}\right)\left(2+\frac{1}{n}\right);$$

(4)取极限:$\lambda=\frac{1}{n}$,$\lambda\to 0$等价于$n\to\infty$,由定积分的定义得

$$\int_0^1 x^2 \mathrm{d}x = \lim_{\lambda \to 0} \sum_{i=1}^{n} \xi_i^2 \Delta x_i = \lim_{n \to \infty} \frac{1}{6}\left(1 + \frac{1}{n}\right)\left(2 + \frac{1}{n}\right) = \frac{1}{3}.$$

6.1.3 定积分的性质

定积分的本质是和式的极限，由极限的运算性质可以得出定积分的一些常用的性质.

设函数 $f(x)$，$g(x)$ 在给定的区间上是可积的.

性质 1（线性性质）

（1）$\int_a^b [f(x) \pm g(x)] \mathrm{d}x = \int_a^b f(x) \mathrm{d}x \pm \int_a^b g(x) \mathrm{d}x$；

（2）$\int_a^b kf(x) \mathrm{d}x = k\int_a^b f(x) \mathrm{d}x$（$k$ 为常数）.

证 （1）

$$\begin{aligned}\int_a^b [f(x) \pm g(x)] \mathrm{d}x &= \lim_{\lambda \to 0} \sum_{i=1}^{n} [f(\xi_i) \pm g(\xi_i)] \Delta x_i \\ &= \lim_{\lambda \to 0} \sum_{i=1}^{n} f(\xi_i) \Delta x_i \pm \lim_{\lambda \to 0} \sum_{i=1}^{n} g(\xi_i) \Delta x_i \\ &= \int_a^b f(x) \mathrm{d}x \pm \int_a^b g(x) \mathrm{d}x.\end{aligned}$$

同理可证（2）式.

性质 2（对积分区间的可加性） 设 $a < c < b$，则

$$\int_a^b f(x) \mathrm{d}x = \int_a^c f(x) \mathrm{d}x + \int_c^b f(x) \mathrm{d}x.$$

证 因为函数 $f(x)$ 在区间 $[a,b]$ 上可积，所以不论把 $[a,b]$ 怎么分，积分和的极限总是不变的，因此，我们在分区间时，可以使 c 永远是个分点，那么，$[a,b]$ 上的积分和等于 $[a,b]$ 上的积分和加 $[c,b]$ 上的积分和，记为

$$\sum_{[a,b]} f(\xi_i) \Delta x_i = \sum_{[a,c]} f(\xi_i) \Delta x_i + \sum_{[c,b]} f(\xi_i) \Delta x_i.$$

令 $\lambda \to 0$，上式两端同时取极限，即得

$$\int_a^b f(x) \mathrm{d}x = \int_a^c f(x) \mathrm{d}x + \int_c^b f(x) \mathrm{d}x.$$

按定积分的补充规定，这一性质还可作如下推广是：

推论：不论 a,b,c 的相对位置如何，总有等式

$$\int_a^b f(x) \mathrm{d}x = \int_a^c f(x) \mathrm{d}x + \int_c^b f(x) \mathrm{d}x.$$

例如当 $a < b < c$ 时，由于

$$\int_b^c f(x) \mathrm{d}x = \int_a^b f(x) \mathrm{d}x + \int_b^c f(x) \mathrm{d}x,$$

于是得

$$\begin{aligned}\int_a^b f(x) \mathrm{d}x &= \int_a^c f(x) \mathrm{d}x - \int_b^c f(x) \mathrm{d}x \\ &= \int_a^c f(x) \mathrm{d}x + \int_c^b f(x) \mathrm{d}x.\end{aligned}$$

现在，我们可以来讨论定积分的几何意义.

(1)区间$[a,b]$上,$f(x)\geqslant 0$时,我们已经知道,在几何上,定积分$\int_a^b f(x)\mathrm{d}x$表示由曲线$y=f(x)$,直线$x=a,x=b$,与x轴所围成的曲边梯形的面积A.

(2) 区间$[a,b]$上,$f(x)\leqslant 0$时,由曲线$y=f(x)$,直线$x=a,x=b,x$轴所围成的曲边梯形位于x轴的下方,设其面积为A.由于$-f(x)\geqslant 0$,且其图形与$f(x)$的图形关于x轴对称,所以$-f(x)$与直线$x=a,x=b$,以及x轴所围成的曲边梯形的面积也是A.由情形(1)知,$\int_a^b -f(x)\mathrm{d}x = A$,故由性质1得

$$\int_a^b f(x)\mathrm{d}x = -\int_a^b -f(x)\mathrm{d}x = -A.$$

如果在区间$[a,b]$上,$f(x)$的值既有正值也有负值,这时定积分$\int_a^b f(x)\mathrm{d}x$表示$f(x)$在x轴上方所围图形面积减去x轴下方图形面积所得之差.

例如,设如图6-2所示,各部分的面积分别为A_1、A_2、A_3,则由定积分可加性及情形(1)、(2)知:

$$\int_a^b f(x)\mathrm{d}x = \int_a^c f(x)\mathrm{d}x + \int_c^d f(x)\mathrm{d}x + \int_a^b f(x)\mathrm{d}x = -A_1 + A_2 - A_3.$$

此时,我们也称$\int_a^b f(x)\mathrm{d}x$表示$f(x)$与x轴所围图形面积的代数和.

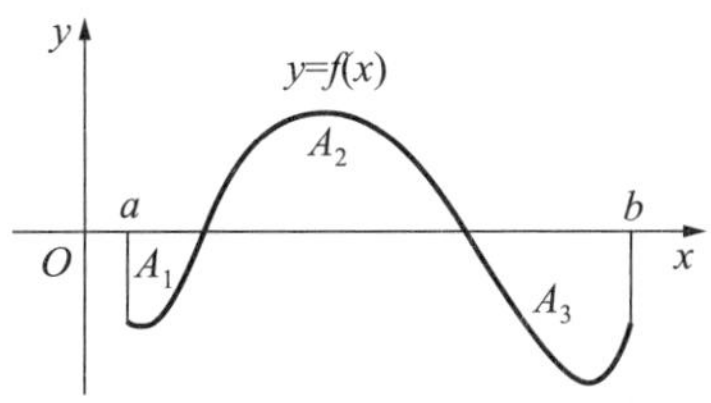

图6-2

性质3 **若在区间**$[a,b]$**上**,$f(x)=1$,**则**$\int_a^b 1\mathrm{d}x = \int_a^b \mathrm{d}x = (b-a)$.

性质4 **若在区间**$[a,b]$**上恒有**$f(x)\geqslant 0$,**则**$\int_a^b f(x)\mathrm{d}x \geqslant 0$.

应用定积分的定义和极限的性质,容易证明性质3、性质4,请读者自己完成.在下一节中,我们将证明一个比性质4更好的结果:设$a\neq b$,若在区间$[a,b]$上恒有$f(x)>0$,则$\int_a^b f(x)\mathrm{d}x > 0$.

推论1 **若在区间**$[a,b]$**上**,$f(x)\leqslant g(x)$,**则**$\int_a^b f(x)\mathrm{d}x \leqslant \int_a^b g(x)\mathrm{d}x$.

推论2

$$\left|\int_a^b f(x)\mathrm{d}x\right| \leqslant \int_a^b |f(x)|\mathrm{d}x.$$

证 因为

$$-|f(x)| \leqslant f(x) \leqslant |f(x)|,$$

由性质1的式(2)和推论1可得

$$-\int_a^b |f(x)|\mathrm{d}x \leqslant \int_a^b f(x)\mathrm{d}x \leqslant \int_a^b |f(x)|\mathrm{d}x,$$

即

$$\left|\int_a^b f(x)\mathrm{d}x\right| \leqslant \int_a^b |f(x)|\mathrm{d}x.$$

性质5 **设**M,m**分别是**$f(x)$**在**$[a,b]$**上的最大值和最小值,则**

$$m(b-a) \leqslant \int_a^b f(x)\mathrm{d}x \leqslant M(b-a).$$

证 因为 $m \leqslant f(x) \leqslant M$，由推论 1，可得

$$\int_a^b m\mathrm{d}x \leqslant \int_a^b f(x)\mathrm{d}x \leqslant \int_a^b M\mathrm{d}x,$$

由性质 3 得

$$m(b-a) \leqslant \int_a^b f(x)\mathrm{d}x \leqslant M(b-a).$$

这说明，由被积函数在积分区间上的最大值和最小值，可以估计积分值的大致范围. 例如，对定积分 $\int_0^{\pi}(1+\sin^2 x)\mathrm{d}x$，它的被积函数 $f(x)=1+\sin^2 x$ 在 $[0,\pi]$ 上最小值为 1，最大值为 2，所以

$$\pi \leqslant \int_0^{\pi}(1+\sin^2 x)\mathrm{d}x \leqslant 2\pi.$$

例 1 比较 $I_1=\int_0^{\frac{\pi}{4}}\frac{\tan x}{x}\mathrm{d}x$ 与 $I_2=\int_0^{\frac{\pi}{4}}\frac{x}{\tan x}\mathrm{d}x$ 的大小，并证明 $I_1<1$.

证 显然 $0<x<\frac{\pi}{4}$，$x<\tan x$，$\frac{\tan x}{x}>\frac{x}{\tan x}$，

即 $I_1=\int_0^{\frac{\pi}{4}}\frac{\tan x}{x}\mathrm{d}x > I_2=\int_0^{\frac{\pi}{4}}\frac{x}{\tan x}\mathrm{d}x$，

令 $f(x)=\frac{\tan x}{x}$，$f'(x)=\frac{x\sec^2 x-\tan x}{x^2}$，

令 $t(x)=x\sec^2 x-\tan x$，$t'(x)=2x\sec^2 x\tan x>0$，

所以 $f'(x)=\frac{x\sec^2 x-\tan x}{x^2}>0$，$f(x)\uparrow \Rightarrow f(x)<f\left(\frac{\pi}{4}\right)=\frac{4}{\pi}$，

即 $I_1<1$.

性质 6（积分中值定理） **设 $f(x)$ 在 $[a,b]$ 上连续，则在 $[a,b]$ 上至少存在一点 ξ，使得**

$$\int_a^b f(x)\mathrm{d}x = f(\xi)(b-a)\ (a\leqslant\xi\leqslant b).$$

这个公式叫做积分中值公式.

证 由性质 5 得

$$m(b-a) \leqslant \int_a^b f(x)\mathrm{d}x \leqslant M(b-a),$$

从而

$$m \leqslant \frac{1}{b-a}\int_a^b f(x)\mathrm{d}x \leqslant M,$$

再由连续函数的介值定理知，$\exists \xi \in [a,b]$ 使得

$$f(\xi) = \frac{1}{b-a}\int_a^b f(x)\mathrm{d}x,$$

即

$$\int_a^b f(x)\mathrm{d}x = f(\xi)(b-a)\ (a\leqslant\xi\leqslant b).$$

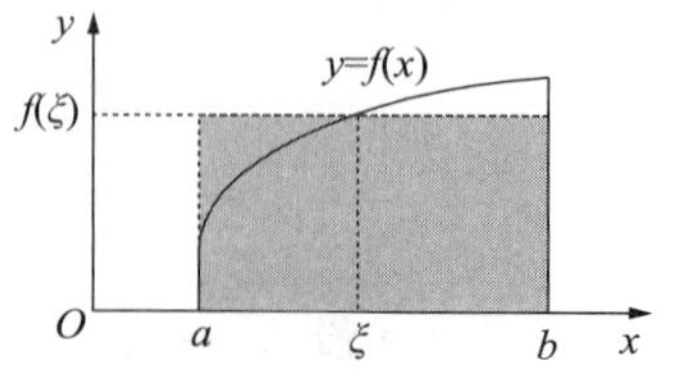

图 6－3

积分中值公式的几何意义是：在区间 $[a,b]$ 上至少存在一点 ξ，使得以区间 $[a,b]$ 为底边，以曲线 $y=f(x)$ 为曲边的曲边梯形的面积等于同一底边而高为 $f(\xi)$ 的一个矩形的面积（图 6－3）. 我们称 $\frac{1}{b-a}\int_a^b f(x)\mathrm{d}x$ 为 $y=f(x)$ 在

区间$[a,b]$上平均值,所以积分中值定理也叫积分平均值定理.

习题 6.1

1. 用定积分定义计算下列积分:

(1) $\int_a^b k\mathrm{d}x$ (k 是常数); (2) $\int_0^1 \mathrm{e}^x\mathrm{d}x$.

2. 利用定积分的几何意义,说明下列等式:

(1) $\int_0^R \sqrt{R^2-x^2}\mathrm{d}x = \dfrac{\pi R^2}{4}$; (2) $\int_{-\frac{\pi}{2}}^{\frac{\pi}{2}} \cos x\mathrm{d}x = 2\int_0^{\frac{\pi}{2}} \cos x\mathrm{d}x$.

3. 估计下列积分的值.

(1) $\int_0^{\pi}(1+\sin x)\mathrm{d}x$; (2) $\int_2^0 \mathrm{e}^{x^2-x}\mathrm{d}x$.

4. 设 $a<b$,试确定 a、b 的值,使得积分 $\int_a^b (x-x^2)\mathrm{d}x$ 取得最大值.

5. 将 $\lim\limits_{n\to\infty}\dfrac{1}{n}\left[\sin\dfrac{\pi}{n}+\sin\dfrac{2\pi}{n}+\cdots+\sin\dfrac{(n-1)\pi}{n}\right]$ 表示成定积分.

6. 水利工程中要计算拦水闸门所受的水压力,已知闸门上水的压强 p 是水深 h 的函数,且有 $p=9.8h(\mathrm{km/m^2})$,若闸门高 $H=3\mathrm{m}$,宽 $L=2\mathrm{m}$,求水面与闸门顶相齐时闸门所受的水压力 P.

6.2 微积分基本公式

在上节中,我们有一个用定积分定义计算定积分的例子. 虽然其中的被积函数 $f(x)=x^2$ 很简单,但直接按定义来求 $\int_0^1 x^2\mathrm{d}x$ 并非易事. 因此,我们必须寻求计算定积分的新方法.

下面先从实际问题中寻找解决问题的线索. 为此,我们对变速直线运动中遇到的位置函数 $S(t)$ 及速度函数 $v(t)$ 之间的联系作进一步的研究.

6.2.1 变速直线运动中位置函数与速度函数的关系

有一物体做直线运动,在这直线上取定原点、正向及单位长度,使之成为一数轴. 设时刻 t 时物体所在的位置为 $s(t)$,速度为 $v(t)\geq 0$. 在上一节中,我们已经知道,作变速直线运动的物体在时间间隔$[T_1,T_2]$内经过的位移等于速度函数 $v(t)$ 在区间$[T_1,T_2]$上的定积分,即

$$s=\int_{T_1}^{T_2} v(t)\mathrm{d}t.$$

另外,当位置函数已知时,这段时间经过的位移也可以看成位置函数 $s(t)$ 在区间$[T_1,T_2]$上的增量,即 $s=s(T_2)-s(T_1)$.

因此有

$$\int_{T_1}^{T_2} v(t)\,\mathrm{d}t = s(T_2) - s(T_1). \tag{1}$$

由于 $s'(t)=v(t)$，即位置函数 $s(t)$ 是速度函数 $v(t)$ 的原函数，所以式(1)表示：速度函数 $v(t)$ 在区间 $[T_1,T_2]$ 上的定积分等于它的原函数 $s(t)$ 在相应区间上的增量.

这个结论是从变速直线运动这个实际问题得出的，如果我们去掉问题的实际意义，只从数学本质出发，对一般的函数，能否利用它的原函数的增量来计算其定积分呢？即若函数 $f(x)$ 有原函数 $F(x)$，则 $f(x)$ 在区间 $[a,b]$ 上的定积分 $\int_a^b f(x)\,\mathrm{d}x$ 是否等于 $F(x)$ 在该区间上的增量 $F(b)-F(a)$ 呢？如果二者相等的话，那么利用上一章中所学的求原函数的知识，求定积分将变得很容易.

6.2.2 牛顿 - 莱布尼茨公式

定理1 如果函数 $F(x)$ 是连续函数 $f(x)$ 在区间 $[a,b]$ 上的一个原函数，则

$$\int_a^b f(x)\,\mathrm{d}x = F(b) - F(a). \tag{2}$$

证 因为 $f(x)$ 在区间 $[a,b]$ 上是连续函数，因而 $f(x)$ 在区间 $[a,b]$ 上可积. 在 (a,b) 内任意插入 $n-1$ 个分点

$$a = x_0 < x_1 < x_2 < \cdots < x_{n-1} < x_n = b,$$

则

$$\begin{aligned} F(b)-F(a) &= F(x_n)-F(x_{n-1})+F(x_{n-1})-F(x_{n-2})+\cdots+F(x_2)-F(x_1) \\ &\quad +F(x_1)-F(x_0) \\ &= F'(\xi_n)(x_n-x_{n-1})+F'(\xi_{n-1})(x_{n-1}-x_{n-2})+\cdots \\ &\quad +F'(\xi_2)(x_2-x_1)+F'(\xi_1)(x_1-x_0) \\ &= \sum_{i=1}^{n} F'(\xi_i)(x_i-x_{i-1}) = \sum_{i=1}^{n} F'(\xi_i)\Delta x_i = \sum_{i=1}^{n} f(\xi_i)\Delta x_i. \end{aligned}$$

记 $\lambda = \max\limits_{1\le i\le n}\{\Delta x_i\}$，上式两边取极限

$$F(b) - F(a) = \lim_{\lambda\to 0}\sum_{i=1}^{n} f(\xi_i)\Delta x_i = \int_a^b f(x)\,\mathrm{d}x$$

即

$$\int_a^b f(x)\,\mathrm{d}x = F(b) - F(a).$$

定理得证.

注1：由上节对定积分的补充规定可知，式(2)对 $a>b$ 的情形同样成立.

注2：为了方便起见，也常把 $F(b)-F(a)$ 记作 $[F(x)]_a^b$，所以式(2)也可以写成

$$\int_a^b f(x)\,\mathrm{d}x = [F(x)]_a^b.$$

注3：式(2)叫做**牛顿 - 莱布尼茨公式**或**微积分基本公式**. 这个公式表明：对连续函数 $f(x)$，

$$\text{如果} \int f(x)\,\mathrm{d}x = F(x) + C, \text{那么} \int_a^b f(x)\,\mathrm{d}x = [F(x)]_a^b.$$

这为定积分提供了一个简单有效的计算方法.

例 1 计算 $\int_0^1 x^2\mathrm{d}x$.

解 因为 $\int x^2\mathrm{d}x = \frac{x^3}{3}+C$, 所以由牛顿－莱布尼茨公式,得

$$\int_0^1 x^2\mathrm{d}x = \frac{x^3}{3}\bigg|_0^1 = \frac{1}{3}.$$

例 2 计算 $\int_0^1 \frac{1}{1+x^2}\mathrm{d}x$.

解 因为 $\int \frac{1}{1+x^2}\mathrm{d}x = \arctan x + C$, 所以由牛顿－莱布尼茨公式,得

$$\int_0^1 \frac{1}{1+x^2}\mathrm{d}x = \arctan x\bigg|_0^1 = \frac{\pi}{4}.$$

例 3 计算 $\int_{-2}^{-1} \frac{\mathrm{d}x}{x}$.

解 因为 $\int \frac{1}{x}\mathrm{d}x = \ln|x|+C$, 由牛顿－莱布尼茨公式,得 $\int_{-2}^{-1}\frac{\mathrm{d}x}{x} = [\ln|x|]_{-2}^{-1} = \ln 1-\ln 2 = -\ln 2$.

例 4 计算 $\int_0^{2\pi} |\sin x|\mathrm{d}x$.

解 先去掉被积函数的绝对值,由

$$\sin x = \begin{cases} \sin x, & 0\leqslant x\leqslant \pi, \\ -\sin x, & \pi < x \leqslant 2\pi, \end{cases}$$

及定积分对积分区间的可加性,有

$$\begin{aligned} \int_0^{2\pi} |\sin x|\mathrm{d}x &= \int_0^{\pi}\sin x\mathrm{d}x + \int_{\pi}^{2\pi}(-\sin x)\mathrm{d}x \\ &= [-\cos x]_0^{\pi} + [\cos x]_{\pi}^{2\pi} \\ &= -(-1-1)+[1-(-1)] = 4. \end{aligned}$$

例 5 设 $f(x) = \begin{cases} \frac{e^x-e^{-x}}{2}, & |x|\leqslant 1, \\ \frac{1}{1+x^2}, & |x|>1, \end{cases}$ 求 $\int_{-1}^{\sqrt{3}} f(x)\mathrm{d}x$.

解

$$\begin{aligned} \int_{-1}^{\sqrt{3}} f(x)\mathrm{d}x &= \int_{-1}^{1} f(x)\mathrm{d}x + \int_{1}^{\sqrt{3}} f(x)\mathrm{d}x \\ &= \int_{-1}^{1}\frac{e^x-e^{-x}}{2}\mathrm{d}x + \int_1^{\sqrt{3}}\frac{1}{1+x^2}\mathrm{d}x \\ &= \left[\frac{1}{2}(e^x+e^{-x})\right]_{-1}^{1} + [\arctan x]_1^{\sqrt{3}} \\ &= \frac{1}{2}(e+e^{-1}-e^{-1}-e) + \arctan\sqrt{3} - \arctan 1 \\ &= \frac{\pi}{3}-\frac{\pi}{4} = \frac{\pi}{12}. \end{aligned}$$

例 6 试证:如果函数 $f(x)$ 在区间 $[a,b]$ 上连续,则 $\exists \xi\in(a,b)$,使得

$$\int_a^b f(x)\mathrm{d}x = f(\xi)(b-a).$$

证 因函数 $f(x)$ 在区间 $[a,b]$ 上连续,故它有原函数,设为 $F(x)$,即在 $[a,b]$ 上,有 $F'(x)=f(x)$,根据牛顿-莱布尼茨公式,得

$$\int_a^b f(x)\mathrm{d}x=F(b)-F(a).$$

由拉格朗日中值定理知,$\exists\xi\in(a,b)$,使得

$$F(b)-F(a)=F'(\xi)(b-a).$$

即

$$\int_a^b f(x)\mathrm{d}x=f(\xi)(b-a).$$

注 1:本例的结果是对积分中值定理(定积分性质 6)的改进,积分中值定理能保证 $\exists\xi\in[a,b]$,使 $\int_a^b f(x)\mathrm{d}x=f(\xi)(b-a)$,而本例结果则是 $\exists\xi\in(a,b)$.

注 2:由本例结果可知,定积分性质 4 可改进为:设 $a\neq b$,若在区间 $[a,b]$ 上恒有 $f(x)>0$,则 $\int_a^b f(x)\mathrm{d}x>0$.

6.2.3 积分上限函数及其导数

设函数 $f(x)$ 在区间 $[a,b]$ 上连续,并设 x 为 $[a,b]$ 上的一点,作 $f(x)$ 在 $[a,x]$ 上的定积分

$$\int_a^x f(x)\mathrm{d}x.$$

由于 $f(x)$ 在 $[a,x]$ 上是连续的,因此这个定积分存在.其中的变量 x 既表示定积分的上限,又表示积分变量.因为定积分与积分变量的记号无关,所以,为了明确起见,可以把积分变量改记成其他符号,例如 t,则上面的定积分可以写成

$$\int_a^x f(t)\mathrm{d}t.$$

如果上限 x 在区间 $[a,b]$ 上任意变动,则对于每一个取定的 x 值,定积分有一个对应值,所以它在 $[a,b]$ 上定义了一个函数,记作 $\Phi(x)$:

$$\Phi(x)=\int_a^x f(t)\mathrm{d}t\,(a\leqslant x\leqslant b).$$

这个函数 $\Phi(x)$(图 6-4)具有如下重要性质.

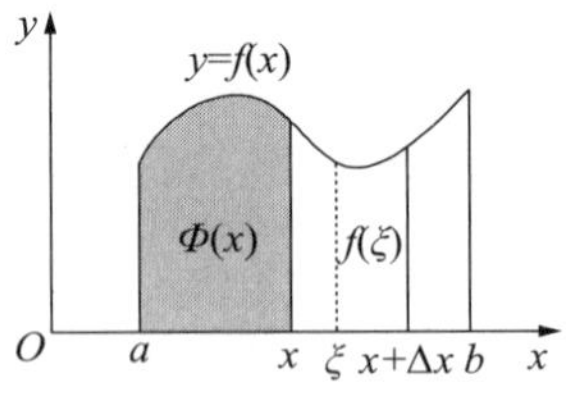

图 6-4

定理 2 **如果函数 $f(x)$ 在区间 $[a,b]$ 上连续,则函数 $\Phi(x)=\int_a^x f(t)\mathrm{d}t$ 在 $[a,b]$ 上可导,并且**

$$\Phi'(x)=\frac{\mathrm{d}}{\mathrm{d}x}\left[\int_a^x f(t)\mathrm{d}t\right]=f(x),x\in[a,b].$$

证 对于 $x\in(a,b)$,给 x 一增量 Δx,使得 $x+\Delta x\in(a,b)$,则

$$\Phi(x+\Delta x)=\int_a^{x+\Delta c} f(t)\mathrm{d}t.$$

从而函数的增量为

$$\Delta\Phi=\Phi(x+\Delta x)-\Phi(x)=\int_a^{x+\Delta x} f(t)\mathrm{d}t-\int_a^x f(t)\mathrm{d}t$$

$$= \int_a^x f(t)\,\mathrm{d}t + \int_x^{x+\Delta x} f(t)\,\mathrm{d}t - \int_a^x f(t)\,\mathrm{d}t$$
$$= \int_x^{x+\Delta x} f(t)\,\mathrm{d}t.$$

应用积分中值定理可知:存在 ξ 介于 x 和 $x+\Delta x$ 之间,使得

$$\Delta\Phi = \int_x^{x+\Delta x} f(t)\,\mathrm{d}t = f(\xi)\Delta x.$$

所以 $\Phi'(x) = \lim\limits_{\Delta x\to 0}\dfrac{\Delta\Phi}{\Delta x} = \lim\limits_{\Delta x\to 0} f(\xi)$,因为当 $\Delta x\to 0$ 时 $\xi\to x$,且 $f(x)$ 是连续的,从而

$$\Phi'(x) = \lim_{\xi\to x} f(\xi) = f(x).$$

当 $x=a$ 时,取 $\Delta x>0$,使得 $a+\Delta x\in(a,b)$,同上可证

$$\Phi'_+(a) = f(a);$$

当 $x=b$ 时,取 $\Delta x<0$,使得 $b+\Delta x\in(a,b)$,同上可得

$$\Phi'_-(b) = f(b).$$

定理得证.

由定理 1 知

定理 3(原函数存在定理)

如果函数 $f(x)$ 在区间 $[a,b]$ 上连续,则函数 $\Phi(x) = \int_a^x f(t)\,\mathrm{d}t$ 就是 $f(x)$ 在 $[a,b]$ 上的一个原函数.

这个定理肯定了连续函数的原函数的存在性,也初步揭示了定积分与原函数之间的联系.

由定积分的性质和复合函数求导法则,可以得到下面的推论.

推论 **设 $f(x)$ 在 $[a,b]$ 上连续,$\alpha(x)$,$\beta(x)$ 在 $[a,b]$ 上可导,且对 $x\in[a,b]$,$a\leqslant\alpha(x)$,$\beta(x)\leqslant b$,则有**

$$\frac{\mathrm{d}}{\mathrm{d}x}\left[\int_{\alpha(x)}^{\beta(x)} f(t)\,\mathrm{d}t\right] = f[\beta(x)]\beta'(x) - f[\alpha(x)]\alpha'(x).$$

证 $\int_0^{\beta(x)} f(t)\,\mathrm{d}t$ 由 $\int_0^u f(t)\,\mathrm{d}t$ 及 $u=\beta(x)$ 复合而成,所以由复合函数求导公式知,

$$\frac{\mathrm{d}}{\mathrm{d}x}\int_0^{\beta(x)} f(t)\,\mathrm{d}t = \frac{\mathrm{d}}{\mathrm{d}u}\left[\int_0^u f(t)\,\mathrm{d}t\right]\cdot\frac{\mathrm{d}}{\mathrm{d}x}[\beta(x)] = f(u)\beta'(x) = f[\beta(x)]\beta'(x).$$

又 $$\int_{\alpha(x)}^{\beta(x)} f(t)\,\mathrm{d}t = \int_{\alpha(x)}^{0} f(t)\,\mathrm{d}t + \int_0^{\beta(x)} f(t)\,\mathrm{d}t = \int_0^{\beta(x)} f(t)\,\mathrm{d}t - \int_0^{\alpha(x)} f(t)\,\mathrm{d}t,$$

因此 $$\frac{\mathrm{d}}{\mathrm{d}x}\left[\int_{\alpha(x)}^{\beta(x)} f(t)\,\mathrm{d}t\right] = f[\beta(x)]\beta'(x) - f[\alpha(x)]\alpha'(x).$$

例 7 求 $\lim\limits_{x\to 0}\dfrac{\int_{\cos x}^{1}\mathrm{e}^{-t^2}\mathrm{d}t}{x^2}$.

解 所给极限是 $\dfrac{0}{0}$ 型未定式,由于

$$\left(\int_{\cos x}^{1}\mathrm{e}^{-t^2}\mathrm{d}t\right)' = -\mathrm{e}^{-\cos^2 x}\cdot(\cos x)'$$
$$= -\mathrm{e}^{-\cos^2 x}\cdot(-\sin x) = \sin x\,\mathrm{e}^{-\cos^2 x},$$

所以由洛必达法则可得

$$\lim_{x\to 0}\frac{\int_{\cos x}^{1}e^{-t^2}dt}{x^2}=\lim_{x\to 0}\frac{\sin x e^{-\cos^2 x}}{2x}=\frac{1}{2e}.$$

例 8 （2014、数三）求极限 $\lim\limits_{x\to+\infty}\dfrac{\int_1^x\left[t^2(e^{\frac{1}{t}}-1)-t\right]dt}{x^2\ln\left(1+\frac{1}{x}\right)}$

解:原式 $=\lim\limits_{x\to+\infty}\dfrac{\int_1^x\left[t^2(e^{\frac{1}{t}}-1)-t\right]dt}{x}=\lim\limits_{x\to+\infty}\dfrac{x^2(e^{\frac{1}{x}}-1)-x}{1}$

$$=\lim_{t\to+0}\frac{e^t-1-t}{t^2}=\lim_{t\to+0}\frac{e^t-1}{2t}=\frac{1}{2}$$

例 9 （2017、数三）求极限 $\lim\limits_{x\to 0^+}\dfrac{\int_0^x\sqrt{x-t}e^t dt}{\sqrt{x^3}}$

解 原式 $=\lim\limits_{x\to 0^+}\dfrac{\int_0^x\sqrt{u}e^{x-u}du}{\sqrt{x^3}}=\lim\limits_{x\to 0^+}\dfrac{\int_0^x\sqrt{u}e^{-u}du}{\sqrt{x^3}}e^x=\lim\limits_{x\to 0^+}\dfrac{\int_0^x\sqrt{u}e^{-u}du}{\sqrt{x^3}}$

$$=\lim_{x\to 0^+}\frac{\sqrt{x}e^{-x}}{\frac{3}{2}\sqrt{x}}=\frac{2}{3}.$$

习题 6.2

1. 求下列函数的导数.

(1) $f(x)=\int_1^x\sqrt{1+t^2}dt$; (2) $f(x)=\int_x^{\pi}\frac{\sin t}{1+t^2}dt$;

(3) $f(x)=\int_{x^2}^{0}t\cos t^2dt$; (4) $f(x)=\int_{\sin x}^{x^2}e^t dt$.

2. 求下列极限.

(1) $\lim\limits_{x\to 0}\dfrac{\int_0^x\arctan t dt}{x^2}$; (2) $\lim\limits_{x\to 0}\dfrac{\int_0^{\sin^2 x}\ln(1+t)dt}{x^4}$;

(3) $\lim\limits_{x\to 0}\dfrac{\int_0^{-x}t dt}{\sin^2 x}$; (4) $\lim\limits_{x\to 0}\dfrac{\left(\int_0^x e^{t^2}dt\right)^2}{\int_0^x te^{2t^2}dt}$.

3. 求下列定积分.

(1) $\int_0^1(x^2-1)dx$; (2) $\int_1^2\left(x^3+\frac{1}{x^3}\right)dx$;

(3) $\int_1^2(x^2-1)\frac{1}{\sqrt{x}}dx$; (4) $\int_1^{\sqrt{3}}\frac{1}{1+x^2}dx$;

(5) $\int_{-\frac{\sqrt{3}}{2}}^{\frac{\sqrt{3}}{2}} \frac{dx}{\sqrt{1-x^2}}$;　　(6) $\int_{-e-1}^{-e+1} \frac{1}{x+1}dx$;

(7) $\int_{-1}^{0} \frac{2x^4+x^2+1}{x^2+1}dx$;　　(8) $\int_{0}^{\frac{\pi}{4}} \tan^2 t dt$;

(9) $\int_{1}^{2} |1-x| dx$;　　(10) $\int_{0}^{\frac{\pi}{3}} \sin^2 \frac{x}{2}dx$;

(11) $\int_{0}^{100\pi} |\sin x| dx$;

(12) $\int_{-1}^{3} f(x)dx$,其中$f(x)=\begin{cases}2x+1, & -2\leqslant x\leqslant 2,\\ 1+x^2, & 2<x\leqslant 4.\end{cases}$

4. 设$f(x)=\int_0^x \frac{\sin t}{t}dt$,求$f'(0)$.

5. 设$f(x)=\int_x^{x+2\pi} e^{\sin t}\sin t dt$,证明$f(x)$为非零常数.

6. 求$\frac{d}{dx}\int_0^x (x-t)f'(t)dt$.

7. 设$f(x)$在$(-\infty,+\infty)$内连续,且$f(x)>0$. 证明函数$F(x)=\frac{\int_0^x tf(t)dt}{\int_0^x f(t)dt}$在$(0,+\infty)$内为单调增加函数.

8. 设$\begin{cases}x=\int_1^{t^2} u\ln u du,\\ y=\int_{t^2}^{1} u^2\ln u du\end{cases}$ $(t>1)$, 求$\frac{d^2y}{dx^2}$;

9. 求$\int_{-2}^{2} \max\{x,x^2\}dx$.

6.3 定积分的换元积分法与分部积分法

由牛顿－莱布尼茨公式可知,函数的定积分与不定积分是密切相关的,而不定积分的计算有换元积分法和分部积分法,类似地,我们可以得到定积分的换元积分法和分部积分法.

6.3.1 定积分的换元积分法

定理 设$f(x)$在区间$[a,b]$上连续,函数$x=\varphi(t)$满足条件:

(1)$\varphi(\alpha)=a,\varphi(\beta)=b$

(2)$\varphi(t)$在$[\alpha,\beta]$上连续可导,且其值域为$[a,b]$,则有

$$\int_a^b f(x)dx=\int_\alpha^\beta f[\varphi(t)]\varphi'(t)dt. \tag{1}$$

证 因为$f(x)$在区间$[a,b]$上连续,所以原函数存在,设$F(x)$是$f(x)$的一个原函数,则有$\int_a^b f(x)\mathrm{d}x=F(b)-F(a)$.

记$\Phi(t)=F[\varphi(t)]$,它是由$F(x)$和$x=\varphi(t)$复合而成,由复合函数的求导法则,得

$$\Phi'(t)=F'(x)\varphi'(t)=f(x)\varphi'(t)=f[\varphi(t)]\varphi'(t),$$

这表明$\Phi(t)$是$f[\varphi(t)]\varphi'(t)$的一个原函数,所以有

$$\begin{aligned}\int_\alpha^\beta f[\varphi(t)]\varphi'(t)\mathrm{d}t&=[\Phi(t)]_\alpha^\beta=\Phi(\beta)-\Phi(\alpha)\\&=F[\varphi(\beta)]-F[\varphi(\alpha)]=F(b)-F(a).\end{aligned}$$

所以$\int_a^b f(x)\mathrm{d}x=F(b)-F(a)=\int_\alpha^\beta f[\varphi(t)]\varphi'(t)\mathrm{d}t$.
定理得证.

将式(1)叫做**定积分的换元公式**.

由此定理可以看出,积分表达式中的$\mathrm{d}x$,可以看成微分记号.就是说,应用换元公式时,将x换成$\varphi(t)$后,$\mathrm{d}x$也随之变成$\varphi'(t)\mathrm{d}t$,这正好是$\varphi(t)$的微分.

在应用换元公式时应注意到,当把原来变量x换成新变量t时,积分限也要换成新变量t的相应积分限.比不定积分的换元法更简单的是,定积分中以新积分变量t求得原函数$\Phi(t)$后,不需要变量回代,而只要直接将新变量t的上、下限代入$\Phi(t)$中相减即可.

例1 计算$\int_0^\pi\sqrt{\sin x-\sin^3x}\mathrm{d}x$.

解 $\int_0^\pi\sqrt{\sin x-\sin^3x}\mathrm{d}x=\int_0^\pi\sqrt{\sin x\cos^2x}\mathrm{d}x=\int_0^{\frac{\pi}{2}}\sqrt{\sin x}\cos x\mathrm{d}x-\int_{\frac{\pi}{2}}^\pi\sqrt{\sin x}\cos x\mathrm{d}x$

$$=\frac{2}{3}\sin^{\frac{3}{2}}x\Big|_0^{\frac{\pi}{2}}-\frac{2}{3}\sin^{\frac{3}{2}}x\Big|_{\frac{\pi}{2}}^{\pi}=\frac{4}{3}.$$

例2 计算$\int_0^a\sqrt{a^2-x^2}\mathrm{d}x\quad(a>0)$.

解 设$x=a\sin t,t\in\left[0,\frac{\pi}{2}\right]$,则$\mathrm{d}x=a\cos t\mathrm{d}t$,且

当$x=0$时,取$t=0$;当$x=a$时,取$t=\frac{\pi}{2}$.

于是

$$\begin{aligned}\int_0^a\sqrt{a^2-x^2}\mathrm{d}x&=a^2\int_0^{\frac{\pi}{2}}\cos^2t\mathrm{d}t=\frac{a^2}{2}\int_0^{\frac{\pi}{2}}(1+\cos2t)\mathrm{d}t\\&=\frac{a^2}{2}\left[t+\frac{1}{2}\sin2t\right]_0^{\frac{\pi}{2}}=\frac{\pi a^2}{4}.\end{aligned}$$

例3 计算$\int_0^4\frac{\mathrm{d}x}{1+\sqrt{x}}$.

解 令$t=\sqrt{x}$,则$x=t^2,\mathrm{d}x=2t\mathrm{d}t$,当$x=0$时,$t=0$;当$x=4$时,$t=2$.
于是

$$\int_0^4\frac{\mathrm{d}x}{1+\sqrt{x}}=\int_0^2\frac{2t\mathrm{d}t}{1+t}=2\int_0^2\left(1-\frac{1}{1+t}\right)\mathrm{d}t=2[t-\ln(1+t)]_0^2=2(2-\ln3).$$

换元公式也可以反过来用,把公式(1)中的左右两边对调位置后,可得到如下的换元

公式

$$\int_a^b f[\varphi(t)]\varphi'(t)\mathrm{d}t = \int_\alpha^\beta f(x)\mathrm{d}x.$$

在这里,我们用代换 $x=\varphi(t)$ 来引入新变量 x,且 $x=\varphi(a)=\alpha, x=\varphi(b)=\beta$. 这一公式对应于不定积分的凑微分法.

例 4 计算 $\int_0^{\frac{\pi}{2}}\cos^5 x\sin x\mathrm{d}x$.

解 令 $t=\cos x$,则 $\mathrm{d}t=-\sin x\mathrm{d}x$,且当 $x=0$ 时,$t=1$;当 $x=\frac{\pi}{2}$时,$t=0$.

于是

$$\int_0^{\frac{\pi}{2}}\cos^5 x\sin x\mathrm{d}x = -\int_1^0 \mathrm{d}t = \int_0^1 t^5\mathrm{d}t = \left[\frac{1}{6}t^6\right]_0^1 = \frac{1}{6}.$$

在此例中,我们可以不写出新变量 t,那么定积分的上、下限也不需要变更,即

$$\int_0^{\frac{\pi}{2}}\cos^5 x\sin x\mathrm{d}x = -\int_0^{\frac{\pi}{2}}\cos^5 x\mathrm{d}(\cos x) = -\left[\frac{\cos^6 x}{6}\right]_0^{\frac{\pi}{2}} = -\left(0-\frac{1}{6}\right) = \frac{1}{6}.$$

例 5 证明 $\int_{-a}^a f(x)\mathrm{d}x = \begin{cases}0, & f(x)\text{ 为奇函数},\\ 2\int_0^a f(x)\mathrm{d}x, & f(x)\text{ 为偶函数}.\end{cases}$

证 由定积分对积分区间的可加性知

$$\int_{-a}^a f(x)\mathrm{d}x = \int_{-a}^0 f(x)\mathrm{d}x + \int_0^a f(x)\mathrm{d}x,$$

对积分 $\int_{-a}^0 f(x)\mathrm{d}x$ 作代换 $x=-t$,可得

$$\int_{-a}^0 f(x)\mathrm{d}x = \int_a^0 f(-t)(-\mathrm{d}t) = \int_0^a f(-t)\mathrm{d}t = \int_0^a f(-x)\mathrm{d}x.$$

(1)当 $f(x)$ 为奇函数时,$f(-x)=-f(x)$,得

$$\int_{-a}^a f(x)\mathrm{d}x = \int_{-a}^0 f(x)\mathrm{d}x + \int_0^a f(x)\mathrm{d}x = -\int_0^a f(x)\mathrm{d}x + \int_0^a f(x)\mathrm{d}x = 0.$$

(2)当 $f(x)$ 为偶函数时,$f(-x)=f(x)$,得

$$\int_{-a}^a f(x)\mathrm{d}x = \int_0^a f(x)\mathrm{d}x + \int_0^a f(x)\mathrm{d}x = 2\int_0^a f(x)\mathrm{d}x.$$

利用例 5 的结论,我们可以简化奇、偶函数在关于原点对称的区间上的积分. 如对 $I = \int_{-\frac{\pi}{2}}^{\frac{\pi}{2}}\frac{x^3}{1+x^6}\cos x\mathrm{d}x$, 由于被积函数为奇函数,且积分区间关于原点对称,所以 $I=0$.

例 6 (2017、数三)计算 $\int_{-\pi}^{\pi}(\sin^3 x+\sqrt{\pi^2-x^2})\mathrm{d}x$.

解

$$\int_{-\pi}^{\pi}(\sin^3 x+\sqrt{\pi^2-x^2})\mathrm{d}x = \int_{-\pi}^{\pi}\sin^3 x\mathrm{d}x + \int_{-\pi}^{\pi}\sqrt{\pi^2-x^2}\mathrm{d}x$$

$$= \int_{-\pi}^{\pi}\sqrt{\pi^2-x^2}\mathrm{d}x = \frac{\pi^3}{2}.$$

例 7 $\int_{-\frac{\pi}{2}}^{\frac{\pi}{2}}(x^3+3x+\sin^2 x)\cos^2 x\mathrm{d}x$.

解 $\int_{-\frac{\pi}{2}}^{\frac{\pi}{2}}(x^3+3x+\sin^2x)\cos^2x\mathrm{d}x$

$=\int_{-\frac{\pi}{2}}^{\frac{\pi}{2}}(x^3+3x)\cos^2x\mathrm{d}x+\int_{-\frac{\pi}{2}}^{\frac{\pi}{2}}\sin^2x\cos^2x\mathrm{d}x$

$=2\int_0^{\frac{\pi}{2}}\sin^2x\cos^2x\mathrm{d}x=\frac{1}{2}\int_0^{\frac{\pi}{2}}\sin^2 2x\mathrm{d}x=\frac{1}{4}\int_0^{\frac{\pi}{2}}(1-\cos4x)\mathrm{d}x$

$=\frac{1}{4}\left(x-\frac{1}{4}\sin4x\right)\Big|_0^{\frac{\pi}{2}}=\frac{\pi}{8}.$

例 8 试证:(1) $\int_0^{\frac{\pi}{2}}f(\cos x)\mathrm{d}x=\int_0^{\frac{\pi}{2}}f(\sin x)\mathrm{d}x$;

(2) $\int_0^{\pi}xf(\sin x)\mathrm{d}x=\frac{\pi}{2}\int_0^{\frac{\pi}{2}}f(\sin x)\mathrm{d}x$.

证 (1) 设 $x=\frac{\pi}{2}-t$,则 $\mathrm{d}x=-\mathrm{d}t$,且当 $x=0$ 时,$t=\frac{\pi}{2}$;当 $x=\frac{\pi}{2}$时,$t=0$. 于是

$$\int_0^{\frac{\pi}{2}}f(\sin x)\mathrm{d}x=\int_{\frac{\pi}{2}}^0 f\left[\sin\left(\frac{\pi}{2}-t\right)\right]\mathrm{d}\left(\frac{\pi}{2}-t\right)=\int_0^{\frac{\pi}{2}}f(\cos x)\mathrm{d}x.$$

(2)令 $x=\pi-t$,则

$$\int_0^{\pi}xf(\sin x)\mathrm{d}x=\int_{\pi}^0(\pi-t)f[\sin(\pi-t)]\mathrm{d}(\pi-t)$$

$$=\int_0^{\pi}(\pi-t)f(\sin t)\mathrm{d}t=\int_0^{\pi}\pi f(\sin t)\mathrm{d}t-\int_0^{\pi}tf(\sin t)\mathrm{d}t$$

即

$$\int_0^{\pi}xf(\sin x)\mathrm{d}x=\frac{\pi}{2}\int_0^{\frac{\pi}{2}}f(\sin x)\mathrm{d}x.$$

从而得证.

例 9 **计算** $\int_0^1\frac{1}{x+\sqrt{1-x^2}}\mathrm{d}x$.

解 令 $x=\sin t,t\in[0,\frac{\pi}{2}]$,则 $\mathrm{d}x=\cos t\mathrm{d}t$,

$$\int_0^1\frac{1}{x+\sqrt{1-x^2}}\mathrm{d}x=\int_0^{\frac{\pi}{2}}\frac{\cos t}{\sin t+\cos t}\mathrm{d}t$$

$$=\frac{1}{2}\left[\int_0^{\frac{\pi}{2}}\frac{\cos t}{\sin t+\cos t}\mathrm{d}t+\int_0^{\frac{\pi}{2}}\frac{\sin t}{\sin t+\cos t}\mathrm{d}t\right]=\frac{\pi}{4}.$$

例 10 计算 $\int_0^{\pi}\frac{x\sin x}{1+\cos^2x}\mathrm{d}x$.

解 由例 8 得到

$$\int_0^{\pi}\frac{x\sin x}{1+\cos^2x}\mathrm{d}x=\frac{\pi}{2}\int_0^{\pi}\frac{\sin x}{1+\cos^2x}\mathrm{d}x=-\frac{\pi}{2}[\arctan\cos x]\Big|_0^{\pi}$$

$$=-\frac{\pi}{2}[\arctan(-1)-\arctan1]=\frac{\pi^2}{4}.$$

6.3.2 定积分的分部积分法

若函数 $u=u(x)$，$v=v(x)$ 在区间 $[a,b]$ 上有连续导数，则有

$$(uv)'=u'v+uv'.$$

所以
$$\int_a^b (uv)'\mathrm{d}x=\int_a^b vu'\mathrm{d}x+\int_a^b uv'\mathrm{d}x,$$

即
$$uv\Big|_a^b=\int_a^b vu'\mathrm{d}x+\int_a^b uv'\mathrm{d}x.$$

于是

$$\int_a^b uv'\mathrm{d}x=uv\Big|_a^b-\int_a^b vu'\mathrm{d}x,$$

或简记为

$$\int_a^b u\mathrm{d}v=[uv]_a^b-\int_a^b v\mathrm{d}u.$$

这就是定积分的分部积分法.

例 11 计算 $\int_0^{\frac{1}{2}}\arcsin x\mathrm{d}x$.

解
$$\int_0^{\frac{1}{2}}\arcsin x\mathrm{d}x=\Big[x\arcsin x\Big]_0^{\frac{1}{2}}-\int_0^{\frac{1}{2}}\frac{x}{\sqrt{1-x^2}}\mathrm{d}x$$
$$=\frac{1}{2}\cdot\frac{\pi}{6}+\Big[\sqrt{1-x^2}\Big]_0^{\frac{1}{2}}=\frac{\pi}{12}+\frac{\sqrt{3}}{2}-1.$$

例 12 计算 $\int_0^1 \mathrm{e}^{\sqrt{x}}\mathrm{d}x$.

解 先用换元法，令 $t=\sqrt{x}$，则 $x=t^2$，$\mathrm{d}x=2t\mathrm{d}t$，且当 $x=0$ 时，$t=0$，当 $x=1$ 时，$t=1$. 于是

$$\int_0^1 \mathrm{e}^{\sqrt{x}}\mathrm{d}x=2\int_0^1 t\mathrm{e}^t\mathrm{d}t=2\int_0^1 t\mathrm{d}(\mathrm{e}^t)=2\left[t\mathrm{e}^t\right]_0^1-2\int_0^1\mathrm{e}^t\mathrm{d}t$$
$$=2\mathrm{e}-2\left[\mathrm{e}^t\right]_0^1=2[\mathrm{e}-(\mathrm{e}-1)]=2.$$

例 13 设 $I_n=\int_0^{\frac{\pi}{2}}\sin^n x\mathrm{d}x=\int_0^{\frac{\pi}{2}}\cos^n x\mathrm{d}x$，证明

(1) 当 n 为正偶数时，$I_n=\frac{n-1}{n}\cdot\frac{n-3}{n-2}\cdot\cdots\cdot\frac{3}{4}\cdot\frac{1}{2}\cdot\frac{\pi}{2}$;

(2) 当 n 为大于 1 的正奇数时，$I_n=\frac{n-1}{n}\cdot\frac{n-3}{n-2}\cdot\cdots\cdot\frac{4}{5}\cdot\frac{2}{3}$.

证 因为 $I_n=\int_0^{\frac{\pi}{2}}\sin^n x\mathrm{d}x=\int_0^{\frac{\pi}{2}}\sin^{n-1}x\mathrm{d}(-\cos x)$，

于是，由分部积分公式，得

$$I_n=-\cos x\sin^{n-1}x\Big|_0^{\frac{\pi}{2}}+(n-1)\int_0^{\frac{\pi}{2}}\sin^{n-2}x\cos^2 x\mathrm{d}x$$
$$=0+(n-1)\int_0^{\frac{\pi}{2}}\sin^{n-2}x(1-\sin^2 x)\mathrm{d}x$$

$$= (n-1)\int_0^{\frac{\pi}{2}} \sin^{n-2}x\mathrm{d}x - (n-1)\int_0^{\frac{\pi}{2}} \sin^n x\mathrm{d}x$$

$$= (n-1)I_{n-2} - (n-1)I_n,$$

由此得 $I_n = \dfrac{n-1}{n}I_{n-2}$,

这是一个计算 I_n 的递推公式. 由此可知,

当 n 为正偶数 $2m$ 时, $I_{2m} = \dfrac{2m-1}{2m}\cdot\dfrac{2m-3}{2m-2}\cdot\dfrac{2m-5}{2m-4}\cdots\cdots\dfrac{5}{6}\cdot\dfrac{3}{4}\cdot\dfrac{1}{2}I_0$.

当 n 为大于 1 的正奇数 $2m+1$ 时, $I_{2m+1} = \dfrac{2m}{2m+1}\cdot\dfrac{2m-2}{2m-1}\cdot\dfrac{2m-4}{2m-3}\cdots\cdots\dfrac{6}{7}\cdot\dfrac{4}{5}\cdot\dfrac{2}{3}I_1$.

由于

$$I_0 = \int_0^{\frac{\pi}{2}}\mathrm{d}x = \frac{\pi}{2},$$

$$I_1 = \int_0^{\frac{\pi}{2}}\sin x\mathrm{d}x = -\cos x\Big|_0^{\frac{\pi}{2}} = 1,$$

所以

$$I_{2m} = \frac{2m-1}{2m}\cdot\frac{2m-3}{2m-2}\cdot\frac{2m-5}{2m-4}\cdots\cdots\frac{5}{6}\cdot\frac{3}{4}\cdot\frac{1}{2}\cdot\frac{\pi}{2},$$

$$I_{2m+1} = \frac{2m}{2m+1}\cdot\frac{2m-2}{2m-1}\cdot\frac{2m-4}{2m-3}\cdots\cdots\frac{6}{7}\cdot\frac{4}{5}\cdot\frac{2}{3}, (m=1,2,\cdots).$$

例 14 求 $I = \int_0^{\pi} \cos^8\dfrac{x}{2}\mathrm{d}x$.

解 令 $\dfrac{x}{2} = t$, $I = \int_0^{\frac{\pi}{2}} \cos^8 t\cdot 2\mathrm{d}t$,

由例 13 得:

$$I = 2I_8 = 2\cdot\frac{7}{8}\cdot\frac{5}{6}\cdot\frac{3}{4}\cdot\frac{1}{2}\cdot\frac{\pi}{2} = \frac{35}{128}\pi.$$

例 15 设 $f(x) = \int_{\pi}^{x}\dfrac{\sin t}{t}\mathrm{d}t$, 求 $\int_0^{\pi} f(x)\mathrm{d}x$.

解 利用分部积分公式知: $\int_0^{\pi} f(x)\mathrm{d}x = xf(x)\big|_0^{\pi} - \int_0^{\pi} xf'(x)\mathrm{d}x$,

因 $f(x) = \int_{\pi}^{x}\dfrac{\sin t}{t}\mathrm{d}t$, 于是有 $f(\pi) = 0$, $f'(x) = \dfrac{\sin x}{x}$, 所以

$$\int_0^{\pi} f(x)\mathrm{d}x = 0 - \int_0^{\pi}\sin x\mathrm{d}x = -2.$$

习题 6.3

1. 计算下列定积分.

(1) $\int_{-1}^{2} (x+1)^3\mathrm{d}x$;　　(2) $\int_1^{\mathrm{e}} \dfrac{\ln x}{x}\mathrm{d}x$;

(3) $\int_0^{5} \dfrac{\mathrm{d}x}{\sqrt{1+3x}}$;　　(4) $\int_{\frac{3}{4}}^{1} \dfrac{\mathrm{d}x}{\sqrt{1-x}-1}$;

(5) $\int_0^1 t\mathrm{e}^{-t^2}\mathrm{d}t$;

(6) $\int_0^{\frac{\pi}{2}} \sin u \cos^2 u \mathrm{d}u$;

(7) $\int_1^{\sqrt{3}} \frac{\mathrm{d}x}{x\sqrt{x^2+1}}$;

(8) $\int_0^1 x^2\sqrt{1-x^2}\mathrm{d}x$;

(9) $\int_1^2 \frac{\sqrt{x^2-1}}{x}\mathrm{d}x$;

(10) $\int_1^{\mathrm{e}^2} \frac{\mathrm{d}x}{x\sqrt{1+\ln x}}$;

(11) $\int_{-1}^1 \frac{5x^3+3x+1}{1+x^2}\mathrm{d}x$;

(12) $\int_{\ln 2}^{\ln 3} \frac{\mathrm{d}x}{\mathrm{e}^x-\mathrm{e}^{-x}}$;

(13) $\int_{-\frac{1}{2}}^{\frac{1}{2}} \frac{(\arcsin x)^2}{\sqrt{1-x^2}}\mathrm{d}x$;

(14) $\int_0^{\pi} \sqrt{1+\cos 2x}\mathrm{d}x$;

(15) $\int_{-5}^5 \frac{x^3\sin^2 x}{x^4+2x^2+1}\mathrm{d}x$;

(16) $\int_{-1}^1 \frac{2x^2+x\cos x}{1+\sqrt{1-x^2}}\mathrm{d}x$.

2. 求下列定积分.

(1) $\int_0^{\frac{\pi}{2}} x\cos x\mathrm{d}x$;

(2) $\int_0^{\frac{\pi}{4}} \frac{x}{\cos^2 x}\mathrm{d}x$;

(3) $\int_0^1 x^2\mathrm{e}^{-x}\mathrm{d}x$;

(4) $\int_1^{\mathrm{e}} x\ln x\mathrm{d}x$;

(5) $\int_0^1 x\arctan x\mathrm{d}x$;

(6) $\int_0^{\frac{\pi}{2}} \mathrm{e}^{2x}\cos x\mathrm{d}x$;

(7) $\int_0^{\pi} x\sin^2 x\mathrm{d}x$;

(8) $\int_1^{\mathrm{e}} \sin(\ln x)\mathrm{d}x$;

(9) $\int_0^3 \mathrm{e}^{\sqrt{x+1}}\mathrm{d}x$;

(10) $\int_{\frac{1}{\mathrm{e}}}^{\mathrm{e}} |\ln x|\mathrm{d}x$.

3. 设 $f(x)$ 在 $[-a,a]$ 上连续,证明 $\int_{-a}^a f(x)\mathrm{d}x = \int_{-a}^a f(-x)\mathrm{d}x$.

4. 设 $f(x)$ 在 $[a,b]$ 上连续,证明 $\int_a^b f(x)\mathrm{d}x = \int_a^b f(a+b-x)\mathrm{d}x$.

5. 若 $f(x)$ 在 $[0,1]$ 上连续,证明

(1) $\int_0^{\frac{\pi}{2}} f(\sin x)\mathrm{d}x = \int_0^{\frac{\pi}{2}} f(\cos x)\mathrm{d}x$;

(2) $\int_0^{\pi} xf(\sin x)\mathrm{d}x = \frac{\pi}{2}\int_0^{\pi} f(\sin x)\mathrm{d}x$. 由此计算 $\int_0^{\pi} \frac{x\sin x}{1+\cos^2 x}\mathrm{d}x$.

6. 设 $f(x) = \begin{cases} \frac{1}{1+x}, & 当 x \geqslant 0 时, \\ \frac{1}{1+\mathrm{e}^x}, & 当 x < 0 时, \end{cases}$ 求 $\int_0^2 f(x-1)\mathrm{d}x$.

6.4 反常积分

前面几节内容讨论的积分都是在被积函数有界且积分区间有限的基础上,但在实际

应用和理论研究中，也常常会遇到被积函数无界或积分区间为无穷区间的情形，所以需要对定积分概念加以推广. 这就是反常积分.

6.4.1 无穷限的反常积分

引例 求函数 $f(x)=\dfrac{1}{1+x^2}$ 在第一象限内与 x 轴所围的阴影部分的面积 S（如右图 6－5）.

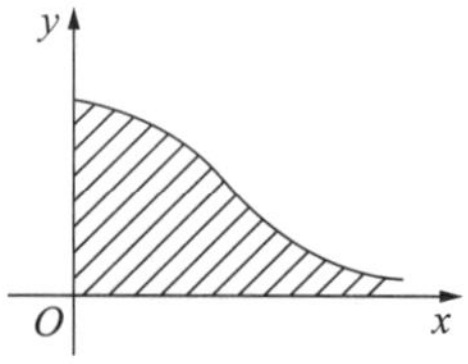

图 6－5

解 该曲边梯形在水平方向上趋于无穷，所以不能直接用以前的定积分知识来求. 可按如下方法求解：先任取一点 $b>0$，由定积分的几何意义，我们知道 $f(x)$ 在区间 $[0,b]$ 上所围的曲边梯形的面积为

$\int_0^b f(x)\,dx=\int_0^b \dfrac{1}{1+x^2}dx$. 再令 $b\to+\infty$. 这样，就可以求得整个阴影部分的面积

$$S=\lim_{b\to+\infty}\int_0^b (x)\,dx=\lim_{b\to+\infty}\int_0^b \frac{1}{1+x^2}dx$$

$$=\lim_{b\to+\infty}(\arctan x)\Big|_0^b=\frac{\pi}{2}.$$

为简便起见，我们记 $\lim\limits_{b\to+\infty}\int_0^b f(x)\,dx=\int_0^{+\infty} f(x)\,dx$，并称之为反常积分. 一般性的定义如下：

定义 1 **设函数 $f(x)$ 在区间 $[a,+\infty)$ 上连续，取 $b>a$，如果极限 $\lim\limits_{t\to+\infty}\int_a^b f(x)\,dx$ 存在，则称此极限为函数 $f(x)$ 在无穷区间 $[a,+\infty)$ 上的反常积分，记作**

$$\int_a^{+\infty} f(x)\,dx,$$

即

$$\int_a^{+\infty} f(x)\,dx=\lim_{b\to+\infty}\int_a^b f(x)\,dx.$$

这时也称反常积分 $\int_a^{+\infty} f(x)\,dx$ 收敛；如果上述极限不存在，则称此反常积分发散.

类似地，有

定义 2 **设函数 $f(x)$ 在区间 $(-\infty,b]$ 上连续，取 $t<b$，如果极限 $\lim\limits_{t\to-\infty}\int_t^b f(x)\,dx$ 存在，则称此极限为函数 $f(x)$ 在无穷区间 $(-\infty,b]$ 上的反常积分，记作**

$$\int_{-\infty}^b f(x)\,dx,$$

即

$$\int_{-\infty}^b f(x)\,dx=\lim_{t\to-\infty}\int_t^b f(x)\,dx.$$

这时也称反常积分 $\int_{-\infty}^b f(x)\,dx$ 收敛；如果上述极限不存在，则称此反常积分发散.

定义 3 **设函数 $f(x)$ 在区间 $(-\infty,+\infty)$ 上连续，如果反常积分 $\int_{-\infty}^0 f(x)\,dx$ 和 $\int_0^{+\infty} f(x)\,dx$ 都收敛，则称上述两反常积分之和为函数 $f(x)$ 在无穷区间 $(-\infty,+\infty)$ 上的**

反常积分,记作

$$\int_{-\infty}^{+\infty} f(x)\,\mathrm{d}x,$$

即

$$\int_{-\infty}^{+\infty} f(x)\,\mathrm{d}x = \int_{-\infty}^{0} f(x)\,\mathrm{d}x + \int_{0}^{+\infty} f(x)\,\mathrm{d}x.$$

这时也称反常积分 $\int_{-\infty}^{+\infty} f(x)\,\mathrm{d}x$ **收敛;否则称反常积分** $\int_{-\infty}^{+\infty} f(x)\,\mathrm{d}x$ **发散**.

以上反常积分统称为**无穷限的反常积分**(简称为**无穷积分**).

在计算无穷积分时,为了方便,也可用牛顿-莱布尼茨公式的记法,即若

$$F'(x) = f(x), x \in [a, +\infty), \text{则}$$

$$\int_{a}^{+\infty} f(x)\,\mathrm{d}x = [F(x)]_{a}^{+\infty} = F(+\infty) - F(a).$$

类似地

$$\int_{-\infty}^{b} f(x)\,\mathrm{d}x = [F(x)]_{-\infty}^{b} = F(b) - F(-\infty).$$

$$\int_{-\infty}^{+\infty} f(x)\,\mathrm{d}x = [F(x)]_{-\infty}^{+\infty} = F(+\infty) - F(-\infty).$$

其中的 $F(-\infty)$ 与 $F(+\infty)$ 应理解为极限,即

$$F(-\infty) = \lim_{x\to-\infty} F(x), F(+\infty) = \lim_{x\to+\infty} F(x).$$

例1 计算反常积分 $\int_{-\infty}^{+\infty} \frac{\mathrm{d}x}{1+x^2}$.

解 $$\int_{-\infty}^{+\infty} \frac{\mathrm{d}x}{1+x^2} = [\arctan x]_{-\infty}^{+\infty} = \lim_{t\to+\infty}\arctan t - \lim_{t\to-\infty}\arctan t$$

$$= \frac{\pi}{2} - \left(-\frac{\pi}{2}\right) = \pi.$$

例2 证明反常积分 $\int_{a}^{+\infty} \frac{\mathrm{d}x}{x^p} (a>0)$ 当 $p>1$ 时收敛,当 $p\leqslant 1$ 时发散.

证明 (1)当 $p=1$ 时,有

$$\int_{a}^{+\infty} \frac{\mathrm{d}x}{x^p} = \int_{a}^{+\infty} \frac{\mathrm{d}x}{x} = [\ln x]_{a}^{+\infty} = +\infty.$$

(2)当 $p\neq 1$ 时,有

$$\int_{a}^{+\infty} \frac{\mathrm{d}x}{x^p} = \left[\frac{x^{1-p}}{1-p}\right]_{a}^{+\infty} = \begin{cases} +\infty, & p<1, \\ \dfrac{a^{1-p}}{p-1}, & p>1. \end{cases}$$

这就是说,当 $p>1$ 时所给反常积分收敛,其值为 $\frac{a^{1-p}}{p-1}$;当 $p\leqslant 1$ 时此反常积分发散.

例3 判定 $\int_{-\infty}^{+\infty} \frac{x}{1+x^2}\mathrm{d}x$ 的敛散性.

解 $$\int_{-\infty}^{+\infty} \frac{x}{1+x^2}\mathrm{d}x = \int_{-\infty}^{0} \frac{x}{1+x^2}\mathrm{d}x + \int_{0}^{+\infty} \frac{x}{1+x^2}\mathrm{d}x,$$

由于 $\int_{-\infty}^{0} \frac{x}{1+x^2}\mathrm{d}x = \frac{1}{2}\ln(1+x^2)\Big|_{0}^{+\infty} = +\infty$,故 $\int_{-\infty}^{+\infty} \frac{x}{1+x^2}\mathrm{d}x$ 发散.

注意 $\int_{-\infty}^{+\infty}\frac{x}{1+x^2}dx \neq \lim\limits_{b\to+\infty}\int_{-b}^{b}\frac{x}{1+x^2}dx$, 后者的极限是存在的(其值为零).

6.4.2 无界函数的反常积分

利用无穷限的反常积分,我们可以求出水平方向趋于无穷的曲边梯形的面积. 当曲边梯形在垂直方向趋于无穷时,该如何求其阴影部分的面积?

引例:函数 $f(x) = \frac{1}{x}$ 在区间 $(0,1]$ 上所围的面积是不是有限的? 如果有限,其值是多少?

解:先在 $(0,1]$ 内取一点 t,则 $f(x) = \frac{1}{x}$ 在区间 $[t,1]$ 上所围的面积 $S_t = \int_t^b f(x)dx = \int_t^b \frac{1}{x}dx$,因此,函数 $f(x) = \frac{1}{x}$ 在区间 $(0,1]$ 上所围的面积

$$S = \lim_{t\to0^+}S_t = \lim_{t\to0^+}\int_t^1 f(x)dx = \lim_{t\to0^+}\int_t^1\frac{1}{x}dx = \lim_{t\to0^+}\ln x\Big|_t^1 = \lim_{t\to0^+} -\ln t = +\infty.$$

下推广这一解题过程.

定义 4 **如果函数 $f(x)$ 在点 a 的任一邻域内都无界,则称点 a 为函数 $f(x)$ 的瑕点(或称无界间断点).**

定义 5 **设函数 $f(x)$ 在 (a,b) 上连续,点 a 为 $f(x)$ 的瑕点. 取 $t > a$,如果极限 $\lim\limits_{t\to a^+}\int_t^b f(x)dx$ 存在,则称此极限为函数 $f(x)$ 在 $(a,b]$ 上的反常积分,仍记作**

$$\int_a^b f(x)dx,$$

即

$$\int_a^b f(x)dx = \lim_{t\to a^+}\int_t^b f(x)dx.$$

这时也称反常积分 $\int_a^b f(x)dx$ 收敛. 如果上述极限不存在,则称此反常积分发散.

定义 6 **设函数 $f(x)$ 在 $[a,b)$ 上连续,点 b 为 $f(x)$ 的瑕点. 取 $t < b$,如果极限 $\lim\limits_{t\to b^-}\int_a^t f(x)dx$ 存在,则称此极限为函数 $f(x)$ 在 $[a,b)$ 上的反常积分,仍记作**

$$\int_a^b f(x)dx,$$

即

$$\int_a^b f(x)dx = \lim_{t\to b^-}\int_a^t f(x)dx.$$

这时也称反常积分 $\int_a^b f(x)dx$ 收敛. 如果上述极限不存在,则称此反常积分发散.

定义 7 **设函数 $f(x)$ 在 $[a,b]$ 上除点 $c(a < c < b)$ 外连续,点 c 为 $f(x)$ 的瑕点. 如果两个反常积分 $\int_a^c f(x)dx$ 和 $\int_c^b f(x)dx$ 都收敛,则定义**

$$\int_a^b f(x)dx = \int_a^c f(x)dx + \int_c^b f(x)dx,$$

否则,就称反常积分 $\int_a^b f(x)\mathrm{d}x$ 发散.

无界函数的反常积分也称为函数的瑕积分.

与无穷限的反常积分类似,计算无界函数的反常积分也可以利用牛顿-莱布尼茨公式.

若 a 是瑕点,在 $(a,b]$ 上 $F'(x)=f(x)$,则反常积分

$$\int_a^b f(x)\mathrm{d}x = F(b) - \lim_{x\to a^+}F(x).$$

这时我们仍用 $[F(x)]_a^b$ 来表示右侧,即仍有 $\int_a^b f(x)\mathrm{d}x = [F(x)]_a^b$. 但这时应注意到原函数在积分下限处不是求函数值而是右极限值. 其他形式的瑕积分也有类似结果,不再赘述.

例4 计算反常积分 $\int_0^a \frac{\mathrm{d}x}{\sqrt{a^2-x^2}}\ (a>0)$.

解 显然这里积分上限的 a 点是瑕点,所以

$$\int_0^a \frac{\mathrm{d}x}{\sqrt{a^2-x^2}} = \left[\arcsin\frac{x}{a}\right]_0^a = \lim_{x\to a^-}\arcsin\frac{x}{a} - 0 = \frac{\pi}{2}.$$

例5 讨论反常积分 $\int_{-1}^1 \frac{\mathrm{d}x}{x^2}$ 的收敛性.

解 被积函数 $f(x)=\frac{1}{x^2}$ 在积分区间上有瑕点 $x=0$,由于

$$\int_{-1}^0 \frac{\mathrm{d}x}{x^2} = \left[-\frac{1}{x}\right]_{-1}^0 = \lim_{x\to 0^-}\left(-\frac{1}{x}\right) - 1 = +\infty,$$

所以反常积分 $\int_{-1}^0 \frac{\mathrm{d}x}{x^2}$ 发散,从而反常积分 $\int_{-1}^1 \frac{\mathrm{d}x}{x^2}$ 发散.

注 此题若忽略了瑕点 $x=0$,而直接用牛顿-莱布尼茨公式计算

$$\int_{-1}^1 \frac{\mathrm{d}x}{x^2} = \left[-\frac{1}{x}\right]_{-1}^1 = -(1+1) = -2,\text{计算出错}.$$

例6 证明反常积分 $\int_0^a \frac{\mathrm{d}x}{x^q}(a>0,q>0)$,当 $q<1$ 时收敛;当 $q\geqslant 1$ 时发散.

解 $x=0$ 是被积函数的瑕点,

(1)当 $q=1$ 时,

$$\int_0^a \frac{\mathrm{d}x}{x} = [\ln x]_0^a = \ln a - \lim_{x\to 0^+}\ln x = +\infty,$$

即反常积分是发散的.

(2)当 $q\neq 1$ 时,

$$\int_0^a \frac{\mathrm{d}x}{x^q} = \left[\frac{x^{1-q}}{1-q}\right]_0^a = \frac{a^{1-q}}{1-q} - \lim_{x\to 0^+}\frac{x^{1-q}}{1-q} = \begin{cases}\dfrac{a^{1-q}}{1-q}, & q<1,\\ +\infty, & q>1,\end{cases}$$

所以反常积分 $\int_0^a \frac{\mathrm{d}x}{x^q}$ 当 $0<q<1$ 时收敛,当 $q\geqslant 1$ 时发散.

习题 6.4

1. 判定下列反常积分的收敛性,若收敛,计算反常积分的值.

(1) $\int_2^{+\infty}\frac{\mathrm{d}x}{x^3}$;　　(2) $\int_1^{+\infty}\frac{\mathrm{d}x}{\sqrt{x}}$;

(3) $\int_1^{+\infty}\frac{1}{x(x^2+1)}\mathrm{d}x$;　　(4) $\int_{-\infty}^{+\infty}\frac{\mathrm{d}x}{x^2+2x+2}$;

(5) $\int_0^1\frac{x\mathrm{d}x}{\sqrt{1-x^2}}$;　　(6) $\int_0^1\frac{\arccos\sqrt{x}}{\sqrt{x}}\mathrm{d}x$;

(7) $\int_0^2\frac{\mathrm{d}x}{(1-x)^2}$;　　(8) $\int_0^{+\infty}\mathrm{e}^{-x}\sin 2x\mathrm{d}x$;

(9) $\int_1^2\frac{x\mathrm{d}x}{\sqrt{x-1}}$;　　(10) $\int_1^e\frac{\mathrm{d}x}{x\sqrt{1-(\ln x)^2}}$.

2. 已知 $f(x)=\begin{cases}0, & -\infty<x\leqslant 0,\\ \frac{1}{2}x, & 0<x\leqslant 2,\\ 1, & x>2,\end{cases}$ 试用分段函数表示 $\int_{-\infty}^{x}f(t)\mathrm{d}t$.

6.5 定积分的几何应用

6.5.1 定积分的元素法

在定积分的应用中,常采用所谓“元素法”. 为说明这一方法,我们先复习一下上一章讨论过的曲边梯形的面积问题.

设函数 $y=f(x)$ 在区间)$[a,b]$上连续,且 $f(x)\geqslant 0$,求以曲线 $y=f(x)$ 为曲边,以$[a,b]$为底的曲边梯形面积.

(1)**分割**:将区间$[a,b]$分成任意 n 个子区间$[x_{i-1},x_i]$($i=1,2,\cdots,n$),于是曲边梯形面积 $A=\sum\limits_{i=1}^{n}\Delta A_i$;

(2)**近似代替**:对每个 i,$\Delta A_i\approx f(\xi_i)\Delta x_i$,其中 $\xi_i\in[x_{i-1},x_i]$. 因此 $A\approx\sum\limits_{i=1}^{n}f(\xi_i)\Delta x_i$.

(3)**取极限**:令 $\lambda=\max\{\Delta x_1,\Delta x_2,\cdots,\Delta x_n\}$,则

$$A=\lim_{\lambda\to 0}\sum_{i=1}^{n}f(\xi_i)\Delta x_i=\int_a^b f(x)\mathrm{d}x.$$

可以看到所求量 A 具有如下特征:

(ⅰ)A 与区间$[a,b]$有关,把$[a,b]$分成许多的部分区间后,则 A 相应地分成许多部分量 ΔA_i,且 $A=\sum\limits_{i=1}^{n}\Delta A_i$. 我们称 A 的这一性质为:A 对区间$[a,b]$具有可加性;

(ⅱ)每个部分量 $\Delta A_i \approx f(\xi_i)\Delta x_i$;且 $\lambda \to 0$ 时,$f(\xi_i)\Delta x_i \to \Delta A_i$(事实上,要求 $\Delta A_i - f(\xi_i)\Delta x_i$ 是 Δx_i 的高阶无穷小),这样就有 $A = \lim\limits_{\lambda \to 0}\sum\limits_{i=1}^{n} f(\xi_i)\Delta x_i = \int_a^b f(x)\,\mathrm{d}x$.

一般地,如果某一所求量 A 具有这两个特征,我们就可以考虑用定积分来求这个量 A.

为书写方便起见,上述的(1)分割、(2)近似代替、(3)取极限这三个步骤通常简写为:

(1)建立坐标系,选取积分变量 x,并确定积分区间$[a,b]$.

(2)设想将区间$[a,b]$分成 n 个小区间,取其中任一小区间并记作$[x,x+\mathrm{d}x]$,求出相应于这个小区间部分量 ΔA 的近似值. 如果 ΔA 能够近似地表示为$[a,b]$上的一个连续函数在 x 处的值 $f(x)$ 与 $\mathrm{d}x$ 的积,就把 $f(x)\mathrm{d}x$ 称为所求量 A 的元素,且记作 $\mathrm{d}A$,即

$$\mathrm{d}A = f(x)\,\mathrm{d}x.$$

则由定积分定义得:

$$A = \int_a^b f(x)\,\mathrm{d}x.$$

这一简写过程通常称为**元素法**.

下面我们举一例,来说明如何使用元素法.

6.5.2 平面图形的面积

1. 直角坐标情形

由定积分几何意义可知,当 $y=f(x)\geqslant 0$ 时,由曲线 $y=f(x)$,直线 $x=a$,$x=b(a<b)$ 与 x 轴所围成的曲边梯形的面积 A 为定积分

$$A = \int_a^b y\,\mathrm{d}x = \int_a^b f(x)\,\mathrm{d}x.$$

一般地,由曲线 $y=f(x)$,$y=g(x)$ $(f(x)\geqslant g(x))$ 以及直线 $x=a$,$x=b(a<b)$ 所围成的曲边梯形的面积 A 为

$$A = \int_a^b [f(x) - g(x)]\,\mathrm{d}x. \tag{1}$$

事实上,这一面积公式可由元素法得到:

在区间$[a,b]$上任取小区间$[x,x+\mathrm{d}x]$(图 6-6),在此小区间上的图形面积近似于高为$[f(x)-g(x)]$,底为 $\mathrm{d}x$ 的小矩形面积,从而得面积元素为

$$\mathrm{d}A = [f(x) - g(x)]\,\mathrm{d}x.$$

因此有:

$$A = \int_a^b [f(x) - g(x)]\,\mathrm{d}x.$$

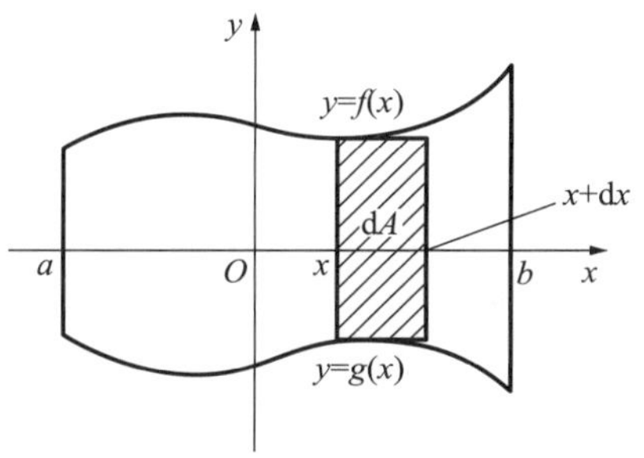

图 6-6

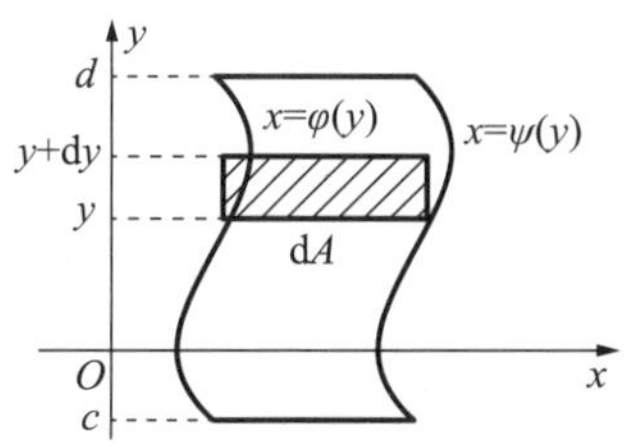

图 6-7

类似可证得：由曲线 $x=\psi(y)$，$x=\varphi(y)$（$\varphi(y)\geqslant\psi(y)$），以及直线 $y=c$，$y=d$（$c<d$）所围成的平面图形（图 6－7）的面积为

$$A=\int_c^d[\varphi(y)-\psi(y)]\mathrm{d}y. \tag{2}$$

例 1 计算由两条抛物线 $y^2=x$，$x^2=y$ 所围成图形的面积.

解 作出图形（图 6－8）.

解方程组 $\begin{cases}y^2=x,\\ y=x^2,\end{cases}$ 得两条抛物线的交点为（0，0）和（1，1），则积分区间为[0，1].

由式（1）知，所求图形的面积为 $S=\int_0^1(\sqrt{x}-x^2)\mathrm{d}x=\left[\frac{2}{3}x^{\frac{3}{2}}-\frac{1}{3}x^3\right]_0^1=\frac{1}{3}.$

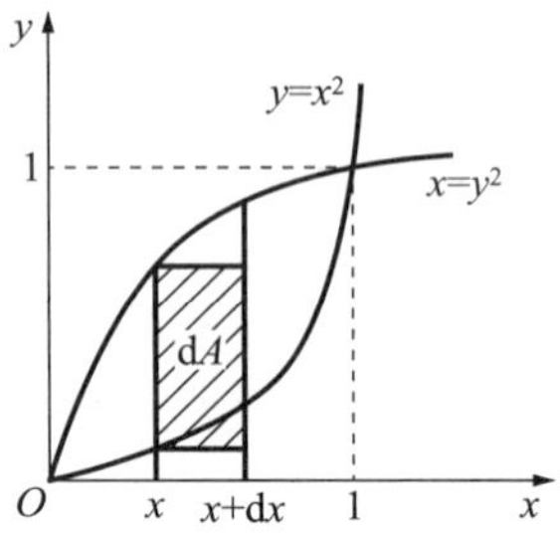

图 6－8

当然，本题也可由元素法直接求得，元素法所用用面积元素见图 6－8 所示. 后面的各直角坐标系下求面积的例子也都可用元素法求解，我们仅在图形上标示其面积元素. 读者可依图示，自行用元素法求解.

例 2 求曲线 $y=x^2$，$y=(x-2)^2$ 与 x 轴围成平面图形的面积.

解 作出图形（图 6－9），解方程组 $\begin{cases}y=x^2,\\ y=(x-2)^2,\end{cases}$ 得两曲线的交点为（1，1）.

方法一：选定 y 为积分变量，由式（3）得所求面积

$$A=\int_0^1 2(1-\sqrt{y})\mathrm{d}y=\left[2y-\frac{4}{3}y^{\frac{3}{2}}\right]_0^1=\frac{2}{3}.$$

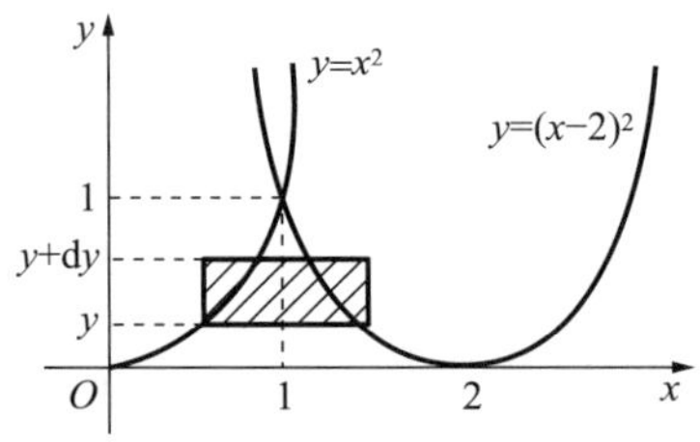

图 6－9

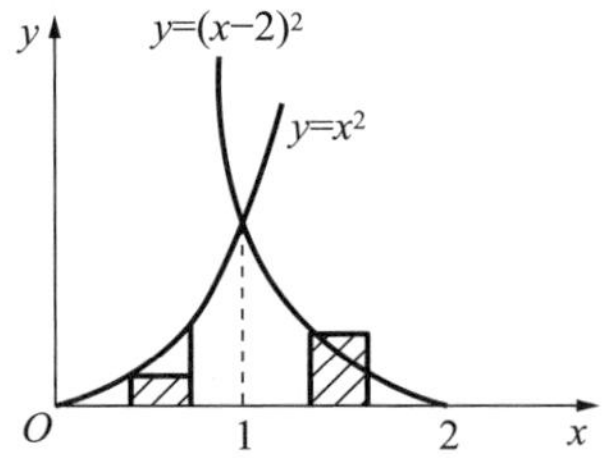

图 6－10

方法二：若选取 x 作为积分变量，积分区间为[0，2]（图 6－10），所求面积 A 可分成两部分，一是由[0，1]上，$y=x^2$ 所围曲边梯形；另一部分是[1，2]上，$y=(x-2)^2$ 所围曲边梯形，故由式（2）知，所求图形的面积为

$$A=\int_0^1 x^2\mathrm{d}x+\int_1^2(x-2)^2\mathrm{d}x=\frac{2}{3}.$$

例 3 求由抛物线 $\sqrt{y}=x$，直线 $y=-x$ 及 $y=1$ 围成的平面图形的面积.

解 这个图形如图 6－11 所示. 先求出图形边界曲线的交点，可得（0，0）（－1，1）及（1，1）. 选取 y 为积分变量，它的变化区间为[0，1]，任取一个代表小区间[y，$y+\mathrm{d}y$]，由微元法，可得面积元素为

$$dA=(\sqrt{y}+y)\,dy.$$

在区间[0,1]上积分即得所求图形的面积为

$$A=\int_0^1 dA=\int_0^1(\sqrt{y}+y)\,dy=\frac{7}{6}.$$

求面积时，我们还可利用图形的对称性等，以简化分析和运算.

例4 求椭圆$\frac{x^2}{a^2}+\frac{y^2}{b^2}=1$所围成的图形的面积.

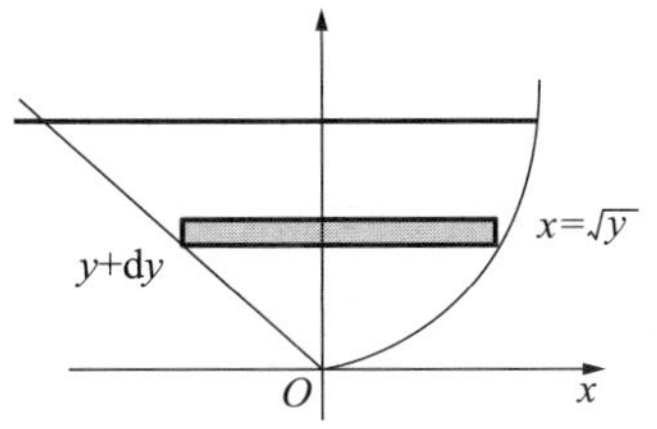

图6－11

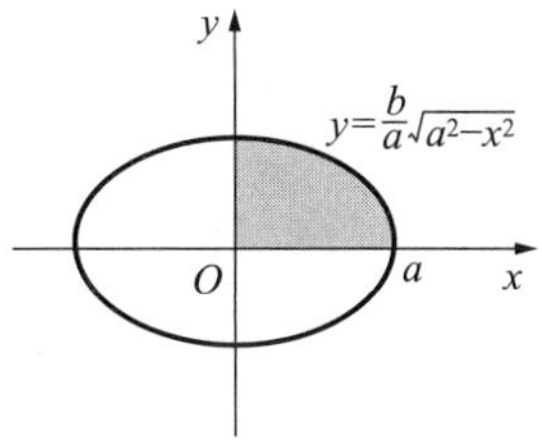

图6－12

解 由于这个椭圆具有对称性，整个椭圆的面积A是椭圆在第一象限部分面积A_1的4倍(图6－12). 所以$A=4A_1=4\int_0^a y\,dx$.

利用椭圆的参数方程

$$\begin{cases}x=a\cos t,\\ y=b\sin t,\end{cases}\quad\left(0\leqslant t\leqslant\frac{\pi}{2}\right)$$

并应用定积分的换元法，令$x=a\cos t$，则

$$y=b\sin t,\ dx=-a\sin t\,dt.$$

当x由0变到a时，t由$\frac{\pi}{2}$变到0，所以

$$\begin{aligned}A&=4A_1=4\int_0^a y\,dx=4\int_{\frac{\pi}{2}}^0 b\sin t(-a\sin t)\,dt\\&=4ab\int_0^{\frac{\pi}{2}}\sin^2 t\,dt=\pi ab.\end{aligned}$$

当$a=b$时，就得到圆面积的公式$A=\pi a^2$.

2. 极坐标情形

设平面图形是由曲线$r=\varphi(\theta)$及射线$\theta=\alpha,\theta=\beta$所围成的曲边扇形(图6－13). 计算它的面积.

假设$r=\varphi(\theta)$在$[\alpha,\beta]$上连续，且$\varphi(\theta)\geqslant 0$.

下用元素法得出曲边扇形的面积公式.

取极角θ为积分变量，则$\theta\in[\alpha,\beta]$，它相应于任一小区间$[\theta,\theta+d\theta]$的窄曲边扇形的面积可用半径为$r=\varphi(\theta)$、中心角为$d\theta$的扇形面积来近似代替，从而得面积元素

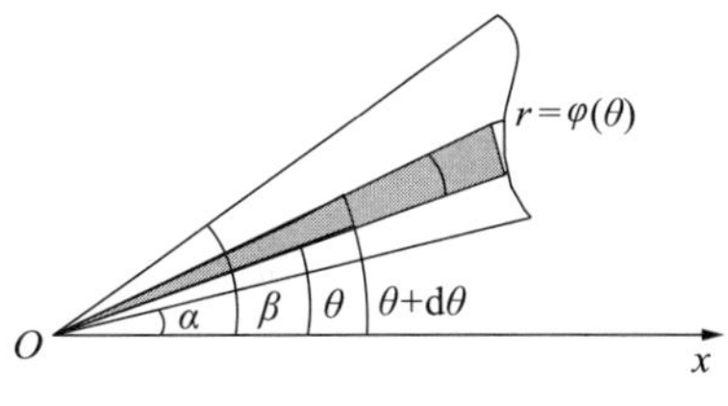

图6－13

$$dA=\frac{1}{2}[\varphi(\theta)]^2 d\theta.$$

由元素法知所求曲边扇形面积为

$$A=\int_{\alpha}^{\beta}\frac{1}{2}[\varphi(\theta)]^2\mathrm{d}\theta. \tag{3}$$

例 5 计算阿基米德螺线 $r=a\theta,a>0$ 上相应 θ 从 0 变到 2π 的一段弧与极轴所围成的图形的面积.

解 由式(3)知所求面积为

$$A=\int_0^{2\pi}\frac{1}{2}(a\theta)^2\mathrm{d}\theta=\frac{1}{2}a^2\left[\frac{1}{3}\theta^3\right]_0^{2\pi}=\frac{4}{3}a^2\pi^3.$$

例 6 计算心形线

$$r=a(1+\cos\theta)\quad(a>0)$$

所围成的图形(图 6－14)的面积.

解 这个心形线的图形对称于极轴,因此所求图形的面积 A 是极轴以上部分的图形面积 A_1 的两倍.

对于极轴以上部分图形,θ 的变化区间为$[0,\pi]$,由式(3)知所要求的面积

$$\begin{aligned}A&=2A_1=2\int_0^{\pi}\frac{1}{2}a^2(1+\cos\theta)^2\mathrm{d}\theta=a^2\int_0^{\pi}(1+2\cos\theta+\cos^2\theta)\mathrm{d}\theta\\&=a^2\int_0^{\pi}\left(\frac{3}{2}+2\cos\theta+\frac{1}{2}\cos2\theta\right)\mathrm{d}\theta=a^2\left(\frac{3}{2}\theta+2\sin\theta+\frac{1}{4}\sin2\theta\right)\Big|_0^{\pi}\\&=\frac{3}{2}\pi a^2.\end{aligned}$$

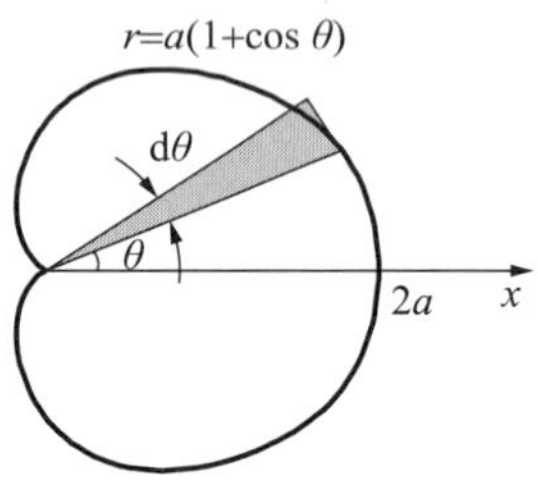

图 6－14

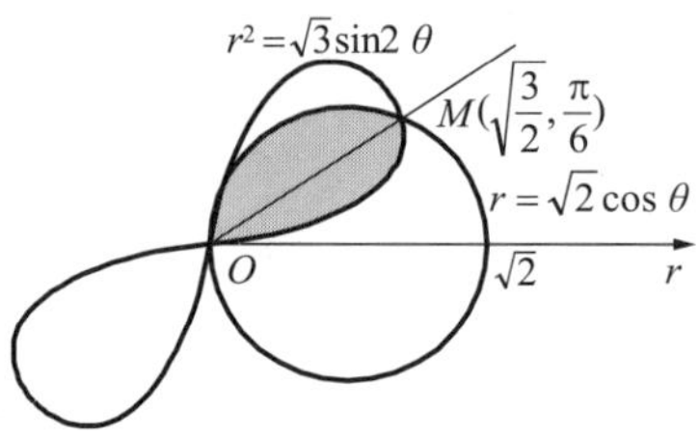

图 6－15

例 7 求圆 $r=\sqrt{2}\cos\theta$ 与双纽线 $r^2=\sqrt{3}\sin2\theta$ 所围成的图形(图 6－15 的阴影部分)的面积.

解 先求出两条曲线的交点,解方程组$\begin{cases}r=\sqrt{2}\cos\theta,\\r^2=\sqrt{3}\sin2\theta.\end{cases}$

由 $2\cos^2\theta=\sqrt{3}\sin2\theta$,得 $\cos\theta=0$ 及 $\tan\theta=\frac{1}{\sqrt{3}}$,故 $\theta=\frac{\pi}{2}$及 $\theta=\frac{\pi}{6}$,对应地可得 $r=0$ 及 $r=\sqrt{\frac{3}{2}}$. 所以两曲线的交点为原点 O 及 $M\left(\sqrt{\frac{3}{2}},\frac{\pi}{6}\right)$.

由图 6－15 及式(3)知所求的面积

$$A=\int_0^{\frac{\pi}{6}}\frac{1}{2}\sqrt{3}\sin2\theta\mathrm{d}\theta+\int_{\frac{\pi}{6}}^{\frac{\pi}{2}}\frac{1}{2}(\sqrt{2}\cos\theta)^2\mathrm{d}\theta$$

$$=\frac{\sqrt{3}}{2}\left(-\frac{1}{2}\cos 2\theta\right)\Big|_0^{\frac{\pi}{6}}+\int_{\frac{\pi}{6}}^{\frac{\pi}{2}}\cos^2\theta\mathrm{d}\theta$$

$$=\frac{\sqrt{3}}{4}\left[-\cos\frac{\pi}{3}+\cos 0\right]+\frac{1}{2}\left(\theta+\frac{1}{2}\sin 2\theta\right)\Big|_{\frac{\pi}{6}}^{\frac{\pi}{2}}$$

$$=\frac{\sqrt{3}}{4}\cdot\frac{1}{2}+\frac{1}{2}\left[\left(\frac{\pi}{2}-\frac{\pi}{6}\right)+\frac{1}{2}\left(\sin\pi-\sin\frac{\pi}{3}\right)\right]$$

$$=\frac{\sqrt{3}}{8}+\frac{\pi}{6}-\frac{\sqrt{3}}{8}=\frac{\pi}{6}.$$

6.5.3 体积

1. 截面面积已知的立体的体积

定义1　设立体在 x 轴的投影区间为 $[a,b]$，以 $A(x)$ 表示过点 x 且垂直于 x 轴的截面面积，假定该 $A(x)$ 为已知的连续函数，则称此立体为平行截面面积已知的立体(图6－16).

下求其体积 V.

首先，我们发现所求量 V 具有如下特征：

(i) V 对区间 $[a,b]$ 有可加性：将区间 $[a,b]$ 分成 n 个小区间后，该立体可相应地分成 n 个部分量，记 ΔV_i 为第 i 个部分量，则有

$$V-\sum_{i=1}^{n}\Delta V_i.$$

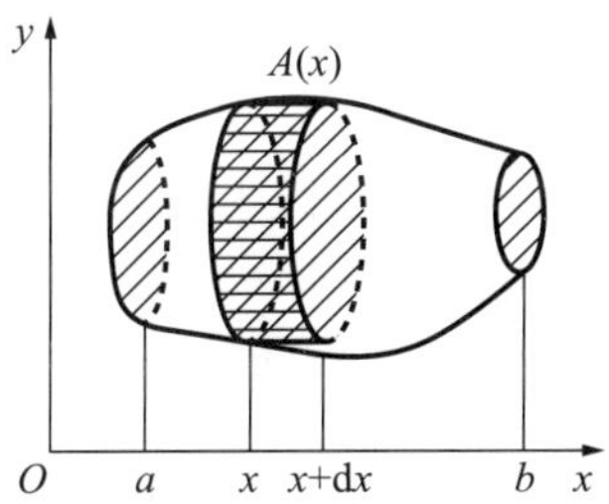

图6－16

(ii) 每个部分量 ΔV_i 可求近似值，且 $\lambda\to 0$ 时，该近似值 $\to\Delta V_i$. 事实上，可把第 i 个立体近似地看作是一个圆柱，可以用圆柱的体积来求得 ΔV_i 的近似值，且 $\lambda\to 0$ 时，近似值圆柱体体积 $\to\Delta V_i$.

因此，我们可以考虑用定积分来求 V. 今后用元素法求值时，为简便计，我们可以不写出这一分析过程，而是直接用如下的元素法求解：

取 x 为积分变量，它的变化区间为 $[a,b]$，立体中相应于 $[a,b]$ 上任一小区间 $[x,x+\mathrm{d}x]$ 的薄片的体积近似于"底面积为 $A(x)$，高为 $\mathrm{d}x$ 的圆柱体"的体积，故体积元素为

$$\mathrm{d}V=A(x)\mathrm{d}x,$$

于是可得所求立体的体积为

$$V=\int_a^b A(x)\mathrm{d}x. \tag{4}$$

例8　如图6－17所示，一平面经过半径为 R 的圆柱体的底圆中心并与底面交成角 α，计算这平面截圆柱所得立体的体积.

解　方法一：取平面与圆柱体底面的交线为 x 轴，底面上过圆中心且垂直于 x 轴的直线为 y 轴，建立直角坐标系. 此时，底圆的方程为 $x^2+y^2=R^2$. 立体中过点 x 且垂直于 x 轴的截面是一个直角三角形，它的两条直角

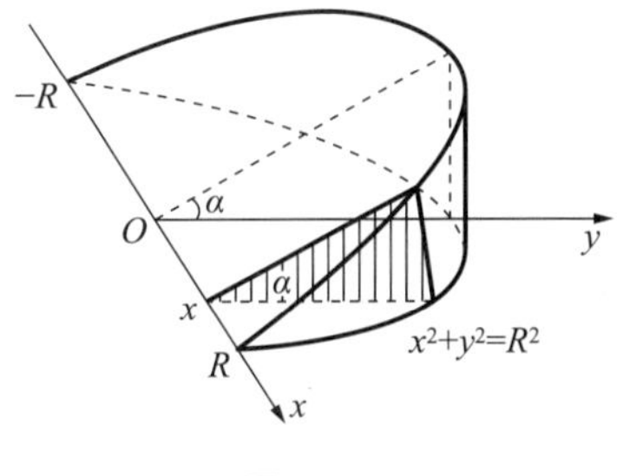

图6－17

边的长度分别是 y 及 $y\tan\alpha$，即 $\sqrt{R^2-x^2}$ 及 $\sqrt{R^2-x^2}\tan\alpha$，于是截面面积为

$$A(x)=\frac{1}{2}(R^2-x^2)\tan\alpha,$$

故所求立体体积为

$$V=\int_{-R}^{R}\frac{1}{2}(R^2-x^2)\tan\alpha\mathrm{d}x$$
$$=\left[\frac{1}{2}\tan\alpha\left(R^2x-\frac{x^3}{3}\right)\right]_{-R}^{R}=\frac{2}{3}R^3\tan\alpha.$$

方法二：取坐标系同上，过 y 轴上点 y 作垂直于 y 轴的截面，则截得矩形，其高为 $y\tan\alpha$、底为 $2\sqrt{R^2-y^2}$. 从而截面面积为

$$A(y)=2\tan\alpha\cdot y\sqrt{R^2-y^2},$$

于是所求立体的体积为

$$V=\int_0^R A(y)\mathrm{d}y=\int_0^R 2\tan\alpha\cdot y\sqrt{R^2-y^2}\mathrm{d}y$$
$$=-\tan\alpha\int_0^R\sqrt{R^2-y^2}\mathrm{d}(R^2-y^2)$$
$$=\left[-\tan\alpha\cdot\frac{2}{3}(R^2-y^2)^{\frac{3}{2}}\right]_0^R=\frac{2}{3}R^3\tan\alpha.$$

2. 旋转体的体积.

定义 2　由一个平面图形绕这个平面内一条定直线旋转一周而形成的几何体，称为旋转体. 这条直线叫做旋转轴.

圆柱、圆锥、圆台、球体可分别看作是由矩形绕它的一条边、直角三角形绕它的直角边、直角梯形绕它的直角腰、半圆绕它的直径旋转一周得到的，所以都是旋转体. 这些旋转体都可看做是由连续曲线 $y=f(x)$、直线 $x=a$，$x=b(a<b)$ 及 x 轴所围成的曲边梯形绕 x 轴旋转一周而成的旋转体(图 6－18).

对 $x\in[a,b]$，过 x 点、垂直于 x 轴的旋转体的截面是一个半径为 $|f(x)|$ 的圆，所以其截面面积为

$$A(x)=\pi[f(x)]^2,$$

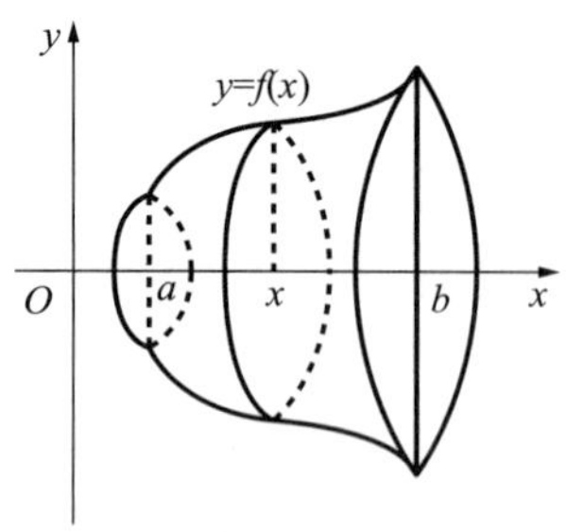

图 6－18

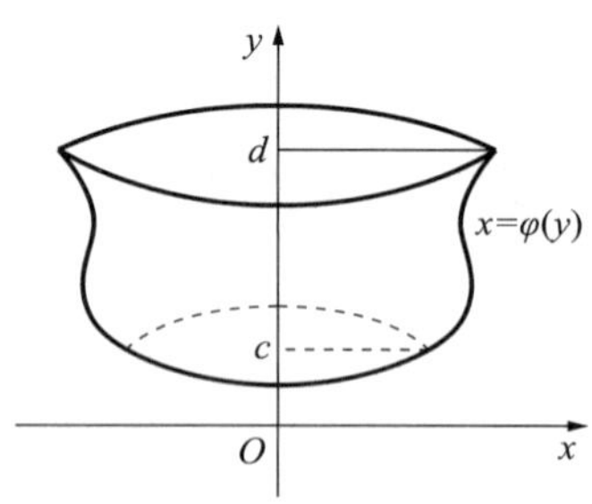

图 6－19

从而由式(4)知，旋转体的体积公式为

$$V=\int_a^b A(x)\mathrm{d}x=\pi\int_a^b[f(x)]^2\mathrm{d}x. \tag{5}$$

类似地，若旋转体是由连续曲线 $x=\varphi(y)$，直线 $y=c$，$y=d(c<d)$ 及 y 轴所围成的图

形,绕 y 轴旋转一周而形成(图 6－19),则该旋转体的体积为

$$V=\pi\int_c^d[\varphi(y)]^2\mathrm{d}y. \tag{6}$$

例 9 求底圆半径为 r,高为 h 的圆锥体的体积.

解 以圆锥体的轴线为 x 轴,顶点为原点建立直角坐标系(图 6－20).经过原点及点 $P(h,r)$ 的直线方程为

$$y=\frac{r}{h}x.$$

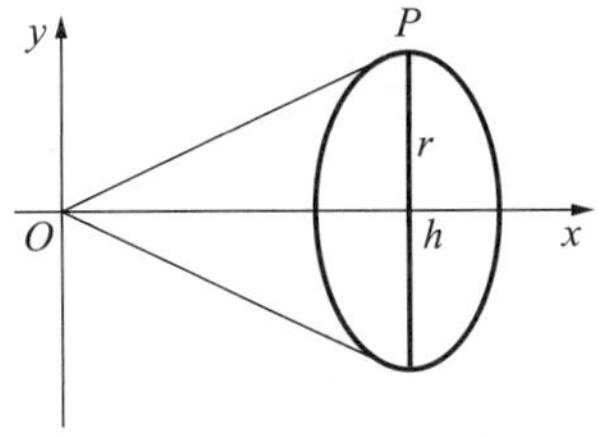

图 6－20

此圆锥可看成由直线 $y=\frac{r}{h}x$,$x=h$ 及 x 轴所围成的直角三角形绕 x 轴旋转而成.故由式(5)知,所求圆锥体的体积为

$$V=\int_0^h\pi\left(\frac{r}{h}x\right)^2\mathrm{d}x=\frac{\pi r^2}{h^2}\left[\frac{1}{3}x^3\right]_0^h=\frac{1}{3}\pi hr^2.$$

例 10 计算由椭圆 $\frac{x^2}{a^2}+\frac{y^2}{b^2}=1$ 所成的图形绕 x 轴旋转而成的旋转体(旋转椭球体)的体积.

解 这个旋转椭球体也可以看作是由半个椭圆 $y=\frac{b}{a}\sqrt{a^2-x^2}$ 及 x 轴围成的图形绕 x 轴旋转而成的几何体,于是由式(5)知,所求旋转椭球体的体积为

$$\begin{aligned}V&=\int_{-a}^a\pi\frac{b^2}{a^2}(a^2-x^2)\mathrm{d}x\\&=\pi\frac{b^2}{a^2}\left[a^2x-\frac{1}{3}x^3\right]_{-a}^a=\frac{4}{3}\pi ab^2.\end{aligned}$$

习题 6.5

1. 求下列曲线围成的平面图形的面积.

(1) $y=\frac{1}{x}$,$y=x$,$x=2$;　　(2) $y=x^2-25$,　$y=x-13$;

(3) $y^2=2x$,　$y=x-4$;　　(4) $y^2=\pi x$,　$x^2+y^2=2\pi^2$.

2. 求抛物线 $y=-x^2+4x-3$ 及其在点 $(0,-3)$ 和点 $(3,0)$ 处的切线所围成的图形的面积.

3. 求由摆线 l: $\begin{cases}x=a(t-\sin t),\\y=a(1-\cos t),\end{cases}$ $(0\leqslant t\leqslant 2\pi)$ 与横轴所围成图形的面积.

4. 设曲线 $y=x-x^2$ 与直线 $y=ax$ 所围成的图形面积为 $\frac{9}{2}$,求参数 a.

5. 求下列曲线所围成的图形绕指定轴旋转所得的旋转体的体积.

(1) $y=x^2$,$y=0$,$x=1$ 绕 x 轴及 y 轴旋转;

(2) $y=x^2$,$y^2=8x$ 绕 x 轴及 y 轴旋转;

(3) $x^2+(y-5)^2=16$ 绕 x 轴旋转;

(4) $y=\sin x$ 在 $[0,\pi]$ 上和 x 轴所围区域,绕 x 轴旋转;

(5) $y=|x|$,$y=1$ 所围区域,分别绕 x 轴和 y 轴旋转.

6. 过曲线 $y=x^2(x>0)$ 上一点 $M(1,1)$ 作切线 l,平面图形 D 由曲线 $y=x^2$、切线 l、x 轴围成. 求:

(1)平面图形 D 的面积;

(2)平面图形 D 绕 x 轴旋转一周所成旋转体的体积.

7. 求下列各曲线所围成图形的公共部分的面积:

(1)$r=\sqrt{2}\sin\theta$ 及 $r^2=\cos2\theta$;

(2)$r=1$ 及 $r=1+\cos\theta$ 所围的右侧区域.

8. 求由摆线 $x=a(t-\sin t)$,$y=a(1-\cos t)$ 的一拱($0\leqslant t\leqslant2\pi$)与横轴所围成的面积.

9. 求介于曲线 $y=e^x$ 与它的一条通过原点的切线以及 y 轴之间的图形的面积.

10. 求 $x^2+y^2=a^2$,绕 $x=-b(b>a>0)$ 旋转所成旋转体的体积.

11. 计算以半径 R 的圆为底,以平行于底且长度等于该圆直径的线段为顶、高为 h 的正劈锥体(图 6-21)体积.

12. 计算底面是半径为 R 的圆,而垂直于底面上一条固定直径的所有截面都是等边三角形的立体图(图 6-22)的体积.

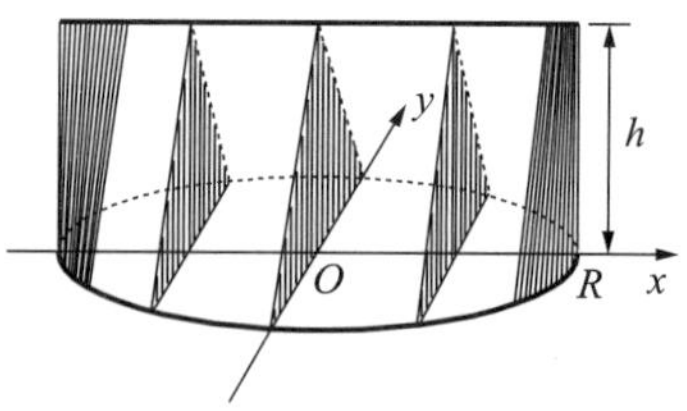

图 6-21

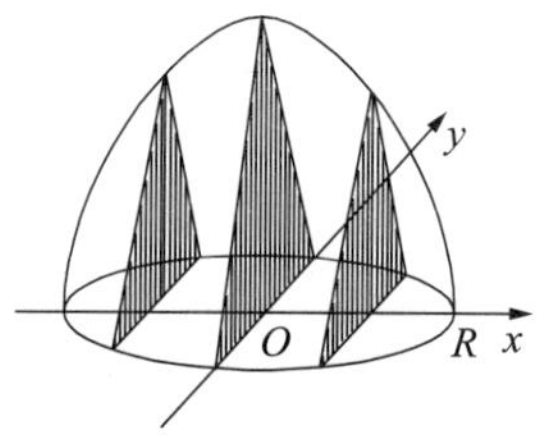

图 6-22

13. 证明:由平面图形 $0\leqslant a\leqslant x\leqslant b$,$0\leqslant y\leqslant f(x)$ 绕 y 轴旋转所形成的旋转体体积为

$$V=2\pi\int_a^b xf(x)\,dx.$$

14. 求摆线 $x=a(t-\sin t)$,$y=a(1-\cos t)$ 的一拱与 $y=0$ 所围成的图形分别绕 x 轴、y 轴旋转构成旋转体的体积.

6.6 定积分在经济学中的应用

在经济问题中,如果我们已知边际函数求总量函数,可以用不定积分来解决. 若求总量函数在某一范围内的改变量,就需要用定积分来解决.

对于一般问题,已知某一经济总量 $F(x)$ 的边际函数为 $F'(x)$,由牛顿-莱布尼茨公式可知

$$\int_0^x F'(x)\,dx=F(x)-F(0),$$

因此

$$F(x)=\int_0^x F'(x)\,dx+F(0),$$

并可求得 $F(x)$ 在 a 到 b 上的增量

$$\Delta F = F(b) - F(a) = \int_a^b F'(x)\mathrm{d}x.$$

关于常见实际问题,我们有如下结论.

(1)已知某产品在时刻 t 的总产量的变化率为 $Q'(t)$,则从时刻 t_1 到时刻 t_2 的总产量为

$$Q = \int_{t_1}^{t_2} Q'(t)\mathrm{d}t.$$

(2)已知产量为 x 时边际成本为 $C'(x)$,则总成本函数为

$$C(x) = \int_0^x C'(x)\mathrm{d}x + C_0.$$

其中 C_0 为固定成本,$\int_0^x C'(x)\mathrm{d}x$ 为可变成本.

(3)已知销售量为 x 时的边际收益为 $R'(x)$,则总收益为

$$R(x) = \int_0^x R'(x)\mathrm{d}x.$$

(4)设产量和销售量相等,产量为 x 时边际成本为 $C'(x)$,边际收益为 $R'(x)$,则总利润为

$$L(x) = R(x) - C(x) = \int_0^x [R'(x) - C'(x)]\mathrm{d}x - C_0.$$

其中 C_0 为固定成本.

例1 设某产品在时刻 t 总产量的变化率为 $f(t) = 100 + 12t - 0.6t^2$,求从 $t=2$ 到 $t=4$时的总产量.

解 总产量为

$$\begin{aligned} Q &= \int_2^4 (100 + 12t - 0.6t^2)\mathrm{d}t \\ &= (100t + 6t^2 - 0.2t^3)\Big|_2^4 = 260.8(\text{单位}). \end{aligned}$$

例2 某厂生产某种商品 x 千件的边际成本为 $C'(x) = x + 36$(万元/千件),其固定成本是9800(万元).求

(1)产量为多少时能使平均成本最低?

(2)最低平均成本是多少?

解 总成本函数为

$$\begin{aligned} C(x) &= \int_0^x C'(x)\mathrm{d}x + C_0 \\ &= \int_0^x (x + 36)\mathrm{d}x + 9800 \\ &= \frac{1}{2}x^2 + 36x + 9800. \end{aligned}$$

所以,平均成本为 $\overline{C}(x) = \dfrac{x}{2} + \dfrac{9800}{x} + 36.$

由 $[\overline{C}(x)]' = \dfrac{1}{2} - \dfrac{9800}{x^2} = 0$,得 $x = 140$ 为唯一驻点.由实际问题可知:生产量为140千件时平均成本最低.

此时，平均成本为 $\overline{C}(140)=176$(万元/千件).

例 3 设某产品每天生产 x 单位时，边际成本为 $C'(x)=4x$(元/单位)，其固定成本为 10 元，总收入 $R(x)$ 的变化率也是产量 x 的函数：$R'(x)=60-2x$. 求每天生产多少单位产品时，总利润 $L(x)$ 最大?

解 总利润函数为

$$\begin{aligned} L(x) &= \int_0^x [R'(x)-C'(x)]\mathrm{d}x - C_0 \\ &= \int_0^x (60-6x)\mathrm{d}x - 10 \\ &= -3x^2+60x-10. \end{aligned}$$

由 $L'(x)=60-6x=0$，得 $x=10$，又 $L''(x)=-6<0$，所以，每天生产 10 个单位产品可获得最大利润，最大利润为

$$L(10)=290(\text{元}).$$

习题 6.6

1. 某产品的边际成本为 $C'(x)=0.4x+2$(万元/吨)，固定成本为 20(万元/天)，商品的售价为 $p=18$(万元/吨)，设所有的产品都可卖出.

(1) 求总成本 $C(x)$ 和总利润 $L(x)$.

(2) 如何安排生产可以使得利润最大？最大利润是多少?

2. 设某产品的边际成本 $C'(x)=2-x$(万元/台)，固定成本 22(万元)，边际收益 $R'(x)=20-4x$(万元/台)，求：

(1) 总成本函数和总收益函数；

(2) 获得最大利润时的产量.

复习题 6

1. 填空题.

(1) $\int_2^4 |x-3|\mathrm{d}x=$__________.

(2) $f(x)=\begin{cases} xe^{x^2}, & -\dfrac{1}{2}\leqslant x<\dfrac{1}{2}, \\ -1, & x\geqslant\dfrac{1}{2}, \end{cases}$ 则 $\int_{\frac{1}{2}}^{2} f(x-1)\mathrm{d}x=$__________.

(3) $I_1=\int_0^1 \dfrac{\mathrm{d}x}{\sqrt{1+x^3}}$ 与 $I_2=\int_0^1 \dfrac{\mathrm{d}x}{\sqrt{1+x^4}}$ 的大小关系是__________.

(4) 由曲线 $y=\sin x$、直线 $x=-\dfrac{\pi}{2}$、$x=\dfrac{\pi}{2}$ 及 x 轴所围成的平面图形面积为________.

(5) $\int_{-1}^{1} \dfrac{\tan x\sin^2 x}{x^2+1}\mathrm{d}x=$__________.

(6) $\lim\limits_{n\to\infty}\left(\dfrac{n}{n^2+1}+\dfrac{n}{n^2+2^2}+\cdots+\dfrac{n}{n^2+n^2}\right)=$__________.

2. 选择题.

(1) 函数 $f(x)$ 在区间 $[a,b]$ 上连续,是 $f(x)$ 在区间 $[a,b]$ 上可积的(　　).

A. 充要条件　　B. 充分条件　　C. 必要条件　　D. 无关条件

(2) 下列积分中可直接用牛顿 - 莱布尼茨公式计算的是(　　).

A. $\int_{-1}^{2}\frac{dx}{1+x^2}$　　B. $\int_{-1}^{1}\frac{dx}{x}$　　C. $\int_{\frac{1}{e}}^{1}\frac{dx}{x\ln x}$　　D. $\int_{0}^{1}\frac{dx}{x^2}$

(3) $\frac{d}{dx}\int_{0}^{\frac{\pi}{2}} x\sin t dt =$ (　　).

A. 0　　B. $x\sin x$　　C. 1　　D. x

(4) 下列反常积分收敛的是(　　).

A. $\int_{0}^{1}\frac{dx}{x}$　　B. $\int_{0}^{1}\frac{dx}{x^2}$　　C. $\int_{0}^{1}\frac{dx}{\sqrt{x^3}}$　　D. $\int_{0}^{1}\frac{dx}{\sqrt{x}}$

(5) 下列反常积分发散的是(　　).

A. $\int_{0}^{+\infty}\frac{dx}{1+x^2}$　　B. $\int_{0}^{1}\frac{dx}{\sqrt{1-x^2}}$　　C. $\int_{e}^{+\infty}\frac{\ln x}{x}dx$　　D. $\int_{0}^{+\infty} e$

(6) 设 $f(x)=\int_{0}^{x^2}\sin t^2 dt$, $g(x)=x^6$, 则当 $x\to 0$ 时, $f(x)$ 是 $g(x)$ 的(　　).

A. 等价无穷小　　B. 同阶但非等价无穷小

C. 高阶无穷小　　D. 低阶无穷小

3. 求下列极限.

(1) $\lim\limits_{x\to 0}\frac{1}{x}\int_{0}^{x}(1+\sin 2t)^{\frac{1}{t}}dt$;　　(2) $\lim\limits_{x\to 0}\frac{\sqrt{1+x^2}-1}{\int_{0}^{x}\ln(1-t)dt}$.

4. 计算下列积分.

(1) $\int_{0}^{1}\sqrt{2x-x^2}dx$;　　(2) $\int_{-\frac{4}{\pi}}^{1}\frac{1}{x^2}\sin\frac{1}{x}dx$;

(3) $\int_{1}^{+\infty}\frac{dx}{e^x+e^{2-x}}$;　　(4) $\int_{0}^{2\pi}|x\sin x|dx$.

(5) $\int_{0}^{\frac{\pi}{2}}\frac{\sin x}{\sin x+\cos x}dx$;　　(6) $\int_{0}^{\ln 2}\sqrt{1-e^{-2x}}dx$;

(7) $\int_{0}^{\frac{\pi}{4}}\ln\sin 2x dx$;　　(8) $\int_{-2}^{2}\min\left\{\frac{1}{|x|},x^2\right\}dx$;

(9) $\int_{-\frac{1}{2}}^{\frac{1}{2}}\left[\frac{\sin x}{x^8+1}+\sqrt{\ln^2(1-x)}\right]dx$.

5. 已知 $\int_{0}^{+\infty}\frac{\sin x}{x}dx=\frac{\pi}{2}$, 求 $\int_{0}^{+\infty}\frac{\sin^2 x}{x^2}dx$.

6. 已知 $f(x)=\int_{0}^{x}\sin(x-t)^2 dt$, 求 $f'(x)$.

7. 设 $F(x)$ 在 $[a,b]$ 上连续,且 $f(x)>0$, 若 $F(x)=\int_{a}^{x}f(t)dt+\int_{b}^{x}\frac{1}{f(t)}dt$, $x\in[a,b]$,

求证:(1) $F'(x)\geqslant 2$;

(2) $F(x)$在(a,b)内有且仅有一个零点.

8. 设$f(x)=\int_0^x e^{-y^2+2y}dy$,求$\int_0^1(x-1)^2f(x)dx$.

9. 求下列反常积分

(1) $\int_{-\infty}^{+\infty}\frac{dx}{x^2+4x+9}$;　　　(2) $\int_1^2\frac{dx}{x\sqrt{3x^2-2x-1}}$.

10. 求由下面曲线所围成的平面图形的面积.

(1) $y=\sin x, x=\frac{\pi}{4}, x=\pi$ 及 x 轴;

(2) $y=x^2, y=x$;

(3) $y=e^{-x}, y=e^x, x=1$;

(4) $y=\ln x, y=\ln a, y=\ln b$ 及 y 轴$(b>a>0)$;

(5) $y=\frac{1}{2}x^2, y=x+4$;

(6) $y=3-2x-x^2, y=0$.

11. 求曲线 $y=x^2+1$ 在区间$[0,2]$上的曲边梯形的面积.

12. 求曲线 $y=4-x^2$ 与 x 轴所围成的图形的面积.

13. 求曲线 $y=-x^2$ 与 $y=x^2-2$ 所围成的图形的面积.

14. 设 $y=x^2, x\in[0,1]$,问 t 取何值时,图 6－23 中阴影部分的面积 S_1 与 S_2 之和最大?何时最小?

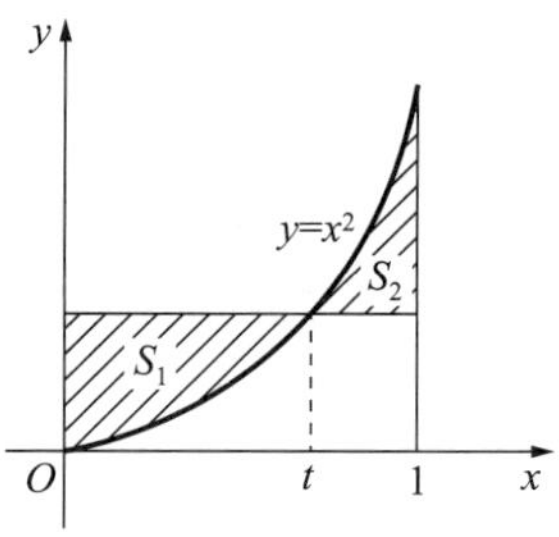

图 6－23

15. 计算由抛物线 $x^2=8y$ 与它在点(4,2)处的切线及 y 轴所围成的图形的面积.

16. 计算下列曲线围成的区域绕 x 轴旋转而生成的旋转体的体积 V_x.

(1) $y=x^3, x=2, y=0$;

(2) $xy=2, x=1, x=2, y=0$.

17. 计算下列曲线围成的区域绕 轴旋转而生成的旋转体的体积 V_y.

(1) $y=x^2, y=1, x=0$;

(2) $y=x^3, x=1, y=0$;

(3) $y=x^2, y=1-x^2$.

18. 有一个底面半径为 a 的正圆柱体被通过其底面直径且与底面成45°角的平面所截,得一楔形体,求这个楔形体的体积.(提示:垂直于底面直径的截面为直角三角形)

19. 设有一圆锥形水池,深15m,口径20m,盛满水,现将水全部吸出,问须做多少功?

20. 已知一弹簧的弹性系数 $k=200$N/m,若把该弹簧由原长拉伸0.003m,求需要做多少功?

21. 边长为 a 和 b 的矩形薄板,与液面成 θ 角斜沉于液体内,上面的长边平行于液面而且位于深 h 处.设 $a>b$,液体密度为 ρ,试求薄板每面所受的压力.

22. 求由曲线 $y=4-x^2$ 及 $y=0$ 所围成的图形绕直线 $x=3$ 旋转构成旋转体的体积.

第7章 多元函数微分学

前面,我们讨论了形如 $y=f(x)$ 的函数,体现了因变量与一个自变量之间的关系,即因变量的值只依赖于一个自变量,我们把其称之为一元函数. 但在许多实际问题中,往往有多方面的影响因素,反映到数学上,就是一个变量依赖于多个变量的情形. 例如,某种商品的市场需求量不仅仅与其市场价格有关,而且与消费者的收入以及这种商品的其他代用品的价格等因素有关,即决定该商品需求量的因素不止一个而是多个. 要全面研究这类问题,就需要引入多元函数的概念.

本章将在一元函数微分学的基础上,以二元函数为主讨论多元函数微分学. 利用类似的讨论方法,与二元函数相关的微分性质均可推广至多元函数.

7.1 空间解析几何简介

7.1.1 空间直角坐标

在空间取定一点 O,并过 O 点作 3 条两两垂直的数轴:Ox,Oy 和 Oz,它们的正向通常符合右手规则,即以右手握住 Oz 轴,当右手的 4 个手指从正向 Ox 轴以 $\frac{\pi}{2}$ 角度转向正向 y 轴时,大拇指的指向就是 z 轴的正向(图 7-1),这样三条数轴就构成了一空间直角坐标系,称为 $Oxyz$ 坐标系. 通常把 Ox 轴和 Oy 轴配置在水平面上,而 Oz 轴便为铅垂线(图 7-2),并把 Ox 轴,Oy 轴和 Oz 轴依次记为 ***x* 轴**(横轴)、***y* 轴**(纵轴)、***z* 轴**(竖轴).

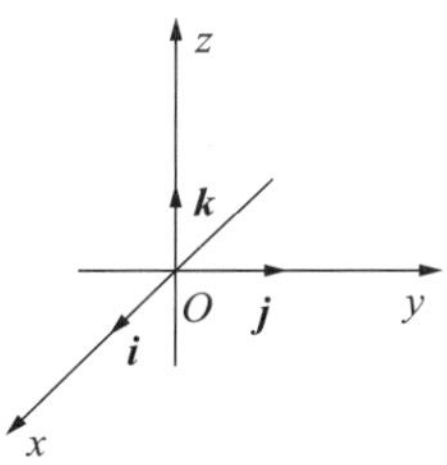

图 7-1

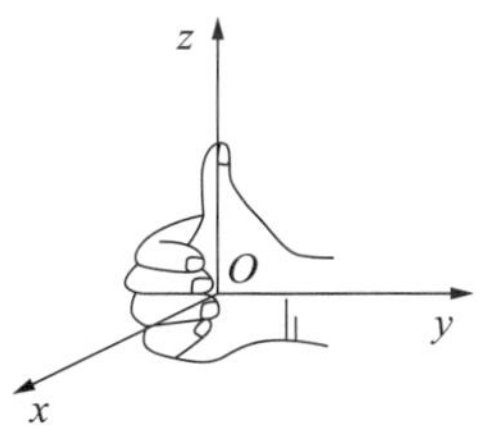

图 7-2

三条坐标轴中任意两条所确定的平面称为**坐标面**,三条坐标轴定出的三个坐标面依次为 ***xOy* 面**、***yOz* 面**、***zOx* 面**. 三个坐标面把空间分成 8 个部分,每一部分称为一个**卦限**. 含有 x 轴、y 轴与 z 轴正半轴的那个卦限称为**第一卦限**,第二、三、四卦限在 xOy 面的上方,按逆时针方向确定. 第五至第八卦限,在 xOy 面的下方,由第一卦限之下的第五卦限,按逆时针方向确定,8 个卦限分别用字母Ⅰ、Ⅱ、Ⅲ、Ⅳ、Ⅴ、Ⅵ、Ⅶ、Ⅷ表示,如图 7-3 所示.

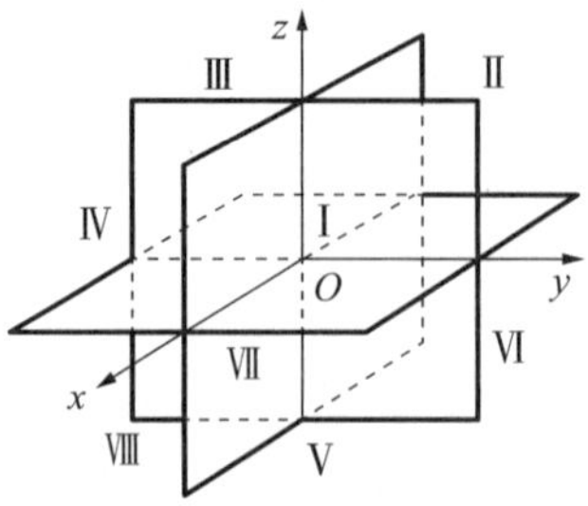

图 7-3

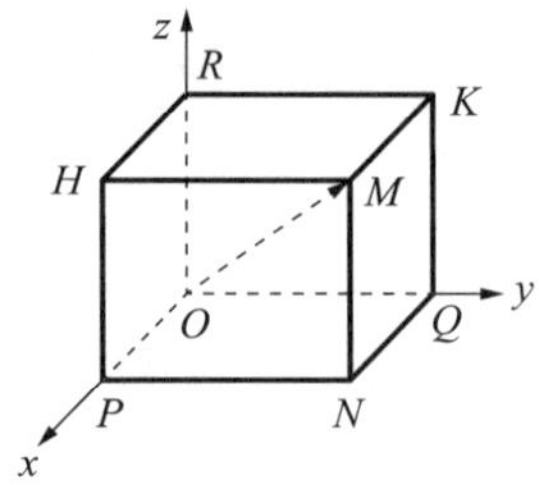

图 7-4

设 M 为空间任意一点,以 OM 为对角线、3 条坐标轴为棱作长方体 $RHMK\text{-}OPNQ$,如图 7-4,长方体的顶点 P,Q 和 R 在其所处坐标轴上的坐标分别为:x,y 和 z. 这样,空间点 M 就唯一确定了一个三元有序数组 (x,y,z). 反之,对任一有序数组 (x,y,z),可以在 x 轴,y 轴和 z 轴依次取得以 x,y 和 z 为坐标的点 P,Q 和 R. 然后,再以 OP,OQ 和 OR 为一长方体的三条互相垂直的棱,便可唯一确定顶点 O 的对顶点 M. 这样,三元有序数组 (x,y,z) 就唯一确定了空间一点 M.

综上所述,空间点 M 与三元有序数组 (x,y,z) 建立了一一对应关系. 有序数 x、y、z 也称为**点 M**(在坐标系 $Oxyz$ 中)**的坐标**,记作 $M(x,y,z)$,并依次称数 x、y、z 为点 M 的横坐标、纵坐标和竖坐标.

注:坐标面上和坐标轴上的点,其坐标各有一定的特征. (1)在 yOz 面上的点,有 $x=0$;在 zOx 面上的点,有 $y=0$;在 xOy 面上的点,有 $z=0$;(2)在 x 轴上的点,有 $y=z=0$;在 y 轴上的点,有 $x=z=0$;在 z 轴上的点,有 $x=y=0$. 对于原点 O,有 $x=y=z=0$.

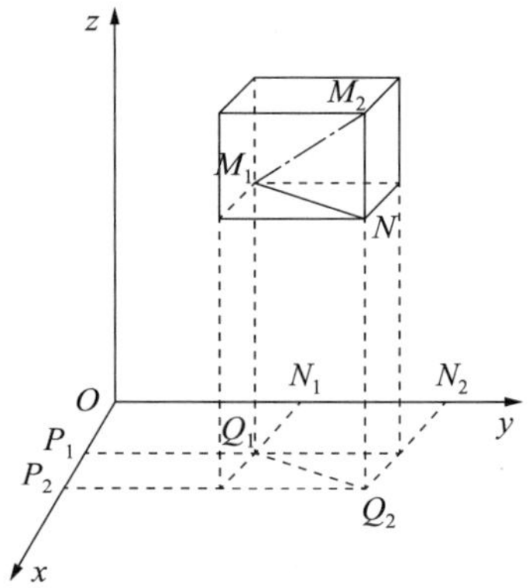

图 7-5

下面我们来给出空间两点间的距离. 设有点 $M_1(x_1,y_1,z_1)$ 和 $M_2(x_2,y_2,z_2)$,则点 M_1 与点 M_2 间的距离 $|M_1M_2|$ 就是直角三角形 M_1NM_2 的斜边 M_1M_2 的长,如图 7-5 所示,$|M_1M_2|=|Q_1Q_2|$. 坐标轴上各点的坐标分别为:$P_1(x_1,0,0)$,$P_2(x_2,0,0)$,$N_1(0,y_1,0)$,$N_2(0,y_2,0)$,从而有

$$|P_1P_2|=|x_1-x_2|,\ |N_1N_2|=|y_1-y_2|,$$

由勾股定理可得

$$|Q_1Q_2|=|M_1N|=\sqrt{|P_1P_2|^2+|N_1N_2|^2}=\sqrt{(x_2-x_1)^2+(y_2-y_1)^2}.$$

在直角三角形 M_1NM_2 中

$$\begin{aligned}|M_1M_2|&=\sqrt{|M_1N|^2+|NM_2|^2}\\&=\sqrt{|P_1P_2|^2+|N_1N_2|^2+|NM_2|^2}\\&=\sqrt{(x_2-x_1)^2+(y_2-y_1)^2+(z_2-z_1)^2},\end{aligned}$$

即点 $M_1(x_1,y_1,z_1)$,$M_2(x_2,y_2,z_2)$ 两点间的距离公式为

$$|M_1M_2| = \sqrt{(x_2-x_1)^2+(y_2-y_1)^2+(z_2-z_1)^2}.$$

7.1.2 曲面及其方程

在平面解析几何中，任何平面曲线可视为点的几何轨迹，利用平面直角坐标系，可建立曲线上点的坐标满足的关系式，也即平面曲线的方程. 在空间解析几何中，任何曲面也可视为空间点的几何轨迹，首先有如下曲面的定义：

定义1 在 $Oxyz$ 坐标系中，如果曲面 S 与三元方程

$$F(x,y,z)=0 \tag{1}$$

有下述关系：

(1) 曲面 S 上点的坐标都满足方程(1)；

(2) 满足方程(1)的点都在曲面 S 上，则称方程(1)为曲面 S 的方程.

曲面 S: $F(x,y,z)=0$ 的图形，如图7-6所示.

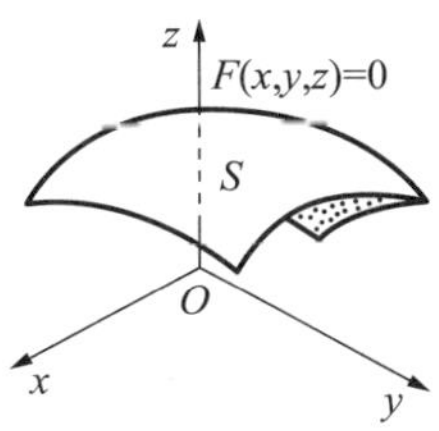

图7-6

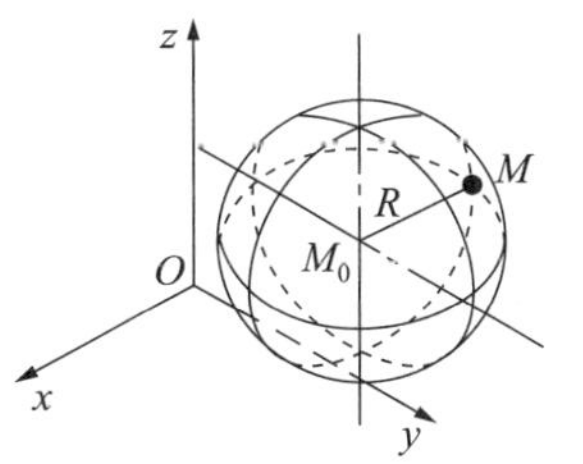

图7-7

在日常生活中，我们往往会遇到各种曲面，如反光镜的镜面、汽车的外表面、球面等. 下面我们将给出几类常用曲面及其方程.

1. 球面方程

例1 建立球心在点 $M_0(x_0,y_0,z_0)$，半径为 $R>0$ 的球面(图7-7)的方程.

解 点 $M(x,y,z)$ 在所求的球面上当且仅当 $|M_0M|=R$. 由两点间的距离公式得

$$|M_0M| = \sqrt{(x-x_0)^2+(y-y_0)^2+(z-z_0)^2}=R,$$

上式两边平方便得所求的球面方程

$$(x-x_0)^2+(y-y_0)^2+(z-z_0)^2=R^2. \tag{2}$$

特别地，球心在原点，则有 $x_0=y_0=z_0=0$，可得此时的球面方程为

$$x^2+y^2+z^2=R^2.$$

2. 平面方程

例2 求与点 $M_1(x_1,y_1,z_1)$、$M_2(x_2,y_2,z_2)$ 距离相等的点的轨迹.

解 点 $M(x,y,z)$ 在所求的轨迹上当且仅当 $|M_1M|=|M_2M|$，也即

$$|M_1M| = \sqrt{(x-x_1)^2+(y-y_1)^2+(z-z_1)^2}$$
$$= \sqrt{(x-x_2)^2+(y-y_2)^2+(z-z_2)^2} = |M_2M|.$$

整理后，可得

$$Ax+By+Cz+D=0. \tag{3}$$

其中 $A=2(x_1-x_2)$, $B=2(y_1-y_2)$, $C=2(z_1-z_2)$, $D=-(x_1^2-x_2^2)-(y_1^2-y_2^2)-(z_1^2-z_2^2)$.

在平面解析几何中,到两定点距离相等的点的轨迹是此两点连线的中垂线,在空间解析几何中到两定点距离相等的点的轨迹是垂直平分两点连线的一张平面;因此,式(3)即为空间的一平面方程.

一般地,空间平面 π 的方程为

$$Ax+By+Cz+D=0(A,B,C\text{ 不全为零}), \tag{4}$$

特别地

(1) $D=0$,平面 π 的方程变为

$$Ax+By+Cz=0,$$

显然(0,0,0)满足方程,即此时平面经过坐标原点;

(2) $D\neq0$,平面 π 的方程可化简为

$$\frac{A}{D}x+\frac{B}{D}y+\frac{C}{D}z=1,$$

或

$$\frac{x}{m}+\frac{y}{n}+\frac{z}{p}=1. \tag{5}$$

其中 $m=\frac{D}{A}$, $n=\frac{D}{B}$, $p=\frac{D}{C}$. 显然,平面 π 与三坐标轴的交点为 $P(m,0,0)$, $Q(0,n,0)$, $R(0,0,p)$,如图 7-8 所示. 自然地,把 m,n,p 称为平面 π 在 x 轴, y 轴和 z 轴上的截距,方程(5)也称为平面 π 的截距式方程.

3. 圆柱面方程

例 3 讨论方程 $x^2+y^2=R^2(R>0)$ 在空间所表示的图形.

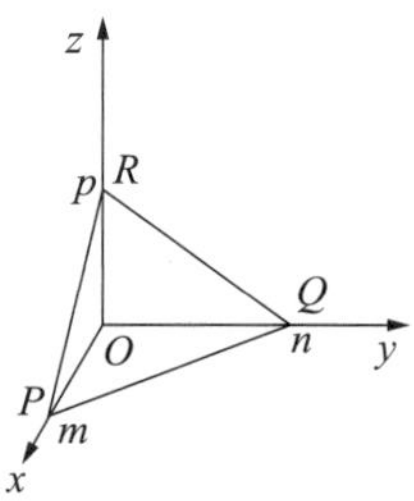

图 7-8

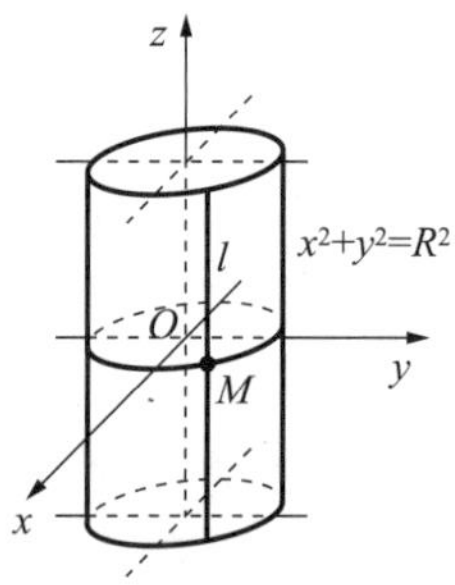

图 7-9

解 方程 $x^2+y^2=R^2$ 在 xOy 面上表示圆心在原点 O、半径为 R 的圆. 在空间直角坐标系中,此方程不含竖坐标 z,也就是说,不论空间点的竖坐标 z 怎样,只要它的横坐标 x 和纵坐标 y 能满足该方程,那么这些点就在此曲面上. 也就是说,凡是通过 xOy 面内圆 $x^2+y^2=R^2$ 上一点 $M(x,y,0)$,且平行于 z 轴的直线 l 都在此曲面上. 因此,此曲面可看作是由平行于 z 轴的直线 l 沿 xOy 面上的圆 $x^2+y^2=R^2$ 移动而形成的. 此曲面称为**圆柱面**,如图 7-9 所示. xOy 面上的圆 $x^2+y^2=R^2$ 称为该圆柱面的准线,柱面上平行于 z 轴的直线 l 称为圆柱面的母线.

一般地,只含 x、y 而缺 z 的方程 $F(x,y)=0$ 在空间直角坐标系中表示母线平行于 z

轴的柱面,它的准线为 xOy 面上的曲线 $C:F(x,y)=0$,如图 7-10 所示.

类似地,只含 x、z 而缺 y 的方程 $G(x,z)=0$ 和只含 y、z 而缺 x 的方程 $H(y,z)=0$ 分别表示母线平行于 y 轴和 x 轴的柱面.

例如,方程 $y^2=2x$ 表示母线平行于 z 轴的柱面,它的准线为 xOy 面上的抛物线 $y^2=2x$,此柱面称为**抛物柱面**,如图 7-11 所示.

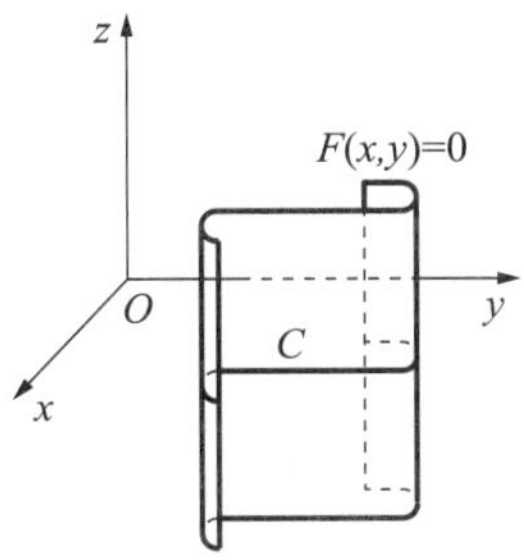

图 7-10

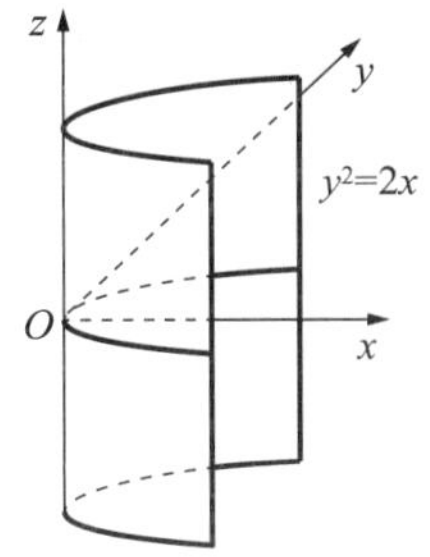

图 7-11

4. 旋转曲面方程

定义 2　以一条平面曲线绕其平面上的一条定直线旋转一周所成的曲面称为旋转曲面,旋转曲线和定直线依次称为旋转曲面的母线和轴.

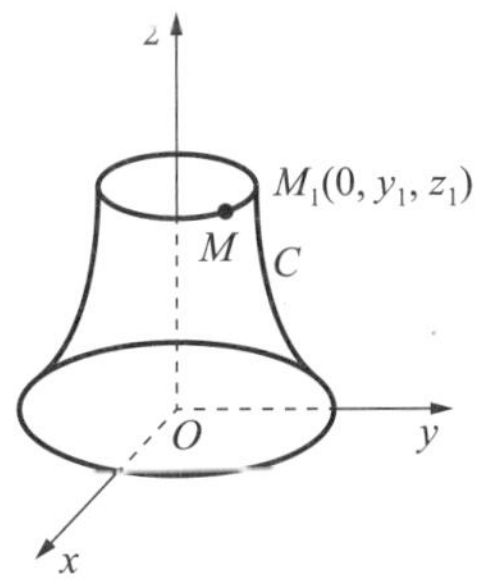

图 7-12

例 4　设在 yOz 坐标面上有一已知曲线 C,它的方程为

$$\begin{cases} f(y,z)=0, \\ x=0, \end{cases}$$

把该曲线绕 z 轴旋转一周,就得到一个以 z 轴为轴的旋转曲面,如图 7-12 所示. 下面我们来求该旋转曲面的方程.

设 $M_1(0,y_1,z_1)$ 为曲线 C 上的任一点,则有

$$f(y_1,z_1)=0, \tag{6}$$

当曲线 C 绕 z 轴旋转时,点 M_1 绕 z 轴转到另一点 $M(x,y,z)$,此时 $z=z_1$,且点 M 到 z 轴的距离为 $\sqrt{x^2+y^2}$,从而有

$$\sqrt{x^2+y^2}=|y_1|,z=z_1,$$

将上式代入式(6),得

$$f(\pm\sqrt{x^2+y^2},z)=0. \tag{7}$$

上式即为所求旋转曲面的方程.

由此可见,在曲线 C 的方程 $f(y,z)=0$ 中将 y 改成 $\pm\sqrt{x^2+y^2}$,即为曲线 C 绕 z 轴旋转所成的旋转曲面的方程.

同理,曲线 C 绕 y 轴旋转所成的旋转曲面的方程为

$$f(y,\pm\sqrt{x^2+z^2})=0. \tag{8}$$

对于 xOy 坐标面上的曲线绕 x 轴或 y 轴旋转所成的旋转曲面以及 zOx 坐标面上的曲线绕 z 轴或 x 轴旋转所成的旋转曲面,它们的方程都可用类似的方法得到. 下面介绍几类常见的的旋转曲面.

(1)圆锥面

定义 3 直线 L 绕另一条与 L 相交的直线旋转一周，所得旋转曲面称为圆锥面. 两直线的交点称为圆锥面的顶点，两直线的夹角 $\alpha\left(0<\alpha<\dfrac{\pi}{2}\right)$ 称为圆锥面的半顶角.

例 5 试建立 $z=ky$ 绕 z 轴旋转所生成的曲面的方程(图 7－13).

解 $z=ky$ 是 yOz 坐标面上的直线 L，由于旋转轴为 z 轴，由式(7)，将上述方程中的 y 改成 $\pm\sqrt{x^2+y^2}$，即得所求圆锥面的方程为

$$z=\pm k\sqrt{x^2+y^2}\text{或 } z^2=k^2(x^2+y^2),$$

其中半顶角 α 满足 $\cot\alpha=k$.

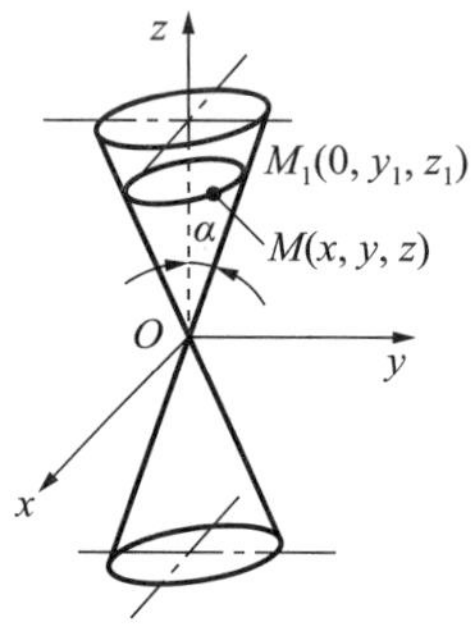

图 7－13

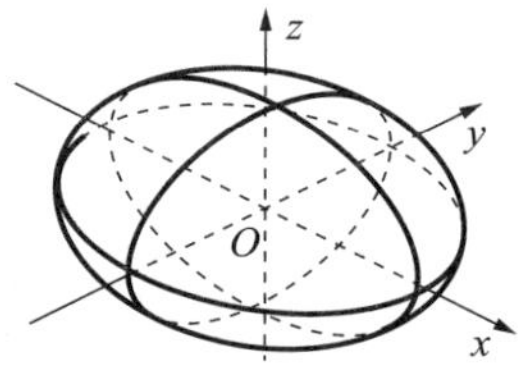

图 7－14

(2)旋转椭球面、旋转双曲面

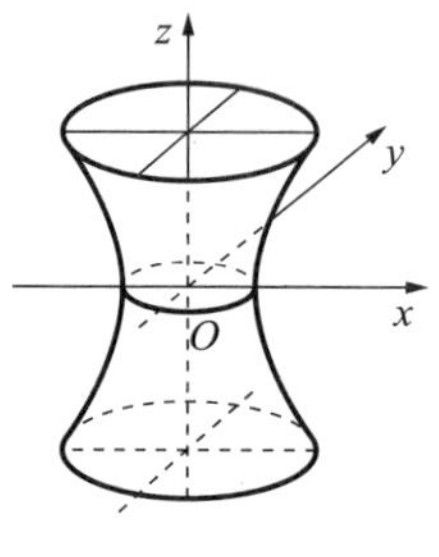

图 7－15 单叶双曲面

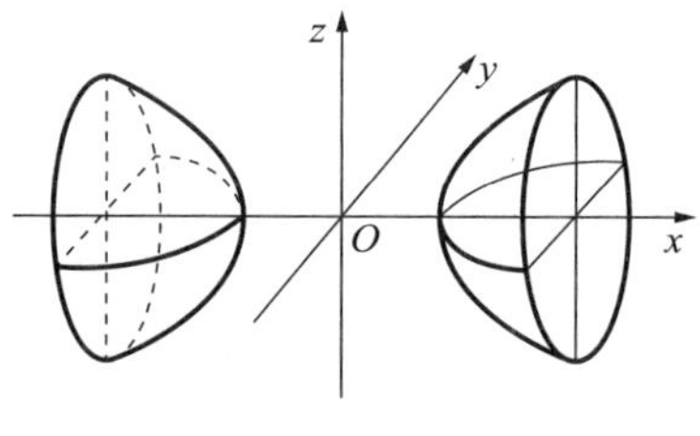

图 7－16 双叶双曲面

方程

$$\frac{x^2}{a^2}+\frac{y^2}{b^2}+\frac{z^2}{a^2}=1$$

所表示的曲面为 xOy 面上的椭圆 $\dfrac{x^2}{a^2}+\dfrac{y^2}{b^2}=1$ 绕 y 轴旋转而成的**旋转椭球面**(图 7－14)；而方程

$$\frac{x^2}{a^2}+\frac{y^2}{a^2}-\frac{z^2}{b^2}=1 \text{ 和 } -\frac{x^2}{b^2}+\frac{y^2}{a^2}-\frac{z^2}{b^2}=1$$

表示的曲面由 xOz 坐标面上的双曲线 $\dfrac{x^2}{a^2}-\dfrac{z^2}{b^2}=1$ 分别绕 z 轴旋转(图 7－15)和 y 轴旋转(图 7－16)生成的**旋转双曲面**；其中图 7－15 称为**单叶双曲面**，图 7－16 称为**双叶双**

曲面.

(3)旋转抛物面、椭圆抛物面

平面上的抛物先绕其对称轴旋转一周所得曲面为旋转抛物面. 如把 yOz 面上的抛物线 $z=ay^2(a>0)$ 绕 z 轴旋转一周所得曲面为旋转抛物面 $z=a(x^2+y^2)(a>0)$,图 7-17. 习惯上,我们把旋转抛物面方程 $z=a(x^2+y^2)$ 改写成

$$\frac{x^2}{p^2}+\frac{y^2}{p^2}=z,\text{其中}\frac{1}{p^2}=a.$$

一般地,称

$$\frac{x^2}{p^2}+\frac{y^2}{q^2}=z$$

为椭圆抛物面,此时平行于 xOy 面平面与此曲面的截线为椭圆,而与旋转抛物面的截线为圆.

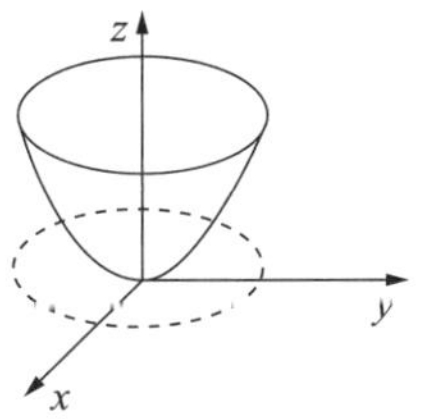

图 7-17

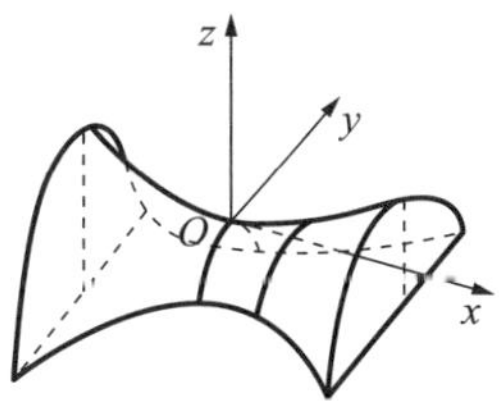

图 7-18

注: 对旋转曲面,用垂直于旋转轴的平面截此旋转曲面,若有交线,则交线必为该截面上的圆.

(4)双曲抛物面(马鞍面)

定义 4　在直角坐标系下,由方程

$$\frac{x^2}{a^2}-\frac{y^2}{b^2}=2z \tag{9}$$

表示的曲面叫做双曲抛物面,式(9)叫做双曲抛物面的标准方程,其中 a,b 为任意的正常数. 双曲抛物面又称马鞍面,其图形如图 7-18 所示. 双曲抛物面式(9)只关于 xOz 面、yOz 面及 z 轴对称,没有对称中心,它与 z 轴交于点(0,0,0),这点叫做双曲抛物面的顶点.

用平行于 xOy 面的平面 $z=h$ 去截双曲抛物面,截痕是双曲线

$$\begin{cases}\dfrac{x^2}{2a^2h}-\dfrac{y^2}{2b^2h}=1,\\ z=h.\end{cases}$$

用平行于 yOz 面的平面 $x=h$ 及平行于 xOz 面的平面 $y=h$ 截取该曲面,截痕都是抛物线,其方程分别为

$$\begin{cases}y^2=2b^2\left(\dfrac{h^2}{2a^2}-z\right),\\ x=h.\end{cases}\quad\text{和}\quad\begin{cases}x^2=2a^2\left(z+\dfrac{h^2}{2b^2}\right),\\ y=h.\end{cases}$$

从几何直观上双曲抛物面可理解为是双曲线沿着抛物线平移所得的点轨迹.

习题 7.1

1. 在空间直角坐标系中，指出下列各点在哪个卦限.

(A)$(1,-3,2)$　　(B)$(2,4,-3)$　　(C)$(1,-3,-4)$　　(D)$(-2,-3,4)$

2. 求点 $M(-3,4,5)$ 到各坐标轴的距离.

3. 指出下列方程在平面解析几何中和在空间解析几何中分别表示什么图形.

(1) $y=3$；　　(2) $y=2x+1$；

(3) $x^2+y^2=25$；　　(4) $3x^2-4y^2=12$.

4. 说明下列旋转曲面是怎样形成的.

(1) $\frac{x^2}{4}+\frac{y^2}{9}+\frac{z^2}{9}=1$；　　(2) $x^2-\frac{y^2}{9}+z^2=1$.

5. 画出下列各方程所表示的曲面：

(1) $\left(x-\frac{a}{2}\right)^2+y^2=\frac{a^2}{4}$；　　(2) $-\frac{x^2}{4}+\frac{y^2}{9}=1$；

(3) $y^2-z=0$；　　(4) $z=2-x^2$.

7.2　多元函数的基本概念

本节我们将介绍一些多元函数的基本概念，包括多元函数的定义、极限以及连续性的概念与性质.

7.2.1　多元函数的概念

以前我们所讨论的函数是一个自变量的函数，但在许多实际问题中，我们经常遇到不只依赖于一个变量的函数问题，如：

例 1　直圆柱的侧面积 S 依赖于底半径 r 和高 h，它们之间的关系式为

$$S=2\pi rh \quad (r>0, h>0).$$

例 2　长方体的体积 V 取决于长 x，宽 y 与高 z. 它们之间的关系式为

$$V=xyz \quad (x>0, y>0, z>0).$$

例 1 中的 S 是 r 和 h 的二元函数，例 2 中的 V 是 x,y,z 的三元函数，二元和二元以上的函数统称为多元函数. 本章我们主要讨论二元函数，其理论与方法可以推广到二元以上的多元函数中去.

一元函数的定义域是实数轴上的点集，经常涉及的是实数轴上点的邻域和区间的概念. 二元函数的定义域是平面上的点集. 自然，我们也要介绍平面上点的邻域和“区间”即区域的概念.

1. 邻域

设 $P_0(x_0,y_0)$ 是 xOy 平面上的一点，δ 是某一正数，到点 $P_0(x_0,y_0)$ 距离小于 δ 的点 $P(x,y)$ 的全体，称为点 P_0 的 δ 邻域，记为 $U(P_0,\delta)$，即

$$U(P_0,\delta)=\left\{(x,y)\ \middle|\ \sqrt{(x-x_0)^2+(y-y_0)^2}<\delta\right\}.$$

在几何上，$U(P_0,\delta)$就是xOy平面上以点$P_0(x_0,y_0)$为中心，δ为半径的圆内的点的全体（图7－19）．在不考虑半径时，常用$U(P_0)$表示点P_0的邻域，点P_0的去心邻域记为$\mathring{U}(P)$．

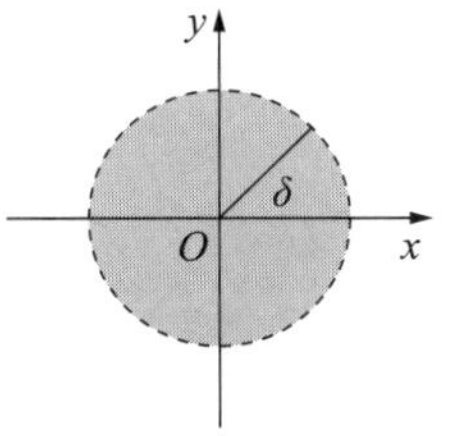

图7－19

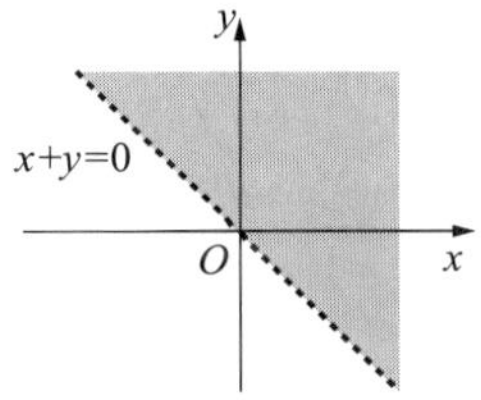

图7－20

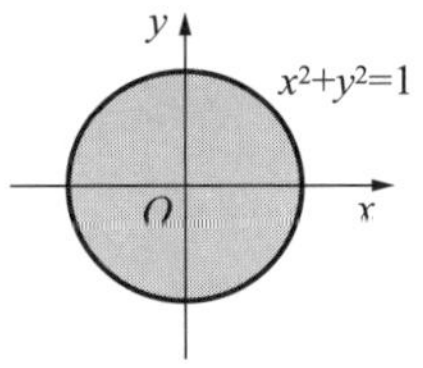

图7－21

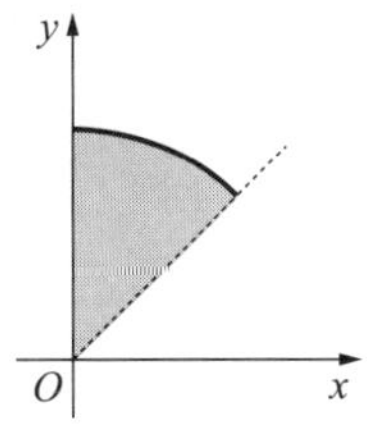

图7－22

2. 区域

设D是平面上的一个点集，P是平面上的一个点，如果存在某一正数δ，使得邻域$U(P,\delta)\subset D$，则称点P为D的**内点**，D的内点的全体构成其**内部**；如果存在某一正数δ，使得$U(P,\delta)\cap D=\phi$，则称点P为D的**外点**，D的外点的全体构成其**外部**．显然内点属于D，外点不属于D．

如果点P的任何邻域内既有属于D的点，也有不属于D的点，则称点P为D的**边界点**，D的全体边界点构成其**边界**，记为∂D．集合D的边界点可以属于D，也可以不属于D．

下面根据点集所属点的特征，给出一些重要平面点集的定义．

开集：如果点集E的点都是E的内点，则称E为**开集**．例如点集

$$D=\{(x,y)\mid 1<x^2+y^2<4\}$$

就是一个开集．

闭集：如果点集E的边界$\partial E\subset E$，则称E为**闭集**．

连通集：如果点集E内任何两点，都可用折线连接起来，且该折线上的点都属于E，则称E为连通集．

区域（或开区域）：连通的开集称为区域或开区域．例如

$$\{(x,y)\mid x+y>0\},\ \{(x,y)\mid x^2+y^2<0\}$$

都是区域．

闭区域：开区域连同它的边界一起所构成的点集称为闭区域．例如

$$\{(x,y)\mid x+y\geqslant 0\},\ \{(x,y)\mid x^2+y^2\leqslant 1\}$$

都是闭区域．

有界集:对于平面点集 E,如果存在某一正数 r,使得 $E\subset U(O,r)$,其中 O 为坐标原点,则称 E 为有界集.

无界集:一个集合如果不是有界集,就称这集合为无界集.

例如

$$\{(x,y)\mid x+y>0\},$$

是无界开区域(图 7-20);例如

$$\{(x,y)\mid x^2+y^2\leqslant 1\},$$

是有界闭区域(图 7-21).

3. 二元函数的定义

定义 1 设 D 是 $\mathbf{R}^2$ 的一个非空子集,称映射 $f:D\to\mathbf{R}$ 为定义在 D 上的二元函数,通常记为

$$z=f(x,y),(x,y)\in D,\text{或 } z=f(P),P\in D,$$

其中点集 D 称为该函数的定义域,点 P 的坐标 x 和 y 称为自变量,z 称为因变量.

上述定义中,与点 $P(x,y)$ 相对应的因变量 z 的值,也称为 f 在点(x,y)处的函数值,记作 $f(x,y)$,即 $z=f(x,y)$. 函数值 $f(x,y)$ 的全体所构成的集合称为函数 f 的值域,记作 $f(D)$,即 $f(D)=\{z\mid z=f(x,y),(x,y)\in D\}$.

在例 1 中,直圆柱侧面积 S 是 r 和 h 的二元函数,可记作 $S=f(r,h)=2\pi rh$,其定义域是 $D=\{(r,h)\mid r>0,h>0\}$.

关于函数的定义域,若函数的自变量具有某种实际意义,应该根据它的实际意义来决定其取值范围,如例 1 中的直圆柱,底半径 r 和高 h 必须大于零,否则函数无意义. 对于单纯由数学式子表示的函数,则使表达式有意义的自变量取值范围,就是函数的定义域.

例 3 求函数 $z=\arcsin(x^2+y^2)$ 的定义域.

解 函数表达式要有意义,必须满足 $|x^2+y^2|\leqslant 1$,故所给函数定义域为(图 7-21):

$$\{(x,y)\mid x^2+y^2\leqslant 1\}.$$

例 4 求函数 $z=\ln(y-x)+\dfrac{\sqrt{x}}{\sqrt{1-x^2-y^2}}$ 的定义域.

解 所给函数的表达式有意义,需满足

$$\begin{cases}y-x>0,\\x\geqslant 0,\\1-x^2-y^2>0,\end{cases}$$

化简便得定义域为(图 7-22)

$$\{(x,y)\mid y-x>0,x\geqslant 0,x^2+y^2<1\}.$$

4. 二元函数的图形

由于二元函数 $z=f(x,y)$ 可以看成是关于 x,y,z 的三元方程,根据曲面方程的知识,它在空间直角坐标系中一般表示一个曲面. 对于自变量的每一组值,可在 xOy 面上确定一点 $P(x,y)$,P 在曲面上的对应点 $M(x,y,z)$ 的竖坐标 z,就是二元函数 $z=f(x,y)$ 的对应值(图 7-23).

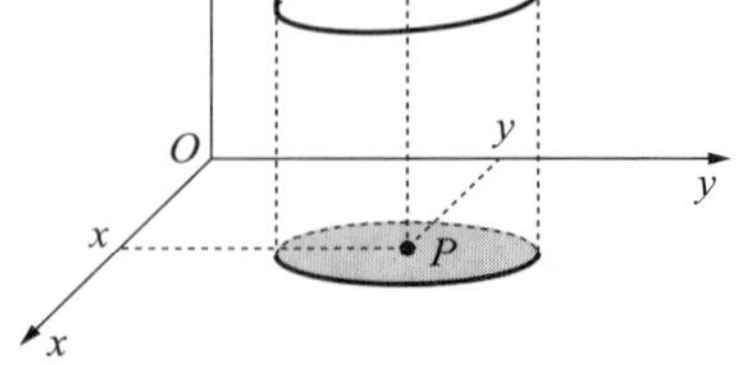

图 7-23

二元函数 $z=f(x,y)$ 所表示的曲面叫做此函数的

图形.

例如,函数 $z=x^2+y^2$ 的图形是以原点为顶点、以 z 轴为旋转轴的旋转抛物面(图 7-24);函数 $z=\sqrt{1-x^2-y^2}$ 的图形是以原点为球心、半径为 1 的上半球面(图 7-25).

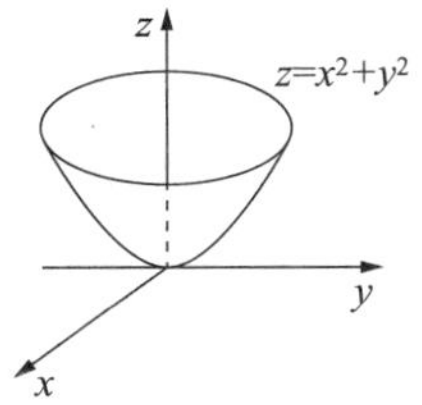

图 7-24

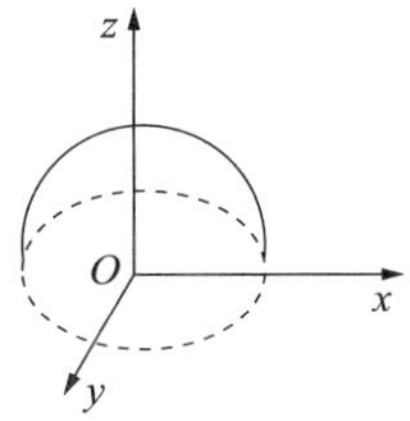

图 7-25

5. *n* 元函数

所有 n 元有序实数组 $(x_1,x_2,\cdots x_n)$ 的全体称为 n 维向量空间,简称 ***n* 维空间**,记作 $\mathbf{R}^n$. 其中每个有序实数组 $(x_1,x_2,\cdots x_n)$ 称为 $\mathbf{R}^n$ 中的一个点;n 个实数 $x_1,x_2,\cdots x_n$ 称为这个点的坐标. 一般地,把二元函数的定义 1 中的平面点集 D 换成 n 维空间 $\mathbf{R}^n$ 内的点集 D,那么映射 $f:D\to\mathbf{R}$ 称为定义在 D 上的 n 元函数. 记作

$$u=f(x_1,x_2,\cdots,x_n),(x_1,x_2,\cdots,x_n)\in D,$$

或简记为

$$u=f(P),P=(x_1,x_2,\cdots x_n)\in D.$$

当 $n=1$ 时,即为一元函数;当 $n\geqslant$ 时,n 元函数统称为多元函数. 我们约定:多元函数的自然定义域为使表达式 $u=f(P)$ 有意义的点 P 所组成的点集.

7.2.2　二元函数的极限

与一元函数一样,二元函数极限的概念也描述了自变量变化时,函数的变化趋势.

定义 2　设二元函数 $z=f(x,y)$ 在点 $P_0(x_0,y_0)$ 的邻域 $\mathring{U}(P_0)$ 有定义. 如果 $\mathring{U}(P_0)$ 中的动点 $P(x,y)$ 在 $\mathring{U}(P_0)$ 内以任意方式趋于点 (x_0,y_0) 时,函数 $f(x,y)$ 总是趋于一个常数 A,则称当动点 (x,y) 趋于点 (x_0,y_0) 时函数 $f(x,y)$ 以 A 为极限,记作

$$\lim_{(x,y)\to(x_0,y_0)}f(x,y)=A \text{ 或} \lim_{\substack{x\to x_0\\ y\to y_0}}f(x,y)=A,$$

也记作

$$\lim_{P\to P_0}f(P)=A \text{ 或 } f(P)\to A(P\to P_0).$$

读作当 $x\to x_0$ 且 $y\to y_0$ 时,$f(x,y)$ 趋于 A;或点 $P\to P_0$ 时,$f(x,y)$ 趋于 A.

为了区别于一元函数的极限,把二元函数的极限称为**二重极限**.

注 1:在二元函数的极限的定义中,$f(x,y)$ 在点 $P_0(x_0,y_0)$ 的定义不作要求;

注 2:定义中点 P 以任意方式趋于点 P_0 等价于 P 与 P_0 的距离

$$|PP_0|=\sqrt{(x-x_0)^2+(y-y_0)^2}\to 0,$$

而 $f(x,y)$ 总是趋于一个常数 A 也等价于

$$|f(x,y)-A|\to 0,$$

从而二元函数极限的定义可简单地叙述为：

在点 P_0 的领域 $\mathring{U}(P_0)$ 内，当 $|PP_0|\to 0$ 时有 $|f(x,y)-A|\to 0$，则称当点 (x,y) 趋于点 (x_0,y_0) 时函数 $f(x,y)$ 以 A 为极限.

例 5 设 $f(x,y)=(x^2+y^2)\sin\dfrac{1}{x}\sin\dfrac{1}{y}$，求证 $\lim\limits_{(x,y)\to(0,0)}f(x,y)=0$.

证 因为当 $\rho=\sqrt{x^2+y^2}\to 0$ 时，

$$|f(x,y)-0|=\left|(x^2+y^2)\sin\frac{1}{x}\sin\frac{1}{y}\right|\leqslant x^2+y^2=\rho^2\to 0,$$

所以 $\lim\limits_{(x,y)\to(0,0)}f(x,y)=0$.

注：由二重极限的定义不难看出，所谓二重极限存在，是指 $P(x,y)$ 以任何方式趋于 $P(x_0,y_0)$ 时，相应的函数值都无限接近于同一个常数 A. 因此，如果 $P(x,y)$ 以某一特殊方式，例如沿着某一条给定的直线或曲线趋于 $P(x_0,y_0)$ 时，函数值无限接近于某一常数，不能由此断定该函数在 (x_0,y_0) 点的二重极限存在. 但反过来，如果 $P(x,y)$ 以不同方式趋于 $P(x_0,y_0)$ 时，函数趋于不同的值，那么就可以断定该函数在 (x_0,y_0) 点的二重极限不存在.

例 6 设 $f(x,y)=\dfrac{xy}{x^2+y^2}$，试证极限 $\lim\limits_{\substack{x\to 0\\ y\to 0}}f(x,y)$ 不存在.

证 当 $P(x,y)$ 沿着直线 $y=kx$ 趋于点 $(0,0)$ 时有

$$\lim_{\substack{x\to 0\\ y=kx\to 0}}\frac{xy}{x^2+y^2}=\lim_{x\to 0}\frac{kx^2}{x^2+k^2x^2}=\frac{k}{1+k^2}.$$

显然它是随着 k 的变化而改变的，因而二重极限 $\lim\limits_{\substack{x\to 0\\ y\to 0}}f(x,y)$ 不存在.

关于二元函数的极限运算，有与一元函数类似的运算法则.

例 7 求 $\lim\limits_{(x,y)\to(0,1)}\dfrac{\arctan(xy)}{x}$.

解 $\lim\limits_{(x,y)\to(0,1)}\dfrac{\arctan(xy)}{x}=\lim\limits_{(x,y)\to(0,1)}\left[\dfrac{\arctan(xy)}{xy}y\right]=\lim\limits_{(x,y)\to(0,1)}\dfrac{\arctan(xy)}{xy}\cdot\lim\limits_{y\to 1}y=1.$

7.2.3 二元函数的连续性

有了二元函数极限的概念就可以定义二元函数的连续性.

定义 3 **设二元函数 $z=f(x,y)$ 的定义域为 D，$P_0(x_0,y_0)\in D$ 且存在 $U(P_0)\subset D$. 如果**

$$\lim_{(x,y)\to(x_0,y_0)}f(x,y)=f(x_0,y_0),$$

则称函数 $f(x,y)$ 在点 $P_0(x_0,y_0)$ 连续. 如果 $f(x,y)$ 在点 $P(x_0,y_0)$ 处不连续，则称 $P(x_0,y_0)$ 为函数 $f(x,y)$ 的不连续点或间断点.

由定义可知，函数 $f(x,y)$ 在点 $P_0(x_0,y_0)$ 处连续必须同时满足三个条件：

(1) $f(x,y)$ 在点 P_0 处有定义；

(2) 极限 $\lim\limits_{(x,y)\to(x_0,y_0)}f(x,y)$ 存在；

(3) $\lim\limits_{(x,y)\to(x_0,y_0)}f(x,y)=f(x_0,y_0)$.

这三个条件中只要有一个条件不满足，则 $f(x,y)$ 在点 P_0 处间断(不连续)，P_0 也称

为$f(x,y)$的间断点.

如函数

$$f(x,y)=\begin{cases}\dfrac{xy}{x^2+y^2}, & x^2+y^2\neq 0,\\ 0, & x^2+y^2=0.\end{cases}$$

其定义域$D=\mathbf{R}^2$. 由前面的讨论可知,当$(x,y)\to(0,0)$时的$f(x,y)$极限不存在,所以点$O(0,0)$是函数$f(x,y)$的一个间断点.

又如,函数

$$f(x,y)=\cos\frac{1}{x^2+y^2-2},$$

其定义域为

$$D=\{(x,y)\mid x^2+y^2\neq 2\},$$

即函数$f(x,y)$在圆周$C=\{(x,y)\mid x^2+y^2=2\}$上没有定义,当然$f(x,y)$在$C$上各点都不连续,所以圆周$C$上各点都是该函数的间断点.

如果函数$f(x,y)$在区域D上每一点都连续,则称$f(x,y)$区域D上连续,或称$f(x,y)$为区域D上的连续函数. 在区域D上连续的函数,其几何图形为空间中一张连续的曲面.

与一元函数类似地,关于二元函数的连续性我们有以下结论:

(1)若$f(x,y)$和$g(x,y)$为区域D上的连续函数,则$f(x,y)\pm g(x,y)$,$f(x,y)g(x,y)$,$f(x,y)/g(x,y)$ $(g(x,y)\neq 0)$均为区域D上的连续函数.

(2)连续函数的复合函数仍为连续函数.

二元初等函数是由常数及具有两个不同自变量的一元基本初等函数经过有限次的四则运算和复合运算而得到的,可用一个式子表示的二元函数. 例如$\dfrac{3x^3+x^2-4y^2}{1+x+y^2}$,$e^{x^2+y^2}$都是二元初等函数.

一切二元初等函数在其定义区域内是**连续的**. 所谓**定义区域**是指包含在定义域内的区域或闭区域.

由此可知,求二元初等函数定义区域内某点P_0处的极限值,只要计算该点的函数值即可,即

$$\lim_{P\to P_0}f(P)=f(P_0).$$

例8 求$\lim\limits_{(x,y)\to(1,2)}\dfrac{x+y^2}{2xy}$.

解 函数$f(x,y)=\dfrac{x+y^2}{2xy}$是初等函数,在其定义域上连续,且定义域为

$$D=\{(x,y)\mid x\neq 0,y\neq 0\}.$$

$P_0(1,2)$为D的内点,也即为函数$f(x,y)=\dfrac{x+y^2}{2xy}$的连续点,所以

$$\lim_{(x,y)\to(1,2)}\frac{x+y^2}{2xy}=f(1,2)=\frac{5}{4}.$$

一般地,求$\lim\limits_{P\to P_0}f(P)$,如果$f(P)$是初等函数,且$P_0$是$f(P)$的定义域的内点,则$f(P)$在点$P_0$处连续,于是

$$\lim_{P\to P_0} f(P)=f(P_0).$$

例 9 求 $\lim\limits_{(x,y)\to(0,0)}\dfrac{2-\sqrt{xy+4}}{xy}$.

解
$$\lim_{(x,y)\to(0,0)}\frac{2-\sqrt{xy+4}}{xy}=\lim_{(x,y)\to(0,0)}\frac{4-(xy+4)}{xy(2+\sqrt{xy+4})}$$
$$=\lim_{(x,y)\to(0,0)}\frac{-1}{2+\sqrt{xy+4}}=-\frac{1}{4}.$$

以上运算的最后一步用到了二元函数$\dfrac{-1}{2+\sqrt{xy+4}}$在点(0,0)的连续性.

与闭区间上一元连续函数的性质相类似,在有界闭区域上连续的二元函数也具有相应的性质.

性质 1(有界性与最大值最小值定理)　在有界闭区域 D 上的二元连续函数,必定在 D 上有界,且能取得它的最大值和最小值.

性质 1 就是说,若 $f(P)$ 在有界闭区域 D 上连续,则必定存在常数 $M>0$,使得对一切 $P\in D$,有 $|f(P)|\leqslant M$;且存在 P_1、$P_2\in D$,使得

$$f(P_1)=\max\{f(P)\mid P\in D\},f(P_2)=\min\{f(P)\mid P\in D\}.$$

性质 2(介值定理)　在有界闭区域 D 上的二元连续函数必取得介于最大值和最小值之间的任何值.

最值定理与介值定理说明,有界闭区域上连续函数的值域就是由最小值和最大值构成的闭区间.

关于二元函数的极限、连续的概念、性质及运算法则,均可相应地推广到 n 元函数 $u=f(P)=f(x_1,x_2,\cdots,x_n)$ 上去.

习题 7.2

1. 判定下列平面点集中哪些是开集、闭集、区域、有界集、无界集?并分别指出它们的聚点所成的点集(称为导集)和边界.

(1) $\{(x,y)\mid x\neq 0,y\neq 0\}$;　　(2) $\{(x,y)\mid 1<x^2+y^2\leqslant 4\}$;

(3) $\{(x,y)\mid y>x^2\}$;

(4) $\{(x,y)\mid x^2+(y-1)^2\geqslant 1\}\cap\{(x,y)\mid x^2+(y-2)^2\leqslant 4\}$.

2. 求下列各函数的定义域

(1) $z=\ln(y^2-2x+1)$;　　(2) $z=\dfrac{1}{\sqrt{x+y}}+\dfrac{1}{\sqrt{x-y}}$;

(3) $z=\arcsin\dfrac{x^2+y^2}{4}$;　　(4) $z=\sqrt{x-\sqrt{y}}$;

(5) $z=\sqrt{R^2-x^2-y^2}+\dfrac{1}{\sqrt{x^2+y^2-r^2}}\ (r<\mathbf{R})$;

(6) $z=\arcsin\dfrac{x}{4}+\arccos\dfrac{y}{2}$.

3. 若 $f(x,y)=\dfrac{x-2y}{2x-y}$,求 $f(2,1)$ 和 $f(3,-1)$.

4. 若$f(x,y)=\dfrac{2xy}{x^2+y^2}$,求$f\left(1,\dfrac{y}{x}\right)$.

5. 设$f(x)=x^2+x,g(x,y)=xy,h(x)=x+1$,求$f[g(1,2)]$及$g[f(1),h(2)]$.

6. 已知$f(x,y)=\ln x\ln y$,试证:

$$f(xy,uv)=f(x,u)+f(x,v)+f(y,u)+f(y,v).$$

7. 求下列极限

(1) $\lim\limits_{(x,y)\to(0,0)}\dfrac{x^2+y^2}{\sqrt{x^2+y^2-1}}$;　　(2) $\lim\limits_{(x,y)\to(0,1)}\dfrac{1-xy}{x^2+y^2}$;

(3) $\lim\limits_{\substack{x\to0\\y\to2}}\dfrac{\sin(xy)}{x}$;　　(4) $\lim\limits_{\substack{x\to\infty\\y\to k}}.\left(1+\dfrac{y}{x}\right)^x,k\neq0$.

8. 证明极限$\lim\limits_{\substack{x\to0\\y\to0}}\dfrac{x+y}{x-y}$不存在.

9. 证明函数$f(x,y)=\dfrac{x^3y}{x^6+y^2}$当点$P(x,y)$沿任意直线趋于$(0,0)$时极限相同,但$\lim\limits_{\substack{x\to0\\y\to0}}\dfrac{x^3y}{x^6+y^2}$不存在.

10. 设$F(x,y)=f(x)+g(x)$,$f(x),g(x)$均在点x_0连续,证明$F(x,y)$在点(x_0,x_0)处连续.

7.3 偏导数

在研究一元函数时,我们从函数的变化率引入了导数的概念,对于多元函数同样需要讨论它的变化率.但多元函数受到多种因素的影响,自变量不止一个,如何讨论多个变量的变化导致的函数的变化率呢?从简到繁,本节将先讨论多元函数关于其中一个自变量的变化率问题——偏导数.

7.3.1 偏导数的定义及其计算法

设二元函数$z=f(x,y)$在点$P_0(x_0,y_0)$的某邻域$U(P_0)$内有定义,变量x,y在x_0,y_0处分别有增量Δx和$\Delta y(\Delta x^2+\Delta y^2\neq0)$,并且点$P(x_0+\Delta x,y_0+\Delta y)\in U(P_0)$,我们称

$$\Delta z=f(x_0+\Delta x,y_0+\Delta y)-f(x_0,y_0)$$

为函数$z=f(x,y)$在点$P_0(x_0,y_0)$对应于自变量增量$\Delta x,\Delta y$的**全增量**.

如果在全增量中取$\Delta y=0$或$\Delta x=0$,则相应的函数增量为

$$\Delta_x z=f(x_0+\Delta x,y_0)-f(x_0,y_0),$$

$$\Delta_y z=f(x_0,y_0+\Delta y)-f(x_0,y_0).$$

它们分别称为函数$z=f(x,y)$在点$P_0(x_0,y_0)$**关于x的偏增量和关于y的偏增量**.

定义1　设函数$z=f(x,y)$在点$P_0(x_0,y_0)$的某一邻域$U(P_0)$内有定义,自变量x在x_0处有增量Δx时,点$P(x_0+\Delta x,y_0)\in U(P_0)$,如果

$$\lim_{\Delta x\to0}\frac{\Delta_x Z}{\Delta x}=\lim_{\Delta x\to0}\frac{f(x_0+\Delta x,y_0)-f(x_0,y_0)}{\Delta x}$$

存在,则称此极限为函数 $z=f(x,y)$ 在点(x_0,y_0)处对 x 的偏导数,记作

$$\left.\frac{\partial z}{\partial x}\right|_{(x_0,y_0)},\left.\frac{\partial f}{\partial x}\right|_{(x_0,y_0)},z_x(x_0,y_0),f_x(x_0,y_0)\text{或}f'_1(x_0,y_0).$$

类似地,函数 $z=f(x,y)$ 在点(x_0,y_0)处对 y 的偏导数定义为

$$\lim_{\Delta y\to 0}\frac{\Delta_y z}{\Delta y}=\lim_{\Delta y\to 0}\frac{f(x_0,y_0+\Delta y)-f(x_0,y_0)}{\Delta y}.$$

记作

$$\left.\frac{\partial z}{\partial x}\right|_{(x_0,y_0)},\left.\frac{\partial f}{\partial y}\right|_{(x_0,y_0)},z_y(x_0,y_0),f_y(x_0,y_0)\text{或}f'_2(x_0,y_0).$$

注:根据一元函数导数的定义,有

$$\lim_{\Delta x\to 0}\frac{\Delta_x z}{\Delta x}=\lim_{\Delta x\to 0}\frac{f(x_0+\Delta x,y_0)-f(x_0,y_0)}{\Delta x}=\left.\frac{\mathrm{d}f(x,y_0)}{\mathrm{d}x}\right|_{x=x_0},$$

即

$$\left.\frac{\partial f(x,y)}{\partial x}\right|_{(x_0,y_0)}=\left.\frac{\mathrm{d}f(x,y_0)}{\mathrm{d}y}\right|_{x=x_0},$$

同样有

$$\lim_{\Delta y\to 0}\frac{\Delta_y z}{\Delta y}=\lim_{\Delta y\to 0}\frac{f(x_0,y_0+\Delta y)-f(x_0,y_0)}{\Delta y},$$

即

$$\left.\frac{\partial f(x,y)}{\partial y}\right|_{(x_0,y_0)}=\left.\frac{\mathrm{d}f(x_0,y)}{\mathrm{d}y}\right|_{y=y_0}.$$

如果函数 $z=f(x,y)$ 在区域 D 内每一点(x,y)处对 x 的偏导数都存在,那么这个偏导数会随着点(x,y)的变化而变化,是 x、y 的函数,称之为函数 $z=f(x,y)$ 对自变量 x 的偏导函数,记作

$$\frac{\partial z}{\partial x},\frac{\partial f}{\partial x},z_x,f_x(x,y)\text{或}f'_1(x,y).$$

类似地,可以定义函数 $z=f(x,y)$ 对自变量 y 的偏导函数,记作

$$\frac{\partial z}{\partial y},\frac{\partial f}{\partial y},z_y,f_y(x,y)\text{或}f'_2(x,y).$$

由偏导数的概念有下述关系式:

(1)$f_x(x_0,y_0)=f_x(x,y)\big|_{(x_0,y_0)}$;

(2)$f_y(x_0,y_0)=f_y(x,y)\big|_{(x_0,y_0)}$.

也即 $f(x,y)$ 在点(x_0,y_0)处对 x 的偏导数 $f_x(x_0,y_0)$ 是偏导函数 $f_x(x,y)$ 在点(x_0,y_0)处的函数值;$f_y(x_0,y_0)$是偏导函数 $f_y(x,y)$ 在点(x_0,y_0)处的函数值. 在不至于混淆的地方也把偏导函数简称为偏导数.

至于计算 $z=f(x,y)$ 的偏导数,并不需要用新的方法,因为这里只有一个自变量在变动,另一个自变量是看作固定的,所以仍旧是一元函数的求导数问题. 求$\frac{\partial f}{\partial x}$时,只要把 y 暂时看作常量而对 x 求导数;求$\frac{\partial f}{\partial y}$时,则只要把 x 暂时看作常量而对 y 求导数.

偏导数的概念还可以推广到二元以上的函数. 例如三元函数 $u=f(x,y,z)$ 在点(x,y,z)

处对 x 的偏导数定义为

$$f_x(x,y,z)=\lim_{\Delta x\to 0}\frac{\Delta_x u}{\Delta x}=\lim_{\Delta x\to 0}\frac{f(x+\Delta x,y,z)-f(x,y,z)}{\Delta x},$$

其中(x,y,z)是函数 $u=f(x,y,z)$的定义域的内点,它们的求法也仍旧是一元函数的求导数问题.

例 1 求 $z=x^2y+y^2$ 在点$(2,3)$处的偏导数.

解 把 y 看作常量,得$\frac{\partial z}{\partial x}=2xy$,所以$\left.\frac{\partial z}{\partial x}\right|_{(2,3)}=12.$

把 x 看作常量,得$\frac{\partial z}{\partial y}=x^2+2y$,所以$\left.\frac{\partial z}{\partial y}\right|_{(2,3)}=10.$

例 2 求 $u=x^{yz}(x>0,x\neq 1)$的偏导数.

解 把 y,z 看作常量,则 u 为 x 的幂函数,得

$$\frac{\partial u}{\partial x}=yzx^{yz-1}.$$

把 x,z 看作常量,则 u 为 y 的指数函数,得

$$\frac{\partial u}{\partial y}=x^{yz}\ln x^z=z(x^{yz})\ln x.$$

把 x,y 看作常量,则 u 为 z 的指数函数,得

$$\frac{\partial u}{\partial z}=x^{yz}\ln x^y=y(x^{yz})\ln x.$$

例 3 已知理想气体的状态方程 $PV=RT$(R 为常量),求证:

$$\frac{\partial P}{\partial V}\cdot\frac{\partial V}{\partial T}\cdot\frac{\partial T}{\partial P}=-1.$$

证 对于函数 $P=\frac{RT}{V}$,有$\frac{\partial P}{\partial V}=-\frac{RT}{V^2}$;对于函数 $V=\frac{RT}{P}$,有$\frac{\partial V}{\partial T}=\frac{R}{P}$;对于函数$T=\frac{1}{R}PV$,有$\frac{\partial T}{\partial P}=\frac{V}{R}$. 于是

$$\frac{\partial P}{\partial V}\cdot\frac{\partial V}{\partial T}\cdot\frac{\partial T}{\partial P}=-\frac{RT}{V^2}\cdot\frac{R}{P}\cdot\frac{V}{R}=-\frac{RT}{PV}=-1.$$

这是热力学中的一个重要关系式. 从这个关系式可以看出:偏导数$\frac{\partial P}{\partial V}$是一个整体记号,不能看做是$\partial P$ 与∂V 的商,$\frac{\partial V}{\partial T}$,$\frac{\partial T}{\partial P}$也是这样. 否则关系式的右端将是 1 而不是 -1.

下面我们来讨论二元函数 $z=f(x,y)$在点(x_0,y_0)的偏导数的几何意义.

设 $M_0(x_0,y_0,f(x_0,y_0))$为曲面 $z=f(x,y)$上一点,过 M_0 作平面 $y=y_0$,截此曲面得曲线$\begin{cases}z=f(x,y),\\y=y_0.\end{cases}$根据一元函数导数的几何意义,$f_x(x_0,y_0)=\left.\frac{\mathrm{d}}{\mathrm{d}x}f(x,y_0)\right|_{x=x_0}$就是这曲线在点 M_0 处的切线 M_0T_x 对 x 轴的斜率,即 $\tan\alpha=f_x(x_0,y_0)$,如图 7-26. 同样,偏导数$f_y(x_0,y_0)$的几何意义就是曲面 $z=f(x,y)$被平面 $x=x_0$ 所截得曲线在点 M_0 处的切线 M_0T_y 对 y 轴的斜率,即 $\tan\beta=f_y(x_0,y_0)$.

如果一函数在某点具有导数,则它在该点必定连续. 但对多元函数来所说,即使各偏导数在某点都存在,也不能保证函数在该点连续.

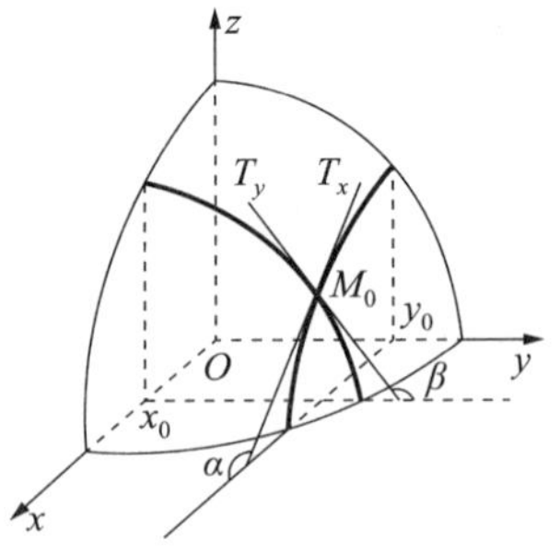

图 7－26

例如，函数 $f(x,y)=\begin{cases}\dfrac{xy}{x^2+y^2}, & x^2+y^2\neq 0,\\ 0, & x^2+y^2=0.\end{cases}$ 在原点(0,0)的两个偏导数分别是

$$f_x(0,0)=\lim_{\Delta x\to 0}\frac{f(0+\Delta x,0)-f(0,0)}{\Delta x}=\lim_{\Delta x\to 0}=0,$$

和

$$f_y(0,0)=\lim_{\Delta y\to 0}\frac{f(0+\Delta y,0)-f(0,0)}{\Delta y}=\lim_{\Delta y\to 0}=0.$$

但由 7.2.3 中讨论我们知道，这函数在原点并不连续.
这一例子说明，多元函数的偏导数存在与函数在该点处的连续性没有必然的联系. 但是，我们有下面的结论：

结论 1 $f(x,y)$在点(x_0,y_0)处对 x 的偏导数$f_x(x_0,y_0)$存在，则关于 x 的一元函数$f(x,y_0)$在点 x_0 处连续；$f(x,y)$在点(x_0,y_0)处对 y 的偏导数$f_y(x_0,y_0)$存在，则关于 y 的一元函数$f(x_0,y)$在点 y_0 处连续.

结论 2 关于 x 的一元函数$f(x,y_0)$在点 x_0 处不连续，则$f(x,y)$在点(x_0,y_0)处对 x 的偏导数$f_x(x_0,y_0)$不存在，关于 y 的一元函数$f(x,y_0)$在点 y_0 处不连续，则$f(x,y)$在点(x_0,y_0)处对 y 的偏导数$f_x(x_0,y_0)$不存在.

7.3.2 高阶偏导数

设函数 $z=f(x,y)$在区域 D 内具有偏导数

$$\frac{\partial z}{\partial x}=f_x(x,y),\frac{\partial z}{\partial y}=f_y(x,y).$$

一般来说，在 D 内$f_x(x,y)$，$f_y(x,y)$仍是 x,y 的函数，如例 1。如果这两个函数的偏导数也存在，则称它们是函数 $z=f(x,y)$的二阶偏导数. 二元函数依照对变量求导数的次序不同而有下列四个二阶偏导数：

$$\frac{\partial}{\partial x}\left(\frac{\partial z}{\partial x}\right)=\frac{\partial^2 z}{\partial x^2}=f_{xx}(x,y),\frac{\partial}{\partial y}\left(\frac{\partial z}{\partial x}\right)=\frac{\partial^2 z}{\partial x\partial y}=f_{xy}(x,y),$$

$$\frac{\partial}{\partial x}\left(\frac{\partial z}{\partial y}\right)=\frac{\partial^2 z}{\partial y\partial x}=f_{yx}(x,y),\frac{\partial}{\partial y}\left(\frac{\partial z}{\partial y}\right)=\frac{\partial^2 z}{\partial y^2}=f_{yy}(x,y).$$

其中$f_{xy}(x,y)$和$f_{yx}(x,y)$称为二阶混合偏导数.

同样可得三阶、四阶、…以至 n 阶偏导数，二阶及其以上的偏导数统称为高阶偏导数.

例 4 求函数 $z=x^3y+xy^2-2xy+2$ 的二阶偏导数.

解 计算一阶偏导数，得

$$\frac{\partial z}{\partial x}=3x^2y+y^2-2y,\frac{\partial z}{\partial y}=x^3+2xy-2x.$$

对一阶偏导函数继续求导，得

$$\frac{\partial^2 z}{\partial x^2}=6xy,\frac{\partial^2 z}{\partial x\partial y}=3x^2+2y-2,\frac{\partial^2 z}{\partial y\partial x}=3x^2+2y-2,\frac{\partial^2 z}{\partial y^2}=2x.$$

例 5 求函数 $z=\arctan\dfrac{x+y}{1+xy}$ 的二阶偏导数.

解 计算一阶偏导数,得

$$\frac{\partial z}{\partial x}=\frac{1}{1+\left(\dfrac{x+y}{1-xy}\right)^2}\cdot\frac{(1-xy)-(x+y)(-y)}{(1-xy)^2}=\frac{1+y^2}{(1-xy)^2+(x+y)^2}$$

$$=\frac{1+y^2}{1+x^2y^2+x^2+y^2}=\frac{1}{1+x^2},$$

同理

$$\frac{\partial z}{\partial y}=\frac{1}{1+y^2}.$$

对一阶偏导函数继续求导,得

$$\frac{\partial^2 z}{\partial x^2}=\frac{-2x}{(1+x^2)^2},\frac{\partial^2 z}{\partial x\partial y}=\frac{\partial^2 z}{\partial y\partial x}=0,\frac{\partial^2 z}{\partial y^2}=\frac{-2y}{(1+y^2)^2}.$$

注意例 4 与例 5 中两个二阶混合偏导数都是相等的.

例 6 设函数 $f(x,y)=\begin{cases}xy\dfrac{x^2-y^2}{x^2+y^2}, & x^2+y^2\neq 0,\\ 0, & x^2+y^2=0.\end{cases}$ 求 $f_{xy}(0,0)$ 与 $f_{yx}(0,0)$.

解 计算一阶偏导数,得

$$f_x(x,y)=\begin{cases}y\dfrac{x^4+4x^2y^2-y^4}{(x^2+y^2)^2}, & x^2+y^2\neq 0,\\ 0, & x^2+y^2=0,\end{cases}$$

$$f_y(x,y)=\begin{cases}x\dfrac{x^4-4x^2y^2-y^4}{(x^2+y^2)^2}, & x^2+y^2\neq 0,\\ 0, & x^2+y^2=0.\end{cases}$$

于是

$$f_{xy}(0,0)=\lim_{\Delta y\to 0}\frac{f_x(0,\Delta y)-f_x(0,0)}{\Delta x}=\lim_{\Delta y\to 0}\frac{\dfrac{-(\Delta y)^5}{(\Delta y)^4}-0}{\Delta y}=-1,$$

$$f_{yx}(0,0)=\lim_{\Delta x\to 0}\frac{f_x(0,\Delta y)-f_x(0,0)}{\Delta x}=\lim_{\Delta y\to 0}\frac{\dfrac{(\Delta x)^5}{(\Delta x)^4}-0}{\Delta x}=1.$$

从而在原点(0,0)处两个混合偏导数不相等. 那么,在什么情况下,函数的两个二阶混合偏导数会相等?

我们不加证明地给出关于混合偏导数相等的定理:

定理 1 如果函数 $f(x,y)$ 的两个二阶混合偏导数 $f_{xy}(x,y)$ 和 $f_{yx}(x,y)$ 均在点 (x_0,y_0) 连续,那么 $f_{xy}(x_0,y_0)=f_{yx}(x_0,y_0)$.

上述定理表明,在二阶混合偏导数连续的条件下,该混合偏导数与求导次序无关. 通常用到的函数(初等函数)的混合偏导数一般都是连续的,因此,它们的混合偏导数与求导的顺序无关. 对更高阶的偏导数也有类似的结论.

例 7 设 $r=\sqrt{x^2+y^2+z^2}$,证明 $u=\dfrac{1}{r}$ 满足拉普拉斯(Laplace)方程

$$\Delta u=0,$$

其中 $\Delta=\frac{\partial^2}{\partial x^2}+\frac{\partial^2}{\partial y^2}+\frac{\partial^2}{\partial z^2}$是一个算子(算符),称为拉普拉斯算子.

证:计算偏导数,得

$$\frac{\partial u}{\partial x}=-\frac{1}{r^2}\frac{\partial r}{\partial x}=-\frac{1}{r^2}\frac{x}{r}=-\frac{x}{r^3},\qquad \frac{\partial^2 u}{\partial x^2}=-\frac{1}{r^3}+\frac{3x}{r^4}\frac{\partial r}{\partial x}=-\frac{1}{r^3}+\frac{3x^2}{r^5}.$$

利用函数关于自变量的对称性,容易看到

$$\frac{\partial^2 u}{\partial y^2}=\frac{1}{r^3}+\frac{3y^2}{r^5},\quad \frac{\partial^2 u}{\partial z^2}=\frac{1}{r^3}+\frac{3z^2}{r^5}$$

从而

$$\frac{\partial^2 u}{\partial x^2}+\frac{\partial^2 u}{\partial y^2}+\frac{\partial^2 u}{\partial z^3}=-\frac{3}{r^3}+\frac{3(x^2+y^2+z^2)}{r^5}=-\frac{3}{r^3}+\frac{3r^2}{r^5}=0.$$

习题 7.3

1. 求下列函数的偏导数

(1) $z=x^2+3xy+y^2$; (2) $z=xy+\frac{x}{y}$;

(3) $z=x^2\ln(x^2+y^2)$; (4) $z=x^y(x>0,x\neq1)$;

(5) $z=(1+xy)^y$; (6) $z=x^2\sin2y$;

(7) $z=\arctan\frac{y}{x}$; (8) $z=\frac{x^2+y^2}{xy}$.

2. 设 $f(x,y)=x^2y^2-2y$,求 $f_x(2,3)$.

3. 设 $f(x,y)=x+(y-1)\arcsin\sqrt{\frac{x}{y}}$,求 $f_x(x,1)$.

4. 设 $z=\ln(\sqrt{x}+\sqrt{y})$,证明 $x\frac{\partial z}{\partial x}+y\frac{\partial z}{\partial y}=\frac{1}{2}$.

5. 设 $z=e^{-\left(\frac{1}{x}+\frac{1}{y}\right)}$,求证 $x^2\frac{\partial z}{\partial x}+y^2\frac{\partial z}{\partial y}=2z$.

6. 求曲线 $\begin{cases}z=\frac{x^2+y^2}{4},\\x=4\end{cases}$ 在点(4,2,5)处的切线对于 y 轴的倾角.

7. 求下列函数的二阶偏导数

(1) $z=x^3y+3x^2y^2-xy^3$;

(2) $z=x\sin(x+y)+y\cos(x+y)$;

(3) $z=\sin^2(ax+by)$;

(4) $z=y^x$.

8. 验证

(1) $z=\ln\sqrt{x^2+y^2}$满足方程$\frac{\partial^2 z}{\partial x^2}+\frac{\partial^2 z}{\partial y^2}=0$.

(2) $z=2\cos^2\left(x-\frac{t}{2}\right)$满足方程 $2\frac{\partial^2 z}{\partial t^2}+\frac{\partial^2 z}{\partial x\partial t}=0$.

7.4 全微分

7.4.1 全微分的定义

我们发现,多元函数的偏导数仅与函数对应的自变量的偏增量有关。而在实际问题中,往往需要研究多元函数中各个自变量都取得增量时因变量所获得的增量,即所谓全增量的问题. 下面仍以二元函数为例进行讨论.

前面已给出函数 $z=f(x,y)$ 在点 $P(x,y)$ 处 P 对应于自变量增量 Δx、Δy 的**全增量** Δz 的定义:

$$\Delta z=f(x+\Delta x,y+\Delta y)-f(x,y). \tag{1}$$

一般情况下,计算全增量 Δz 比较复杂. 与一元函数类似,我们希望用自变量的增量 Δx、Δy 的线性函数来近似地代替函数的全增量 Δz,由此引入以下定义.

定义　如果函数 $z=f(x,y)$ 在点 (x,y) 的全增量 Δz 可表示为

$$\Delta z=A\Delta x+B\Delta y+o(\rho),$$

其中 A,B 不依赖于 $\Delta x,\Delta y$ 而仅与 x,y 有关,$\rho=\sqrt{(\Delta x)^2+(\Delta)y^2}$,$o(\rho)$ 是 $\rho\to 0$ 时 ρ 的高阶无穷小,则称 $A\Delta x+B\Delta y$ 为函数 $z=f(x,y)$ 在点 (x,y) 的全微分,记作 $\mathrm{d}z$,即

$$\mathrm{d}z=A\Delta x+B\Delta y.$$

这时,也称函数 $z=f(x,y)$ 在点 (x,y) 可微分(简称可微).

例如,设矩形金属板的边长分别为 x 和 y,其面积 $z=xy$ 是一个二元函数. 当金属板受热两边分别增长了 Δx 和 Δy 时,面积产生的全增量

$$\Delta z=(x+\Delta x)(y+\Delta y)-xy=y\Delta x+x\Delta y+\Delta x\Delta y. \tag{2}$$

当 $\Delta x\to 0,\Delta y\to 0$ 时,有

$$\lim_{\substack{\Delta x\to 0\\ \Delta y\to 0}}\frac{\Delta x\Delta y}{\sqrt{\Delta x^2+\Delta y^2}}=0$$

即 $\Delta x\Delta y$ 是比 $\rho=\sqrt{(\Delta x)^2+(\Delta y)^2}$ 高阶的无穷小量. 依据全微分的定义有 $y\Delta x+x\Delta y$ 为函数 $z=xy$ 的全微分,即

$$\mathrm{d}z=y\Delta x+x\Delta y,$$

另外,当 $\Delta x,\Delta y$ 较小时,全增量 Δz 可用 $y\Delta x+x\Delta y$ 来近似估计,即

$$\Delta z\approx y\Delta x+x\Delta y=\mathrm{d}z,$$

其图形示意如图 7-27 所示.

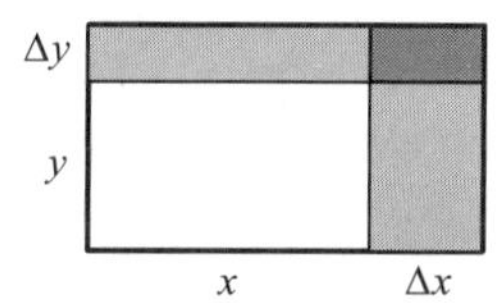

图 7-27

7.4.2 可微的条件与全微分的计算

由(1)式可知,当$\rho\to 0$时,必有$\Delta z\to 0$,故函数$z=f(x,y)$在点(x,y)可微时必有该函数在该点处连续,同时我们有下面关于全微分与偏导数间的关系定理.

定理1 如果函数$z=f(x,y)$在点(x,y)处可微,则该函数在点(x,y)处连续,偏导数$\frac{\partial z}{\partial x},\frac{\partial z}{\partial y}$存在,且函数$z=f(x,y)$在点$(x,y)$的全微分为

$$dz=\frac{\partial z}{\partial x}\Delta x+\frac{\partial z}{\partial y}\Delta y.$$

证 $z=f(x,y)$在(x,y)处可微,则

$$\Delta z=f(x+\Delta x,y+\Delta y)-f(x,y)=A\Delta x+B\Delta y+o(\rho).$$

由上式,函数$z=f(x,y)$在点(x,y)处的连续性是显然的.

令$\Delta y=0$,则有

$$f(x+\Delta x,y)-f(x,y)=A\Delta x+o(\Delta x),$$

再令$\Delta x\to 0$,得

$$\lim_{\Delta x\to 0}\frac{f(x+\Delta x,y)-f(x,y)}{\Delta x}=A.$$

即证得偏导数$\frac{\partial z}{\partial x}$存在,且$A=\frac{\partial z}{\partial x}$.

同理可证$B=\frac{\partial z}{\partial y}$. 从而得到全微分的计算公式:

$$dz=\frac{\partial z}{\partial x}\Delta x+\frac{\partial z}{\partial y}\Delta y.$$

我们知道,一元函数在某点的导数存在是微分存在的充分必要条件. 但对于多元函数来说,各偏导数的存在只是全微分存在的必要条件而不是充分条件,即多元函数的各偏导数都存在,函数的全微分也未必存在.

例如,函数

$$f(x,y)=\begin{cases}\dfrac{xy}{\sqrt{x^2+y^2}}, & x^2+y^2\neq 0,\\ 0, & x^2+y^2=0\end{cases}$$

在点$(0,0)$处有$f_x(0,0)=0$及$f_y(0,0)=0$,所以

$$\Delta z-[f_x(0,0)\cdot\Delta x+f_y(0,0)\cdot\Delta y]=\frac{\Delta x\cdot\Delta y}{\sqrt{(\Delta x)^2+(\Delta y)^2}},$$

如果考虑点(x,y)沿着直线$y=x$趋近于$(0,0)$,则

$$\frac{\dfrac{\Delta x\cdot\Delta y}{\sqrt{(\Delta x)^2+(\Delta y)^2}}}{\rho}=\frac{\Delta x\cdot\Delta y}{(\Delta x)^2+(\Delta y)^2}=\frac{\Delta x\cdot\Delta x}{(\Delta x)^2+(\Delta x)^2}=\frac{1}{2}.$$

它不能随$\rho\to 0$而趋于0,这表示当$\rho\to 0$时,$\Delta z-[f_x(0,0)\cdot\Delta x+f_y(0,0)\cdot\Delta y]$并不是一个比$\rho$高阶的无穷小,因此函数在点$(0,0)$处的全微分并不存在,但其两个偏导数都存在.

但是,函数的各个偏导数均连续时,则可以证明函数是可微分的.

定理2(充分条件)　如果函数 $z=f(x,y)$ **的两个偏导数** $f_x(x,y)$ **和** $f_y(x,y)$ **均在点** (x,y) **处连续,则函数在该点可微分.**

$$\text{偏导数存在连续}\Rightarrow\text{可微}\Rightarrow\begin{cases}\text{连续}\\\text{可偏导}\end{cases}$$

图7-28

多元函数连续、可微、偏导数存在之间的关系可见图7-28.

对函数 $z=f(x,y)=x$,有 $\mathrm{d}z=\mathrm{d}x=\Delta x$;同样的,对函数 $z=f(x,y)=y$,有 $\mathrm{d}y=\Delta y$. 于是全微分的计算公式也经常被写成

$$\mathrm{d}z=\frac{\partial z}{\partial x}\mathrm{d}x+\frac{\partial z}{\partial y}\mathrm{d}y.$$

通常把二元函数的全微分等于它的两个偏微分之和这种情况称为二元函数的微分符合**叠加原理**.

以上关于二元函数全微分的定义及可微的必要条件和充分条件可以类似地推广到三元及三元以上的多元函数.

例如,若三元函数 $u=f(x,y,z)$ 可微,那么它的全微分就等于它的三个偏微分之和,即

$$\mathrm{d}u=\frac{\partial u}{\partial x}\mathrm{d}x+\frac{\partial u}{\partial y}\mathrm{d}y+\frac{\partial u}{\partial z}\mathrm{d}z.$$

例1　设 $z=f(x,y)=x^2\mathrm{e}^y+y^2\sin x$,求 $\mathrm{d}z$ 及 $\mathrm{d}z\Big|_{(\pi,0)}$.

解　由 $f'_x(x,y)=2x\mathrm{e}^y+y^2\cos x$, $f'_y(x,y)=x^2\mathrm{e}^y+2y\sin x$,得

$$\mathrm{d}z=(2x\mathrm{e}^y+y^2\cos x)\mathrm{d}x+(x^2\mathrm{e}^y+2y\sin x)\mathrm{d}y,$$

$$\mathrm{d}z\Big|_{(\pi,0)}=2\pi\mathrm{d}x+\pi^2\mathrm{d}y.$$

例2　求函数 $z=\mathrm{e}^{xy}$ 当 $x=1,y=1,\Delta x=0.15,\Delta y=0.1$ 时的全微分.

解　由 $\frac{\partial z}{\partial x}=y\mathrm{e}^{xy},\frac{\partial z}{\partial y}=x\mathrm{e}^{xy}$,得

$$\mathrm{d}z=(y\mathrm{e}^{xy}\cdot\Delta x+x\mathrm{e}^{xy}\cdot\Delta y)\Big|_{\substack{x=1,y=1\\\Delta x=0.15,\Delta y=0.1}}=0.25\mathrm{e}.$$

例3　计算函数 $u=x^{yz}$ 的全微分.

解　因为
$$\frac{\partial u}{\partial x}=yzx^{yz-1},\frac{\partial u}{\partial y}=zx^{yz}\ln x,\frac{\partial u}{\partial z}=yx^{yz}\ln x,$$

所以
$$\mathrm{d}u=yzx^{yz-1}\mathrm{d}x+zx^{yz}\ln x\mathrm{d}y+yx^{yz}\ln x\mathrm{d}z.$$

7.4.3　全微分在近似计算中的应用

当二元函数在点 $z=f(x,y)$ 的两个偏导数 $\frac{\partial z}{\partial x}$ 和 $\frac{\partial z}{\partial y}$ 连续,并且 $|\Delta x|$ 和 $|\Delta y|$ 都比较小时,有近似等式

$$\Delta z\approx\mathrm{d}z=\frac{\partial z}{\partial x}\Delta x+\frac{\partial z}{\partial y}\Delta y.$$

一方面，我们可以利用上述公式近似计算函数的全增量；另一方面，当已知点(x_0,y_0)的函数值$f(x_0,y_0)$及其两个偏导数值$f_x(x_0,y_0)$和$f_y(x_0,y_0)$时，我们可以利用下述公式计算其附近点$(x_0+\Delta x,y_0+\Delta y)$处的函数值：

$$f(x_0+\Delta x,y_0+\Delta y)\approx f(x_0,y_0)+f_x(x_0,y_0)\cdot\Delta x+f_y(x_0,y_0)\cdot\Delta y.$$

例4 近似计算$\sqrt{(1.02)^3+(1.97)^3}$的值.

解 设$f(x,y)=\sqrt{x^3+y^3}$.则$f_x(x,y)=\frac{3}{2}\cdot\frac{x^2}{\sqrt{x^3+y^3}}$, $f_y(x,y)=\frac{3}{2}\cdot\frac{y^2}{\sqrt[3]{x^3+y^3}}$.

取$x=1,y=2,\Delta x=0.02,\Delta y=-0.03$，则有$f(1,2)=3$, $f_x(1,2)=\frac{1}{2}$,$f_y(1,2)=2$. 于是

$$\begin{aligned}&\sqrt{(1.02)^3+(1.97)^3}=f(1.02,1,97)\\&\approx f(1,2)+f_x(1,2)\cdot\Delta x+f_y(1,2)\cdot\Delta y\\&=3+\frac{1}{2}\times0.02+2\times(-0.03)=2.95.\end{aligned}$$

习题7.4

1. 下列函数的全微分

(1)$z=xy+\frac{x}{y}$; (2)$z=\sin(x^2+y)$;

(3)$f(x,y)=\frac{y}{\sqrt{x^2+y^2}}$; (4)$f(x,y,z)=x^{yz}$;

(5)$z=\ln\cos(x-2y)$; (6)$z=\frac{y}{\sqrt{x^2+y^2}}$.

2. 求函数$z=\ln(1+x^2+y^2)$当$x=1,y=2$时的全微分.

3. 求函数$z=\frac{y}{x}$当$x=2,y=1,\Delta x=0.1,\Delta y=-0.2$时的全增量和全微分.

4. 设$f(x,y,z)=\left(\frac{x}{y}\right)^{\frac{1}{z}}$,求$\mathrm{d}f|_{(1,1,1)}$.

5. 证明函数$f(x,y)=\sqrt{|xy|}$在点$(0,0)$处的两个偏导数都存在，但函数$f(x,y)$在点$(0,0)$处不可微.

7.5 多元复合函数的求导法则

本节将一元函数微分学中复合函数的求导法则推广到多元函数. 下面根据不同的复合情形来讨论多元复合函数的求导法则.

7.5.1 一元函数与多元函数复合的情形

设$z=f(u,v)$是自变量u和v的二元函数，而$u=\varphi(x)$, $v=\psi(x)$是自变量x的一元函

数,则 $z=f[\varphi(x),\psi(x)]$ 是 x 的复合函数.

定理1 设函数 $z=f(u,v)$ 可微,函数 $u=\varphi(x),v=\psi(x)$ 可导,则复合函数 $z=f[\varphi(x),\psi(x)]$ 可导,且

$$\frac{\mathrm{d}z}{\mathrm{d}x}=\frac{\partial f}{\partial u}\frac{\mathrm{d}u}{\mathrm{d}x}+\frac{\partial f}{\partial v}\frac{\mathrm{d}v}{\mathrm{d}x}=\frac{\partial f}{\partial u}\varphi'(x)+\frac{\partial f}{\partial v}\psi'(x).$$

证 对应于自变量的增量 Δx,不妨设中间变量 $u=\varphi(x)$ 和 $v=\psi(x)$ 的增量 Δu 和 Δv 不全为零,从而函数 z 有全增量 Δz. 因函数 $z=f(u,v)$ 可微,由定义有

$$\Delta z=\frac{\partial f}{\partial u}\Delta u+\frac{\partial f}{\partial v}\Delta v+o(\rho),$$

其中 $\rho=\sqrt{(\Delta u)^2+(\Delta v)^2}$,上式两端同除以 Δx,得

$$\begin{aligned}\frac{\Delta z}{\Delta x}&=\frac{\partial f}{\partial u}\frac{\Delta u}{\Delta x}+\frac{\partial f}{\partial v}\frac{\Delta v}{\Delta x}+\frac{o(\rho)}{\rho}\frac{\rho}{\Delta x}\\&=\frac{\partial f}{\partial u}\frac{\Delta u}{\Delta x}+\frac{\partial f}{\partial v}\frac{\Delta v}{\Delta x}+\frac{o(\rho)}{\rho}\sqrt{\left(\frac{\Delta u}{\Delta x}\right)+\left(\frac{\Delta v}{\Delta x}\right)^2}\operatorname{sgn}x.\end{aligned}$$

因为 $u=\varphi(x)$ 和 $v=\psi(x)$ 可导,故 $\Delta x\to0$ 时,$\rho\to0$. 于是,在上式中令 $\Delta x\to0$,得

$$\frac{\mathrm{d}z}{\mathrm{d}x}=\frac{\partial f}{\partial u}\frac{\mathrm{d}u}{\mathrm{d}x}+\frac{\partial f}{\partial v}\frac{\mathrm{d}v}{\mathrm{d}x}=\frac{\partial f}{\partial u}\varphi'(x)+\frac{\partial f}{\partial v}\psi'(x).$$

定理1可以推广到复合函数的中间变量多于两个的情形. 例如,设 $z=f(u,v,w)$ 可微,$u=\varphi(x),v=\psi(x),w=\omega(x)$ 可导,则有

$$\frac{\mathrm{d}z}{\mathrm{d}x}=\frac{\partial f}{\partial u}\varphi'(x)+\frac{\partial f}{\partial v}\psi'(x)+\frac{\partial f}{\partial w}\omega'(x).$$

例1 设 $z=\mathrm{e}^{uv},u=\sin x,v=\cos x$,求 $\frac{\mathrm{d}z}{\mathrm{d}x}$.

解 由于 $\frac{\partial z}{\partial u}=v\mathrm{e}^{uv},\frac{\partial z}{\partial v}=u\mathrm{e}^{vu}$,且 $\frac{\mathrm{d}u}{\mathrm{d}x}=\cos x,\frac{\mathrm{d}v}{\mathrm{d}x}=-\sin x$,于是

$$\frac{\mathrm{d}z}{\mathrm{d}x}=v\mathrm{e}^{uv}\cos x-u\mathrm{e}^{uv}\sin x=(\cos^2x-\sin^2x)\mathrm{e}^{\sin x\cos x}=\cos(2x)\mathrm{e}^{\frac{\sin 2x}{2}}.$$

7.5.2 多元函数与多元函数复合的情形

如果中间变量不是一元函数,而是多元函数,则同样有类似上述定理的结论:

定理2 如果函数 $u=\varphi(x,y)$ 和 $v=\psi(x,y)$ 在点 (x,y) 均有偏导数,函数 $z=f(u,v)$ 在对应点 (u,v) 可微,那么复合函数 $z=f[\varphi(x,y),\psi(x,y)]$ 在点 (x,y) 有对 x 及 y 的偏导数,且

$$\frac{\partial z}{\partial x}=\frac{\partial z}{\partial u}\frac{\partial u}{\partial x}+\frac{\partial z}{\partial v}\frac{\partial v}{\partial x},$$

$$\frac{\partial z}{\partial y}=\frac{\partial z}{\partial u}\frac{\partial u}{\partial y}+\frac{\partial z}{\partial v}\frac{\partial v}{\partial y}.$$

定理3 如果函数 $u=u(x,y),v=v(x,y)$ 和 $w=w(x,y)$ 在点 (x,y) 均有偏导数,函数 $z=f(u,v,w)$ 可微,则复合函数 $z=f[u(x,y),v(x,y),w(x,y)]$ 在点 (x,y) 有对 x 及 y 的偏导数,且

$$\frac{\partial z}{\partial x}=\frac{\partial z}{\partial u}\frac{\partial u}{\partial x}+\frac{\partial z}{\partial v}\frac{\partial v}{\partial x}+\frac{\partial z}{\partial w}\frac{\partial w}{\partial x},$$

$$\frac{\partial z}{\partial y}=\frac{\partial z}{\partial u}\frac{\partial u}{\partial y}+\frac{\partial z}{\partial v}\frac{\partial v}{\partial y}+\frac{\partial z}{\partial w}\frac{\partial w}{\partial y}.$$

注 1:定理 2,定理 2 可视为定理一的推广,把 y 看成常数,对 x 的偏导数自然成为前面所讲的一元与多元复合的情形。

注 2:上述定理 1 ~ 定理 3 所述求多元复合函数偏导数(或导数)的方法称为**链式法则**. 其中因变量、中间变量与自变量的关系分别如图 7 – 29、图 7 – 30 和图 7 – 31 所示.

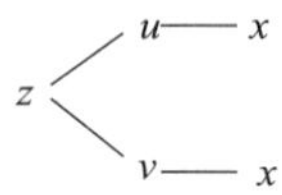

图 7 – 29

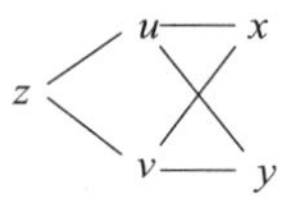

图 7 – 30

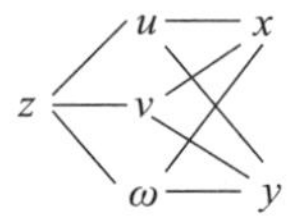

图 7 – 31

从上述结构图中我们看到,链式法则事实上遵循“**沿线乘,分线加**”的原则. 多元函数的复合情况很复杂,我们不可能一一列举,我们在具体运算时可灵活运用上述这一求导原则.

例 2 $z=f(u,x,y)$ 具有连续偏导数,而 $u=\varphi(x,y)$ 具有偏导数,求复合函数 $z=f[\varphi(x,y),x,y]$ 自变量 x 及 y 的偏导数.

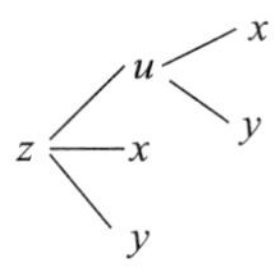

解 由右侧结构图知函数 z 到变量 x 有两条分线,即 $z\to u\to x$ 及 $z\to x$,

故由求导原则,有函数 z 对变量 x 的偏导数为

$$\frac{\partial z}{\partial x}=\frac{\partial f}{\partial u}\frac{\partial u}{\partial x}+\frac{\partial f}{\partial x},$$

同样的,函数 z 对变量 y 的偏导数也为两项之和,即

$$\frac{\partial z}{\partial y}=\frac{\partial f}{\partial u}\frac{\partial u}{\partial y}+\frac{\partial f}{\partial y}.$$

注:这里的$\frac{\partial f}{\partial x}$与$\frac{\partial z}{\partial x}$不同,$\frac{\partial z}{\partial x}$是把复合函数 $z=f[\varphi(x,y),x,y]$ 中的 y 看作不变而对 x 的偏导数,$\frac{\partial f}{\partial x}$是把 $f(u,x,y)$ 中的 u 及 y 看作不变而对 x 的偏导数. $\frac{\partial f}{\partial y}$与$\frac{\partial z}{\partial y}$也有类似的区别.

例 3 设 $z=[\sin(x-y)]\mathrm{e}^{x+y}$,求$\frac{\partial z}{\partial x},\frac{\partial z}{\partial y}$.

解 设 $u=x+y,v=x-y$,则 $z=\mathrm{e}^u\sin v$. 由于

$$\frac{\partial z}{\partial u}=\mathrm{e}^u\sin v,\frac{\partial z}{\partial v}=\mathrm{e}^u\cos v,\frac{\partial u}{\partial x}=1,\frac{\partial u}{\partial y}=1,\frac{\partial v}{\partial x}=1,\frac{\partial v}{\partial y}=-1;$$

从而

$$\frac{\partial z}{\partial x}=\mathrm{e}^u\sin v\cdot 1+\mathrm{e}^u\cos v\cdot 1=[\sin(x-y)+\cos(x-y)]\mathrm{e}^{x+y},$$

$$\frac{\partial z}{\partial y}=\mathrm{e}^u\sin v\cdot 1+\mathrm{e}^u\cos v\cdot(-1)=[\sin(x-y)+\cos(x-y)]\mathrm{e}^{x+y}.$$

例4 设 $w=f(x+y+z,xyz)$，f 具有二阶连续偏导数，求$\frac{\partial w}{\partial x}$及$\frac{\partial^2 w}{\partial x\partial z}$.

解 这里f是二元函数，第一个中间变量等于 $x+y+z$，第二个中间变量等于 xyz，其结构如图7－32所示，其中"1"表示函数f的第一个中间变量，"2"函数f的第二个中间变量.

引入记号：f'_1和f'_2分别表示函数f对第一个中间变量和第二个中间变量的偏导数，而f''_{11}，f''_{12}，f''_{21}和f''_{22}则表示函数f对中间变量的各二阶偏导数.

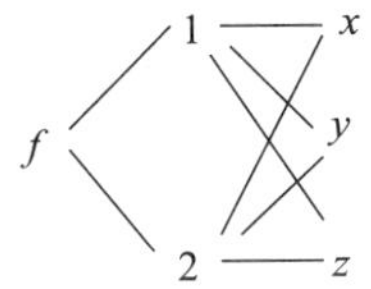

图7－32

根据复合函数求导法则，有

$$\frac{\partial w}{\partial x}=f'_1+yzf'_2,$$

$$\frac{\partial^2 w}{\partial x\partial z}=\frac{\partial}{\partial z}(f'_1+yzf'_2)=\frac{\partial f'_1}{\partial z}+yf'_2+yz\frac{\partial f'_2}{\partial z}$$

要继续计算$\frac{\partial f'_1}{\partial z}$和$\frac{\partial f'_2}{\partial z}$，我们应该注意$f'_1$及$f'_2$仍然有和$f$相同的复合结构(参考图7－31)，于是

$$\frac{\partial f'_1}{\partial z}=f''_{11}+xyf''_{12},\frac{\partial f'_2}{\partial z}=f''_{21}+xyf''_{22},$$

从而

$$\frac{\partial^2 w}{\partial x\partial z}=f''_{11}+xyf''_{12}+yf'_2+yzf''_{21}+xy^2zf''_{22}=f''_{11}+y(x+z)f''_{12}+xy^2zf''_{22}+yf'_2.$$

上式最后一个等号是将f''_{12}与f''_{21}合并表示为f''_{12}(由于f具有二阶连续偏导数，二者相等).

例5 方程 $x^2\frac{\partial^2 u}{\partial x^2}+y^2\frac{\partial^2 u}{\partial y^2}+x\frac{\partial u}{\partial x}+y\frac{\partial u}{\partial y}=0$ 中 $u=u(x,y)$是未知函数，试利用变换 $x=e^s$，$y=e^t$ 化简所给的方程.

解 由 $x=e^s$，$y=e^t$ 得 $s=\ln x$，$t=\ln y$，从而故 $u=u(x,y)=u(e^s,e^t)$，这是视x，y为中间变量，而s，t为自变量的复合函数. 计算一阶偏导数，有

$$\frac{\partial u}{\partial x}=\frac{\partial u}{\partial s}\cdot\frac{\partial s}{\partial x}=\frac{\partial u}{\partial s}\cdot\frac{1}{x},\frac{\partial u}{\partial y}=\frac{\partial u}{\partial t}\cdot\frac{\partial t}{\partial y}=\frac{\partial u}{\partial t}\cdot\frac{1}{y};$$

计算二阶偏导数，有

$$\frac{\partial^2 u}{\partial x^2}=-\frac{1}{x^2}\frac{\partial u}{\partial s}+\frac{1}{x^2}\frac{\partial^2 u}{\partial s^2},\frac{\partial^2 u}{\partial y^2}=-\frac{1}{y^2}\frac{\partial u}{\partial t}+\frac{1}{y^2}\frac{\partial^2 u}{\partial t^2}.$$

代入原方程，得到$\frac{\partial^2 u}{\partial s^2}+\frac{\partial^2 u}{\partial t^2}=0$.

7.5.3 全微分形式不变性

设函数 $z=f(x,y)$可微，当x，y为自变量时，有全微分的计算公式

$$dz=\frac{\partial z}{\partial x}dx+\frac{\partial z}{\partial y}dy.$$

现在设x，y为中间变量，而s，t是自变量，且函数 $x=x(s,t)$和 $y=y(s,t)$可微分. 那

么,由链式法则,得

$$\frac{\partial z}{\partial s}=\frac{\partial z}{\partial x}\frac{\partial x}{\partial s}+\frac{\partial z}{\partial y}\frac{\partial y}{\partial s},\frac{\partial z}{\partial t}=\frac{\partial z}{\partial x}\frac{\partial x}{\partial t}+\frac{\partial z}{\partial y}\frac{\partial y}{\partial t}.$$

于是

$$\begin{aligned}\mathrm{d}z&=\frac{\partial z}{\partial s}\mathrm{d}s+\frac{\partial z}{\partial t}\mathrm{d}t=\left(\frac{\partial z}{\partial x}\frac{\partial x}{\partial s}+\frac{\partial z}{\partial y}\frac{\partial y}{\partial s}\right)\mathrm{d}s+\left(\frac{\partial z}{\partial x}\frac{\partial x}{\partial t}+\frac{\partial z}{\partial y}\frac{\partial y}{\partial t}\right)\mathrm{d}t\\&=\frac{\partial z}{\partial x}\left(\frac{\partial x}{\partial s}\mathrm{d}s+\frac{\partial x}{\partial t}\mathrm{d}t\right)+\frac{\partial z}{\partial y}\left(\frac{\partial y}{\partial s}\mathrm{d}s+\frac{\partial y}{\partial t}\mathrm{d}t\right)=\frac{\partial z}{\partial x}\mathrm{d}x+\frac{\partial z}{\partial y}\mathrm{d}y.\end{aligned}$$

上述运算结果表明,对于函数 $z=f(x,y)$,无论 x,y 是中间变量还是自变量,其全微分计算公式的形式仍然成立,这一性质称为**全微分的形式不变性**.

例 6 设 $z=\mathrm{e}^u\sin v$,而 $u=xy,v=x+y$. 利用全微分的形式不变性计算$\frac{\partial z}{\partial x}$和$\frac{\partial z}{\partial y}$.

解 由于

$$\mathrm{d}z=\mathrm{d}(\mathrm{e}^u\sin v)=\mathrm{e}^u\sin v\mathrm{d}u+\mathrm{e}^u\cos v\mathrm{d}v,$$

而

$$\mathrm{d}u=\mathrm{d}(xy)=y\mathrm{d}x+x\mathrm{d}y,\mathrm{d}v=\mathrm{d}(x+y)=\mathrm{d}x+\mathrm{d}y,$$

代入后归并含 dx 及 dy 的项,得

$$\mathrm{d}z=(y\mathrm{e}^u\sin v+\mathrm{e}^u\cos v)\mathrm{d}x+(x\mathrm{e}^u\sin v+\mathrm{e}^u\cos v)\mathrm{d}y.$$

于是从上述公式中得到

$$\frac{\partial z}{\partial x}=y\mathrm{e}^u\sin v+\mathrm{e}^u\cos v=\mathrm{e}^{xy}[y\sin(x+y)+\cos(x+y)],$$

$$\frac{\partial z}{\partial y}=x\mathrm{e}^u\sin v+\mathrm{e}^u\cos v=\mathrm{e}^{xy}[x\sin(x+y)+\cos(x+y)].$$

习题 7.5

1. 设 $z=x^2-y^2$,而 $x=\sin t,y=\cos t$,求$\frac{\mathrm{d}z}{\mathrm{d}t}$.

2. 设 $z=\arcsin(x-y)$,而 $x=3t,y=4t^3$,求$\frac{\mathrm{d}z}{\mathrm{d}t}$.

3. 设 $z=\mathrm{e}^{x-2y},x=\sin t,y=t^3$,求$\frac{\mathrm{d}z}{\mathrm{d}t}$.

4. 设 $z=\mathrm{e}^u\sin v$,而 $u=xy,v=x+y$,求$\frac{\partial z}{\partial x}$和$\frac{\partial z}{\partial y}$.

5. 设 $z=u^2\ln v$,而 $u=\frac{y}{x},v=x^2+y^2$,$\frac{\partial z}{\partial x}$和$\frac{\partial z}{\partial y}$.

6. $z=\mathrm{e}^{uv},u=\ln\sqrt{x^2+y^2},v=\arctan\frac{y}{x}$,求$\frac{\partial z}{\partial x},\frac{\partial z}{\partial y}$.

7. 设 $z=\arctan(xy)$,而 $y=\mathrm{e}^x$,求$\frac{\mathrm{d}z}{\mathrm{d}x}$.

8. 设 $z=\mathrm{e}^{xy^2}$,而 $x=\sin^2y$,求$\frac{\mathrm{d}z}{\mathrm{d}y}$.

9. 设 $z=\arctan\dfrac{x}{y}$，而 $x=u+v, y=u-v$，验证 $\dfrac{\partial z}{\partial u}+\dfrac{\partial z}{\partial v}=\dfrac{u-v}{u^2+v^2}$.

10. 求下列函数的一阶偏导数(其中 f 具有一阶连续偏导数).

(1) $u=f\left(x^2y,\dfrac{y}{x}\right)$；　　(2) $u=f(x^2-y^2,e^{xy})$；

(3) $z=\sin(f(x,y))$；　　(4) $z=f\left(xy+\dfrac{y}{x}\right)$.

11. 设 $f(1,1)=1, f_1'(1,1)=a, f_2'(1,1)=b, \varphi(x)=f\{x,f[x,f(x,x)]\}$，求 $\varphi(1),\varphi'(1)$.

12. 设 $f(u,v)$ 具有二阶连续偏导数，求下列函数的偏导数 $\dfrac{\partial^2 z}{\partial x^2},\dfrac{\partial^2 z}{\partial x\partial y},\dfrac{\partial^2 z}{\partial y^2}$.

(1) $z=f(xy,y)$；　　(2) $z=x^2f\left(\dfrac{y}{x}\right)$；

(3) $z=f(u,x,y)$，其中 $u=xe^y$.

13. 设 $z=xy+xf(u), u=\dfrac{y}{x}$，$f(u)$ 可导，试证 $x\dfrac{\partial z}{\partial x}+y\dfrac{\partial z}{\partial y}=xy+z$.

14. 设 $z=\varphi(x+at)+\psi(x-at)$，$\varphi,\psi$ 具有二阶导数，试证 z 满足波动方程 $\dfrac{\partial^2 z}{\partial t^2}=a^2\dfrac{\partial^2 z}{\partial x^2}$.

15. 若 $u=u(x,y)$ 满足拉普拉斯方程 $\dfrac{\partial^2 u}{\partial x^2}+\dfrac{\partial^2 u}{\partial y^2}=0$，则函数 $v=u\left(\dfrac{x}{x^2+y^2},\dfrac{y}{x^2+y^2}\right)$ 也满足拉普拉斯方程.

7.6 隐函数的求导公式

7.6.1 由一个方程所确定的隐函数

之前，我们利用一元函数的复合函数求导法则讨论过隐函数的导数问题. 但是，我们并没有解决所给方程何时确定隐函数的问题，也即隐函数的存在性问题. 这是本节的主要工作之一.

关于由方程 $F(x,y)=0$ 确定的隐函数 $y=f(x)$ 的情况，其结论如下：

隐函数存在定理1　设函数 $F(x,y)$ 在点 (x_0,y_0) 的某一邻域内具有连续的偏导数，且 $F(x_0,y_0)=0, F_y(x_0,y_0)\neq 0$. 则方程 $F(x,y)=0$ 在点 (x_0,y_0) 的某一邻域内确定唯一的一个隐函数 $y=y(x)$，满足条件 $y_0=y(x_0)$，并且它在该邻域内具有连续的导数

$$\frac{dy}{dx}=-\frac{F_x}{F_y}. \tag{1}$$

式(1)就是隐函数的求导公式.

事实上，将方程 $F(x,y)=0$ 所确定的函数 $y=f(x)$ 代入 $F(x,y)=0$，得恒等式

$$F(x,f(x))\equiv 0.$$

上式左端可看作 x 的复合函数,求这个函数的全导数,由于恒等式两端求导后仍然恒等,即得

$$\frac{\partial F}{\partial x}+\frac{\partial F}{\partial y}\frac{\mathrm{d}y}{\mathrm{d}x}=0.$$

由于 F_y 连续,且 $F_y(x_0,y_0)\neq 0$,所以存在 (x_0,y_0) 的一个邻域,在这个邻域内 $F_y\neq 0$,于是得

$$\frac{\mathrm{d}y}{\mathrm{d}x}=-\frac{F_x}{F_y}.$$

注 1:定理中把条件 $F_y(x_0,y_0)\neq 0$ 改为 $F_x(x_0,y_0)\neq 0$,而其余条件均不变,则结论为在点 (x_0,y_0) 的某一邻域内确定唯一的一个隐函数 $x=g(y)$,满足条件 $x_0=g(y_0)$,并且它在该邻域内具有连续的导数

$$\frac{\mathrm{d}x}{\mathrm{d}y}=-\frac{F_y}{F_x}.$$

注 2:如果 $F(x,y)$ 的二阶偏导数也都连续,我们可以把等式(1)的两端看作 x 的复合函数而再一次求导,便可得函数 y 对 x 的二阶导数:

$$\begin{aligned}\frac{\mathrm{d}^2y}{\mathrm{d}x^2}&=\frac{\partial}{\partial x}\left(-\frac{F_x}{F_y}\right)+\frac{\partial}{\partial y}\left(-\frac{F_x}{F_y}\right)\frac{\mathrm{d}y}{\mathrm{d}x}\\&=-\frac{F_{xx}F_y-F_{yx}F_x}{F_y^2}-\frac{F_{xy}F_y-F_{yy}F_x}{F_y^2}\left(-\frac{F_x}{F_y}\right)\\&=-\frac{F_{xx}F_y^2-2F_{xy}F_xF_y+F_{yy}F_x^2}{F_y^3}.\end{aligned}$$

例 1 验证方程 $x^2+y^2-1=0$ 在点 $(0,1)$ 的某一邻域内能唯一确定一个有连续导数、当 $x=0$ 时 $y=1$ 的隐函数 $y=f(x)$,并求这函数的一阶和二阶导数在 $x=0$ 的值.

解 设 $F(x,y)=x^2+y^2-1$,则 $F_x=2x$,$F_y=2y$,$F(0,1)=0$,$F_y(0,1)=2\neq 0$. 因此由定理 1 知,方程 $x^2+y^2-1=0$ 在点 $(0,1)$ 的某邻域内能唯一确定一个有连续导数、当 $x=0$ 时 $y=1$ 的隐函数 $y=f(x)$.

下面求这个函数的一阶和二阶导数.

$$\frac{\mathrm{d}y}{\mathrm{d}x}=-\frac{F_x}{F_y}=-\frac{x}{y},\left.\frac{\mathrm{d}y}{\mathrm{d}x}\right|_{\substack{x=0\\y=1}}=0;$$

$$\frac{\mathrm{d}^2y}{\mathrm{d}x^2}=-\frac{y-xy'}{y^2}=-\frac{y-x\left(-\dfrac{x}{y}\right)}{y^2}=-\frac{y^2+x^2}{y^3}=-\frac{1}{y^3},$$

$$\left.\frac{\mathrm{d}^2y}{\mathrm{d}x^2}\right|_{\substack{x=0\\y=1}}=-1.$$

类似地,对于由方程 $G(x,y,z)=0$ 确定二元函数 $z=f(x,y)$ 的情形,有下列结论:

隐函数存在定理 2 **设函数 $G(x,y,z)$ 在点 (x_0,y_0,z_0) 的某一邻域内具有连续的偏导数,且 $G(x_0,y_0,z_0)=0$,$G_z(x_0,y_0,z_0)\neq 0$. 则方程 $G(x,y,z)=0$ 在点 (x_0,y_0,z_0) 的某一邻域内确定唯一的一个隐函数 $z=z(x,y)$,满足条件 $z_0=z(x_0,y_0)$,并且它在该邻域内具有连续的偏导数,并有**

$$\frac{\partial z}{\partial x}=-\frac{F_x}{F_z},\frac{\partial z}{\partial y}=-\frac{F_y}{F_z}. \tag{2}$$

事实上,由于

$$F(x,y,f(x,y))\equiv 0,$$

上式两端分别对 x 和 y 求导,由复合函数求导法则得

$$F_x+F_z\frac{\partial z}{\partial x}=0,F_y+F_z\frac{\partial z}{\partial y}=0.$$

因为 F_z 连续,且 $F_z(x_0,y_0,z_0)\neq 0$,所以存在点(x_0,y_0,z_0)的一个邻域,在这个邻域内 $F_z\neq 0$,于是得

$$\frac{\partial z}{\partial x}=-\frac{F_x}{F_z},\frac{\partial z}{\partial y}=-\frac{F_y}{F_z}.$$

注:定理中把条件 $G_z(x_0,y_0,z_0)\neq 0$ 改为 $G_x(x_0,y_0,z_0)\neq 0(G_y(x_0,y_0,z_0)\neq 0)$,而其余条件均不变,则结论为在点$(x_0,y_0,z_0)$的某一邻域内确定唯一的一个隐函数$x=x(y,z)$ $(y=y(x,z))$,满足条件 $x_0=x(y_0,z_0)(y_0=y(x_0,z_0))$,并且它在该邻域内具有连续的导数

$$\frac{\partial x}{\partial y}=-\frac{G_y}{G_x},\frac{\partial x}{\partial z}=-\frac{C_z}{G_x}$$

$$\left(\frac{\partial y}{\partial x}=-\frac{G_x}{G_y},\frac{\partial y}{\partial z}=-\frac{G_z}{G_y}\right)$$

例2 设 $xy+\sin z+y=2z$,求$\frac{\partial z}{\partial x}$和$\frac{\partial z}{\partial y},\frac{\partial^2 z}{\partial y\partial x}$.

解 设 $F(x,y,z)=xy+\sin z+y-2z$,则

$$F_x=y,F_y=x+1,F_2=\cos z-2.$$

由式(2),得

$$\frac{\partial z}{\partial x}=-\frac{F_x}{F_z}=\frac{y}{2-\cos z},\frac{\partial z}{\partial y}=-\frac{F_y}{F_z}=\frac{x+1}{2-\cos z}.$$

$$\frac{\partial^2 z}{\partial y\partial x}=\frac{\partial}{\partial x}\left(\frac{x+1}{2-\cos z}\right)=\frac{1}{2-\cos z}+\frac{x+1}{(2-\cos z)^2}\sin z\cdot\frac{\partial z}{\partial x}$$

$$=\frac{(2-\cos z)^2+y(x+1)\sin z}{(2-\cos z)^3}.$$

例3 设 $y=f(x)$是由方程 $y-xe^{y-1}=1$ 所确定的隐函数,求 $y'(0)$和 $y''(0)$.

解 对方程 $y-xe^{y-1}=1$ 两端对 x 求导,得

$$y'-e^{y-1}-xe^{y-1}y'=0,$$

代入 $x=0,y=1$ 得 $y'(0)=1$;

方程 $y'-e^{y-1}-xe^{y-1}y'=1$ 两端再继续对 x 求导,得

$$y''-2y'e^{y-1}-xe^{y-1}(y')^2-xe^{y-1}y''=0,$$

代入 $x=0,y=1,y'=1$,得 $y''(0)=2$.

例4 设 $z=z(x,y)$是由方程 $x^2+y^2-z=\varphi(x+y+z)$所确定的隐函数,其中 φ 是可微函数,且 $\varphi'\neq -1$,求 dz.

解 (方法一)方程 $x^2+y^2-z=\varphi(x+y+z)$两端对 x 求偏导,得

$$2x-\frac{\partial z}{\partial x}=\left(1+\frac{\partial z}{\partial x}\right)\cdot\varphi'(x+y+z),$$

解得$\frac{\partial z}{\partial x}=\frac{2x-\varphi'}{1+\varphi'}$;同理,将方程两端对 y 求偏导可解得$\frac{\partial z}{\partial x}=\frac{2y-\varphi'}{1+\varphi'}$,
从而

$$\mathrm{d}z=\frac{2x-\varphi'}{1+\varphi'}\mathrm{d}x+\frac{2y-\varphi'}{1+\varphi'}\mathrm{d}y$$

(方法二) 方程 $x^2+y^2-z=\varphi(x+y+z)$ 两端求微分,得

$$2x\mathrm{d}x+2y\mathrm{d}y-\mathrm{d}z=\varphi'(x+y+z)\cdot(\mathrm{d}x+\mathrm{d}y+\mathrm{d}z),$$

解得

$$\mathrm{d}z=\frac{2x-\varphi'}{1+\varphi'}\mathrm{d}x+\frac{2y-\varphi'}{1+\varphi'}\mathrm{d}y.$$

例 5 设 $F(x,y,z)=0$ 能确定任一变量是其他两个变量的函数,试证:

$$\frac{\partial z}{\partial y}\cdot\frac{\partial y}{\partial x}\cdot\frac{\partial x}{\partial z}=-1.$$

证 由隐函数求导法则:

$$\frac{\partial z}{\partial y}=-\frac{F_y}{F_z},\frac{\partial y}{\partial x}=-\frac{F_x}{F_y},\frac{\partial x}{\partial z}=-\frac{F_z}{F_x},$$

经过计算,便得

$$\frac{\partial z}{\partial y}\cdot\frac{\partial y}{\partial x}\cdot\frac{\partial x}{\partial z}=-1.$$

本例再一次的说明偏导数符号$\frac{\partial z}{\partial x}$、$\frac{\partial z}{\partial y}$是整体符号.

*7.6.2 由方程组所确定的隐函数

下面我们将隐函数存在定理作另一方面的推广. 不仅增加方程中变量的个数,而且增加方程的个数. 例如,考虑方程组

$$\begin{cases}F(x,y,u,v)=0,\\G(x,y,u,v)=0.\end{cases}$$

此时,在四个变量中,一般只能有两个变量独立变化,因此方程组就有可能确定两个二元函数. 在这种情形下,我们可以由函数 F、G 的性质来断定由方程组所确定的两个二元函数的存在以及它们的性质. 有下面的定理.

隐函数存在定理 3 设函数 $F(x,y,u,v)$、$G(x,y,u,v)$ 在点 $P(x_0,y_0,u_0,v_0)$ 的某一邻域内具有对各个变量的连续偏导数,又 $F(x_0,y_0,u_0,v_0)=0$,$G(x_0,y_0,u_0,v_0)=0$,且偏导数所组成的函数行列式(或称雅可比(Jacobi)式)

$$J=\frac{\partial(F,G)}{\partial(u,v)}=\begin{vmatrix}\frac{\partial F}{\partial u}&\frac{\partial F}{\partial v}\\\frac{\partial G}{\partial u}&\frac{\partial G}{\partial v}\end{vmatrix}.$$

在点 $P(x_0,y_0,u_0,v_0)$ 不等于零,则方程组 $F(x,y,u,v)=0$,$G(x,y,u,v)$ 在点$(x_0,y_0,u_0,v_0)=0$ 的某一邻域内恒能唯一确定一组连续且具有连续偏导数的函数 $u=u(x,y)$,

$v=(x,y)$，它们满足条件 $u_0=u(x_0,y_0)$，$v_0=v(x_0,u_0)$，并有

$$\frac{\partial u}{\partial x}=-\frac{1}{J}\frac{\partial(F,G)}{\partial(x,v)}=-\frac{\begin{vmatrix}F_x & F_v\\ G_x & G_v\end{vmatrix}}{\begin{vmatrix}F_u & F_v\\ G_u & G_v\end{vmatrix}},$$

$$\frac{\partial v}{\partial x}=-\frac{1}{J}\frac{\partial(F,G)}{\partial(u,x)}=-\frac{\begin{vmatrix}F_u & F_x\\ G_u & G_x\end{vmatrix}}{\begin{vmatrix}F_u & F_v\\ G_u & G_v\end{vmatrix}}, \tag{3}$$

$$\frac{\partial u}{\partial y}=-\frac{1}{J}\frac{\partial(F,G)}{\partial(y,v)}=-\frac{\begin{vmatrix}F_y & F_v\\ G_y & G_v\end{vmatrix}}{\begin{vmatrix}F_u & F_v\\ G_u & G_v\end{vmatrix}},$$

$$\frac{\partial v}{\partial y}=-\frac{1}{J}\frac{\partial(F,G)}{\partial(u,y)}=-\frac{\begin{vmatrix}F_u & F_y\\ G_u & G_v\end{vmatrix}}{\begin{vmatrix}F_u & F_v\\ G_u & G_v\end{vmatrix}}.$$

这个定理我们不证. 仅就式(3)作如下推导.

由于

$$F[x,y,u(x,y),v(x,y)]\equiv 0,$$
$$G[x,y,u(x,y),v(x,y)]\equiv 0,$$

将恒等式两边分别对 x 求导，由复合函数求导法则得

$$\begin{cases}F_x+F_u\dfrac{\partial u}{\partial x}+F_v\dfrac{\partial v}{\partial x}=0,\\ G_x+G_u\dfrac{\partial u}{\partial x}+G_x\dfrac{\partial v}{\partial x}=0.\end{cases}$$

这是关于$\frac{\partial u}{\partial x}$,$\frac{\partial v}{\partial x}$的线性方程组，由假设知在点 $P(x_0,y_0,u_0,v_0)$ 的一个邻域内，系数行列式

$$J=\begin{vmatrix}F_u & F_v\\ G_u & G_v\end{vmatrix}\neq 0,$$

从而可解出$\frac{\partial u}{\partial x}$,$\frac{\partial v}{\partial x}$，得

$$\frac{\partial u}{\partial x}=-\frac{1}{J}\frac{\partial(F,G)}{\partial(x,v)},\frac{\partial v}{\partial x}=-\frac{1}{J}\frac{\partial(F,G)}{\partial(u,x)}.$$

同理，可得

$$\frac{\partial u}{\partial y}=-\frac{1}{J}\frac{\partial(F,G)}{\partial(y,v)},\frac{\partial v}{\partial y}=-\frac{1}{J}\frac{\partial(F,G)}{\partial(u,y)}.$$

例6 计算由方程组$\begin{cases}x^2+y^2-uv=0\\ xy^2-u^2+v^2=0\end{cases}$所确定隐函数 $u=u(x,y)$ 和 $v=v(x,y)$ 的偏导

数$\frac{\partial u}{\partial x},\frac{\partial u}{\partial y},\frac{\partial v}{\partial x}$和$\frac{\partial v}{\partial y}$.

解 此题可直接利用式(3),但也可依照推导式(3)的方法求解. 下面利用后一种方法来做.

解 原方程组两边对 x 和求偏导数,得

$$\begin{cases}2x-v\dfrac{\partial u}{\partial x}-u\dfrac{\partial v}{\partial x}=0\\ y^2-2u\dfrac{\partial u}{\partial x}+2v\dfrac{\partial v}{\partial x}=0\end{cases},$$

解之得:

$$\frac{\partial u}{\partial x}=\frac{4xv+uy^2}{2(u^2+v^2)},\frac{\partial v}{\partial x}=\frac{4xu+vy^2}{2(u^2+v^2)};$$

原方程组两边对 y 求偏导数,得

$$\begin{cases}2y-v\dfrac{\partial u}{\partial y}-u\dfrac{\partial v}{\partial y}=0\\ 2xy-2u\dfrac{\partial u}{\partial y}+2v\dfrac{\partial v}{\partial y}=0\end{cases},$$

解之得:

$$\frac{\partial u}{\partial y}=\frac{2yv+xyv}{u^2+v^2},\frac{\partial v}{\partial y}=\frac{2yu-xyv}{u^2+v^2}.$$

习题 7.6

1. 设 $\ln\sqrt{x^2+y^2}=\arctan\frac{y}{x}$,求$\frac{dy}{dx}$.

2. 设 $\sin(xy)=x^2y^2+e^{xy}$,求$\frac{dy}{dx}$.

3. 设$\frac{x}{z}=\ln\frac{z}{y}$,求$\frac{\partial z}{\partial x},\frac{\partial z}{\partial y}$.

4. 设 $x^2+2y^2+3z^2+yz+y=0$,求$\frac{\partial z}{\partial x}$和$\frac{\partial z}{\partial y}$.

5. 设 $e^z=xyz$,求 dz 和$\frac{\partial^2 z}{\partial x^2}$.

6. 试证明由 $2\sin(x+2y-3z)=x+2y-3z$ 确定的隐函数 z 满足$\frac{\partial z}{\partial x}+\frac{\partial z}{\partial y}=1$.

7. 设 $z=z(x,y)$ 是由 $F\left(\frac{1}{x}-\frac{1}{y}-\frac{1}{z}\right)=\frac{1}{z}$确定的隐函数,其中 F 可微,试证$x^2\frac{\partial z}{\partial x}+y^2\frac{\partial z}{\partial y}=0$.

8. 设 $F(u,v)$具有连续偏导数,$z=z(x,y)$是由 $F(cs-az,cy-bz)=0$ 确定的隐函数,试证 $a\frac{\partial z}{\partial x}+b\frac{\partial z}{\partial y}=c$.

9. 设 $y=f(x,t)$,而 t 是由方程 $F(x,y,t)=0$ 确定的二元函数,f,F 都具有一阶连续偏

导数,试证明$\frac{\mathrm{d}y}{\mathrm{d}x}=\frac{f'_xF'_t-f'_tF'_x}{f'_tF'_y+F'_t}$.

7.7 多元函数的极值

在一元函数微分学的应用中,我们讨论过一元函数的极值,并可利用极值求函数的最大值、最小值. 对应地,本节将讨论利用多元函数的偏导数来讨论多元函数的极值与最大值、最小值问题. 本节仍以二元函数为例.

7.7.1 多元函数的极值

首先引入二元函数极值点和极值的概念.

定义 **设函数 $z=f(x,y)$ 的定义域为 D,$P_0(x_0,y_0)$ 为 D 的内点. 如果存在 P_0 的某个邻域 $U(P_0)\subset D$,使得对于该邻域内异于 P_0 的任何点 (x,y),都有**

$$f(x,y)<f(x_0,y_0),$$

则称函数 $f(x,y)$ 在点 (x_0,y_0) 有极大值 $f(x_0,y_0)$,点 (x_0,y_0) 称为函数 $f(x,y)$ 的极大值点;如果对于该邻域内异于 P_0 的任何点 (x,y),都有

$$f(x,y)>f(x_0,y_0),$$

则称函数 $f(x,y)$ 在点 (x_0,y_0) 有极小值 $f(x_0,y_0)$,点 (x_0,y_0) 称为函数 $f(x,y)$ 的极小值点. 极大值、极小值统称为极值,而使得函数取得极值的点称为极值点.

例 1 函数 $z=3x^2+2y^2$ 在点(0,0)处有极小值. 因为对于点(0,0)的任一邻域内异于(0,0)的点,函数值都是正的,而在点(0,0)处的函数值为零. 从几何上看也是显然的,因为点(0,0,0)是开口朝上的椭圆抛物面 $z=3x^2+2y^2$ 的顶点.

例 2 函数 $z=-\sqrt{x^2+y^2}$ 在点(0,0)处有极大值. 因为在点(0,0)处函数值为零,而对于点(0,0)的任一邻域内异于(0,0)的点,函数值都为负. 点(0,0,0)是位于 xOy 平面下方的锥面 $z=-\sqrt{x^2+y^2}$ 的顶点.

例 3 函数 $z=xy$ 在点(0,0)处既不取得极大值也不取得极小值. 因为在点(0,0)处的函数值为零,而在点(0,0)的任一邻域内,总有使函数值为正的点,也有使函数值为负的点.

以上关于二元函数的极值概念,可推广到 n 元函数.

与处理一元函数极值问题的方法类似,二元函数的极值问题一般可以利用偏导数来解决. 我们有以下两个定理.

定理 1(极值存在的必要条件) **设函数 $z=f(x,y)$ 在点 (x_0,y_0) 处一阶偏导数存在,若 (x_0,y_0) 为该函数的极值点,则必有 $f_x(x_0,y_0)=0$ 及 $f_y(x_0,y_0)=0$.**

证 不妨设 $z=f(x,y)$ 在点 (x_0,y_0) 处取极大值,从而一元函数 $\varphi(x)=f(x,y_0)$ 在点 $x=x_0$ 处取极大值,由 Fermat 引理,可知 $f_x(x_0,y_0)=0$;同理,得 $f_y(x_0,y_0)=0$.

通常称两个一阶偏导数都等于零的点为二元函数 $z=f(x,y)$ 的**驻点**.

一方面,极值点有可能是驻点,也有可能是一阶偏导数不存在的点. 例如函数

$z=-\sqrt{x^2+y^2}$在原点(0,0)处取极大值,然而函数在该点的一阶偏导数并不存在;另一方面,驻点也有可能不是极值点.例如原点(0,0)虽然是函数$z=xy$的驻点,但它并非函数的极值点.

由定理1和上述讨论说明,函数$z=f(x,y)$的极值点可在驻点和一阶偏导数不存在的点中选取.对驻点是否为极值点,我们有如下的充分条件:

定理2(判定极值的充分条件) **设点(x_0,y_0)是$f(x,y)$的驻点,并且在该点的某邻域内函数$f(x,y)$连续,且存在二阶连续偏导数,记$A=f''_{xx}(x_0,y_0)$,$B=f''_{xy}(x_0,y_0)$,$C=f''_{yy}(x_0,y_0)$,并令$\Delta=AC-B^2$,则**

(1)若$\Delta>0$,(x_0,y_0)为极值点:当$A<0$时为极大值点,当$A>0$时为极小值点;

(2)若$\Delta<0$,(x_0,y_0)不是极值点;

(3)若$\Delta=0$,(x_0,y_0)是否为极值点需另行讨论.

(该定理证明需要用到关于二元函数的Taylor公式).

利用定理1和定理2可得,求具有二阶连续偏导数的函数$z=f(x,y)$的极值的一般步骤如下:

(1)求方程组$\begin{cases}f_x(x,y)=0,\\f_y(x,y)=0\end{cases}$的一切实数解,即可求得一切驻点.

(2)对于每一个驻点(x_0,y_0),求出二阶偏导数的值A、B和C.

(3)列表定出$AC-B^2$的符号,根据定理2的结论判定$f(x_0,y_0)$是不是极值,是极大值还是极小值.

例4 求函数$f(x,y)=x^3-3xy+y^3$的极值.

解 解方程组

$$\begin{cases}f_x=3x^2-3y=0\\f_y=-3x+3y^2=0\end{cases},$$

得驻点$P_1(1,1)$和$P_2(0,0)$;再求出二阶偏导数

$$f_{xx}(x,y)=6x,f_{yy}(x,y)=6y,f_{xy}(x,y)=-3.$$

列表:

(x,y)	A	B	C	$AC-B^2$	结论
(1,1)	6	−3	6	$27>0$	极小值点
(0,0)	0	−3	0	$-9<0$	不是极值点

极小值$f(1,1)=-1$.

例5 设$z=z(x,y)$是由方程$x^2-6xy+10y^2-2yz-z^2+18=0$所确定的隐函数,求它的极值点和极值.

解 在所给方程两端分别对x和y求导,得

$$\begin{cases}2x-6y-2y\dfrac{\partial z}{\partial x}-2z\dfrac{\partial z}{\partial x}=0,\\-6x+20y-2z-2y\dfrac{\partial z}{\partial y}-2z\dfrac{\partial z}{\partial y}=0.\end{cases}\qquad(*)$$

为了求得驻点,在上述方程组中令$\frac{\partial z}{\partial x}=\frac{\partial z}{\partial y}=0$;再结合原方程,得驻点方程组

$$\begin{cases}x-3y=0\\-3x+10y-z=0\\x^2-6xy+10y^2-2yz-z^2+18=0\end{cases}.$$

解为(9,3,3)和(−9,−3,−3).

在方程组(*)中继续对x和y求导,得

$$\begin{cases}2-2y\frac{\partial^2 z}{\partial x^2}-2\left(\frac{\partial z}{\partial x}\right)^2-2z\frac{\partial^2 z}{\partial x^2}=0\\-6-2\frac{\partial z}{\partial x}-2y\frac{\partial^2 z}{\partial x\partial y}-2\frac{\partial z}{\partial x}\cdot\frac{\partial z}{\partial y}-2z\frac{\partial^2 z}{\partial x\partial y}=0\\-2\frac{\partial z}{\partial y}-2\left(\frac{\partial z}{\partial y}\right)^2-2y\frac{\partial^2 z}{\partial y^2}-2\left(\frac{\partial z}{\partial y}\right)^2-2z\frac{\partial^2 z}{\partial y^2}=0\end{cases},$$

在驻点处,有$\frac{\partial z}{\partial x}=\frac{\partial z}{\partial y}=0$,于是

$$A=\frac{\partial^2 z}{\partial x^2}=\frac{1}{y+z},B=\frac{\partial^2 z}{\partial x\partial y}=\frac{3}{y+z},C=\frac{\partial^2 z}{\partial y^2}=\frac{10}{y+z},$$

(x,y,z)	A	B	C	$AC-B^2$	结论
(9,3,3)	$\frac{1}{6}$	$\frac{1}{2}$	$\frac{5}{3}$	$\frac{1}{36}>0$	极小值点
(−9,−3,−3)	$-\frac{1}{6}$	$-\frac{1}{2}$	$-\frac{5}{3}$	$\frac{1}{36}>0$	极人值点

极小值$f(9,3)=3$,极大值为$f(9,-3)=-3$.

特别注意,讨论函数的极值问题时,如果函数在所讨论的区域内具有偏导数,则由定理1知,极值只可能在驻点处取得. 然而,如果函数在个别点处的偏导数不存在,这些点当然不是驻点,但也可能是函数的极值点. 例如例2中,函数$z=-\sqrt{x^2+y^2}$在点(0,0)处的偏导数不存在,但该函数在点(0,0)处却具有极大值. 因此,在考虑函数的极值问题时,要同时考虑函数的驻点与偏导数不存在的点.

7.7.2 多元函数的最大值与最小值

我们已经知道,定义在有界闭区域上的连续函数一定在这个闭区域上取得最大值和最小值. 确定函数的最值,关键是确定所对应的最值点. 最值点在哪? 函数取得最大(小)值的点要么位于区域的内部,要么位于区域的边界上. 若函数在该有界闭区域上可微分,且区域内部仅有有限多个驻点. 若函数在区域内部取得最大(小)值,那么其最大(小)值点必为极值点,从而该最大(小)值点也是驻点;若函数在区域的边界上取得最大(小)值,那么其最大(小)值点必为边界线上的最大(小)值点. 因此,在上述假定下求函数最大(小)值的方法就是将区域内所有驻点和函数值以及边界上的最大(小)值相比较,其中最大者和最小者分别为函数在有界闭区域上最大值和最小值. 下面举例说明.

例 6 求函数 $f(x,y)=x^2+2y^2-x^2y^2$ 在区域 $D=\{(x,y)\mid x^2+y^2\leqslant 4, y\geqslant 0\}$ 上的最大值和最小值.

解 解驻点方程组

$$\begin{cases}0=f'_x=2x-2xy\\0=f'_y=4y-2x^2y\end{cases},$$

求得区域 D 内部的驻点为 $(\sqrt{2},1)$，而 $f(\sqrt{2},1)=2$.

在边界线 $y=\sqrt{4-x^2}\ (-2\leqslant x\leqslant 2)$ 上，$f(x,\sqrt{4-x^2})=8-5x^2-x^4$，最小值为 $f(\pm 2,0)=4$，最大值为 $f(0,2)=8$；在边界线 $y=0\ (-2\leqslant x\leqslant 2)$ 上，$f(x,0)=x^2$，最小值为 $f(0,0)=0$，最大值为 $f(\pm 2,0)=4$.

比较函数值，得最大值 $f(0,2)=8$，$f(0,0)=0$.

计算函数在区域的边界上的最大(小)值有时较为复杂. 在实际问题中，往往可以根据问题的实际背景判断最大(小)值点位于区域内部. 这时只要比较各驻点的函数值即可. 特别是区域内部仅有一个驻点时，则可以断定该驻点即为函数的最大(小)值点.

例 7 某厂生产甲、乙两种产品，其销售单价分别为 10 万元和 9 万元，若生产 x 件甲种产品和 y 件乙种产品的总成本为：$C=400+2x+3y+0.01(3x^2+xy+3y^2)$，求企业获得最大利润时两种产品的产量各为多少？

解 设总利润为 $f(x,y)$，则

$$\begin{aligned}f(x,y)&=(10x+9y)-[400+2x+3y+0.01(3x^2+xy+3y^2)]\\&=8x+6y-400-0.01(3x^2+xy+3y^2),\ (x>0,y>0).\end{aligned}$$

由

$$\begin{cases}f_x(x,y)=8-0.01(6x+y)=0\\f_y(x,y)=6-0.01(x+6y)=0\end{cases}$$

得，驻点 $(120,80)$.

再由 $$f_{xx}(x,y)=-0.06, f_{xy}(x,y)=-0.01, f_{yy}(x,y)=-0.06,$$

有 $$AC-B^2=35\times 10^{-4}>0, A<0,$$

所以，当 $x=120$，$y=80$ 时，$f(120,80)=320$ 是极大值.

根据题意知，最大利润一定存在，又函数只有唯一驻点 $(120,80)$，因此获得最大利润时，甲种产品生产 120 件，乙种产品生产 80 件.

例 8 有一宽为 24cm 的长方形铁板，把它两边折起来，做成一个横截面为等腰梯形的水槽. 问用怎样折法，才能使梯形的横截面的面积最大？

解 设折起来的边长为 $x$cm，折角为 θ，那么梯形的横截面的面积为

$$\begin{aligned}A(x,\theta)&=\frac{1}{2}[(24-2x)+(24-2x+2x\cos\theta)]x\sin\theta\\&=24x\sin\theta-2x^2\sin\theta+x^2\sin\theta\cos\theta,\ (0\leqslant x\leqslant 12, 0\leqslant\theta\leqslant\pi/2).\end{aligned}$$

求偏导数，得

$$\frac{\partial A}{\partial x}=24\sin\theta-4x\sin\theta+2x\sin\theta\cos\theta=2\sin\theta(12-2x+x\cos\theta),$$

$$\frac{\partial A}{\partial\theta}=24x\cos\theta-2x^2\cos\theta+x^2(\cos^2\theta-\sin^2\theta).$$

为了求得区域内的驻点，令 $\frac{\partial A}{\partial x}=0$，$\frac{\partial A}{\partial\theta}=0$，得方程组

$$\begin{cases}12-2x+x\cos\theta=0,\\24\cos\theta-2x\cos\theta+x(2\cos^2\theta-1)=0.\end{cases}$$

解得 $x=8,\theta=\pi/3$,既在定义域内部的驻点为$(8,\pi/3)$.

根据问题的实际背景,横截面面积的最大值一定在函数定义域内部取得,而定义域内部只有一个驻点,因此它即为函数的最大值点. 这样,得到截面面积的最大值为

$$A\left(8,\frac{\pi}{3}\right)=48\sqrt{3}\text{cm}^2.$$

7.7.3 条件极值——拉格朗日乘数法

在实际问题中,求函数的极值或最大(小)值时,往往对自变量的取值要附加一定的约束条件. 比如,在例6中求边界上的最值,必须要求自变量满足条件 $x^2+y^2=4,y\geqslant0$. 这一条件中既有等式又有不等式. 以下,我们称对自变量附加约束条件的极值为**条件极值问题**,称所求极值的函数为**目标函数**,称自变量应满足的等式或不等式为**约束条件**. 在这里我们只讨论等式约束条件下的条件极值问题.

对于条件极值问题,可以利用等式条件,把多函数的极值问题转化为一元函数的极值问题.

例9 求函数 $z=xy$ 在条件 $x+y=1$ 下的极值.

解 利用条件 $x+y=1$ 得 $y=1-x$,把其代入目标函数 $z=xy$,便有

$$z=x(1-x)=x-x^2,$$

上式对 x 求导,有

$$z'_x=1-2x,z''_{xx}=-2.$$

容易知道 $x=\dfrac{1}{2}$是 $z=x(1-x)=x-x^2$ 的极大值点,也即为目标函数 $z=xy$ 在条件 $x+y=1$ 下的极大值点,从而目标函数有极大值 $z\Big|_{x=\frac{1}{2}}=\dfrac{1}{4}$.

一般地,设目标函数为 $z=f(x,y)$,约束条件为 $\varphi(x,y)=0$. 如果点(x_0,y_0)为所述条件极值问题的极值点(称为**条件极值问题的解**),那么 $\varphi(x_0,y_0)=0$. 我们假定在点(x_0,y_0)的某一邻域内$f(x,y)$与$\varphi(x,y)$均有连续的一阶偏导数,且 $\varphi_y(x_0,y_0)\neq0$,根据隐函数存在定理,方程 $\varphi(x,y)=0$ 确定唯一的具有连续导数的函数:$y=\psi(x)$. 将其代入 $z=f(x,y)$中,得到一个单变量函数 $z=f[x,\psi(x)]$. 由于(x_0,y_0)是所述条件极值问题的极值点,于是 $z=f(x,\psi(x))$在 $x=x_0$ 取得极值,从而 x_0 是一元函数 $z=z(x)$的驻点,即

$$0=\frac{\mathrm{d}z}{\mathrm{d}x}\bigg|_{x=x_0}=f_x(x_0,y_0)+f_y(x_0,y_0)\frac{\mathrm{d}y}{\mathrm{d}x}\bigg|_{x=x_0},$$

而在方程 $\varphi(x,y)=0$ 两端对 x 求导,又得到

$$\frac{\mathrm{d}y}{\mathrm{d}x}\bigg|_{x=x_0}=-\frac{\varphi_x(x_0,y_0)}{\varphi_y(x_0,y_0)},$$

结合上述两式,得

$$f_x(x_0,y_0)-f_y(x_0,y_0)\frac{\varphi_x(x_0,y_0)}{\varphi_y(x_0,y_0)}=0.$$

上式为点(x_0,y_0)为所述条件极值的解的必要条件.

令 $\lambda=-\dfrac{f_y(x_0,y_0)}{\varphi_y(x_0,y_0)}$,则点$(x_0,y_0)$为所述条件极值问题解的必要条件为

$$\begin{cases}f_x(x_0,y_0)+\lambda\varphi_x(x_0,y_0)=0\\ f_y(x_0,y_0)+\lambda\varphi_y(x_0,y_0)=0.\\ \varphi(x_0,y_0)=0\end{cases}$$

容易看出,上述方程组的前两个方程左端正是函数 $L(x,y)=f(x,y)+\lambda\varphi(x,y)$的两个一阶偏导数在$(x_0,y_0)$的值,其中 λ 是一个待定常数,称为拉格朗日乘数.

由以上讨论,我们得到求条件极值的所谓 **Lagrange 乘数法**:

(1)构造拉格朗日函数:$L=L(x,y,\lambda)=f(x,y)+\lambda\varphi(x,y)$;

(2)解关于拉格朗日函数的驻点方程组:$\begin{cases}L_x=f_x+\lambda\varphi_x=0\\ L_y=f_y+\lambda\varphi_y=0.\\ L_\lambda=\varphi=0\end{cases}$

解得(x_0,y_0)称为**拉格朗日函数的驻点**. 至于 Lagrange 函数的驻点是否为条件极值问题的解,通常需要由实际问题的意义判定.

例 10 在本节的例 7 中增加一个附加条件,两种产品的总产量为 100 件,企业获得最大利润时两种产品的产量各为多少?

解 设总利润为 $f(x,y)$,则

$$\begin{aligned}f(x,y)&=(10x+9y)-[400+2x+3y+0.01(3x^2+xy+3y^2)]\\&=8x+6y-400-0.01(3x^2+xy+3y^2),(x>0,y>0),\end{aligned}$$

又 $x+y=100$,作拉格朗日函数

$$L(x,y)=8x+6y-400-0.01(3x^2+xy+3y^2)+\lambda(x+y-100),$$

求其对 x、y 的偏导数,并使之为零,并与 $x+y=100$ 联立,得

$$\begin{cases}8-0.01(6x+y)+\lambda=0,\\ 6-0.01(x+6y)+\lambda=0,\\ x+y-100=0,\end{cases}$$

解方程组得

$$x=70,y=30.$$

这是唯一可能的极值点. 由问题本身可知最大利润一定存在,所以最大利润就在这个可能的极值点处取得,故获得最大利润时,甲种产品生产 70 件,乙种产品生产 30 件.

例 11 求表面积为 a^2 而体积为最大的长方体的体积.

解 设长方体的长、宽、高分别为 x、y、z,则问题归结为在附加条件

$$\varphi(x,y,z)=2(xy+yz+xz)-a^2=0$$

下,求函数

$$V=xyz(x>0,y>0,z>0)$$

的最大值. 作拉格朗日函数

$$L(x,y,z)=xyz+\lambda(2xy+2yz+2xz-a^2),$$

求其对 x、y、z 的偏导数,并使之为零,得

$$\begin{cases}yz+2\lambda(y+z)=0,\\ xz+2\lambda(x+z)=0,\\ xy+2\lambda(x+y)=0.\end{cases}$$

因 x、y、z 都不等于零,由此可得

$$\frac{x}{y}=\frac{x+z}{y+z},\ \frac{y}{z}=\frac{x+y}{x+z},$$

即

$$x=y=z.$$

将上式代入附加条件式中,得唯一可能的极值点

$$x=y=z=\frac{\sqrt{6}}{6}a.$$

由问题本身可知最大值一定存在,故最大值必在这个可能的极值点处取得. 即表面积为 a^2 的长方体中,以棱长为$\frac{\sqrt{6}}{6}a$ 的正方体的体积为最大,最大体积 $V=\frac{\sqrt{6}}{36}a^3$.

例 12 求双曲线 $xy=4$ 与直线 $2x+y=1$ 之间的最短距离.

解 任取双曲线 $xy=4$ 上一点 $P(x,y)$,则该点到直线 $2x+y=1$ 的距离

$$d=\frac{|2x+y-1|}{\sqrt{5}}.$$

为了使用拉格朗日乘数法求得上述距离函数的极小值点,将目标函数设为$(2x+y-1)^2$,约束条件设为 $xy-4=0$.

构造拉格朗日函数

$$L=(2x+y-1)^2+\lambda(xy-4);$$

解驻点方程组

$$\begin{cases}L_x=4(2x+y-1)+\lambda y=0,\\ L_y=2(2x+y-1)+\lambda x=0,\\ L_\lambda=xy-4=0.\end{cases}$$

得驻点$(\sqrt{2},2\sqrt{2})$和$(-\sqrt{2},-2\sqrt{2})$,对应的距离分别是$\frac{1}{\sqrt{5}}(4\sqrt{2}-1)$和$\frac{1}{\sqrt{5}}(4\sqrt{2}+1)$,故所求最短距离为$\frac{1}{\sqrt{5}}(4\sqrt{2}-1)$.

拉格朗日乘数法还适用于自变量多于两个,约束条件多于一个的情形.

例 13 求函数 $u=x^2+y^2+z^2$ 在约束条件 $z=x^2+y^2$ 和 $x+y+z=4$ 下的最小值与最大值.

解 构造拉格朗日函数

$$L=x^2+y^2+z^2+\lambda(x^2+y^2-z)+\mu(x+y+z-4);$$

解驻点方程组

$$\begin{cases}L_x=2x+2\lambda x+\mu=0,\\ L_y=2y+2\lambda y+\mu=0,\\ L_z=2z-\lambda+\mu=0,\\ L_\lambda=x^2+y^2-z=0,\\ L_\mu=x+y+z-4=0.\end{cases}$$

得驻点$(1,1,2)$和$(-2,-2,8)$. 最小值:$1^2+1^2+2^2=6$;最大值:$(-2)^2+(-2)^2+$

$8^2=72$.

习题 7.7

1. 求函数 $f(x,y)=x^2+xy+y^2-4x-2y+5$ 的极值.
2. 求函数 $z=x^3-4x^2+2xy-y^2+4$ 的极值.
3. 求函数 $f(x,y)=(6x-x^2)(4y-y^2)$ 的极值.
4. 求函数 $f(x,y)=e^{2x}(x+y^2+2y)$ 的极值.
5. 求给定条件 $\frac{1}{x}+\frac{1}{y}=1,x>0,y>0$ 下函数 $z=x+y$ 的条件极值.
6. 求函数 $z=x^2+2y^2-xy$ 在附加条件 $x+y=8$ 下的极值.
7. 求 $z=x^2+y^2-xy-x-y$ 在区域 $D:x\geqslant 0,y\geqslant 0,x+y\leqslant 3$ 上的最值.
8. 求内接于半径为 a 的球且有最大体积的长方体.
9. 求抛物线 $y^2=4x$ 上与直线 $x-y+4=0$ 相距最近的点.
10. 要制造一个无盖的长方体水池,已知它的底部造价为每平方米 18 元,侧面造价为每平方米 6 元,设计的总造价为 216 元,问如何选取尺寸,才能使水池容积最大?
11. 抛物面 $z=x^2+y^2$ 被平面 $x+y+z=1$ 截成一椭圆,求这个椭圆上的点到原点的最长与最短距离.

*7.8 方向导数与梯度

7.8.1 方向导数

事实上,二元函数的两个偏导数分别是函数在横轴方向和纵轴方向的变化率. 实际应用中,往往还需要知道函数在某一特定方向的变化率. 这就是我们所要讨论的方向导数.

定义 1 **设二元函数 $z=f(x,y)$ 在点 $P_0(x_0,y_0)$ 的某邻域内有定义. 自 P_0 点引出射线 ℓ,并设 $P(x_0+\Delta x,y_0+\Delta y)$ 为 ℓ 上另外一点. 如果极限**

$$\lim_{\rho\to 0}\frac{f(x_0+\Delta x,y_0+\Delta y)-f(x_0,y_0)}{\rho}$$

存在,则称其为函数 $f(x,y)$ 在点 P_0 沿方向 ℓ 的方向导数(其中 $\rho=\sqrt{(\Delta x)^2+(\Delta y)^2}$),记作 $\frac{\partial f}{\partial \ell}$.

对于 n 元函数 $f(x_1,x_2,\cdots,x_n)$ 有类似的定义.

关于方向导数与偏导数的关系有如下结论:

定理 **如果函数 $f(x,y)$ 在点 $P(x,y)$ 是可微的,那么函数在该点沿任一方向 ℓ 的方向导数都存在,且有**

$$\frac{\partial f}{\partial \ell}=\frac{\partial f}{\partial x}\cos\varphi+\frac{\partial f}{\partial y}\sin\varphi.$$

其中 φ 是射线 ℓ 与 x 轴正向的夹角.

证 由于函数 $f(x,y)$ 可微,因此 ℓ 上点的全增量可以表示为

$$f(x+\Delta x,y+\Delta y)-f(x,y)=\frac{\partial f}{\partial x}\Delta x+\frac{\partial f}{\partial y}\Delta y+o(\rho),$$

两边同除以 ρ,得

$$\begin{aligned}\frac{f(x+\Delta x,y+\Delta y)-f(x,y)}{\rho}&=\frac{\partial f}{\partial x}\cdot\frac{\Delta x}{\rho}+\frac{\partial f}{\partial y}\cdot\frac{\Delta y}{\rho}+\frac{o(\rho)}{\rho}\\&=\frac{\partial f}{\partial x}\cos\varphi+\frac{\partial f}{\partial y}\sin\varphi+\frac{o(\rho)}{\rho},\end{aligned}$$

令 $\rho\to0$,由定义得到

$$\frac{\partial f}{\partial \ell}=\frac{\partial f}{\partial x}\cos\varphi+\frac{\partial f}{\partial y}\sin\varphi.$$

例1 求函数 $z=xy^2+xe^{2y}$ 在点 $P(1,0)$ 处沿从点 $P(1,0)$ 到点 $Q(2,-1)$ 的方向导数.

解 这里方向 ℓ 即向量 $\overrightarrow{PQ}=\{1,-1\}$ 的方向,因此 ℓ 与 x 轴的夹角 $\varphi=-\frac{\pi}{4}$.

由于

$$\left.\frac{\partial z}{\partial x}\right|_P=(y^2+\mathrm{e}^{2y})_{\substack{x=1\\y=0}}=1,\left.\frac{\partial z}{\partial y}\right|_P=(2xy+2x\mathrm{e}^{y})_{\substack{x=1\\y=0}}=2.$$

故所求方向导数为

$$\frac{\partial z}{\partial \ell}=1\cdot\cos\left(-\frac{\pi}{4}\right)+2\cdot\sin\left(-\frac{\pi}{4}\right)=-\frac{\sqrt{2}}{2}.$$

对三元函数 $u=f(x,y,z)$ 有类似的结论,即

$$\frac{\partial u}{\partial \ell}=\frac{\partial f}{\partial x}\cos\alpha+\frac{\partial f}{\partial y}\cos\beta+\frac{\partial f}{\partial z}\cos\gamma,$$

其中 $\cos\alpha,\cos\beta$ 和 $\cos\gamma$ 为 ℓ 的方向余弦.

7.8.2 梯度

与方向导数有关联的一个概念是函数的梯度.

定义2 **设** $z=f(x,y)$ **在平面区域** D **内有连续一阶导数,则对** D **内部的每一点** $P(x,y)$**,定义向量**

$$\mathbf{grad}f=\frac{\partial f}{\partial x}\boldsymbol{i}+\frac{\partial f}{\partial y}\boldsymbol{j},$$

称其为函数 $z=f(x,y)$ **在点** $P(x,y)$ **的梯度.**

设 $\overrightarrow{\ell_0}=\cos\varphi\boldsymbol{i}+\sin\varphi\boldsymbol{j}$ 是 ℓ 方向的单位向量,根据本节关于方向导数的定理,有

$$\frac{\partial f}{\partial \ell}=\mathbf{grad}f\cdot\overrightarrow{\ell_0}=|\mathbf{grad}f|\cos\theta.$$

这一关系式表明了函数在一点的梯度与函数在这点的方向导数间的关系. 特别地,由这关系可得以下结论.

(1) 当 $\theta=0$,即方向 $\overrightarrow{l_0}$ 与梯度 $\mathbf{grad}f(x_0,y_0)$ 的方向相同时,函数 $f(x,y)$ 增加最快. 此

时，函数在这个方向的方向导数达到最大值，这个最大值就是梯度 $\mathbf{grad}f(x_0,y_0)$ 的模，即

$$\left.\frac{\partial f}{\partial l}\right|_{(x_0,y_0)}=|\mathbf{grad}f(x_0,y_0)|.$$

这个结果也表示：函数 $f(x,y)$ 在一点的梯度是这样一个向量，它的方向是函数在这点的方向导数取得最大值的方向，它的模就等于方向导数的最大值.

(2) 当 $\theta=\pi$，即方向 $\overrightarrow{l_0}$ 与梯度 $\mathbf{grad}f(x_0,y_0)$ 的方向相反时，函数 $f(x,y)$ 减少最快. 此时，函数在这个方向的方向导数达到最小值，即

$$\left.\frac{\partial f}{\partial l}\right|_{(x_0,y_0)}=-|\mathbf{grad}f(x_0,y_0)|.$$

(3) 当 $\theta=\frac{\pi}{2}$，即方向 $\overrightarrow{l_0}$ 与梯度 $\mathbf{grad}f(x_0,y_0)$ 的方向正交时，函数 $f(x,y)$ 的变化率为零，即

$$\left.\frac{\partial f}{\partial l}\right|_{(x_0,y_0)}=|\mathbf{grad}f(x_0,y_0)|\cos\theta=0.$$

我们知道，一般说来二元函数 $z=f(x,y)$ 在几何上表示一个曲面，这曲面被平面 $z=c$（c 是常数）所截得的曲线 L 的方程为

$$\begin{cases}z=f(x,y),\\ z=c.\end{cases}$$

这条曲线 L 在 xOy 面上的投影是一条平面曲线 L^*（图 7－33），它在 xOy 平面直角坐标系中的方程为

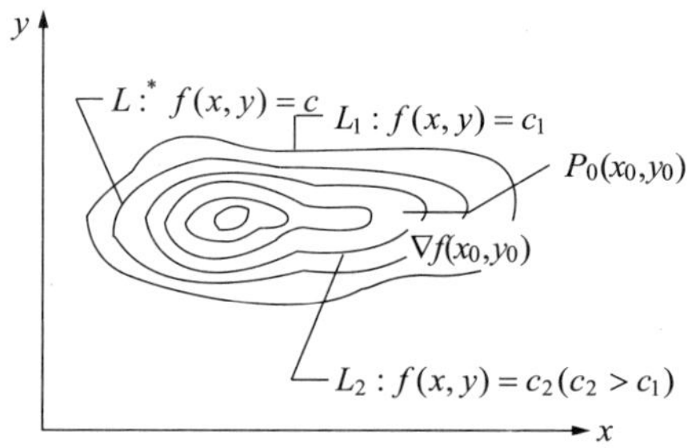

图 7－33

$$f(x,y)=c.$$

对于曲线 L^* 上的一切点，已给函数的函数值都是 c，所以我们称平面曲线 L^* 为函数 $z=f(x,y)$ 的**等值线**.

若 f_x,f_y 不同时为零，则等值线 $f(x,y)=c$ 上任一点 $P_0(x_0,y_0)$ 处的一个单位法向量为

$$\begin{aligned}\boldsymbol{n}&=\frac{1}{\sqrt{f_x^2(x_0,y_0)+f_y^2(x_0,y_0)}}(f_x(x_0,y_0),f_y(x_0,y_0))\\&=\frac{\nabla f(x_0,y_0)}{|\nabla f(x_0,y_0)|}.\end{aligned}$$

这表明函数 $f(x,y)$ 在一点 (x_0,y_0) 的梯度 $\nabla f(x_0,y_0)$ 的方向就是等值线 $f(x,y)=c$ 在这点的法线方向 $\boldsymbol{n}$，而梯度的模 $|\nabla f(x_0,y_0)|$ 就是沿这个法线方向的方向导数 $\frac{\partial f}{\partial n}$，于是有

$$\nabla f(x_0,y_0)=\frac{\partial f}{\partial n}\boldsymbol{n}.$$

上面所说的梯度概念可以推广到三元函数的情形. 设函数 $f(x,y,z)$ 在空间区域 G 内具有一阶连续偏导数，则对于每一点 $P_0(x_0,y_0,z_0)\in G$，都可定出一个向量

$$f_x(x_0,y_0,z_0)\boldsymbol{i}+f_y(x_0,y_0,z_0)\boldsymbol{j}+f_z(x_0,y_0,z_0)\boldsymbol{k},$$

这向量称为函数 $f(x,y,z)$ 在点 $P_0(x_0,y_0,z_0)$ 的**梯度**，记作 $\mathbf{grad}f(x_0,y_0,z_0)$ 或 $\nabla f(x_0,y_0,z_0)$，即

$$
\begin{aligned}
&\mathbf{grad} f(x_0,y_0,z_0)\\
&=\nabla f(x_0,y_0,z_0)\\
&=f_x(x_0,y_0,z_0)\boldsymbol{i}+f_y(x_0,y_0,z_0)\boldsymbol{j}+f_z(x_0,y_0,z_0)\boldsymbol{k}.
\end{aligned}
$$

其中$\nabla=\frac{\partial}{\partial x}\boldsymbol{i}+\frac{\partial}{\partial y}\boldsymbol{j}+\frac{\partial}{\partial z}\boldsymbol{k}$称为(三维的)**向量微分算子**或 Nabla **算子**,$\nabla f=\frac{\partial f}{\partial x}\boldsymbol{i}+\frac{\partial f}{\partial y}\boldsymbol{j}+\frac{\partial f}{\partial z}\boldsymbol{k}$.

与二元函数类似,三元函数$f(x,y,z)$在一点的梯度也是这样一个向量,它的方向是函数$f(x,y,z)$在这点的方向导数取得最大值的方向,它的模为方向导数的最大值.

如果引进曲面

$$f(x,y,z)=c,$$

为函数$f(x,y,z)$的**等值面**的概念,则可得函数$f(x,y,z)$在点(x_0,y_0,z_0)的梯度$\nabla f(x_0,y_0,z_0)$的方向就是等值面$f(x,y,z)=c$在这点的法线方向$\boldsymbol{n}$,而梯度的模$|\nabla f(x_0,y_0,z_0)|$就是函数沿这个法线方向的方向导数$\frac{\partial f}{\partial n}$.

例2 求函数$z=\sqrt{4+x^2+y^2}$在$P_0(2,1)$点处的梯度以及它的模.

解 根据定义,有

$$\mathbf{grad} f(2,1)=\left(\frac{x}{\sqrt{4+x^2+y^2}}\boldsymbol{i}+\frac{y}{4+x^2+y^2}\boldsymbol{j}\right)_{(2,1)}=\frac{2}{3}\boldsymbol{i}+\frac{1}{3}\boldsymbol{j},$$

$$|\mathbf{grad} f(2,1)|=\sqrt{\left(\frac{2}{3}\right)^2+\left(\frac{1}{3}\right)^2}=\frac{\sqrt{5}}{3}.$$

例3 函数$u=xy^2+z^3-xyz$在$P_0(1,1,1)$点处沿着哪个方向的方向导数最大?求该最大的方向导数.

解 根据定义,计算u在$P_0(1,1,1)$点处的梯度,得

$$
\begin{aligned}
\mathbf{grad} u(1,1,1)&=\left.\frac{\partial u}{\partial x}\right|_{(1,1,1)}\boldsymbol{i}+\left.\frac{\partial u}{\partial y}\right|_{(1,1,1)}\boldsymbol{j}+\left.\frac{\partial u}{\partial z}\right|_{(1,1,1)}\boldsymbol{k}\\
&=(y^2-yz)\big|_{(1,1,1)}\boldsymbol{i}+(2xy-xz)\big|_{(1,1,1)}\boldsymbol{j}+(3z^2-xy)\big|_{(1,1,1)}\boldsymbol{k}\\
&=\boldsymbol{j}+2\boldsymbol{k}.
\end{aligned}
$$

即u在P_0点处沿着方向$(0,1,2)$方向导数最大,该最大方向导数为$\sqrt{0^2+1^2+2^2}=\sqrt{5}$.

习题 7.8

1. 求$z=\arctan(xy)$在$(1,1)$处沿$\alpha=\frac{\pi}{4}$的方向导数.
2. 求$z=x^3-3x^2y+3xy^2+1$在点$M(3,1)$处从点$M(3,1)$到点$N(6,5)$的方向导数.
3. 设$f(x,y,z)=x^2+2y^2+3z^2+xy+3x-2y-6z$,
求$\mathbf{grad} f(0,0,0)$,$\mathbf{grad} f(1,1,1)$.
4. 问函数$u=xy^2z$在点$(1,-1,2)$处沿什么方向的方向导数最大?并求此最大值.
5. 求函数$z=1-\left(\frac{x^2}{a^2}+\frac{y^2}{b^2}\right)$在点$\left(\frac{a}{\sqrt{2}},\frac{b}{\sqrt{2}}\right)$处沿曲线$\frac{x^2}{a^2}+\frac{y^2}{b^2}=1$在这点的内法线方向的方向导数.

6. 求函数 $u=x+y+z$ 在球面 $x^2+y^2+z^2=1$ 上点 (x_0,y_0,z_0) 处,沿球面在该点的外法线方向的方向导数.

7. 设 $f(x,y,z)=x^2+2y^2+3z^2+xy+3x-2y-6z$,求 $\mathbf{grad}f(0,0,0)$ 及 $\mathbf{grad}f(1,1,1)$.

8. 设 $u(x,y,z)$,$v(x,y,z)$ 的各偏导数都存在且连续,证明:

(1) $\mathbf{grad}(cu)=c\mathbf{grad}u$(其中 c 为常数);

(2) $\mathbf{grad}(u\pm v)=\mathbf{grad}u\pm\mathbf{grad}v$;

(3) $\mathbf{grad}(uv)=v\mathbf{grad}u+u\mathbf{grad}v$;

(4) $\mathbf{grad}\left(\dfrac{u}{v}\right)=\dfrac{v\mathbf{grad}u-u\mathbf{grad}v}{v^2}$.

9. 求函数 $u=xy^2z$ 在点 $P(1,-1,2)$ 处变化最快的方向,并求沿这个方向的方向导数.

10. 设函数 $f(x,y,z)=x^3-xy^2-z$,点 $P(1,1,0)$. 问 $f(x,y,z)$ 在 P 处沿什么方向变化最快,在这个方向的变化率是多少?

*7.9 二元函数的泰勒公式

我们知道利用一元函数的泰勒公式,可用 n 次多项式来近似表达函数 $f(x)$,且误差是当 $x\to x_0$ 时比 $(x-x_0)^n$ 高阶的无穷小. 而对多元函数也有类似的结果,即可以用多个变量的多项式来近似表达一个给定的多元函数,并能具体地估算出误差的大小. 以二元函数为例,设 $z=f(x,y)$ 在点 (x_0,y_0) 的某一邻域内连续且有直到 $(n+1)$ 阶的连续偏导数,(x_0+h,y_0+k) 为此邻域内任一点,能把函数 $f(x_0+h,y_0+k)$ 近似地表达为 $h=x-x_0$,$k=y-y_0$ 的 n 次多项式,且误差是当 $\rho=\sqrt{h^2+k^2}\to 0$ 时比 ρ^n 高阶的无穷小,即如下定理.

定理 **设** $z=f(x,y)$ **在点** (x_0,y_0) **的某一邻域内连续且有直到** $(n+1)$ **阶的连续偏导数,**(x_0+h,y_0+k) **为此邻域内任一点,则有**

$$\begin{aligned}f(x_0+h,y_0+k)=&f(x_0,y_0)+\left(h\frac{\partial}{\partial x}+k\frac{\partial}{\partial y}\right)f(x_0,y_0)\\&+\frac{1}{2!}\left(h\frac{\partial}{\partial x}+k\frac{\partial}{\partial y}\right)^2f(x_0,y_0)+\cdots+\frac{1}{n!}\left(h\frac{\partial}{\partial x}+k\frac{\partial}{\partial y}\right)^nf(x_0,y_0)\\&+\frac{1}{(n+1)!}\left(h\frac{\partial}{\partial x}+k\frac{\partial}{\partial y}\right)^{n+1}f(x_0+\theta h,y_0+\theta k),\ (0<\theta<1).\end{aligned}\tag{1}$$

其中:

$\left(h\dfrac{\partial}{\partial x}+k\dfrac{\partial}{\partial y}\right)f(x_0,y_0)$ 表示 $hf_x(x_0,y_0)+kf_y(x_0,y_0)$,

$\left(h\dfrac{\partial}{\partial x}+k\dfrac{\partial}{\partial y}\right)^2f(x_0,y_0)$ 表示 $h^2f_{xx}(x_0,y_0)+2hkf_{xy}(x_0,y_0)+k^2f_{yy}(x_0,y_0)$,

一般地,

$\left(h\dfrac{\partial}{\partial x}+k\dfrac{\partial}{\partial y}\right)^mf(x_0,y_0)$ 表示 $\displaystyle\sum_{p=0}^{m}C_m^ph^pk^{m-p}\frac{\partial^mf}{\partial x^p\partial y^{m-p}}\Big|_{(x_0,y_0)}$.

式(1)称为二元函数$f(x,y)$在点(x_0,y_0)的n**阶泰勒公式**,其中记

$$R_n=\frac{1}{(n+1)!}\left(h\frac{\partial}{\partial x}+k\frac{\partial}{\partial y}\right)^{n+1}f(x_0+\theta h,y_0+\theta k),(0<\theta<1), \tag{2}$$

R_n 的表达式(2)称为**拉格朗日型余项**.

证 下面将利用一元函数的泰勒公式进行证明,引入函数

$$\Phi(t)=f(x_0+ht,y_0+kt),(0\leqslant t\leqslant 1).$$

显然$\Phi(0)=f(x_0,y_0)$,$\Phi(1)=f(x_0+h,y_0+k)$. 由$\Phi(t)$的定义及多元复合函数的求导法则,可得

$$\begin{aligned}\Phi'(t)&=hf_x(x_0+ht,y_0+kt)+kf_y(x_0+ht,y_0+kt)\\&=\left(h\frac{\partial}{\partial x}+k\frac{\partial}{\partial y}\right)f(x_0+ht,y_0+kt),\\\Phi''(t)&=h^2f_{xx}(x_0+ht,y_0+kt)+2hkf_{xy}(x_0+ht,y_0+kt)\\&\quad+k^2f_{yy}(x_0+ht,y_0+kt)\\&=\left(h\frac{\partial}{\partial x}+k\frac{\partial}{\partial y}\right)^2f(x_0+ht,y_0+kt),\\&\cdots\cdots\\\Phi^{(n+1)}(t)&=\sum_{p=0}^{n+1}C_{n+1}^{p}h^pk^{n+1-p}\frac{\partial^{n+1}f}{\partial x^p\partial y^{n+1-p}}\bigg|_{(x_0+ht,y_0+kt)}\\&=\left(h\frac{\partial}{\partial x}+k\frac{\partial}{\partial y}\right)^{n+1}f(x_0+ht,y_0+kt).\end{aligned}$$

利用一元函数的麦克劳林公式,得

$$\Phi(1)=\Phi(0)+\Phi'(0)+\frac{1}{2!}\Phi''(0)+\cdots+\frac{1}{n!}\Phi^{(n)}(0)+\frac{1}{(n+1)!}\Phi^{(n+1)}(\theta),(0<\theta<1).$$

将$\Phi(0)=f(x_0,y_0)$,$\Phi(1)=f(x_0+h,y_0+k)$及上面求得的$\Phi(t)$直到n阶导在$t=0$的值,以及$\Phi^{(n+1)}(t)$在$t=\theta$的值代入上式,即得

$$\begin{aligned}f(x_0+h,y_0+k)&=f(x_0,y_0)+\left(h\frac{\partial}{\partial x}+k\frac{\partial}{\partial y}\right)f(x_0,y_0)+\\&\frac{1}{2!}\left(h\frac{\partial}{\partial x}+k\frac{\partial}{\partial y}\right)^2f(x_0,y_0)+\cdots+\frac{1}{n!}\left(h\frac{\partial}{\partial x}+k\frac{\partial}{\partial y}\right)^nf(x_0,y_0)+\\&\frac{1}{(n+1)!}\left(h\frac{\partial}{\partial x}+k\frac{\partial}{\partial y}\right)^{n+1}f(x_0+\theta h,y_0+\theta k),(0<\theta<1).\end{aligned}$$

定理证毕.

由二元函数的泰勒公式知,以式(1)右端h及k的n次多项式近似表达函数$f(x_0+h,y_0+k)$时,其误差为$|R_n|$. 由假设,函数的各$(n+1)$阶偏导数都连续,故它们的绝对值在点(x_0,y_0)的某一邻域内都不超过某一正常数M. 于是,有下面的误差估计式:

$$\begin{aligned}|R_n|&\leqslant\frac{M}{(n+1)!}(|h|+|k|)^{n+1}=\frac{M}{(n+1)!}\rho^{n+1}\left(\frac{|h|}{\rho}+\frac{|k|}{\rho}\right)^{n+1}\\&\leqslant\frac{M}{(n+1)!}(\sqrt{2})^{n+1}\rho^{n+1},\text{其中}\rho=\sqrt{h^2+k^2},\end{aligned}\tag{3}$$

这里令$\frac{|h|}{\rho}=\cos\alpha$,$\frac{|k|}{\rho}=\sin\alpha$,则$\cos\alpha+\sin\alpha=\sqrt{2}\sin\left(\alpha+\frac{\pi}{4}\right)\leqslant\sqrt{2}$. 由式(3)可知,

误差 $|R_n|$ 是当 $\rho\to0$ 时比 ρ^n 高阶的无穷小.

当 $n=0$ 时,式(1)成为

$$f(x_0+h,y_0+k)=f(x_0,y_0)+hf_x(x_0+\theta h,y_0+\theta k)+kf_y(x_0+\theta h,y_0+\theta k). \tag{4}$$

上式称为**二元函数的拉格朗日中值公式**. 由上式可得下述结论.

推论 **若函数 $f(x,y)$ 的偏导数 $f_x(x,y)$, $f_y(x,y)$ 在某一区域内都恒等于零,则函数 $f(x,y)$ 在该区域内为一常数.**

例 求函数 $f(x,y)=\ln(1+x+y)$ 在点(0,0)的三阶泰勒公式.

解

$$f_x(x,y)=\frac{1}{1+x+y},f_y(x,y)=\frac{1}{1+x+y},$$

$$f_{xx}(x,y)=f_{xy}(x,y)=f_{yy}(x,y)=-\frac{1}{(1+x+y)^2},$$

$$\frac{\partial^3 f}{\partial x^p\partial y^{3-p}}=\frac{2!}{(1+x+y)^3}(p=0,1,2,3),$$

$$\frac{\partial^4 f}{\partial x^p\partial y^{4-p}}=-\frac{3!}{(1+x+y)^4}(p=0,1,2,3,4),$$

因此

$$\left(h\frac{\partial}{\partial x}+k\frac{\partial}{\partial y}\right)f(0,0)=hf_x(0,0)+kf_y(0,0)=h+k,$$

$$\left(h\frac{\partial}{\partial x}+k\frac{\partial}{\partial y}\right)^2 f(0,0)=h^2f_{xx}(0,0)+2hkf_{xy}(0,0)+k^2f_{yy}(0,0)=-(h+k)^2,$$

$$\left(h\frac{\partial}{\partial x}+k\frac{\partial}{\partial y}\right)^3 f(0,0)=h^3f_{xxx}(0,0)+3h^2kf_{xxy}(0,0)+3hk^2f_{xyy}(0,0)+k^3f_{yyy}(0,0)$$
$$=2(h+k)^3.$$

又 $f(0,0)=0$,将 $h=x,k=y$ 代入,由三阶泰勒公式得

$$\ln(1+x+y)=x+y-\frac{1}{2}(x+y)^2+\frac{1}{3}(x+y)^3+R_3,$$

其中 $R_3=\frac{1}{4!}\left[\left(h\frac{\partial}{\partial x}+k\frac{\partial}{\partial y}\right)^4 f(\theta h,\theta k)\right]_{h=x,k=y}=-\frac{1}{4}\cdot\frac{(x+y)^4}{(1+\theta x+\theta y)^4},(0<\theta<1).$

习题 7.9

1. 求函数 $f(x,y)=2x^2-xy-y^2-6x-3y+5$ 在点(1,-2)的泰勒公式.
2. 求函数 $f(x,y)=e^x\ln(1+y)$ 在点(0,0)的三阶泰勒公式.
3. 利用函数 $f(x,y)=x^y$ 的三阶泰勒公式计算 $1.1^{1.02}$ 的近似值.

复习题 7

1. 在"充分""必要"和"充分必要"三者中选择一个正确的填入下列空格内.

(1) $f(x,y)$ 在点 (x,y) 处可微分是 $f(x,y)$ 在该点连续的________条件, $f(x,y)$ 在点 (x,y) 处连续是 $f(x,y)$ 在该点可微分的________条件;

(2) $z=f(x,y)$ 在点 (x,y) 的偏导数 $\frac{\partial z}{\partial x}$ 及 $\frac{\partial z}{\partial y}$ 存在是 $f(x,y)$ 在该点可微分的________条

件，$z=f(x,y)$在点(x,y)可微分是函数在该点的偏导数$\frac{\partial z}{\partial x}$及$\frac{\partial z}{\partial y}$存在的________条件；

(3)$z=f(x,y)$的偏导数$\frac{\partial z}{\partial x}$及$\frac{\partial z}{\partial y}$在点$(x,y)$存在且连续是$f(x,y)$在该点可微分的________条件；

(4)函数$z=f(x,y)$的两个二阶混合偏导数$\frac{\partial^2 z}{\partial x\partial y}$及$\frac{\partial^2 z}{\partial y\partial x}$在区域$D$内连续是这两个二阶混合偏导数在$D$内相等的________条件.

2. 求函数$f(x,y)=\frac{\sqrt{4x-y^2}}{\ln(1-x^2-y^2)}$的定义域，并求极限$\lim\limits_{(x,y)\to\left(\frac{1}{2},0\right)} f(x,y)$.

3. 证明极限$\lim\limits_{(x,y)\to(0,0)}\frac{xy^2}{x^2+y^4}$不存在.

4. 设$f(x,y)=\begin{cases}\frac{xy^2}{x^2+y^2}, & (x,y)\neq(0,0),\\ 0, & (x,y)=(0,0),\end{cases}$求偏导数$f_x(x,y),f_y(x,y)$.

5. 求下列函数的一阶和二阶偏导数.

(1)$z=x^y$；　　(2)$z=\ln(x+y^2)$.

6. 求函数$z=\frac{xy}{x^2-y^2}$当$x=2,y=1,\Delta x=0.01,\Delta y=0.03$时的全增量和全微分.

7. 设$f(x,y)=\begin{cases}\frac{x^2y^2}{(x^2+y^2)^{\frac{3}{2}}}, & (x,y)\neq(0,0),\\ 0, & (x,y)=(0,0),\end{cases}$证明$f(x,y)$在点$(0,0)$处连续且偏导数存在，但不可微分.

8. 设$u=x^y$，而$x=\varphi(t),y=\varphi(t)$都是可微函数，求$\frac{\mathrm{d}u}{\mathrm{d}t}$.

9. 设$z=x^2y-xy^2$，而$x=u\cos v,y=u\sin v$，求$\frac{\partial z}{\partial u},\frac{\partial z}{\partial v}$.

10. 设$x=\mathrm{e}^u\cos v,y=\mathrm{e}^u\sin v,z=uv$，求$\frac{\partial z}{\partial x},\frac{\partial z}{\partial y}$.

11. 求函数$u=f\left(\frac{x}{y},\frac{y}{z}\right)$的一阶偏导数(其中$f$具有一阶连续偏导数).

12. 设$z=xy+xF(u)$，而$u=\frac{y}{x}$，$F(u)$为可导函数，证明

$$x\frac{\partial z}{\partial x}+y\frac{\partial z}{\partial y}=z+xy.$$

13. 设$z=f(x^2+y^2)$，其中f具有二阶导数，求$\frac{\partial^2 z}{\partial x^2},\frac{\partial^2 z}{\partial x\partial y},\frac{\partial^2 z}{\partial y^2}$.

14. 设$x+2y+z-2\sqrt{xyz}=0$，求$\frac{\partial z}{\partial x}$及$\frac{\partial z}{\partial y}$.

15. 求曲线$x=t-\cos t,y=3+\sin 2t,z=1+\cos 3t$在点$t=\frac{\pi}{2}$处的切线及法平面方程.

16. 求曲面$z=y+\ln\frac{x}{z}$在点$(1,1,1)$处的切平面及法线方程.

17. 求椭球面 $x^2+2y^2+z^2=1$ 上平行于平面 $x-y+2z=0$ 的切平面方程.

18. 求椭球面 $x^2+2y^2+3z^2=21$ 上某点 M 处的切平面 π 的方程,使 π 过已知直线 L: $\frac{x-6}{2}=\frac{y-3}{1}=\frac{2z-1}{-2}$.

19. 设函数 $f(x,y,z)=axy^2+byz^2+czx^2$,若 $f(x,y,z)$ 在点 $(1,1,-1)$ 处沿 z 轴正方向有最大增长率 18,求 a、b、c 的值.

20. 设 $z=z(x,y)$ 是由方程 $x^2-6xy+10y^2-2yz-z^2+18=0$ 确定的函数,求 $z=z(x,y)$ 的极值点和极值.

21. 求平面 $\frac{x}{3}+\frac{y}{4}+\frac{z}{5}=1$ 和柱面 $x^2+y^2=1$ 的交线上与 xOy 平面距离最短的点.

22. 求旋转椭球面 $x^2+y^2+\frac{z^2}{4}=1$ 在第一卦限部分上的点,使该点处的切平面在三个坐标轴上的截距平方和最小.

23. 某厂家生产的一种产品同时在两个市场销售,售价分别为 p_1 和 p_2,销售量分别为 q_1 和 q_2,需求函数分别为

$$q_1=24-0.2p_1,\quad q_2=10-0.05p_2,$$

总成本函数为

$$C=35+40(q_1+q_2),$$

试问:厂家如何确定两个市场的售价,能使其获得的总利润最大? 最大利润为多少?

第8章 重 积 分

在一元函数积分学中我们知道,定积分是某种确定形式的和的极限. 如果将这种和的极限的概念推广到定义在平面区域上的多元函数的情形,便得到重积分的概念. 本章将介绍重积分(二重积分)的概念、计算方法以及它们的一些应用.

8.1 二重积分的概念与性质

与定积分类似,二重积分的概念也是从实际问题中抽象出来的. 下面先介绍两个引例,然后抽象出二重积分的概念.

8.1.1 二重积分的概念

1. 曲顶柱体的体积

设有一立体,它的底是 xOy 面上的闭区域 D,它的侧面是以 D 的边界曲线为准线而母线平行于 z 轴的柱面,它的顶是曲面 $z=f(x,y)$,其中 $f(x,y)\geqslant 0$ 且在 D 上连续,如图 8 -1 所示,这种立体称为**曲顶柱体**. 下面讨论该曲顶柱体的体积 V.

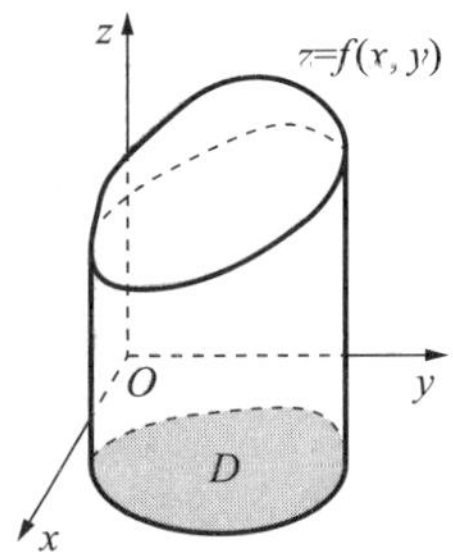

图 8 -1

如果 $f(x,y)$ 在 D 上取非负常数,则上述柱体为平顶柱体,其体积可用公式

$$\text{体积}=\text{底面积}\times\text{高}$$

来计算. 对于曲顶柱体,当点 (x,y) 在区域 D 上变动时,高 $f(x,y)$ 是个变量,因此不能用上述公式计算. 但是因为高度 $f(x,y)$ 在区域 D 上是连续的,在小范围内高度 $f(x,y)$ 的变动不大,可以近似地看成不变. 所以我们就可用类似于求曲边梯形面积的方法来求曲顶柱体的体积. 具体过程如下.

分割:用一组曲线网把 D 任意划分成 n 个小闭区域 $\Delta\sigma_1$, $\Delta\sigma_2,\cdots,\Delta\sigma_n$,分别以这些小闭区域的边界曲线为准线,作母线平行于 z 轴的柱面,这些柱面将原来的曲顶柱体分为 n 个细曲顶柱体.

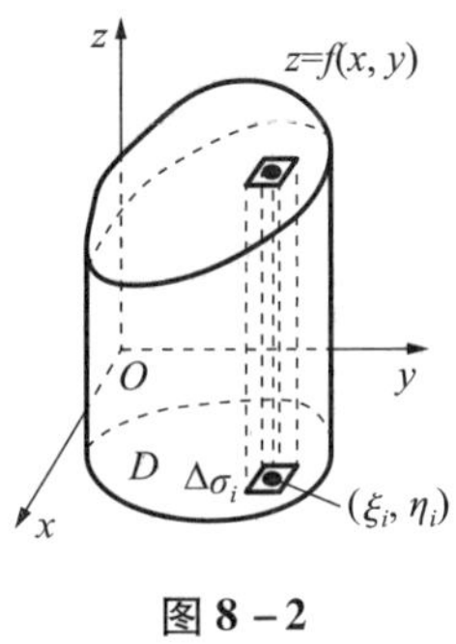

图 8 -2

近似:当小闭区域的直径(区域上任意两点间距离的最大者)很小时,在每个 $\Delta\sigma_i$(其面积也记作 $\Delta\sigma_i$)中任取一点 (ξ_i,η_i),则对应细曲顶柱体的体积 ΔV_i 可用以 $f(\xi_i,\eta_i)$ 为高,而底为 $\Delta\sigma_i$ 的平顶柱体(图 8 -2)的体积 $f(\xi_i,\eta_i)\Delta\sigma_i$ 近似代替,即

$$\Delta V_i \approx f(\xi_i,\eta_i)\Delta\sigma_i \quad (i=1,2,\cdots,n).$$

求和:将 n 个平顶柱体体积求和,可得整个曲顶柱体体积 V 的近似值,即

$$V = \sum_{i=1}^{n}\Delta V_i \approx \sum_{i=1}^{n} f(\xi_i,\eta_i)\Delta\sigma_i.$$

取极限:令 n 个小闭区域的直径中的最大值(记作 λ)趋于零,对上述和式取极限,便可得所求曲顶柱体的体积,即

$$V = \lim_{\lambda\to 0}\sum_{i=1}^{n} f(\xi_i,\eta_i)\Delta\sigma_i.$$

2. 平面薄片的质量

设有一平面薄片占有 xOy 面上的闭区域 D,它在点(x,y)处的面密度为$\mu(x,y)$,其中$\mu(x,y)>0$ 且在 D 上连续,求该薄片的质量 m.

如果薄片是均匀的,即密度为常数,那么薄片的质量可以用公式

质量 = 面密度 × 面积

来计算. 现在密度是变量,薄片的质量不能用上面的公式来计算. 但是由于密度函数$\mu(x,y)$是连续的,所以我们可以用与求曲顶柱体体积类似的方法,经过分割、近似、求和与取极限几个步骤来计算.

分割:用一组曲线网把 D 分成 n 个小闭区域:

$$\Delta\sigma_1,\Delta\sigma_2,\cdots,\Delta\sigma_n.$$

并以 $\Delta\sigma_i(i=1,2,\cdots,n)$ 表示第 i 个小闭区域的面积(见图 8-3).

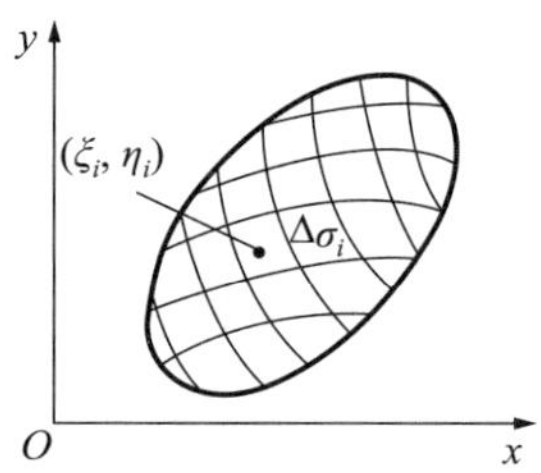

图 8-3

近似:由于$\mu(x,y)$在 D 上连续,因此当 $\Delta\sigma_i$ 的直径很小时,这个小闭区域上的面密度的变化也很小,即其质量可近似看成是均匀分布的. 于是在 $\Delta\sigma_i$ 上任取一点(ξ_i,η_i),第 i 块薄片的质量的近似值为

$$\Delta m_i \approx \mu(\xi_i,\eta_i)\Delta\sigma_i.$$

求和:将这 n 个质量均匀分布的小块的质量相加得到整个平面薄片质量的近似值,即

$$m \approx \sum_{i=1}^{n}\mu(\xi_i,\eta_i)\Delta\sigma_i.$$

取极限:将分割加细,取极限,得到平面薄片的质量

$$m = \lim_{\lambda\to 0}\sum_{i=1}^{n}\mu(\xi_i,\eta_i)\Delta\sigma_i,$$

其中 λ 是 n 个小区域的直径中的最大值.

以上两个问题虽然属于不同范畴,但解决问题的思路是一样的,所求量都可归结为同一形式的和式的极限. 在几何、物理、力学和工程技术中,有许多几何量和物理量都可归结为这一形式的和的极限. 由此我们可抽象出二重积分的概念.

3. 二重积分的定义

定义 设$f(x,y)$**是有界闭区域** D **上的有界函数. 将闭区域** D **任意分成** n **个小闭区域**

$$\Delta\sigma_1,\Delta\sigma_2,\cdots,\Delta\sigma_n,$$

其中 $\Delta\sigma_i$ **表示第** i **个小闭区域,也表示它的面积. 在每个** $\Delta\sigma_i$ **上任取一点**(ξ_i,η_i)**,作乘积**

$f(\xi_i,\eta_i)\Delta\sigma_i(i=1,2,\cdots,n)$，并作和$\sum\limits_{i=1}^{n}f(\xi_i,\eta_i)\Delta\sigma_i$. **如果不论对 D 作怎样的划分，也不论点(ξ_i,η_i) 在 $\Delta\sigma_i$ 上如何选取，只要当各小闭区域的直径中的最大值 λ 趋于零时，此和式的极限总存在，则称此极限为函数$f(x,y)$ 在闭区域 D 上的二重积分，记作**$\iint\limits_D f(x,y)\mathrm{d}\sigma$，**即**

$$\iint\limits_D f(x,y)\mathrm{d}\sigma=\lim_{\lambda\to 0}\sum_{i=1}^{n}f(\xi_i,\eta_i)\Delta\sigma_i,$$

其中$f(x,y)$ 称为**被积函数**，$f(x,y)\mathrm{d}\sigma$ 称为**被积表达式**，$\mathrm{d}\sigma$ 称为**面积元素**，x 与 y 称为**积分变量**，D 称为**积分区域**，$\sum\limits_{i=1}^{n}f(\xi_i,\eta_i)\Delta\sigma_i$ 称为**积分和.**

如果在直角坐标系中用平行于坐标轴的直线网来划分 D，那么除了包含边界点的一些小闭区域外，其余的小闭区域都是矩形闭区域. 设矩形闭区域 $\Delta\sigma_i$ 的边长为 Δx_i 和 Δy_i，则 $\Delta\sigma_i=\Delta x_i\cdot\Delta y_i$. 因此在直角坐标系中，有时也把面积元素 $\mathrm{d}\sigma$ 记作 $\mathrm{d}x\mathrm{d}y$，而把二重积分记作

$$\iint\limits_D f(x,y)\mathrm{d}x\mathrm{d}y.$$

其中 $\mathrm{d}x\mathrm{d}y$ 称为**直角坐标系中的面积元素**.

由二重积分的定义可知，曲顶柱体的体积为函数$f(x,y)$在底 D 上的二重积分

$$V=\iint\limits_D f(x,y)\mathrm{d}\sigma.$$

平面薄片的质量是它的密度$\mu(x,y)$在薄片所占闭区域 D 上的二重积分

$$M=\iint\limits_D \mu(x,y)\mathrm{d}\sigma.$$

4. 二重积分的存在性

与定积分的存在性类似，当$f(x,y)$在有界闭区域 D 上连续时，函数$f(x,y)$在 D 上的二重积分必定存在. 以后总假定闭区域 D 是有界的，函数$f(x,y)$在闭区域 D 上连续，即假定$f(x,y)$在 D 上的二重积分都是存在的.

5. 二重积分的几何意义

若$f(x,y)\geqslant 0$，则二重积分$\iint\limits_D f(x,y)\mathrm{d}\sigma$表示以闭区域 D 为底，以曲面 $z=f(x,y)$ 为顶的曲顶柱体的体积；若$f(x,y)\leqslant 0$，则柱体在 xOy 面的下方，二重积分$\iint\limits_D f(x,y)\mathrm{d}\sigma$ 的值为负的，其绝对值等于柱体的体积；若$f(x,y)$ 在 D 的若干部分区域上是正的，而在其他部分区域上是负的，则$\iint\limits_D f(x,y)\mathrm{d}\sigma$ 等于 xOy 面上方的柱体体积减去 xOy 面下方的柱体体积所得之差.

8.1.2 二重积分的性质

由二重积分的定义可知，二重积分与定积分具有类似的性质，因此我们不加证明地

给出如下性质，要说明的是在下面性质中所涉及的二重积分均存在.

性质1(线性性质) 设 α、β 为常数，则

$$\iint_D [\alpha f(x,y)+\beta g(x,y)]\mathrm{d}\sigma=\alpha\iint_D f(x,y)\mathrm{d}\sigma+\beta\iint_D g(x,y)\mathrm{d}\sigma.$$

性质2(区域可加性) 若闭区域 D 被曲线分割为两个闭区域 D_1 和 D_2，则

$$\iint_D f(x,y)\mathrm{d}\sigma=\iint_{D_1} f(x,y)\mathrm{d}\sigma+\iint_{D_2} f(x,y)\mathrm{d}\sigma.$$

性质3 若在闭区域 D 上，$f(x,y)\equiv 1$，σ 为 D 的面积，则

$$\iint_D 1\mathrm{d}\sigma=\iint_D \mathrm{d}\sigma=\sigma.$$

此性质的几何意义为高为1的平顶柱体的体积在数值上等于柱体的底面积.

性质4(比较定理) 若在 D 上，$f(x,y)\leqslant g(x,y)$，则有

$$\iint_D f(x,y)\mathrm{d}\sigma\leqslant\iint_D g(x,y)\mathrm{d}\sigma.$$

特殊地，因为 $-|f(x,y)|\leqslant f(x,y)\leqslant|f(x,y)|$，所以有

$$-\iint_D |f(x,y)|\mathrm{d}\sigma\leqslant\iint_D f(x,y)\mathrm{d}\sigma\leqslant\iint_D |f(x,y)|\mathrm{d}\sigma,$$

即

$$\left|\iint_D f(x,y)\mathrm{d}\sigma\right|\leqslant\iint_D |f(x,y)|\mathrm{d}\sigma.$$

性质5(估值定理) 设 M、m 分别是 $f(x,y)$ 在闭区域 D 上的最大值和最小值，σ 是 D 的面积，则有

$$m\sigma\leqslant\iint_D f(x,y)\mathrm{d}\sigma\leqslant M\sigma.$$

性质6(二重积分中值定理) 设函数 $f(x,y)$ 在闭区域 D 上连续，σ 是 D 的面积，则在 D 上至少存在一点 (ξ,η)，使得

$$\iint_D f(x,y)\mathrm{d}\sigma=f(\xi,\eta)\cdot\sigma.$$

此性质的几何意义为：在曲顶柱体的曲顶上，必然存在一个介于最高点和最低点的点，过该点可以作一个与底面平行的平面截曲顶柱体侧面形成平顶柱体，该平顶柱体体积和原来的曲顶柱体体积相等，并称

$$h=\frac{1}{\sigma}\iint_D f(x,y)\mathrm{d}\sigma$$

为曲顶柱体的平均高度.上述几何意义可简单的叙述为：给定曲顶柱体存在一个与其同底、以平均高度 h 为高的体积相等的平顶柱体.

例1 比较二重积分 $\iint_D \ln(x+y)\mathrm{d}\sigma$ 与 $\iint_D [\ln(x+y)]^2\mathrm{d}\sigma$ 的大小，其中 D 是三角形闭区域，三定点分别为 $(1,0)$，$(1,1)$，$(2,0)$.

解 如图8-4所示，在 D 上 $1\leqslant x+y\leqslant 2$，则

$$0\leqslant\ln(x+y)\leqslant\ln 2<\ln e=1,$$

故

$$\ln(x+y)\geqslant[\ln(x+y)]^2,$$

所以由性质4得

$$\iint_D \ln(x+y)\,d\sigma \geqslant \iint_D [\ln(x+y)]^2 d\sigma.$$

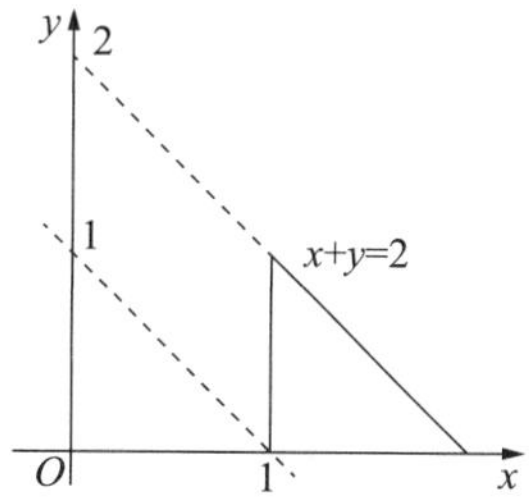

图8－4

例2 估计二重积分$\iint_D e^{x^2+y^2}d\sigma$的值,其中$D$是由椭圆$\frac{x^2}{a^2}+\frac{y^2}{b^2}=1, a>b>0$所围成的区域.

解 因为在D上有$1\leqslant e^{x^2+y^2}\leqslant e^{a^2}$,而$D$的面积为$\pi ab$,由性质5可得

$$\pi ab \leqslant \iint_D e^{x^2+y^2}d\sigma \leqslant \pi ab e^{a^2}.$$

例3 利用重积分几何意义计算重积分$\iint_D \sqrt{a^2-x^2-y^2}\,d\sigma$,其中$D$是由$x^2+y^2=a^2$, $a>0$所围成的区域.

解 利用重积分的几何意义:当被积函数$f(x,y)\geqslant 0$时,积分$\iint_D f(x,y)\,d\sigma$等于以曲面$f(x,y)$为顶,xOy面上的区域D为底的曲顶柱体的体积. 基于此, 重积分$\iint_D \sqrt{a^2-x^2-y^2}\,d\sigma$理解为空间直角坐标系中位于$xOy$面上方半径为$a$的半球的体积,即

$$\iint_D \sqrt{a^2-x^2-y^2}\,d\sigma = \frac{2}{3}\pi a^3.$$

在今后的计算中,我们可以结合重积分的几何意义简化重积分的计算.

习题8.1

1. 设$I=\iint_D (x^2+y^2)^2 d\sigma$,其中

$$D=\{(x,y)\mid -1\leqslant x\leqslant 1, -2\leqslant y\leqslant 2\}.$$

又$I_1=\iint_{D_1}(x^2+y^2)^2 d\sigma$,其中

$$D_1=\{(x,y)\mid 0\leqslant x\leqslant 1, 0\leqslant y\leqslant 2\}.$$

试利用二重积分的几何意义说明I与I_1之间的关系.

2. 比较下列二重积分的大小顺序.

(1) $\iint_D (x+y)^2 d\sigma$与$\iint_D (x+y)^3 d\sigma$,其中积分区域D是由x轴、y轴与直线$x+y=1$所围成.

(2) $\iint_D \ln(x+y)\,d\sigma$与$\iint_D [\ln(x+y)]^2 d\sigma$的大小,其中$D=\{(x,y)\mid 3\leqslant x\leqslant 5, 0\leqslant y\leqslant 1\}$.

3. 根据二重积分的性质估计下列积分的值.

(1) $I=\iint\limits_D \sin^2 x\sin^2 y\mathrm{d}\sigma$,其中 $D=\{(x,y)\mid 0\leqslant x\leqslant\pi,0\leqslant y\leqslant\pi\}$.

(2) $I=\iint\limits_D (x^2+3y^2+5)\mathrm{d}\sigma$,其中 $D=\{(x,y)\mid x^2+y^2\leqslant 4\}$.

(3) $I=\iint\limits_D \frac{1}{\sqrt{(x+y)^2+16}}\mathrm{d}\sigma$,其中 $D=\{(x,y)\mid 0\leqslant x\leqslant 1,0\leqslant y\leqslant 2\}$.

8.2 二重积分的计算

虽然二重积分是用和式的极限定义的,但和定积分一样,只有少数被积函数和积分区域都特别简单的二重积分才能用定义直接计算. 而对于一般的函数和区域,用这种方法很难求出结果. 本节我们介绍将二重积分化为二次定积分的计算办法.

8.2.1 利用直角坐标计算二重积分

在直角坐标系下计算二重积分,我们的目标是将二重积分化为对两个积分变量 x、y 的定积分来计算,下面用几何观点来讨论二重积分 $\iint\limits_D f(x,y)\mathrm{d}\sigma$ 的计算问题. 在讨论中假定 $f(x,y)\geqslant 0$.

1. X 型(或Ⅰ型)区域上的二重积分的计算

若积分区域 D 可以用不等式 $\varphi_1(x)\leqslant y\leqslant\varphi_2(x)$, $a\leqslant x\leqslant b$ 来表示(见图 8-5),其中函数 $\varphi_1(x)$、$\varphi_2(x)$ 在区间 $[a,b]$ 上连续,则称此区域为 **X 型(或Ⅰ型)区域**. X 型区域 D 的特点是穿过 D 内部且平行于 y 轴的直线与 D 的边界相交不多于两点.

由二重积分的几何意义可知,二重积分 $\iint\limits_D f(x,y)\mathrm{d}\sigma$ 的值等于以 D 为底,以曲面 $z=f(x,y)$ 为顶的曲顶柱体(图 8-6)的体积. 下面我们利用定积分的应用中求"平行截面面积为已知的立体的体积"的方法来计算此曲顶柱体的体积.

先计算截面的面积. 任取 $x\in[a,b]$,则过 x 且平行于 yOz 面的平面截曲顶柱体所得截面是一个以区间 $[\varphi_1(x),\varphi_2(x)]$ 为底、曲线 $z=f(x,y)$(x 为取定的点)为曲边的曲边梯形(图 8-6 中阴影部分),所以此截面的面积为

$$A(x)=\int_{\varphi_1(x)}^{\varphi_2(x)} f(x,y)\mathrm{d}y.$$

因此,由计算平行截面面积为已知的立体体积的方法,得曲顶柱体体积为

$$V=\int_a^b A(x)\mathrm{d}x=\int_a^b\left[\int_{\varphi_1(x)}^{\varphi_2(x)} f(x,y)\mathrm{d}y\right]\mathrm{d}x,$$

从而有等式

$$\iint\limits_D f(x,y)\mathrm{d}\sigma=\int_a^b\left[\int_{\varphi_1(x)}^{\varphi_2(x)} f(x,y)\mathrm{d}y\right]\mathrm{d}x. \tag{1}$$

上式右端的积分称为先对 y、后对 x 的**二次积分(累次积分)**:即先把 x 看做常量,把 $f(x,y)$ 只看做 y 的函数,对 y 从 $\varphi_1(x)$ 到 $\varphi_2(x)$ 求定积分,然后把求得的结果(是 x 的函数)再

对 x 从 a 到 b 求定积分. 式(1)也常写成

$$\iint\limits_D f(x,y)\,\mathrm{d}\sigma = \int_a^b \mathrm{d}x \int_{\varphi_1(x)}^{\varphi_2(x)} f(x,y)\,\mathrm{d}y. \tag{1'}$$

可以验证,式(1)的成立不受假定 $f(x,y)\geqslant 0$ 的限制.

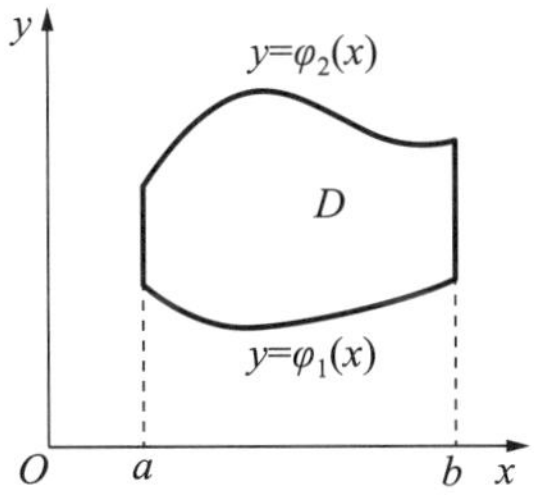

图 8-5

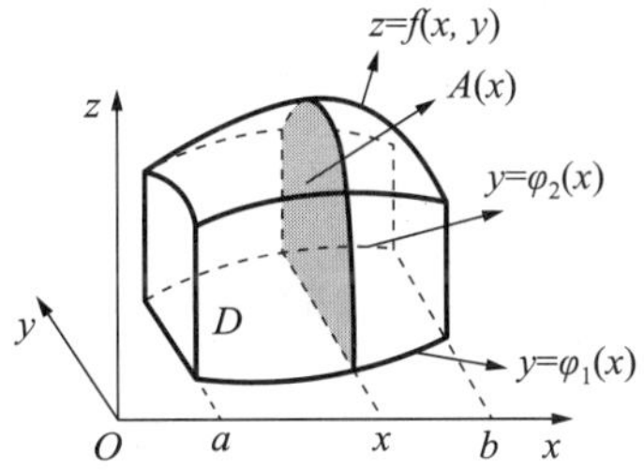

图 8-6

2. Y 型(或Ⅱ型)区域上的二重积分的计算

若积分区域 D 可以用不等式

$$\psi_1(y)\leqslant x\leqslant\psi_2(y),\ c\leqslant y\leqslant d$$

来表示(图 8-7),其中函数 $\psi_1(y)$、$\psi_2(y)$ 在区间 $[c,d]$ 上连续,则称此区域为 **Y 型(或Ⅱ型)区域**. Y 型区域 D 的特点是穿过 D 内部且平行于 x 轴的直线与 D 的边界相交不多于两点.

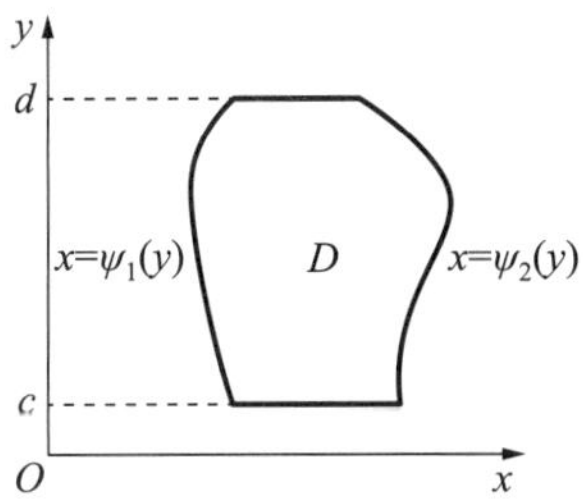

图 8-7

与 X 型区域上的二重积分的计算类似,若 D 为 Y 型区域,则有

$$\iint\limits_D f(x,y)\,\mathrm{d}\sigma = \int_c^d \left[\int_{\psi_1(x)}^{\psi_2(x)} f(x,y)\,\mathrm{d}x\right]\mathrm{d}y. \tag{2}$$

上式右端的积分称为先对 x、后对 y 的二次积分. 式(2)也常写成

$$\iint\limits_D f(x,y)\,\mathrm{d}\sigma = \int_c^d \mathrm{d}y \int_{\psi_1(x)}^{\psi_2(x)} f(x,y)\,\mathrm{d}x. \tag{2'}$$

若积分区域 D 既不是 X 型区域,又不是 Y 型区域,如图 8-8 所示,此时可将 D 分成几个部分,使每个部分是 X 型或是 Y 型区域. 例如,在图 8-8 中,可把 D 分成 3 个部分,每个部分都是 X 型区域,在每一部分上可应用公式(1). 进而根据二重积分的区域可加性,求出 D 上的二重积分.

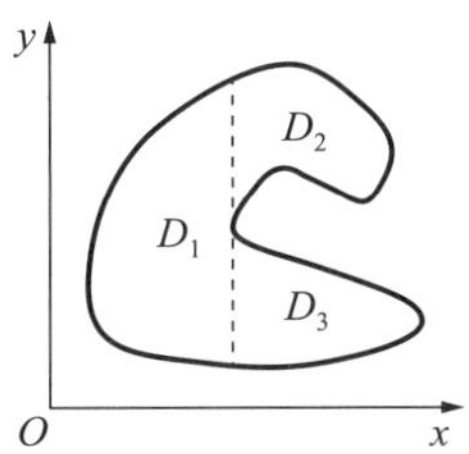

图 8-8

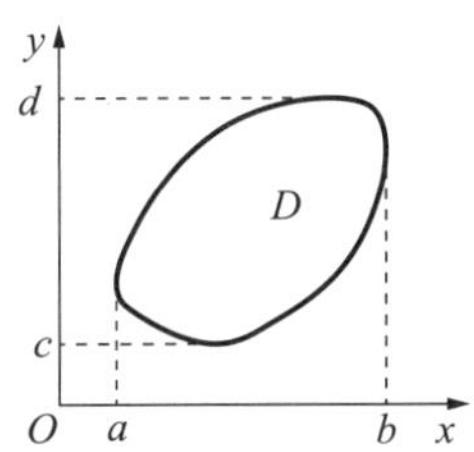

图 8-9

若积分区域 D 既是 X 型的，可用不等式 $\varphi_1(x)\leqslant y\leqslant\varphi_2(x)$，$a\leqslant x\leqslant b$ 表示，又是 Y 型的，可用不等式 $\psi_1(y)\leqslant x\leqslant\psi_2(y)$，$c\leqslant y\leqslant d$ 表示(图 8－9)，则有

$$\iint\limits_D f(x,y)\,\mathrm{d}\sigma=\int_a^b\mathrm{d}x\int_{\varphi_1(x)}^{\varphi_2(x)}f(x,y)\,\mathrm{d}y=\int_c^d\mathrm{d}y\int_{\psi_1(x)}^{\psi_2(x)}f(x,y)\,\mathrm{d}x.$$

将二重积分化为二次积分计算时，关键是确定两次定积分的积分限. 积分限是由积分区域 D 来确定的. 为此，先画出积分区域 D 的图形. 假如积分区域 D 是 X 型的，如图 8－10 所示，任取 $x\in[a,b]$，过 x 作一条与 y 轴平行且同方向的直线，该直线与 D 相交部分的纵坐标从 $\varphi_1(x)$ 变到 $\varphi_2(x)$，此即式(1)中先把 x 看做常量而对 y 积分时的下限和上限. 又因为 x 是在$[a,b]$上任取的，所以对 x 积分时的积分区间即为$[a,b]$. 对于 Y 型区域可类似来确定积分限.

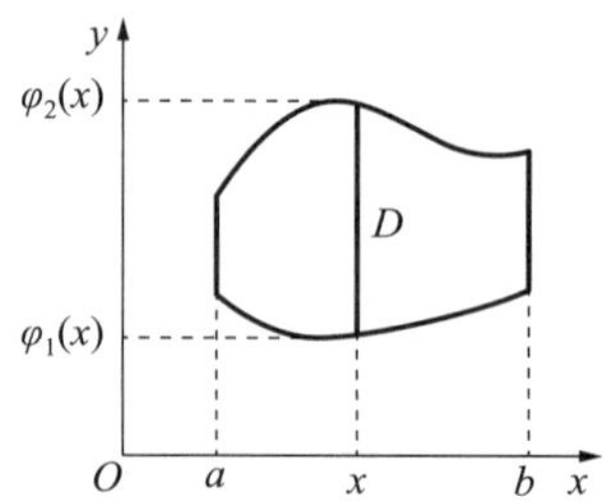

图 8－10

特殊地，若积分区域 D 为矩形区域$\{(x,y)\mid a\leqslant x\leqslant b,c\leqslant y\leqslant d\}$，则有

$$\iint\limits_D f(x,y)\,\mathrm{d}\sigma=\int_a^b\mathrm{d}x\int_c^d f(x,y)\,\mathrm{d}y=\int_c^d\mathrm{d}y\int_a^b f(x,y)\,\mathrm{d}x.$$

进一步，若 $f(x,y)=f_1(x)\cdot f_2(y)$，则二重积分等于两个定积分的乘积，即

$$\iint\limits_D f(x,y)\,\mathrm{d}\sigma=\left[\int_a^b f_1(x)\,\mathrm{d}x\right]\cdot\left[\int_c^d f_2(y)\,\mathrm{d}y\right].$$

例 1 计算 $\iint\limits_D xy\mathrm{d}\sigma$，其中 D 是由直线 $x=2$、$y=1$ 及 $y=x$ 所围成的闭区域.

解 首先画出积分区域 D(图 8－11(a)). 显然 D 既是 X 型的，又是 Y 型的.

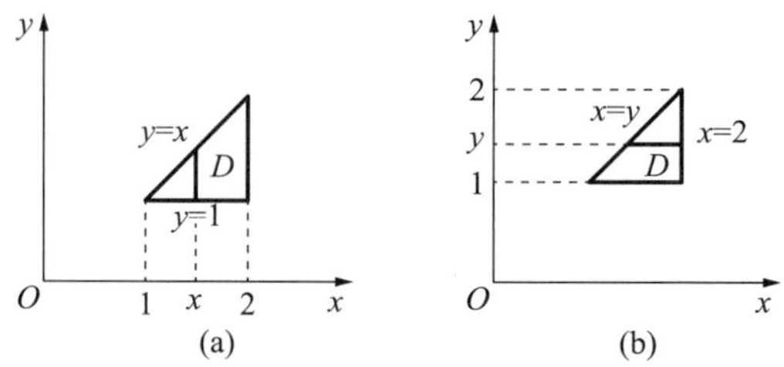

图 8－11

如果将 D 看成是 X 型的，则 $D=\{(x,y)\mid 1\leqslant y\leqslant x,1\leqslant x\leqslant 2\}$，由式(1)可得

$$\iint\limits_D xy\mathrm{d}\sigma=\int_1^2\left[\int_1^x xy\mathrm{d}y\right]\mathrm{d}x=\int_1^2\left[x\cdot\frac{y^2}{2}\right]_1^x\mathrm{d}x=\int_1^2\left(\frac{x^3}{2}-\frac{x}{2}\right)\mathrm{d}x=\left[\frac{x^4}{8}-\frac{x^2}{4}\right]_1^2=\frac{9}{8}.$$

如果将 D 看成 Y 型的(图 8－11(b))，则 $D=\{(x,y)\mid y\leqslant x\leqslant 2,1\leqslant y\leqslant 2\}$，由式(2)可得

$$\iint\limits_D xy\mathrm{d}\sigma=\int_1^2\left[\int_y^2 xy\mathrm{d}x\right]\mathrm{d}y=\int_1^2\left[y\cdot\frac{x^2}{2}\right]_y^2\mathrm{d}y=\int_1^2\left(2y-\frac{y^3}{2}\right)\mathrm{d}y=\left[y^2-\frac{y^4}{8}\right]_1^2=\frac{9}{8}.$$

例 2 计算 $\iint\limits_D xy\mathrm{d}\sigma$，其中 D 是由抛物线 $y^2=x$ 及直线 $y=x-2$ 所围成的闭区域.

解 画出积分区域 D(图 8－12(a)). D 既是 X 型的，又是 Y 型的. 如果将 D 看成 Y 型的，则 $D=\{(x,y)\mid y^2\leqslant x\leqslant y+2,-1\leqslant y\leqslant 2\}$，由式(2)可得

$$\iint\limits_D xy\,\mathrm{d}\sigma = \int_{-1}^{2}\left[\int_{y^2}^{y+2} xy\,\mathrm{d}x\right]\mathrm{d}y = \int_{-1}^{2}\left[\frac{x^2}{2}\cdot y\right]_{y^2}^{y+2}\mathrm{d}y$$

$$= \frac{1}{2}\int_{-1}^{2}[y(y+2)^2 - y^5]\mathrm{d}y$$

$$= \frac{1}{2}\left[\frac{y^4}{4} + \frac{4}{3}y^3 + 2y^2 - \frac{y^6}{6}\right]_{-1}^{2} = \frac{45}{8}.$$

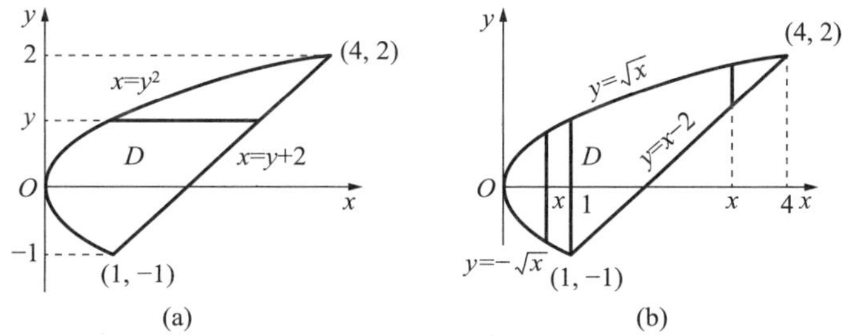

图 8－12

如果将 D 看成 X 型的，需用式(1)来计算，但此时 D 需划分成 D_1 和 D_2 两部分(图 8－12(b))，其中

$$D_1 = \{(x,y) \mid -\sqrt{x} \leqslant y \leqslant \sqrt{x}, 0 \leqslant x \leqslant 1\},$$

$$D_2 = \{(x,y) \mid x-2 \leqslant y \leqslant \sqrt{x}, 1 \leqslant x \leqslant 4\},$$

因此，$\iint\limits_D xy\,\mathrm{d}\sigma = \iint\limits_{D_1} xy\,\mathrm{d}\sigma + \iint\limits_{D_2} xy\,\mathrm{d}\sigma$. 显然，本题若用式(1)来计算比较繁琐.

例 3 计算 $\iint\limits_D \frac{\sin y}{y}\mathrm{d}x\mathrm{d}y$. 其中 D 是由曲线 $y = x$ 以及 $x = y^2$ 所围成的闭区域.

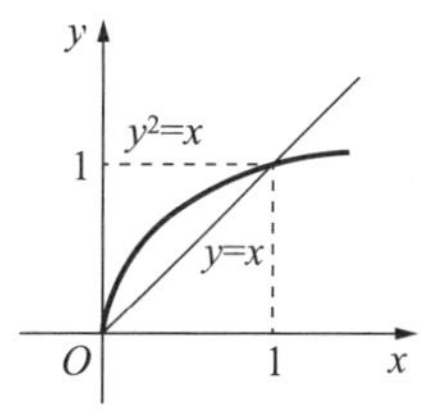

图 8－13

解 画出积分区域 D(图 8－13)，积分区域 D 既是 X 型的，又是 Y 型的. 如果将 D 看成 X 型的，则有

$$\iint\limits_D \frac{\sin y}{y}\mathrm{d}x\mathrm{d}y = \int_0^1 \mathrm{d}x\int_x^{\sqrt{x}} \frac{\sin y}{y}\mathrm{d}y.$$

由于 $\frac{\sin y}{y}$ 的原函数不是初等函数，因此积分 $\int_x^{\sqrt{x}} \frac{\sin y}{y}\mathrm{d}y$ 无法计算.

如果将 D 看成 Y 型的，则有

$$\iint\limits_D \frac{\sin y}{y}\mathrm{d}x\mathrm{d}y = \int_0^1 \mathrm{d}y\int_{y^2}^{y} \frac{\sin y}{y}\mathrm{d}x$$

$$= \int_0^1 \left(\frac{\sin y}{y}x\right)\Big|_{y^2}^{y}\mathrm{d}y$$

$$= \int_0^1 (\sin y - y\sin y)\,\mathrm{d}y = \int_0^1 \sin y\mathrm{d}y - \int_0^1 y\sin y\mathrm{d}y$$

$$= -\cos 1 + \cos 0 + \int_0^1 y\mathrm{d}\cos y$$

$$= -\cos 1 + 1 + [y\cos y]_0^1 - \int_0^1 \cos y\mathrm{d}y = 1 - \sin 1.$$

上述几个例子说明，计算二重积分时二次积分次序的选择非常重要，既要考虑积分

区域 D 的形状，又要考虑被积函数 $f(x,y)$ 的特性. 那么如何选择恰当的积分次序呢？虽然没有规律可循，但当用某种次序计算遇到很大困难时，可试着换一种次序计算. 一般地，被积函数对哪个变量形式更简单，就先对哪个变量积分.

例 4 改变二次积分 $\int_0^1 dy\int_0^y f(x,y)dx$ 的积分次序.

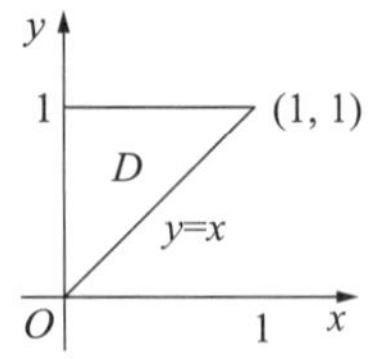

图 8-14

解 画出积分区域（图 8-14），积分区域 D 可以表示为

$$D=\{(x,y)\mid 0\leqslant x\leqslant y,0\leqslant y\leqslant 1\},$$

积分区域 D 也可以表示为

$$D=\{(x,y)\mid x\leqslant y\leqslant 1,0\leqslant x\leqslant 1\},$$

所以有 $\int_0^1 dy\int_0^y f(x,y)dx = \int_0^1 dx\int_x^1 f(x,y)dy$.

积分区域 D 具有对称性，$I=\iint\limits_D f(x,y)d\sigma$ 中被积函数 $f(x,y)$ 有相应的奇偶性，那么可以利用重积分的奇偶性简化二重积分的计算.

例 5 某城市受地理限制呈三角形分布，斜边临一条河，由于交通关系，城市发展不太均衡，这一点可从税收情况反映出来. 若以两直角边为坐标轴建立直角坐标系，则位于 x 轴和 y 轴上的城市长度各为 16km 和 12km，而且税收情况也地理位置的关系大体为

$$R(x,y)=20x+10y（万元/平方千米）,$$

试计算该市总的税收收入.

解 这是一个二重积分的应用问题. 其中积分区域 D 由 x 轴、y 轴及直线 $\frac{x}{16}+\frac{y}{12}=1$ 围成，可表示为 $D=\left\{(x,y)\mid 0\leqslant x\leqslant 16,0\leqslant y\leqslant 12-\frac{3}{4}x\right\}$. 于是所求总税收收入为

$$I=\iint\limits_D R(x,y)dxdy=\int_0^{16}dx\int_0^{12-\frac{3}{4}x}(20x+10y)dy$$

$$=\int_0^{16}\left(720+150x-\frac{195}{16}x^2\right)dx=14080（万元）.$$

故该市总的税收收入为 14080 万元.

8.2.2 利用极坐标计算二重积分

对于某些特殊的积分区域或者某些函数，在极坐标系下计算二重积分比在直角坐标系来的简单. 下面，我们将介绍利用极坐标系计算二重积分. 首先，我们假设积分区域 D 是极坐标系中的简单区域：即积分区域 D 的边界曲线与过极点 O 的射线相交不多于两点.

我们以直角坐标系的原点极点，x 轴为极轴建立极坐标系. 那么，点的直角坐标 (x,y) 与极坐标 (r,θ) 之间有如下关系

$$x=r\cos\theta,y=r\sin\theta,$$

从而重积分 $\iint\limits_D f(x,y)d\sigma$ 可替换为

$$\iint\limits_D f(x,y)d\sigma=\iint\limits_D f(r\cos\theta,\ r\sin\theta)\ d\sigma.$$

从直角坐标系到极坐标系的转换,积分区域不变,均为 D.

在极坐标系中,我们常用以极点为中心的一族同心圆,以及从极点出发的一族射线把区域 D 分成 n 个小闭区域(图 8-15),区域 $\Delta\sigma$ 的面积

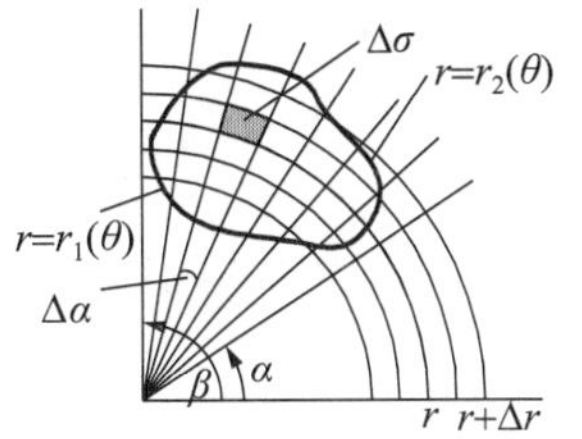

图 8-15

$$\Delta\sigma=\frac{1}{2}(r+\Delta r)^2\cdot\Delta\theta-\frac{1}{2}r^2\Delta\theta=\frac{1}{2}(2r+\Delta r)\Delta r\Delta\theta=\bar{r}\Delta r\Delta\theta.$$

其中 $\bar{r}=\dfrac{r+(r+\Delta r)}{2}$ 表示相邻两个圆弧半径的平均值,当 $\Delta\sigma\to 0$ 时,$\bar{r}\to r$. 因此,在极坐标系中面积元素可写成

$$d\sigma=r\mathrm{d}r\mathrm{d}\theta,\text{考虑到 } x=r\cos\theta,y=r\sin\theta$$

因而二重积分常记为

$$\iint_D f(x,y)\,\mathrm{d}\sigma=\iint_D f(r\cos\theta,r\sin\theta)r\mathrm{d}r\mathrm{d}\theta. \tag{3}$$

极坐标系中的二重积分同样可以化为二次积分. 一般而言,积分次序是"先 r 后 θ". 根据极点 O 与积分区域 D 的位置关系,我们分以下 3 种情况讨论.

1. 极点 O 在积分区域 D 的边界曲线以外

设积分区域 D 可用不等式

$$\varphi_1(\theta)\leqslant r\leqslant\varphi_2(\theta),\alpha\leqslant\theta\leqslant\beta$$

来表示(图 8-15),其中函数 $\varphi_1(\theta)$、$\varphi_2(\theta)$ 在区间 $[\alpha,\beta]$ 上连续,则有

$$\iint_D f(r\cos\theta,\ r\sin\theta)r\ \mathrm{d}r\mathrm{d}\theta=\int_\alpha^\beta\left[\int_{\varphi_1(\theta)}^{\varphi_2(\theta)}f(r\cos\theta,\ r\sin\theta)\ r\ \mathrm{d}r\right]\mathrm{d}\theta, \tag{4}$$

上式也可写成

$$\iint_D f(r\cos\theta,\ r\sin\theta)\ r\ \mathrm{d}r\mathrm{d}\theta=\int_\alpha^\beta\mathrm{d}\theta\int_{\varphi_1(\theta)}^{\varphi_2(\theta)}f(r\cos\theta,\ r\sin\theta)r\ \mathrm{d}r. \tag{4'}$$

2. 极点 O 在积分区域 D 的边界曲线上

设积分区域 D 是如图 8-16 所示的曲边扇形,则可把它看作第一种情形中当 $\varphi_1(\theta)=0,\varphi_2(\theta)=\varphi(\theta)$ 时的特例. 此时 D 可用不等式 $0\leqslant r\leqslant\varphi(\theta),\alpha\leqslant\theta\leqslant\beta$ 来表示,从而式(4′)可写为

$$\iint_D f(r\cos\theta,\ r\sin\theta)r\ \mathrm{d}r\mathrm{d}\theta=\int_\alpha^\beta\mathrm{d}\theta\int_0^{\varphi(\theta)}f(r\cos\theta,\ r\sin\theta)r\mathrm{d}r.$$

3. 极点 O 在积分区域 D 的边界曲线以内

设积分区域 D 如图 8-17 所示,则可把它看作第二种情形中当 $\alpha=0,\beta=2\pi$ 时的特例. 此时,D 可用不等式 $0\leqslant r\leqslant\varphi(\theta),0\leqslant\theta\leqslant 2\pi$ 来表示,从而公式(4′)可写为

$$\iint_D f(r\cos\theta,\ r\sin\theta)r\ \mathrm{d}r\mathrm{d}\theta=\int_0^{2\pi}\mathrm{d}\theta\int_0^{\varphi(\theta)}f(r\cos\theta,\ r\sin\theta)r\ \mathrm{d}r.$$

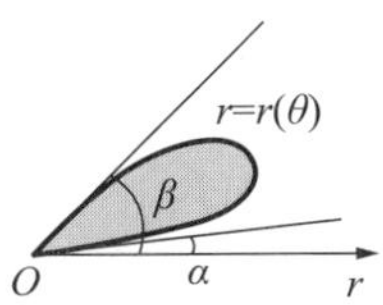

图 8-16

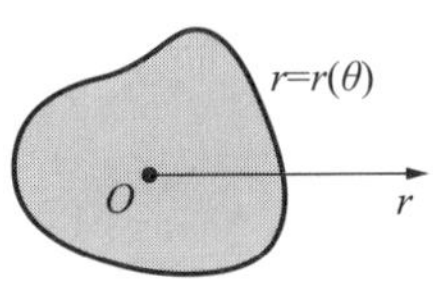

图 8-17

下面我们通过具体例子说明如何利用极坐标来计算二重积分.

例 6 计算$\iint\limits_D \sqrt{x^2+y^2}\mathrm{d}x\mathrm{d}y$,其中$D$是由$x^2+y^2=1$,$x^2+y^2=4$及坐标轴所围成的在第一象限内的闭区域.

解 在极坐标系中,闭区域D可表示为$1\leqslant r\leqslant 2$,$0\leqslant\theta\leqslant\frac{\pi}{2}$.于是有

$$\iint\limits_D \sqrt{x^2+y^2}\mathrm{d}x\mathrm{d}y=\iint\limits_D r^2\mathrm{d}r\mathrm{d}\theta=\int_0^{\frac{\pi}{2}}\mathrm{d}\theta\int_1^2 r^2\mathrm{d}r=\left[\frac{\pi}{2}\cdot\frac{r^3}{3}\right]_1^2=\frac{7\pi}{6}.$$

例 7 计算$\iint\limits_D \mathrm{e}^{-x^2-y^2}\mathrm{d}x\mathrm{d}y$,其中$D$是由圆周$x^2+y^2=R^2$所围成的闭区域,并根据计算结果,求反常积分$\int_0^{+\infty}\mathrm{e}^{-x^2}\mathrm{d}x$.

解 在极坐标系中,闭区域D可表示为$0\leqslant r\leqslant R$,$0\leqslant\theta\leqslant 2\pi$.于是有

$$\begin{aligned}\iint\limits_D \mathrm{e}^{-x^2-y^2}\mathrm{d}x\mathrm{d}y&=\iint\limits_D \mathrm{e}^{-r^2}r\mathrm{d}r\mathrm{d}\theta\\&=\int_0^{2\pi}\left[\int_0^R \mathrm{e}^{-r^2}r\mathrm{d}r\right]\mathrm{d}\theta=\int_0^{2\pi}\left[-\frac{1}{2}\mathrm{e}^{-r^2}\right]_0^R\mathrm{d}\theta\\&=\frac{1}{2}(1-\mathrm{e}^{-R^2})\int_0^{2\pi}\mathrm{d}\theta=\pi(1-\mathrm{e}^{-R^2}).\end{aligned}$$

下面计算反常积分:构造三个积分区域D_1为圆盘$x^2+y^2\leqslant R^2$在第一象限的部分,D_2为圆盘$x^2+y^2\leqslant 2R^2$在第一象限的部分,D_3由$x=R$、$y=R$、x轴、y轴所围成,则$D_1\subseteq D_3\subseteq D_2$(图 8-18),因而

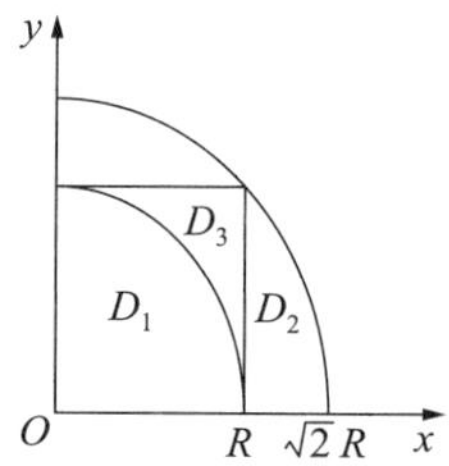

图 8-18

$$\iint\limits_{D_1}\mathrm{e}^{-x^2-y^2}\mathrm{d}x\mathrm{d}y\leqslant\iint\limits_{D_3}\mathrm{e}^{-x^2-y^2}\mathrm{d}x\mathrm{d}y\leqslant\iint\limits_{D_2}\mathrm{e}^{-x^2-y^2}\mathrm{d}x\mathrm{d}y$$

而

$$\iint\limits_{D_1}\mathrm{e}^{-x^2-y^2}\mathrm{d}x\mathrm{d}y=\int_0^R\mathrm{e}^{-x^2}\mathrm{d}x\int_0^R\mathrm{e}^{-y^2}\mathrm{d}y=\left(\int_0^R\mathrm{e}^{-x^2}\mathrm{d}x\right)^2,$$

由前面的结果,可得

$$\iint\limits_{D_1}\mathrm{e}^{-x^2-y^2}\mathrm{d}x\mathrm{d}y=\frac{\pi}{4}(1-\mathrm{e}^{-R^2}),\iint\limits_{D_2}\mathrm{e}^{-x^2-y^2}\mathrm{d}x\mathrm{d}y=\frac{\pi}{4}(1-\mathrm{e}^{-2R^2}).$$

在上述不等式中,令$R\to+\infty$,根据夹逼准则,可得

$$\left(\int_0^{+\infty}\mathrm{e}^{-x^2}\mathrm{d}x\right)^2=\frac{\pi}{4},即\int_0^{+\infty}\mathrm{e}^{-x^2}\mathrm{d}x=\frac{\sqrt{\pi}}{2}.$$

例 8 计算$\iint\limits_D \arctan\frac{y}{x}\mathrm{d}x\mathrm{d}y$,其中$D$是由圆周$x^2+y^2=4$,$x^2+y^2=1$及直线$y=0$,$y=x$所围成的在第一象限内的区域.

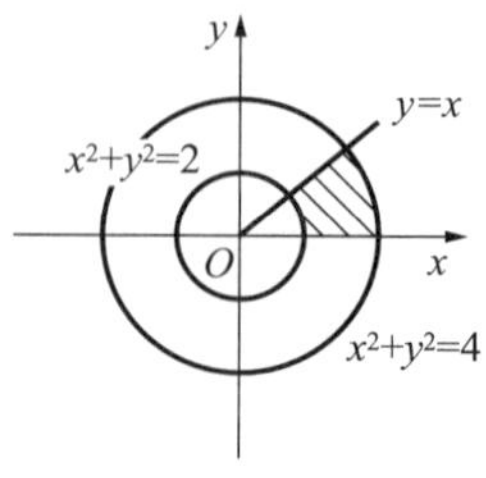

图 8-19

解 积分区域如图 8-19 所示阴影部分.在极坐标系中,闭区域D可表示为$0\leqslant\theta\leqslant\frac{\pi}{4}$,$\sqrt{2}\leqslant r\leqslant 2$.于是有

$$\iint\limits_D \arctan\frac{y}{x}\mathrm{d}x\mathrm{d}y=\iint\limits_D \arctan(\tan\theta)r\mathrm{d}r\mathrm{d}\theta$$

$$= \int_0^{\frac{\pi}{4}} \arctan(\tan\theta)\,d\theta \int_{\sqrt{2}}^{2} r dr$$

$$= \int_0^{\frac{\pi}{4}} \theta d\theta \int_{\sqrt{2}}^{2} r dr = \frac{\pi}{32}.$$

值得注意的是,在计算二重积分时,应根据积分区域 D 的形状和被积函数 $f(x,y)$ 的特点选用适当的坐标系. 一般地,当二重积分的积分区域 D 为圆域、环域、扇形区域、环扇形区域或被积函数 $f(x,y)$ 中含有 x^2+y^2、$\frac{x}{y}$、$\frac{y}{x}$ 等时,往往利用极坐标计算二重积分.

8.2.3 二重积分一般的变量替换

计算二重积分,除了应用上面讲的极坐标这一特殊变换外,有时还要取一般的变量替换. 下面我们简单的介绍二重积分一般的变量替换.

假设 $D \subset R^2$ 是有界闭区域,$(x,y) \in D$,并有变换

$$\begin{cases} x = x(u,v), \\ y = y(u,v), \end{cases} \tag{5}$$

通过式(5)把 D 变为 D',在 D 上有关于 x, y 的连续偏导数,并且变换(5)是一对一的,又设交换矩阵(雅可比矩阵)

$$J = \frac{\partial(x,y)}{\partial(u,v)} \neq 0 \text{(在 } D' \text{内不为0)},$$

则

$$\iint_D f(x,y)\,dxdy = \iint_{D'} f(x(u,v),y(u,v)) \left| \frac{\partial(x,y)}{\partial(u,v)} \right| dudv.$$

说明:(1)在定理中,假设 $J \neq 0$,但有时会遇到这种情形:交换矩阵 J 在区域内个别点上等于0,或只在一小区域上等于0而在其他点上非0,此时上述结论仍成立;

(2)特例:$x = r\cos\theta, y = r\sin\theta$,此时 $\left| \frac{\partial(x,y)}{\partial(r,\theta)} \right| = \begin{vmatrix} \cos\theta & -r\sin\theta \\ \sin\theta & r\cos\theta \end{vmatrix} - r$,根据说明(1)有直角坐标系与极坐标之间的转换公式:

$$\iint_D f(x,y)\,dxdy = \iint_{D'} f(r\cos\theta, r\sin\theta)\, r dr d\theta;$$

(3)在多个具体问题中,选择交换公式的依据有两条:①使交换的函数容易积分;②使得积分限容易安排.

例9 计算 $\iint_D e^{\frac{x-y}{x+y}} dxdy$,其中 D 由 x 轴、y 轴及直线 $x+y=2$ 所围成的闭区域(图8-20).

解 令 $u = x-y$, $v = x+y$,则

$x = \frac{v+u}{2}, y = \frac{v-u}{2}$, 从而有

$$J = \frac{\partial(x,y)}{\partial(u,v)} = \begin{bmatrix} \frac{1}{2} & \frac{1}{2} \\ -\frac{1}{2} & \frac{1}{2} \end{bmatrix}$$

显然 $|J|\neq 0$,且积分区域从 $x-y$ 坐标系下区域 D 变为 $u-v$ 坐标系下区域 D'(图 8-21),故

$$\iint_D e^{\frac{x-y}{x+y}}dxdy = \iint_{D'} e^{\frac{u}{v}}\left(\frac{1}{2}\right)dudv = \frac{1}{2}\int_0^2 dv\int_{-v}^{v} e^{\frac{v}{u}}du$$
$$= \frac{1}{2}\int_0^2 (e - e^{-1})vdv = e - e^{-1}.$$

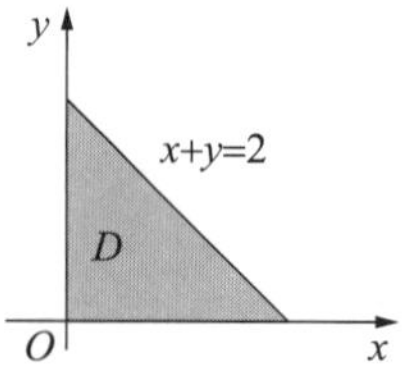

图 8-20

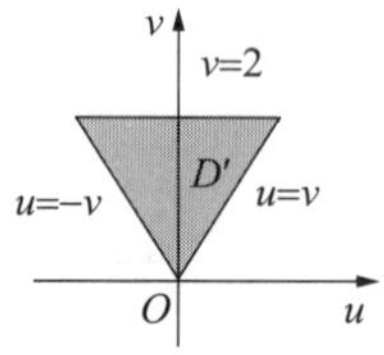

图 8-21

8.2.4 二重积分的应用

由二重积分的几何意义可知,当 $f(x,y)\geqslant 0$ 时,二重积分 $\iint_D f(x,y)d\sigma$ 的值等于以 D 为底,以 $z=f(x,y)$ 为顶的曲顶柱体的体积. 因此,利用二重积分可以计算空间物体的体积.

例 10 求由旋转抛物面 $z=2-x^2-y^2$ 与平面 $z=0$ 所围成的立体的体积.

解 抛物面 $z=2-x^2-y^2$ 与平面 $z=0$ 的交线为 xOy 面上的圆 $x^2+y^2=2$,立体在 xOy 面上的投影区域为 $D:x^2+y^2\leqslant 2$(图 8-22),故所给立体是以 D 为底、以 $z=2-x^2-y^2$ 为顶的曲顶柱体,其体积为.

$$V = \iint_D (2-x^2-y^2)d\sigma = \int_0^{2\pi}d\theta\int_0^{\sqrt{2}}(2-\rho^2)\rho d\rho = 2\pi$$

例 11 闭区域 D 由直线 $y=x,y=2$ 及 $y=2x$ 围成,求区域 D(图 8-23)的面积.

解 由重积分的性质知:常函数 1 在区域上的积分即为区域的面积,因此区域 D 的面积为

$$S = \iint_D dxdy = \int_0^2 dy\int_{\frac{y}{2}}^{y}dx = \int_0^2 \frac{y}{2}dy = 1.$$

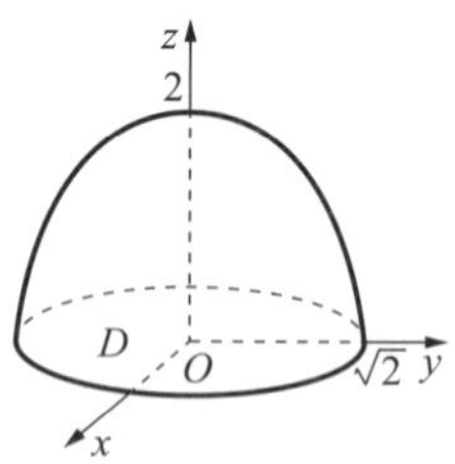

图 8-22

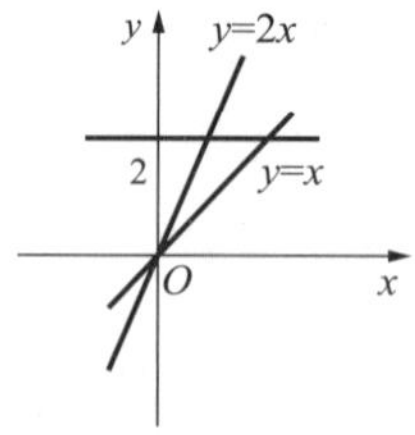

图 8-23

要说明的是,平面区域的面积也可以利用定积分来计算. 至于采用哪种方法,原则是面积的计算过程要尽可能简单.

习题 8.2

1. 画出积分区域,并计算下列二重积分.

(1) $\iint\limits_D y\sqrt{1+x^2-y^2}\,d\sigma$,其中 D 是由直线 $y=1, x=-1$ 及 $y=x$ 所围成的闭区域;

(2) $\iint\limits_D e^{x+y}\,d\sigma$,其中 $D=\{(x,y)\mid |x|+|y|\leqslant 1\}$;

(3) $\iint\limits_D x\cos(x+y)\,d\sigma$,其中 D 是顶点分别为 $(0,0)$、$(\pi,0)$ 和 (π,π) 的三角形闭区域;

(4) $\iint\limits_D \left(\frac{x}{y}\right)^2 d\sigma$,其中 D 是由 $y=x, xy=1$ 及 $x=2$ 所围成的闭区域.

2. 改换下列二次积分的积分次序.

(1) $\int_0^4 dx\int_x^{2\sqrt{x}} f(x,y)\,dy$;

(2) $\int_0^{\frac{1}{2}} dx\int_x^{1-x} f(x,y)\,dy$;

(3) $\int_0^1 dy\int_{e^y}^{e} f(x,y)\,dx$;

(4) $\int_0^1 dy\int_0^{2y} f(x,y)\,dx+\int_1^3 dy\int_0^{3-y} f(x,y)\,dx$.

3. 设平面薄片所占的闭区域 D 由直线 $y=x, y=2$ 及 $y=2x$ 围成,它的面密度 $\mu(x,y)=x^2+y^2$,求该薄片的质量.

4. 计算由 4 个平面 $x=0, y=0, x=1, y=1$ 所围成的柱体被平面 $z=0$ 及 $2x+3y+z=6$ 截得的立体的体积.

5. 画出下列积分区域,并把积分 $\iint\limits_D f(x,y)\,dxdy$ 表示为极坐标形式的二次积分.

(1) $D=\{(x,y)\mid x^2+y^2\leqslant 2x\}$;

(2) $D=\{(x,y)\mid a^2\leqslant x^2+y^2\leqslant b^2,\}$,其中 $0<a<b$.

6. 利用极坐标计算下列积分.

(1) $\iint\limits_D (x^2+y^2)\,d\sigma$,其中

$D=\{(x,y)\mid 0\leqslant y\leqslant\sqrt{2ax-x^2}, 0\leqslant x\leqslant 2a\}$.

(2) $\iint\limits_D \arctan\frac{y}{x}\,d\sigma$, 其中 $D=\{(x,y)\mid 1\leqslant x^2+y^2\leqslant 4, 0\leqslant y\leqslant x\}$.

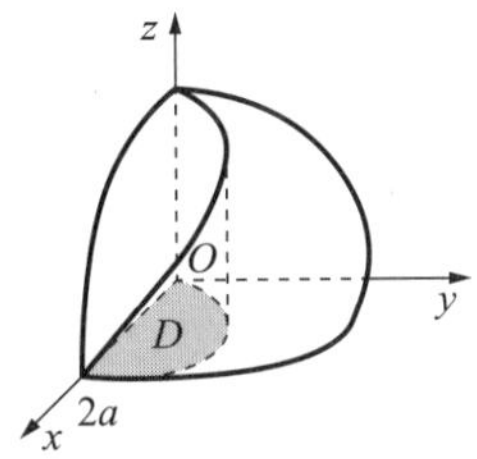

图 8-24

(3) $\iint\limits_D \ln(1+x^2+y^2)\,d\sigma$,其中

$$D=\{(x,y)\mid x^2+y^2\leqslant 1, x\geqslant 0, y\geqslant 0\}.$$

(4) $\iint\limits_D \sin\sqrt{x^2+y^2}\,\mathrm{d}\sigma$,其中 $D=\{(x,y)\mid x^2+y^2\leqslant 1\}$.

7. 求球体 $x^2+y^2+z^2\leqslant 4a^2$ 被圆柱面 $x^2+y^2=2ax(a>0)$ 所截得的(含在圆柱面内的部分)在第一卦限内的立体的体积,如图 8-24 所示.

8. 求下列曲线所围成区域的面积

(1) $y=x^2, y=4x-x^2$;

(2) $x+y=1, x+y=3, y=5x, y=2x$.

9. 选用适当的坐标系计算下列二重积分.

(1) $\iint\limits_D |y-x^2|\,\mathrm{d}x\mathrm{d}y$,其中 $D=\{(x,y)\mid -1\leqslant x\leqslant 1, 0\leqslant y\leqslant 1\}$;

(2) $\iint\limits_D \dfrac{\sin(\pi\sqrt{x^2+y^2})}{\sqrt{x^2+y^2}}\mathrm{d}x\mathrm{d}y$,其中 $D=\{(x,y)\mid 1\leqslant x^2+y^2\leqslant 4\}$;

(3) $\iint\limits_D \dfrac{y^2}{x}\mathrm{d}x\mathrm{d}y$,其中 $D=\{(x,y)\mid x^2+y^2\leqslant 2x\}$;

(4) $\iint\limits_D \sqrt{\dfrac{1-x^2-y^2}{1+x^2+y^2}}\mathrm{d}x\mathrm{d}y$,$D$ 是圆域 $x^2+y^2\leqslant 1$;

(5) $\iint\limits_D |x^2+y^2-4|\,\mathrm{d}x\mathrm{d}y$,其中 D 是圆域 $x^2+y^2\leqslant 9$.

10. 计算由坐标面,平面 $x=4, y=4$ 及抛物面 $z=x^2+y^2+1$ 所围立体的体积.

11. 设 $f(x)$ 在 $[0,a]$ 上连续,证明:$\int_0^a \mathrm{d}y\int_0^y f(x)\mathrm{d}x=\int_0^a (a-x)f(x)\mathrm{d}x$.

12. 设 $f(x)$ 在 $[a,b]$ 上连续,且 $f(x)>0$,证明:$\int_a^b f(x)\mathrm{d}x\cdot\int_a^b \dfrac{\mathrm{d}x}{f(x)}\geqslant(b-a)^2$.

13. 计算 $\int_1^4 \mathrm{d}y\int_{\sqrt{y}}^2 \dfrac{\ln x}{x^2-1}\mathrm{d}x$.

复习题 8

1. 计算下列二重积分.

(1) $\iint\limits_D (1+x)\sin y\,\mathrm{d}\sigma$,其中 D 是顶点分别为 $(0,0)$,$(1,0)$,$(1,2)$ 和 $(0,1)$ 的梯形闭区域;

(2) $\iint\limits_D (xy+\cos x\sin y)\,\mathrm{d}\sigma$,其中

$$D=\{(x,y)\mid x\leqslant y\leqslant a, -a\leqslant x\leqslant a\};$$

(3) $\iint\limits_D \dfrac{1}{(x+y)^2}\mathrm{d}\sigma$,其中 $D=\{(x,y)\mid 1\leqslant y\leqslant 2, 3\leqslant x\leqslant 4\}$;

(4) $\iint\limits_D \mathrm{e}^{x^2+y^2}\mathrm{d}\sigma$,其中 D 是由直线 $x=0, y=x$ 及圆周 $x^2+y^2=4$ 所围成的在第一象限内的闭区域;

(5) $\iint\limits_D (y^2+3x-6y+9)\,\mathrm{d}\sigma$,其中 $D=\{(x,y)\mid x^2+y^2\leqslant 4\}$;

(6) $\iint\limits_{D} \frac{1}{\sqrt{1-x^2-y^2}}\mathrm{d}\sigma$,其中 $D=\{(x,y)\mid x^2+y^2\leqslant 1\}$.

2. 交换下列二次积分的次序.

(1) $\int_0^2 \mathrm{d}x\int_{\frac{1}{2}x}^{3-x} f(x,y)\,\mathrm{d}y$;

(2) $\int_0^1 \mathrm{d}y\int_0^{y^2} f(x,y)\,\mathrm{d}x+\int_1^2 \mathrm{d}y\int_0^{\sqrt{1-(y-1)^2}} f(x,y)\,\mathrm{d}x$.

3. 求由抛物线 $y=-x^2+4$ 和直线 $2x-y+4=0$ 所围成的区域的面积.

4. 求两个球 $x^2+y^2+z^2\leqslant R^2$ 和 $x^2+y^2+z^2\leqslant 2Rz\ (R>0)$ 所围成的公共部分立体的体积.

5. 计算二重积分 $\iint\limits_{D}\left(\frac{x^2}{a^2}+\frac{y^2}{b^2}\right)\mathrm{d}\sigma$,其中 $D=\{(x,y)\mid x^2+y^2\leqslant 1\}$.

6. 已知立体 Ω 由锥面 $z=\sqrt{x^2+y^2}$ 与平面 $z=1$ 所围成,其在点 (x,y,z) 处的密度为 $\rho=\sqrt{x^2+y^2}$,求立体 Ω 的质量.

7. 求由曲面 $z=4-x^2$ 和平面 $x=0,y=0,z=0,y=6$ 所围成的立体的体积.

第 9 章　无穷级数

级数是微积分的一个重要组成部分,它是表示函数、研究函数的性质以及进行数值计算的一种工具.本章先介绍数项级数的一些基本概念和判定收敛性的方法,然后讨论函数项级数以及级数的应用.

9.1　常数项级数的概念和性质

人们在认识事物数量方面的特性时,往往有一个由近似到精确的过程.在这种认识过程中,常常会遇到由有限个数量相加到无穷多个数量相加的问题.这就是我们要讨论的无穷级数问题.本节主要讨论常数项级数的概念和性质.

9.1.1　常数项级数的概念

由第 4 章的泰勒中值定理可知,无理数 e 可近似表示成

$$e \approx 1 + 1 + \frac{1}{2!} + \cdots + \frac{1}{n!}, \tag{1}$$

其误差

$$|R_n| < \frac{e}{(n+1)!} < \frac{3}{(n+1)!}$$

随着 n 的增大而减小,近似式(1)的精确度就越高.且当 $n \to \infty$ 时,误差 $|R_n| \to 0$,近似式(1)的右端的和的极限就是 e.当 $n \to \infty$ 时,和式中的项数是无限增多的,因此形式上可记作:

$$e = 1 + 1 + \frac{1}{2!} + \cdots + \frac{1}{n!} + \cdots.$$

这样,当我们把近似式(1)变为精确等式的时候,就出现无穷多个数依次相加的数学式子.

定义 1　设给定数列

$$u_1, u_2, \cdots, u_n, \cdots,$$

称表达式

$$u_1 + u_2 + \cdots + u_n + \cdots \tag{2}$$

为(常数项)无穷级数,简称(常数项)级数,记为 $\sum\limits_{n=1}^{\infty} u_n$,即

$$\sum_{n=1}^{\infty} u_n = u_1 + u_2 + \cdots + u_n + \cdots,$$

其中第 n 项 u_n 叫级数的一般项或通项.

由于我们无法进行无穷多个数的相加,所以级数的定义式(2)只是形式上的和式,应该怎样理解其意义呢?联系上面计算 e 的方法,我们可以通过考察无穷级数的前 n 项的和随着 n 的变化趋势来理解无穷多个数相加的含义.

作级数(2)的前 n 项的和

$$s_n = u_1 + u_2 + \cdots + u_n,$$

称 s_n 为级数(2)的**部分和**(这是有限项的和,总是有意义的).当 n 依次取 1,2,3,…时,它们构成了一个新的数列$\{s_n\}$——部分和数列:

$$s_1 = u_1, s_2 = u_1 + u_2, \cdots, s_n = u_1 + u_2 + \cdots + u_n, \cdots.$$

定义 2 如果数列$\{s_n\}$有极限,即存在常数 s,使得

$$\lim_{n\to\infty} s_n = s,$$

则称级数(2)是收敛的(或收敛级数),并称 s 为级数(2)的和,记作

$$s = u_1 + u_2 + \cdots + u_n + \cdots, \text{或 } s = \sum_{n=1}^{\infty} u_n.$$

如果数列$\{s_n\}$没有极限,则称级数(2)是发散的(或发散级数),这时级数就没有和.

例 1 判别级数 $1+2+\cdots+n+\cdots$的收敛性.

解 所给级数的部分和为

$$s_n = 1 + 2 + \cdots + n = \frac{n(n+1)}{2},$$

显然$\lim\limits_{n\to\infty} s_n = \infty$,因此所给级数是发散的.

类似地,等差级数(又称算数级数)

$$a + (a+d) + (a+2d) + \cdots + [a+(n-1)d] + \cdots$$

部分和是

$$s_n = na + \frac{n(n-1)}{2}d,$$

因为$\lim\limits_{n\to\infty} s_n = \infty$,因此等差级数是发散的.

例 2 判别等比级数(又称几何级数)

$$\sum_{n=0}^{\infty} aq^n = a + aq + \cdots + aq^n + \cdots (a \neq 0, q \text{ 称为级数的公比})$$

的收敛性.

解 该级数的部分和为

$$s_n = a + aq + aq^2 + \cdots + aq^{n-1} = \begin{cases} \dfrac{a(1-q^n)}{1-q}, & q \neq 1, \\ na, & q = 1, \\ a, & q = -1, n \text{ 为奇数}, \\ 0, & q = -1, n \text{ 为偶数}. \end{cases}$$

(1)当 $|q| > 1$ 时,因为$\lim\limits_{n\to\infty} q^n = \infty$,所以

$$\lim_{n\to\infty} s_n = \infty,$$

故等比级数发散.

(2)当 $|q| < 1$ 时,因为$\lim\limits_{n\to\infty} q^n = 0$,所以

$$\lim_{n\to\infty}s_n=\frac{a}{1-q},$$

因此等比级数收敛.

(3)当 $q=1$ 时,$\lim\limits_{n\to\infty}s_n=\infty$,因此所给级数发散.

(4)当 $q=-1$ 时,显然部分和的极限不存在,所以级数发散.

综上可知:$|q|<1$ 时,等比级数收敛,且其和为 $s=\frac{a}{1-q}$;$|q|\geqslant 1$ 时,等比级数发散.

例 3 判别级数$\frac{1}{1\cdot 2}+\frac{1}{2\cdot 3}+\cdots+\frac{1}{n\cdot(n+1)}+\cdots$的收敛性.

解 因为
$$u_n=\frac{1}{n(n+1)}=\frac{1}{n}-\frac{1}{n+1},$$
所以
$$\begin{aligned}s_n&=\frac{1}{1\cdot 2}+\frac{1}{2\cdot 3}+\cdots+\frac{1}{n\cdot(n+1)}\\&=\left(1-\frac{1}{2}\right)+\left(\frac{1}{2}-\frac{1}{3}\right)+\cdots+\left(\frac{1}{n}-\frac{1}{n+1}\right)\\&=1-\frac{1}{n+1},\end{aligned}$$
从而
$$\lim_{n\to\infty}s_n=\lim_{n\to\infty}\left(1-\frac{1}{n+1}\right)=1.$$
故所给级数收敛,且其和为 1.

例 4 判别调和级数 $\sum\limits_{n=1}^{\infty}\frac{1}{n}$ 的收敛性.

解 该级数的部分和为
$$s_n=1+\frac{1}{2}+\cdots+\frac{1}{n},$$
考虑到 $\ln x$ 在区间$[n,n+1]$上满足拉格朗日中值定理的条件,故存在 $\xi\in[n,n+1]$,使得
$$\ln(n+1)-\ln n=\frac{1}{\xi}<\frac{1}{n},$$
所以部分和
$$s_n>(\ln 2-\ln 1)+(\ln 3-\ln 2)+\cdots[\ln(n+1)-\ln n]=\ln(n+1),$$
显然$\lim\limits_{n\to\infty}s_n=\infty$,故调和级数发散.

9.1.2 收敛级数的基本性质

根据级数收敛性的概念以及数列极限的性质,可得收敛级数的以下几个基本性质.

性质 1 (级数收敛的必要条件) 如果级数 $\sum\limits_{n=1}^{\infty}u_n$ 收敛,则它的一般项 u_n 趋于零,即
$$\lim_{n\to\infty}u_n=0.$$

证 设级数 $\sum_{n=1}^{\infty} u_n$ 的部分和为 s_n，且 $\lim_{n\to\infty} s_n = s$，则

$$\lim_{n\to\infty} u_n = \lim_{n\to\infty}(s_n - s_{n-1}) = \lim_{n\to\infty} s_n - \lim_{n\to\infty} s_{n-1} = s - s = 0.$$

注：级数的一般项趋于零不是级数收敛的充分条件. 例如，由上面的例 4 可知调和级数

$$1 + \frac{1}{2} + \frac{1}{3} + \cdots + \frac{1}{n} + \cdots$$

的一般项 $u_n \to 0(n\to\infty)$，但级数是发散的，因此这条性质不可用来判别级数的是收敛的. 与它等价的命题是：若级数的一般项不趋于零，则该级数必定发散. 这给出了判断级数发散的一个方法.

例如，级数 $\frac{1}{2} + \frac{2}{3} + \frac{3}{4} + \cdots + \frac{n}{n+1} + \cdots$，当 $n\to\infty$ 时，它的一般项

$$u_n = \frac{n}{n+1} \to 1 \neq 0,$$

所以该级数是发散的.

性质 2 **设 k 是任意非零常数，则级数 $\sum_{n=1}^{\infty} u_n$ 与 $\sum_{n=1}^{\infty} ku_n$ 的敛散性相同，且当收敛时，**

$$\sum_{n=1}^{\infty} ku_n = k\sum_{n=1}^{\infty} u_n,$$

即如果级数 $\sum_{n=1}^{\infty} u_n$ 收敛于和 s，则级数 $\sum_{n=1}^{\infty} ku_n$ 也收敛，且其和为 ks.

证 先证：若级数 $\sum_{n=1}^{\infty} u_n$ 收敛于和 s，必有级数 $\sum_{n=1}^{\infty} ku_n$ 收敛，且其和为 ks.

设 $\sum_{n=1}^{\infty} u_n$ 与 $\sum_{n=1}^{\infty} ku_n$ 的部分和分别为 s_n 与 σ_n，则

$$\begin{aligned}\lim_{n\to\infty}\sigma_n &= \lim_{n\to\infty}(ku_1 + ku_2 + \cdots + ku_n)\\ &= k\lim_{n\to\infty}(u_1 + u_2 + \cdots + u_n)\\ &= k\lim_{n\to\infty} s_n = ks.\end{aligned}$$

这表明级数 $\sum_{n=1}^{\infty} ku_n$ 收敛，且和为 ks，即 $\sum_{n=1}^{\infty} ku_n = k\sum_{n=1}^{\infty} u_n$.

下面证明：如果级数 $\sum_{n=1}^{\infty} u_n$ 发散，则级数 $\sum_{n=1}^{\infty} ku_n$ 也发散.

应用反证法，设级数 $\sum_{n=1}^{\infty} ku_n$ 不发散，即收敛，因为 $k\neq 0$，所以 $\sum_{n=1}^{\infty} u_n = \sum_{n=1}^{\infty} \frac{1}{k}(ku_n)$. 有上面的证明可知级数 $\sum_{n=1}^{\infty} u_n$ 收敛，与已知矛盾，所以级数 $\sum_{n=1}^{\infty} ku_n$ 必发散.

注：若 $k = 0$，则级数 $\sum_{n=1}^{\infty} u_n$ 时，级数 $\sum_{n=1}^{\infty} ku_n$ 也收敛，而级数 $\sum_{n=1}^{\infty} u_n$ 发散时，级数 $\sum_{n=1}^{\infty} ku_n$ 仍然收敛.

性质 3 **若两个级数 $\sum_{n=1}^{\infty} u_n$ 和 $\sum_{n=1}^{\infty} v_n$ 分别收敛于 s,σ，则级数 $\sum_{n=1}^{\infty}(u_n \pm v_n)$ 也收敛，且**

其和为 $s\pm\sigma$,即两个收敛级数可以逐项相加与逐项相减.

证 设$\sum_{n=1}^{\infty}u_n,\sum_{n=1}^{\infty}v_n,\sum_{n=1}^{\infty}(u_n\pm v_n)$的部分和分别为$s_n,\sigma_n,\tau_n$,则

$$\begin{aligned}\lim_{n\to\infty}\tau_n&=\lim_{n\to\infty}[(u_1\pm v_1)+(u_2\pm v_2)+\cdots+(u_n\pm v_n)]\\&=\lim_{n\to\infty}[(u_1+u_2+\cdots+u_n)\pm(v_1+v_2+\cdots+v_n)]\\&=\lim_{n\to\infty}(s_n\pm\sigma_n)=s\pm\sigma.\end{aligned}$$

如果性质的条件不满足,结论是否还成立?如级数$\sum_{n=1}^{\infty}u_n$收敛,而级数$\sum_{n=1}^{\infty}v_n$发散,则级数$\sum_{n=1}^{\infty}(u_n\pm v_n)$还是收敛的吗?或级数$\sum_{n=1}^{\infty}u_n$和$\sum_{n=1}^{\infty}v_n$都发散,级数$\sum_{n=1}^{\infty}(u_n\pm v_n)$是收敛还是发散?

性质 4 在级数中去掉、加上或改变有限项,不会改变级数的收敛性.

证 去掉、加上或改变有限项可看做是去掉、加上或改变一项的有限次重复,故只需证明去掉、加上或改变一项的情形,由于三种类型证明方法类似,我们仅证明去掉一项的情形.

设将级数

$$u_1+\cdots+u_{k-1}+u_k+u_{k+1}+\cdots,\tag{3}$$

去掉第 k 项,可得级数

$$u_1+\cdots+u_{k-1}+u_{k+1}+\cdots,\tag{4}$$

并设级数(3)和级数(4)的部分和分别是s_n,σ_n,则当$n>k$时,有$\sigma_n=s_{n+1}-u_k$. 所以当$n\to\infty$时,σ_n与s_n有相同的收敛性,从而级数(3)和级数(4)有相同的收敛性. 所以在级数中去掉一项不会改变级数的收敛性.

注:在级数中去掉、加上或改变有限项,其收敛性不变. 但其和一般会发生改变,如设上面级数(3)和级数(4)的和分别是 s 和 σ,则有 $\sigma=s-u_k$.

性质 5 如果级数$\sum_{n=1}^{\infty}u_n$收敛,则对这级数的项任意加括号后所成的级数

$$(u_1+\cdots+u_{n_1})+(u_{n_1+1}+\cdots+u_{n_2})+\cdots+(u_{n_{k-1}+1}+\cdots+u_{n_k})+\cdots,\tag{5}$$

仍收敛,且其和不变.

证:设级数$\sum_{n=1}^{\infty}u_n$收敛的部分和是s_n,加括号后的级数(5)的部分和是σ_k,

$$\sigma_1=u_1+\cdots+u_{n_1}=s_{n_1},$$

$$\sigma_2=(u_1+\cdots+u_{n_1})+(u_{n_1+1}+\cdots u_{n_2})=s_{n_2},$$

$$\vdots$$

$$\sigma_k=(u_1+\cdots+u_{n_1})+(u_{n_1+1}+\cdots u_{n_2})+\cdots(u_{n_{k-1}+1}+\cdots+u_{n_k})=s_{n_k},$$

显然,级数(5)的部分和数列$\{\sigma_k\}$就是级数$\sum_{n=1}^{\infty}u_n$的部分数列$\{s_n\}$的子列,所以

$$\lim_{k\to\infty}\sigma_k=\lim_{k\to\infty}s_{n_k}=\lim_{n\to\infty}s_n.$$

这表明加括号后的级数也收敛,且其和不变.

注:加括号后所成的级数收敛,不能断定原来未加括号的级数也收敛,即性质 5 的逆命题不成立.

例如,级数$\sum_{n=0}^{\infty}(-1)^n$加括号后所成的级数

$$(1-1)+(1-1)+\cdots$$

收敛于零,但是原级数$\sum_{n=1}^{\infty}(-1)^n=1-1+1-1+\cdots$是公比为$-1$的等比级数,故是发散的.

习题 9.1

1. 写出下列级数的前3项.

(1) $\sum_{n=1}^{\infty}\frac{n}{1+n^2}$; (2) $\sum_{n=1}^{\infty}\frac{n!}{n^n}$; (3) $\sum_{n=1}^{\infty}\frac{\sin nx}{1+n}$.

2. 写出下列级数的一般项.

(1) $1+\frac{1}{3}+\frac{1}{5}+\frac{1}{7}+\cdots$;

(2) $x+\frac{x^2}{1\cdot 3}+\frac{x^3}{1\cdot 3\cdot 5}+\frac{x^4}{1\cdot 3\cdot 5\cdot 7}+\cdots$;

(3) $3-\frac{9}{2!}+\frac{27}{3!}-\frac{81}{4!}+\cdots$.

3. 判定下列级数的收敛性.

(1) $\frac{1}{1\cdot 3}+\frac{1}{3\cdot 5}+\cdots+\frac{1}{(2n-1)(2n+1)}+\cdots$;

(2) $\sum_{n=1}^{\infty}\ln\frac{n+1}{n}$;

(3) $\sum_{n=1}^{\infty}\frac{1}{\left(1+\frac{1}{n}\right)^n}$;

(4) $\left(\frac{3}{2}-\frac{1}{3}\right)+\left(\frac{3}{4}-\frac{1}{9}\right)+\left(\frac{3}{8}-\frac{1}{27}\right)+\cdots$;

(5) $\frac{1}{3}+\frac{1}{6}+\frac{1}{9}+\cdots+\frac{1}{3n}+\cdots$;

(6) $\sum_{n=1}^{\infty}\left(\frac{1}{n}+\frac{2}{3^n}\right)$.

9.2 常数项级数的审敛法

根据级数的定义判断级数的收敛性需要先求部分和的表达式,再求其极限,一般情况下,这很难实现.因此就考虑利用级数一般项的信息来寻找间接的判别方法(审敛法).本节我们讨论一些常用的审敛法.

9.2.1 正项级数及其审敛法

一般的常数项级数,它的各项可以是正数、负数或零.而各项都是正数或零的级数称

为**正项级数**. 我们先寻找正项级数的审敛法,其他大部分级数的收敛性问题都可归结为正项级数的收敛性问题.

设级数

$$u_1+u_2+\cdots+u_n+\cdots$$

是一个正项级数($u_n\geqslant 0,n=1,2,\cdots$),它的部分和为$s_n$. 由$s_{n+1}=s_n+u_{n+1}$可知

$$s_1\leqslant s_2\leqslant\cdots\leqslant s_n\leqslant\cdots.$$

即数列$\{s_n\}$是单调增加的数列. 由数列的单调有界准则,若数列$\{s_n\}$有界,则$\{s_n\}$必收敛,进而正项级数$\sum\limits_{n=1}^{\infty}u_n$收敛. 反过来,若正项级数$\sum\limits_{n=1}^{\infty}u_n$收敛,则数列$\{s_n\}$必收敛,又由收敛数列的性质知,数列$\{s_n\}$有界. 故可得下面定理.

定理1　正项级数收敛的充分必要条件是它的部分和数列有界.

因为正项级数的部分和数列是单调增加的,所以只要部分和数列有上界就一定有界,从而级数就一定收敛. 反之,如果正项级数$\sum\limits_{n=1}^{\infty}u_n$发散,则它的部分和数列$\lim\limits_{n\to\infty}s_n=+\infty$,即$\sum\limits_{n=1}^{\infty}u_n=+\infty$.

根据定理1,可以建立下面一个判别正项级数收敛性的基本方法.

定理2　(比较审敛法)设$\sum\limits_{n=1}^{\infty}u_n$和$\sum\limits_{n=1}^{\infty}v_n$均为正项级数,且$u_n\leqslant v_n(n=1,2,\cdots)$.

(ⅰ)若级数$\sum\limits_{n=1}^{\infty}v_n$收敛,则级数$\sum\limits_{n=1}^{\infty}u_n$收敛;

(ⅱ)若级数$\sum\limits_{n=1}^{\infty}u_n$发散,则级数$\sum\limits_{n=1}^{\infty}v_n$发散.

证　(ⅰ)设级数$\sum\limits_{n=1}^{\infty}v_n$收敛于和$\sigma$,则级数$\sum\limits_{n=1}^{\infty}u_n$的部分和

$$s_n=u_1+u_2+\cdots+u_n\leqslant v_1+v_2+\cdots v_n=\sigma,(n=1,2,\cdots),$$

即部分和数列$\{s_n\}$有界,由定理1,级数$\sum\limits_{n=1}^{\infty}u_n$收敛.

(ⅱ)是(ⅰ)的逆否命题,显然成立.

例1　判定级数$\sum\limits_{n=1}^{\infty}\dfrac{1}{\sqrt{n(n+2)}}$的收敛性.

解　因为$\dfrac{1}{\sqrt{n(n+2)}}>\dfrac{1}{n+2}$,

而级数

$$\sum_{n=1}^{\infty}\frac{1}{n+2}=\frac{1}{3}+\frac{1}{4}+\cdots+\frac{1}{n+2}+\cdots$$

是去掉前两项的调和级数,因而发散,由定理2可知所给级数也发散.

例2　判定级数$\sum\limits_{n-1}^{\infty}\dfrac{1}{n^n}$的收敛性.

解　当$n>1$时,总有$\dfrac{1}{n^n}\leqslant\dfrac{1}{2^n}$,而级数$\sum\limits_{n=2}^{\infty}\dfrac{1}{2^n}$是公比为$\dfrac{1}{2}$的等比级数,所以$\sum\limits_{n=2}^{\infty}\dfrac{1}{2^n}$收敛. 由定理2,级数$\sum\limits_{n-2}^{\infty}\dfrac{1}{n^n}$收敛,根据收敛级数的性质4可知所给级数收敛.

注:用比较审敛法判断正项级数的收敛性时,首先要找到另一个已知其收敛性的级数与所判断级数进行比较,即要找一个参照级数,并且其收敛性是已知的,而一般的参照级数包括等比级数,调和级数以及下面的 p - 级数等.

例 3 讨论 p - 级数

$$\sum_{n=1}^{\infty}\frac{1}{n^p}=1+\frac{1}{2^p}+\frac{1}{3^p}+\frac{1}{4^p}+\cdots+\frac{1}{n^p}+\cdots \tag{1}$$

的收敛性,其中常数 $p>0$.

解 当 $p\leqslant 1$ 时,$\frac{1}{n^p}\geqslant\frac{1}{n}$,而调和级数 $\sum\limits_{n=1}^{\infty}\frac{1}{n}$ 是发散的,所以由定理2可知,$p\leqslant 1$ 时,p - 级数(1) 发散.

当 $p>1$ 时,对于任意的实数 $x>0$,则有对应正整数 k,使得 $k-1<x\leqslant k$,从而 $\frac{1}{k^p}\leqslant\frac{1}{x^p}$,所以

$$\frac{1}{k^p}=\int_{k-1}^{k}\frac{1}{k^p}dx\leqslant\int_{k-1}^{k}\frac{1}{x^p}dx,(k=1,2,\cdots,n),$$

从而级数(1)的部分和

$$\begin{aligned}s_n&=1+\sum_{k=2}^{n}\frac{1}{k^p}\leqslant 1+\sum_{k=2}^{n}\int_{k-1}^{k}\frac{1}{x^p}dx\leqslant 1+\int_{1}^{n}\frac{1}{x^p}dx\\&=1+\frac{1}{p-1}\left(1-\frac{1}{n^{p-1}}\right)<1+\frac{1}{p-1}\quad(n=2,3,\cdots),\end{aligned}$$

因此数列 $\{s_n\}$ 有界,级数(1)收敛.

综上所述,可得 p - 级数(1)当 $p\leqslant 1$ 时发散,$p>1$ 时收敛.

下面介绍应用起来更为便的比较审敛法的极限形式.

推论 1 (**比较审敛法的极限形式**) **设** $\sum\limits_{n=1}^{\infty}u_n$ **和** $\sum\limits_{n=1}^{\infty}v_n$ **都是正项级数,且** $\lim\limits_{n\to\infty}\frac{u_n}{v_n}=l$,

(ⅰ)**若** $0<l<+\infty$,**则级数** $\sum\limits_{n=1}^{\infty}u_n$ **与** $\sum\limits_{n=1}^{\infty}v_n$ **有相同的收敛性;**

(ⅱ)**若** $l=0$ **且级数** $\sum\limits_{n=1}^{\infty}v_n$ **收敛,则级数** $\sum\limits_{n=1}^{\infty}u_n$ **收敛;**

(ⅱ)**若** $l=+\infty$ **且级数** $\sum\limits_{n=1}^{\infty}v_n$ **发散,则级数** $\sum\limits_{n=1}^{\infty}u_n$ **发散.**

根据此定理,当 $n\to\infty$ 时,如果 u_n 是与 v_n 同阶或是比 v_n 高阶的无穷小,而级数 $\sum\limits_{n=1}^{\infty}v_n$ 收敛,则级数 $\sum\limits_{n=1}^{\infty}u_n$ 收敛;如果 u_n 是与 v_n 同阶或是比 v_n 低阶的无穷小,而级数 $\sum\limits_{n=1}^{\infty}v_n$ 发散,则级数 $\sum\limits_{n=1}^{\infty}u_n$ 发散.

例 4 判定级数 $\sum\limits_{n=1}^{\infty}\ln\left(1+\frac{1}{n^2}\right)$ 的收敛性.

解 因为 $\lim\limits_{n\to\infty}\frac{\ln\left(1+\frac{1}{n^2}\right)}{\frac{1}{n^2}}=1$,而级数 $\sum\limits_{n=1}^{\infty}\frac{1}{n^2}$ 收敛,根据比较审敛法的极限形式,级数

$\sum_{n=1}^{\infty} \ln\left(1+\frac{1}{n^2}\right)$收敛.

例 5 判定级数$\sum_{n-1}^{\infty} \sin \frac{1}{n^p}(p>0)$的收敛性.

解 因为$\sum_{n-1}^{\infty} \sin \frac{1}{n^p}$是正项级数,且

$$\lim_{n\to\infty} \frac{\sin \frac{1}{n^p}}{\frac{1}{n^p}} = 1,$$

所以,根据比较审敛法的极限形式,级数$\sum_{n-1}^{\infty} \sin \frac{1}{n^p}$与$\sum_{n-1}^{\infty} \frac{1}{n^p}$有相同的收敛性. 因此当$p\leqslant 1$时级数$\sum_{n-1}^{\infty} \sin \frac{1}{n^p}$发散,当$p>1$时级数$\sum_{n-1}^{\infty} \sin \frac{1}{n^p}$收敛.

应用比较审敛法及其极限形式判定正项级数的收敛性时,需找一个适当的正项级数作参照,这多少有些困难. 下面介绍两个可以利用级数一般项的特点来判断级数的收敛性的方法.

定理 3 **(比值审敛法或达朗贝尔判别法)设$\sum_{n=1}^{\infty} u_n$为正项级数,如果$\lim_{n\to\infty} \frac{u_{n+1}}{u_n} = \rho$,则**

(ⅰ)当$\rho<1$时,级数收敛;

(ⅱ)当$\rho>1$(包括$\rho=+\infty$)时,级数发散;

(ⅲ)当$\rho=1$时,级数可能收敛也可能发散.

证 (ⅰ)当$\rho<1$. 取一个适当小的正数ε,使得$\rho+\varepsilon=r<1$,根据极限定义,存在自然数m,当$n\geqslant m$时有不等式

$$\frac{u_{n+1}}{u_n} < \rho+\varepsilon = r,$$

$$u_{m+1} < ru_m, u_{m+2} < ru_{m+1} < r^2u_m, u_{m+3} < ru_{m+2} < r^3u_m, \cdots$$

这样,级数$u_{m+1}+u_{m+2}+u_{m+3}+\cdots$的各项就小于收敛的等比级数(公比$r<1$)$ru_m+r^2u_m+r^3u_m,\cdots$的对应项,所以它也收敛. 又根据收敛级数的性质 4,级数$u_1+u_2+\cdots+u_m+u_{m+1}+\cdots$也收敛.

(ⅱ)当$\rho>1$. 取一个适当小的正数ε,使得$\rho-\varepsilon>1$. 根据极限定义,当$n\geqslant m$时有不等式

$$\frac{u_{n+1}}{u_n} > \rho-\varepsilon > 1,$$

也就是$u_{n+1}>u_n$,所以当$n\geqslant m$时,级数的一般项u_n是逐渐增大的,从而$\lim_{n\to\infty} u_n \neq 0$. 根据级数收敛的必要条件可知级数$\sum_{n=1}^{\infty} u_n$发散.

类似地,可以证明当$\lim_{n\to\infty} \frac{u_{n+1}}{u_n} = \infty$时,级数$\sum_{n=1}^{\infty} u_n$发散.

(ⅲ)当$\rho=1$时级数可能收敛也可能发散. 例如p-级数$\sum_{n=1}^{\infty} \frac{1}{n^p}$不论$p$为何值都有

$$\lim_{n\to\infty}\frac{u_{n+1}}{u_n}=\lim_{n\to\infty}\frac{\frac{1}{(n+1)^p}}{\frac{1}{n^p}}=1.$$

但我们知道，当 $p\leqslant 1$ 时级数发散，而当 $p>1$ 时级数收敛. 因此根据 $\rho=1$ 不能判别级数的敛散性.

注：当 $\rho=1$ 时，比值审敛法失效，需考虑用其他方法（一般用比较审敛法）判断级数的收敛性.

例6 判定下列级数的收敛性.

(1) $\sum\limits_{n=1}^{\infty}\frac{5^n}{n+1}$； (2) $\sum\limits_{n-1}^{\infty}\frac{a^n n!}{n^n}(a>0,a\neq \mathrm{e})$； (3) $\sum\limits_{n=1}^{\infty}\frac{1}{(2n-1)\cdot 2n}$.

解 (1)因为

$$\lim_{n\to\infty}\frac{u_{n+1}}{u_n}=\lim_{n\to\infty}\frac{5^{n+1}}{n+2}\cdot\frac{n+1}{5^n}=5>1,$$

由比值审敛法可知，所给级数发散.

(2)因为

$$\lim_{n\to\infty}\frac{u_{n+1}}{u_n}=\lim_{n\to\infty}\frac{a^{n+1}(n+1)!}{(n+1)^n}\cdot\frac{n^n}{a^n n!}=\lim_{n\to\infty}a\left(\frac{n}{1+n}\right)^n$$
$$=\lim_{n\to\infty}a\frac{1}{\left(1+\frac{1}{n}\right)^n}=\frac{a}{\mathrm{e}},$$

由比值审敛法可知：

当 $0<a<\mathrm{e}$ 时，级数 $\sum\limits_{n-1}^{\infty}\frac{a^n n!}{n^n}$ 收敛；

当 $a>\mathrm{e}$ 时，级数 $\sum\limits_{n-1}^{\infty}\frac{a^n n!}{n^n}$ 发散.

(3) 因为

$$\lim_{n\to\infty}\frac{u_{n+1}}{u_n}=\lim_{n\to\infty}\frac{(2n-1)\cdot 2n}{(2n+1)\cdot(2n+2)}=1,$$

所以比值审敛法失效. 又因为

$$\frac{1}{(2n-1)\cdot 2n}<\frac{1}{n^2},$$

而级数 $\sum\limits_{n=1}^{\infty}\frac{1}{n^2}$ 收敛，故所给级数收敛.

应用与证明比值审敛法类似的方法，可证明下面的定理.

定理4 **（根值审敛法或柯西审敛法）设 $\sum\limits_{n=1}^{\infty}u_n$ 为正项级数，且 $\lim\limits_{n\to\infty}\sqrt[n]{u_n}=\rho$，**

（ⅰ）当 $\rho<1$ 时，级数收敛；

（ⅱ）当 $\rho>1$（包括 $\rho=+\infty$）时，级数发散；

（ⅲ）当 $\rho=1$ 时，级数可能收敛也可能发散.

例 7 判定级数 $\sum\limits_{n=1}^{\infty}\left(\dfrac{3n+1}{5n+2}\right)^n$ 的收敛性.

解 因为

$$\lim_{n\to\infty}\sqrt[n]{u_n}=\lim_{n\to\infty}\sqrt[n]{\left(\frac{3n+1}{5n+2}\right)^n}=\lim_{n\to\infty}\frac{3n+1}{5n+2}=\frac{3}{5}<1,$$

由根值审敛法可知,所给级数收敛.

9.2.2 交错级数及其审敛法

设 $u_n>0(n=1,2,\cdots)$,则称级数 $\sum\limits_{n=1}^{\infty}(-1)^{n-1}u_n$ 或 $\sum\limits_{n=1}^{\infty}(-1)^n u_n$ 为交错级数. 即各项符号正负相间的级数为交错级数.

由级数收敛的性质,级数 $\sum\limits_{n=1}^{\infty}(-1)^{n-1}u_n$ 和 $\sum\limits_{n=1}^{\infty}(-1)^n u_n$ 有相同的收敛性. 所以下面仅讨论判别级数 $\sum\limits_{n=1}^{\infty}(-1)^{n-1}u_n$ 的收敛性的方法.

定理 5 (**莱布尼茨审敛法**)**若交错级数** $\sum\limits_{n=1}^{\infty}(-1)^{n-1}u_n$ **满足条件:**

(ⅰ) $u_n\geqslant u_{n+1}(n=1,2,\cdots)$;

(ⅱ) $\lim\limits_{n\to\infty}u_n=0$.

则级数 $\sum\limits_{n=1}^{\infty}(-1)^{n-1}u_n$ **收敛,且其和** $s\leqslant u_1$.

证 设级数 $\sum\limits_{n=1}^{\infty}(-1)^{n-1}u_n$ 的前 $2n$ 项部分的和为 s_{2n},则将 s_{2n} 表示成以下两种形式

$$s_{2n}=(u_1-u_2)+(u_3-u_4)+\cdots+(u_{2n-1}-u_{2n});$$

$$s_{2n}=u_1-(u_2-u_3)-(u_4-u_5)-\cdots-(u_{2n-2}-u_{2n-1})-u_{2n},$$

根据条件(ⅰ)知,以上两种形式中的每个括号内的差都是非负数,所以由第一个表示式可知,数列 $\{s_{2n}\}$ 单调增加;由第二个表示式可知数列 $\{s_{2n}\}$ 有界($s_{2n}<u_1$). 故数列 $\{s_{2n}\}$ 存在极限 s,即 $\lim\limits_{n\to\infty}s_{2n}=s\leqslant u_1$. 又因为 $s_{2n+1}=s_{2n}+u_{2n+1}$,所以 $\lim\limits_{n\to\infty}s_{2n+1}=s$. 于是级数的前偶数项的和与奇数项的和趋于同一极限 s,所以 $\lim\limits_{n\to\infty}s_n=s$. 且 $s\leqslant u_1$.

例 8 判定级数 $\sum\limits_{n=1}^{\infty}(-1)^{n-1}\dfrac{1}{n}$ 的收敛性.

解 所给级数为交错级数,且满足条件

(ⅰ) $u_n=\dfrac{1}{n}>\dfrac{1}{n+1}=u_{n+1}(n=1,2,\cdots)$,

(ⅱ) $\lim\limits_{n\to\infty}u_n=\lim\limits_{n\to\infty}\dfrac{1}{n}=0$,

故由莱布尼茨审敛法知,所给级数是收敛的,且其和 $s<1$.

例 9 判定级数 $\sum\limits_{n=1}^{\infty}(-1)^{n-1}\dfrac{\ln n}{n}$ 的收敛性.

解 设$f(x)=\frac{\ln x}{x}(x>3)$，则当 x 取正整数 n 时，有$f(n)=u_n=\frac{\ln n}{n}$，

又

$$f'(x)=\frac{1-\ln x}{x^2}<0(x>3),$$

所以函数$f(x)$是单调递减的，即当 $n>3$ 时，$\left\{\frac{\ln n}{n}\right\}$是递减数列，故有 $u_n \geqslant u_{n+1}$. 又

$$\lim_{x\to+\infty}\frac{\ln x}{x}=\lim_{x\to+\infty}\frac{1}{x}=0,$$

所以$\lim\limits_{n\to+\infty}\frac{\ln n}{n}=0$，于是，由莱布尼茨审敛法知，所给级数收敛.

9.2.3 绝对收敛与条件收敛

对于一般的数项级数$\sum\limits_{n=1}^{\infty}u_n$，它的各项可以是正数、负数或零. 我们可以借助正项级数来讨论其收敛性.

定义 1 **若级数$\sum\limits_{n=1}^{\infty}|u_n|$收敛，则称级数$\sum\limits_{n=1}^{\infty}u_n$ 绝对收敛；若级数$\sum\limits_{n=1}^{\infty}u_n$ 收敛，而级数$\sum\limits_{n=1}^{\infty}|u_n|$发散，则称级数$\sum\limits_{n=1}^{\infty}u_n$ 条件收敛.**

例如，级数$\sum\limits_{n=1}^{\infty}(-1)^{n-1}\frac{1}{n^2}$是绝对收敛级数，而$\sum\limits_{n-1}^{\infty}(-1)^{n-1}\frac{1}{n}$是条件收敛级数.

定理 6 **如果正项级数$\sum\limits_{n=1}^{\infty}|u_n|$收敛，则级数$\sum\limits_{n=1}^{\infty}u_n$ 收敛.**

证 记

$$v_n=\frac{1}{2}(|u_n|+u_n),\quad w_n=\frac{1}{2}(|u_n|-u_n)$$

则显然$0\leqslant v_n\leqslant|u_n|$，$0\leqslant w_n\leqslant|u_n|$.

因为$\sum\limits_{n=1}^{\infty}|u_n|$收敛，所以由正项级数的比较法知$\sum\limits_{n=1}^{\infty}v_n$，$\sum\limits_{n=1}^{\infty}w_n$ 都收敛. 注意到 $u_n=v_n-w_n$，故由收敛级数的基本性质知$\sum\limits_{n=1}^{\infty}u_n$ 也收敛，证毕.

注： 对于一般的常数项级数$\sum\limits_{n=1}^{\infty}u_n$，先用正项级数的审敛法判定级数$\sum\limits_{n=1}^{\infty}|u_n|$的收敛性，若级数$\sum\limits_{n=1}^{\infty}|u_n|$收敛，则级数$\sum\limits_{n=1}^{\infty}u_n$ 也收敛. 如果级数$\sum\limits_{n=1}^{\infty}|u_n|$发散，我们不能断定级数$\sum\limits_{n=1}^{\infty}u_n$ 也发散. 但是，如果用比值法判定级数$\sum\limits_{n=1}^{\infty}|u_n|$发散，则可以断定级数$\sum\limits_{n=1}^{\infty}u_n$ 必定发散. 这是因为，此时$|u_n|$不趋向于零，从而 u_n 也不趋向于零，因此级数$\sum\limits_{n=1}^{\infty}u_n$ 也是发散的.

例 10 判定下列级数是否收敛？若是收敛的，是绝对收敛还是条件收敛？

(1) $\sum_{n=1}^{\infty}(-1)^{n-1}\frac{1}{\sqrt{n}}$;　(2) $\sum_{n=1}^{\infty}\frac{(-1)^{n-1}}{n\cdot 2^n}$;　(3) $\sum_{n=1}^{\infty}\frac{\sin nx}{n^3}$.

解 (1) 因为级数 $\sum_{n=1}^{\infty}|u_n| = \sum_{n=1}^{\infty}\frac{1}{\sqrt{n}}$,而级数 $\sum_{n=1}^{\infty}\frac{1}{\sqrt{n}}$ 是 $p=\frac{1}{2}$ 的 p 级数,故发散. 又 $u_n=(-1)^{n-1}\frac{1}{\sqrt{n}}$,显然 $\sum_{n=1}^{\infty}u_n$ 为交错级数,且 $|u_n|\geqslant|u_{n+1}|$, $\lim\limits_{n\to\infty}u_n=0$,故所给级数收敛,且为条件收敛.

(2) 因为 $\lim\limits_{n\to\infty}\frac{|u_{n+1}|}{|u_n|}=\lim\limits_{n\to\infty}\frac{n\cdot 2^n}{(n+1)\cdot 2^{n+1}}=\frac{1}{2}<1$,故级数 $\sum_{n=1}^{\infty}\left|\frac{(-1)^{n-1}}{n\cdot 2^n}\right|$ 收敛. 由定理 4 知,级数 $\sum_{n=1}^{\infty}\frac{(-1)^{n-1}}{n\cdot 2^n}$ 收敛,且为绝对收敛.

(3) 因为 $\left|\frac{\sin nx}{n^3}\right|\leqslant\frac{1}{n^3}$,而级数 $\sum_{n=1}^{\infty}\frac{1}{n^3}$ 收敛,所以,级数 $\sum_{n=1}^{\infty}\left|\frac{\sin nx}{n^3}\right|$ 也收敛. 由定理 4 知,级数 $\sum_{n=1}^{\infty}\frac{\sin nx}{n^3}$ 收敛,且为绝对收敛.

习题 9.2

1. 用比较审敛法或极限审敛法判定下列级数的收敛性.

(1) $\sum_{n=1}^{\infty}\frac{1}{n^2-n+1}$;　(2) $\sum_{n=1}^{\infty}\frac{n+1}{n^2+1}$;

(3) $\sum_{n=1}^{\infty}\frac{1}{\sqrt{n(n^2+1)}}$;　(4) $\sum_{n=1}^{\infty}\frac{1}{\sqrt{n(n+1)}}$;

(5) $\sum_{n=1}^{\infty}\frac{2^{n-1}}{1\cdot 3\cdot 5\cdot\cdots\cdot(2n-1)}$;　(6) $\sum_{n=1}^{\infty}\frac{1}{\ln(n+1)}$;

(7) $\sum_{n=1}^{\infty}\sin\frac{\pi}{2^n}$;　(8) $\sum_{n=1}^{\infty}\frac{1}{1+a^n}(a>0)$.

2. 用比值审敛法或根值审敛法判定下列级数的收敛性.

(1) $\sum_{n=1}^{\infty}\frac{3^n}{n^2}$;　(2) $\sum_{n=1}^{\infty}\frac{2^n}{n\cdot 3^n}$;

(3) $\sum_{n=1}^{\infty}\frac{5^n}{n!}$;　(4) $\sum_{n=1}^{\infty}\frac{(n!)^2}{(2n+1)!}$

(5) $\sum_{n=1}^{\infty}n\sin\frac{\pi}{4^n}$;　(6) $\sum_{n=1}^{\infty}2^n\arctan\frac{1}{3^n}$;

(7) $\sum_{n=1}^{\infty}\frac{1\cdot 3\cdot 5\cdot\cdots\cdot(2n-1)}{4^n\cdot n!}$;　(8) $\sum_{n=1}^{\infty}\frac{1}{[\ln(n+2)]^n}$;

(9) $\sum_{n-1}^{\infty}\left(\frac{n}{2n-1}\right)^{3n}$;　(10) $\sum_{n=1}^{\infty}\frac{4^n}{5^n-3^n}$.

3. 判定下列级数是否收敛? 若是收敛的,是绝对收敛还是条件收敛?

(1) $\sum_{n=1}^{\infty}\frac{(-1)^{n-1}}{2\cdot 5^n}$;　(2) $\sum_{n=1}^{\infty}(-1)^{n+1}\frac{2^n}{n!}$;

(3) $\sum\limits_{n=1}^{\infty}(-1)^n\dfrac{n^3}{e^n}$;　　　　(4) $\sum\limits_{n=1}^{\infty}\dfrac{\sin n}{n^3}$;

(5) $\sum\limits_{n=1}^{\infty}\left(-\dfrac{1}{\ln n}\right)^n$;　　　　(6) $\sum\limits_{n=1}^{\infty}\dfrac{(-1)^{n-1}}{\sqrt{n+1}+\sqrt{n}}$.

9.3 幂 级 数

前面两节所涉及的级数的项都是常数,这极大地限制了其应用. 下面我们讨论应用更为广泛的函数项级数.

9.3.1 函数项级数的概念

定义 1 设给定一个定义在区间 I 上的函数列

$$u_1(x),u_2(x),u_3(x),\cdots,u_n(x),\cdots,$$

则称表达式

$$u_1(x)+u_2(x)+u_3(x)+\cdots+u_n(x)+\cdots$$

为定义在区间 I 上的(函数项)无穷级数,简称**(函数项)级数**,记为 $\sum\limits_{n=1}^{\infty}u_n(x)$.

例如

$$\sum_{n=1}^{\infty}x^n = x+x^2+x^3+\cdots+x^n+\cdots,$$

及

$$a_0+\sum_{n=1}^{\infty}a_n\sin nx = a_0+a_1\sin x+a_2\sin 2x+\cdots+a_n\sin nx+\cdots,$$

都是定义在$(-\infty,+\infty)$函数项级数. 其中级数 $\sum\limits_{n=1}^{\infty}x^n$ 是等比级数,其公比是变量 x,当 $|x|<1$ 时,级数 $\sum\limits_{n=1}^{\infty}x^n$ 收敛,且和为$\dfrac{x}{1-x}$;当 $|x|\geqslant 1$ 时,级数 $\sum\limits_{n=1}^{\infty}x^n$ 发散.

对于每一个确定的值 $x_0\in I$,函数项级数 $\sum\limits_{n=1}^{\infty}u_n(x)$ 成为一数项级数 $\sum\limits_{n=1}^{\infty}u_n(x_0)$,若这个收敛,则称点 x_0 为函数项级数 $\sum\limits_{n=1}^{\infty}u_n(x)$ 的**收敛点**;若这个数项级数发散,则称点 x_0 为函数项级数 $\sum\limits_{n=1}^{\infty}u_n(x)$ 的**发散点**. 函数项级数 $\sum\limits_{n=1}^{\infty}u_n(x)$ 的所有收敛点的集合称为它的**收敛域**,所有发散点的集合为它的**发散域**. 对于收敛域内的任一个数 x,级数 $\sum\limits_{n=1}^{\infty}u_n(x)$ 收敛,也就是有一确定的和 $s(x)$ 与之对应,因此函数项级数的和是 x 的函数,称为函数项级数的**和函数**,记做

$$s(x)=\sum_{n=1}^{\infty}u_n(x)=u_1(x)+u_2(x)+u_3(x)+\cdots+u_n(x)+\cdots.$$

显然,函数 $s(x)$ 的定义域即为级数的收敛域.

例如,级数 $\sum_{n=1}^{\infty} x^n$ 的收敛域是开区间 $(-1,1)$;发散域是 $(-\infty\ \ -1]$ 与 $[1,+\infty)$. 且在收敛域中级数 $\sum_{n=1}^{\infty} x^n$ 的和函数是 $s(x)=\dfrac{x}{1-x}$.

将函数项级数 $\sum_{n=1}^{\infty} u_n(x)$ 的前 n 项的部分和记为 $s_n(x)$,则在收敛域上 $\lim\limits_{n\to\infty} s_n(x)=s(x)$. 在收敛域上,我们仍称 $r_n(x)=s(x)-s_n(x)$ 为函数项级数的**余项**,显然,$\lim\limits_{n\to\infty} r_n(x)=0$.

例 1 求函数项 $\sum_{n=1}^{\infty} \dfrac{(-1)^n}{n}\left(\dfrac{1}{1+x}\right)^n$ 的收敛域.

解 $\lim\limits_{n\to\infty}\left|\dfrac{u_{n+1}(x)}{u_n(x)}\right|=\lim\limits_{n\to\infty}\left|\dfrac{n}{(n+1)(1+x)}\right|=\dfrac{1}{|1+x|}$

(1) $\dfrac{1}{|1+x|}<1$, $x>0$ 或 $x<-2$,原级数绝对收敛;

(2) $\dfrac{1}{|1+x|}>1$, $-2<x<0$,原级数发散;

(3) $x=0$ 时 $\sum_{n=1}^{\infty}\dfrac{(-1)^n}{n}$ 收敛;

$x=-2$ 时 $\sum_{n=1}^{\infty}\dfrac{1}{n}$ 发散;

所以 $\sum_{n=1}^{\infty} \dfrac{(-1)^n}{n}\left(\dfrac{1}{1+x}\right)^n$ 的收敛域为 $x<-2$ 或 $x\geqslant 0$.

9.3.2 幂级数及其收敛性

函数项级数中最简单也是应用最广泛的一类级数是幂级数.

定义 2 形如

$$\sum_{n=0}^{\infty} a_n(x-x_0)^n=a_0+a_1(x-x_0)+a_2(x-x_0)^2+\cdots+a_n(x-x_0)^n+\cdots \tag{1}$$

的函数项级数称为幂级数,其中常数 $a_0,a_1,a_2,\cdots,a_n,\cdots$ 称为幂级数的系数.

令幂级数(1)中的 $x-x_0=t$,则幂级数(1)就变成如下的特殊形式

$$\sum_{n=0}^{\infty} a_n t^n=a_0+a_1t+a_2t^2+\cdots+a_nt^n+\cdots \tag{2}$$

因此,我们只需要讨论形式(2)的幂级数. 显然 $t=0$ 时,级数(2)收敛,除此之外,级数(2)是否还有其他的收敛点,即研究级数(2)的首要问题是确定它的收敛域. 为此,先给出下面的定理.

定理 1(阿贝尔定理) 若级数 $\sum_{n=0}^{\infty} a_nx^n$ 在点 $x=x_0(x_0\neq 0)$ 处收敛,则适合不等式 $|x|<|x_0|$ 的一切 x 使该幂级数绝对收敛. 反之,若级数 $\sum_{n=0}^{\infty} a_nx^n$ 在点 $x=x_0$ 处发散,则

适合不等式 $|x|>|x_0|$ 的一切 x 使该幂级数发散.

证　设 x_0 是幂级数 $\sum_{n=0}^{\infty}a_nx^n$ 的收敛点,则级数 $\sum_{n=0}^{\infty}a_nx_0{}^n$ 收敛. 根据级数收敛的必要条件,有

$$\lim_{n\to\infty}a_nx_0^n=0,$$

故数列 $\{a_nx_0{}^n\}$ 有界,即存在一个常数 $M>0$,使得

$$|a_nx_0{}^n|\leqslant M(n=0,1,2,\cdots).$$

于是,级数 $\sum_{n=0}^{\infty}a_nx^n$ 的一般项的绝对值

$$|a_nx^n|=|a_nx_0{}^n|\cdot\frac{|x|^n}{|x_0|^n}\leqslant M\cdot\left(\frac{|x|}{|x_0|}\right)^n.$$

因为当 $|x|<|x_0|$ 时, $\left|\frac{x}{x_0}\right|<1$, 所以等比级数 $\sum_{n=0}^{\infty}M\left|\frac{x}{x_0}\right|^n$ 收敛, 所以级数 $\sum_{n=0}^{\infty}|a_nx^n|$ 收敛,也就是级数 $\sum_{n=0}^{\infty}a_nx^n$ 绝对收敛.

定理第二部分可用反证法证明,假设有一点 x_1 适合 $|x_1|>|x_0|$,使级数 $\sum_{n=0}^{\infty}a_nx^n$ 收敛,则根据本定理第一部分,级数在点 $x=x_0$ 处应收敛,这与已知矛盾. 结论得证.

由定理1可以看出,若幂级数(2)在 $x=x_0(x_0\neq0)$ 处收敛,则它在开区间 $(-|x_0|,|x_0|)$ 内的任何一点都收敛;若幂级数(2)在 $x=x_0$ 处发散,则对于闭区间 $[-|x_0|,|x_0|]$ 外的任何点,幂级数都发散. 即除了 $x=\pm x_0$ 外,幂级数(2)的收敛点或发散点是关于原点对称的,而且从原点开始向数轴的正方向走时,是先遇到收敛点(如果除了原点之外还有其他收敛的话),然后过了某个点之后就全是发散(如果存在发散点的话). 由此可以得如下结论.

推论1　幂级数(2)的收敛性是下列三种情形之一:

(ⅰ)仅在 $x=0$ 一点收敛;

(ⅱ)在整个数轴,即 $(-\infty,+\infty)$ 上都收敛;

(ⅲ)存在一个确定的正数 R,使得当 $|x|<R$ 时,幂级数绝对收敛,当 $|x|>R$ 时,幂级数发散;

当 $x=R$ 与 $x=-R$ 时,幂级数可能收敛也可能发散.

情形(ⅲ)中正数 R 称为幂级数(2)的收敛半径. 为了讨论方便,规定:情形(ⅰ)的收敛半径是 $R=0$;情形(ⅱ)的收敛半径是 $R=+\infty$. 开区间 $(-R,R)$ 称为幂级数(2)的收敛区间. 根据幂级数在 $x=\pm R$ 处的收敛性,可确定幂级数的收敛域为 $(-R,R)$、$[-R,R)$、$(-R,R]$ 或 $[-R,R]$ 四个区间之一.

因此判别幂级数(2)的收敛性,关键是求出其收敛半径 R. 对于收敛半径的求法有下面定理.

定理2　如果

$$\lim_{n\to\infty}\frac{|a_{n+1}|}{|a_n|}=\lim_{n\to\infty}\left|\frac{a_{n+1}}{a_n}\right|=\rho,$$

其中 a_n,a_{n+1} 是幂级数 $\sum_{n=0}^{\infty}a_nx^n$ 的相邻两项的系数,且 $a_n\neq0$,那么该幂级数的收敛半径 R

为：

（ⅰ）若$\rho\neq0$，则$R=\dfrac{1}{\rho}$；

（ⅱ）若$\rho=0$，则$R=+\infty$；

（ⅲ）若$\rho=+\infty$，则$R=0$.

证 幂级数$\sum\limits_{n=0}^{\infty}a_nx^n$的各项取绝对值可得正向级数

$$|a_0|+|a_1x|+|a_2x^2|+\cdots+|a_nx^n|+\cdots \tag{3}$$

其后项与前项之比的极限为

$$\lim_{n\to\infty}\frac{|a_{n+1}x^{n+1}|}{|a_nx^n|}=\lim_{n\to\infty}\frac{|a_{n+1}|}{|a_n|}|x|=\rho|x|.$$

（ⅰ）若$\rho\neq0$，根据比值审敛法，则当$\rho|x|<1$即$|x|<\dfrac{1}{\rho}$时，正向级数(3)收敛，从而级数$\sum\limits_{n=0}^{\infty}a_nx^n$绝对收敛；当$\rho|x|>1$即$|x|>\dfrac{1}{\rho}$时，级数(3)发散，从而级数$\sum\limits_{n=0}^{\infty}a_nx^n$发散，于是级数$\sum\limits_{n=0}^{\infty}a_nx^n$的收敛半径$R=\dfrac{1}{\rho}$.

（ⅱ）若$\rho=0$，则对任何$x\neq0$，有$\dfrac{|a_{n+1}x^{n+1}|}{|a_nx^n|}\to0(n\to\infty)$，所以级数(3)收敛，从而级数$\sum\limits_{n=0}^{\infty}a_nx^n$绝对收敛，于是$R=+\infty$.

（ⅲ）若$\rho=+\infty$，则对于除$x=0$外的其他一切x值，级数$\sum\limits_{n=0}^{\infty}a_nx^n$必发散，而当$x=0$时级数$\sum\limits_{n=0}^{\infty}a_nx^n$收敛，于是$R=0$. 定理得证.

例2 求下列幂级数的收敛域.

(1) $\sum\limits_{n=1}^{\infty}(-1)^{n-1}\dfrac{x^n}{n}$； (2) $\sum\limits_{n=0}^{\infty}n!x^n$（规定$0!=1$）； (3) $\sum\limits_{n=1}^{\infty}\dfrac{x^n}{n^n}$.

解 (1)因为

$$\rho=\lim_{n\to\infty}\left|\frac{a_{n+1}}{a_n}\right|=\lim_{n\to\infty}\frac{\frac{1}{n+1}}{\frac{1}{n}}=1,$$

所以收敛半径$R=1$. 当$x=1$时，原级数成为交错级数$\sum\limits_{n=1}^{\infty}\dfrac{(-1)^n}{n}$，收敛；当$x=-1$时，原级数成为级数$\sum\limits_{n=1}^{\infty}-\dfrac{1}{n}$，即调和级数每项乘以$-1$所得级数，故发散. 因此，原级数收敛域为$(-1,1]$.

(2)因为

$$\rho=\lim_{n\to\infty}\left|\frac{a_{n+1}}{a_n}\right|=\lim_{n\to\infty}\frac{(n+1)!}{n!}=\lim_{n\to\infty}(n+1)=\infty,$$

所以收敛半径$R=0$，收敛域为$\{0\}$.

(3)因为

$$\rho = \lim_{n\to\infty}\left|\frac{a_{n+1}}{a_n}\right| = \lim_{n\to\infty}\frac{n^n}{(n+1)^{n+1}} = \lim_{n\to\infty}\frac{1}{n+1}\cdot\left(\frac{n}{n+1}\right)^n = 0\cdot\frac{1}{\mathrm{e}} = 0,$$

所以收敛半径 $R=+\infty$,收敛域为$(-\infty,+\infty)$.

例 3 求幂级数 $\sum\limits_{n=1}^{\infty}\dfrac{(-1)^n x^n}{3^n(n+1)}$ 的收敛半径与收敛域.

解 因为

$$\rho = \lim_{n\to\infty}\left|\frac{a_{n+1}}{a_n}\right| = \lim_{n\to\infty}\frac{3^n(n+1)}{3^{n+1}(n+2)} = \lim_{n\to\infty}\frac{1}{3}\cdot\frac{n+1}{n+2} = \frac{1}{3},$$

所以收敛半径 $R=3$.

当 $x=3$ 时, 原级数成为交错级数 $\sum\limits_{n=1}^{\infty}\dfrac{(-1)^n}{n+1}$,收敛;当 $x=-3$ 时,原级数成为级数 $\sum\limits_{n=1}^{\infty}\dfrac{1}{n+1}$(去掉首项的调和级数),发散. 因此,收敛域为$(-3,3]$.

例 4 求幂级数 $\sum\limits_{n=1}^{\infty}\dfrac{(x-4)^n}{n^2}$ 的收敛域.

解 令 $x-4=t$,则原级数变为 $\sum\limits_{n=1}^{\infty}\dfrac{t^n}{n^2}$. 又因为

$$\rho = \lim_{n\to\infty}\left|\frac{a_{n+1}}{a_n}\right| = \lim_{n\to\infty}\frac{n^2}{(n+1)^2} = 1,$$

所以级数 $\sum\limits_{n=1}^{\infty}\dfrac{t^n}{n^2}$ 的收敛半径 $R=1$. 从而,收敛区间为 $|t|<1$,即原级数的收敛区间是 $|x-4|<1$,也即$(3,5)$.

当 $x=3$ 时,原级数成为交错级数 $\sum\limits_{n=1}^{\infty}\dfrac{(-1)^n}{n^2}$,收敛;当 $x=5$ 时,原级数成为 $p=2$ 的 p 级数 $\sum\limits_{n=1}^{\infty}\dfrac{1}{n^2}$,收敛. 因此所给级数的收敛域为$[3,5]$.

例 5 求幂级数 $\sum\limits_{n=1}^{\infty}(-1)^n\dfrac{x^{2n-1}}{2n-1}$ 的收敛半径和收敛域.

解 原幂级数只有奇次项幂的项,缺少偶次幂的项,定理 2 不能直接应用. 我们直接根据比值审敛法来求收敛半径.

$$\lim_{n\to\infty}\left|\frac{u_{n+1}}{u_n}\right| = \lim_{n\to\infty}\frac{|x|^{2n+1}}{2n+1}\cdot\frac{2n-1}{|x|^{2n-1}} = |x|^2,$$

当 $|x|^2<1$,即 $|x|<1$ 时级数收敛;当 $|x|^2>1$,即 $|x|>1$ 时级数发散,所以收敛半径为 $R=1$.

当 $x=1$ 时,原级数成为交错级数 $\sum\limits_{n=1}^{\infty}\dfrac{(-1)^n}{2n-1}$,收敛;当 $x=-1$ 时,原级数也成为交错级数 $\sum\limits_{n=1}^{\infty}\dfrac{(-1)^{n-1}}{2n-1}$,收敛. 因此所给级数的收敛域为$[-1,1]$.

9.3.3 幂级数的运算性质

性质1 设幂级数 $\sum_{n=0}^{\infty} a_n x^n$ 及 $\sum_{n=0}^{\infty} b_n x^n$ 的收敛半径分别为 R_1 与 R_2，即

$$\sum_{n=0}^{\infty} a_n x^n = s_1(x), \ |x| < R_1,$$

$$\sum_{n=0}^{\infty} b_n x^n = s_2(x), \ |x| < R_2.$$

则在公共收敛区间 $(-R,R)$ $(R=\min\{R_1,R_2\})$ 内有，

(ⅰ) $\sum_{n=0}^{\infty} a_n x^n \pm \sum_{n=0}^{\infty} b_n x^n = \sum_{n=0}^{\infty} (a_n \pm b_n) x^n = s_1(x) \pm s_2(x)$；

(ⅱ) $\left(\sum_{n=0}^{\infty} a_n x^n\right) \cdot \left(\sum_{n=0}^{\infty} b_n x^n\right) = \sum_{n=0}^{\infty} c_n x^n = s_1(x) \cdot s_2(x)$

其中 $c_n = a_0 b_n + a_1 b_{n-1} + \cdots + a_{n-1} b_1 + a_n b_0$.

性质2 设幂级数 $\sum_{n=0}^{\infty} a_n x^n$ 在收敛域 I 中的和函数为 $s(x)$，即

$$s(x) = \sum_{n=0}^{\infty} a_n x^n = a_0 + a_1 x + a_2 x^2 + \cdots + a_n x^n + \cdots,$$

并设收敛半径为 R，则 $s(x)$ 具有如下性质：

(ⅰ) $s(x)$ 在其收敛域 I 上连续.

(ⅱ) $s(x)$ 在收敛区间 $(-R,R)$ 内可逐项积分，并有逐项积分公式

$$\int_0^x s(x)\mathrm{d}x = \int_0^x \left(\sum_{n=0}^{\infty} a_n x^n\right)\mathrm{d}x = \sum_{n=0}^{\infty} \int_0^x a_n x^n \mathrm{d}x = \sum_{n=0}^{\infty} \frac{a_n}{n+1} x^{n+1} \quad (x \in I),$$

逐项求积分后所得到的幂级数的收敛半径也是 R，但端点 $x = \pm R$ 处的收敛性可能会改变.

(ⅲ) $s(x)$ 在其收敛区间 $(-R,R)$ 内可逐项求导，且有逐项求导公式

$$s'(x) = \left(\sum_{n=0}^{\infty} a_n x^n\right)' = \sum_{n=0}^{\infty} (a_n x^n)' = \sum_{n=1}^{\infty} n a_n x^{n-1} \quad (|x| < R),$$

逐项求导后所得到的幂级数的收敛半径也是 R，但端点 $x = \pm R$ 处的收敛性可能会改变. 并且和函数 $s(x)$ 在其收敛区间内具有任意阶导数.

尽管我们可以求出幂级数的收敛域，但收敛域中的和函数一般很难得到. 我们已知的和函数只有几何级数 $\sum_{n=0}^{\infty} a x^n$ 的和函数为 $\frac{a}{1-x}$ $(|x| < 1)$. 利用幂级数的和函数的性质可以把一些幂级数求和函数的问题转化为几何级数求和函数的问题.

例6 求幂级数 $\sum_{n=1}^{\infty} \frac{x^n}{n}$ 的和函数.

解 因为

$$\rho = \lim_{n\to\infty} \left|\frac{a_{n+1}}{a_n}\right| = \lim_{n\to\infty} \frac{\frac{1}{n+1}}{\frac{1}{n}} = \lim_{n\to\infty} \frac{n}{n+1} = 1,$$

所以原级数的收敛半径为 $R=1$.

当 $x=1$ 时,原级数成为调和级数 $\sum_{n=1}^{\infty}\frac{1}{n}$,发散;当 $x=-1$ 时,原级数成为交错级数 $\sum_{n=1}^{\infty}\frac{(-1)^n}{n}$,收敛,因此收敛域为$[-1,1)$.

设原级数的和函数为 $s(x)$,即 $s(x)=\sum_{n=1}^{\infty}\frac{x^n}{n}\quad x\in[-1,1)$. 且 $s(0)=0$,逐项求导可得

$$s'(x)=\sum_{n=1}^{\infty}\left(\frac{x^n}{n}\right)'=\sum_{n=1}^{\infty}x^{n-1}=\frac{1}{1-x}\quad(|x|<1).$$

对上式从 0 到 x 积分得

$$s(x)-s(0)=\int_0^x s'(x)\,dx=\int_0^x\frac{1}{1-x}dx=-\ln(1-x)\quad(-1\leqslant x<1).$$

从而

$$s(x)=-\ln(1-x)\quad(-1\leqslant x<1).$$

例 7 求幂级数 $\sum_{n=1}^{\infty}\frac{n}{2^n}x^n$ 的和函数.

解 因为

$$\rho=\lim_{n\to\infty}\left|\frac{a_{n+1}}{a_n}\right|=\lim_{n\to\infty}\frac{2^n(n+1)}{2^{n+1}n}=\lim_{n\to\infty}\frac{1}{2}\cdot\frac{n+1}{n}=\frac{1}{2},$$

所以原级数的收敛半径 $R=2$.

当 $x=2$ 时, 原级数成为级数 $\sum_{n=1}^{\infty}n$,发散;当 $x=-2$ 时,原级数成为级数 $\sum_{n=1}^{\infty}(-1)^n n$,发散. 因此,收敛域为$(-2,2)$.

在$(-3,3)$中设和函数为 $s(x)$,即 $s(x)=\sum_{n=1}^{\infty}\frac{n}{2^n}x^n$. 又因为 $s(x)=x\sum_{n=1}^{\infty}\frac{n}{2^n}x^{n-1}$,所以可设 $s_1(x)=\sum_{n=1}^{\infty}\frac{n}{2^n}x^{n-1}(|x|<2)$,对 $s_1(x)$ 逐项积分可得

$$\int_0^x s_1(x)\,dx=\sum_{n=1}^{\infty}\int_0^x\frac{n}{2^n}t^{n-1}dt=\sum_{n=1}^{\infty}\frac{x^n}{2^n}=\frac{\frac{x}{2}}{1-\frac{x}{2}}=\frac{x}{2-x}.$$

上式两边求导可得

$$s_1(x)=\frac{2}{(2-x)^2}.$$

从而

$$s(x)=\frac{2x}{(2-x)^2}\quad(-2<x<2).$$

习题 9.3

1. 求下列幂级数的收敛域.

(1) $\sum_{n=1}^{\infty} \frac{(-1)^n x^n}{n!}$;　　(2) $\sum_{n=1}^{\infty} \frac{5^n}{n^2} x^n$;

(3) $\sum_{n=1}^{\infty} \frac{n!}{2^n} x^n$;　　(4) $\sum_{n=1}^{\infty} \frac{2^n}{2n+1} x^n$;

(5) $\sum_{n=1}^{\infty} \frac{x^n}{n \cdot 3^n}$;　　(6) $\sum_{n=1}^{\infty} \frac{2n-1}{2^n} x^{2n-2}$;

(7) $\sum_{n=0}^{\infty} \frac{(-1)^n}{n^2+1} x^{2n+1}$;　　(8) $\sum_{n=0}^{\infty} \frac{(x-3)^n}{2^n}$.

2. 求下列幂级数的和函数.

(1) $\sum_{n=1}^{\infty} (n+1)x^n$;　　(2) $\sum_{n=1}^{\infty} \frac{1}{2n+1} x^{2n+1}$;　　(3) $\sum_{n=1}^{\infty} (-1)^{n-1} \frac{x^{n+1}}{n(n+1)}$.

9.4　函数展开成幂级数

幂级数在收敛域内确定了一个和函数,而且和函数有很好的性质:连续;逐项求导;逐项积分. 因此本节讨论把给定的函数 $f(x)$ 表示成幂级数的形式,即函数展开成幂级数. 主要解决的问题是:对给定的函数 $f(x)$,能否在某个区间内"展开成幂级数";若能,展开式是否唯一,以及展开式的具体形式怎么写.

9.4.1　泰勒级数

由 4.3 节的泰勒公式可知,若函数 $f(x)$ 在点 x_0 的某邻域内具有直到 $n+1$ 阶导数,则有 n 阶泰勒公式

$$\begin{aligned} f(x) &= f(x_0) + f'(x_0)(x-x_0) + \frac{f''(x_0)}{2!}(x-x_0)^2 \\ &\quad + \cdots + \frac{f^{(n)}(x_0)}{n!}(x-x_0)^n + R_n(x) \\ &= P_n(x) + R_n(x) \end{aligned} \tag{1}$$

成立,其中 $R_n(x)$ 为余项.

在近似计算中,常常把 $f(x)$ 近似看成 n 次泰勒多项式 $P_n(x)$,误差是 $|R_n(x)|$,显然,误差随着 n 的增大而减小,当 n 无限增大时,泰勒多项式 $P_n(x)$ 就成为一个幂级数. 而这个幂级数收敛于函数 $f(x)$,此时称函数 $f(x)$ 展开成幂级数.

定义　如果函数 $f(x)$ 在 x_0 的某邻域内有任意阶导数,则称幂级数

$$\begin{aligned} & f(x_0) + f'(x_0)(x-x_0) + \frac{f''(x_0)}{2!}(x-x_0)^2 + \cdots + \frac{f^{(n)}(x_0)}{n!}(x-x_0)^n + \cdots \\ &= \sum_{n=0}^{\infty} \frac{1}{n!} f^{(n)}(x_0)(x-x_0)^n \end{aligned} \tag{2}$$

为 $f(x)$ 在点 x_0 处的**泰勒级数**.

特别地,当 $x_0 = 0$ 时,则称幂级数

$$\sum_{n=0}^{\infty}\frac{f^{(n)}(0)}{n!}x^n=f(0)+f'(0)x+\frac{f''(0)}{2!}x^2+\cdots+\frac{f^{(n)}(0)}{n!}x^n+\cdots \quad (3)$$

为 $f(x)$ 的**麦克劳林级数**.

显然,(1)式中的 n 次泰勒多项式 $P_n(x)$ 是(2)中**泰勒级数的前** $n+1$ **项部分和**,由(1)式可得

$$f(x)-P_n(x)=R_n(x).$$

因此,当且仅当 $\lim\limits_{n\to\infty}R_n(x)=0$ 时,有

$$\lim_{n\to\infty}[f(x)-P_n(x)]=\lim_{n\to\infty}R_n(x)=0,$$

即

$$f(x)=\lim_{n\to\infty}P_n(x).$$

也就是**泰勒级数**(2)收敛于函数 $f(x)$. 故可得下面结论.

定理　设函数 $f(x)$ 在点 x_0 的某一邻域内具有任意阶导数,则 $f(x)$ 在该邻域内能展开成泰勒级数(即在该邻域内 $f(x)$ 的泰勒级数收敛于 $f(x)$)的充分必要条件是 $f(x)$ 的泰勒公式中的余项 $R_n(x)$ 的极限为零,即

$$\lim_{n\to\infty}R_n(x)=0.$$

注:由定理可知,对于给定的函数 $f(x)$,只要证明了其泰勒公式中的余项 $R_n(x)$ 的极限为零,就可利用 $f(x)$ 的表达式计算出常数 $f(x_0)$,$f'(x_0)$,$f''(x_0)$,…,把这些常数作为系数就可构造出形如(2)式的幂级数,且其和就为 $f(x)$,即函数 $f(x)$ 的展开式就是(2)式,学生可自证,这种展开式是唯一的.

9.4.2　直接展开法

例1　将函数 $f(x)=e^x$ 展开成 x 的幂级数.

解　$f(x)$ 的任意阶导数为

$$f^{(n)}(x)=e^x(n=0,1,2,\cdots),$$

所以

$$f^{(n)}(0)=1(n=0,1,2,\cdots),$$

于是得级数

$$1+x+\frac{x^2}{2!}+\cdots+\frac{x^n}{n!}+\cdots$$

其收敛半径为 $R=+\infty$.

对于任何有限的数 x,根据泰勒公式,余项的绝对值为

$$|R_n(x)|=\left|\frac{e^{\theta x}}{(n+1)!}x^{n+1}\right|<e^{|x|}\cdot\frac{|x|^{n+1}}{(n+1)!}\quad(0<\theta<1).$$

因为 $e^{|x|}$ 有限,而 $\frac{|x|^{n+1}}{(n+1)!}$ 是正向级数 $\sum\limits_{n=0}^{\infty}\frac{|x|^{n+1}}{(n+1)!}$ 的一般项. 根据正项级数的比值审敛法,级数 $\sum\limits_{n=0}^{\infty}\frac{|x|^{n+1}}{(n+1)!}$ 收敛,故

$$\lim_{n\to\infty}e^{|x|}\cdot\frac{|x|^{n+1}}{(n+1)!}=0,$$

从而

$$\lim_{n\to\infty}R_n(x)=0.$$

故有展开式

$$e^x=1+x+\frac{x^2}{2!}+\cdots+\frac{x^n}{n!}+\cdots\qquad x\in(-\infty,+\infty).$$

由例 1 可知直接将函数 $f(x)$ 展开成 x 的幂级数的一般步骤是：

(1)求出 $f^{(n)}(x)$ 及 $f^{(n)}(0)(n=0,1,2,\cdots)$；

(2) 写出幂级数 $\sum\limits_{n=0}^{\infty}\frac{f^{(n)}(0)}{n!}x^n$，并求出收敛半径 R；

(3)讨论当 $x\in(-R,R)$ 时，$\lim\limits_{n\to\infty}R_n(x)=\lim\limits_{n\to\infty}\frac{f^{(n+1)}(\theta x)}{(n+1)!}x^{n+1}(0<\theta<1)$ 是否为零，如果为零，则有

$$f(x)=\sum_{n=0}^{\infty}\frac{f^{(n)}(0)}{n!}x^n\quad(-R<x<R),$$

否则，$f(x)$ 不能展开成幂级数.

例 2 将函数 $f(x)=\sin x$ 展开成 x 的幂级数.

解 $f(x)$ 的任意阶导数为

$$f^{(n)}(x)=\sin\left(x+n\cdot\frac{\pi}{2}\right)\quad(n=1,2,\cdots),$$

从而 $f^{(n)}(0)$ 依次循环取 $0,1,0,-1,\cdots$ $(n=0,1,2,\cdots)$，于是得级数

$$x-\frac{x^3}{3!}+\frac{x^5}{5!}+\cdots+\frac{(-1)^n}{(2n+1)!}x^{2n+1}+\cdots,$$

其收敛半径为 $R=+\infty$.

对于任何有限的数 x，泰勒公式中的余项满足：

$$|R_n(x)|=\left|\frac{\sin(\theta x+\frac{n+1}{2}\pi)}{(n+1)!}x^{n+1}\right|\leqslant\frac{|x|^{n+1}}{(n+1)!}\quad(0<\theta<1).$$

类似例 1，可证明

$$\lim_{n\to\infty}\frac{|x|^{n+1}}{(n+1)!}=0.$$

所以

$$\lim_{n\to\infty}R_n(x)=0.$$

从而有展开式

$$\sin x=x-\frac{x^3}{3!}+\frac{x^5}{5!}-\cdots+(-1)^n\frac{x^{2n+1}}{(2n+1)!}+\cdots x\in(-\infty,+\infty).$$

例 3 将函数 $f(x)=(1+x)^m$ 展开成 x 的幂级数，其中 m 为任意级数.

解 $f(x)$ 的各阶导数为

$$f'(x)=m(1+x)^{m-1},$$

$$f''(x)=m(m-1)(1+x)^{m-2},$$

$$\cdots$$

$$f^{(n)}(x)=m(m-1)(m-2)\cdots(m-n+1)(1+x)^{m-n},$$

$$\cdots$$

所以

$$f(0)=1,f'(0)=m,f''(0)=m(m-1),\cdots,f^{(n)}(0)=m(m-1)\cdots(m-n+1),$$

于是得级数

$$1+mx+\frac{m(m-1)}{2!}x^2+\cdots+\frac{m(m-1)\cdots(m-n+1)}{n!}x^n+\cdots.$$

此级数的相邻两项的系数之比的绝对值为

$$\left|\frac{a_{n+1}}{a_n}\right|=\left|\frac{m-n}{n+1}\right|\to 1(n\to\infty),$$

因此,此级数的收敛半径是 $R=1$.

可以证明在收敛区间$(-1,1)$内,余项 $R_n\to 0(n\to\infty)$(证明困难,这里省略).因此有展开式

$$(1+x)^m=1+mx+\frac{m(m-1)}{2!}x^2+\cdots+\frac{m(m-1)\cdots(m-n+1)}{n!}x^n+\cdots\quad(-1<x<1).$$

直接展开法需要求出各阶导数的表达式,还要考查余项是否趋于零,计算量大,有时也复杂.所以我们介绍一种间接将函数展开成幂级数的方法.

9.4.3 间接展开法

利用一些已知的函数展开式,通过幂级数的运算(如逐项求导,逐项求积分等)以及变量代换等,将所给函数展开成幂级数,这种方法被称为**间接展开法**.

有前面的讨论,我们可得常用的幂级数展开式有:

$$e^x=\sum_{n=0}^{\infty}\frac{1}{n!}x^n\quad(-\infty<x<\infty),\tag{4}$$

$$\sin x=\sum_{n=0}^{\infty}\frac{(-1)^n}{(2n+1)!}x^{2n+1}\quad(-\infty<x<+\infty),\tag{5}$$

$$\frac{1}{1+x}=\sum_{n=0}^{\infty}(-1)^n x^n\quad(-1<x<1).\tag{6}$$

其中式(6)中的公比 x 可以有多种变化形式,如将公比 x 换成 x^2,可得级数

$$\frac{1}{1+x^2}=\sum_{n=0}^{\infty}(-1)^n x^{2n}.\tag{7}$$

利用这些展开式可以得到许多函数的幂级数展开式,如式(5)两端求导数,可得

$$\cos x=\sum_{n=0}^{\infty}\frac{(-1)^n}{2n!}x^{2n}=1-\frac{x^2}{2!}+\frac{x^4}{4!}+\cdots+\frac{(-1)^n}{2n!}x^{2n}+\cdots,x\in(-\infty,+\infty).$$

把式(6)和式(7)两边从 0 到 x 分别求积分,可得

$$\ln(1+x)=\sum_{n=0}^{\infty}\int_0^x(-1)^n t^n\mathrm{d}t=\sum_{n=0}^{\infty}\frac{(-1)^n}{n+1}x^{n+1}=\sum_{n=1}^{\infty}\frac{(-1)^{n-1}}{n}x^n(-1<x\leqslant 1),\tag{8}$$

$$\arctan x=\sum_{n=0}^{\infty}\int_0^x(-1)^n t^{2n}\mathrm{d}t=\sum_{n=0}^{\infty}\frac{(-1)^n}{2n+1}x^{2n+1}\quad(-1\leqslant x\leqslant 1).$$

式(4)、式(5)、式(6)和式(8)是最常用的展开式,可以作为公式来用.

例 4 将函数 $a^x(a>0,a\neq 1)$展开成 x 的幂级数.

解 因为

$$a^x = e^{\ln a^x} = e^{x\ln a},$$

所以由式(4)可得

$$a^x = \sum_{n=0}^{\infty} \frac{(\ln a)^n}{n!} x^n \quad x \in (-\infty, +\infty).$$

例 5 将函数$f(x) = \ln\left(\frac{1+x}{1-x}\right)$展开成 x 的幂级数.

解 因为

$$\ln(1+x) = \sum_{n=1}^{\infty} \frac{(-1)^{n-1}}{n} x^n = x - \frac{x^2}{2} + \frac{x^3}{3} + \cdots + \frac{(-1)^{n-1}}{n} x^n + \cdots (-1 < x \leqslant 1),$$

所以

$$\ln(1-x) = \sum_{n=1}^{\infty} \frac{(-1)^{n-1}}{n} (-x)^n = -x - \frac{x^2}{2} - \frac{x^3}{3} - \cdots - \frac{(-1)^{n-1}}{n} x^n + \cdots (-1 \leqslant x < 1),$$

故

$$\begin{aligned} f(x) &= \ln\left(\frac{1+x}{1-x}\right) = \ln(1+x) - \ln(1-x) \\ &= 2x + \frac{2}{3}x^3 + \cdots + \frac{2}{2n+1}x^{2n+1} + \cdots (-1 < x < 1). \end{aligned}$$

例 6 将函数$f(x) = \frac{1}{x^2 - 5x + 6}$展开成 $x-1$ 的幂级数.

解 因为

$$f(x) = \frac{1}{x^2 - 5x + 6} = \frac{1}{(x-2)(x-3)} = \frac{1}{x-3} - \frac{1}{x-2} = \frac{1}{1-(x-1)} - \frac{1}{2} \frac{1}{1 - \frac{x-1}{2}},$$

而

$$\frac{1}{1-(x-1)} = \sum_{n=0}^{\infty} (x-1)^n \quad (0 < x < 2),$$

$$\frac{1}{1 - \frac{x-1}{2}} = \sum_{n=0}^{\infty} \frac{1}{2^n} (x-1)^n \quad (-1 < x < 3).$$

故

$$f(x) = \frac{1}{x^2 - 5x + 6} = \sum_{n=0}^{\infty} \left(1 - \frac{1}{2^{n+1}}\right)(x-1)^n \quad (0 < x < 2).$$

习题 9.4

1. 将下列函数展开成 x 的幂级数,并求展开式成立的区间.

(1) $\ln(2+x)$; (2) $a^{x^2}(a>0, a\neq 1)$;

(3) $\cos^2 x$; (4) $\frac{x}{3+x}$.

2. 将函数$f(x) = \lg x$ 展开成 $x-2$ 的幂级数.

3. 将函数$f(x) = \sin x$ 展开成$\left(x - \frac{\pi}{4}\right)$的幂级数.

4. 将函数$f(x)=\dfrac{1}{x^2+3x+2}$展开成 $x+3$ 的幂级数.

9.5 幂级数的应用

9.5.1 函数值的近似计算

从上节可知,有些函数可以展开成幂级数,而且幂级数取前面的若干项的和就可以对应简单的多项式函数,因此就可以把函数按照精确度要求,近似地计算其函数值.

例 1 求 e 的近似值,要求误差不超过10^{-4}.

解 e^x 的展开式为

$$e^x=1+x+\frac{1}{2!}x^2+\cdots+\frac{1}{n!}x^n+\cdots \quad (-\infty<x<+\infty).$$

上式中,令 $x=1$ 可得

$$e=1+1+\frac{1}{2!}+\cdots+\frac{1}{n!}+\cdots.$$

因此

$$e\approx 2+\frac{1}{2!}+\cdots+\frac{1}{n!},$$

其误差(也叫截断误差)为

$$\begin{aligned}|R_n|&=\frac{1}{(n+1)!}+\frac{1}{(n+2)!}+\cdots=\frac{1}{(n+1)!}\left[1+\frac{1}{(n+2)}+\frac{1}{(n+2)(n+3)}+\cdots\right]\\&\leqslant\frac{1}{(n+1)!}\left[1+\frac{1}{n+1}+\left(\frac{1}{n+1}\right)^2+\cdots+\left(\frac{1}{n+1}\right)^k+\cdots\right]\\&\leqslant\frac{1}{(n+1)!}\frac{1}{1-\frac{1}{n+1}}=\frac{1}{n\cdot n!}.\end{aligned}$$

所以取 $n=7$,则有

$$\frac{1}{n\cdot n!}=\frac{1}{7\times 7!}=\frac{1}{35280}<\frac{1}{30000}.$$

故取近似式为

$$e\approx 2+\frac{1}{2!}+\frac{1}{3!}+\frac{1}{4!}+\frac{1}{5!}+\frac{1}{6!}+\frac{1}{7!},$$

为了使”四舍五入“引起的误差(也叫舍入误差)与截断误差之和不超过10^{-4},在近似式中应取五位小数,再四舍五入,故有

$$\begin{aligned}e&\approx 2+\frac{1}{2!}+\frac{1}{3!}+\frac{1}{4!}+\frac{1}{5!}+\frac{1}{6!}+\frac{1}{7!}\\&\approx 2.5+0.16667+0.04167+0.00833+0.00023+0.00003\approx 2.7169.\end{aligned}$$

9.5.2 计算定积分

在计算某些定积分时,若被积函数在积分区间上能展开成幂级数,则可把这个幂级数先逐项积分,然后用积分后的级数近似计算所给定积分.

例 2 计算$\frac{2}{\sqrt{\pi}}\int_0^{\frac{1}{2}} e^{-x^2}dx$ 的近似值,精确到10^{-4}(取$\frac{1}{\sqrt{\pi}} \approx 0.56419$).

解 由 e^x 展开式可得 e^{-x^2}的展开式为

$$e^{-x^2}=1-x^2+\frac{1}{2!}x^4+\cdots+\frac{(-1)}{n!}x^{2n}+\cdots \quad (-\infty<x<+\infty).$$

所以

$$\begin{aligned}\frac{2}{\sqrt{\pi}}\int_0^{\frac{1}{2}} e^{-x^2}dx &= \frac{2}{\sqrt{\pi}}\int_0^{\frac{1}{2}}\left(1-x^2+\frac{1}{2!}x^4+\cdots+\frac{(-1)}{n!}x^{2n}+\cdots\right)dx \\ &= \frac{2}{\sqrt{\pi}}\left(x-\frac{1}{3}x^3+\frac{1}{5\cdot 2!}x^5+\cdots+\frac{(-1)}{(2n+1)\cdot n!}x^{2n+1}+\cdots\right)\Bigg|_0^{\frac{1}{2}} \\ &= \frac{1}{\sqrt{\pi}}\left(1-\frac{1}{3\cdot 2^2}+\frac{1}{5\cdot 2!\cdot 2^4}+\cdots+\frac{(-1)}{(2n+1)\cdot n!\cdot 2^{2n}}+\cdots\right).\end{aligned}$$

这是一个收敛的交错级数,因其第 5 项$\frac{1}{\sqrt{\pi}}\cdot\frac{1}{7\cdot 3!\ \cdot 2^8}<\frac{1}{90000}$,故取前 4 项作为积分的近似值,可得

$$\begin{aligned}\frac{2}{\sqrt{\pi}}\int_0^{\frac{1}{2}} e^{-x^2}dx &\approx \frac{1}{\sqrt{\pi}}\left(1-\frac{1}{3\cdot 2^2}+\frac{1}{5\cdot 2!\cdot 2^4}-\frac{1}{7\cdot 3!\cdot 2^6}\right) \\ &\approx 0.56419(1-0.08333+0.00625-0.00037)\approx 0.5205.\end{aligned}$$

9.5.3 求常数项级数的和

由前面所学知识可知,利用定义或已知公式可以直接求常数项级数的和,下面我们再介绍一种借助幂级数来求常数项的和的方法,称为**阿贝尔方法**.

阿贝尔方法:若级数$\sum\limits_{n=0}^{\infty} a_n$ 收敛,则

$$\sum_{n=0}^{\infty} a_n = \lim_{x\to 1^-}\sum_{n=0}^{\infty} a_n x^n.$$

利用阿贝尔方法求数项级数$\sum\limits_{n=0}^{\infty} a_n$ 的和的步骤如下:

(1) 构造幂级数$\sum\limits_{n=0}^{\infty} a_n x^n$;

(2) 求出$\sum\limits_{n=0}^{\infty} a_n x^n$ 的和函数 $s(x)$;

(3)求极限$\lim\limits_{x\to 1^-} s(x)$.

例 3 求级数 $\sum_{n=1}^{\infty}\frac{2n-1}{2^n}$ 的和.

解 构造幂级数 $\sum_{n=1}^{\infty}\frac{2n-1}{2^n}x^{2n-2}$，由比值判别法知，其收敛区间为$(-\sqrt{2},\sqrt{2})$，设

$$s(x)=\sum_{n=1}^{\infty}\frac{2n-1}{2^n}x^{2n-2},x\in(-\sqrt{2},\sqrt{2}),$$

因为 $s(x)=\left(\sum_{n=1}^{\infty}\int_0^x\frac{2n-1}{2^n}x^{2n-2}\mathrm{d}x\right)'=\left(\sum_{n=1}^{\infty}\frac{x^{2n-1}}{2^n}\right)'=\left(\frac{1}{x}\sum_{n=1}^{\infty}\left(\frac{x^2}{2}\right)^n\right)'$

$$=\left(\frac{1}{x}\cdot\frac{x^2}{2-x^2}\right)'=\left(\frac{x}{2-x^2}\right)'=\frac{x^2+2}{(2-x^2)^2},x\in(-\sqrt{2},\sqrt{2}),$$

所以 $$\sum_{n=1}^{\infty}\frac{2n-1}{2^n}=\lim_{x\to1^-}s(x)=\lim_{x\to1^-}\frac{x^2+2}{(2-x^2)^2}=3.$$

习题 9.5

1. 利用函数的幂级数展开式，求下列各数的近似值：

(1) $\sqrt{\mathrm{e}}$（误差不超过 0.001）；

(2) $\sqrt[9]{522}$（精确到 0.0001）.

2. 利用被积函数的幂级数展开式求定积分 $\int_0^1\frac{\sin x}{x}\mathrm{d}x$（精确到 0.0001）.

3. 求级数 $\sum_{n=1}^{\infty}\frac{(-1)^{n-1}}{2n-1}$ 的和.

4. 求级数 $\sum_{n=1}^{\infty}\frac{1}{n\cdot3^n}$ 的和.

复习题 9

1. 填空.

(1) 极限 $\lim_{n\to\infty}u_n=0$ 是级数 $\sum_{n=1}^{\infty}u_n$ 收敛的____条件，不是它收敛的____条件；

(2) 若级数 $\sum_{n=1}^{\infty}u_n$ 绝对收敛，则级数 $\sum_{n=1}^{\infty}u_n$ 一定____；若级数 $\sum_{n=1}^{\infty}u_n$ 条件收敛，则级数 $\sum_{n=1}^{\infty}|u_n|$ 一定____；

(3) 对于 p 级数 $\sum_{n=1}^{\infty}\frac{1}{n^p}$，当____时，级数收敛；当____时，级数发散；

(4) 对于等比级数 $\sum_{n=0}^{\infty}aq^n$，当____时，级数收敛；当____时，级数发散.

2. 判定下列级数的收敛性.

(1) $\sum_{n=1}^{\infty}\frac{3^n n!}{n^n}$； (2) $\sum_{n=1}^{\infty}\frac{2n+1}{n^2(n+2)}$；

(3) $\sum_{n=1}^{\infty}\frac{n\cos^2\frac{n\pi}{3}}{2^n}$;

(4) $\sum_{n=2}^{\infty}\frac{1}{\ln^{10}n}$;

(5) $\sum_{n=1}^{\infty}\frac{a^n}{n^s}(a>0,s>0)$.

3. 设级数$\sum_{n=1}^{\infty}u_n$收敛，且$\lim_{n\to\infty}\frac{u_n}{v_n}=1$，问级数$\sum_{n=1}^{\infty}v_n$是否也收敛?试说明理由.

4. 讨论下列级数的绝对收敛性与条件收敛性.

(1) $\sum_{n=1}^{\infty}(-1)^n\ln\frac{n}{n+1}$;

(2) $\sum_{n=1}^{\infty}\frac{\sin na}{2^n}$;

(3) $\sum_{n=1}^{\infty}(-1)^n(\sqrt{n+1}-\sqrt{n-1})$;

(4) $\sum_{n=1}^{\infty}(-1)^n\frac{(n+1)!}{n^{n+1}}$.

5. 求下列幂级数的收敛域.

(1) $\sum_{n=1}^{\infty}\frac{3^n+5^n}{n}x^n$;

(2) $\sum_{n=1}^{\infty}\frac{n}{2^n}x^{2n}$;

(3) $\sum_{n=1}^{\infty}(-1)^n\frac{(x-2)^{2n+1}}{2n+1}$;

(4) $\sum_{n=1}^{\infty}\frac{\ln(n+1)}{n+1}x^{n-1}$.

6. 求下列幂级数的和函数.

(1) $\sum_{n=1}^{\infty}nx^{2n-1}$;

(2) $\sum_{n=1}^{\infty}n(x-1)^n$;

(3) $\sum_{n=1}^{\infty}(-1)^n\frac{x^n}{n}$;

(4) $\sum_{n=1}^{\infty}\frac{n^2+1}{n}x^n$.

7. 将下列函数展开成 x 的幂级数.

(1) $\ln(x^2-3x+2)$;

(2) $\frac{1}{(2-x)^2}$.

8. 求下列级数的和

(1) $\sum_{n=1}^{\infty}\frac{n^2}{n!}$;

(2) $\sum_{n=1}^{\infty}(-1)^n\frac{n+1}{(2n+1)!}$.

第 10 章 微分方程

函数用运动变化的观点,分析和研究客观世界中事物之间的数量关系,揭示其规律。因此函数在自然科学和社会科学中有大量的应用。但在许多实际问题中,尤其是涉及变量随时间的变化率等问题,反映量与量之间的关系(即函数)往往不能直接写出来,而这些变量和它们的导数(或微分)之间的关系式却很容易建立. 这种关系式称为微分方程. 本章通过几个具体的例子,介绍微分方程的一些基本概念和几种简单的微分方程的解法.

10.1 微分方程的基本概念

下面先介绍两个具体的例子,来理解微分方程的基本概念.

10.1.1 引例

例 1 (以一种新的观点描述连续复利)

假设某人以本金 p_0 元进行一项投资,投资的年利率为 r,若一连续复利计,则由第二章的讨论我们已经知道,t 年末资金的总额为:

$$p(t)=p_0e^{rt}. \tag{1}$$

这里我们将从另一种观点导出式(1).

设 t 时刻(以年为单位)的资金总额为 $p(t)$,且资金没有取出也没有新的投入,那么,

t 时刻资金总额的变化率 = 时刻资金总额获取的利息,

而 t 时刻资金总额的变化率 $=\frac{\mathrm{d}p}{\mathrm{d}t}$,$t$ 时刻资金总额获取的利息为 $=rp$,所以

$$\frac{\mathrm{d}p}{\mathrm{d}t}=rp. \tag{2}$$

关系式(2)中并未出现 p_0 的值并不影响利息赢取的过程. 但是,作为未知函数的 $p(t)$应满足下列条件:当 $t=0$ 时,$p(t)=p_0$. 将之记为

$$p\big|_{t=0}=p_0. \tag{3}$$

求满足关系式(2)的函数 $p(t)$的一般方法我们将在下一节介绍. 但是很显然,要使一个函数的导数是自己的 r 倍,则很自然地我们猜测到:

$$p(t)=Ce^{rt}(C\text{ 为任意常数}) \tag{4}$$

将式(4)代入(2),不难验证,式(2)的确成为恒等式. 把条件(3)代入式(4),得

$$C=p_0.$$

从而有

$$p(t)=p_0e^{rt}. \tag{5}$$

这和我们已有的结果(1)是一致的.

例 2 一曲线上任意点 $P(x,y)$ 处的切线斜率为 e^x，且通过点(0,2)，求该曲线的方程.

解 设所求曲线方程为 $y=y(x)$，则根据导数的几何意义有

$$\frac{dy}{dx}=e^x, \tag{6}$$

又因为曲线 $y=y(x)$ 通过点(0,2)，故所以满足条件

$$y(0)=2. \tag{7}$$

把式(6)两边积分得

$$y=e^x+c. \tag{8}$$

式(8)表示的是一簇积分曲线，而题中要求的是过点(0,2)的那条曲线，所以将条件(7)代入式(8)，解出 $c=1$，再把 $c=1$ 代入式(3)，可得所求的曲线方程为

$$y=e^x+1. \tag{9}$$

10.1.2 微分方程的一般概念

上面的方程(2)、(6)和(10)与中学所学方程明显的不同点是含有未知函数的导数，这些方程称为微分方程.

定义 1 表示未知函数，未知函数的导数或微分与自变量之间关系的方程称为微分方程. 在微分方程中未知函数的导数或微分是必不可少的.

未知函数为一元函数的微分方程称为**常微分方程**，如例 1、例 2 的方程是**常微分方程**. 未知函数为多元函数的微分方程称为**偏微分方程**. 如方程

$$x^2\frac{\partial z}{\partial x}+y^2\frac{\partial z}{\partial y}=z, \tag{10}$$

$$\frac{\partial^2 u}{\partial x^2}+\frac{\partial^2 u}{\partial y^2}+\frac{\partial^2 u}{\partial z^2}=0 \tag{11}$$

都是偏微分方程. 其中(10)中 x,y 是自变量，$z=z(x,y)$ 是未知函数；(11)中 x,y,z 是自变量，$u=u(x,y,z)$ 是未知函数. 本册书中只讨论常微分方程(简称微分方程).

定义 2 微分方程所出现的未知函数的导数的最高阶数称为微分方程的阶.

例 1 中方程分别是一阶；又如，方程

$$\frac{d^2y}{dx^2}+2xy=e^x,$$

与

$$x^4y'''+x(y'')^2-3y=5x$$

分别是二阶和三阶微分方程. 一般的 n 阶常微分方程具有形式

$$F(x,y,y',y'',\cdots,y^{(n)})=0, \tag{12}$$

其中 $F(x,y,y',\cdots,y^{(n)})$ 是 $x,y,y',\cdots,y^{(n)}$ 的已知函数，而且一定含有 $y^{(n)}$；x 为自变量，$y=y(x)$ 为未知函数.

定义 3 如果函数 $y=\varphi(x)$ 代入方程(7)后，能使它成为恒等式，则称函数 $y=\varphi(x)$ 为

方程(12)的解.

例3 验证 $y=\sin x, y=\cos x$ 都是微分方程 $y''+y=0$ 的解.

解 对于 $y=\sin x$,因为

$$y'=\cos x, y''=-\sin x,$$

所以

$$y''+y=-\sin x+\sin x=0,$$

故 $y=\sin x$ 是微分方程 $y''+y=0$ 的一个解.

同理,$y=\cos x$ 也是微分方程 $y''+y=0$ 的一个解.

又如例1中的式(4)或式(5)表示的函数代入方程(2)中,都能使方程(2)成立,所以这两个函数都是方程(2)的解. 可见,微分方程的解可能含有也可能不含有任意常数. 根据是否含有任意常数,把微分方程的解分为**通解**和**特解**这两类.

定义4 含有相互独立的任意常数,且任意常数的个数与微分方程的阶数相等的解称为微分方程的通解. 如例1中的式(4)表示的函数就是方程(2)的通解;又如函数

$$y=C_1\sin x+C_2\cos x(C_1, C_2 \text{ 为任意常数})$$

是方程 $y''+y=0$ 的通解.

注:通解中的任意常数是不能合并的.

在实际应用中往往要寻求满足某些条件的唯一的解,即通解中的任意常数取了确定值以后的解. 这种用来确定通解中的任意常数的值的条件称为初始条件. 例如,例1中的条件(3)是微分方程(2)的初始条件.

一般地,方程(12)的初始条件为

$$y(x_0)=y_0, y'(x_0)=y_1, \cdots, y^{(n-1)}(x_0)=y_{n-1},$$

其中 $x_0, y_0, y_1, \cdots, y_{n-1}$ 是常数.

求带有初始条件的微分方程的解的问题称为**初值问题**.

定义5 满足初始条件的解称为微分方程的特解.

微分方程的特解的图形是一条曲线,称为**积分曲线**. 而通解是一族曲线,称为**积分曲线族**.

如,一阶微分方程

$$F(x,y,y')=0$$

的通解是 xOy 面上的一族曲线,而满足初始条件 $y(x_0)=y_0$ 的特解就是通过点 (x_0, y_0) 的一条积分曲线.

例4 验证函数 $y=C_1e^{2x}+C_2e^{3x}$ 是微分方程 $y''-5y'+6y=0$ 的通解(C_1, C_2 为任意常数). 并求此方程满足初始条件 $y(0)=1, y'(0)=1$ 的特解.

解 对于函数 $y=C_1e^{2x}+C_2e^{3x}$,因为

$$y'=2C_1e^{2x}+3C_2e^{3x},$$
$$y''=4C_1e^{2x}+9C_2e^{3x},$$

所以把 y', y'' 代入所给微分方程,可得

$$4C_1e^{2x}+9C_2e^{3x}-5(2C_1e^{2x}+3C_2e^{3x})+6(C_1e^{2x}+C_2e^{3x})=0.$$

故函数 $y=C_1e^{2x}+C_2e^{3x}$ 是所给微分方程的解. 又因为函数中含有两个任意相互独立的常数,而微分方程为二阶微分方程,所以函数 $y=C_1e^{2x}+C_2e^{3x}$ 是所给微分方程的通解.

由初始条件 $y(0)=1, y'(0)=1$ 可得

$$\begin{cases}C_1+C_2=1,\\2C_1+3C_2=1,\end{cases}$$

解关于 C_1,C_2 的方程组可得到 $C_1=2,C_2=-1$. 故所给初始条件的特解为

$$y=2\mathrm{e}^{2x}-\mathrm{e}^{3x}.$$

习题 10.1

1. 指出下列微分方程的阶数.

(1) $x^3y''-\sin x^5=0$； (2) $x^2\mathrm{d}y+y\mathrm{d}x=0$；

(3) $(y'')^5-5xy'''=\ln x$； (4) $y'\cdot y'''+y=0$.

2. 指出下列各题中的函数是否为所给微分方程的解：

(1) $xy'=2y,y=\frac{1}{4}x^2$；

(2) $y''+4y=0,y=\sin2x-\cos2x$；

(3) $y''-y=x\mathrm{e}^x,y=x^2\mathrm{e}^x$.

3. 验证函数 $y=C\mathrm{e}^{x^3}$（C 是任意常数）是微分方程 $y'=3x^2y$ 的通解，并求出满足初始条件 $y(0)=3$ 的特解.

4. 验证下列所给二元方程所确定的函数是所给微分方程的解

(1) $x^2+xy^2=C,\ 2x+y^2+2xyy'=0$；

(2) $\ln y=xy^2+C,(1-2xy^2)y'=y^3$.

5. 写出由下列条件确定的曲线所满足的微分方程：

(1) 曲线在点 (x,y) 处的切线斜率等于该点的横坐标的立方；

(2) 曲线上点 $P(x,y)$ 处的法线与 x 轴的交点为 Q，而线段 PQ 被 y 轴平分.

10.2 可分离变量微分方程

微分方程比 n 次的代数方程复杂许多，所以用四则运算或方根很难求出其解. 我们只能通过初等解法，即把微分方程的求解问题转化为积分问题，求出一些特殊的微分方程的解. 我们首先介绍可分离变量的微分方程的解法.

设有一阶微分方程

$$\frac{\mathrm{d}y}{\mathrm{d}x}=F(x,y)\text{，或 }P(x,y)\mathrm{d}y+Q(x,y)\mathrm{d}x=0,$$

如果经过整理上述方程可变成方程

$$\frac{\mathrm{d}y}{\mathrm{d}x}=f(x)g(y). \tag{1}$$

则称方程(1)为**可分离变量的微分方程**，其中 $f(x)$，$g(y)$ 分别是 x，y 连续函数. 其解法是将 x 的函数和 x 的微分与 y 的函数和 y 的微分分别放到等号的两端，即变量分离，然后积分，求出通解，具体做法如下：

设 $g(y)\neq0$，由(1)，得

$$\frac{1}{g(y)}\mathrm{d}y = f(x)\,\mathrm{d}x.$$

在上述等式两边积分,即得

$$\int \frac{1}{g(y)}\mathrm{d}y = \int f(x)\,\mathrm{d}x. \tag{2}$$

式(2)就确定了 y 是 x 的隐函数,且该隐函数是一阶方程(1)的解,同时含有一个任意常数,故称该隐函数是方程(1)隐式通解. 有时,隐式通解也可以显化.

注:若存在常函数 $y=y^*$ 使得 $g(y^*)=0$,则 $y=y^*$ 也是方程(1)的解,它可能不包含在方程(1)的通解中,这时就要在解中补充这个特解.

上述求解可分离变量的方程的方法称为**分离变量法**.

例 1 求 $\frac{\mathrm{d}y}{\mathrm{d}x}=-\frac{x}{y}$ 的通解.

解 分离变量,得

$$y\mathrm{d}y = -x\mathrm{d}x,$$

两端分别积分,得

$$\int y\mathrm{d}y = \int -x\mathrm{d}x,$$

即

$$\frac{y^2}{2} = -\frac{x^2}{2} + C_1,$$

故,通解为

$$y^2 + x^2 = C(\text{其中 } C=2C_1 \text{ 是任意常数}).$$

或,通解可以显化为

$$y = \pm\sqrt{C-x^2}.$$

例 2 求微分方程 $\frac{\mathrm{d}y}{\mathrm{d}x}=y^2\cos x$ 满足初始条件 $y(0)=1$ 的特解.

解 当 $y\neq 0$ 时,原方程分离变量,得

$$\frac{\mathrm{d}y}{y^2} = \cos x\mathrm{d}x,$$

两端分别积分,得

$$\int \frac{\mathrm{d}y}{y^2} = \int \cos x\mathrm{d}x$$

即

$$-\frac{1}{y} = \sin x + C,$$

因而通解

$$y = -\frac{1}{\sin x + C}(\text{其中 } C \text{ 为任意常数}).$$

此外 $y=0$ 也是原方程的解,且它并没有包含在通解中.

把 $y(0)=1$ 代入通解可得 $C=-1$,所以所求特解为

$$y = -\frac{1}{\sin x - 1}.$$

习题 10.2

1. 求下列微分方程的通解:

(1) $dy-4xydx=0$;

(2) $\sec^2 x\tan y dx+\sec^2 y\tan x dy=0$;

(3) $(x^2+1)y'+xy=0$;

(4) $y'-(1+x)(1+y^2)=0$;

(5) $(e^{x+y}-e^x)dx+(e^{x+y}+e^y)dy=0$;

(6) $(y+1)^2y'+x^3=0$;

(7) $e^{-y}\sin x dx-\cos^2 x dy=0$

(8) $xy'=y\ln y$;

(9) $(2+2y^2)y'=e^x y$;

(10) $ydx+(x^2-4x)dy=0$.

2. 求下列微分方程满足所给初始条件的特解：

(1) $y'=\dfrac{3x^2}{2y+\cos y}, y(0)=\pi$;

(2) $y'-xe^y=2e^y, y(0)=0$;

(3) $\cos y dx+(1+e^{-x})\sin y dy=0, y(0)=\dfrac{\pi}{4}$;

(4) $xy'+y=0, y|_{x=1}=1$.

3. 一条曲线通过点(2,3)，它在两坐标轴间的任意切线段被切点平分，求该曲线方程.

4. 已知 $f(x)\int_0^x f(t)dt=1, x\neq 0$，试求函数 $f(x)$ 的表达式.

5. 小船从河边点 O 处出发驶向对岸（两岸为平行直线），设船速为 a，船行方向始终与河岸垂直，设河宽为 h，河中任意点处的水流速度与该点到岸距离的乘积成正比（比例系数为 k），求小船的航行路线.

10.3 齐次微分方程

方程

$$\frac{dy}{dx}=\frac{y}{x}+\tan\frac{y}{x},$$

显然不是可分离变量的方程，但是方程中函数都是以 $\frac{y}{x}$ 为中间变量的函数，这种方程称为齐次微分方程，本节讨论这类一阶微分方程的解法.

10.3.1 齐次微分方程

1. 齐次微分方程的概念

如果一阶微分方程

$$\frac{dy}{dx}=F(x,y), \tag{1}$$

中 $F(x,y)$ 可化为关于 $\frac{y}{x}$ 的函数，即 $F(x,y)=\varphi(\frac{y}{x})$，则方程(1)就变成方程

$$y'=\varphi\left(\frac{y}{x}\right), \tag{2}$$

方程(2)称为**齐次微分方程**，简称**齐次方程**，这里 $\varphi(u)$ 是 u 的连续函数.

齐次方程(2)通过变量替换，可化为可分离变量方程求解.

2. 齐次微分方程的解法

在方程(2)中,令

$$u=\frac{y}{x}\text{或 }y=ux,\tag{3}$$

同时有

$$\frac{\mathrm{d}y}{\mathrm{d}x}=u+x\frac{\mathrm{d}u}{\mathrm{d}x},\tag{4}$$

把式(3)与式(4)代入方程(2),得

$$u+x\frac{\mathrm{d}u}{\mathrm{d}x}=\varphi(u),$$

这是以 x 为自变量,u 为未知函数的可分离变量的微分方程,分离变量后有

$$\frac{\mathrm{d}u}{\varphi(u)-u}=\frac{\mathrm{d}x}{x},$$

两端积分,得

$$\int\frac{\mathrm{d}u}{\varphi(u)-u}=\int\frac{\mathrm{d}x}{x}.$$

求出积分后,再用$\frac{y}{x}$代替 u,使得所给齐次方程(2)的通解.

例1 求微分方程$\frac{\mathrm{d}y}{\mathrm{d}x}=\frac{y}{x}+\tan\frac{y}{x}$的通解

解 令 $u=\frac{y}{x}$,则

$$y=xu,\frac{\mathrm{d}y}{\mathrm{d}x}=u+x\frac{\mathrm{d}u}{\mathrm{d}x},$$

代入原方程,可变为

$$u+x\frac{\mathrm{d}u}{\mathrm{d}x}=u+\tan u,$$

即

$$x\frac{\mathrm{d}u}{\mathrm{d}x}=\tan u,\tag{5}$$

分离变量,得

$$\cot u\mathrm{d}u=\frac{\mathrm{d}x}{x},$$

两边积分,得

$$\ln|\sin u|=\ln|x|+C_1,$$

其中 C_1 为任意常数,整理后,得

$$\sin u=\pm\mathrm{e}^{C_1}x.$$

令 $\pm\mathrm{e}^{C_1}=C$,可得

$$\sin u=Cx.\tag{6}$$

此外,方程(5)还有解

$$\tan u=0,$$

即

$$\sin u=0.$$

显然，只要在式(6)中取 $C=0$，便可得解 $\sin u=0$，所以方程(5)的通解就是式(6)，其中 C 为任意常数.

再把 $u=\frac{y}{x}$代入可得原方程的通解为

$$\sin\frac{y}{x}=Cx.$$

例 2 求微分方程$(y+\sqrt{x^2+y^2})\mathrm{d}x=x\mathrm{d}y$ 满足初始条件 $y(1)=0$ 的特解.

解 有初始条件，我们只考虑 $x>0$ 的情形，原方程可变形为

$$\frac{\mathrm{d}y}{\mathrm{d}x}=\frac{y}{x}+\sqrt{1+\left(\frac{y}{x}\right)^2}.$$

这是齐次微分方程，令 $u=\frac{y}{x}$，则 $y=ux$，$\frac{\mathrm{d}y}{\mathrm{d}x}=u+x\frac{\mathrm{d}u}{\mathrm{d}x}$，代入方程得

$$x\frac{\mathrm{d}u}{\mathrm{d}x}=\sqrt{1+u^2},$$

分离变量，得

$$\frac{\mathrm{d}u}{\sqrt{1+u^2}}=\frac{\mathrm{d}x}{x},$$

两端积分，得

$$\ln\left|u+\sqrt{1+u^2}\right|=\ln|x|+C_1,$$

整理后，得

$$u+\sqrt{1+u^2}=Cx$$

其中 $C=\pm\mathrm{e}^{C_1}$. 再把 $u=\frac{y}{x}$回代，即得原方程的通解为

$$\frac{y}{x}+\sqrt{1+\left(\frac{y}{x}\right)^2}=Cx.$$

将初始条件 $y(1)=0$ 代入通解，得 $C=1$.

所以满足初始条件的特解为

$$\frac{y}{x}+\sqrt{1+\left(\frac{y}{x}\right)^2}=x.$$

例 3 求微分方程$(x^2+y^2)\mathrm{d}y-xy\mathrm{d}x=0$ 的通解.

解 原方程可变形为

$$\frac{\mathrm{d}x}{\mathrm{d}y}=\frac{x^2+y^2}{xy}=\frac{x}{y}+\frac{y}{x},$$

令 $u=\frac{x}{y}$，$x=yu$，$\frac{\mathrm{d}x}{\mathrm{d}y}=u+y\frac{\mathrm{d}u}{\mathrm{d}y}$，代入上式，得

$$y\frac{\mathrm{d}u}{\mathrm{d}y}=\frac{1}{u},$$

分离变量，得

$$u\mathrm{d}u=\frac{\mathrm{d}y}{y},$$

两边积分,得

$$\frac{1}{2}u^2 + C_1 = \ln|y|,$$

亦即

$$y^2 = Ce^{\frac{x^2}{y^2}}.\ (C\ 为任意常数)$$

10.3.2 可化为齐次方程的微分方程

对于形如

$$\frac{dy}{dx} = f\left(\frac{a_1x + b_1y + C_1}{a_2x + b_2y + C_2}\right) \tag{7}$$

的方程,分三种情形来讨论:

(1)若 $c_1 = c_2 = 0$,则方程(7)可变为

$$\frac{dy}{dx} = f\left(\frac{a_1 + b_1\frac{y}{x}}{a_2 + b_2\frac{y}{x}}\right),$$

这是齐次微分方程.

(2)若$\frac{a_1}{a_2} = \frac{b_1}{b_2}$,设此比值为 k,则方程(7)可变为

$$\frac{dy}{dx} = f\left(\frac{k(a_2x + b_2y) + C_1}{a_2x + b_2y + C_2}\right) = g(a_2x + b_2y), \tag{8}$$

令 $a_2x + b_2y = u$,则方程(8)化为

$$\frac{du}{dx} = a_2 + g(u),$$

这是可分离变量方程.

(3)若 C_1, C_2 不全为零,且$\frac{a_1}{a_2} \neq \frac{b_1}{b_2}$,则方程(7)通过下面的方法可化为齐次方程

先求出两条直线

$$a_1x + b_1y + C_1 = 0, a_2x + b_2y + C_2 = 0$$

的交点(x_0, y_0),然后作平移变换

$$\begin{cases} X = x - x_0 \\ Y = y - y_0 \end{cases},\ 即\begin{cases} x = X + x_0 \\ y = Y + y_0 \end{cases}.$$

这时,$\frac{dy}{dx} = \frac{dY}{dX}$,于是,原方程就化为齐次方程

$$\frac{dY}{dX} = f\left(\frac{a_1X + b_1Y}{a_2X + b_2Y}\right).$$

例 4 求方程$\frac{dy}{dx} = \frac{x + y - 2}{x - y - 4}$的通解.

解 直线 $x + y - 2 = 0$ 和直线 $x - y - 4 = 0$ 的交点是$(3, -1)$. 因此作变换

$$\begin{cases} x = X + 3 \\ y = Y - 1 \end{cases}.$$

代入原方程,得

$$\frac{\mathrm{d}X}{\mathrm{d}Y}=\frac{X+Y}{X-Y}=\frac{1+\frac{Y}{X}}{1-\frac{Y}{X}}.$$

令 $u=\frac{Y}{X}$, 则 $Y=uX,\frac{\mathrm{d}Y}{\mathrm{d}X}=u+X\frac{\mathrm{d}u}{\mathrm{d}X}$,代入上式,得

$$u+X\frac{\mathrm{d}u}{\mathrm{d}X}=\frac{1+u}{1-u},$$

分离变量,得

$$\frac{1-u}{1+u^2}\mathrm{d}u=\frac{1}{X}\mathrm{d}X,$$

两边积分,得

$$\arctan u-\frac{1}{2}\ln(1+u^2)=\ln|X|+C,$$

将 $u=\frac{Y}{X}$回代得

$$\arctan\frac{Y}{X}-\frac{1}{2}\ln\left[1+\left(\frac{Y}{X}\right)^2\right]=\ln|X|+C,$$

再将

$$\begin{cases}x=X+3\\y=Y-1\end{cases}$$

回代, 则可整理得到原方程的通解为

$$\arctan\frac{y+1}{x-3}=\ln\sqrt{(x-3)^2+(y+1)^2}+C.$$

习题 10.3

1. 求下列齐次方程的通解:

(1) $(y+x)\mathrm{d}y+(x-y)\mathrm{d}x=0$;

(2) $x\frac{\mathrm{d}y}{\mathrm{d}x}=y\ln\frac{y}{x}$;

(3) $2x^3y'=y(2x^2-y^2)$;

(4) $xy'+2\sqrt{xy}=y \quad (x<0)$;

(5) $(1+2\mathrm{e}^{\frac{x}{y}})\mathrm{d}x+2\mathrm{e}^{\frac{x}{y}}(1-\frac{x}{y})\mathrm{d}y=0$;

(6) $xy'=x\sin\frac{y}{x}+y$.

2. 求下列齐次方程满足所给初始条件的特解:

(1) $x^2y'+xy=y^2,y(1)=1$;

(2) $(y^2-3x^2)\mathrm{d}y+2xy\mathrm{d}x=0,y(0)=1$;

(3) $(x\mathrm{e}^{\frac{y}{x}}+y)\mathrm{d}x=x\mathrm{d}y,y(1)=0$.

3*. 用适当代换求解下列微分方程

(1) $xy'+y=y(\ln x+\ln y)$;

(2) $y'=(x+y)^2$;

(3) $y'=\frac{x-y+5}{x-y-2}$;

(4) $y'=\frac{x-y+1}{x+y-3}$.

4. 设有连接点 $O(0,0)$ 和 $A(1,1)$ 的一段向上凸的曲线 OA,对于 OA 上任一点 $P(x,y)$,曲线弧 OP 与直线弧 OP 所围图形的面积为 x^2,求曲线弧 OA 的方程.

10.4 一阶线性微分方程

10.4.1 一阶线性微分方程

1. 一阶线性微分方程的概念

形如

$$a(x)\frac{dy}{dx}+b(x)y+c(x)=0$$

的方程称为**一阶线性微分方程**. 线性是指关于未知函数 y 及其导数 $\frac{dy}{dx}$ 都是一次的. 由于一阶微分方程的定义决定了 $a(x)\neq0$,所以**一阶线性微分方程**总能化成如下标准形式

$$\frac{dy}{dx}+P(x)y=Q(x). \tag{1}$$

本节主要讨论方程(1). 当 $Q(x)\equiv0$ 时,方程(1)成为

$$\frac{dy}{dx}+P(x)y=0. \tag{2}$$

这个方程称为**一阶齐次线性方程**. 当 $Q(x)\neq0$ 时,方程(1)称为**一阶非齐次线性方程**,此时,也称方程(2)是其对应的齐次微分方程.

2. 一阶线性非齐次微分方程的解法

下面先看两个具体的例子

例 1 求方程 $\frac{dy}{dx}+\frac{y}{x}=\frac{e^x}{x}$ 的通解.

解 这是一个非齐次线性方程. 而对应的齐次线性方程 $xy'+y=0$ 从而通解为 $y=\frac{C}{x}$

而 $\frac{dy}{dx}+\frac{y}{x}=\frac{e^x}{x}$ 可以改写为 $xy'+y=e^x$,从而它的通解为 $y=\frac{e^x+C}{x}$.

例 2 求方程 $\frac{dy}{dx}+y\cot x=2\cos x$ 的通解.

解 这是一个非齐次线性方程. 而对应的齐次线性方程 $\sin x\cdot y'+\cos x\cdot y=0$ 从而通解为 $y=\frac{C}{\sin x}$.

而 $\frac{dy}{dx}+y\cot x=2\cos x$ 可以改写为 $\sin x\cdot y'+\cos x\cdot y=2\cos x\sin x$,从而它的通解为

$y=\dfrac{\sin^2 x+C}{\sin x}$.

我们仔细观察两组通解之间的关系,我们可以得到:一阶非齐次线性微分方程的通解可以通过改变一阶齐次线性微分方程的通解中的常数变成函数而得到,是否可以推广在一般的情形呢? 可以. 这种方法称为**常数变易法**.

下面我们来讨论一阶非齐次线性方程(1)的通解.

非齐次微分方程(1)对应的齐次微分方程(2)是可分离变量的微分方程,对其分离变量得

$$\frac{\mathrm{d}y}{y}=-P(x)\mathrm{d}x,$$

两边积分,得

$$\ln y=-\int P(x)\mathrm{d}x+\ln C,$$

因此,方程(2)的通解是

$$y=C\mathrm{e}^{-\int P(x)\mathrm{d}x}, \tag{3}$$

其中 $\int P(x)\mathrm{d}x$ 表示 $P(x)$ 的某个确定的原函数.

若把通解(3)式代入方程(1),则方程(1)的左边是零,而右边是非零的关于 x 的函数,为了使左边和右边相等,故要把(3)式的常数 C 换成关于 x 的函数,这种方法称为**常数变易法**.

即,令

$$y=C(x)\mathrm{e}^{-\int P(x)\mathrm{d}x}, \tag{4}$$

对其求导得

$$\frac{\mathrm{d}y}{\mathrm{d}x}=C'(x)\mathrm{e}^{-\int P(x)\mathrm{d}x}-C(x)P(x)\mathrm{e}^{-\int P(x)\mathrm{d}x}, \tag{5}$$

把式(4)和式(5)代入方程(1)得

$$C'(x)\mathrm{e}^{-\int P(x)\mathrm{d}x}-C(x)P(x)\mathrm{e}^{-\int P(x)\mathrm{d}x}+P(x)C(x)\mathrm{e}^{-\int P(x)\mathrm{d}x}=Q(x).$$

即

$$C'(x)=Q(x)\mathrm{e}^{\int P(x)\mathrm{d}x}.$$

积分得

$$C(x)=\int Q(x)\mathrm{e}^{\int P(x)\mathrm{d}x}\mathrm{d}x+C,$$

故非齐次线性微分方程(1)的通解为

$$y=\mathrm{e}^{-\int P(x)\mathrm{d}x}\left[\int Q(x)\mathrm{e}^{\int P(x)\mathrm{d}x}\mathrm{d}x+C\right]. \tag{6}$$

3. 小结:一阶线性非齐次微分方程(1)的解法有两种

(1)常数变易法

先求出方程(1)对应的齐次微分方程(2)的通解,把通解中的常数换成函数,代入方程(1)中解出此函数,就可得方程(1)的通解式(6).

(2)公式法

即把通解表达式(6)记做公式,从所给方程找出正确的函数 $P(x)$,$Q(x)$,直接代入

式(6),求出通解.

例1 求方程$\frac{dy}{dx}+x^2y=e^{x-\frac{1}{3}x^3}$的通解.

解 这是一个一阶非齐次线性方程,我们用两种方法求其通解.

方法一(常数变易法)

原方程对应的齐次微分方程为

$$\frac{dy}{dx}+x^2y=0.$$

分离变量得

$$\frac{dy}{y}=-x^2dx,$$

两边积分得

$$\ln|y|=-\frac{1}{3}x^3+C_1,$$

整理得齐次微分方程的通解为

$$y=C_2e^{-\frac{1}{3}x^3}\quad (C_2=\pm e^{C_1}).$$

令

$$y=C_2(x)e^{-\frac{1}{3}x^3},$$

代入原方程得

$$C'_2(x)e^{-\frac{1}{3}x^3}-x^2C_2(x)e^{-\frac{1}{3}x^3}+x^2C_2(x)e^{-\frac{1}{3}x^3}=e^{x-\frac{1}{3}x^3},$$

即

$$C'_2(x)=e^x,$$

积分得

$$C_2(x)=e^x+C,$$

所以原方程的通解为

$$y=e^{-\frac{1}{3}x^3}(e^x+C).$$

方法二(公式法)

由原方程可知$P(x)=x^2,Q(x)=e^{x-\frac{1}{3}x^3}$,代入式(6)中,可得通解为

$$\begin{aligned}y&=e^{-\int P(x)dx}\left[\int Q(x)e^{\int P(x)dx}dx+C\right]\\&=e^{-\int x^2dx}\left(\int e^{x-\frac{1}{3}x^3}\cdot e^{\int x^2dx}dx+C\right)\\&=e^{-\frac{1}{3}x^3}\left(\int e^{x-\frac{1}{3}x^3}\cdot e^{\frac{1}{3}x^3}dx+C\right)\\&=e^{-\frac{1}{3}x^3}(e^x+C).\end{aligned}$$

例2 求微分方程$xy'-y-x^2\cos x=0$满足初始条件$y(\pi)=\pi$的解.

解 将方程写成标准形式

$$y'-\frac{1}{x}y=x\cos x,$$

从而$P(x)=-\frac{1}{x},Q(x)=x\cos x$,代入式(6)中,可得通解为

$$y = e^{\int \frac{1}{x}dx}\left[\int (x\cos x)e^{-\int \frac{1}{x}dx}dx + C\right]$$
$$= x(\sin x + C).$$

将初始条件 $y(\pi)=\pi$ 代入得 $C=1$,所求特解为

$$y = x(\sin x + 1).$$

例 3 求微分方程 $(2x-y^2)dy - ydx = 0$ 的通解.

解 如果将方程写成

$$\frac{dy}{dx} = \frac{y}{2x-y^2}.$$

显然,它不是可分离变量的微分方程,不是齐次微分方程(10.3 节中所讨论的方程),也不是以 y 为未知函数的一阶线性微分方程,所以,我们要转换思路,把它改写成

$$\frac{dx}{dy} - \frac{2}{y}x = -y,$$

这是一个以 x 为未知函数,y 为自变量的一阶线性微分方程. 其中 $P(y) = -\frac{2}{y}$,$Q(y) = -y$,故其通解为

$$x = e^{-\int -\frac{2}{y}dy}\left(\int -ye^{\int -\frac{2}{y}dy}dy + C\right)$$
$$= y^2(-\ln y + C).$$

*10.4.2 伯努利方程

形如

$$\frac{dy}{dx} + P(x)y = Q(x)y^n, \quad (n \neq 0,1) \tag{7}$$

的方程称为伯努利方程. 伯努利方程虽然不是线性微分方程,但通过变量代换可以把伯努利方程化成线性微分方程. 具体解法如下:

(1)变量代换,令

$$z = y^{1-n},$$

则方程(7)变为

$$\frac{dz}{dx} - (1-n)P(x)y = (1-n)Q(x). \tag{8}$$

(2)求一阶线性方程(8)的通解.

(3)在通解中返带回变量.

例 4 求方程 $3xy' + y + x^2y^4 = 0$ 的通解.

解 原方程可化为

$$y' + \frac{1}{3x}y = -\frac{x}{3}y^4,$$

这是伯努利方程. 方程两边都除以 y^4 可得

$$y^{-4}y' + \frac{1}{3x}y^{-3} = -\frac{x}{3}.$$

令 $z = y^{-3}$,则$\frac{dz}{dx} = -3y^{-4}\frac{dy}{dx}$,原方程可变为

$$-\frac{1}{3}z' + \frac{1}{3x}z = -\frac{x}{3},$$

即

$$z' - \frac{1}{x}z = x.$$

上面一阶线性方程的通解为

$$\begin{aligned} z &= e^{\int \frac{1}{x}dx}\left(\int x e^{\int -\frac{1}{x}dx}dx + C\right) \\ &= x(x + C). \end{aligned}$$

原方程通解为

$$y^{-3} = x^2 + Cx.$$

令 $z = y^{-1}$,则上述方程成为

$$z^3 = x^2 + Cx.$$

习题 10.4

1. 求下列一阶线性微分方程的通解:

(1) $\frac{dy}{dx} - \frac{2y}{x+1} = (x+1)^{\frac{5}{2}}$;　　(2) $\frac{dy}{dx} + 4y = e^{-3x}$;

(3) $\frac{dy}{dx} + y\cot x = 2\cos x$;　　(4) $(x^2 - 1)y' + 2xy = \cos x$;

(5) $y' + y = e^{-x}\cos x$;　　(6) $2y' + y = x - 1$;

(7) $y' - y\cot x = 2x\sin x$;　　(8) $\frac{dy}{dx} = \frac{2}{x-y}$;

(9) $y dx + (x - y^3) = 0$;　　(10) $y\ln y dx + (x - \ln y)dy = 0$.

2. 求下列一阶线性微分方程满足所给初始条件的特解:

(1) $xy' + y = x, y(1) = 2$;　　(2) $y' = \frac{3}{x}y + 4x^2 + 1, y(1) = 1$;

(3) $y' - y\tan x = \sec x, y(0) = 0$;　　(4) $y' + \frac{y}{x} = \frac{\sin x}{x}, y(\pi) = 1$;

(5) $y' + 3y = 5, y(0) = 1$;　　(6) $(x+1)y' - ny - (x+1)^{n+1}e^x, y(0) = 0$.

3. 求一曲线,这曲线通过原点,并且它在点(x,y)处的切线斜率等于$2x + y$.

4*. 求下列伯努利方程的通解:

(1) $y' + y = y^2(\cos x - \sin x)$;　　(2) $y' - \frac{y}{1+x} + y^2 = 0$.

5*. 已知连续函数$f(x)$满足

$$\int_0^1 f(tx)dt = 2f(x) + 1,$$

求函数$f(x)$.

10.5 可降阶的高阶微分方程

前面讨论了一阶微分方程的解法,对于二阶和二阶以上的特殊形式的微分方程,通

过降阶的方法可转化为一阶微分方程来求解. 本节讨论三种特殊方程的降阶问题.

10.5.1 形如 $y''=f(x)$ 的方程

对微分方程

$$y''=f(x)$$

只需两端积分,得

$$y' = \int f(x)\,\mathrm{d}x + C_1 ,$$

再次积分,得

$$y = \int\left[\int f(x)\,\mathrm{d}x + C_1\right]\mathrm{d}x + C_2.$$

注:这种类型的方程的解法,可推广到 n 阶微分方程

$$y^{(n)}=f(x),$$

只要连续积分 n 次,就可得这个方程的含有 n 个任意常数的通解.

例 1 求微分方程 $y'''=\mathrm{e}^{2x}+\sin x$ 的通解.

解 对原方程两边积分,得

$$y''=\frac{1}{2}\mathrm{e}^{2x}-\cos x+C_1,$$

再积分得

$$y'=\frac{1}{4}\mathrm{e}^{2x}-\sin x+C_1x+C_2,$$

最后一次积分可的通解为

$$y=\frac{1}{8}\mathrm{e}^{2x}+\cos x+C_4x^2+C_2x+C_3,(\text{其中 } C_4=\frac{1}{2}C_1).$$

10.5.2 形如 $y''=f(x,y')$ 的方程

方程

$$y''=f(x,y') \tag{1}$$

的右端不显含未知函数 y,如果我们设 $y'=p$,那么

$$y''=\frac{\mathrm{d}p}{\mathrm{d}x}=p',$$

代入方程(1)得

$$p'=f(x,p),$$

这是一个关于变量 x,p 的一阶微分方程,如果我们求出它的通解为

$$p=\varphi(x,C_1),$$

又因 $p=\frac{\mathrm{d}y}{\mathrm{d}x}$ 得

$$\frac{\mathrm{d}y}{\mathrm{d}x}=\varphi(x,C_1),$$

对它进行积分,便得到(1)的通解

$$y=\int\varphi(x,C_1)\mathrm{d}x+C_2.$$

例 2 求微分方程$(x+1)y''+y'=\ln(1+x)$的通解.

解 原方程是不显含未知函数 y 的可降阶的二阶微分方程.

设 $y'=p$,则 $y''=p'$,代入方程得

$$p'+\frac{1}{x+1}p=\frac{\ln(x+1)}{x+1},$$

这是一阶线性微分方程,其通解为

$$\begin{aligned}p&=\mathrm{e}^{-\int\frac{1}{x+1}\mathrm{d}x}\left[\int\frac{\ln(x+1)}{x+1}\mathrm{e}^{\int\frac{1}{x+1}\mathrm{d}x}\mathrm{d}x+C_1\right]\\&=\frac{1}{x+1}\left[\int\ln(x+1)\mathrm{d}x+C_1\right]\\&=\ln(x+1)-1+\frac{C_1}{x+1},\end{aligned}$$

因此

$$y'=\ln(x+1)-1+\frac{C_1}{x+1},$$

故原方程通解为

$$\begin{aligned}y&=\int\left[\ln(x+1)-1+\frac{C_1}{x+1}\right]\mathrm{d}x\\&=(x+1)[\ln(x+1)-2]+C_1\ln(x+1)+C_2.\end{aligned}$$

10.5.3 形如 $y''=f(y,y')$ 的方程

方程

$$y''=f(y,y') \tag{2}$$

的特点是不明显地含有自变量 x. 我们令 $y'=\frac{\mathrm{d}y}{\mathrm{d}x}=p$,并利用复合函数的求导法则,把 y''化为对 y 的导数,即

$$y''=\frac{\mathrm{d}p}{\mathrm{d}x}=\frac{\mathrm{d}p}{\mathrm{d}y}\cdot\frac{\mathrm{d}y}{\mathrm{d}x}=p\frac{\mathrm{d}p}{\mathrm{d}y}.$$

原方程(2)可化为

$$p\frac{\mathrm{d}p}{\mathrm{d}y}=f(y,p).$$

这是一个关于变量 y,p 的一阶微分方程,如果我们求出它的通解为

$$y'=p=\varphi(y,C_1),$$

那么分离变量并两端积分,便得方程(2)的通解为

$$\int\frac{\mathrm{d}y}{\varphi(y,C_1)}=x+C_2.$$

例 3 求微分方程 $y''-\frac{1}{2}\mathrm{e}^y=0$ 满足初始条件 $y(0)=0,y'(0)=1$ 的特解.

解 原方程是不显自变量 x 的二阶可降阶微分方程.

设 $y'=p$,则

$$y''=\frac{\mathrm{d}p}{\mathrm{d}x}=\frac{\mathrm{d}p}{\mathrm{d}y}\cdot\frac{\mathrm{d}y}{\mathrm{d}x}=p\frac{\mathrm{d}p}{\mathrm{d}y},$$

代入原方程并分离变量得

$$p\mathrm{d}p=\frac{1}{2}\mathrm{e}^{y}\mathrm{d}y,$$

积分得

$$\frac{1}{2}p^{2}=\frac{1}{2}\mathrm{e}^{y}+\frac{1}{2}C_{1},$$

即

$$p=\pm\sqrt{\mathrm{e}^{y}+C_{1}}.$$

由初始条件 $y'(0)=1$ 可知上式取正号,并把 $y'(0)=1$ 代入可得 $C_1=0$,故

$$y'=\mathrm{e}^{\frac{y}{2}},$$

分离变量得

$$\mathrm{e}^{-\frac{y}{2}}\mathrm{d}y=\mathrm{d}x,$$

两边积分,得

$$-2\mathrm{e}^{-\frac{y}{2}}=x+C_{2},$$

由始条件 $y(0)=0$ 得 $c_2=-2$,因此所求特解为

$$y=-2\ln(1-\frac{1}{2}x).$$

习题 10.5

1. 求下列微分方程的通解

(1) $y''=x\sin x$;　　(2) $y'''=\cos x-x^{4}$;

(3) $xy''+y'=\frac{1}{x^{2}}$;　　(4) $y''=1+(y')^{2}$;

(5) $y''+\frac{1}{1-y}y'^{2}=0$;　　(6) $yy''-y'^{2}=0$;

(7) $y^{(5)}-\frac{1}{x}y^{(4)}=0$;　　(8) $y''=(y')^{3}+y'$.

2. 求下列微分方程满足所给初始条件的特解:

(1) $(1+x^{2})y''=2xy',y(0)=1,y'(0)=3$;

(2) $y''=\frac{3x^{2}}{1+x^{3}}y',y(0)=1,y'(0)=4$;

(3) $yy''+y'^{2}=0,y|_{x=0}=1,y'|_{x=0}=\frac{1}{2}$;

(4) $y^{3}y''+1=0,y(1)=1,y'(1)=0$.

3. 设连续函数 $y(x)$ 满足方程 $y(x)=\int_{0}^{x}y(t)\mathrm{d}t+\mathrm{e}^{x}$,求 $y(x)$.

10.6 二阶常系数线性微分方程

二阶线性微分方程的一般形式是

$$y'' + P(x)y' + Q(x)y = f(x), \tag{1}$$

其中 $P(x)$,$Q(x)$ 及 $f(x)$ 是自变量 x 的已知函数,这里的线性指的是未知函数 y,及其一阶导数 y',二阶导数 y''都是一次的函数,函数 $f(x)$ 称为方程(1)的**自由项**.

在方程(1)中,若 $P(x)=p$,$Q(x)=q$,这里 p,q 是常数,则方程(1)就成为如下方程

$$y'' + py' + q = f(x), \tag{2}$$

该方程称为**二阶常系数线性微分方程**. 如果右端的自由项 $f(x)\neq 0$,称方程(2)为**二阶常系数线性非齐次微分方程**;如果 $f(x)=0$,则方程(2)就化为

$$y'' + py' + q = 0, \tag{3}$$

称方程(3)为二阶常系数线性齐次微分方程也称它为方程(2)对应的齐次方程.

下面讨论方程(2)和方程(3)的解法.

10.6.1 二阶常系数线性齐次微分方程

首先给出两个函数线性相关性的概念

定义 **设 $y_1(x)$,$y_2(x)$ 是定义在区间 I 上的两个函数,如果存在常数 k,使得对于一切 $x\in I$,都有**

$$\frac{y_1(x)}{y_2(x)} = k \text{ 或 } \frac{y_2(x)}{y_1(x)} = k,$$

则称 $y_1(x)$,$y_2(x)$ 在区间 I 上线性相关;否则称它们线性无关.

例如函数 x^2 与 1 的比值在$(-\infty,+\infty)$上不是恒为零,故 x^2 与 1 是线性无关的,而函数 $\sin x\cos x$ 与 $\sin 2x$ 的比值为$\frac{1}{2}$,故 $\sin x\cos x$ 与 $\sin 2x$ 线性相关.

下面我们先给出二阶常系数线性齐次微分方程解的结构,然后根据解的结构讨论通解的求法.

定理 1 **如果 $y_1(x)$,$y_2(x)$ 是二阶常系数线性齐次微分方程(3)的两个线性无关的特解,那么**

$$y = C_1y_1(x) + C_2y_2(x)\ (C_1, C_2 \text{ 是任意常数})$$

是方程(3)的通解.

证 因为 $y_1(x)$,$y_2(x)$ 是方程(3)的两个解,所以

$$y''_1 + py'_1 + qy_1 = 0, \quad y''_2 + py'_2 + qy_2 = 0.$$

又

$$y' = C_1y'_1 + C_2y'_2, \quad y'' = C_1y''_1 + C_2y''_2.$$

把 y,y',y''代入方程(3)的左端得

$$\begin{aligned} y'' + py' + qy &= (C_1y''_1 + C_2y''_2) + p(C_1y'_1 + C_2y'_2) + q(C_1y_1 + C_2y_2) \\ &= C_1(y''_1 + py'_1 + qy_1) + C_2(y''_2 + py'_2 + qy_2) \end{aligned}$$

$$=C_1\cdot 0+C_2\cdot 0=0,$$

故 y 是方程(3)的解. 又 $y_1(x)$,$y_2(x)$是线性无关的,所以 y 中含有两个相互独立的任意常数,则 y 是方程(3)的通解.

根据定理1,要求微分方程(3)的通解,就要找两个线性无关的特解,由微分方程(3)的特征,函数 y 以及其一阶导数 y'和二阶导数 y''之间只相差一个常数,故猜想形如 $y=e^{rx}$(r 是常数)的函数可能是方程的解,也就是说可能存在常数 r,使 $y=e^{rx}$满足方程(3). 将 $y=e^{rx}$求导,得

$$y'=re^{rx},y''=r^2e^{rx}.$$

把 y,y',y''代入方程(3),得

$$(r^2+pr+q)e^{rx}=0,$$

所以

$$r^2+pr+q=0. \tag{4}$$

因此只要常数 r 满足方程(4),函数 $y=e^{rx}$就是方程(3)的解. 二次代数方程(4)称为微分方程(3)的**特征方程**,特征方程(4)的根称为**特征根**. 故求出特征方程(4)的根就可以对应得到方程(3). 二次代数方程(4)的根可以用公式表示为

$$r_{1,2}=\frac{1}{2}(-p\pm\sqrt{p^2-4q}).$$

它们有三种不同的情形:

(1)当 $p^2-4q>0$ 时.

特征方程(4)有两个不相等的实根:即 $r_1\neq r_2$. 则

$$y_1=e^{r_1x}、y_2=e^{r_2x}$$

是微分方程(3)的两个线性无关的特解,因此方程(3)的通解为

$$y=C_1e^{r_1x}+C_2e^{r_2x},(C_1,C_2\text{ 是任意常数}).$$

(2)当 $p^2-4q=0$ 时.

特征方程(4)有两个相等的根:即 $r_1=r_2$. 这时,只能得到微分方程(3)的一个特解

$$y_1=e^{r_1x}.$$

经证明,函数

$$y_2=xe^{r_1x}$$

也是微分方程(3)的一个特解,又 y_1,y_2 线性无关,所以微分方程(3)的通解为

$$y=C_1e^{r_1x}+C_2xe^{r_1x}=(C_1+C_2x)e^{r_1x},(C_1,C_2\text{ 是任意常数}).$$

(3)当 $p^2-4q<0$ 时.

特征方程(4)有一对共轭复根:即

$$r_1=\alpha+i\beta,r_2=\alpha-i\beta\quad(\beta\neq 0).$$

这时,得到微分方程(3)的两个线性无关的复函数解

$$y_1^*=e^{(\alpha+i\beta)x},y_2^*=e^{(\alpha-i\beta)x},$$

利用欧拉公式 $e^{i\theta}=\cos\theta+i\sin\theta$,可以证得函数

$$y_1=e^{\alpha x}\sin\beta x\text{ 和 }y_2=e^{\alpha x}\cos\beta x$$

是微分方程(3)的两个线性无关的实函数解,故微分方程(3)的通解为

$$y=e^{\alpha x}(C_1\sin\beta x+C_2\cos\beta x).$$

综上所述,求二阶常系数齐次线性微分方程 $y''+py'+qy=0$ 的通解的步骤如下.

① 写出微分方程的特征方程 $r^2+pr+q=0$;

② 求出特征方程的两个根 r_1、r_2;

③ 根据特征方程的两个根的不同情况,写出微分方程的通解,见表 10－1.

表 10－1

特征方程 $r^2+pr+q=0$ 的根	微分方程 $y''+py'+qy=0$ 的通解
两个互异实根:$r_1\neq r_2$	$y=C_1\mathrm{e}^{r_1x}+C_2\mathrm{e}^{r_2x}$
两个相等实根:$r_1=r_2$	$y=(C_1+C_2x)\mathrm{e}^{r_1x}$
一对共轭复根:$r=\alpha\pm i\beta$	$y=\mathrm{e}^{\alpha x}(C_1\cos\beta x+C_2\sin\beta x)$

例 1 求微分方程 $y''-2y'-8y=0$ 的通解.

解 所给微分方程的特征方程为

$$r^2-2r-8=0,$$

其根为 $r_1=-2,r_2=4$,这是两个不相等的实根,因此所求通解为

$$y=C_1\mathrm{e}^{-2x}+C_2\mathrm{e}^{4x}.$$

例 2 求方程 $y''+6y'+9=0$ 满足初始条件 $y(0)=2,y'(0)=-5$ 的特解.

解 所给方程的特征方程为

$$r^2+6r+9=0.$$

其根为 $r_1=r_2=-3$,这是两个相等的实根,因此所给微分方程的通解为

$$y=(C_1+C_2x)\mathrm{e}^{-3x}.$$

则

$$y'=(C_2-3C_1-3C_2x)\mathrm{e}^{-3x}.$$

将初始条件 $y(0)=2,y'(0)=-5$ 代入通解及其导数,得 $C_1=2,C_2=1$,故所求特解为

$$y=(2+x)\mathrm{e}^{-3x}.$$

例 3 求微分方程 $2y''+2y'+1=0$ 的通解.

解 所给方程的特征方程为

$$2r^2+2r+1=0.$$

其根为 $r_1=-\frac{1}{2}+\frac{1}{2}i,r_2=-\frac{1}{2}-\frac{1}{2}i$,这是一对共轭复根,因此所求通解为

$$y=\mathrm{e}^{-\frac{1}{2}x}\left(C_1\sin\frac{1}{2}x+C_2\cos\frac{1}{2}x\right).$$

10.6.2 二阶常系数线性非齐次微分方程

定理 2 如果 y^* 是二阶常系数非齐次微分方程(2)的一个特解,Y 是与方程(2)对应的齐次方程(3)的通解,则

$$y=Y+y^*$$

是非齐次方程(2)的通解.

证 因为 y^* 是方程(2)的一个特解,所以

$$(y^*)''+p(y^*)'+qy^*=f(x).$$

又因为 Y 是方程(3)的通解

$$Y''+pY'+qY=0.$$

把 $y=Y+y^*$ 以及其一阶导数和二阶导数代入方程(2)得

$$\begin{aligned}y''+py'+qy&=(y^*+Y)''+p(y^*+Y)'+q(y^*+Y)\\&=(y^*)''+p(y^*)'+qy^*+Y''+pY'+qY\\&=f(x)+0=f(x),\end{aligned}$$

所以,$y=Y+y^*$ 是非齐次方程(2)的解. 由于齐次方程的通解 $Y=C_1y_1+C_2y_2$ 中含有两个相互独立的任意常数,因此 $y=Y+y^*$ 也含有两个相互独立的任意常数,故它是非齐次方程(2)的通解.

根据定理2,求非齐次方程(2)的通解就转化为求它的一个特解和它对应的齐次方程(3)的通解,然后把特解和通解相加就可得方程(2)的通解. 而齐次方程(3)的通解求法前面已讨论,下面重点介绍非齐次方程(2)的特解的求法.

方程(2)的特解的形式与右端的自由项 $f(x)$ 有关,在一般情形下,要求出方程(2)的特解是非常困难的,所以,下面仅仅就 $f(x)$ 的两种常见的情形进行讨论.

(1)$f(x)=P_m(x)e^{\lambda x}$,其中 λ 是常数, $P_m(x)$ 是 x 的一个 m 次多项式:

$$P_m(x)=a_0x^m+a_1x^{m-1}+\cdots+a_m.$$

(2)$f(x)=e^{\lambda x}[P_l(x)\cos\omega x+P_n(x)\sin\omega x]$,其中 λ,ω 是常数,$P_l(x)$,$P_n(x)$ 分别是 x 的 l 次,n 次多项式,且有一个可为零.

1.$f(x)=P_m(x)e^{\lambda x}$ 型

因为 $f(x)$ 是多项式与指数函数的乘积,而多项式与指数函数的乘积的导数仍然是同一类型的函数,所以我们推测 $y^*=Q(x)e^{\lambda x}$(其中 $Q(x)$ 是某个多项式)可能是方程(1)的一个特解. 把 y^*,$(y^*)'$及$(y^*)''$代入方程(2),然后考虑能否适当选取多项式 $Q(x)$,使 $y^*=Q(x)e^{\lambda x}$满足方程(2). 为此,将

$$\begin{aligned}y^*&=Q(x)e^{\lambda x},\\(y^*)'&=e^{\lambda x}[\lambda Q(x)+Q'(x)],\\(y^*)''&=e^{\lambda x}[\lambda^2Q(x)+2\lambda Q'(x)+Q''(x)].\end{aligned}$$

代入方程(2),并消去 $e^{\lambda x}$,得

$$Q''+(2\lambda+p)Q'(x)+(\lambda^2+p\lambda+q)Q(x)=P_m(x),\tag{5}$$

上式两端都是关于 x 的多项式,只要比较上式两端的同次幂的系数,就可以确定出多项式 $Q(x)$,下面分三种情形讨论.

(1)如果 λ 不是方程(5)的特征根,即 $\lambda^2+p\lambda+q\neq0$,那么式(5)左端的多项式次数与 $Q(x)$的次数相同,即 $Q(x)$应该是一个 m 次多项式,因此可设

$$Q(x)=b_0x^m+b_1x^{m-1}+\cdots+b_{m-1}x+b_m.\tag{6}$$

其中 $b_0,b_1,\cdots,b_m$ 为 $m+1$ 个待定系数. 把式(6)代入式(5),并比较两端同次幂的系数,就得到以 $b_0,b_1,\cdots,b_m$ 为未知数的 $m+1$ 个线性方程的方程组,从而可以定出 $b_i(i=0,1,\cdots,m)$,并得到一个所求的特解 $y^*=Q_m(x)e^{\lambda x}$.

(2)如果 λ 是特征方程的单根,即 $\lambda^2+p\lambda+q=0$ 而 $2\lambda+p\neq0$,那么(2)式左端的次数与 $Q'(x)$的次数相同,$Q'(x)$应是一个 m 次多项式. 不妨取 $Q(x)$的常数项为零,于是可设

$$Q(x)=xQ_m(x),$$

并可用同样的方法确定 $Q_m(x)$ 的系数 $b_i(i=0,1,\cdots,m)$.

(3)如果 λ 是特征方程的重根,即 $\lambda^2+p\lambda+q=0$ 且 $2\lambda+p=0$,那么式(2)左端的次数与 $Q''(x)$ 的次数相同,$Q''(x)$ 应是一个次 m 次多项式,不妨取 $Q(x)$ 的一次项及常数项均为零,于是可设

$$Q(x)=x^2Q_m(x),$$

并用同样的方法来确定 $Q_m(x)$ 的 $m+1$ 个系数.

于是,有如下结论:如果 $f(x)=P_m(x)e^{\lambda x}$,那么二阶常系数非齐次线性微分方程(2)具有形如

$$y^*=x^kQ_m(x)e^{\lambda x} \tag{7}$$

的特解,其中 $Q_m(x)$ 是与 $P_m(x)$ 同次(m 次)的多项式,而 k 的取法如下

$$k=\begin{cases}0,\text{当 }\lambda\text{ 不是特征方程的根}\\1,\text{当 }\lambda\text{ 是特征方程的单根.}\\2,\text{当 }\lambda\text{ 是特征方程的重根}\end{cases}$$

这里仅介绍右端函数 $f(x)$ 是以下两种形式时,用待定系数求特解的方法:

例4 写出下列方程的特解的形式.

(1)$y''+2y'+y=e^{2x}$;

(2)$y''+2y'+y=x^2e^{2x}$;

(3)$y''+2y'+y=xe^{-x}$;

(4)$y''+2y'-3y=xe^{-3x}$.

解 (1)因为 $f(x)=e^{2x}$,所以 $\lambda=2$,不是特征根,故取 $k=0$,又 $m=0$,因此特解的形式为 $y^*=be^{2x}$.

(2)因为 $f(x)=x^2e^{2x}$,所以 $\lambda=2$,不是特征根,故取 $k=0$,又 $m=2$,因此特解的形式为 $y^*=(b_0x^2+b_1x+b_2)e^{2x}$.

(3)因为 $f(x)=xe^{-x}$,所以 $\lambda=-1$,是特征重根,故取 $k=2$,又 $m=1$,因此特解的形式为 $y^*=x^2(b_0x+b_1)e^{-x}$.

(4)因为 $f(x)=xe^{-3x}$,所以 $\lambda=-3$,是特征单根,故取 $k=1$,又 $m=1$,因此特解的形式为 $y^*=x(b_0x+b_1)e^{-3x}$.

例5 求微分方程 $y''+5y'+6y=2x-1$ 的通解.

解 特征方程为

$$r^2+5r+6=0,$$

故特征根为 $r_1=-2,r_2=-3$,原方程对应的其次方程的通解为

$$Y=C_1e^{-2x}+C_2e^{-3x}.$$

又因为 $f(x)=2x-1$,所以 $\lambda=0$,不是特征根,故取 $k=0$,又 $m=1$,因此设特解为

$$y^*=b_0x+b_1,$$

则

$$(y^*)'=b_0,(y^*)''=0.$$

代入原方程得

$$5b_0+6(b_0x+b_1)=2x-1,$$

比较两端 x 同次幂的系数得

$$\begin{cases}6b_0=2\\5b_0+6b_1=-1\end{cases},$$

解此方程组的 $b_0=\frac{1}{3},b_1=-\frac{4}{9}$,故原方程得一个特解为

$$y^*=\frac{1}{3}x-\frac{4}{9}.$$

从而通解为

$$y=C_1e^{-2x}+C_2e^{-3x}+\frac{1}{3}x-\frac{4}{9}.$$

例 6 求微分方程 $y''-4y'+4y=(2x+1)e^{2x}$ 的通解.

解 特征方程为

$$r^2-4r+4=0,$$

故特征根为 $r_1=r_2=2$,原方程对应的其次方程的通解为

$$Y=(C_1+C_2x)e^{2x}.$$

又因为 $f(x)=(2x+1)e^{2x}$,所以 $\lambda=2$,是特征重根,故取 $k=2$,又 $m=1$,因此设特解为

$$y^*=x^2(b_0x+b_1)e^{2x}=(b_0x^3+b_1x^2)e^{2x},$$

则

$$(y^*)'=[2b_0x^3+(3b_0+2b_1)x^2+2b_1x]e^{2x},$$

$$(y^*)''=[4b_0x^3+(12b_0+4b_1)x^2+(6b_0+8b_1)x+2b_1]e^{2x}.$$

代入原方程得

$$(6b_0x+2b_1)e^{2x}=(2x+1)e^{2x},$$

即

$$6b_0x+2b_1=2x+1.$$

比较两端 x 的同次幂的系数得 $b_0=\frac{1}{3},b_1=\frac{1}{2}$,故原方程得一个特解为

$$y^*=x^2(\frac{1}{3}x+\frac{1}{2})e^{2x}.$$

从而通解为

$$y=(C_1+C_2x)e^{2x}+x^2(\frac{1}{3}x+\frac{1}{2})e^{2x}.$$

2. $f(x)=e^{\alpha x}(a_1\sin\beta x+a_2\cos\beta x)$ 型

这里 α,β,a_1,a_2 均为常数. 根据 $f(x)$ 的特征,特解可设为

$$y^*=x^ke^{\alpha x}(b_1\sin\beta x+b_2\cos\beta x),$$

其中 b_1,b_2 为待定常数,当 $\alpha+i\beta$ 不是特征方程的根时,$k=0$;当 $\alpha+i\beta$ 是特征方程的根时,$k=1$.

例 7 求微分方程 $y''-3y'+2y=4\sin2x$ 的通解.

解 特征方程为

$$r^2-3r+2=0,$$

特征根为

$$r_1=1,r_2=2,$$

故原方程对应齐次方程的通解为

$$y=C_1e^x+C_2e^{2x}.$$

又因为 $f(x)=4\sin2x=e^{0\cdot x}(4\sin2x+0\cdot\cos2x)$,$\alpha+i\beta=0+2i=2i$,不是特征根,设特解为

$$y^* = b_1\sin2x + b_2\cos2x,$$

则

$$y^{*\prime} = 2b_1\cos2x - 2b_2\sin2x, y^{*\prime\prime} = -4b_1\sin2x - 4b_2\cos2x$$

代入原方程得

$$(-2b_1 + 6b_2)\sin2x + (-6b_1 - 2b_2)\cos2x = 4\sin2x,$$

则

$$\begin{cases} -2b_1 + 6b_2 = 4 \\ -6b_1 - 2b_2 = 0 \end{cases},$$

解得 $b_1 = -\dfrac{1}{5}, b_2 = \dfrac{3}{5}$,原方程的一个特解为

$$y^* = -\frac{1}{5}\sin2x + \frac{3}{5}\cos2x,$$

原方程的通解为

$$y = C_1e^x + C_2e^{2x} - \frac{1}{5}\sin2x + \frac{3}{5}\cos2x.$$

习题 10.6

1. 下列微分方程的通解:

(1) $y'' + 3y' - 4y = 0$;　　(2) $y'' - 10y' + 25y = 0$;

(3) $y'' + y = 0$;　　(4) $8y'' - 2y' - y = 0$;

(5) $y'' - 4y' + 5y = 0$;　　(6) $9y'' - 6y' + y = 0$;

(7) $y'' - 5y' - 6y = x^2$;　　(8) $y'' - 2y' = 3x - 1$;

(9) $y'' - 2y' - 3y = 3e^{2x}$;　　(10) $y'' - 4y' + 3y = e^x$;

(11) $y'' + 2y' + 2y = \sin x$;　　(12) $y'' + y = \cos x$.

2. 下列微分方程满足所给初始条件的特解:

(1) $y'' + 2y' - 3y = 0, y(0) = 1, y'(0) = 9$;

(2) $y'' + 6y' + 9y = 0, y(0) = 2, y'(0) = -5$;

(3) $y'' + 4y' + 5y = 0, y(0) = -3, y'(0) = 0$;

(4) $2y'' + y' - y = 2e^x, y(0) = 1, y'(0) = 2$;

(5) $y'' - y = 2xe^x, y(0) = 0, y'(0) = 1$;

(6) $y'' + y = -\sin2x, y(\pi) = 1, y'(\pi) = 1$.

10.7　微分方程在经济学中的简单应用

随着经济学发展以及研究的深化,在经济学中出现的问题,单纯依靠文字描述进行推理分析,不能保证研究问题的规范性,也不能保证研究结论的准确性. 借助数学工具研究经济学问题成为一个必然趋势. 其中一个重要方法就是先根据某个经济法则或某种经济假说建立一个数学模型,即以所研究的经济量为未知函数,时间为自变量建立微分方

程模型,然后求解微分方程,通过求得的解来解释相应的经济量的意义或规律. 所以微分方程在经济学中有着广泛的应用. 本节简单介绍几个微分方程在经济学中应用.

10.7.1 经济增长模型

国民收入通常分为消费和储蓄两部分,储蓄用于投资,可以增加生产,生产增加后消费、储蓄增加,又可以反过来促进生产,因此,国民收入、消费和储蓄都是时间 t 的函数,分别记为 $y(t)$、$C(t)$、$S(t)$,则

$$Y=C+S.$$

又设 k 为边际资本产出比(即单位边际产出所需资本);l 为边际储蓄倾向(单位产出生产的储蓄);$1-l$ 为边际消费倾向(单位产出用于消费的量),假设储蓄全部用于投资,消费与储蓄比例不变,产出增长率与资本投入成正比,产出增长速度与储蓄成正比,则

$$S=lY,\quad C=(1-l)Y,$$

且

$$\frac{\mathrm{d}Y}{\mathrm{d}t}=\frac{S}{k}=\frac{l}{k}Y.$$

这是可分离变量的微分方程,分离变量得

$$\frac{\mathrm{d}Y}{Y}=\frac{l}{k}\mathrm{d}t,$$

两边积分得通解为

$$Y=C\mathrm{e}^{\frac{l}{k}t}.$$

假设初始条件 $Y(0)=Y_0$,代入上式得

$$Y=Y_0\mathrm{e}^{\frac{l}{k}t}.$$

由于 $l,k>0$,所以 $Y(t)$,$S(t)$,$C(t)$ 均为时间 t 的单调增加函数,即它们都是不断增加的. 且该模型揭示了储蓄是经济增长的决定性因素,政府可以通过调节储蓄水平、刺激资本积累来实现经济的长期增长. 该模型没有考虑技术进步在经济发展中的作用,而且也忽略了市场机制的调节作用. 下面介绍一个新的经济增长模型.

10.7.2 索洛(Solow)经济增长模型

设 $Y(t)$ 为 t 时刻的国民收入,$K(t)$ 为 t 时刻的资本存量,$L(t)$ 为 t 时刻的劳动力,索洛曾提出如下的经济增长模型

$$\begin{cases}Y=F(K,L)\\ \dfrac{\mathrm{d}K}{\mathrm{d}t}=sY(t)\\ L=L_0\mathrm{e}^{\lambda t}\end{cases},\tag{1}$$

其中 $s(s>0)$ 为储蓄率,$\lambda(\lambda>0)$ 为劳动增长率,$L_0(L_0>0)$ 为初始劳动力,$F(K,L)$ 为 K 和 L 的一次齐次函数,称为生产函数. 由式(1)的前两式得

$$\frac{\mathrm{d}K}{\mathrm{d}t}=sF(K,L)=sLF\left(\frac{K}{L},1\right),\tag{2}$$

令 $k=\dfrac{K}{L}$，称为资本劳动力比，表示单位劳动力平均占有的资本. 将 $K=kL$ 两边对 t 求导，并利用$\dfrac{\mathrm{d}L}{\mathrm{d}t}=\lambda L$ 得

$$\frac{\mathrm{d}K}{\mathrm{d}t}=L\frac{\mathrm{d}k}{\mathrm{d}t}+k\frac{\mathrm{d}L}{\mathrm{d}t}=L\frac{\mathrm{d}k}{\mathrm{d}t}+\lambda kL.$$

把式(2)代入上式得

$$\frac{\mathrm{d}k}{\mathrm{d}t}+\lambda k=sF(k,1). \tag{3}$$

取生产函数为柯布－道格拉斯(Cobb－Douglas)函数，即

$$F(K,L)=AK^{\alpha}L^{1-\alpha}=ALk^{\alpha},$$

其中 $A>0,0<\alpha<1$ 均为常数. 故有

$$F(k,1)=AK^{\alpha}L^{1-\alpha}=Ak^{\alpha},$$

代入式(3)得

$$\frac{\mathrm{d}k}{\mathrm{d}t}+\lambda k=sAk^{\alpha}, \tag{4}$$

这是伯努利方程，令 $z=k^{1-\alpha}$，方程(4)化为如下一阶线性方程

$$\frac{\mathrm{d}z}{\mathrm{d}t}+(1-\alpha)\lambda z=(1-\alpha)sA,$$

其通解为

$$z=\frac{sA}{\lambda}+C\mathrm{e}^{(\alpha-1)t}.$$

将 $z=k^{1-\alpha}=(\dfrac{K}{L})^{1-\alpha}$ 代入上式得

$$K^{1-\alpha}=\frac{sA}{\lambda}L_0{}^{1-\alpha}\mathrm{e}^{(1-\alpha)\lambda t}+CL_0{}^{1-\alpha}.$$

若 $K(0)=K_0$，则代入上式得

$$c=(\frac{K_0}{L_0})^{1-\alpha}-\frac{s}{\lambda}A=k_0{}^{1-\alpha}-\frac{s}{\lambda}A,$$

因此

$$K=[a+b\mathrm{e}^{(1-\alpha)\lambda t}]^{\frac{1}{1-\alpha}},$$

其中 $a=(k_0{}^{1-\alpha}-\dfrac{s}{\lambda}A)L_0{}^{1-\alpha},b=\dfrac{s}{\lambda}AL_0{}^{1-\alpha}$.

10.7.3 价格调整模型

设某商品在时刻 t 的售价为 P，社会对该商品的需求量 $D(P)$ 和供给量 $S(P)$ 均是依赖价格的线性函数

$$\begin{cases}S=-a+bP\\D=c-dP\end{cases}\quad(a,b,c,d\text{ 为常数，且 }b>0,d>0). \tag{1}$$

当供求平衡时，平衡价格

$$P^* = \frac{a+c}{b+d}.$$

显然,当供大于求时,即 $S>D$ 时,价格下降;当供小于求时,即 $S<D$ 时,价格上升. 因此,假设时刻 t 的售价为 $P(t)$ 的变化率与超额需求量 $D-S$ 成正比,即

$$\frac{dP}{dt} = k[D(P)-S(P)], \tag{2}$$

其中 $k>0$,用来反映价格的调整函数.

将(1)代入(2)得

$$\frac{dP}{dt} = l(P^*-P), \tag{3}$$

其中 $l=k(b+d)>0$,方程(3)是一阶线性方程,利用公式法得其通解为

$$P(t) = P^* + Ce^{-lt}.$$

由于 $l>0$,当 $t\to+\infty$ 时,$P(t)\to P^*$. 即随着时间不断延续,商品价格将趋于平衡价格.

习题 10.7

1. 某商品的需求量 Q 对价格 P 的弹性是 $-P\ln 4$,若该商品的最大需求量是 1000(即 $P=0$ 时,$Q=1000$),求需求量 Q 与价格 P 之间的函数关系.

2. 某公司 t 年净资产有 $W(t)$(百万元),并且资产本身以每年 5% 的速度连续增长,同时该公司每年要以 300 百万元的数额连续支付职工工资. 设初始净资产为 500 百万元,求 $W(t)$.

3. 某养殖场在一池塘内养鱼,该池塘最多能养 5000 条鱼,鱼可以自然繁殖,因此鱼数 y 是时间 t 的函数 $y=y(t)$,实验表明,其变化率与池塘内的鱼数和池塘内还能容纳的鱼数的乘积成正比. 若开始放养的鱼数是 400 条,两个月后池塘内的鱼数是 550 条,求放养半年后池塘内的鱼数.

4. 在商品销售预测中. 时刻 t 的销售量用 $x=x(t)$ 表示,如果商品销售的增长率与销售量和接近饱和水平的程度($\alpha-x(t)$)的乘积成正比(α 为饱和水平),求销售量函数 $x(t)$.

5. 某公司办公用品的月平均成本 C 与公司雇员人数 x 有如下关系:

$$C' = C^2e^{-x} - 2C,$$

且 $C(0)=1$,求 $C(x)$.

10.8 差分方程

10.8.1 差分方程简介

在实际问题中,有许多研究对象是随着某些变量连续变化的,如速度,人口增长,疾病传播等. 但是在经济管理、生命科学、控制等领域,已知的数据是按等时间间隔周期统

计的,因而变量的取值是离散变化的,所以所研究的问题必须用离散的数学模型(差分方程)来描述. 随着计算机技术的飞速发展,一些无法用分析方法求解的连续数学模型,也都利用数值计算方法转化为差分方程来求解,因此本节将简单介绍差分方程的一些概念、解法以及其在经济学中的应用.

1. 差分方程的一般概念

设因变量 y 是自变量 x 的函数,如果函数 y 是连续可导的,则函数 y 对自变量 x 的变化率可用$\frac{dy}{dx}$来描述,但对离散型的变量 y 对自变量 x 的变化率却不能用$\frac{dy}{dx}$来描述,而是常用在规定时间上的差商$\frac{\Delta y}{\Delta x}$来刻画. 如果选择 $\Delta x=1$(往往代表一周、一个月或一年等),则 $\Delta y=y(x+1)-y(x)$ 可以近似表示变量 y 的变化率.

定义 1　设函数 $y=y(x)$,记为 y_x 是定义在非负正数集上的函数,即当自变量 x 取离散的非负正数值 $x=0,1,2,\cdots$时,相应的函数值 y_x 可以排成一个序列

$$y_0,y_1,y_2,\cdots,y_x,y_{x+1},\cdots.$$

当自变量由 x 变到 $x+1$ 时,相应的函数值只差 $y_{x+1}-y_x$ 称为函数 y_x 在点 x 的一阶差分,简称差分,记作 Δy_x. 即

$$\Delta y_x=y_{x+1}-y_x=y(x+1)-y(x).$$

类似地,

$$\Delta(\Delta y_x)=\Delta y_{x+1}-\Delta y_x=(y_{x+2}-y_{x+1})-(y_{x+1}-y_x)=y_{x+2}-2y_{x+1}+y_x$$

称为函数 y_x 在点 x 的**二阶差分**,记作 $\Delta^2 y_x$,以此类推,可以定义三阶差分,四阶差分,……

$$\Delta(\Delta^2 y_x),\Delta(\Delta^3 y_x),\cdots$$

二阶和二阶以上的差分统称为高阶差分.

例 1　设 $y_x=2x^2-1$,求 Δy_x 和 $\Delta^2 y_x$.

解　$\Delta y_x=[2(x+1)^2-1]-(2x^2-1)=4x+2$,

$$\Delta^2 y_x=\Delta(4x+2)=[4(x+1)+2]-(4x+2)=4.$$

由差分的定义可知下面的性质成立.

(1) $\Delta(Cy_x)=C\Delta y_x$, (C 为常数)

(2) $\Delta(y_x\pm z_x)=\Delta y_x\pm\Delta z_x$.

例 2　设 $y_x=a^x$,求 Δy_x 和 $\Delta^2 y_x$.

解　$\Delta y_x=a^{x+1}-a^x=a^x(a-1)$,

$$\Delta^2 y=\Delta(a^x(a-1))=(a-1)(a^{x+1}-a^x)=a^x(a-1)^2.$$

下面通过一个具体问题来理解差分方程的定义.

例 3　设 y_0 表示初始存款,λ 表示年利率, 如以复利计算利息,试求 x 年末的本金和利息之和 y_x.

解　设时间 x(单位为年)为自变量,则本金和利息之和 y_x 是 x 的函数,由已知可得

$$y_{x+1}=y_x+\lambda y_x,\ (x=0,1,2,\cdots) \tag{1}$$

上式也可记作

$$\Delta y_x=\lambda y_x. \tag{2}$$

由(1)式进行迭代可得 x 年末的本金和利息之和为

$$y_x=(1+\lambda)^x y_0. \tag{3}$$

方程(1)或(2)称为差分方程,(3)式确定的函数是方程(1)或(2)的解.

定义 2 含有自变量,未知函数,以及未知函数的差分或两个或两个以上不同点的函数值的方程,称为差分方程.差分方程中所含差分的最高阶数或未知函数下表的最大值与最小值的差数称为差分方程的阶.

如差分方程(1)或(2)是一阶差分方程,而 $\Delta^2 y_x - 2\Delta y_x + x = 0$ 是二阶差分方程.

定义 3 如果把一个函数代入差分方程后,方程两边恒等,则称此函数为该差分方程的解.差分方程的解中含有相互独立的任意常数的个数等于方程的阶数,则称此解为差分方程的通解.

用来确定差分方程的通解中的任意常数的条件称为**初始条件**,把初始条件代入通解中确定了常数的值以后的解称为差分方程的**特解**.

如一阶差分方程 $y_{x+1} - y_x = 3$,把函数 $y_x = C + 3x$(C 为任意常数)代入该方程,则

$$\text{左边} = [C + 3(x+1)] - (C + 3x) = 3 = \text{右边},$$

所以函数 $y_x = C + 3x$ 是该方程的解,又它含有一个任意常数 C,所以 $y_x = C + 3x$ 是该方程的通解.若该方程满足条件(初始条件)$y_0 = 1$,代入通解得 $C = 1$,则函数 $y_x = 1 + 3x$ 是该方程满足初始条件 $y_0 = 1$ 的特解.

2. 一阶常系数差分方程的解法

形如

$$y_{x+1} - ay_x = f(x)\ (a \text{ 为非零常数}, f(x) \neq 0) \tag{4}$$

的差分方程称为**一阶常系数非齐次线性差分方程**,其对应的齐次方程为

$$y_{x+1} - ay_x = 0\ . \tag{5}$$

用 λ^x 行待定参数法,将 λ^x 代入方程(5)的 $\lambda = a$,所以**方程(5)的通解**为

$$y_x = Ca^x \qquad (C \text{ 为任意常数}).$$

与常微分方程类似,方程(4)的通解等于它的一个特解与方程(5)的通解之和,即

$$y_x = Ca^x + y_x^*,$$

其中 y_x^* 是方程(4)的一个特解.下面介绍方程(5)中 $f(x)$是如下两种简单类型的特解的求法.

(1)$f(x) = P_n(x)$,$P_n(x)$为 x 的 n 次多项式.

(ⅰ)当 $a \neq 1$ 时,可设方程(4)的特解为

$$y_x{}^* = a_0x^n + a_1x^{n-1} + \cdots + a_{n-1}x + a_n,$$

其中 $a_0, a_1, \cdots, a_n$ 是待定的常数,把特解代入方程(4)后,比较方程两端同次幂系数可以确定这些常数的值.

(ⅱ)当 $a = 1$ 时,可设方程(4)的特解为

$$y_x{}^* = x(a_0x^n + a_1x^{n-1} + \cdots + a_{n-1}x + a_n),$$

其中 $a_0, a_1, \cdots, a_n$ 是待定的常数,把特解代入方程(4)后,可以确定这些常数的值.

特殊的,当 $f(x) = b$(b 为常数)时,方程(4)化为如下方程

$$y_{x+1} - ay_x = b. \tag{6}$$

则,由上面的特解表示形式可求得,当 $a \neq 1$ 时, 方程(4)的特解为

$$y_x{}^* = \frac{b}{1-a},$$

通解为

$$y_x = Ca^x + \frac{b}{1-a}. \tag{7}$$

当 $a=1$ 时,方程(6)的特解为

$$y_x{}^* = bx,$$

通解为

$$y_x = Ca^x + bx = C + bx. \tag{8}$$

例 4 求差分方程 $y_{x+1} - 2y_x = 3$ 的通解.

解 该方程中 $a=2\neq 1, b=3$,故由式(7)的通解为

$$y_x = C2^x + \frac{3}{1-2} = C2^x - 3.$$

例 5 求差分方程 $y_{x+1} - y_x = x+3$ 的通解.

解 该方程中 $a=1$,所对应的齐次方程的通解为

$$\overline{y_x} = C \cdot 1^x = C.\ (C\text{ 为任意常数})$$

又因为 $f(x) = x+3$,所以设特解为

$$y_x{}^* = x(a_0x + a_1) = a_0x^2 + a_1x.$$

代入方程得

$$a_0(x+1)^2 + a_1(x+1) - a_0x^2 - a_1x = x+3,$$

比较两端同次幂系数得 $a_0 = \frac{1}{2}, a_1 = \frac{5}{2}$,所以

$$y_x{}^* = \frac{1}{2}x^2 + \frac{5}{2}x,$$

原方程通解为

$$y_x = C + \frac{1}{2}x^2 + \frac{5}{2}x.\ (C\text{ 为任意常数})$$

(2) $f(x) = bd^x$,(其中 b,d 为常数,$d\neq 1$)

此时,方程(4)具有形如 $y_x{}^* = kx^sd^x$ 的特解,用待定系数法,可求得 k,s 的值.(过程省略)

(ⅰ)当 $d\neq a$ 时, 方程(4)的特解为

$$y_x{}^* = \frac{b}{d-a}d^x,$$

通解为

$$y_x = Ca^x + \frac{b}{d-a}d^x \quad (C\text{ 为任意常数}). \tag{9}$$

(ⅱ)当 $d=a$ 时,方程(4)的特解为

$$y_x{}^* = bxd^{x-1},$$

通解为

$$y_x = Ca^x + bxd^{x-1} \quad (C\text{ 为任意常数}). \tag{10}$$

例 6 求差分方程 $y_{x+1} - 3y_x = 2^x$ 的通解.

解 该方程中 $a=3, b=1, d=2$,由式(9)得通解为

$$y_x = C\cdot 3^x + \frac{1}{2-3}\cdot 2^x = C\cdot 3^x - 2^x.$$

10.8.2 差分方程在经济学中的简单应用

1. 贷款模型

一对夫妻要购买一套住房,共需 80 万元. 他们已经筹集 30 万元,另外 50 万元申请抵押贷款. 若贷款月利率为 0.5%,贷款期限是 20 年,那么这对夫妻每月要还多少钱? 用 a_n 表示 n 个月后的欠款额(单位是万元),设每月还款额为 x 万元,则

$$a_0=500000,$$

一个月后的欠款额为

$$a_1=(1+0.005)a_0-x,$$

二个月后的欠款额为

$$a_2=(1+0.005)a_1-x,$$

依次类推, n 个月后的欠款额为

$$a_n=(1+0.005)a_{n-1}-x. \tag{11}$$

方程(11)是一阶线性非齐次差分方程,由式(7)可得其通解为

$$a_n=C(1.005)^n+200x \quad (C\text{ 为任意常数}).$$

又

$$a_0=C+200x=500000,$$

$$a_{240}=C(1.005)^{240}+200x=0,$$

所以有

$$x=500000-\frac{500000}{1-(1.005)^{240}}=3582.25.$$

即每月应还 3582.25 元,才能在 20 年内把 50 万元的贷款还清.

2. 蛛网模型

市场经济中,本期产量(或市场供给量)决定本期价格,而本期价格决定下期产量. 设时间 t 表示第 t 期,P_t 表示第 t 期的价格,Q_t 表示第 t 期的产量,且 Q_t^s 表示第 t 期的市场供给量,而 Q_t^d 表示第 t 期的市场需求量. 若市场供给量对价格变动的反应是滞后的,即第 t 期的市场供给量 Q_t^s 取决于第 $t-1$ 期的价格 P_{t-1},这种关系可简单表示为

$$Q_t^s=-c+dP_{t-1} \quad (c>0,d>0), \tag{12}$$

而市场需求量对价格变动的反应是瞬时的,即第 t 期的市场需求量 Q_t^d 取决于本期的价格 P_t,这种关系可简单表示为

$$Q_t^d=a-bP_t \quad (a>0,b>0), \tag{13}$$

市场平衡条件为市场清销,供需相等,即

$$Q_t^s=Q_t^d, \tag{14}$$

把式(12)和式(13)代入式(14)得

$$P_t=\frac{a+c}{b}-\frac{d}{b}P_{t-1}, \tag{15}$$

这是一阶线性非齐次差分方程. 其通解为

$$P_t=A\left(-\frac{d}{b}\right)^t+\frac{a+c}{b+d} \quad (A\text{ 为任意常数}).$$

设初始时刻价格为 P_0，代入通解可得

$$A = P_0 - \frac{a+c}{b+d},$$

所以初始时刻价格为 P_0，对应的特解为

$$P_t = \left(P_0 - \frac{a+c}{b+d}\right)\left(-\frac{d}{b}\right)^t + \frac{a+c}{b+d}.$$

当 $b>d$ 时，若 t 趋于正无穷大，则 P_t 收敛于方程(15)的一个特解

$$P^* = \frac{a+c}{b+d}.$$

这时也称 P^* 为均衡价格.

习题 10.8

1. 求下列差分方程的通解：

(1) $y_{x+1} + 2y_x = 0$； (2) $2y_{x+1} - y_x = 4$；

(3) $y_{x+1} - y_x = 3$； (4) $y_{x+1} + 2y_x = 1 + x$；

(5) $y_{x+1} - 2y_x = 2^x$； (6) $y_{x+1} + y_x = 3^x$.

2. 求下列差分方程的特解

(1) $y_{x+1} - 3y_x = 1, y_0 = 2$； (2) $y_{x+1} + 4y_x = 2x^2 + x - 1, y_0 = 1$；

(3) $y_{x+1} - y_x = 2^x, y_0 = 2$； (4) $y_{x+1} + 2y_x = 2^x, y_0 = \frac{4}{3}$.

3. 某储户在银行存入一笔资金，其金额为 S_0，银行的利率为 r，若用 S_t 表示年末该储户的存款总额，则 S_t 满足关系式

$$S_{t+1} = S_t + rS_t,$$

求年末该笔资金的本利和.

4. 某家庭从现在起，把每月工资中的一部分资金存入银行，以用于将来子女教育，并计划 20 年后开始从投资账户中每月支取 2000 元，直到 10 年后子女大学毕业且用完全部资金. 假设银行的月利率 0.5%，要实现这个投资目标，20 年内共要筹措多少资金？每月要在银行存入多少金额？

复习题 10

1. 下列方程中哪些是微分方程？并指出它们的阶数.

(1) $x^2(y'')^3 - 2y' + xy = 0$； (2) $y^2 - x^2\sin y = 0$；

(3) $(6x-7y)\mathrm{d}x + (x+3y)\mathrm{d}y = 0$； (4) $(\cos x)'' + 2(\cos x)' + 1 = 0$；

(5) $\frac{\mathrm{d}^3y}{\mathrm{d}x^3} - 2x\left(\frac{\mathrm{d}^2y}{\mathrm{d}x^2}\right)^4 + x^2 = 0$； (6) $y^{(4)} - y^5 = 0$.

2. 求下列微分方程的通解.

(1) $xy' + y = 2\sqrt{xy}$； (2) $xy'\ln x + y = ax(\ln x + 1)$；

(3) $y' = \frac{y}{2(\ln y - x)}$； (4) $x\mathrm{d}x + y\mathrm{d}y + \frac{y\mathrm{d}x - x\mathrm{d}y}{x^2+y^2} = 0$

(5) $yy''-y'^2-1=0$;　　(6) $y'\cos x+y\sin x=1$

(7) $x\mathrm{d}y+(x^2\sin x-y)\mathrm{d}x=0$;　　(8) $y''-5y'+6y=xe^{2x}$

(9) $y''-y=e^{2x}\cos 2x$;　　(10) $y''-y=2e^x-x^2$.

3. 求下列微分方程满足所给初始条件的特解

(1) $\cos y\mathrm{d}x+(1+e^{-x})\sin y\mathrm{d}y=0, y|_{x=0}=\dfrac{\pi}{4}$;

(2) $x^2y'+xy=y^2, y|_{x=\frac{1}{2}}=4$;

(3) $(x^2+y^2)\mathrm{d}x-xy\mathrm{d}y=0, y|_{x=1}=2$;

(4) $y'-y=2xe^{2x}, y|_{x=0}=1$.

4. 已知一曲线过点$\left(1,\dfrac{1}{2}\right)$,且曲线上任一点$P(x,y)$处的切线斜率等于$x^3$,求该曲线方程.

5. 设可导函数$f(x)$满足

$$f(x)\cos x+2\int_0^x f(t)\sin t\mathrm{d}t=x+1,$$

求$f(x)$.

6. 方程$y''+9y=0$的一条积分曲线通过点$(\pi,-1)$,且在该点和直线$y+1=x-\pi$相切,求这条曲线方程.

7. 某林区实行封山养林,现有木材10万立方米,如果在每一时刻t木材的变化率与当时木材数成正比. 假设10年时该林区的木材为20万立方米,若规定,该林区的木材量达到40万立方米时才可砍伐,求至少多少年后才能砍伐?

8. 在宏观经济研究中,发现某地区的国民收入y,国民储蓄S和投资I均是时间的函数. 且在任一时刻t,储蓄额$S(t)$为国民收入$y(t)$的$\dfrac{1}{10}$倍,投资$I(t)$国民收入增长率$\dfrac{\mathrm{d}y}{\mathrm{d}t}$的$\dfrac{1}{3}$倍. $t=0$时,国民收入为5亿元. 设在时刻t的储蓄额全部用于投资,求国民收入函数.

9. 求下列差分方程的通解及特解.

(1) $4y_{x+1}-y_x=0, y_0=1$;　　(2) $y_{x+1}-5y_x=3, y_0=\dfrac{7}{3}$;

(3) $y_{x+1}+3y_x=x^2-1, y_0=1$;　　(4) $y_{x+1}-y_x=3\cdot 2^x, y_0=1$.

10. 已知某人欠有债务25000元,月利率1%,计划12个月内用分期付款的方法还清债务,每月要付出多少钱? 设a_n为付款n此后还剩欠款数,求每月付款p元使$a_{12}=0$的差分方程.

附录1 积分公式

一、含有 $ax+b$ 的积分

1. $\int \frac{dx}{ax+b} = \frac{1}{a}\ln|ax+b| + C$

2. $\int (ax+b)^{\mu}dx = \frac{1}{a(\mu+1)}(ax+b)^{\mu+1} + C(\mu \neq -1)$

3. $\int \frac{x}{ax+b}dx = \frac{1}{a^2}(ax+b-b\ln|ax+b|) + C$

4. $\int \frac{x^2}{ax+b}dx = \frac{1}{a^3}\left[\frac{1}{2}(ax+b)^2 - 2b(ax+b) + b^2\ln|ax+b|\right] + C$

5. $\int \frac{dx}{x(ax+b)} = -\frac{1}{b}\ln\left|\frac{ax+b}{x}\right| + C$

6. $\int \frac{dx}{x^2(ax+b)} = -\frac{1}{bx} + \frac{a}{b^2}\ln\left|\frac{ax+b}{x}\right| + C$

7. $\int \frac{x}{(ax+b)^2}dx = \frac{1}{a^2}\left(\frac{b}{ax+b} + \ln|ax+b|\right) + C$

8. $\int \frac{x^2}{(ax+b)^2}dx = \frac{1}{a^3}\left(ax+b-2b\ln|ax+b| - \frac{b^2}{ax+b}\right) + C$

9. $\int \frac{dx}{x(ax+b)^2} = \frac{1}{b(ax+b)} - \frac{1}{b^2}\ln\left|\frac{ax+b}{x}\right| + C$

二、含有 $\sqrt{ax+b}$ 的积分

1. $\int \sqrt{ax+b}\,dx = \frac{2}{3a}\sqrt{(ax+b)^3} + C$

2. $\int x\sqrt{ax+b}\,dx = \frac{2}{15a^2}(3ax-2b)\sqrt{(ax+b)^3} + C$

3. $\int x^2\sqrt{ax+b}\,dx = \frac{2}{105a^3}(15a^2x^2 - 12abx + 8b^2)\sqrt{(ax+b)^3} + C$

4. $\int \frac{x}{\sqrt{ax+b}}dx = \frac{2}{3a^2}(ax-2b)\sqrt{ax+b} + C$

5. $\int \frac{x^2}{\sqrt{ax+b}}dx = \frac{2}{15a^3}(3a^2x^2 - 4abx + 8b^2)\sqrt{ax+b} + C$

6. $$\int \frac{1}{x\sqrt{ax+b}}dx = \begin{cases} \frac{1}{\sqrt{b}}\ln\left|\frac{\sqrt{ax+b}-\sqrt{b}}{\sqrt{ax+b}+\sqrt{b}}\right| + C & (b>0) \\ \frac{2}{\sqrt{-b}}\arctan\sqrt{\frac{ax+b}{-b}} + C & (b<0) \end{cases}$$

7. $\int \frac{1}{x^2\sqrt{ax+b}}\mathrm{d}x = -\frac{\sqrt{ax+b}}{bx} - \frac{a}{2b}\int \frac{1}{x\sqrt{ax+b}}\mathrm{d}x$

8. $\int \frac{\sqrt{ax+b}}{x}\mathrm{d}x = 2\sqrt{ax+b} + b\int \frac{1}{x\sqrt{ax+b}}\mathrm{d}x$

9. $\int \frac{\sqrt{ax+b}}{x^2}\mathrm{d}x = -\frac{\sqrt{ax+b}}{x} + \frac{a}{2}\int \frac{1}{x\sqrt{ax+b}}\mathrm{d}x$

三、含有 $x^2 \pm a^2$ 的积分

1. $\int \frac{1}{x^2+a^2}\mathrm{d}x = \frac{1}{a}\arctan\frac{x}{a} + C$

2. $\int \frac{1}{(x^2+a^2)^n}\mathrm{d}x = \frac{x}{2(n-1)a^2(x^2+a^2)^{n-1}} + \frac{2n-3}{2(n-1)a^2}\int \frac{1}{(x^2+a^2)^{n-1}}\mathrm{d}x$

3. $\int \frac{1}{x^2-a^2}\mathrm{d}x = \frac{1}{2a}\ln\left|\frac{x-a}{x+a}\right| + C$

四、含有 $ax^2+b\ (a>0)$ 的积分

1. $\int \frac{1}{ax^2+b}\mathrm{d}x = \begin{cases} \frac{1}{\sqrt{ab}}\arctan\sqrt{\frac{a}{b}}x + C & (b>0) \\ \frac{1}{2\sqrt{-ab}}\ln\left|\frac{\sqrt{a}x-\sqrt{-b}}{\sqrt{a}x+\sqrt{-b}}\right| + C & (b<0) \end{cases}$

2. $\int \frac{x}{ax^2+b}\mathrm{d}x = \frac{1}{2a}\ln|ax^2+b| + C$

3. $\int \frac{x^2}{ax^2+b}\mathrm{d}x = \frac{x}{a} - \frac{b}{a}\int \frac{1}{ax^2+b}\mathrm{d}x$

4. $\int \frac{1}{x(ax^2+b)}\mathrm{d}x = \frac{1}{2b}\ln\frac{x^2}{|ax^2+b|} + C$

5. $\int \frac{1}{x^2(ax^2+b)}\mathrm{d}x = -\frac{1}{bx} - \frac{a}{b}\int \frac{1}{ax^2+b}\mathrm{d}x$

6. $\int \frac{1}{x^3(ax^2+b)}\mathrm{d}x = \frac{a}{2b^2}\ln\frac{|ax^2+b|}{x^2} - \frac{1}{2bx^2} + C$

7. $\int \frac{1}{(ax^2+b)^2}\mathrm{d}x = \frac{x}{2b(ax^2+b)} + \frac{1}{2b}\int \frac{1}{ax^2+b}\mathrm{d}x$

五、含有 $ax^2+bx+c\ (a>0)$ 的积分

1. $\int \frac{1}{ax^2+bx+c}\mathrm{d}x = \begin{cases} \frac{2}{\sqrt{4ac-b^2}}\arctan\frac{2ax+b}{\sqrt{4ac-b^2}} + C & (b^2<4ac) \\ \frac{1}{\sqrt{b^2-4ac}}\ln\left|\frac{2ax+b-\sqrt{b^2-4ac}}{2ax+b+\sqrt{b^2-4ac}}\right| + C & (b^2>4ac) \end{cases}$

2. $\int \frac{x}{ax^2+bx+c}\mathrm{d}x = \frac{1}{2a}\ln|ax^2+bx+c| - \frac{b}{2a}\int \frac{1}{ax^2+bx+c}\mathrm{d}x$

六、含有 $\sqrt{x^2+a^2}\ (a>0)$ 的积分

1. $\int \frac{1}{\sqrt{x^2+a^2}}\mathrm{d}x = \ln(x+\sqrt{x^2+a^2}) + C$

2. $\int \frac{1}{\sqrt{(x^2+a^2)^3}}dx = \frac{x}{a^2\sqrt{x^2+a^2}} + C$

3. $\int \frac{x}{\sqrt{x^2+a^2}}dx = \sqrt{x^2+a^2} + C$

4. $\int \frac{x}{\sqrt{(x^2+a^2)^3}}dx = -\frac{1}{\sqrt{x^2+a^2}} + C$

5. $\int \frac{x^2}{\sqrt{x^2+a^2}}dx = \frac{x}{2}\sqrt{x^2+a^2} - \frac{a^2}{2}\ln(x+\sqrt{x^2+a^2}) + C$

6. $\int \frac{x^2}{\sqrt{(x^2+a^2)^3}}dx = -\frac{x}{\sqrt{x^2+a^2}} + \ln(x+\sqrt{x^2+a^2}) + C$

7. $\int \frac{1}{x\sqrt{x^2+a^2}}dx = \frac{1}{a}\ln\frac{\sqrt{x^2+a^2}-a}{|x|} + C$

8. $\int \frac{1}{x^2\sqrt{x^2+a^2}}dx = -\frac{\sqrt{x^2+a^2}}{a^2x} + C$

9. $\int \sqrt{x^2+a^2}dx = \frac{x}{2}\sqrt{x^2+a^2} + \frac{a^2}{2}\ln(x+\sqrt{x^2+a^2}) + C$

10. $\int \sqrt{(x^2+a^2)^3}dx = \frac{x}{8}(2x^2+5a^2)\sqrt{x^2+a^2} + \frac{3}{8}a^4\ln(x+\sqrt{x^2+a^2}) + C$

11. $\int x\sqrt{x^2+a^2}dx = \frac{1}{3}\sqrt{(x^2+a^2)^3} + C$

12. $\int x^2\sqrt{x^2+a^2}dx = \frac{x}{8}(2x^2+a^2)\sqrt{x^2+a^2} - \frac{1}{8}a^4\ln(x+\sqrt{x^2+a^2}) + C$

13. $\int \frac{\sqrt{x^2+a^2}}{x}dx = \sqrt{x^2+a^2} + a\ln\frac{\sqrt{x^2+a^2}-a}{|x|} + C$

14. $\int \frac{\sqrt{x^2+a^2}}{x^2}dx = -\frac{\sqrt{x^2+a^2}}{x} + \ln(x+\sqrt{x^2+a^2}) + C$

七、含有 $\sqrt{x^2-a^2}$ $(a>0)$的积分

1. $\int \frac{1}{\sqrt{x^2-a^2}}dx = \ln(x+\sqrt{x^2-a^2}) + C$

2. $\int \frac{1}{\sqrt{(x^2-a^2)^3}}dx = -\frac{x}{a^2\sqrt{x^2-a^2}} + C$

3. $\int \frac{x}{\sqrt{x^2-a^2}}dx = \sqrt{x^2-a^2} + C$

4. $\int \frac{x}{\sqrt{(x^2-a^2)^3}}dx = -\frac{1}{\sqrt{x^2-a^2}} + C$

5. $\int \frac{x^2}{\sqrt{x^2-a^2}}dx = \frac{x}{2}\sqrt{x^2-a^2} + \frac{a^2}{2}\ln|x+\sqrt{x^2-a^2}| + C$

6. $\int \frac{x^2}{\sqrt{(x^2-a^2)^3}}dx = -\frac{x}{\sqrt{x^2-a^2}} + \ln|x+\sqrt{x^2-a^2}| + C$

7. $\int \frac{1}{x\sqrt{x^2-a^2}}dx = \frac{1}{a}\arccos\frac{a}{|x|}+C$

8. $\int \frac{1}{x^2\sqrt{x^2-a^2}}dx = \frac{\sqrt{x^2-a^2}}{a^2x}+C$

9. $\int \sqrt{x^2-a^2}dx = \frac{x}{2}\sqrt{x^2-a^2}-\frac{a^2}{2}\ln|x+\sqrt{x^2-a^2}|+C$

10. $\int \sqrt{(x^2-a^2)^3}dx = \frac{x}{8}(2x^2-5a^2)\sqrt{x^2-a^2}+\frac{3a^4}{8}\ln|x+\sqrt{x^2-a^2}|+C$

11. $\int x\sqrt{x^2-a^2}dx = \frac{1}{3}\sqrt{(x^2-a^2)^3}+C$

12. $\int x^2\sqrt{x^2-a^2}dx = \frac{x}{8}(2x^2-a^2)\sqrt{x^2-a^2}-\frac{a^4}{8}\ln|x+\sqrt{x^2-a^2}|+C$

13. $\int \frac{\sqrt{x^2-a^2}}{x}dx = \sqrt{x^2-a^2}-a\arccos\frac{a}{|x|}+C$

14. $\int \frac{\sqrt{x^2-a^2}}{x^2}dx = -\frac{\sqrt{x^2-a^2}}{x}+\ln\left|x+\sqrt{x^2-a^2}\right|+C$

八、含有 $\sqrt{a^2-x^2}$ $(a>0)$的积分

1. $\int \frac{1}{\sqrt{a^2-x^2}}dx = \arcsin\frac{x}{a}+C$

2. $\int \frac{1}{\sqrt{(a^2-x^2)^3}}dx = \frac{x}{a^2\sqrt{a^2-x^2}}+C$

3. $\int \frac{x}{\sqrt{a^2-x^2}}dx = -\sqrt{a^2-x^2}+C$

4. $\int \frac{x}{\sqrt{(a^2-x^2)^3}}dx = \frac{1}{\sqrt{a^2-x^2}}+C$

5. $\int \frac{x^2}{\sqrt{a^2-x^2}}dx = -\frac{x}{2}\sqrt{a^2-x^2}+\frac{a^2}{2}\arcsin\frac{x}{a}+C$

6. $\int \frac{x^2}{\sqrt{(a^2-x^2)^3}}dx = \frac{x}{\sqrt{a^2-x^2}}-\arcsin\frac{x}{a}+C$

7. $\int \frac{1}{x\sqrt{a^2-x^2}}dx = \frac{1}{a}\ln\frac{a-\sqrt{a^2-x^2}}{|x|}+C$

8. $\int \frac{1}{x^2\sqrt{a^2-x^2}}dx = -\frac{\sqrt{a^2-x^2}}{a^2x}+C$

9. $\int \sqrt{a^2-x^2}dx = \frac{x}{2}\sqrt{a^2-x^2}+\frac{a^2}{2}\arcsin\frac{x}{a}+C$

10. $\int \sqrt{(a^2-x^2)^3}dx = \frac{x}{8}(5a^2-2x^2)\sqrt{a^2-x^2}+\frac{3a^4}{8}\arcsin\frac{x}{a}+C$

11. $\int x\sqrt{a^2-x^2}dx = -\frac{1}{3}\sqrt{(a^2-x^2)^3}+C$

12. $\int x^2\sqrt{a^2-x^2}dx = \frac{x}{8}(2x^2-a^2)\sqrt{a^2-x^2}+\frac{a^4}{8}\arcsin\frac{x}{a}+C$

13. $\int \frac{\sqrt{a^2-x^2}}{x}dx = \sqrt{a^2-x^2} + a\ln\frac{a-\sqrt{a^2-x^2}}{|x|} + C$

14. $\int \frac{\sqrt{a^2-x^2}}{x^2}dx = -\frac{\sqrt{a^2-x^2}}{x} - \arcsin\frac{x}{a} + C$

九、含有 $\sqrt{\pm ax^2+bx+c}$ $(a>0)$ 的积分

1. $\int \frac{1}{\sqrt{ax^2+bx+c}}dx = \frac{1}{\sqrt{a}}\ln|2ax+b+2\sqrt{a}\sqrt{ax^2+bx+c}| + C$

2. $\int \sqrt{ax^2+bx+c}\,dx = \frac{2ax+b}{4a}\sqrt{ax^2+bx+c} + \frac{4ac-b^2}{8\sqrt{a^3}}\ln|2ax+b+2\sqrt{a}\sqrt{ax^2+bx+c}| + C$

3. $\int \frac{x}{\sqrt{ax^2+bx+c}}dx = \frac{1}{a}\sqrt{ax^2+bx+c} - \frac{b}{2\sqrt{a^3}}\ln|2ax+b+2\sqrt{a}\sqrt{ax^2+bx+c}| + C$

4. $\int \frac{1}{\sqrt{c+bx-ax^2}}dx = -\frac{1}{\sqrt{a}}\arcsin\frac{2ax-b}{\sqrt{b^2+4ac}} + C$

5. $\int \sqrt{c+bx-ax^2}\,dx = \frac{2ax-b}{4a}\sqrt{c+bx-ax^2} + \frac{b^2+4ac}{8\sqrt{a^3}}\arcsin\frac{2ax-b}{\sqrt{b^2+4ac}} + C$

6. $\int \frac{x}{\sqrt{c+bx-ax^2}}dx = -\frac{1}{a}\sqrt{c+bx-ax^2} + \frac{b}{2\sqrt{a^3}}\arcsin\frac{2ax-b}{\sqrt{b^2+4ac}} + C$

十、含有 $\sqrt{\pm\frac{x-a}{x-b}}$ 或 $\sqrt{(x-a)(b-x)}$ 的积分

1. $\int \sqrt{\frac{x-a}{x-b}}dx = (x-b)\sqrt{\frac{x-a}{x-b}} + (b-a)\ln(\sqrt{|x-a|} + \sqrt{|x-b|}) + C$

2. $\int \sqrt{\frac{x-a}{b-x}}dx = (x-b)\sqrt{\frac{x-a}{b-x}} + (b-a)\arcsin\sqrt{\frac{x-a}{b-a}} + C$

3. $\int \frac{1}{\sqrt{(x-a)(b-x)}}dx = 2\arcsin\sqrt{\frac{x-a}{b-a}} + C \quad (a<b)$

4. $\int \sqrt{(x-a)(b-x)}\,dx = \frac{2x-a-b}{4}\sqrt{(x-a)(b-x)} + \frac{(b-a)^2}{4}\arcsin\sqrt{\frac{x-a}{b-a}} + C \quad (a<b)$

十一、含有三角函数的积分

1. $\int \sin x\,dx = -\cos x + C$

2. $\int \cos x\,dx = \sin x + C$

3. $\int \tan x\,dx = -\ln|\cos x| + C$

4. $\int \cot x\,dx = \ln|\sin x| + C$

5. $\int \sec x\,dx = \ln\left|\tan\left(\frac{\pi}{4}+\frac{x}{2}\right)\right| + C = \ln|\sec x + \tan x| + C$

6. $\int \csc x \mathrm{d}x = \ln\left|\tan\frac{x}{2}\right| + C = \ln|\csc x - \cot x| + C$

7. $\int \sec^2 x \mathrm{d}x = \tan x + C$

8. $\int \csc^2 x \mathrm{d}x = -\cot x + C$

9. $\int \sec x \tan x \mathrm{d}x = \sec x + C$

10. $\int \csc x \cot x \mathrm{d}x = -\csc x + C$

11. $\int \sin^2 x \mathrm{d}x = \frac{x}{2} - \frac{1}{4}\sin 2x + C$

12. $\int \cos^2 x \mathrm{d}x = \frac{x}{2} + \frac{1}{4}\sin 2x + C$

13. $\int \sin^n x \mathrm{d}x = -\frac{1}{n}\sin^{n-1}x\cos x + \frac{n-1}{n}\int \sin^{n-2}x \mathrm{d}x$

14. $\int \cos^n x \mathrm{d}x = \frac{1}{n}\cos^{n-1}x\sin x + \frac{n-1}{n}\int \cos^{n-2}x \mathrm{d}x$

15. $\int \frac{1}{\sin^n x}\mathrm{d}x = -\frac{1}{n-1}\cdot\frac{\cos x}{\sin^{n-1}x} + \frac{n-2}{n-1}\int \frac{1}{\sin^{n-2}x}\mathrm{d}x$

16. $\int \frac{1}{\cos^n x}\mathrm{d}x = \frac{1}{n-1}\cdot\frac{\sin x}{\cos^{n-1}x} + \frac{n-2}{n-1}\int \frac{1}{\cos^{n-2}x}\mathrm{d}x$

17. $\int \cos^m x \sin^n x \mathrm{d}x = \frac{1}{m+n}\cos^{m-1}x\sin^{n+1}x + \frac{m-1}{m+n}\int \cos^{m-2}x\sin^n x \mathrm{d}x = -\frac{1}{m+n}\cos^{m+1}x$ $\sin^{n-1}x + \frac{n-1}{m+n}\int \cos^m x \sin^{n-2}x \mathrm{d}x$

18. $\int \sin ax \cos bx \mathrm{d}x = -\frac{1}{2(a+b)}\cos(a+b)x - \frac{1}{2(a-b)}\cos(a-b)x + C$

19. $\int \sin ax \sin bx \mathrm{d}x = -\frac{1}{2(a+b)}\sin(a+b)x + \frac{1}{2(a-b)}\sin(a-b)x + C$

20. $\int \cos ax \cos bx \mathrm{d}x = \frac{1}{2(a+b)}\sin(a+b)x + \frac{1}{2(a-b)}\sin(a-b)x + C$

21. $\int \frac{1}{a+b\sin x}\mathrm{d}x = \frac{2}{\sqrt{a^2-b^2}}\arctan\frac{a\tan\frac{x}{2}+b}{\sqrt{a^2-b^2}} + C \quad (a^2 > b^2)$

22. $\int \frac{1}{a+b\sin x}\mathrm{d}x = \frac{1}{\sqrt{b^2-a^2}}\ln\left|\frac{a\tan\frac{x}{2}+b-\sqrt{b^2-a^2}}{a\tan\frac{x}{2}+b+\sqrt{b^2-a^2}}\right| + C \quad (a^2 < b^2)$

23. $\int \frac{1}{a+b\cos x}\mathrm{d}x = \frac{2}{a+b}\sqrt{\frac{a+b}{a-b}}\arctan\left(\sqrt{\frac{a-b}{a+b}}\tan\frac{x}{2}\right) + C \quad (a^2 > b^2)$

24. $\int \frac{1}{a+b\cos x}\mathrm{d}x = \frac{1}{a+b}\sqrt{\frac{a+b}{b-a}}\ln\left|\frac{\tan\frac{x}{2}+\sqrt{\frac{a+b}{b-a}}}{\tan\frac{x}{2}-\sqrt{\frac{a+b}{b-a}}}\right| + C \quad (a^2 < b^2)$

25. $\int\frac{1}{a^2\cos^2x+b^2\sin^2x}dx=\frac{1}{ab}\arctan\left(\frac{b}{a}\tan x\right)+C$

26. $\int\frac{1}{a^2\cos^2x-b^2\sin^2x}dx=\frac{1}{2ab}\ln\left|\frac{b\tan x+a}{b\tan x-a}\right|+C$

27. $\int x\sin ax dx=\frac{1}{a^2}\sin ax-\frac{1}{a}x\cos ax+C$

28. $\int x^2\sin ax dx=-\frac{1}{a}x^2\cos ax+\frac{2}{a^2}x\sin ax+\frac{2}{a^3}\cos ax+C$

29. $\int x\cos ax dx=\frac{1}{a^2}\cos ax+\frac{1}{a}x\sin ax+C$

30. $\int x^2\cos ax dx=\frac{1}{a}x^2\sin ax+\frac{2}{a^2}x\cos ax-\frac{2}{a^3}\sin ax+C$

十二、含有反三角函数的积分(其中 $a>0$)

1. $\int\arcsin\frac{x}{a}dx=x\arcsin\frac{x}{a}+\sqrt{a^2-x^2}+C$

2. $\int x\arcsin\frac{x}{a}dx=\left(\frac{x^2}{2}-\frac{a^4}{4}\right)\arcsin\frac{x}{a}+\frac{x}{4}\sqrt{a^2-x^2}+C$

3. $\int x^2\arcsin\frac{x}{a}dx=\frac{x^3}{3}\arcsin\frac{x}{a}+\frac{1}{9}(x^2+2a^2)\sqrt{a^2-x^2}+C$

4. $\int\arccos\frac{x}{a}dx=x\arccos\frac{x}{a}-\sqrt{a^2-x^2}+C$

5. $\int x\arccos\frac{x}{a}dx=\left(\frac{x^2}{2}-\frac{a^4}{4}\right)\arccos\frac{x}{a}-\frac{x}{4}\sqrt{a^2-x^2}+C$

6. $\int x^2\arccos\frac{x}{a}dx=\frac{x^3}{3}\arccos\frac{x}{a}-\frac{1}{9}(x^2+2a^2)\sqrt{a^2-x^2}+C$

7. $\int\arctan\frac{x}{a}dx=x\arctan\frac{x}{a}-\frac{a}{2}\ln(a^2+x^2)+C$

8. $\int x\arctan\frac{x}{a}dx=\frac{1}{2}(a^2+x^2)\arctan\frac{x}{a}-\frac{a}{2}x+C$

9. $\int x^2\arctan\frac{x}{a}dx=\frac{x^3}{3}\arctan\frac{x}{a}-\frac{a}{6}x^2+\frac{a^3}{6}\ln(a^2+x^2)+C$

十三、含有指数函数的积分

1. $\int a^x dx=\frac{1}{\ln a}a^x+C$

2. $\int e^{ax}dx=\frac{1}{a}e^{ax}+C$

3. $\int xe^{ax}dx=\frac{1}{a^2}(ax-1)e^{ax}+C$

4. $\int x^ne^{ax}dx=\frac{1}{a}x^ne^{ax}-\frac{n}{a}\int x^{n-1}e^{ax}dx$

5. $\int xa^x dx=\frac{x}{\ln a}a^x-\frac{1}{(\ln a)^2}a^x+C$

6. $\int x^na^x dx=\frac{x^n}{\ln a}a^x-\frac{n}{\ln a}\int x^{n-1}a^x dx$

7. $\int e^{ax}\sin bx\mathrm{d}x = \frac{1}{a^2+b^2}e^{ax}(b\sin bx - a\cos bx) + C$

8. $\int e^{ax}\cos bx\mathrm{d}x = \frac{1}{a^2+b^2}e^{ax}(b\sin bx + a\cos bx) + C$

9. $\int e^{ax}\sin^n bx\mathrm{d}x = \frac{1}{a^2+b^2n^2}e^{ax}\sin^{n-1}bx(a\sin bx - nb\cos bx) + \frac{n(n-1)b^2}{a^2+b^2n^2}\int e^{ax}\sin^{n-2}bx\mathrm{d}x$

10. $\int e^{ax}\cos^n bx\mathrm{d}x = \frac{1}{a^2+b^2n^2}e^{ax}\cos^{n-1}bx(a\cos bx + nb\sin bx) + \frac{n(n-1)b^2}{a^2+b^2n^2}\int e^{ax}\cos^{n-2}bx\mathrm{d}x$

十四、含有对数函数的积分

1. $\int \ln x\mathrm{d}x = x\ln x - x + C$

2. $\int \frac{1}{x\ln x}\mathrm{d}x = \ln|\ln x| + C$

3. $\int x^n\ln x\mathrm{d}x = \frac{1}{n+1}x^{n+1}(\ln x - \frac{1}{n+1}) + C$

4. $\int (\ln x)^n\mathrm{d}x = x(\ln x)^n - n\int (\ln x)^{n-1}\mathrm{d}x$

5. $\int x^m(\ln x)^n\mathrm{d}x = \frac{1}{m+1}x^{m+1}(\ln x)^n - \frac{n}{m+1}\int x^m(\ln x)^{n-1}\mathrm{d}x$

十五、定积分

1. $\int_{-\pi}^{\pi}\cos nx\mathrm{d}x = \int_{-\pi}^{\pi}\sin nx\mathrm{d}x = 0$

2. $\int_{-\pi}^{\pi}\cos mx\sin nx\mathrm{d}x = 0$

3. $\int_{-\pi}^{\pi}\cos mx\cos nx\mathrm{d}x = \begin{cases}0, & m\neq n\\ \pi, & m=n\end{cases}$

4. $\int_{-\pi}^{\pi}\sin mx\sin nx\mathrm{d}x = \begin{cases}0, & m\neq n\\ \pi, & m=n\end{cases}$

5. $\int_{0}^{\pi}\sin mx\sin nx\mathrm{d}x = \int_{0}^{\pi}\cos mx\cos nx\mathrm{d}x = \begin{cases}0, & m\neq n\\ \frac{\pi}{2}, & m=n\end{cases}$

6. $I_n = \int_0^{\frac{\pi}{2}}\sin^n x\mathrm{d}x = \int_0^{\frac{\pi}{2}}\cos^n x\mathrm{d}x$

$$I_n = \frac{n-1}{n}I_{n-2}$$

$$= \begin{cases}\frac{n-1}{n}\cdot\frac{n-3}{n-2}\cdot\cdots\cdot\frac{4}{5}\cdot\frac{2}{3} & (n\text{ 为大于 1 的正奇数}), I_1 = 1\\ \frac{n-1}{n}\cdot\frac{n-3}{n-2}\cdot\cdots\cdot\frac{3}{4}\cdot\frac{1}{2}\cdot\frac{\pi}{2} & (n\text{ 为正偶数}), I_0 = \frac{\pi}{2}\end{cases}$$

附录 2　习题答案

第 1 章

习题 1.1

1. (1) $A\cup B=\{1,2,3,5\}$；(2) $A\cap B=\{1,3\}$；(3) $A\cup B\cup C=\{1,2,3,4,5,6\}$
   (4) $A\cap B\cap C=\varnothing$；(5) $A-B=\{2\}$.
2. $A\times B=\{(a,a),(a,b),(a,c),(b,a),(b,b),(b,c),(c,a),(c,b),(c,c),(d,a),(d,b),(d,c)\}$.
3. (1) $A=(-5,-1)$；(2) $A=(-5,-4)\cup(-2,-1)$.

习题 1.2

1. (1) $[-2,1)\cup(1,4]$；(2) $[1,2)\cup(3,+\infty)$；(3) $(-\infty,0)$；(4) $[-3,1]$；
   (5) $(-\infty,-1]\cup[10,+\infty)$；(6) $\left[1-e^2,1-\dfrac{1}{e^2}\right]$；(7) $(-\infty,0)\cup(0,3]$；
   (8) $(-\infty,0)\cup(0,+\infty)$.
2. 略.
3. $\sqrt{5}$，0，-3，图形略.
4. $f[g(x)]=\begin{cases}1, & x<0,\\ 0, & x=0,\\ -1, & x>0;\end{cases}$　$g[f(x)]=\begin{cases}e, & |x|<1,\\ 1, & |x|=1,\\ e^{-1}, & |x|>1.\end{cases}$
5. (1) 在 $[0,3]$ 上单调增加，在 $[3,6]$ 上单调减少；
   (2) 在 $(0,+\infty)$ 上单调增加.
6. (1) $[-1,1]$；(2) $\bigcup\limits_{k\in Z}[2k\pi,(2k+1)\pi]$；(3) $[-a,1-a]$；
   (4) 若 $a\in\left(0,\dfrac{1}{2}\right)$，则 $D=[a,1-a]$；若 $a>\dfrac{1}{2}$，则 $D=\varnothing$.
7. 略.
8. $f\left(\dfrac{\pi}{6}\right)=\dfrac{1}{2}$；$f\left(\dfrac{\pi}{4}\right)=\dfrac{\sqrt{2}}{2}$；$f\left(-\dfrac{\pi}{4}\right)=\dfrac{\sqrt{2}}{2}$；$f\left(\dfrac{\pi}{2}\right)=0$；$f(-2)=0$.
9. 略.
10. (1) 偶函数；(2) 既非奇函数又非偶函数；(3) 偶函数；(4) 奇函数；(5) 既非奇函数又非偶函数；(6) 偶函数；(7) 奇函数；(8) 奇函数.

习题 1.3

1. (1) $y=x^3-1$；(2) $y=\dfrac{1-x}{1+x}$；(3) $y=\dfrac{b-dx}{cx-a}$.
2. (1) $y=e^{\sqrt{\cos x}}$；(2) $y=\cos^2x+2\cos x$；(3) $y=\ln(1+\sin^2x)$.

3. (1) $y=u^2, u=\ln v, v=\arctan w, w=\sqrt{x}$;

   (2) $y=u^2, u=\cos v, v=3x^2+2$;

   (3) $y=\arctan u, u=\sqrt[5]{v}, v=\dfrac{1-x}{1+x}$.

4. $g(x)=\sec^2 x, h(x)=-\sec x\tan x$.

习题 1.4

1. $m=\begin{cases} ks & 0<s\leqslant a \\ ka+\dfrac{4}{5}k(s-a) & a<s \end{cases}\quad s\in(0,+\infty)$.

2. $V=\pi h\left(r^2-\dfrac{h^2}{4}\right), s\in(0,2r)$.

3. $R(x)=\begin{cases} 250x, & 0\leqslant x\leqslant 600, \\ 230x+12000, & 600<x\leqslant 800, \\ 196000, & 800<x. \end{cases}$

4. $L=\dfrac{S_0}{h}+\dfrac{2-\cos 40^\circ}{\sin 40^\circ}h,\quad 0<h<\sqrt{S_0\tan 40^\circ}$.

5. $V=\dfrac{\pi r^2h^3}{3[(h-r)^2-r^2]},\quad 2r<h<+\infty$.

习题 1.5

1. (1) $L(x)=-x^2+8x-6$; (2) $x=4$.
2. $Q=1000(80-p)$.

复习题 1

1. (1)相同;(2)、(3)不同.
2. (1)、(2)奇;(3)、(4)非奇非偶.
3. (1) $T=2$; (2) $T=\pi$; (3)不是; (4) $T=2$.
4. (1) $[-3,-2)\cup(3,4]$; (2) $(-\infty,-1)\cup(1,3)$.
5. $f[\varphi(x)]=\begin{cases} e^{x^4}, x<-1 \\ 2x^2, -1\leqslant x\leqslant 0. \\ 2\sin x, x>0 \end{cases}$
6. 若 $0<a\leqslant\dfrac{1}{2}$,则 $a\leqslant x\leqslant 1-a$;若 $a>\dfrac{1}{2}$,则 ϕ.
7. $\varphi(x)=\sqrt{\ln(1-x)}$,定义域:$x\leqslant 0$.
8. 省略.
9. $f[f(x)]=\dfrac{x}{1-2x}$,定义域:$x\neq 1$ 且 $x\neq\dfrac{1}{2}$.
10. $P=(50-x)(1000+5x)-100(50-x)$;当月租金为 1800 元时,最大利润为 57800 元.

第 2 章

习题 2.1

1. (1)收敛,0;(2)收敛,0;(3)收敛,2;(4)收敛,1;(5)发散;(6)收敛,0;(7)发散;(8)发散.

2. $\lim\limits_{n\to\infty}x_n=0, N=[\frac{1}{\varepsilon}]$.

3 ~6. 略.

习题 2.2

1. 略.

2. (1)0 水平渐近线 $y=0$;(2) $+\infty$;无水平渐近线;(3) $-\frac{\pi}{2}$,水平渐近线 $y=-\frac{\pi}{2}$;

   (4)$\frac{\pi}{2}$;水平渐近线 $y=\frac{\pi}{2}$.

3. $\lim\limits_{x\to 0}f(x)=-1$, $\lim\limits_{x\to 1}f(x)$不存在.

4. 略.

5. $\delta=0.0002$.

6. (1) $\lim\limits_{x\to 0^+}f(x)=1$, $\lim\limits_{x\to 0^-}f(x)=-1$,(2)$\lim\limits_{x\to 0}f(x)$不存在,(3)$\lim\limits_{x\to 1}f(x)=1$.

7. 略.

习题 2.3

1. (1)$x\to -1$;(2)$x\to\infty$;(3)$x\to 0$;(4)$x\to -1$ 或 $x\to\infty$.

2. (1)$x\to 1$;(2)$x\to 1^+$;(3)$x\to +\infty$ 或 $x\to -1^+$;(4)$x\to 0^-$.

3. (1)0;(2)0.

4. 此函数无界且不是 $x\to +\infty$ 时的无穷大.

5. 略.

6. 水平渐近线 $y=0$,铅直渐近线 $x=-\sqrt{2}$, $x=\sqrt{2}$.

习题 2.4

1. (1)$\frac{1}{2}$;(2)∞;(3)1;(4)$2\sqrt{2}$;(5)0;(6)4;(7)1;(8)2;(9)2;(10)$\frac{1}{2}$;(11) -1.

2. $a=1, b=-2$.

3. $a=1, b=-1$.

4. (1)对. 因为,假如如果$\lim\limits_{x\to x_0}[f(x)+g(x)]$存在,则$\lim\limits_{x\to x_0}g(x)=\lim\limits_{x\to x_0}[f(x)+g(x)]-\lim\limits_{x\to x_0}f(x)$也存在. 与已知条件矛盾.

   (2)错. 例如$f(x)=\mathrm{sgn}x$, $g(x)=-\mathrm{sgn}x$ 当 $x\to 0$ 时的极限都不存在,但$f(x)+g(x)\equiv 0$,当 $x\to 0$ 时的极限存在.

   (3)错. 例如$f(x)=x$, $\lim\limits_{x\to 0}f(x)=0$, $g(x)=\sin\frac{1}{x}$, $\lim\limits_{x\to 0}g(x)$不存在,但$\lim\limits_{x\to 0}f(x)g(x)=\lim\limits_{x\to 0}x\sin\frac{1}{x}=0$.

5. (1)∞;(2)$\frac{1}{3}$;(3)∞.

习题 2.5

1. (1)$\sqrt{2}$;(2)1;(3)$\frac{2}{3}$;(4)x;(5)π;(6)$\frac{2}{\pi}$;(7)$\frac{3}{5}$;(8)$\cos a$.

2. (1)$\frac{1}{e}$;(2)e^5; (3)e^4;(4)e^{-1};(5)e;(6)e^{-2};

3. a.

4. (1)1；(2)1；(3)$\frac{1}{2}$.

5. 略.（提示：当 $x>0$ 时，$1-x<x\left[\frac{1}{x}\right]\leqslant 1$.）

6. 略.

7. 略.

8. $\frac{1}{2}(1+\sqrt{1+4c})$.

9. $\lim\limits_{n\to\infty}x_n=\frac{1+\sqrt{1+4c}}{2}$.

10. 522.05 元.

习题 2.6

1. x^2-x^3 是高阶无穷小.

2. (1)同阶，不等价；(2)等价无穷小.

3. 同阶无穷小为 $1-\cos x$；. 比它高阶的无穷小为 $\sin x-\tan x$；比它低阶的无穷小为 $\sin x+\tan x$.

4. 略.

5. (1)$\frac{1}{2}$；(2)$-\frac{1}{4}$；(3)0（$m<n$ 时），1（$m=n$ 时），∞（$m>n$ 时）；(4) -3；(5)$\frac{25}{4}$.

习题 2.7

1. (1)$f(x)$在$(-\infty,+\infty)$上连续；

(2)$f(x)$在$(-\infty,-1)$与$[-1,+\infty)$内分别是连续的，$x=-1$ 是函数的跳跃间断点.

2. (1)$x=1$ 是可去间断点，补充定义 $f(1)=-2$；$x=2$ 为无穷间断点；

(2)$x=0$ 是可去间断点，补充定义 $f(0)=1$；$x=k\pi+\frac{\pi}{2}(k\in Z)$是可去间断点，补充定义 $f\left(k\pi+\frac{\pi}{2}\right)=0$；$x=k\pi(k\in Z$，且 $k\neq 0)$是无穷间断点；

(3)$x=0$ 是跳跃间断点；

(4)$x=0$ 是可去间断点，补充定义 $f(0)=0$；

(5)$x=0$ 为第二类间断点.

3. $f(x)=\begin{cases}x & |x|<1\\ 0 & |x|=1\\ -x & |x|>1\end{cases}$ $x=\pm 1$ 为第一类间断点.

4. 略.

习题 2.8

1. 连续区间：$(-\infty,-3)$，$(-3,2)$，$(2,+\infty)$；$\lim\limits_{x\to 0}f(x)=\frac{1}{2}$，$\lim\limits_{x\to -3}f(x)=-\frac{8}{5}$，$\lim\limits_{x\to 2}f(x)=\infty$.

2. 略.

3. (1)$\frac{-\lg 6}{9+\cos 2}$；(2)0；(3)$\frac{1}{3}$；(4)π；(5)a；(6)$\frac{1}{2^{\sqrt{2}}}$；(7)2.

4. (1)1;(2)$\frac{1}{4}$;(3) $-\frac{1}{2}$;(4) $-\frac{1}{2}$;(5)$\frac{1}{2}$;(6)$\frac{2}{\pi}$.

5. 略.

6. $c=\frac{1}{3}, A=\frac{1}{3}$.

7. $a=3$.

习题2.9

1 ~8 略.

复习题2

1. (1)$(-\infty,1)\cup(2,+\infty)$;(2)必要,充分;(3)ln2;(4)2.
2. (1)C;(2)C;(3)B;(4)D;(5)B.
3. (1)e^{-2};(2)$\frac{1}{2}$;(3)$\frac{1}{2}$;(4) $\sqrt[3]{abc}$;(5)1.
4. (1)$a=1$;(2)$a>0, a\neq1$;(3)$(-\infty,0)\cup(0,+\infty)$.
5. $x=0$ 是第一类间断点;$x=1$ 是第二类间断点.
6. 略.
7. 略.

第3章

习题3.1

1. (1) $-f'(x_0)$;(2)$f'(0)$;(3)$2f'(x_0)$.
2. $f'(-1)=15$.
3. (1)1;(2)6, −4.
4. 略.
5. 切线斜率 $k=6$,切线方程为 $6x-y-5=0$,法线方程为 $x+6y-5=0$.
6. 切线方程为 $y=x+1$,法线方程为 $y=-x+3$.
7. (1,4);切线方程为 $y=4x$,法线方程为 $x+4y-17=0$.
8. $f'(2)=2$.
9. (1) $-4x^{-5}$;(2)(2)$\frac{2}{3}x^{-\frac{1}{3}}$;(3)$\frac{16}{5}x^{\frac{11}{5}}$;(4)$\frac{7}{6}x^{-\frac{1}{6}}$.
10. (1)在 $x=0$ 处连续,不可导;(2)在 $x=0$ 处连续且可导.
11. $a=2, b=-1$.
12. $f'_+(0)=0$, $f'_-(0)=-1$, $f'(0)$不存在.
13. $f'(x)=\begin{cases}1 & x>0\\ \cos x & x\leqslant0\end{cases}$.
14. 略.
15. 略.

习题3.2

1. (1)$6x^2+2^x\ln2-4e^x$;(2)$\sec x(2\sec x+\tan x)$;(3)$x^2(3\ln x+1)$;
   (4)$e^x(\cos x-\sin x)$;(5)$\cot x-x\csc^2x$;(6)$90x^2+36x-10$;

(7) $2x\tan x+\frac{x^2-1}{\cos^2 x}$; (8) $5x^4+12x^3+12x^2+8x+3$; (9) $\frac{2x}{(1-x^2)^2}$;

(10) $\frac{1+\sin t+\cos t}{(1+\cos t)^2}$; (11) $\frac{2}{(1-x)^2}$; (12) $\frac{5x^2+12x+54}{(5x+6)^2}$;

(13) $e^x\csc x(1-\cot x)$; (14) $15x^{-\frac{5}{4}}(1-\frac{1}{4}\ln x)$; (15) $-\frac{2}{x(1+\ln x)^2}$;

(16) $\frac{3x^2+x-1}{2x\sqrt{x}}$; (17) $\frac{1+2\theta}{2\theta\sqrt{2\theta}}$; (18) $\frac{1}{\sqrt[3]{x^2}}(\sec^2 x-\frac{2\tan x}{3x})$.

2. (1) $y'|_{x=\frac{\pi}{6}}=\frac{\sqrt{3}+1}{2}$, $y'|_{x=\frac{\pi}{4}}=\sqrt{2}$; (2) -1; (3) $\frac{4\sqrt{3}}{3}$.

3. (1) $v(t)=v_0-gt$; (2) $t=\frac{v_0}{g}$.

4. 切线方程 $2x+y-3=0$,法线方程 $x-2y+1=0$.

5. $a=2$, $b=-3$.

6. (1) $\frac{1+4x}{2\sqrt{1+x+2x^2}}$; (2) $\frac{-2}{1-x^2}$; (3) $\frac{x}{(a^2-x^2)\sqrt{a^2-x^2}}$;

(4) $10x\cos(5x^2+1)$; (5) $3\cos 3x-2\sin 2x$; (6) $\frac{x\sec^2\sqrt{x^2+1}}{\sqrt{x^2+1}}$;

(7) $\frac{1}{3}\sec(\frac{x+1}{3})\cdot\tan(\frac{x+1}{3})$; (8) $\frac{1}{2\sqrt{1-x}}\csc\sqrt{1-x}\cdot\cot\sqrt{1-x}$;

(9) $3\sin^2 x\cdot\cos 4x$; (10) $\frac{\sin 2x\cdot\cos(x^2)+2x\sin(x^2)\cdot(1+\sin^2 x)}{\cos^2(x^2)}$;

(11) $\tan^4\theta$; (12) $-\frac{3}{x^2}e^{\frac{3}{x}}$; (13) $2^{1+\sin 2x}\ln 2\cdot\cos 2x$; (14) $e^x\cos(1+e^x)$;

(15) $-\tan x$; (16) $\frac{1}{\sqrt{a^2+x^2}}$; (17) $3\sin(4-3x)$; (18) $\frac{2x}{1+x^2}$;

(19) $\frac{-1}{1+x^2}$; (20) $\frac{1}{2\sqrt{x-x^2}}$; (21) $\sin 2x\sin x^2+2x\sin^2 x\cos x^2$; (22) $\frac{e^{\arctan\sqrt{x}}}{2\sqrt{x}(1+x)}$.

7. $\frac{f(x)f'(x)+g(x)g'(x)}{\sqrt{f^2(x)+g^2(x)}}$.

8. (1) $2xf'(x^2)$; (2) $\sin 2x[f'(\sin^2 x)-f'(\cos^2 x)]$.

习题 3.3

1. (1) $y''=\frac{2x-10}{(1+x)^4}$; (2) $y''=-2e^x\sin x$;

(3) $y''=2\sec^2 x\cdot\tan x\cdot\arcsin\frac{x}{2}+\frac{2\sec^2 x}{\sqrt{4-x^2}}+\frac{x\tan x}{(4-x^2)\sqrt{4-x^2}}$;

(4) $12x-\frac{1}{x^2}$; (5) $2xe^{x^2}(3+7x^3+2x^5)$; (6) $-\frac{x}{(1+x^2)^{3/2}}$; (7) $2\arctan x+\frac{2x}{1+x^2}$;

(8) $\frac{-a^2}{(a^2-x^2)^{3/2}}$; (9) $\frac{2-2x+x^2}{x^3}e^x$; (10) $\frac{-2-2x^2}{(1-x^2)^2}$.

2. 略.

3. 288.

4. 略.

5. (1) $2[f'^2(x)+f(x)f''(x)]$;(2) $\frac{f''(\ln x)-f'(\ln x)}{x^2}$;(3) $\frac{f''(x)f(x)-[f'(x)]^2}{f^2(x)}$.

6. 略.

7. $\lambda=\frac{-p\pm\sqrt{p^2-4q}}{2}(p^2-4q\geqslant 0)$.

8. 略.

9. (1) $a_0 n!$;(2) $2^{n-1}\sin\left[2x+(n-1)\frac{\pi}{2}\right]$;(3) $(-1)^n\frac{2n!}{(1+x)^{n+1}}$;

(4) $e^x(x+n)$;(5) $\sqrt{2}^n e^x\cos\left(x+\frac{n\pi}{4}\right)$;(6) $(-1)^n n!\left[\frac{1}{(x-3)^{n+1}}-\frac{1}{(x-2)^{n+1}}\right]$.

10. (1) $2^{50}\left(-x^2\sin 2x+50x\cos 2x+\frac{1225}{2}\sin 2x\right)$;(2) $3^{18}e^{3x}(9x^2+120x+380)$.

习题 3.4

1. (1) $\frac{y}{y-x}$;(2) $-\frac{e^y}{1+xe^y}$;(3) $\frac{x+y}{x-y}$;(4) $\frac{2x\cos 2x-y-xye^{xy}}{x^2e^{xy}+x\ln x}$.

2. 切线方程 $y=-\frac{1}{4}x-\frac{1}{2}$;法线方程 $y=4x-9$.

3. 切线方程 $y=-\frac{x}{e}+1$;法线方程 $y=ex+1$.

4. (1) $\frac{\sin(x+y)}{(\cos(x+y)-1)^3}$;(2) $\frac{e^{2y}(3-y)}{(2-y)^3}$;(3) $-\frac{b^4}{a^2y^3}$;(4) $-2\csc^2(x+y)\cot^3(x+y)$.

5. (1) $\left(\frac{x}{1+x}\right)^x\left(\ln\frac{x}{1+x}+\frac{1}{1+x}\right)$;(2) $\frac{\sqrt{x+2}(3-x)^4}{(x+1)^5}\left[\frac{1}{2(x+2)}-\frac{4}{3-x}-\frac{5}{x+1}\right]$;

(3) $x^{x^2}(2x\ln x+x)$;(4) $(\sin x)^{\tan x}(\sec^2 x\ln\sin x+1)$;

(5) $e^x(1+e^{e^x})$;(6) $a^a x^{a^a-1}+ax^{a-1}a^{x^a}\ln a+a^x a^{a^x}\ln^2 a$.

6. (1) $\frac{3b}{2a}t$;(2) $\frac{\cos t-t\sin t}{1-\sin t-t\cos t}$.

7. 切线方程 $2\sqrt{2}x+y-2=0$,法线方程 $\sqrt{2}x-4y-1=0$.

8. (1) $\frac{1}{4}\left(t+\frac{1}{t}\right)$;(2) $\frac{4}{9}e^{3t}$;(3) $\frac{1}{f''(t)}$.

9. 略.

10. (1) $0.875\,\mathrm{m\cdot s^{-1}}$;(2) 下端离墙 $\frac{5}{\sqrt{2}}$m 时;(3) 下端离墙 4m 时.

11. $\frac{16}{25\pi}\approx 0.204(\mathrm{m\cdot s^{-1}})$.

习题 3.5

1. $\Delta y=-0.0199$, $dy=-0.02$.

2. (a) $\Delta y>0, dy>0, \Delta y-dy>0$;(b) $\Delta y>0, dy>0, \Delta y-dy<0$;

(c) $\Delta y>0, dy<0, \Delta y-dy<0$;(d) $\Delta y<0, dy<0, \Delta y-dy>0$.

3. (1) $2\cos(2x+3)\mathrm{d}x$;(2) $\dfrac{2x\mathrm{e}^{x^2}}{1+\mathrm{e}^{x^2}}\mathrm{d}x$;(3) $-\mathrm{e}^{1-3x}(3\cos x+\sin x)\mathrm{d}x$;

(4) $(\sin 2x+2x\cos 2x)\mathrm{d}x$;(5) $(x^2+1)^{-\frac{3}{2}}\mathrm{d}x$;(6) $\left(\dfrac{1}{x}+\dfrac{1}{\sqrt{x}}\right)\mathrm{d}x$;

(7) $\mathrm{e}^{-x}[\sin(2-x)-\cos(2-x)]\mathrm{d}x$;(8) $-4\tan(1-2x)\sec^2(1-2x)\mathrm{d}x$;

(9) $\dfrac{-2x}{1+x^4}\mathrm{d}x$.

4. (1) $\dfrac{x^2}{2}+C$;(2) $\dfrac{1}{\omega}\sin\omega t+C$;(3) $\ln(1+x)+C$;

(4) $\dfrac{1}{3}\tan 3x+C$;(5) $2\sqrt{x}+C$;(6) $-\dfrac{1}{2}\mathrm{e}^{-2x}+C$.

5. (1) 0.5076;(2) 1.025.

6. 略.

复习题 3

1. (1)必要;(2)必要,充分;(3)充分必要.

2. $f''(0)=-1$.

3. (1)A;(2)A;(3)C;(4)B;(5)C.

4. (1) $f'_-(0)=f'_+(0)=f'(0)=1$;(2) $f'_-(0)=1, f'_+(0)=0, f'(0)$不存在.

5. 在 $x=0$ 连续不可导.

6. (1) $\dfrac{\cos x}{|\cos x|}$;(2) $(\tan x)^{\sin x}[\cos x\ln(\tan x)+\sec x]$;(3) $-\dfrac{1}{2}\sin 2x-\tan x$;

(4) $x^{\frac{1}{x}-2}(1-\ln x)$;(5) $-\dfrac{2x}{3}(1+x^2)^{-\frac{4}{3}}$;(6) $\dfrac{2-\ln x}{2x^{\frac{3}{2}}}$.

7. (1) $\dfrac{3^{\ln 2x}\ln 3}{x}\mathrm{d}x$;(2) $\dfrac{1}{1+x^2}\mathrm{d}x$.

8. (1) $6x\ln x+5x$;(2) $(1+x^2)^{-\frac{3}{2}}$.

9. (1) $x^2\sin\left(x+\dfrac{n}{2}\pi\right)+2nx\cos\left(x+\dfrac{n-1}{2}\pi\right)+n(n-1)\sin\left(x+\dfrac{n-2}{2}\pi\right)$;

(2) $\dfrac{2\cdot n!}{(1-x)^{n+1}}$.

10. (1) $\dfrac{2x-3ay}{3ax-2y}$;(2) $\dfrac{-y\mathrm{e}^{xy}}{x\mathrm{e}^{xy}+2y+\sin y}$.

11. $\dfrac{\mathrm{d}y}{\mathrm{d}x}=\dfrac{t}{2}$;$\dfrac{\mathrm{d}^2y}{\mathrm{d}x^2}=\dfrac{1+t^2}{4t}$.

12. 切线方程 $x+2y-4=0$,法线方程 $2x-y-3=0$.

13. $\sqrt[3]{1.02}\approx 1.007$.

第 4 章

习题 4.1

1~2. 略.

3. $\xi=\sqrt[3]{\dfrac{15}{4}}$.

4. 有分别位于区间(0,1);(1,2)和(2,4)内的三个实根.

5～15. 略.

习题4.2

1. (1)$\frac{a}{b}$;(2)2;(3)2;(4)1;(5) -2;(6) $-\frac{1}{6}$;(7) $-\frac{3}{5}$;(8)1;(9)0;(10) $+\infty$;(11)e;

(12)$\frac{1}{2}$;(13)1;(14)1;(15)$e^{-\frac{1}{6}}$;(16) $-\frac{2}{3}$;(17)$\frac{n(n+1)}{2}$;(18)$e^{\frac{1}{3}}$.

2. 略.

3. 1.

4. 略.

5. $a=\frac{4}{3},b=-\frac{1}{3}$.

习题4.3

1. 单调减少.

2 . 单调增加.

3. (1)单增区间$(-\infty,-2)$,$(4,+\infty)$,单减区间$[-2,4]$;

(2)单增区间$(-\infty,-1]$,$[1,+\infty)$,单减区间$(-1,0)$,$(0,1)$;

(3)单增区间$(-\infty,0)$,$(\frac{2}{5},+\infty)$,单减区间$[0,\frac{2}{5}]$;

(4)在$\left(-\infty,\frac{1}{2}\right]$内单调减少,在$\left[\frac{1}{2},+\infty\right)$内单调增加;

(5)在$\left(0,\frac{1}{2}\right]$内单调减少,在$\left[\frac{1}{2},+\infty\right)$内单调增加;

(6)在$\left[\frac{k\pi}{2},\frac{k\pi}{2}+\frac{\pi}{3}\right]$上单调增加,在$\left[\frac{k\pi}{2}+\frac{\pi}{3},\frac{k\pi}{2}+\frac{\pi}{2}\right]$上单调减少($k=0,\pm1,\pm2,\cdots$);

(7)在$\left(-\infty,\frac{2}{3}a\right]$,$[a,+\infty)$上单调增加,在$\left[\frac{2}{3}a,a\right]$上单调减少;

(8)在$[0,n]$上单调增加,在$[0,+\infty)$上单调减少.

4～8. 略.

习题4.4

1. 是凹的.

2. (1)在$(-\infty,2]$内凸的,在$[2,+\infty)$内凹的;拐点为$(2,-15)$;

(2)凹的;

(3)拐点$(-1,\ln2)$,$(1,\ln2)$,在$(-\infty,-1]$、$[1,+\infty)$内是凸的,在$[-1,1]$内是凹的;

(4)拐点$(1,-7)$,在$(0,1]$内是凸的,在$[1,+\infty)$内是凹的;

(5)拐点$(\frac{1}{2},e^{\arctan\frac{1}{2}})$,在$(\frac{1}{2},+\infty)$内是凸的,在$(-\infty,\frac{1}{2}]$内是凹的;

(6)拐点$(2,\frac{2}{e^2})$,在$(-\infty,2]$内是凸的,在$[2,+\infty)$内是凹的.

3. $a=-\frac{3}{2},b=\frac{9}{2}$.

4. 拐点$(\frac{2\sqrt{3}}{3}a,\frac{3}{2}a)$,$(-\frac{2\sqrt{3}}{3}a,\frac{3}{2}a)$

5. 略.

6. $k=\pm\frac{\sqrt{2}}{8}$.

7. 略.

8. 略.

9. $a=1,b=-3,c=-24,d=16$.

习题 4.5

1. (1)极大值 $y(-1)=17$,极小值 $y(3)=-47$;

(2)极大值 $y(\frac{3}{4})=\frac{5}{4}$;

(3)没有极值;(4)极小值 $y(0)=0$;

(5)极大值 $y(2)=4e^{-2}$,极小值 $y(0)=0$;

(6)极大值 $y(1)=\frac{1}{2}$, 极小值 $y(-1)=-\frac{1}{2}$;

(7)极大值 $y(2)=2$, 极小值 $y(\frac{62}{27})=\frac{50}{27}$;(8)极大值 $y(e)=e^{\frac{1}{e}}$;

(9)极大值 $y(2k\pi+\frac{\pi}{4})=\frac{\sqrt{2}}{2}e^{2k\pi+\frac{\pi}{4}}$极小值 $y((2k+1)\pi+\frac{\pi}{4})=-\frac{\sqrt{2}}{2}e^{(2k+1)\pi+\frac{\pi}{4}}$;

$(k=0,\pm1,\pm2,\cdots)$. (10)极大值 $y(\frac{12}{5})=\frac{\sqrt{205}}{10}$.

2. 略.

3. $a=2,f(\frac{\pi}{3})=\sqrt{3}$为极大值.

4. (1)最大值$f(0)=7$,最小值$f(3)=-47$;(2)最大值$f(e)=e^{\frac{1}{e}}$,无最小值;

(3)最大值$f\left(\frac{3}{4}\right)=1.25$,最小值$f(-5)=-5+\sqrt{6}$;

(4)最大值$f(-5)=e^{8}$, 最小值$f(3)=1$.

5. $r=\sqrt[3]{\frac{V}{2\pi}},h=2\sqrt[3]{\frac{V}{2\pi}}$;$d:h=1:1$.

6. 略.

7. 略.

8. $r=h=\sqrt[3]{\frac{3V}{5\pi}}$.

9. $Q=20000$,最大利润:$L(20000)=340000$ 元.

10. 直径:高$=b:a$.

11. $\frac{2}{3}(3-\sqrt{6})\pi$.

12. $a>\frac{1}{e}$时没有实根；$a=\frac{1}{e}$时只有一个实根；$0<a<\frac{1}{e}$时有两个实根.

13. $\sqrt[3]{3}$.

习题4.6

1. (1)水平渐近线为 $y=2$，$y=0$；
   (2)水平渐近线为 $y=1$；铅直渐近线 $x=0$；
   (3)水平渐近线为 $y=0$；铅直渐近线 $x=-1$；
   (4)水平渐近线为 $y=0$；铅直渐近线 $x=1$；
   (5)铅直渐近线 $x=-3$，$x=1$，斜渐近线 $y=x-2$.

2. (1)在$\left(-\infty,-\frac{1}{3}\right]$，$[1,+\infty)$内单调增加，在$\left[-\frac{1}{3},1\right]$上单调减少；在$\left(-\infty,\frac{1}{3}\right]$内是凸的，在$\left[\frac{1}{3},+\infty\right)$内是凹的；拐点$\left(\frac{1}{3},\frac{16}{27}\right)$；极大值$f\left(-\frac{1}{3}\right)=\frac{32}{27}$，极小值$f(1)=0$；没有渐近线.

   (2)在$(-\infty,1]$内单调增加，在$[1,+\infty)$内单调减少；在$\left(-\infty,1-\frac{\sqrt{2}}{2}\right]$，$\left[1+\frac{\sqrt{2}}{2},+\infty\right)$内是凹的，在$\left[1-\frac{\sqrt{2}}{2},1+\frac{\sqrt{2}}{2}\right]$上是凸的；拐点$\left(1-\frac{\sqrt{2}}{2},\frac{1}{\sqrt{e}}\right)$，$\left(1+\frac{\sqrt{2}}{2},\frac{1}{\sqrt{e}}\right)$；极大值$f(1)=1$；水平渐近线 $y=0$.

   (3)在$(-\infty,0)$，$\left(0,\frac{\sqrt[3]{4}}{2}\right]$上单调减少，$\left[\frac{\sqrt[3]{4}}{2},+\infty\right)$内单调增加，在$[-1,0)$内是凸的，在$(-\infty,-1)$，$(0,+\infty)$内是凹的；拐点$(-1,0)$；极小值$f\left(\frac{\sqrt[3]{4}}{2}\right)=\frac{3}{2}\sqrt[3]{2}$；铅直渐近线 $x=0$.

习题4.7

1. (1)$e^{-x}(2x-x^2)$，$2-x$；(2)$\frac{e^x}{x}\left(1-\frac{1}{x}\right)$，$x-1$；(3)$x^{a-1}e^{-b(x+c)}(a-bx)$，$a-bx$.

2. (1)$104-0.8Q$；(2)64；(3)$\frac{3}{8}$.

3. 40

4. 12000

习题4.8

1. $f(x)=-56+21(x-4)+37(x-4)^2+11(x-4)^3+(x-4)^4$.
2. $f(x)=x^6-9x^5+30x^4-45x^3+30x^2-9x+1$.
3. $\sqrt{x}=2+\frac{1}{4}(x-4)-\frac{1}{64}(x-4)^2+\frac{1}{512}(x-4)^3-\frac{15(x-4)^4}{4!\,16[4+\theta(x-4)]^{\frac{7}{2}}}(0<\theta<1)$.
4. $xe^x=x+x^2+\frac{x^3}{2!}+\cdots+\frac{x^n}{(n-1)!}+o(x^n)$
5. $\tan x=x+\frac{1}{3}x^3+o(x^3)$.
6. 略.

7. 略.

复习题 4

1. (1)B;(2)C;(3)B;(4)B;(5)C;(6)B.

2. (1)$f(a)+f'(\xi)(b-a)$;(2)2.

3. (1)$\frac{m}{n}a^{m-n}$;(2)1;(3)$\frac{1}{2}$;(4)$e^{-\frac{2}{\pi}}$;(5)2;(6)$\frac{2}{3}$;(7)0;(8)$\frac{1}{6}$;(9)$a_1a_2\cdots a_n$.

4. $\lim\limits_{x\to\infty}[f(x+a)-f(x)]=ka$.

5. 略.

6. 略.

7. 略.

8. (1,2)和(−1,−2).

9. 36 单位.

10. 杆长为 1.4m.

11. 不超过 2.50 单位长度.

12. 略.

13. 略.

14. 略.

15. $a=-1,b=-\frac{1}{2},k=-\frac{1}{3}$.

16. 分三批购进.

17. 税额为每件产品$\frac{\beta-b}{2}$.

第 5 章

习题 5.1

1. 略.

2. (1)$2\sqrt{x}+C$;(2)$\frac{3}{10}x^{\frac{10}{3}}+C$;(3)$\frac{m}{m+n}x^{\frac{m+n}{m}}+C$;(4)$\frac{x^3}{3}+\frac{3}{2}x^2-2x+C$;(5)$\frac{x^3}{3}+\frac{2^x}{\ln2}+C$;

   (6)$2\sqrt{t}-\frac{4}{3}t^{\frac{3}{2}}+\frac{2}{5}t^{\frac{5}{2}}+C$;

   (7)$-\frac{1}{x}-\arctan x+C$;(8)$x-\arctan x+C$;(9)$3\arctan x-2\arcsin x+C$;

   (10)e^x+x+C;(11)$3x+\frac{4\left(\frac{3}{2}\right)^x}{\ln3-\ln2}+C$;(12)$\frac{1}{2}\tan x+C$;

   (13)$-(\cot x+\tan x)+C$;

   (14)$-\cot x-x+C$;(15)$\frac{1}{2}(u+\sin u)+C$;(16)$\tan\theta-\sec\theta+C$;

   (17)$\sin x-\cos x+C$;(18)$x^3-x+\arctan x+C$.

3. $y=\ln|x|+1$.

4. (1)27m;(2)$\sqrt[3]{360}$s.

5. 略.

习题5.2

1. (1) $\frac{1}{a}$;(2) $\frac{1}{2}$;(3) $-\frac{1}{2}$;(4) $-\frac{1}{2}$;(5) $-\frac{3}{2}$;(6) $-\frac{1}{5}$;(7) 2;(8) -1.

2. (1) $-\frac{1}{3}\ln|1-3x|+C$;(2) $\frac{1}{12}(3x-2)^4+C$;(3) $-\frac{1}{5}e^{-5x}+C$;

(4) $-\frac{1}{2}(5-3x)^{\frac{2}{3}}+C$;(5) $-\frac{1}{3}(2-3x^2)^{\frac{1}{2}}+C$;(6) $2\sin\sqrt{t}+C$;(7) $-\frac{3}{4}\ln|1-x^4|+C$;

(8) $-\frac{1}{2}\cos(x^2)+C$;(9) $\arctan e^x+C$;(10) $e^x+e^{-x}+C$;

(11) $\ln|\ln\ln x|+C$;(12) $\arcsin(\ln x)+C$;(13) $\frac{1}{2}\ln(x^2+2x+5)+C$;

(14) $\frac{1}{2}\ln(x^2-6x+13)+4\arctan\frac{x-3}{2}+C$;(15) $-\ln\left|\cos\sqrt{1+x^2}\right|+C$;

(16) $(\arctan\sqrt{x})^2+C$;(17) $-\frac{1}{x\ln x}+C$;(18) $\ln|\tan x|+C$;

(19) $\sin x-\frac{\sin^3 x}{3}+C$;(20) $\frac{3}{8}x+\frac{1}{4}\sin 2x+\frac{1}{32}\sin 4x+C$;

(21) $\frac{1}{3}\sec^3 x-\sec x+C$;(22) $\frac{1}{4}\sin 2x-\frac{1}{24}\sin 12x+C$;(23) $\frac{1}{2}(\ln\tan x)^2+C$;

(24) $\frac{2}{3}\ln|x-2|+\frac{1}{3}\ln|x+1|+C$;(25) $\frac{1}{3}\ln\left|\frac{x-2}{x+1}\right|+C$;

(26) $\ln|x-2|+\ln|x+5|+C$;(27) $\frac{1}{2}\arcsin\frac{2x}{3}+\frac{1}{4}\sqrt{9-4x^2}+C$;

(28) $\frac{1}{15}\arctan\frac{5x}{3}+C$;(29) $\frac{1}{\sqrt{2}}\arctan\left(\frac{\tan x}{\sqrt{2}}\right)+C$;(30) $\tan x-\sec x+C$;

(31) $\frac{2}{\sqrt{\cos x}}+C$;(32) $\frac{x}{2}\sqrt{1+x^2}-\frac{1}{2}\ln(x+\sqrt{1+x^2})+C$;

(33) $\sqrt{2x}-\ln(1+\sqrt{2x})+C$;(34) $x-2\sqrt{1+x}+2\ln(1+\sqrt{1+x})+C$;

(35) $\arccos\frac{1}{|x|}+C$;(36) $2\arcsin\frac{\sqrt{x}}{2}+C$;(37) $\frac{a^2}{2}\left(\arcsin\frac{x}{a}-\frac{x}{a^2}\sqrt{a^2-x^2}\right)+C$;

(38) $\frac{x}{\sqrt{1+x^2}}+C$;(39) $\arctan\left(\frac{x}{\sqrt{1+x^2}}\right)+C$;

(40) $\frac{1}{2}\left(\arcsin x+\ln\left|x+\sqrt{1-x^2}\right|\right)+C$;(41) $\frac{1}{2}\ln(x^2+2x+3)-\sqrt{2}\arctan\frac{x+1}{\sqrt{2}}+C$;

(42) $\frac{1}{2}\left(\frac{x+1}{x^2+1}+\ln(x^2+1)+\arctan x\right)+C$;

(43) $\frac{3x^2-1}{3x^3}-\arctan\frac{1}{x}+C$;(44) $\ln\frac{e^x}{e^x+1}+C$;(45) $e^{x+\frac{1}{x}}+C$;

(46) $\frac{1}{12}(\sqrt{2x+3})^3-\frac{1}{12}(\sqrt{2x-1})^3+C$;(47) $\ln\arcsin\frac{x}{2}+C$;

(48) $\frac{1}{15}(8-4x^2+3x^4)\sqrt{1+x^2}+C$;(49) $2\ln(\sqrt{1+e^x}-1)-x+C$;

(50) $6[\sqrt[6]{x}-\arctan\sqrt[6]{x}]+C$.

习题5.3

1. (1) $\frac{1}{3}x^3\arctan x-\frac{1}{6}x^2+\frac{1}{6}\ln(1+x^2)+C$; (2) $-\frac{1}{2}x^2+x\tan x+\ln|\cos x|+C$;

(3) $\frac{x^3}{6}+\frac{1}{2}x^2\sin x+x\cos x-\sin x+C$; (4) $\frac{1}{2}x^2\left(\ln^2x-\ln x+\frac{1}{2}\right)+C$;

(5) $-\frac{2}{17}e^{-2x}\left(\cos\frac{x}{2}+4\sin\frac{x}{2}\right)+C$;

(6) $x\ln(1+x^2)-2x+2\arctan x+C$; (7) $x^2\sin x+2x\cos x-2\sin x+C$;

(8) $-\frac{e^{-2t}}{2}\left(t+\frac{1}{2}\right)+C$; (9) $-\frac{1}{4}x\cos2x+\frac{1}{8}\sin2x+C$; (10) $-\frac{1}{x}(\ln|x|+1)+C$;

(11) $x(\arcsin x)^2+2\sqrt{1-x^2}\arcsin x-2x+C$;

(12) $\frac{x}{2}(\cos\ln x+\sin\ln x)+C$; (13) $\tan x\ln\sin x-x+C$;

(14) $-\frac{1}{2}\left(x^2-\frac{3}{2}\right)\cos2x+\frac{x}{2}\sin2x+C$;

(15) $-\frac{1}{2}\left(\frac{x}{\sin^2x}+\cot x\right)+C$; (16) $-\frac{1}{8}x\csc^2\frac{x}{2}-\frac{1}{4}\cot\frac{x}{2}+C$;

(17) $x\arctan x-\frac{1}{2}\ln(1+x^2)-\frac{1}{2}(\arctan x)^2+C$; (18) $e^{2x}\tan x+C$;

(19) $3e^{\sqrt[3]{x}}(\sqrt[3]{x^2}-2\sqrt[3]{x}+2)+C$; (20) $\frac{1}{2}e^x-\frac{1}{5}e^x\sin2x-\frac{1}{10}e^x\cos2x+C$.

2. $(x^2-6)\cos x-4x\sin x+C$.

习题5.4

1. $\frac{1}{3}x^3-\frac{3}{2}x^2+9x-27\ln|x+3|+C$; 2. $\ln|x-2|+\ln|x+5|+C$;

3. $\frac{1}{2}\ln(x^2-2x+5)+\arctan\frac{x-1}{2}+C$; 4. $\ln|x|-\frac{1}{2}\ln(x^2+1)+C$;

5. $\ln|x+1|-\frac{1}{2}\ln(x^2-x+1)+\sqrt{3}\arctan\frac{2x-1}{\sqrt{3}}+C$; 6. $\frac{1}{x+1}+\frac{1}{2}\ln|x^2-1|+C$;

7. $2\ln|x+2|-\frac{1}{2}\ln|x+1|-\frac{3}{2}\ln|x+3|+C$;

8. $\frac{1}{3}x^3+\frac{1}{2}x^2+x+8\ln|x|-4\ln|x+1|-3\ln|x-1|+C$;

9. $\ln|x|-\frac{1}{2}\ln|x+1|-\frac{1}{4}\ln(x^2+1)-\frac{1}{2}\arctan x+C$;

10. $\frac{1}{4}\ln\left|\frac{x-1}{x+1}\right|-\frac{1}{2}\arctan x+C$; 11. $\frac{2}{\sqrt{3}}\arctan\frac{2\tan\frac{x}{2}+1}{\sqrt{3}}+C$;

12. $\ln\left|1+\tan\frac{x}{2}\right|+C$;

13. $\frac{3}{2}\sqrt[3]{(1+x)^2}-3\sqrt[3]{x+1}+3\ln\left|1+\sqrt[3]{1+x}\right|+C$;

14. $\frac{1}{2}x^2-\frac{2}{3}\sqrt{x^3}+x-4\sqrt{x}+4\ln(\sqrt{x}+1)+C$;

15. $x-4\sqrt{x+1}+4\ln(\sqrt{x+1}+1)+C$;16. $2\sqrt{x}-4\sqrt[4]{x}+4\ln(\sqrt[4]{x}+1)+C$;

17. $-\ln\left|\sqrt[3]{\frac{x-1}{x+1}}-1\right|+\frac{1}{2}\ln\left(\sqrt[3]{\left(\frac{x-1}{x+1}\right)^2}+\sqrt[3]{\frac{x-1}{x+1}}+1\right)-\sqrt{3}\arctan\frac{2\sqrt[3]{\frac{x-1}{x+1}}+1}{\sqrt{3}}+C.$

习题5.5

1. $\frac{1}{2}\ln(2x+\sqrt{4x^2+9})+C$; 2. $\frac{x}{2}\sqrt{2x^2+9}+\frac{9\sqrt{2}}{4}\ln(\sqrt{2}x+\sqrt{2x^2+9})+C$;

3. $\left(\frac{x^2}{2}-1\right)\arcsin\frac{x}{2}+\frac{x}{4}\sqrt{4-x^2}+C$; 4. $-\frac{\sin 8x}{16}+\frac{\sin 2x}{4}+C$;

5. $x\ln^3x-3x\ln^2x+6x\ln x-6x+C$; 6. $\frac{x(x^2-1)\sqrt{x^2-2}}{4}-\frac{1}{2}\ln\left|x+\sqrt{x^2-2}\right|+C$;

7. $2\sqrt{x-1}-2\arctan\sqrt{x-1}+C$; 8. $\arcsin x+\sqrt{1-x^2}+C$;

9. $\frac{1}{12}x^3-\frac{25}{16}x+\frac{125}{32}\arctan\frac{2x}{5}+C$; 10. $-\frac{e^{-2x}}{13}(2\sin 3x+3\cos 3x)+C.$

复习题5

1. $\frac{1}{2(1-x)^2}-\frac{1}{1-x}+C$; 2. $\ln x(\ln\ln x-1)+C$; 3. $\frac{1}{2}\arctan\sin^2x+C$;

4. $\ln\left|\frac{\sqrt{1+x}-1}{\sqrt{1+x}+1}\right|+C$; 5. $\ln\frac{\sqrt{1+e^x}-1}{\sqrt{1+e^x}+1}+C$; 6. $\frac{1}{3a^4}\left[\frac{3x}{\sqrt{a^2-x^2}}+\frac{x^3}{\sqrt{(a^2-x^2)^3}}\right]+C$;

7. $x\ln(1+x^2)-2x+2\arctan x+C$; 8. $(x+1)\arctan\sqrt{x}-\sqrt{x}+C$;

9. $\frac{1}{4}(\arcsin x)^2+\frac{x}{2}\sqrt{1-x^2}\arcsin x-\frac{x^2}{4}+C$; 10. $\sqrt{2}\ln\left(\left|\csc\frac{x}{2}\right|-\left|\cot\frac{x}{2}\right|\right)+C$;

11. $x\tan\frac{x}{2}+C$; 12. $-\ln|\csc x+1|+C$; 13. $\frac{xe^x}{e^x+1}-\ln(e^x+1)+C$;

14. $\frac{x\ln x}{\sqrt{1+x^2}}-\ln\left(x+\sqrt{1+x^2}\right)+C$; 15. $-\frac{1}{3}\sqrt{1-x^2}(x^2+2)\arccos x-\frac{1}{9}x(x^2+6)+C$;

16. $\frac{1}{32}\ln\left|\frac{2+x}{2-x}\right|+\frac{1}{16}\arctan\frac{x}{2}+C$; 17. $\ln|\tan x|-\frac{1}{2\sin^2x}+C$;

18. $(4-2x)\cos\sqrt{x}+4\sqrt{x}\sin\sqrt{x}+C$; 19. $\frac{1}{4}\ln|x|-\frac{1}{24}\ln(x^6+4)+C$;

20. $\frac{1}{a^2+b^2}e^{ax}(a\cos bx+b\sin bx)+C$; 21. $\frac{x^4}{8(1+x^8)}+\frac{1}{8}\arctan x^4+C$;

22. $\frac{x^4}{4}+\ln\frac{\sqrt[4]{x^4+1}}{x^4+2}+C$; 23. $-\frac{3}{2}\sqrt[3]{\frac{x+1}{x-1}}+C$;

24. $\frac{\sqrt{x^2-1}}{x}-\arcsin\frac{1}{x}+C$;

25. $e^x\tan\frac{x}{2}+C$; 26. $\frac{2}{9}(3x+1)^{\frac{3}{2}}-\frac{1}{3}(2x+1)^{\frac{3}{2}}+C.$

第6章

习题6.1

1. (1)$\frac{b^2-a^2}{2}$;(2)$e-1$.

2. 略

3. (1) $\pi \leqslant \int_0^{\pi}(1+\sin x)\mathrm{d}x \leqslant 2\pi$;(2) $-2e^2 \leqslant \int_2^0 e^{x^2-x}\mathrm{d}x \leqslant -2e^{-\frac{1}{4}}$.

4. $a=0, b=1$.

5. $\frac{1}{\pi}\int_0^{\pi}\sin x\mathrm{d}x$.

6. 88.2(KN).

习题6.2

1. (1) $\sqrt{1+x^2}$;(2) $-\frac{\sin x}{1+x^2}$;(3) $-2x^3\cos x^4$;(4)$2xe^{x^2}-e^{\sin x}\cos x$.

2. (1)$\frac{1}{2}$;(2)$\frac{1}{2}$;(3)$\frac{1}{2}$;(4)2.

3. (1) $-\frac{2}{3}$;(2)$\frac{33}{8}$;(3)$\frac{8-2\sqrt{2}}{5}$;(4)$\frac{\pi}{12}$;(5)$\frac{2}{3}\pi$;(6)$\ln(e-2)-1$;(7)$\frac{\pi}{2}-\frac{1}{3}$;

   (8)$1-\frac{\pi}{4}$;(9)$\frac{1}{2}$;(10)$\frac{\pi}{6}-\frac{\sqrt{3}}{4}$;(11)200;(12)$\frac{40}{3}$.

4. 1(提示:利用导数定义).

5. 略.(提示:先求$f'(x)$,再验证$f(0)>0$)

6. $f(x)-f(0)$.

7. 略.

8. $-\frac{1}{2t^2\ln t}$.

9. $\frac{11}{2}$.

习题6.3

1. (1)$\frac{81}{4}$;(2)$\frac{1}{2}$;(3)2;(4)$1-2\ln 2$;(5)$\frac{1}{2}(1-e^{-1})$;(6)$\frac{1}{3}$;(7) $-\ln(\sqrt{6}-\sqrt{3})$;(8)$\frac{\pi}{16}$;

   (9)$\sqrt{3}-\frac{\pi}{3}$;(10)$2(\sqrt{3}-1)$;(11)$\frac{\pi}{2}$;(12)$\frac{1}{2}(\ln 3-\ln 2)$;(13)$\frac{\pi^3}{324}$;(14)$2\sqrt{2}$;(15)0;

   (16)$4-\pi$.

2. (1)$\frac{\pi}{2}-1$;(2)$\frac{\pi}{4}-\frac{1}{2}\ln 2$;(3)$2-5e^{-1}$;(4)$\frac{1}{4}(1+e^2)$;(5)$\frac{\pi}{4}-\frac{1}{2}$;(6)$\frac{1}{5}(e^{\pi}-2)$;

   (7)$\frac{\pi^2}{4}$;(8)$\frac{1}{2}(e\sin 1-e\cos 1+1)$;(9)$2e^2$;(10)$2\left(1-\frac{1}{e}\right)$.

3. 略.　4. 略.　5. $\frac{\pi^2}{4}$.　6. $\ln(1+e^{-1})$.

习题6.4

1. (1) $\frac{1}{8}$; (2) 发散; (3) $\frac{1}{2}\ln 2$; (4) π; (5) 1; (6) 2; (7) 发散; (8) $\frac{2}{5}$; (9) $\frac{8}{3}$; (10) $\frac{\pi}{2}$.

2. $\int_{-\infty}^{x} f(t)\,dt = \begin{cases} 0, & -\infty < x \leqslant 0 \\ \frac{1}{4}x^2, & 0 < x \leqslant 2 \\ x-1, & 2 < x \end{cases}$.

习题6.5

1. (1) $\frac{3}{2}-\ln 2$; (2) $57\frac{1}{6}$; (3) 18; (4) $\pi^2\left(\frac{1}{3}+\frac{\pi}{2}\right)$.

2. $\frac{9}{4}$.　3. $3\pi a^2$.　4. $a=-2$.

5. (1) $\frac{\pi}{5}$, $\frac{\pi}{2}$; (2) $\frac{48}{5}\pi$, $\frac{24}{5}\pi$; (3) $160\pi^2$; (4) $\frac{\pi^2}{2}$; (5) $\frac{4}{3}\pi$, $\frac{1}{3}\pi$.

6. (1) $\frac{1}{12}$; (2) $\frac{\pi}{30}$.　7. (1) $\frac{1}{4}+\frac{\pi}{12}-\frac{\sqrt{3}}{4}$; (2) $2+\frac{\pi}{4}$.　8. $3\pi a^2$.

9. $\frac{e}{2}$.　10. $2\pi^2a^2b$.　11. $\frac{1}{2}\pi R^2h$.　12. $\frac{8\sqrt{3}}{9}R^3$.　13. 略.　14. $5\pi^2a^3$; $6\pi^3a^3$.

习题6.6

1. (1) $C(x)=0.2x^2+2x+20$, $L(x)=-0.2x^2+16x-20$;
(2) 生产40吨时，最大利润为300万元.

2. (1) $C(x)=\frac{1}{2}x^2+2x+22$, $R(x)=20x-2x^2$; (2) $x=6$ 台.

复习题6

1. (1) 1; (2) $-\frac{1}{2}$; (3) $I_1<I_2$; (4) 2; (5) 0; (6) $\frac{\pi}{4}$.

2. (1) B; (2) A; (3) C; (4) C; (5) C; (6) B.

3. (1) e^2; (2) -1.

4. (1) $\frac{\pi}{4}$; (2) $\cos 1-\frac{\sqrt{2}}{2}$; (3) $\frac{\pi}{4e}$; (4) 4π; (5) $\frac{\pi}{4}$; (6) $\ln(2+\sqrt{3})-\frac{\sqrt{3}}{2}$;
(7) $-\frac{\pi}{4}\ln 2$; (8) $\frac{2}{3}+2\ln 2$; (9) $\frac{3}{2}\ln\frac{3}{2}+\ln\frac{1}{2}$.

5. $\frac{\pi}{2}$.

6. $f'(x)=\sin x^2$. (提示：令 $u=x-t$, $\int_0^x \sin(x-t)^2\,dt=-\int_x^0 \sin u^2\,du=\int_0^x \sin u^2\,du$)

7. 略.　8. $-\frac{1}{6}(e-2)$.　9. (1) $\frac{\pi}{\sqrt{5}}$; (2) $\frac{\pi}{2}-\arcsin\frac{3}{4}$.

10. (1) $1+\frac{\sqrt{2}}{2}$; (2) $\frac{1}{6}$; (3) $e+\frac{1}{e}-2$; (4) $b-a$; (5) 18; (6) $\frac{32}{3}$.

11. $4\frac{2}{3}$.　12. $\frac{32}{3}$.　13. $\frac{16}{3}$.

14. $t=1$ 最大,$t=\frac{8}{15}$最小.

15. $\frac{8}{3}$.　16. (1)$\frac{128\pi}{7}$;(2)2π.

17. (1)$\frac{\pi}{2}$;(2)$\frac{2\pi}{5}$;(3)$\frac{\pi}{4}$.　18. $\frac{2}{3}a^3$.

19. $103125\rho g\pi$(J).　20. 0.0009(kJ).

21. $\frac{1}{2}\rho gab(2h+b\sin\theta)$.

22. 64π.

第7章

习题7.1

1. (A)Ⅳ,(B)Ⅷ,(C)Ⅶ,(D)Ⅲ.

2. x 轴:$\sqrt{41}$;y 轴:$\sqrt{34}$;z 轴:5.

3. (1)平面解析几何:直线,空间解析几何:平面;(2)平面解析几何:直线,空间解析几何:平面;(3)平面解析几何:圆周,空间解析几何:圆柱面(4)平面解析几何:双曲线,空间解析几何:双曲柱面.

4. (1)平面曲线$\frac{x^2}{4}+\frac{y^2}{9}=1$绕 x 轴旋转一周;(2)平面曲线 $x^2-\frac{y^2}{9}=1$ 绕 y 轴旋转一周.

5. 略.

习题7.2

1. (1)开集,无界集,导集为 R^2,边界为$\{(x,y)\mid x=0 \text{ 或 } y=0\}$;
(2)既非开集,又非闭集,是有界集,导数集为$\{(x,y)\mid 1\leqslant x^2+y^2\leqslant 4\}$,
边界为$\{(x,y)\mid x^2+y^2=1\}\cup\{(x,y)\mid x^2+y^2=4\}$;
(3)开集,区域,无界集,导集为$\{(x,y)\mid y^2\geqslant x^2\}$,边界为$\{(x,y)\mid y^2=x^2\}$;
(4)闭集,有界集,导集与集合本身相同,边界为,
$\{(x,y)\mid x^2+(y-1)^2=1\}\cup\{(x,y)\mid x^2+(y-2)^2=4\}$.

2. (1)$\{(x,y)\mid y^2-2x+1>0\}$;(2)$\{(x,y)\mid x+y>0,x-y>0\}$;
(3)$\{(x,y)\mid x^2+y^2\leqslant 4\}$;(4)$\{(x,y)\mid x^2\geqslant y\geqslant 0,x\geqslant 0\}$;
(5)$\{(x,y)\mid r^2<x^2+y^2\leqslant R^2\}$;(6)$\{(x,y)\mid -4\leqslant x\leqslant 4,\ -2\leqslant x\leqslant 2\}$.

3. $f(2,1)=0,f(3,-1)=\frac{5}{7}$.

4. $f(1,\frac{y}{x})=\frac{2xy}{x^2+y^2}$.

5. 略.

6. 略.

7. (1)0;(2)1;(3)2;(4)e^k

8. 略.　9 略.　10. 略.

习题7.3

1. (1)$\frac{\partial z}{\partial x}=2x+3y,\frac{\partial z}{\partial y}=3x+2y$;(2)$z_x=y+\frac{1}{y},z_y=x-\frac{x}{y^2}$;

(3) $z_x=2x\ln(x^2+y^2)+\dfrac{2x^3}{x^2+y^2}, z_y=\dfrac{2x^2y}{x^2+y^2}$; (4) $\dfrac{\partial z}{\partial x}=yx^{y-1}, \dfrac{\partial z}{\partial y}=x^y\ln x$;

(5) $z_x=y^2(1+xy)^{y-1}, z_y=(1+xy)^y\left[\ln(1+xy)+\dfrac{xy}{1+xy}\right]$;

(6) $z_x=2x\sin(2y), z_y=2x^2\cos(2y)$; (7) $\dfrac{\partial z}{\partial x}=-\dfrac{y}{x^2+y^2}, \dfrac{\partial z}{\partial y}=\dfrac{x}{x^2+y^2}$;

(8) $\dfrac{\partial z}{\partial x}=\dfrac{1}{y}-\dfrac{y}{x^2}, \dfrac{\partial z}{\partial y}=\dfrac{1}{x}-\dfrac{x}{y^2}$.

2. $f_x(2,3)=36$.

3. $f_x(x,1)=\dfrac{\mathrm{d}f(x,1)}{\mathrm{d}x}=1$

4. 略.

5. 略.

6. $\dfrac{\pi}{4}$.

7. (1) $\dfrac{\partial^2 z}{\partial x^2}=6xy+6y^2, \dfrac{\partial^2 z}{\partial x\partial y}=3x^2+12xy-3y^2$,

$\dfrac{\partial^2 z}{\partial y\partial x}=3x^2+12xy-3y^2, \dfrac{\partial^2 z}{\partial y^2}=6x^2-6xy$;

(2) $z_{xx}=(2-y)\cos(x+y)-x\sin(x+y), z_{yy}=-(2+x)\sin(x+y)-y\cos(x+y)$,

$z_{xy}=(1-y)\cos(x+y)-(1+x)\sin(x+y)=z_{yx}$;

(3) $z_{xx}=2a^2\cos2(ax+by), z_{xy}=2ab\cos2(ax+by), z_{yy}=2b^2\cos2(ax+by)$;

(4) $z_{xx}=y^x\ln^2 y, z_{xy}=y^{x-1}(1+x\ln y), z_{yy}=x(x-1)y^{x-2}$.

8. 略.

习题 7.4

1. (1) $\left(y+\dfrac{1}{y}\right)\mathrm{d}x+x\left(1-\dfrac{1}{y^2}\right)\mathrm{d}y$; (2) $2x\cos(x^2+y)\mathrm{d}x+\cos(x^2+y)\mathrm{d}y$;

(3) $-\dfrac{x}{(x^2+y^2)^{\frac{3}{2}}}(y\mathrm{d}x-x\mathrm{d}y)$; (4) $yzx^{yz-1}\mathrm{d}x+zx^{yz}\ln x\mathrm{d}y+yx^{yz}\ln x\mathrm{d}z$;

(5) $\mathrm{d}z=-\tan(x-2y)\mathrm{d}x+2\tan(x-2y)\mathrm{d}y$;

(6) $\mathrm{d}z=-\dfrac{x}{(x^2+y^2)^{\frac{3}{2}}}(y\mathrm{d}x-x\mathrm{d}y)$.

2. $\dfrac{1}{3}\mathrm{d}x+\dfrac{2}{3}\mathrm{d}y$.

3. $\Delta z=-0.019, \mathrm{d}z=-0.125$.

4. $\mathrm{d}f|_{(1,1,1)}=\mathrm{d}x-\mathrm{d}y$.

5. 略.

习题 7.5

1. $\dfrac{\mathrm{d}z}{\mathrm{d}t}=2\sin(2t)$.

2. $\dfrac{\mathrm{d}z}{\mathrm{d}t}=\dfrac{3(1-4t^2)}{\sqrt{1-(3t-4t^3)^2}}$.

3. $\frac{dz}{dt}=e^{\sin t-2t^3}(\cos t-3t^2)$.

4. $\frac{\partial z}{\partial x}=e^{xy}[y\sin(x+y)+\cos(x+y)],\frac{\partial z}{\partial y}=e^{xy}[x\sin(x+y)+\cos(x+y)]$.

5. $z_x=\frac{xv-yu}{x^2+y^2}e^{uv},z_y=\frac{xu-yv}{x^2+y^2}e^{uv}$.

6. $z_x=\frac{2y^2}{x^3}[\frac{x^2}{x^2+y^2}-\ln(x^2+y^2)],z_y=\frac{2y}{x^2}[\frac{y^2}{x^2+y^2}+\ln(x^2+y^2)]$.

7. $\frac{dz}{dx}=\frac{e^x(1+x)}{1+x^2e^{2x}}$.

8. $\frac{dz}{dy}=e^{xy^2}(2y^2\sin y\cos y+2xy)$.

9. 略.

10. (1) $\frac{\partial u}{\partial x}=2xyf'_1-\frac{y}{x^2}f'_2,\frac{\partial u}{\partial y}=x^2f'_1-\frac{1}{x}f'_2$;

(2) $\frac{\partial z}{\partial x}=2xf'_1-ye^{xy}f'_2,\frac{\partial z}{\partial y}=2yf'_1-xe^{xy}f'_2$;

(3) $\frac{\partial z}{\partial x}=\cos(f(x,y))f'_1,\frac{\partial z}{\partial y}=\cos(f(x,y))f'_2$;

(4) $z_x=f'(y-\frac{y}{x^2}),z_y=f'(x-\frac{1}{x})$.

11. $1,a+ab+ab^2+b^3$.

12. (1) $z_{xx}=y^2f''_{11},z_{xy}=f'_1+y(xf''_{11}+f''_{12}),z_{yy}=x^2f''_{11}+2xf''_{12}+f''_{22}$;

(2) $z_{xx}=2f-\frac{2y}{x}f'+\frac{y^2}{x^2}f'',z_{xy}=f'-\frac{y}{x}f'',z_{yy}=f''$;

(3) $\frac{\partial^2 z}{\partial x^2}=f''_{uu}e^{2y}+(f''_{ux}+f''_{xu})e^y+f''_{xx}$,

$\frac{\partial^2 z}{\partial x\partial y}=xe^{2y}f''_{uu}+e^yf''_{yu}+xe^yf''_{xu}+f''_{xy}+e^yf'_u$,

$\frac{\partial^2 z}{\partial y^2}=f''_{uu}x^2e^{2y}+(f''_{uy}f'_u+f''_{yu})xe^y+f''_{yy}$.

13. 略.

14. 略.

15. 略.

习题 7.6

1. $\frac{x+y}{x-y}$.　2. $-\frac{y}{x}$.　3. $\frac{\partial z}{\partial x}=\frac{z}{x+z},\frac{\partial z}{\partial y}=\frac{z^2}{y(x+z)}$.

4. $\frac{\partial z}{\partial x}=-\frac{2x}{6z+y},\frac{\partial z}{\partial y}=\frac{4y+z+1}{6z+y}$.

5. $dz=\frac{z}{z-1}(\frac{1}{x}dx+\frac{1}{y}dy),\frac{\partial^2 z}{\partial x^2}=\frac{2y^2ze^z-2xy^3z-y^2z^2e^x}{(e^z-xy)^3}$.

6. 略.　7. 略.　8. 略.　9. 略.

习题 7.7

1. 极大值:$f(2,0)=1$. 2. 极大值:$f(0,0)=4$. 3. 极大值:$f(3,2)=36$.

4. 极小值:$f(\frac{1}{2},-1)=-\frac{e}{2}$,极大值:$z(\frac{1}{2},\frac{1}{2})=\frac{1}{4}$.

5. 极小值:$z=(2,2)=4$. 6. 极小值:$z=(5,3)=28$.

7. 最大值:$z(0,3)=z(3,0)=6$,最小值:$z(1,1)=-1$.

8. 当长、宽、高都是$\frac{2a}{\sqrt{3}}$时,可得到最大的体积.

9. $(1,2)$.

10. 长、宽为 2 m,高为 3 m.

11. 最长距离:$\sqrt{9+5+\sqrt{3}}$,最短距离:$\sqrt{9-5\sqrt{3}}$.

习题 7.8

1. $\frac{\sqrt{2}}{2}$.

2. 0.

3. $3i-2j-6k,6i+3j$.

4. 沿方向 $\mathbf{grad}u=\{2,-4,1\}$ 的方向导数最大,最大值 $\sqrt{21}$.

5. $\frac{1}{ab}\sqrt{2(a^2+b^2)}$,$\mathbf{grad}u(1,1,2)=5i+2j+12k$;在点$(-\frac{3}{2},\frac{1}{2},0)$处梯度为 0.

6. $x_0+y_0+z_0$.

7. $\mathbf{grad}f(0,0,0)=3i-2j-6k$,$\mathbf{grad}f(1,1,1)=6i+3j$.

8. 略.

9. 增加最快的方向为 $n=\frac{1}{\sqrt{21}}(2i-4j+k)$,方向导数为 $\sqrt{21}$;

   减少最快的方向为 $-n=\frac{1}{\sqrt{21}}(-2i+4j-k)$,方向导数为 $-\sqrt{21}$.

10. 沿$\nabla f(1,1,0)=2i-2j-k$ 的方向增加最快,变化率为$|\nabla f(1,1,0)|=3$;

    沿 $-\nabla f(1,1,0)=-2i+2j+k$ 的方向减少最快,变化率为 $-|\nabla f(1,1,0)|=-3$.

习题 7.9

1. $f(x,y)=5+2(x-1)^2-(x-1)(y+2)-(y+2)^2$.

2. $e^x\ln(1+y)=y+\frac{1}{2!}(2xy-y^2)+\frac{1}{3!}(3x^2y-3xy^2+2y^3)+R_3$

   其中 $R_3=\frac{e^{\theta x}}{24}[x^4\ln(1+\theta y)+\frac{4x^3y}{1+\theta y}+\frac{6x^2y^2}{(1+\theta y)^2}+\frac{8xy^3}{(1+\theta y)^3}++\frac{6y^4}{(1+\theta y)^4}]$,$(0<\theta<1)$.

3. $x^y=1+(x-1)+(x-1)(y-1)+\frac{1}{2}(x-1)^2(y-1)+R_3$,$1.1^{1.02}\approx1.1021$.

复习题 7

1. (1)充分,必要;(2)必要,充分;(3)充分;(4)充分.

2. 定义域为$\{(x,y)\mid x^2+y^2<1,y^2\leqslant4x\}$;$\frac{\sqrt{2}}{\ln\frac{3}{4}}$.

3. 略.

4. $f_x(x,y)=\begin{cases}\dfrac{y^2(y^2-x^2)}{(x^2+y^2)}, & (x,y)\neq(0,0)\\ 0, & (x,y)=(0,0)\end{cases}$

$f_y(x,y)=\begin{cases}\dfrac{2xy^3}{(x^2+y^2)}, & (x,y)\neq(0,0)\\ 0, & (x,y)=(0,0)\end{cases}$

5. (1) $\dfrac{\partial z}{\partial x}=yx^{y-1},\dfrac{\partial z}{\partial y}=x^y\ln x,\dfrac{\partial^2 z}{\partial x^2}=y(y-1)x^{y-2},\dfrac{\partial^2 z}{\partial x\partial y}=x^{y-1}(1+y\ln x),\dfrac{\partial^2 z}{\partial y^2}=x^y\,(\ln x)^2.$

(2) $\dfrac{\partial z}{\partial x}=\dfrac{1}{x+y^2},\dfrac{\partial z}{\partial y}=\dfrac{2y}{x+y^2},\dfrac{\partial^2 z}{\partial x^2}=-\dfrac{1}{(x+y^2)^2},\dfrac{\partial^2 z}{\partial x\partial y}=-\dfrac{2y}{(x+y^2)^2},\dfrac{\partial^2 z}{\partial y^2}=\dfrac{2(x-y^2)}{(x+y^2)^2}.$

6. $\Delta z=0.0283,\mathrm{d}z=0.0278.$

7. 略.

8. $\dfrac{\mathrm{d}u}{\mathrm{d}t}=yx^{y-1}\varphi'(t)+x^y\ln x\varphi'(t).$

9. $\dfrac{\partial z}{\partial u}=3u^2\sin v\cos v(\cos v-\sin v)$;

$\dfrac{\partial z}{\partial v}=-2u^3\sin v\cos v(\cos v+\sin v)+u^3(\cos^3 v+\sin^3 v).$

10. $\dfrac{\partial z}{\partial x}=\mathrm{e}^{-u}(v\cos v-u\sin v),\dfrac{\partial z}{\partial y}=\mathrm{e}^{-u}(u\cos v+v\sin v).$

11. $\dfrac{\partial u}{\partial x}=\dfrac{1}{y}f'_1,\dfrac{\partial u}{\partial y}=-\dfrac{x}{y^2}f'_1+\dfrac{1}{z}f'_2,\dfrac{\partial u}{\partial z}=-\dfrac{y}{z^2}f'_2.$

12. 略.

13. $\dfrac{\partial^2 z}{\partial x^2}=2f'+4x^2f'',\dfrac{\partial^2 z}{\partial x\partial y}=4xyf'',\dfrac{\partial^2 z}{\partial y^2}=2f'+4y^2f''.$

14. $\dfrac{\partial z}{\partial x}=\dfrac{yz-\sqrt{xyz}}{\sqrt{xyz}-xy},\dfrac{\partial z}{\partial y}=\dfrac{xz-2\sqrt{xyz}}{\sqrt{xyz}-xy}.$

15. 切线方程:$\dfrac{x-\frac{\pi}{2}}{2}=\dfrac{y-3}{-2}=\dfrac{z-1}{3}$,法平面方程:$2x-2y+3z-\pi+3=0.$

16. 切平面方程:$x+y-2z=0$,法线方程:$\dfrac{x-1}{1}=\dfrac{y-1}{1}=\dfrac{z-1}{-2}.$

17. 切平面方程:$x-y+2z=\pm\sqrt{\dfrac{11}{2}}.$

18. 切平面方程:$x+2z=7$ 及 $x+4y+6z=21.$

19. $a=4,b=-8,c=2.$

20. 极小值 $\delta(-1,1)=1.$

21. $(\dfrac{4}{5},\dfrac{3}{5},\dfrac{35}{12}).$

22. $(\dfrac{1}{2},\dfrac{1}{2},\sqrt{2}).$

23. 当 $p_1=80$, $p_2=120$ 时,总利润最大,最大利润为605.

第8章

习题 8.1

1. $I=4I_1$.

2. (1) $\iint\limits_D (x+y)^3 \mathrm{d}\sigma \leqslant \iint\limits_D (x+y)^2 \mathrm{d}\sigma$; (2) $\iint\limits_D \ln(x+y) \mathrm{d}\sigma \leqslant \iint\limits_D [\ln(x+y)]^2 \mathrm{d}\sigma$.

3. (1) $0 \leqslant I \leqslant \pi^2$;

   (2) $20\pi \leqslant I \leqslant 68\pi$;

   (3) $\frac{2}{5} \leqslant I \leqslant \frac{1}{2}$.

习题 8.2

1. (1) $\frac{2}{3}$; (2) $\mathrm{e}-\mathrm{e}^{-1}$; (3) $-\frac{3\pi}{2}$; (4) $\frac{9}{4}$.

2. (1) $\int_0^4 \mathrm{d}y \int_{\frac{1}{4}y^3}^{y} f(x,y)\mathrm{d}x$; (2) $\int_0^{\frac{1}{2}} \mathrm{d}y \int_0^{y} f(x,y)\mathrm{d}x + \int_{\frac{1}{2}}^{1} \mathrm{d}y \int_0^{1-y} f(x,y)\mathrm{d}x$;

   (3) $\int_1^{\mathrm{e}} \mathrm{d}x \int_0^{\ln x} f(x,y)\mathrm{d}y$; (4) $\int_0^2 \mathrm{d}x \int_{\frac{x}{2}}^{3-x} f(x,y)\mathrm{d}y$.

3. $\frac{19}{6}$.

4. $\frac{7}{2}$.

5. (1) $\int_{-\frac{\pi}{2}}^{\frac{\pi}{2}} \mathrm{d}\theta \int_0^{2\cos\theta} f(\rho\cos\theta,\rho\sin\theta)\rho \mathrm{d}\rho$; (2) $\int_0^{2\pi} \mathrm{d}\theta \int_a^b f(\rho\cos\theta,\rho\sin\theta)\rho \mathrm{d}\rho$.

6. (1) $\frac{3}{4}\pi a^4$; (2) $\frac{3}{64}\pi^2$; (3) $\frac{\pi}{4}(2\ln 2-1)$; (4) $2\pi(\sin 1-\cos 1)$.

7. $\frac{8}{3}a^3\left(\frac{\pi}{2}-\frac{2}{3}\right)$.

8. (1) $\frac{8}{3}$; (2) $\frac{2}{3}$.

9. (1) $\frac{11}{5}$; (2) -4; (3) π; (4) $\frac{\pi}{2}(\pi-2)$; (5) $\frac{41\pi}{2}$.

10. $\frac{560}{3}$.

11. 略.　12. 略.

13. $2\ln 2-1$.

复习题 8

1. (1) $\frac{3}{2}+\cos 1+\sin 1-\cos 2-2\sin 2$; (2) $a-\frac{1}{2}\sin(2a)$; (3) $\ln 25-\ln 24$; (4) $\frac{\pi}{8}(\mathrm{e}^4-1)$;

   (5) 40π; (6) 2π.

2. (1) $\int_0^1 \mathrm{d}y \int_0^{2y} f(x,y)\mathrm{d}x + \int_1^3 \mathrm{d}y \int_0^{3-y} f(x,y)\mathrm{d}x$; (2) $\int_0^1 \mathrm{d}x \int_{\sqrt{x}}^{1+\sqrt{1-x^2}} f(x,y)\mathrm{d}y$.

3. $\frac{4}{3}$.

4. $\frac{5}{12}\pi R^3$.

5. $\frac{\pi}{4}(\frac{1}{a^2}+\frac{1}{b^2})$.

6. $\frac{\pi}{6}$.

7. 32.

第9章

习题9.1

1. (1) $\frac{1}{1+1^2}+\frac{2}{1+2^2}+\frac{3}{1+3^2}+\cdots$; (2) $\frac{1!}{1^1}+\frac{2!}{2^2}+\frac{3!}{3^3}+\cdots$; (3) $\frac{\sin x}{1+1}+\frac{\sin 2x}{1+2}+\frac{\sin 3x}{1+3}+\cdots$.

2. (1) $\frac{1}{2n-1}$; (2) $\frac{x^n}{1\cdot 3\cdot 5\cdot \cdots \cdot(2n-1)}$; (3) $(-1)^{n-1}\frac{3^n}{n!}$.

3. (1)收敛;(2)发散;(3)发散;(4)收敛;(5)发散;(6)发散.

习题9.2

1. (1)收敛;(2)发散;(3)收敛;(4)发散;(5)收敛;(6)发散;(7)收敛;(8) $a>1$ 时收敛, $a\leqslant 1$ 时发散.

2. (1)发散;(2)收敛;(3)收敛;(4)收敛;(5)收敛;(6)收敛;(7)收敛;(8)收敛;(9)收敛;(10)收敛.

3. (1)绝对收敛;(2)绝对收敛;(3)绝对收敛;(4)绝对收敛;(5)绝对收敛;(6)条件收敛.

习题9.3

1. (1) $(-\infty,+\infty)$; (2) $[-\frac{1}{5},\frac{1}{5}]$; (3) $\{0\}$; (4) $[-\frac{1}{2},\frac{1}{2})$; (5) $[-3,3)$;

   (6) $(-\sqrt{2},\sqrt{2})$; (7) $[-1,1]$; (8) $(1,5)$.

2. (1) $\frac{2x-x^2}{(1-x)^2}(-1<x<1)$; (2) $-x+\frac{1}{2}\ln(\frac{1+x}{1-x})(-1<x<1)$;

   (3) $-x\ln(1-x)+x+\ln(1-x)(-1\leqslant x<1)$.

习题9.4

1. (1) $\ln 2+\sum_{n=1}^{\infty}\frac{(-1)^{n-1}}{n\cdot 2^n}x^n(-2<x\leqslant 2)$; (2) $\sum_{n=0}^{\infty}\frac{(\ln a)^n}{n!}x^{2n}(-\infty<x<+\infty)$;

   (3) $\frac{3}{2}+\sum_{n=1}^{\infty}\frac{(-1)^n}{2\cdot(2n)!}x^{2n}(-\infty<x<+\infty)$; (4) $\sum_{n=1}^{\infty}\frac{(-1)^{n-1}}{3^n}x^n(-3<x<3)$.

2. $\frac{\ln 2}{\ln 10}+\sum_{n=1}^{\infty}\frac{(-1)^{n-1}}{\ln 10\cdot n\cdot 2^n}(x-2)^n(0<x\leqslant 4)$.

3. $\frac{\sqrt{2}}{2}[1+(x-\frac{\pi}{4})-\frac{(x-\frac{\pi}{4})^2}{2!}-\frac{(x-\frac{\pi}{4})^3}{3!}+\cdots](-\infty<x<+\infty)$.

4. $\sum_{n=0}^{\infty}(1-\frac{1}{2^{n+1}})(x+3)^n(-4<x<-2)$.

习题9.5

1. (1)1.648;(2)2.00430.

2. 0.9461.　3. $\frac{\pi}{4}$.　4. $\ln\frac{3}{2}$.

复习题9

1. (1)必要,充分;(2)收敛,发散;(3)$p>1$,$p\leqslant 1$;(4)$|q|<1$,$|q|\geqslant 1$.

2. (1)发散;(2)收敛;(3)收敛;(4)发散;(5)$a>1$ 时发散,$a<1$ 时收敛,$a=1$ 时,$s>1$ 收敛,$s\leqslant 1$ 发散.

3. 不一定,如级数 $\sum_{n=1}^{\infty}\frac{(-1)^n}{\sqrt{n}}$ 与 $\sum_{n=1}^{\infty}[\frac{(-1)^n}{\sqrt{n}}+\frac{1}{n}]$.

4. (1)条件收敛;(2)绝对收敛;(3)条件收敛;(4)绝对收敛.

5. $[-\frac{1}{5},\frac{1}{5})$;(2)$(-\sqrt{2},\sqrt{2})$;(3)$[1,3]$;(4)$[-1,1)$.

6. (1)$\frac{x}{(1-x^2)^2}(-1<x<1)$;(2)$\frac{x-1}{(2-x)^2}(0<x<2)$;(3)$-\ln(1+x)(-1<x\leqslant 1)$;

(4)$\frac{x}{(1-x)^2}-\ln(1-x)(-1<x<1)$.

7. (1)$\sum_{n=0}^{\infty}(-1-\frac{1}{2^{n+1}})\frac{x^{n+1}}{n+1}(-1\leqslant x<1)$;(2)$\sum_{n=1}^{\infty}\frac{n}{2^{n+1}}x^{n-1}(-2<x<2)$.

8. (1)2e;(2)$\frac{1}{2}(\cos 1+\sin 1)$.

第10章

习题10.1

1. (1)二阶;(2)一阶;(3)三阶;(4)三阶.

2. (1)是;(2)是;(3)不是.

3. $y=3e^{x^3}$.

4. 略.

5. (1)$y'=x^2$;(2)$yy'+2x=0$.

习题10.2

1. (1)$y=Ce^{2x^2}$;(2)$\tan x\tan y=C$;(3)$y=\frac{C}{\sqrt{x^2+1}}$;(4)$\arctan y=\frac{1}{2}(1+x)^2+C$;

(5)$(e^x+1)(e^y-1)=C$;(6)$3x^4+4(y+1)^3=C$;(7)$e^y\cos x=1+C\cdot\cos x$;(8)$y=e^{Cx}$;

(9)$\ln y^2+y^2=e^x+C$;(10)$(x-4)y^4=Cx$.

2. (1)$y^2+\sin y=x^3+\pi^2$;(2)$e^{-y}=-\frac{1}{2}(2+x)^2+3$;(3)$\ln y=e^{-\cot x}$;(4)$y=\frac{1}{x}$.

3. $xy=6$.　4. $f(x)=\frac{1}{|x|}$.

5. 取 O 为原点,河岸朝顺水方向为 x 轴,y 轴指向对岸,则所求航线方程为 $x=\frac{k}{a}(\frac{h}{2}y^2-$

$\frac{1}{3}y^3$).

习题 10.3

1. (1) $\arctan\frac{y}{x}+\ln\sqrt{x^2+y^2}=C$; (2) $y=xe^{Cx+1}$; (3) $x^2=y^2(\ln|x|+C)$;

(4) $y=x(\ln|x|+C)^2$; (5) $x+2ye^{\frac{x}{y}}=C$; (6) $x^2-2xy-y^2=C$.

2. (1) $y-2x+x^2y=0$; (2) $x^2-y^2+y^3=C$; (3) $e^{-\frac{y}{x}}=-\ln|x|+1$.

3. (1) $xy=e^{Cx}$; (2) $y+x=\tan(x+C)$; (3) $x^2+y^2-2xy+4y+10x=C$;

(4) $x^2-y^2-2xy+6y+2x=C$.

4. $y=x(1-4\ln x)$.

习题 10.4

1. (1) $y=(x+1)^2[\frac{2}{3}(x+1)^{\frac{3}{2}}+C]$; (2) $y=e^{-3x}+Ce^{-4x}$; (3) $y=-\frac{\cos 2x}{2\sin x}+\frac{C}{\sin x}$;

(4) $y=\frac{1}{x^2-1}(\sin x+C)$; (5) $y=e^{-x}(\sin x+C)$; (6) $y=x-3+Ce^{-\frac{1}{2}x}$;

(7) $y=\sin x(x^2+C)$; (8) $x=y+2+Ce^{\frac{1}{2}y}$; (9) $x=\frac{1}{y}(\frac{y^4}{4}+C)$; (10) $2x\ln y=\ln^2y+C$.

2. (1) $y=\frac{1}{2}(x+\frac{3}{x})$; (2) $y=4x^3\ln x-\frac{1}{2}x+\frac{3}{2}x^3$; (3) $y=x\sec x$; (4) $y=\frac{1}{x}(\pi-1-\cos x)$;

(5) $y=\frac{1}{3}(8-5e^{-3x})$; (6) $y=(x+1)^n(e^x-1)$.

3. $y=2(e^x-x-1)$.

4. (1) $\frac{1}{y}=-\sin x+Ce^x$; (2) $\frac{1}{y}=\frac{C}{1+x}+\frac{1}{2}(1+x)$.

5. $f(x)=\frac{C}{\sqrt{x}}-1$.

习题 10.5

1. (1) $y=-x\sin x-2\cos x+C_1x+C_2$; (2) $y=-\sin x-\frac{1}{210}x^7+C_1x+C_2$;

(3) $y=\frac{1}{x}+C_1\ln|x|+C_2$; (4) $y=-\ln|\cos(x+C_1)|+C_2$;

(5) $y=C_2e^{C_1x}+1$; (6) $y=C_2e^{C_1x}$; (7) $y=C_1x^5+C_2x^3+C_3x^2+C_4x+C_5$;

(8) $y=C_1+\arcsin(C_2e^x)$.

2. (1) $y=x^3+3x+1$; (2) $y=x^4+4x+1$; (3) $y=\sqrt{x+1}$; (4) $y=\sqrt{2x-x^2}$.

3. $y=e^x(x+1)$.

习题 10.6

1. (1) $y=C_1e^{-4x}+C_2e^x$; (2) $y=(C_1+C_2x)e^{5x}$; (3) $y=C_1\cos x+C_2\sin x$;

(4) $y=C_1e^{-\frac{1}{4}x}+C_2e^{\frac{1}{2}x}$; (5) $y=e^{2x}(C_1\cos x+C_2\sin x)$; (6) $y=(C_1+C_2x)e^{\frac{1}{3}x}$;

(7) $y=C_1e^{-x}+C_2e^{6x}-\frac{1}{6}x^2+\frac{5}{18}x-\frac{31}{108}$; (8) $y=C_1+C_2e^{2x}-\frac{3}{4}x^2-\frac{1}{4}x$;

(9) $y=C_1e^{-x}+C_2e^{3x}-e^{2x}$；(10) $y=C_1e^{x}+C_2e^{3x}-\frac{1}{2}xe^{x}$；

(11) $y=e^{-x}(C_1\cos x+C_2\sin x)+\frac{1}{5}\sin x-\frac{2}{5}\cos x$；

(12) $y=C_1\cos x+C_2\sin x+\frac{1}{2}x\sin x$.

2. (1) $y=3e^{x}-2e^{-3x}$；(2) $y=(1+2x)e^{-3x}$；

(3) $y=e^{-2x}(-3\cos x-6\sin x)$；(4) $y=e^{x}-\frac{2}{3}e^{-x}+\frac{1}{3}e^{\frac{1}{2}x}$；

(5) $y=\frac{3}{4}e^{x}-\frac{3}{4}e^{-x}+(\frac{1}{2}x^2-\frac{1}{2}x)e^{x}$；(6) $y=-\cos x-\frac{1}{3}\sin x+\frac{1}{3}\sin 2x$.

习题 10.7

1. $Q=1000e^{-P\ln 4}$.
2. $W(t)=600-100e^{0.05t}$.
3. 999.
4. $x(t)=\frac{\alpha}{1+Ce^{-\alpha kt}}$.
5. $C(x)=3e^{x}(1+3e^{3x})^{-1}$.

习题 10.8

1. (1) $y_x=C(-2)^x$；(2) $y_x=\frac{C}{2^x}+6$；(3) $y_x=C+3x$；

(4) $y_x=C(-2)^x+\frac{1}{3}x+\frac{2}{9}$；(5) $y_x=C\cdot 2^x+x\cdot 2^{x-1}$；(6) $y_x=C\cdot(-1)^x+\frac{3^x}{4}$.

2. (1) $y_x=\frac{5}{2}\cdot 3^x-\frac{1}{2}$；(2) $y_x=\frac{5}{2}\cdot(-4)^x-\frac{1}{2}$；

(3) $y_x=1+2^x$；(4) $y_x=\frac{1}{2}\cdot(-2)^x+\frac{1}{4}\cdot 2^x$.

3. $S_t=S_0(1+r)^t$.
4. 180147 元, 389.89 元.

复习题 10

1. (1)是，二阶；(2)不是；(3)是，一阶；(4)不是；(5)是；三阶；(6)是，四阶.

2. (1) $\sqrt{xy}=x+C$；(2) $y=ax+\frac{C}{\ln x}$；(3) $x=Cy^{-2}+\ln y-\frac{1}{2}$；(4) $y^2+x^2-2\arctan\frac{y}{x}=C$；

(5) $y=\frac{1}{C_1}Ch(C_2+C_1x)$；(6) $y=\sin x+C\cos x$；(7) $y=x(C+\cos x)$；

(8) $y=C_1e^{2x}+C_2e^{3x}-(\frac{1}{2}x^2+x)e^{2x}$；

(9) $y=C_1e^{x}+C_2e^{-x}+(-\frac{1}{65}\cos 2x+\frac{1}{65}\sin 2x)e^{2x}$；(10) $y=C_1e^{-x}+(C_2+x)e^{x}+x^2+2$.

3. (1) $\ln\cos y=x+\ln(1+e^{-x})-\frac{3}{2}\ln 2$；(2) $y-2x=3x^2y$；

(3) $y^2=2x^2(\ln x+2)$；(4) $y=2(x-1)e^{2x}+3e^{x}$.

4. $y=\frac{x^4}{4}+\frac{1}{4}$.

5. $f(x)=\cos x+\sin x$.

6. $y=\cos 3x-\frac{1}{3}\sin 3x$.

7. 20.

8. $y=5\mathrm{e}^{\frac{3}{10}t}$.

9. (1) $y=(\frac{1}{4})^x$; (2) $y_x=\frac{37}{12}\cdot 5^x-\frac{3}{4}$; (3) $y_x=\frac{41}{32}(-3)^x+\frac{1}{4}x^2-\frac{1}{8}x-\frac{9}{32}$;

(4) $y=-2+3\cdot 2^x$.

10. $a_{n+1}=1.01a_n-p, a_0=25000, a_{12}=0, p=2221.22$.

参考文献

[1](美)菲茨帕特里克.《高等微积分》[M],北京机械工业出版社,2003.

[2](加)史迪沃特.《微积分》(上、下册)[M],北京高等教育出版社,2004.

[3]同济大学数学系. 高等数学(上、下册)[M]. 第7版. 北京:高等教育出版社,2007.

[4]吴赣昌. 高等数学(理工类)[M]. 北京:中国人民大学出版社,2007.

[5]罗萍,郭明普. 高等数学(上、下册)[M]. 北京:机械工业出版社,2008.

[6]高崚嶒,王薇. 高等数学(机械类)[M]. 北京:机械工业出版社,2005.

[7]盛祥耀. 高等数学(上、下册)[M]. 第3版. 北京:高等教育出版社,2008.

[8]姜晓明. 高等数学[M]. 北京:机械工业出版社,2007.

[9]朱鲜野,李宏伟. 应用数学[M]. 北京:清华大学出版社,北京交通大学出版社,2008.

[10]赵志新,徐明华. 高等数学[M] 长沙:中南大学出版社,2016.